suhrkamp taschenbuch 5405

Mit *Im Schatten junger Mädchenblüte* gelingt Proust endlich der Durchbruch: 1919 wird der Roman mit dem Prix Goncourt ausgezeichnet. Eine Chronik der Belle Époque mit ihren Salons, ihren eleganten Restaurants, ihren besten Adressen für Roben, Anzüge, Krawatten, Blumen, Gebäck oder Eis; eine Chronik auch des mondänen Badelebens an den Stränden der Normandie; eine Satire des Großbürgertums, des Hochadels und der jüdischen Finanzwelt; schöpferische Reflexion auch über Literatur und bildende Kunst, wie sie in den Figuren von Bergotte und Elstir Gestalt annehmen. Der Kommentar versucht, die Topographie der Belle Époque zu präzisieren und die oft verborgenen Bezüge zu bildender Kunst und Literatur aufzudecken. Ein besonderes Augenmerk gilt Prousts Auseinandersetzung mit der Malerei.

Für die Frankfurter Ausgabe wurde Eva Rechel-Mertens' bis heute gültige Übersetzung von *Auf der Suche nach der verlorenen Zeit* von Luzius Keller und Sibylla Laemmel korrigiert und teilweise neu gefasst. Der Kommentar erklärt Anspielungen und Zitate, weist auf wichtige Erzählstrukturen hin und zeigt das Zusammenspiel der einzelnen Teile, Themen und Stilnuancen auf.

Marcel Proust wurde am 10. Juli 1871 in Auteuil geboren und starb am 18. November 1922 in Paris. Sein siebenbändiges Romanwerk *Auf der Suche nach der verlorenen Zeit* ist zu einem Mythos der Moderne geworden.

MARCEL PROUST

Auf der Suche nach der verlorenen Zeit

BAND 2

Im Schatten junger Mädchenblüte

Suhrkamp

Diese Ausgabe entspricht Werke II, Band 2 der Frankfurter Ausgabe
der Werke von Marcel Proust, herausgegeben von Luzius Keller.
Originaltitel: *À la recherche du temps perdu.*
À l'ombre des jeunes filles en fleurs
Aus dem Französischen von Eva Rechel-Mertens;
revidiert von Luzius Keller und Sibylla Laemmel

Erste Auflage dieser Ausgabe 2024
suhrkamp taschenbuch 5405

Umschlaggestaltung: Brian Barth, Berlin
Druck: C.H. Beck, Nördlingen
Printed in Germany
ISBN 978-3-518-47405-1

www.suhrkamp.de

Im Schatten junger Mädchenblüte

ERSTER TEIL

IM UMKREIS VON MADAME SWANN

Als davon die Rede war, daß Monsieur de Norpois[1] ein erstes Mal bei uns dinieren sollte, und meine Mutter ihrem Bedauern darüber Ausdruck gegeben hatte, daß Professor Cottard auf Reisen sei und sie, was ihre Person betraf, den Verkehr mit Swann gänzlich abgebrochen habe, denn der eine wie der andere hätten den ehemaligen Botschafter gewiß interessiert, hielt dem mein Vater entgegen, ein illustrer Gast, ein hervorragender Gelehrter wie Cottard sei bei einem Diner niemals fehl am Platz, Swann jedoch mit seiner Großtuerei und dieser gewissen Art, seine geringfügigsten Beziehungen vor aller Welt auszuposaunen, ein vulgärer Aufschneider, den der Marquis von Norpois sicher, wie er sich gern ausdrückte, »geschwollen« gefunden hätte. Diese Entgegnung meines Vaters bedarf nun einiger Worte der Erklärung, da sich manche Leute vielleicht an einen recht mittelmäßigen Cottard und an einen Swann erinnern, der im gesellschaftlichen Bereich Bescheidenheit und Zurückhaltung bis zu den äußersten Grenzen des Feingefühls getrieben hatte. Was letzteren anbetrifft, so hatte es sich ergeben, daß der ehemalige Freund meiner Eltern dem »jungen Swann« und ebenso dem Swann des Jokkey-Clubs eine neue Persönlichkeit aufgesetzt hatte (die noch nicht die letzte sein sollte), nämlich die des Gatten von Odette. Er hatte den Spürsinn, die Begehrlichkeit und die Umsicht, die ihm immer eigen gewesen waren, den bescheidenen Ambitionen dieser Frau angepaßt und sich geflissentlich darum bemüht, sich weit unterhalb seiner früheren Stellung eine neue, der Gefährtin, die sie mit ihm einnehmen sollte, angemessene Position zu schaffen. Dort nun zeigte er sich als anderer Mensch. Da er (obwohl er auch weiterhin allein mit seinen persönlichen Freunden verkehrte, denen er Odette, soweit sie sie nicht von sich aus kennenzulernen wünschten, nicht aufzwingen wollte) gemeinsam mit seiner Frau ein zweites Leben unter einer neuen Gattung von Menschen begann, hätte man wohl noch verstanden, wenn er, um deren Rang und dementsprechend die Freuden der Eigenliebe einzuschätzen, die ihm der Umgang mit ihnen spenden mochte, zum Vergleich nicht die höchsten gesellschaftlichen Kreise, in denen er vor seiner Heirat verkehrte, sondern die früheren Bekanntschaften Odettes herangezogen hätte. Doch selbst wenn man wußte, daß er jetzt Verbindung zu uneleganten Beamten suchte, zu abgeschmackten Frauen, wie sie die Bälle der Ministerien schmücken, war man doch erstaunt zu hören, wie er, der früher in so anmutiger Weise eine Einladung nach Twickenham oder in den Buckingham-Palast verhehlte und es auch jetzt noch tat, lauthals verkündete, die Frau eines stellvertretenden Kabinettchefs habe den Besuch Madame Swanns erwidert. Man wird vielleicht einwenden, daß die Schlichtheit des eleganten Swann nur eine raffiniertere Form von Eitelkeit bei ihm gewesen sei und daß, wie es manchmal bei Juden der Fall ist, der ehemalige Freund meiner Eltern abwechselnd die verschiedenen Stadien aufgewiesen haben mochte, die die Angehörigen seiner Rasse durchlaufen hatten, vom naivsten Snobismus und von gröbster Flegelei bis hin zur erlesensten Höflichkeit. Der tiefere Grund jedoch, der sich übrigens auf die Menschheit im allgemeinen anwenden läßt, war der, daß unsere Tugenden selbst nichts Freies, gleichsam im Raum Schwebendes sind, das uns stets zur Verfügung stünde; sie gehen in unserem Geist schließlich eine so enge Verbindung mit den Handlungen ein, bei denen wir uns ihre Ausübung zur Pflicht gemacht haben, daß eine plötzlich von uns verlangte Betätigung ganz anderer Art uns unvorbereitet trifft und gar nicht auf den Gedanken kommen läßt, hier könne ihre Anwendung ebenfalls angezeigt sein. Wenn Swann sich um diese neuen Bekanntschaften so eifrig bemühte und sie voller Stolz aufzählte, so hielt er es wie jene bescheidenen oder großzügigen Künstler von Rang, die, wenn sie sich am Ende ihres Lebens mit Kochen oder mit Gärtnerei beschäftigen, eine naive Genugtuung an den Tag legen, sobald man die von ihnen zubereiteten Gerichte oder ihre Blumenbeete lobt, in dieser Beziehung jedoch die Kritik nicht vertragen, die sie ruhig gelten lassen, wenn es um die bedeutendsten ihrer Werke geht; oder wie die Maler, die ihre Bilder zwar für ein Butterbrot hergeben, aber nicht ohne böse zu werden zwei Francs beim Domino verlieren können.

Was Professor Cottard anbelangt, so werden wir ihn sehr viel später ausgiebig bei der Patronne wiedersehen, im Schloß von La Raspelière. Im Augenblick möge es genügen, über ihn folgendes zu bemerken: Bei Swann mag die Veränderung allenfalls überraschen, weil sie schon vollzogen und meinerseits ungeahnt geblieben war, als ich dem Vater Gilbertes in den Anlagen der Champs-Élysées begegnete, wo er ja im übrigen, da er kein Wort zu mir sprach, mir gegenüber seine Beziehungen zu politischen Kreisen gar nicht herausstreichen konnte (und hätte er es auch getan, vielleicht wäre mir seine Eitelkeit nicht sofort aufgefallen, denn die Vorstellung, die man sich lange Zeit von einer Person gemacht hat, verschließt einem Augen und Ohren: drei Jahre lang bemerkte meine Mutter die Schminke, die sich eine ihrer Nichten auf die Lippen strich, ebensowenig, als wäre sie unsichtbar gänzlich in einer Flüssigkeit aufgelöst gewesen, bis zu dem Tag, da ein zusätzliches Partikelchen oder irgend ein anderer Umstand jenes Phänomen herbeiführte, das man Übersättigung nennt; da kristallisierte die ganze nicht bemerkte Schminke, und angesichts dieser plötzlichen Farborgie erklärte meine Mutter, wie man es in Combray getan hätte, es sei eine Schande, und brach fast jede Beziehung zu ihrer Nichte ab). Bei Cottard hingegen lag die Epoche, in der wir ihn Swanns erstem Auftritt bei den Verdurins haben beiwohnen sehen, nun schon ziemlich weit zurück; doch stellen sich Ehren und amtliche Titel nun einmal mit den Jahren ein. Zweitens kann man ungebildet sein, stupide Kalauer machen und gleichzeitig über eine besondere Begabung verfügen, wie keine noch so umfassende Allgemeinbildung sie ersetzt, etwa die Begabung des großen Strategen oder des großen Diagnostikers. In der Tat, Cottard war in den Augen seiner Kollegen alles andere als ein unbedeutender Praktiker, der mit den Jahren zu einer europäischen Berühmtheit geworden war. Die gescheitesten unter den jungen Medizinern erklärten – zumindest ein paar Jahre lang, denn die Moden ändern sich, um so mehr, als sie ja selbst aus dem Bedürfnis nach Veränderung hervorgegangen sind –, sie würden, wenn sie je erkrankten, Cottard als einzigem Meister des Fachs ihr Fell anvertrauen. Gewiß zogen sie den Umgang mit gebildeteren und musischeren Chefärzten vor, das heißt solchen, mit denen sie über Nietzsche und Wagner reden konnten. Wenn bei Madame Cottard musiziert wurde, an den Abenden, da sie – in der Hoffnung, er werde einmal Dekan der Fakultät – die Kollegen und Schüler ihres Mannes geladen hatte, hörte er selbst nicht zu, sondern spielte lieber Karten in einem Nebensalon. Aber er war berühmt für die Schnelligkeit, Gründlichkeit und Sicherheit seiner mit einem Blick erstellten Diagnose.

An dritter Stelle kann man mit Rücksicht auf den Gesamteindruck, den Professor Cottard auf einen Mann wie meinen Vater machte, noch die Beobachtung anführen, daß die Wesensart, die wir in der zweiten Hälfte unseres Lebens hervorkehren, nicht immer – wenn auch häufig – eine entwickelte oder verkümmerte, vergröberte oder gemilderte Form unserer früheren ist; sie ist manchmal einfach umgekehrt, exakt wie ein gewendeter Rock. Außer bei den Verdurins, die ganz in Cottard vernarrt waren, hatten ihm seine zögernde Miene, seine übertriebene Schüchternheit und Artigkeit in seiner Jugend ständig Sticheleien eingetragen. Welcher Freund hatte Erbarmen mit ihm gehabt und ihm geraten, eine eisige Miene aufzusetzen? Das Ansehen seiner Stellung machte es ihm leichter, sie sich zuzulegen. Überall, außer bei den Verdurins, wo er instinktiv wieder er selbst wurde, trat er kühl auf, mit Vorliebe schweigsam, schneidend, wenn er dennoch reden mußte, und vergaß auch nie, unangenehme Dinge zu sagen. Erproben konnte er diese neue Haltung an Patienten, die ihn noch nicht gesehen hatten und daraufhin keine Vergleiche anstellen konnten; sie wären sehr erstaunt gewesen zu hören, daß sein rauhes Wesen ihm nicht angeboren war. Vor allem zwang er sich zu einer Miene vollkommenen Unbeteiligtseins, und selbst während er seinen Dienst im Krankenhaus versah, sorgte er stets dafür, daß, wenn er irgendwelche Kalauer zum besten gab, über die vom Chef der Klinik bis zum jüngsten Volontärassistenten alle herzhaft lachten, kein Muskel sich rührte in seinem Gesicht, das im übrigen nicht wiederzuerkennen war, seitdem er sich Schnauzer und Bart hatte rasieren lassen.

Zum Schluß wollen wir noch erwähnen, wer der Marquis von Norpois war. Vor dem Krieg Bevollmächtigter Minister und Botschafter zur Zeit des sechzehnten

Mai, war er dennoch und zur Verwunderung weiter Kreise seither mehrmals ausersehen worden, Frankreich in außerordentlichen Missionen zu vertreten – sogar in der Schuldenkommission in Ägypten, wo er sich dank seiner enormen Leistungsfähigkeit auf finanziellem Gebiet bedeutende Verdienste erwarb – und zwar von radikalrepublikanischen Kabinetten, denen ein schlichter reaktionärer Bürgerlicher den Dienst verweigert hätte und denen die Vergangenheit von Norpois, seine persönlichen Bindungen und Meinungen eigentlich hätten suspekt sein müssen.[1] Doch diese fortschrittlichen Minister schienen sich darüber klar zu sein, daß sie durch eine solche Ernennung bewiesen, zu welcher Weitsicht sie fähig waren, sobald es um die höheren Interessen Frankreichs ging, daß sie sich über das Niveau bloßer Politiker erhoben, wenn sogar das *Journal des Débats*[2] sie als Staatsmänner bezeichnete, und daß auch das Prestige, das nun einmal ein adliger Name besitzt, und das Interesse, das eine unerwartete, wie ein Theatercoup wirkende Wahl hervorruft, schließlich ihnen zugute kam. Sie wußten außerdem auch, daß sie diese Vorteile, wenn sie Norpois beriefen, genießen konnten, ohne von seiner Seite ein illoyales politisches Verhalten gewärtigen zu müssen; anstatt in dieser Richtung alarmierend zu wirken, bot im Gegenteil die Herkunft des Marquis hier geradezu eine Gewähr. Darin täuschte die Regierung der Republik sich nicht. Die Sache selbst beruht in erster Linie darauf, daß eine gewisse aristokratische Schicht von Kindheit an dazu erzogen wird, ihren Namen als einen inneren Vorteil zu betrachten, den niemand ihr rauben kann (dessen Wert übrigens die Standesgenossen oder Höhergeborenen recht genau zu veranschlagen wissen), und daher genau weiß, daß sie sich, da sie nichts dabei zu gewinnen hat, die Bemühungen sparen kann, die ohne greifbares äußeres Resultat so viele Bürgerliche machen, indem sie nur bewährte Ideen proklamieren und nur in rechtdenkenden Kreisen verkehren. Sorgfältig darauf bedacht, sich in den Augen der fürstlichen und herzoglichen Familien zu erhöhen, denen sie rangmäßig unmittelbar folgen, wissen hingegen die Angehörigen dieser Adelskategorie, daß sie dies nur können, wenn sie ihrem Namen hinzufügen, was er ohne weiteres nicht enthält und was bei sonst gleichen Voraussetzungen einen Vorrang sichert: politischer Einfluß, literarisches oder künstlerisches Ansehen, ein großes Vermögen. Und anstatt Spesen für einen einflußlosen Landedelmann zu machen, der von den Bürgerlichen umworben wird, dessen unproduktive Freundschaft aber bei keiner fürstlichen Persönlichkeit zu erhöhtem Ansehen führen würde, machen sie ihre Aufwendungen lieber für Politiker, die Einfluß auf die Vergebung von Botschafterposten oder auf Wahlen haben, selbst wenn es Freimaurer sind, oder für Künstler und Gelehrte, durch deren Unterstützung man es in dem Bereich zu etwas bringen kann, in dem sie tonangebend sind, kurz, für alle, die einen neuen Ruhm begründen oder eine reiche Heirat stiften können.

In erster Linie charakteristisch für Norpois war jedoch, daß er aufgrund seiner langen Praxis als Diplomat von jenem Geist der Verweigerung, der Routinehaftigkeit und des Konservatismus durchdrungen war, den man als »esprit de gouvernement« bezeichnet und der tatsächlich der Geist aller Regierungen ist und besonders – unter allen Regierungen – jener des diplomatischen Korps. Die diplomatische Laufbahn hatte ihn Abscheu, Furcht und Verachtung gegenüber jenen mehr oder weniger revolutionären, zumindest inkorrekten Verfahren gelehrt, deren die Opposition sich bedient. Außer bei einigen Unkundigen in Volk und gehobener Gesellschaft, für die Gattungsunterschiede überhaupt toter Buchstabe sind, führt nicht gemeinsame Gesinnung, sondern verwandte Geistesart die Menschen zusammen. Ein Mitglied der Académie française von der Art Legouvés mag ruhig ein Anhänger der Klassik sein, er würde doch eher mit Maxime Ducamp oder Mézières in das Lob Victor Hugos einstimmen als in das Boileaus, wenn Claudel es verkündet. Ein und derselbe Nationalismus führt Barrès mit seinen Wählern zusammen, die wahrscheinlich keinen großen Unterschied zwischen ihm und Georges Berry machen, aber nicht mit jenen seiner Kollegen in der Akademie, die zwar seine politische Gesinnung teilen, jedoch von anderer Geistesart sind und ihm sogar Gegner wie Ribot und Deschanel vorziehen werden, denen ihrerseits treue Monarchisten sich viel näher fühlen als einem Maurras oder Léon Daudet, obwohl diese gleichfalls die Rückkehr des Königs wünschen.[1] Wortkarg nicht nur aus berufsmäßigem Hang zu Vorsicht und Zurückhaltung, sondern auch weil die Worte dadurch um so kostbarer und bedeutungsvoller in den Augen von Männern werden, deren zehn Jahre andauernde Bemühungen um die Annäherung zweier Länder – in einer Rede, einem Protokoll – durch ein schlichtes Adjektiv ausgedrückt werden, das, dem Anschein nach banal, für sie jedoch eine ganze Welt eröffnet, galt Norpois in der Kommission, in der er neben meinem Vater saß und wo dieser auch allgemein zu der Freundschaft mit dem ehemaligen Botschafter beglückwünscht wurde, für eine äußerst kühle Natur. Diese Freundschaft setzte denn niemanden mehr in Verwunderung als meinen Vater selbst. Da er sich gemeinhin abweisend verhielt, war er außerhalb des kleinen Kreises seiner intimen Freunde nicht besonders beliebt; er wußte das und sprach es schlicht und offen aus. Er war sich im klaren darüber, daß für den Diplomaten bei der Liebenswürdigkeit, die dieser ihm erwies, ein ganz individueller Gesichtspunkt maßgebend war, von dem fast alle Menschen sich in ihren Sympathien leiten lassen und von dem aus gesehen die geistigen Vorzüge oder das Empfindungsvermögen einer Person, wenn sie uns nun einmal langweilt oder auf die Nerven fällt, keine so gute Empfehlung bedeuten können wie die behagliche Heiterkeit einer anderen, die in vieler Augen für leer, oberflächlich und nichtssagend gilt. »Norpois hat mich schon wieder zum Essen eingeladen; es ist wirklich auffallend; in der Kommission, in der er sonst mit niemandem persönlich verkehrt, staunt man allgemein; sicher wird er mir wieder aufregende Dinge vom Krieg von 1870 erzählen.« Mein Vater wußte, daß Norpois vielleicht als einziger dem Kaiser die wachsende Macht und die kriegerischen Absichten Preußens vor Augen gestellt hatte und daß Bismarck seinem Verstand besondere Hochschätzung entgegenbrachte. Noch letzthin in der Oper, bei dem Galaabend für König Theodosius[1], hatten die Zeitungen feststellen können, welch langer Unterhaltung der Souverän Norpois gewürdigt hatte. »Ich muß herausbekommen«, sagte mein Vater, der sich lebhaft für auswärtige Politik interessierte, »ob dieser Besuch des Königs wirklich von solcher Wichtigkeit ist. Ich weiß zwar, daß der alte Norpois sehr zugeknöpft ist, aber mir eröffnet er sich dann schließlich doch immer recht nett.«

Für meine Mutter nun verfügte der Botschafter vielleicht nicht von vornherein über die Art von Verstand, zu der sie sich besonders hingezogen fühlte. Ich muß allerdings auch sagen, daß Norpois' Konversation ein so vollendetes Repertoire der überlebten, für eine Laufbahn, eine Klasse, eine Zeit – eine Zeit, die für diese Laufbahn und diese Klasse vielleicht nie ganz zu existieren aufgehört hat – charakteristischen Sprachgepflogenheiten war, daß ich manchmal bedaure, mir nicht schlicht und einfach die Reden gemerkt zu haben, die ich ihn habe führen hören. Ich hätte dann ebenso mühelos und auf gleiche Weise eine »altmodische« Wirkung erzielt wie jener Schauspieler des Palais-Royal, der auf die Frage, wo er seine erstaunlichen Hüte finde, zur Antwort gab: »Ich finde meine Hüte nicht. Ich behalte sie.« Um es kurz zu sagen, ich glaube, meine Mutter hielt Norpois doch ein wenig für »alte Schule«, was ihr in bezug auf seine Manieren keineswegs mißfiel, ihr aber weniger reizvoll schien nicht etwa im Bereich der Ideen – denn die Norpois' waren sehr modern –, wohl aber in jenem des Ausdrucks. Nun aber spürte sie, daß sie ihrem Gatten in zarter Weise schmeichelte, wenn sie mit Bewunderung von dem Diplomaten sprach, der eine so seltene Vorliebe für ihn an den Tag legte. Wenn sie meinen Vater in der guten Meinung bestärkte, die er von Norpois hatte, und ihn so dazu brachte, eine ebenso gute auch von sich selbst zu haben, war sie sich bewußt, diejenige ihrer Pflichten zu erfüllen, die darin bestand, ihrem Gatten das Leben angenehm zu machen, so wie sie es auch tat, wenn sie darüber wachte, daß die Küche gepflegt war und die Bedienung leise vonstatten ging. Und weil sie außerstande war, meinen Vater zu belügen, übte sie sich darin, den Botschafter zu bewundern, damit sie ihn selbst aufrichtig loben konnte. Im übrigen hatte sie von Natur aus Sinn für seine stets leutselige Miene, seine etwas veraltete Höflichkeit (die sich so sehr an das Zeremoniell hielt, daß er zum Beispiel, wenn er, zu seiner ganzen Größe aufgerichtet, einherschritt und meine Mutter vorüberfahren sah, seine kaum angerauchte Zigarre fortwarf, bevor er den Hut vor ihr zog), seine so wohlabgewogene Konversation, in der er von sich selbst so wenig wie möglich sprach und immer Rücksicht darauf nahm, nur das zu erwähnen, was seinem Gegenüber angenehm sein mochte, seine dermaßen überraschende Pünktlichkeit in der Beantwortung von Briefen, daß mein Vater, wenn er gerade an ihn geschrieben hatte und gleich darauf die Handschrift von Norpois auf einem Kuvert erkannte, im ersten Augenblick meinte, durch einen dummen Zufall hätten ihre Briefe sich gekreuzt; man hätte meinen können, daß für ihn bei der Post Extra- und Luxuszustellungen eingerichtet seien. Meine Mutter staunte immer wieder, daß er so pünktlich, wiewohl so beschäftigt, so liebenswürdig, wiewohl gesellschaftlich so stark beansprucht war, ohne sich darüber im klaren zu sein, daß solche »wiewohl« immer verkannte »weil« sind und daß (ebenso wie Greise erstaunlich für ihr Alter, Könige ganz schlicht und Provinzbewohner über alles auf dem laufenden sind) es die gleichen Gewohnheiten waren, die es Norpois erlaubten, so vielen Anforderungen gerecht zu werden und so zuverlässig in der Beantwortung von Briefen zu sein, in der Gesellschaft zu gefallen und sich uns gegenüber so liebenswürdig zu erweisen. Außerdem bestand der Irrtum meiner Mutter wie aller übermäßig bescheidenen Personen darin, daß sie alles, was sie selbst betraf, den anderen Dingen hintanstellte und damit ganz außerhalb von diesen sah. Daß sie es so verdienstvoll von dem Freund meines Vaters fand, uns umgehend eine Antwort zukommen zu lassen, wo er doch täglich so viele Briefe schrieb, kam daher, daß sie dieses Antwortschreiben aus der großen Menge der Briefe aussonderte, von denen es eben doch auch nur einer war; ebenso zog sie nicht in Betracht, daß ein Abendessen bei uns für Norpois nur eine der zahllosen Verrichtungen seines gesellschaftlichen Lebens war: sie bedachte nicht, daß der Botschafter früher in seinem Diplomatendasein gelernt hatte, Privateinladungen als einen Teil seiner beruflichen Pflichten anzusehen und dabei eine so gut eingespielte Höflichkeit zu entfalten, daß es zuviel verlangt gewesen wäre, wenn er diese eigens für uns hätte ablegen sollen.

Das erste Abendessen für Norpois in unserem Hause, in einem Jahr, als ich noch in den Champs-Élysées-Anlagen spielte, ist mir in Erinnerung geblieben, weil ich am Nachmittag dieses gleichen Tages endlich die Berma[1] sah, in einer Matineevorstellung der *Phèdre*, und außerdem auch, weil ich mir im Gespräch mit Norpois plötzlich und auf eine ganz neue Weise darüber klar wurde, wie sehr die Gefühle, die alles in mir wachrief, was mit Gilberte Swann und ihren Eltern zu tun hatte, sich von denen unterschieden, die diese gleiche Familie allen anderen einflößte.

Weil sie offenbar meine Niedergeschlagenheit beim Herannahen der Weihnachtsferien bemerkte, wo ich, wie sie selbst mir angekündigt hatte, Gilberte nicht sehen sollte, sagte meine Mutter eines Tages, um mich zu zerstreuen, zu mir: »Wenn es immer noch dein großer Wunsch ist, die Berma zu sehen, wird dein Vater dir, glaube ich, die Erlaubnis geben, die Vorstellung zu besuchen; du könntest mit deiner Großmutter hingehen.«

Tatsächlich aber war mein Vater, der bislang vollkommen dagegen gewesen war, daß ich meine Zeit vertrödle und Gefahr liefe, auch sonstigen Schaden zu nehmen bei dem, was er zum Entsetzen meiner Großmutter als unnützes Zeug bezeichnete, nur daraufhin, daß Norpois ihm gesagt hatte, er solle mir die Berma nicht vorenthalten, etwas Derartiges werde doch für einen jungen Menschen eine dauernde Erinnerung bleiben, nicht mehr weit davon entfernt, die vom Botschafter empfohlene Veranstaltung irgendwie als Teil der Gesamtheit wertvoller Rezepte[2] für eine glänzende Laufbahn anzusehen. Meine Großmutter, die, als sie für mich auf den Gewinn verzichtete, der mir ihrer Meinung nach zuteil geworden wäre, wenn ich die Berma gesehen hätte, dem Interesse meiner Gesundheit ein großes Opfer gebracht hatte, fand es sonderbar, daß auf ein einziges Wort von Norpois hin jenes nun vernachlässigt werden könne. Da sie als unverbesserliche Rationalistin ihre Hoffnung auf eine Therapie mit Frischluft und frühem Schlafengehen setzte, wie sie mir verschrieben war, beklagte sie die Übertretung, die ich begehen sollte, als eine Katastrophe und sagte in schmerzlichem Ton zu meinem Vater: »Wie leichtfertig Sie doch sind!« Wütend gab der ihr zurück: »Wie? Jetzt wollen Sie auf einmal nicht, daß er geht? Das ist ja wirklich die Höhe, wo ausgerechnet Sie uns dauernd vorgehalten haben, wie nützlich es für ihn wäre.«

Norpois hatte indessen in einer für mich noch weit wichtigeren Beziehung meinen Vater umgestimmt. Dieser hatte immer gewünscht, ich solle Diplomat werden, während ich den Gedanken nicht ertragen konnte, daß mir, wenn ich auch einige Zeit im Ministerium bliebe, eines Tages doch drohte, als Botschafter in irgendeine Hauptstadt geschickt zu werden, in der Gilberte nicht wohnte. Ich wäre lieber wieder zu den literarischen Plänen zurückgekehrt, die ich früher auf meinen Spaziergängen in der Gegend von Guermantes gehegt und wieder aufgegeben hatte. Doch mein Vater hatte sich zäh gegen den Gedanken gewehrt, daß ich mich einer literarischen Laufbahn widmen könnte, die er für weit weniger ansehnlich hielt als die Diplomatie, ja nicht einmal als eine Laufbahn anerkennen wollte bis zu jenem Tag, da Norpois, der Angehörige des diplomatischen Korps aus den neueren Schichten nicht besonders mochte, ihm versicherte, man könne sich als Schriftsteller ein ebenso großes Ansehen verschaffen und bei größerer Unabhängigkeit den gleichen Einfluß ausüben, als wenn man einer Botschaft attachiert sei.

»Hör zu, ich hätte es nicht geglaubt, aber der alte Norpois findet es gar nicht schlecht, daß du dich mit literarischen Plänen beschäftigst«, hatte mein Vater zu mir gesagt. Da er selbst ziemlich einflußreich war, glaubte er, daß es nichts gebe, was sich im Gespräch mit einflußreichen Leuten nicht klären und einer günstigen Lösung zuführen ließe: »Ich werde ihn an einem der nächsten Abende nach der Kommissionssitzung zum Essen mitbringen. Du unterhälst dich bei dieser Gelegenheit ein Weilchen mit ihm, damit er dich einschätzen kann. Schreibe etwas Gutes, was du ihm dann vorlegen kannst; er ist sehr befreundet mit dem Herausgeber der *Revue des Deux Mondes*[1]; er kann dich dort hineinbringen, auf solche Dinge versteht er sich nämlich, der alte Schlaumeier; und ich muß schon sagen, seine Meinung über die Diplomatie von heute . . .«

Das Glück, das es für mich bedeuten würde, nicht von Gilberte getrennt zu werden, weckte in mir den Wunsch, aber nicht das Vermögen, etwas Schönes zu schreiben, was ich Norpois hätte zeigen können. Nach ein paar einleitenden Seiten legte ich die Feder unmutig wieder aus der Hand und weinte vor Wut bei dem Gedanken, daß ich nie Talent haben würde, eben nicht begabt sei und nicht einmal die Chance eines dauernden Verbleibens in Paris würde nutzen können, die der baldige Besuch von Norpois mir bot. Einzig die Aussicht, die Berma nun doch sehen zu dürfen, lenkte mich von meinem Kummer ab. Doch ebenso, wie ich Stürme nur an den Küsten erleben wollte, wo sie am heftigsten tobten, hätte ich auch die große Schauspielerin nur in einer jener klassischen Rollen sehen wollen, wo sie, wie Swann mir gesagt hatte, geradezu sublim war. Denn wenn wir in der Hoffnung auf eine kostbare Entdekkung gewisse Natur- und Kunsteindrücke herbeisehnen, haben wir Bedenken, unsere Seele statt dessen geringeren Eindrücken zu öffnen, die uns über den wahren Wert des Schönen täuschen könnten. Die Berma in *Andromaque*, in *Les caprices de Marianne*, in *Phèdre* gehörte zu den berühmten Dingen, nach denen ich in der Phantasie so leidenschaftlich verlangte.[1] Das gleiche Entzükken wie an dem Tag, an dem eine Gondel mich vor den Tizian der Frarikirche[2] oder die Carpaccios von San Giorgio degli Schiavoni[3] führen würde, sollte ich verspüren, wenn ich je die Berma die Verse sprechen hörte:

> *On dit qu'un prompt départ vous éloigne de nous,*
> *Seigneur, etc.*[4]

> Ich hab vernommen, Fürst, daß Ihr in Bälde reist ...

Ich kannte sie in der einfachen Schwarz-Weiß-Wiedergabe der gedruckten Ausgaben; doch mein Herz schlug, wie beim Antritt einer Reise, höher bei dem Gedanken, daß ich sie wirklich in die Atmosphäre und das sonnige Licht jener goldenen Stimme getaucht würde sehen können. Ein Carpaccio in Venedig, die Berma in *Phèdre*, Meisterwerke der bildenden und der Schauspielkunst, die das Ansehen, das sie genossen, in mir so lebendig, das heißt so unteilbar machte, daß ich, hätte ich einen Carpaccio im Louvre oder die Berma in irgendeinem Stück gesehen, von dem ich noch nie etwas gehört hätte, nicht mehr das gleiche köstliche Erstaunen dabei empfunden hätte, endlich dem unbegreiflichen und einzigartigen Gegenstand von Tausenden und Abertausenden meiner Träume mit geöffneten Augen gegenüberzustehen. Da ich ferner vom Spiel der Berma Enthüllungen über gewisse Aspekte von Adel erwartete, von Schmerz, schien mir auch, alles Große und Wirkliche in diesem Spiel müsse stärker werden, wenn die Schauspielerin es an ein Werk von hohem Rang anknüpfe, als wenn sie

Wahres und Schönes in einen Stoff einwebte, der alles in allem grob und mittelmäßig war.

Schließlich wäre es für mich, wenn ich die Berma in einem neuen Stück sähe, nicht leicht, mir über ihre Kunst, ihren Vortrag ein Urteil zu bilden, weil ich anhand eines mir nicht vertrauten Textes auch nicht würde feststellen können, was der Tonfall und das Gebärdenspiel hinzutaten; diese müßten mir vielmehr damit unauflöslich verbunden scheinen, während die alten Werke, die ich auswendig kannte, mir wie riesige leere, aufnahmebereite Räume erschienen, in denen ich die Erfindungen in voller Freiheit würde ermessen können, mit denen die Berma sie gleichsam a fresco, mit laufenden Kreationen ihrer glücklichen Eingebung, ausschmücken würde. Leider spielte sie seit Jahren schon, nachdem sie die großen Häuser verlassen hatte und als Stern eines Boulevardtheaters dessen Erfolg ausmachte, keine Klassiker mehr, und ich mochte noch so begierig die Plakate durchforschen, sie zeigten immer nur ganz neue Stücke an, die von Modeschriftstellern eigens für sie verfaßt worden waren, bis ich eines Morgens beim Absuchen der Anschlagsäule nach Nachmittagsvorstellungen in der ersten Januarwoche zum ersten Mal – als Hauptteil der Vorstellung nach einem vermutlich uninteressanten Einakter, dessen Titel mir undurchsichtig war, da er sich auf eine ganz spezielle Handlung bezog, die ich nicht kannte – zwei Akte aus *Phèdre* mit Madame Berma in der Hauptrolle angezeigt fand, und für die folgenden Nachmittage *Le Demi-Monde*[1], *Les caprices de Marianne*, Namen, die für mich ebenso wie *Phèdre* transparent waren, erfüllt von nichts als Klarheit, so gut kannte ich das Werk, erhellt bis auf den Grund von einem Lächeln der Kunst. In meinen Augen verliehen sie der Berma noch größeren Adel, als ich in den Zeitungen, unter dem Programm der entsprechenden Aufführrungen, las, daß sie selbst es gewesen sei, die den Entschluß gefaßt habe, sich dem Publikum erneut in einigen früheren Rollen zu zeigen. Die Künstlerin wußte also, daß einige der von ihr verkörperten Bühnengestalten eine Bedeutung besaßen, die langlebiger ist als die Neuartigkeit bei ihrem ersten Erscheinen oder ihr Erfolg bei einer Wiederaufnahme; sie betrachtete sie als Museumsstücke, die man mit Nutzen noch einmal der Generation vor Augen führen würde, die sie darin bewundert, aber auch derjenigen, die sie noch nicht darin gesehen hatte. Indem sie so zwischen lauter Stücken, die nur dazu bestimmt waren, den Zuschauern einen Abend lang die Zeit zu vertreiben, *Phèdre* ansetzen ließ, ein Stück, dessen Titel nicht länger war und in den gleichen Lettern dastand wie die übrigen, machte sie gleichsam einen Zusatz zwischen den Zeilen, wie der einer Gastgeberin, die einen in dem Augenblick, da schon zu Tisch gegangen wird, den Mitgästen vorstellt und bei der Nennung der Namen von Eingeladenen, die nichts weiter sind als das, im gleichen Ton einfließen läßt: Monsieur Anatole France.[1]

Der mich behandelnde Arzt – eben jener, der mir jede Reise untersagt hatte – riet meinen Eltern davon ab, mich ins Theater gehen zu lassen; ich würde krank nach Hause kommen, krank vielleicht auf lange Zeit, und schließlich von der Sache mehr Leiden als Vergnügen davontragen. Mit dieser Befürchtung hätte er mich zurückhalten können, wenn ich von einer solchen Vorstellung eben nur ein Vergnügen erwartet hätte, das durch späteres Leiden einfach zunichte gemacht würde, als Ausgleich. Doch ebenso wie bei der Reise nach Balbec, der Reise nach Venedig, die ich mir so glühend gewünscht hatte, war das, was ich von dieser Matinee erwartete, etwas ganz anderes als ein Vergnügen; es waren vielmehr Wahrheiten, die einer wirklicheren Welt angehörten als jener, in der ich lebte, Wahrheiten, die, wenn ich sie mir einmal angeeignet haben würde, mir nicht durch belanglose, wenn auch vielleicht körperlich schmerzhafte Zwischenfälle meines müßigen Daseins geraubt werden könnten. Das Vergnügen, das ich während der Aufführung haben würde, erschien mir höchstens als die vielleicht unerläßliche Form, in der ich diese Wahrheiten in mein Bewußtsein überführen konnte, und so wünschte ich mir nur, daß die vorausgesagten Beschwerden erst nach Schluß der Vorstellung einsetzen möchten, damit diese nicht durch sie beeinträchtigt und verfälscht werden könnte. Ich drang mit Bitten in meine Eltern, die seit der Visite des Arztes mir nicht mehr erlauben wollten, in *Phèdre* zu gehen. Wieder und wieder sprach ich mir die Stelle vor:

On dit qu'un prompt départ vous éloigne de nous ...

Ich hab vernommen, daß Ihr in Bälde reist ...

und suchte dabei jeden nur möglichen Tonfall zu treffen, um desto besser den unerwarteten einen zu erkennen, den die Berma dafür finden würde. Verborgen wie das Allerheiligste hinter dem Vorhang, wo ich sie mir von Augenblick zu Augenblick in anderer Gestalt vorstellte, jenen Worten Bergottes entsprechend – in der kleinen Schrift, die Gilberte wiedergefunden hatte –, die mir wieder in den Sinn kamen: »Formgewordener Adel, christliches Büßerhemd, jansenistische Blässe, Fürstin von Trözene zugleich und Prinzessin von Clèves, mykenisches Drama, delphisches Symbol, Sonnenmythos«[1], thronte denn die göttliche Schönheit, die das Spiel der Berma mir offenbaren sollte, Tag und Nacht auf einem von nie verlöschenden Lichtern strahlenden Altar auf dem tiefsten Grund meines Geistes, über den meine gleichzeitig strengen und leichtfertigen Eltern befinden wollten, nämlich ob er oder nicht – wenn, dann aber für alle Zeiten – die Vollkommenheiten der entschleierten Göttin an jener Stätte in sich aufnehmen sollte, an der ihre unsichtbare Gestalt sich erhob. Mit starr auf das unfaßbare Bild gehefteten Blicken kämpfte ich von morgens bis abends gegen die Schwierigkeiten, die die Meinen mir machten. Doch als sie überwunden waren, als meine Mutter – obwohl die Matinee ausgerechnet an dem Tag der Kommissionssitzung stattfand, von der mein Vater Norpois zum Abendessen mit nach Hause bringen wollte – zu mir sagte: »Hör zu, wir möchten dir keinen Kummer bereiten; wenn du glaubst, daß es dir wirklich so großes Vergnügen macht, mußt du eben hingehen«, als dieser bis dahin verbotene Theaterbesuch nur noch von mir abhing, da – wo ich nun nicht mehr damit beschäftigt war, ihn trotz allem durchzusetzen – fragte ich mich zum ersten Mal, ob er eigentlich so erstrebenswert sei, ob nicht noch andere Gründe als das Verbot meiner Eltern mich hätten bewegen sollen, lieber darauf zu verzichten. Zunächst einmal machte die Einwilligung mir meine Eltern, nachdem ich ihnen eben noch ihre Grausamkeit nachgetragen hatte, so lieb, daß der Gedanke, ihnen weh zu tun, mir selbst weh tat, was bewirkte, daß der Sinn des Lebens mir nicht mehr die Wahrheit, sondern die Liebe zu sein schien und daß es mir gut oder schlecht einzig in dem Maße vorkam, wie meine Eltern glücklich oder unglücklich wären. »Ich möchte lieber nicht hingehen, wenn ihr euch deswegen Kummer macht«, sagte ich zu meiner Mutter, die mir aber jeden Schatten eines Verdachtes, sie könne traurig sein, zu nehmen suchte; denn das, meinte sie, könne mir das Vergnügen an *Phèdre* rauben, um dessentwillen ja gerade sie und mein Vater ihren Widerstand aufgegeben hatten. Nun aber erschien mir diese Art von Verpflichtung, Vergnügen empfinden zu müssen, doch sehr bedrückend. Würde ich außerdem, wenn ich krank nach Hause käme, rasch genug wieder gesund sein, um nach den Ferien, sobald Gilberte zurückkäme, wieder in die Anlagen der Champs-Élysées zu gehen? Allen diesen Gründen stellte ich, um zu entscheiden, welche Seite den Sieg davontragen sollte, die hinter ihrem Schleier unsichtbare Idee der Vollkommenheit der Berma gegenüber. In eine der Waagschalen legte ich: »Mamas Kummer spüren, Gefahr laufen, nicht in die Champs-Élysées gehen zu können«, in die andere »jansenistische Blässe, Sonnenmythos«; doch selbst diese Worte verdunkelten sich vor meinem Geist, sie sagten mir nichts mehr, verloren ihr Gewicht; meine Zweifel wurden allmählich so quälend, daß ich mich jetzt für den Theaterbesuch nur noch entschieden hätte, um ihnen ein für allemal ein Ende zu bereiten und mich von ihnen zu befreien. Nur noch, um mein Leiden abzukürzen, und nicht mehr in der Hoffnung auf einen geistigen Gewinn und von den Reizen der Vollkommenheit magisch angezogen, hätte ich mich zu jener führen lassen, die nun nicht mehr die Weise Göttin war, sondern die – heimlich hinter dem Schleier ihr untergeschobene – Unerbittliche ohne Antlitz und ohne Namen. Doch mit einem Schlag änderte sich alles. Mein Verlangen, die Berma zu sehen, erhielt einen neuen Auftrieb, der es mir ermöglichte, in Freude und Ungeduld dieser »Matinee« zu harren: Als ich bei meiner erst seit kurzer Zeit so quälenden täglichen Station vor der Theatersäule sozusagen als Säulenheiliger verweilte, erblickte ich die detaillierte, noch ganz feuchte Anzeige von *Phèdre*, die eben zum erstenmal angebracht worden war (und in der, offen gesagt, die übrige Besetzung mir keine neue Verlockung bot, die meine Entscheidung hätte herbeiführen können). Doch verlieh sie dem einen der beiden Ziele, zwischen denen ich in meiner Unentschiedenheit schwankte, eine deutlichere und – dadurch, daß die Anzeige nicht das Datum des Tages trug, an dem ich sie las, sondern das des Aufführungstages und sogar der Stunde, zu der der Vorhang aufgehen würde – nahezu gegenwärtige, schon in Verwirklichung begriffene Gestalt, so daß ich vor der Säule einen Freudensprung machte beim Gedanken, daß ich genau zu jener angegebenen Stunde bereit und auf meinem Platz sein würde, um die Berma zu sehen; und aus Angst, meine Eltern könnten nicht mehr Zeit haben, zwei gute Plätze für meine Großmutter und mich zu bekommen, war ich in einem Satz zu Hause, getrieben von jenen magischen Worten, die in meinen Gedanken »jansenistische Blässe« und »Sonnenmythos« ersetzt hatten: »Die Damen werden ersucht, auf den Orchestersitzen die Hüte abzunehmen; die Türen werden um zwei Uhr geschlossen.«

Ach! Diese erste Matinee war eine große Enttäuschung. Mein Vater schlug vor, meine Großmutter und mich beim Theater abzusetzen, wenn er zur Kommissionssitzung führe. Beim Aufbruch sagte er zu meiner Mutter: »Sorg auch dafür, daß wir was Gutes zum Abendessen haben; du hast doch nicht vergessen, daß ich Norpois mitbringe?« Meine Mutter hatte es nicht vergessen. Françoise aber, glücklich darüber, sich jener Kunst des Kochens hinzugeben, für die sie zweifellos eine besondere Begabung besaß, im übrigen stimuliert durch die Aussicht auf einen neuen Gast und wohlwissend, sie solle nach nur ihr bekannten Methoden einen Bœuf à la gelée zubereiten[1], lebte seit dem Vortag im Rausch der Inspiration; da sie auf die einwandfreie Beschaffenheit der Materialien, die bei der Herstellung ihres Werkes gebraucht wurden, größten Wert legte, ging sie – so wie Michelangelo acht Monate in den Bergen von Carrara verbrachte, um die vollkommensten

Marmorblöcke für das Grabmal Julius' des Zweiten auszuwählen – selbst in die Markthallen, um sich die schönsten Teile Lendenstück, Rinderhaxe und Kalbsfuß zu beschaffen. Françoise legte bei diesen Gängen einen solchen Eifer an den Tag, daß Mama beim Anblick ihres glühenden Gesichts fürchtete, unsere alte Köchin könnte, wie der Schöpfer der Mediceergräber in den Steinbrüchen von Pietrasanta, vor Überanstrengung einen Zusammenbruch erleiden.[1] Am Vortag schon hatte Françoise das, was sie »Neff-Yorkschinken« nannte, in seiner schützenden Hülle aus Brotteig, rosigem Marmor gleich, zum Bäcker geschickt. In der Meinung, die Sprache sei weniger reich, als sie ist, und ihr Gehör eher unzuverlässig, hatte sie, als sie die Bezeichnung Yorkschinken zum ersten Male vernahm, wohl geglaubt – zumal sie es als eine unwahrscheinliche Verschwendung ansah, daß im Wortschatz nebeneinander York und New York existieren sollten –, sie habe nicht recht verstanden und es sei jener Name gemeint, den sie bereits kannte. Von da an bekam das Wort York in ihren Ohren – oder wenn sie eine Annonce las, vor ihren Augen – immer den Vorschlag New, den sie »Neff« aussprach. Vollkommen guten Glaubens trug sie daher auch dem Küchenmädchen auf: »Geh, hol mir Schinken bei Olida[2]. Madame hat mir ausdrücklich ans Herz gelegt, es soll Neff-Yorkschinken sein.« Wenn nun an dem bewußten Tag Françoise die glühende Gewißheit der großen Schaffenden erfüllte, bestand mein Los in der quälenden Unruhe des Forschenden. Sicher war, daß ich, solange ich die Berma noch nicht gesehen hatte, voller Freude war. Freude empfand ich auf der kleinen Grünanlage vor dem Theater, dessen kahle Kastanienbäume zwei Stunden später im metallischen Widerschein der entzündeten Gaslampen schimmern würden, die jedes kleinste Detail des Astwerks offenbarten; Freude auch noch angesichts des Kontrollpersonals, dessen Auswahl und Beförderung, ja dessen Schicksal ganz von der großen Künstlerin abhingen – die allein innerhalb des Verwaltungsapparates, an dessen Spitze kurzlebige Direktoren in unmerklicher, anonymer Folge einander ablösten, die Macht innehatte – und das unsere Eintrittskarten entgegennahm, ohne uns eines Blickes zu würdigen, so sehr waren sie von der Sorge in Anspruch genommen, ob auch alle Anweisungen von Madame Berma den neuen Angestellten bekannt seien, ob es klar sei, daß die Claque niemals ihr selbst Beifall spenden dürfe, daß die Fenster, solange sie nicht auf der Bühne war, geöffnet bleiben, sämtliche Türen aber sofort nach ihrem Auftreten geschlossen werden sollten, daß ein versteckt in ihrer Nähe aufgestelltes Gefäß mit heißem Wasser dafür zu sorgen habe, daß sich der Bühnenstaub niederschlage; tatsächlich mußte ja gleich ihr mit zwei langmähnigen Pferden bespannter Wagen vor dem Theater halten, sie würde in Pelze gehüllt aussteigen, mit einer mürrischen Gebärde Grüße erwidern und eine ihrer Zofen ausschicken, um nach der Proszeniumsloge zu sehen, die für ihre Freunde reserviert war, nach der Temperatur des Zuschauerraums, wer die Logen innehabe, ob die Schließerinnen alle adrett aussähen; denn Theater und Publikum waren für sie nur ein zweites, sie weiter außen umhüllendes Gewand, das sie sich umlegen und als einen mehr oder weniger guten Wärmeleiter für ihr Talent empfinden würde. Glücklich war ich selbst noch im Zuschauerraum; seitdem ich wußte, daß – entgegen meiner so lange gehegten kindlichen Vorstellung – es nur eine Bühne für alle gab, glaubte ich nämlich, die Sicht würde durch die anderen Zuschauer behindert, so wie es in einer Menschenmenge geschieht; nun aber ging mir auf, daß im Gegenteil dank einer Anordnung, die gleichsam ein Symbol jeglicher Wahrnehmung ist, jeder sich im

Mittelpunkt des Theaters fühlt; das erklärte mir auch, wieso Françoise, als wir sie einmal ein Rührstück von einem Platz im dritten Rang aus hatten ansehen lassen, beim Nachhausekommen erklärt hatte, ihr Platz sei der beste im ganzen Theater gewesen; statt daß er ihr zu weit von der Bühne entfernt gewesen war, habe sie sich im Gegenteil durch die geheimnisvoll lebendige Nähe des Vorhangs eingeschüchtert gefühlt. Meine Freude steigerte sich noch, als ich dann hinter diesem noch geschlossenen Vorhang verworrene Geräusche hörte, wie man sie unter der Schale eines Eies vernimmt, bevor das Küken ausschlüpft, Geräusche, die allmählich zunahmen und sich plötzlich aus dieser für unsere Augen unzugänglichen Welt, die aber ihrerseits uns mit ihren Blicken umfaßt, in ganz unbezweifelbarer Weise in der gebieterischen Form eines dreimaligen Klopfens, das so aufregend war wie Signale vom Planeten Mars, an uns wandten. Und als, nachdem dieser Vorhang aufgegangen war, auf der Bühne ein Schreibtisch und ein Kamin von übrigens ziemlich durchschnittlichem Aussehen noch dazu andeuteten, daß es sich bei den Personen, die jetzt auftreten würden, nicht um Schauspieler handelte, die – wie ich es einmal bei einer Abendveranstaltung erlebt hatte – nur etwas vortrugen, sondern um Menschen, die zu Hause einen Tag ihres Lebens lebten, in das ich heimlich eindrang, ohne daß sie es merkten, hielt meine Freude noch immer an; sie wurde durch eine kurze Beunruhigung unterbrochen: gerade als ich die Ohren spitzte, traten, noch ehe das Stück begann, zwei Männer über die Bühne ein, offenbar in höchstem Zorn, denn sie sprachen so laut, daß man im Zuschauerraum, in dem doch mehr als tausend Personen saßen, jedes Wort hören konnte, während man in einem kleinen Café darauf angewiesen ist, sich beim Kellner zu erkundigen, was zwei Individuen, die sich in den Haaren liegen, zueinander sagen; doch im gleichen Augenblick, erstaunt darüber, daß das Publikum ihnen zuhörte, ohne sich zu beschweren, und in einhelliges Schweigen versunken war, aus dem bald hier, bald dort Gelächter aufklang, begriff ich, daß diese unverschämten Kerle die Schauspieler waren und daß das kleine vorhergehende Stück, das man »Lever de Rideau« nennt, bereits begonnen hatte. Es folgte eine Pause, die so lang war, daß die Zuschauer, die ihre Plätze schon wieder eingenommen hatten, ungeduldig wurden und mit den Füßen trampelten. Ich war erschreckt darüber; denn ebenso wie ich, wenn ich in einem Prozeßbericht las, daß ein edler Mann auftreten und gegen seine eigenen Interessen zugunsten eines Unschuldigen aussagen wolle, immer Angst hatte, daß man vielleicht nicht nett genug zu ihm wäre und ihm nicht genügend Dankbarkeit bezeigte, ihn nicht reich genug belohnte und er sich daraufhin angewidert auf die Seite der Ungerechtigkeit schlagen könnte, so befürchtete ich hier unter Gleichsetzung von Tugend und Genie, die Berma könnte aus Empörung über die schlechten Manieren eines so ungezogenen Publikums – viel lieber wäre mir gewesen, sie hätte mit Befriedigung in diesem ein paar Berühmtheiten entdeckt, auf deren Urteil sie Wert legte – ihm ihre Unzufriedenheit und Verachtung durch schlechtes Spiel zu verstehen geben. So warf ich den stampfenden Rohlingen, die in ihrer Raserei den zerbrechlichen, kostbaren Eindruck zunichte zu machen drohten, den ich mir hier erhoffte, flehende Blicke zu. Ihre letzten Augenblicke verlebte meine Freude schließlich während der ersten Szenen von *Phèdre*. Die Gestalt der Phädra erscheint ja bekanntlich zu Beginn des zweiten Aktes nicht; und doch trat, sobald der Vorhang aufgegangen war und ein zweiter aus rotem Samt sich geteilt hatte, der in allen Stücken, in denen die gefeierte Künstlerin spielte, die Tiefe der

Bühne verdoppelte, durch die Mitte eine Schauspielerin auf, deren Gesicht und Stimme nach der Beschreibung, die ich bekommen hatte, die der Berma waren. Offenbar war die Besetzung geändert worden, und all mein Bemühen beim Studium der Rolle von Theseus' Gattin war jetzt umsonst. Dann aber nahm eine zweite Schauspielerin den Dialog mit der ersten auf. Offenbar hatte ich mich getäuscht, als ich jene für die Berma hielt, denn diese zweite glich ihr noch mehr und besaß auch, eher als die andere, ihre Diktion. Alle beide übrigens begleiteten, während sie ihre schönen peplosartigen Gewänder rafften, ihre Rede mit edlen Gebärden – die ich deutlich erkennen und auch in die richtige Beziehung zu dem Gesprochenen setzen konnte – und trugen sie in einem kunstreichen Tonfall vor, der bald leidenschaftlich bewegt, bald ironisch war und mir die Bedeutung so manchen Verses entdeckte, den ich zu Hause gelesen hatte, ohne seinen Sinn genügend zu beachten. Plötzlich aber erschien in der Öffnung des roten Vorhangs vor dem Heiligtum wie in einem Rahmen eine Frau, und an meiner Angst – einer viel größeren Angst als die der Berma es hätte sein können –, man würde sie stören, indem man ein Fenster öffnete, man würde den Klang eines ihrer Worte beeinträchtigen, indem man mit dem Programm raschelte, man würde sie aus der Stimmung bringen, indem man ihren Gefährtinnen Beifall spendete oder ihr selbst zu wenig; an meiner Art auch – einer absoluteren Art als der der Berma –, von dieser Sekunde an Zuschauerraum, Publikum, Schauspieler, Stück und meinen eigenen Körper nur als ein akustisches Medium zu betrachten, dessen Bedeutung sich einzig darin messen ließ, wie günstig es für die Modulationen dieser Stimme war, erkannte ich im gleichen Augenblick, daß die beiden Schauspielerinnen, die ich seit ein paar Minuten bewunderte, keine Ähnlichkeit mit jener hatten, die zu hören ich gekommen war. Gleichzeitig aber schwand all meine Freude dahin; so sehr ich auch meine Augen, meine Ohren und meinen Geist auf die Berma richtete, um mir auch nicht den allergeringsten Grund entgehen zu lassen, den sie mir geben würde, um sie zu bewundern, es gelang mir nicht, einen einzigen zu entdecken. Ich vermochte nicht einmal in ihrer Diktion und in ihrem Spiel wie bei ihren Gefährtinnen einfühlsame Akzente und schöne Gebärden wahrzunehmen. Ich hörte ihr zu, wie ich *Phèdre* gelesen hätte oder als ob Phädra selbst in diesem Augenblick die Dinge gesagt hätte, die ich hörte, ohne daß das Talent der Berma irgend etwas hinzuzufügen schien. Am liebsten hätte ich – um mir einen tieferen Eindruck zu verschaffen, um nach dem Schönen darin forschen zu können – jeden Akzent der Künstlerin, jeden Ausdruck ihrer Mimik angehalten und lange unbeweglich vor mir stehen lassen; so versuchte ich wenigstens – mit aller mir zur Verfügung stehenden geistigen Beweglichkeit – meine ganze Aufmerksamkeit schon vor einem Vers einzurichten und einzustellen, um auch nicht das kleinste Teilchen von der Dauer eines Wortes oder einer Gebärde für Vorbereitungen verwenden zu müssen und – dank meiner derart gespannten Aufmerksamkeit – so tief in sie eindringen zu können, wie ich es getan hätte, wenn mir unendlich viel Zeit zur Verfügung gestanden hätte. Wie kurz aber war diese Zeit! Kaum hatte ein Klang mein Ohr erreicht, so trat schon der nächste an seine Stelle. In einer Szene, in der die Berma den Arm bis zur Höhe ihres Gesichts erhebt und dank einem Beleuchtungseffekt in grünliches Licht getaucht, vor einer Dekoration, die das Meer darstellt, einen Augenblick unbeweglich stehenbleibt, brach das Parkett in Beifallsstürme aus, aber schon hatte die Schauspielerin ihren Platz verlassen, und das Bild, das ich so gern studiert hätte, existierte nicht mehr. Ich sagte zu meiner Großmutter, ich sähe nicht gut, und sie gab mir ihr Opernglas. Wenn man aber an die Wirklichkeit der Dinge glaubt, bewirkt ihre Verdeutlichung durch ein künstliches Mittel noch lange nicht, daß man sich ihnen auch nahe fühlt. Ich vermeinte nun, nicht mehr die Berma vor mir zu haben, sondern ihr Bild in einem Vergrößerungsglas. Ich legte das Instrument wieder weg; vielleicht war aber das durch die Entfernung verkleinerte Bild, das mein Auge erreichte, auch nicht genauer; welche der beiden Bermas war nun die echte? Mit großen Erwartungen hatte ich der Liebeserklärung an Hippolyt entgegengesehen, in der sie, nach der raffinierten Sinngebung zu urteilen, mit der ihre Gefährtinnen unaufhörlich weit weniger schöne Stellen versahen, mit Bestimmtheit gegenüber dem, was ich mir zu Hause bei der Lektüre vorgestellt hatte, viel überraschendere Akzente finden würde; doch brachte sie es nicht einmal zu denen, die Oenone und Aricie dafür gefunden hätten, sondern würdigte den ganzen Passus zu einem einförmigen Singsang herab, in dem die scharfen Gegensätze, deren Wirkung eine auch nur mittelmäßige Tragödin, ja sogar eine Lyzeumsschülerin sich nicht hätte entgehen lassen, völlig verlorengingen; zudem haspelte sie ihn derart schnell herunter, daß mein Geist erst, als sie beim letzten Vers angelangt war, die gewollte Monotonie im Vortrag der ersten erfaßte.

Endlich brach in mir ein erstes Gefühl der Bewunderung durch: es wurde durch den frenetischen Beifall der Zuschauer geweckt. Im Bemühen, diesen zu verlängern, schloß ich mich ihm an, damit die Berma aus Dankbarkeit sich noch selbst überträfe und ich gewiß sein könnte, ich hätte sie an einem ihrer glanzvollsten Tage erlebt. Merkwürdig ist übrigens, daß, wie ich später erfuhr, in dem Moment, da dieser Beifallssturm im Publikum losbrach, die Berma tatsächlich einen ihrer besten Einfälle anbringt. Es ist, als ob gewisse höhere Realitäten eine Ausstrahlung haben, für die die Menge ein Organ besitzt. So rufen ja auch bei manchen Ereignissen, wenn zum Beispiel an der Grenze ein Heer in Gefahr, geschlagen oder siegreich ist, die ziemlich dunklen Nachrichten, die man erhält und aus denen der Gebildete nicht viel zu entnehmen weiß, in der Menge eine Bewegung hervor, die jenen überrascht und in der er, nachdem die Sachverständigen ihn über die tatsächliche militärische Lage ins Bild gesetzt haben, die Fähigkeit des Volkes erkennt, jene »Aura« wahrzunehmen, die große Ereignisse umgibt und auf Hunderte von Kilometern hin sichtbar sein kann. Die Kunde von einem Sieg erhält man entweder erst später, wenn der Krieg schon zu Ende ist, oder auf der Stelle durch den Freudenrausch des Concierge. Man entdeckt einen genialen Zug im Spiel der Berma acht Tage, nachdem man sie gesehen hat, anhand der Zeitungskritik oder sofort, aufgrund des Begeisterungstaumels, der im Parkett ausbricht. Da aber diese spontane richtige Einsicht der Menge mit hundert anderen, vollkommen falschen durchsetzt ist, rührte sich der Applaus meist an der verkehrten Stelle, ganz abgesehen davon, daß er rein mechanisch durch die Stärke der vorhergehenden Kundgebungen ausgelöst wurde, so wie das Meer, wenn der Sturm es erst einmal genügend aufgepeitscht hat, noch weiterhin machtvoll anschwillt, auch wenn der Wind nicht mehr zunimmt. Jedenfalls kam es mir, je mehr ich applaudierte, vor, als hätte die Berma immer vorzüglicher gespielt. »Die strengt sich wenigstens an«, sagte neben mir eine ziemlich gewöhnliche Frau, »die legt sich auch richtig ins Zeug und schont sich nicht; die tut, was sie kann; das nenne ich noch spielen.« Und glücklich, solche Gründe für die Größe der Berma zu entdecken, obwohl diese damit so wenig erklärt war wie die der *Mona Lisa* oder des *Perseus* von Benvenuto[1] durch den Ausruf eines Bauern: »Das ist solide gemacht, alles gut und gediegen! Eine Arbeit muß das gewesen sein!«, so berauschte auch ich mich am derben Wein dieser Volksbegeisterung. Gleichwohl spürte ich, als der Vorhang gefallen war, eine Art Enttäuschung, daß die Freude, nach der ich mich so gesehnt hatte, nicht größer gewesen war, zugleich jedoch auch das Bedürfnis, sie möglichst zu verlängern, ja nach Verlassen des Zuschauerraums mich nie wieder von diesem Leben im Theater zu trennen, an dem ich ein paar Stunden lang teilgenommen hatte und das ich nur mit Gefühlen, als ginge es ins Exil, aufgegeben hätte, um unverzüglich nach Hause zurückzukehren, wenn ich nicht hätte hoffen können, dort viel über die Berma zu erfahren, durch ihren Bewunderer, dem ich es verdankte, daß ich *Phèdre* überhaupt hatte sehen dürfen: Norpois. Ich wurde ihm vor dem Abendessen durch meinen Vater vorgestellt, der mich zu diesem Zweck in sein Arbeitszimmer kommen ließ. Bei meinem Eintreten stand der Botschafter auf, neigte seine hohe Gestalt und musterte mich aufmerksam mit seinen blauen Augen. Da die durchreisenden Fremden, die ihm zu der Zeit vorgestellt wurden, als er noch Frankreich repräsentierte, mehr oder weniger – bis hin zu berühmten Sängern – Personen von einem gewissen Ansehen waren und er infolgedessen recht gut wußte, daß er später, wenn in Paris oder Sankt Petersburg ihr Name fiel, würde sagen können, er erinnere sich noch gut an den Abend, den er mit ihnen in München oder Sofia verbracht habe, hatte er die Gewohnheit angenommen, ihnen durch eine ihm eigene Leutseligkeit seine Befriedigung darüber zu bekunden, daß er sie kennenlernte; überzeugt außerdem, daß im Leben der Hauptstädte, in der Berührung mit den interessanten Persönlichkeiten, die dort durchkommen, und mit den Gebräuchen der

Bevölkerung, die sie bewohnt, man eine gründlichere Kenntnis, als Bücher sie vermitteln könnten, von der Geschichte, der Geographie, den Sitten der verschiedenen Nationen, dem geistigen Leben Europas erwirbt, bediente er sich bei jedem Neuauftauchenden seiner scharfen Beobachtungsgabe, um auf der Stelle zu erfahren, mit was für einer Art von Mensch er es zu tun hatte. Die Regierung hatte ihn seit langem mit keinem Auslandsposten mehr betraut, doch sobald ihm jemand vorgestellt wurde, begannen seine Augen, als hätten sie von seinem derzeitigen Ruhestand keine Kenntnis erhalten, mit Erfolg zu forschen, während er durch seine ganze Haltung zum Ausdruck bringen wollte, daß der Name des Fremden ihm nicht unbekannt sei. Die ganze Zeit über, als er sich mit mir in liebenswürdiger Weise und mit der gewichtigen Miene eines Mannes unterhielt, der sich seiner breiten Erfahrung bewußt ist, unterließ er es denn auch keinen Augenblick, mich mit durchdringender und zweckbezogener Neugier zu mustern, als sei ich ein exotischer Brauch, ein instruktives Bauwerk oder eine Diva auf Tournee. Auf diese Weise legte er mir gegenüber gleichzeitig die majestätische Liebenswürdigkeit des weisen Mentor und die eifrig bemühte Wißbegier des jungen Anacharsis[1] an den Tag.

Hinsichtlich der *Revue des Deux-Mondes* bot er mir gar nichts an, doch stellte er mir eine Reihe von Fragen über mein bisheriges Leben, meine Studien und Neigungen, von denen ich zum ersten Mal in einer Weise sprechen hörte, als könne es vernünftig sein, ihnen nachzugeben, während ich bislang geglaubt hatte, es sei notwendig, sie zu bekämpfen. Da sie mich nach der Seite der Literatur hinzogen, bemühte er sich nicht, mich von ihr abzubringen; er sprach vielmehr von ihr mit der Achtung, mit der man etwa eine verehrungswürdige und bezaubernde Person erwähnt, deren erlesenen Kreis in Rom oder Dresden man in bester Erinnerung behalten hat, doch infolge der zwingenden Verpflichtungen, die einem das Leben auferlegt, leider nur so selten aufsuchen kann. Mit einer fast lüsternen Miene schien er mich um die süßen Augenblicke zu beneiden, die ich, glücklicher und freier als er, mit ihr verbringen würde. Doch schon die Wendungen, die er gebrauchte, ließen mir die Literatur als etwas völlig anderes erscheinen, als ich mir in Combray darunter vorgestellt hatte, und es wurde mir klar, daß ich doppelt recht gehabt hatte, sie aufzugeben. Bis dahin war ich mir nur bewußt geworden, daß ich zum Schreiben keine Begabung besaß; Norpois benahm mir nun auch noch das Verlangen danach. Ich wollte ihm meine Träume von einst schildern; vor Erregung zitternd litt ich bei der Vorstellung, daß nicht jedes meiner Worte ein möglichst getreues Äquivalent dessen sei, was ich gefühlt, doch nie zu formulieren versucht hatte; daraus ergab sich natürlich, daß meine Worte ganz und gar unklar blieben. Aus beruflicher Gewohnheit vielleicht oder auch aufgrund der Gelassenheit, die jeder Mann in bedeutender Stellung an sich hat, wenn er um Rat gefragt wird, und der, da er ganz genau weiß, daß die Unterhaltung ihm nicht aus den Händen gleiten kann, den vor ihm Stehenden zappelnd sich bemühen und nach Belieben abrackern läßt, möglicherweise auch, um seinen Charakterkopf (den er selbst für griechisch hielt, trotz der großen Koteletten) besser zur Geltung zu bringen, bewahrte Norpois, während man ihm etwas auseinandersetzte, eine so völlig unbewegte Miene, daß es war, als spräche man zu einer antiken – und tauben – Porträtbüste in einer Glyptothek. Plötzlich dann, hallend wie der Hammer des Auktionators oder ein delphisches Orakel, beeindruckte einen die antwortende Stimme des Botschafters um so mehr, als sein Gesicht nichts von der Art des Eindrucks hatte erraten lassen, den man ihm vermittelt hatte, oder von dem Rat, den er erteilen würde.

»Ganz genau so«, sagte er plötzlich zu mir, als sei die Sache bereits entschieden, nachdem er mich unter seinem unbeweglichen Blick, der keinen Moment von mir abließ, hatte Blech reden lassen, »liegt der Fall bei dem Sohn eines meiner Freunde, der, *mutatis mutandis*, ebenso ist wie Sie« (er sprach nunmehr von der uns gemeinsamen Neigung in dem gleichen zuversichtlichen Ton, als handle es sich um eine Veranlagung nicht für die Literatur, sondern zum Rheumatismus und als wolle er mir dartun, daß man nicht daran stirbt). »Er hat denn auch vorgezogen, den Quai d'Orsay[1] zu verlassen, wo seine Laufbahn dank seinem Vater gleichwohl klar vorgezeichnet vor ihm lag, und, ohne sich um die Meinung der anderen zu kümmern, schriftstellerisch zu arbeiten begonnen. Er hat sicher keinen Grund, diesen Schritt zu bereuen. Vor zwei Jahren hat er – im übrigen ist er natürlich um einiges älter als Sie – ein Werk über das Gefühl des Unendlichen am östlichen Ufer des Victoria-Nyanza-Sees veröffentlicht und in diesem Jahr ein weniger umfangreiches, aber mit gewandter, manchmal sogar recht spitzer Feder geschriebenes über das Repetiergewehr in der bulgarischen Armee, Werke, die beide in ihrer Art ganz einzig dastehen.[2] Er hat bereits recht erfolgreich seinen Weg gemacht und ist nicht der Mann, dabei stehenzubleiben; ich weiß, daß sein Name, wenn auch der Gedanke an eine Kandidatur nicht unmittelbar ins Auge gefaßt wurde, doch zwei- oder dreimal in der Unterhaltung, und zwar in keineswegs abträglicher Weise, in der Académie des Sciences morales gefallen ist. Wenn man also auch noch nicht sagen kann, daß er den Gipfel erreicht hat, so hat er sich doch bereits in zähem Ringen eine hübsche Position erkämpft, und der Erfolg, der nicht immer nur Wirrköpfen und Krakeelern zufällt oder Großsprechern, die fast immer nur Maulhelden sind, der Erfolg hat seine Mühen gelohnt.«

Mein Vater, der mich bereits in einigen Jahren als Akademiemitglied sah, strahlte eine Befriedigung aus, die ihren Höhepunkt erreichte, als Norpois nach kurzem Zögern, währenddessen er offenbar die Folgen seiner Handlung zu ermessen bemüht war, seine Karte zog und zu mir sagte: »Besuchen Sie ihn doch mit einem Gruß von mir, er kann Ihnen sicherlich nützliche Ratschläge geben«, wobei er mich mit diesen Worten in eine so schmerzliche Aufregung versetzte, als kündigte er mir an, ich müsse morgen als Schiffsjunge mit einem Segler auf große Fahrt.

Meine Tante Léonie hatte mir neben vielen eher lästigen Gegenständen und Möbeln auch fast ihr gesamtes Barvermögen vermacht und damit nach ihrem Tod eine Zuneigung für mich offenbart, die ich zu ihren Lebzeiten nicht vermutet hatte. Mein Vater, der dieses Vermögen bis zum Zeitpunkt meiner Mündigkeit zu verwalten hatte, zog Norpois wegen der richtigen Anlage in einigen Fällen zu Rate. Dieser empfahl schwach verzinsliche Werte, die er für besonders solide hielt, nämlich englische Konsols und den russischen Vierprozentigen.[1] »Mit solchen erstklassigen Anlagewerten«, sagte Norpois, »sind Sie, wenn auch der Ertrag nicht sehr bedeutend ist, wenigstens ganz sicher, daß der Kapitalwert nie schwinden kann.« Mein Vater teilte ihm sonst noch in großen Zügen mit, was er gekauft hatte. Norpois beglückwünschte ihn mit einem fast unmerklichen Lächeln: Wie alle Kapitalisten hielt er Vermögen für etwas höchst Erstrebenswertes, fand es aber eleganter, dem Besitz anderer nur durch ein kaum sichtbares Zeichen heimlichen Einverständnisses seine Wertschätzung auszudrücken; da er andererseits selbst kolossal reich war, glaubte er seinen guten Geschmack zu beweisen, indem er die bescheideneren Einkünfte eines anderen als beachtlich hinstellte, wobei er dann doch mit einem sehr behaglichen Glücksgefühl wieder an die Überlegenheit der seinen dachte. Dagegen zögerte er nicht, meinem Vater zu der »Komposition« seines Effektenfonds zu gratulieren, die »sehr sicher, sehr einfühlend, mit erlesenem Geschmack« vorgenommen sei. Es klang, als ob er den Börsenwerten in ihrer Beziehung zueinander oder auch bereits an sich etwas wie ästhetische Qualitäten zuerkannte. Von einer noch ziemlich neuen, wenig bekannten Aktie, die mein Vater erwähnte, sagte Norpois im Ton der Leute, die die Bücher gelesen haben, die man allein zu kennen glaubte: »O doch, ich habe mich eine Zeitlang damit vergnügt, ihre Notierungen zu verfolgen, sie ist nicht uninteressant«, und zwar stellte er das mit dem rückblickend faszinierten Lächeln des Abonnenten einer Zeitschrift fest, der im Feuilleton den letzten Fortsetzungsroman gelesen hat. »Ich würde Ihnen nicht abraten, bei der demnächst erfolgenden Emission zu zeichnen. Sie ist tatsächlich sehr reizvoll, die Titel werden zu verlockenden Preisen offeriert.« Da mein Vater jedoch bei ein paar älteren Papieren sich an die Bezeichnung nicht genau erinnerte, die man leicht mit dem Namen ähnlicher Werte verwechseln konnte, schloß er eine Schublade auf, entnahm ihr die betreffenden Titel und zeigte sie dem Botschafter. Ihr Anblick entzückte mich; sie waren mit spitzen Kirchtürmen und allegorischen Figuren verziert wie gewisse aus der Zeit der Romantik stammende Ausgaben, in denen ich früher geblättert hatte. Alles, was aus derselben Zeit stammt, ähnelt sich; dieselben Künstler, die die Gedichtbände einer Epoche illustrieren, werden auch von den Finanzgesellschaften beschäftigt. Und nichts erinnert mehr an bestimmte alte Lieferungen von *Notre-Dame de Paris*[1] oder von Werken Gérard de Nervals, wie sie in der

Auslage der Gemischtwarenhandlung in Combray zu sehen waren, als – in ihrer verzierten rechteckigen, von Flußgöttern gehaltenen Umrahmung – eine Namensaktie der »Compagnie des Eaux«.

Mein Vater empfand für meine Art von Begabung eine von zärtlicher Liebe genügend gemilderte Geringschätzung, daß seine generelle Reaktion gegenüber allem, was ich trieb, in blinder Nachsicht bestand. Daher unterließ er denn auch nicht, mich ein kleines Prosagedicht holen zu lassen, das ich früher einmal in Combray bei der Rückkehr von einem Ausflug geschrieben hatte. Ich hatte es in einem Zustand der Begeisterung verfaßt, von dem ich meinte, daß er sich denen, die es läsen, gleichfalls mitteilen müsse. Offenbar aber übertrug er sich auf Norpois nicht, denn er gab es mir wortlos zurück.[1]

Voller Hochachtung für die Beschäftigungen meines Vaters, kam meine Mutter schüchtern fragen, ob sie auftragen lassen könne. Sie scheute sich, ein Gespräch zu unterbrechen, bei dem sie nichts zu suchen hatte. Denn tatsächlich rief mein Vater dem Marquis ständig irgendeine nützliche Maßnahme in Erinnerung, die sie gemeinsam in der nächsten Kommissionssitzung verfechten wollten, und zwar in jenem ganz besonderen Ton, den in einem fremden Milieu – darin Schulkameraden ähnlich – zwei Kollegen anschlagen, die aufgrund berufsmäßiger Gewohnheiten gemeinsame Erinnerungen haben, von denen die anderen ausgeschlossen sind, weshalb sie sich denn auch bei diesen entschuldigen, sie in ihrer Gegenwart zur Sprache gebracht zu haben.

Die völlige Unabhängigkeit, zu der Norpois seine Gesichtsmuskeln erzogen hatte, gestattete ihm zuzuhören, ohne so auszusehen, als höre er überhaupt. Mein Vater wurde etwas nervös: »Ich hatte daran gedacht, den Rat der Kommission einzuholen...«, deutete er dem

Botschafter nach langwierigen Erläuterungen an. Da aber entströmte dem Antlitz des adligen Virtuosen, der bisher mit der Lässigkeit eines Orchestermitglieds dagesessen hatte, dessen Einsatz noch nicht fällig ist, mit ganz gleichem, nur etwas gehobenerem Tonfall, als ob es sich, wenn auch diesmal mit anderem Stimmklang, um den Abschluß handeln würde, der begonnene Satz: »die Sie natürlich sofort zu diesem Behuf zusammenbringen werden, um so mehr, als die einzelnen Mitglieder Ihnen ja persönlich bekannt und jederzeit leicht erreichbar sind.« Dieser Schluß war an sich natürlich nichts so Erstaunliches. Durch die Erstarrung aber, die ihm vorausgegangen war, hob er sich in einer so kristallenen Klarheit und mit jenem fast spöttisch wirkenden Überraschungsmoment versetzt heraus, mit dem in einem Mozart-Konzert das bis dahin schweigende Klavier im gegebenen Moment dem Cello Antwort gibt.

»Nun, hat dir deine Matinee gefallen?« fragte mich mein Vater, als wir zu Tisch gingen, in der Absicht, mir Gelegenheit zu glänzen zu geben, denn er meinte, meine Begeisterung werde Norpois für mich einnehmen. »Er hat nämlich gerade die Berma gesehen, Sie erinnern sich, daß wir davon sprachen«, fuhr er zu dem Diplomaten gewendet fort, und zwar im gleichen Ton rückblickender, sachverständiger und geheimnisvoller Anspielung, als handle es sich um eine Sitzung der Kommission.

»Da waren Sie sicher begeistert, besonders, wenn Sie sie zum erstenmal gesehen haben. Ihr Herr Vater sorgte sich wegen eventueller nachteiliger Folgen, die diese kleine Eskapade für Ihre Gesundheit haben könnte, denn Sie sind etwas zart, etwas empfindlich offenbar. Ich habe ihn da beruhigt. Unsere Theater sind nicht mehr, was sie noch vor zwanzig Jahren waren. Wir haben jetzt einigermaßen komfortable Sitze, die Luft wird frisch gehalten, obwohl wir noch weit hinter England und Deutschland zurück sind, die in dieser Hinsicht wie in vielen anderen einen enormen Vorsprung haben. Ich habe Madame Berma in *Phèdre* nicht gesehen, habe aber gehört, daß sie da ganz fabelhaft sein soll. Sie waren natürlich hingerissen, nicht wahr?«

Norpois, der tausendmal gescheiter war als ich, besaß gewiß jene Wahrheit, die ich dem Spiel der Berma nicht hatte entnehmen können, und würde sie mir entdecken; ich wollte seine Frage in der Weise beantworten, daß ich ihn gleichzeitig mir zu sagen bat, worin diese Wahrheit bestand; damit würde er mein Verlangen, die Schauspielerin zu sehen, nachträglich rechtfertigen. Ich hatte nur einen Augenblick Zeit, ich mußte ihn nutzen, um das Gespräch auf die wesentlichen Punkte zu bringen. Welche aber waren das? Während ich meine ganze Aufmerksamkeit angespannt auf meine so verworrenen Eindrücke richtete, keineswegs darauf bedacht, die Bewunderung von Norpois zu erregen, sondern nur darauf, von ihm die ersehnte Wahrheit zu hören, machte ich keinen Versuch, die Worte, die ich nicht fand, durch Klischees zu ersetzen; ich kam ins Stottern, und schließlich, um ihn zu der Erklärung zu zwingen, weshalb denn die Berma so bewundernswert sei, gestand ich ihm meine Enttäuschung ein.

»Aber was denn«, rief mein Vater, ärgerlich über die leidige Wirkung, die das Eingeständnis meines geistigen Unvermögens auf Norpois haben mußte, »wie kannst du denn sagen, du hättest keine Freude daran gehabt? Deine Großmutter hat uns doch erzählt, du hättest dir fast die Augen aus dem Kopf geschaut, niemand im Zuschauerraum habe sich so betragen wie du.«

»Ja eben, ich habe mir wirklich Mühe gegeben, um herauszufinden, was so bemerkenswert an ihr ist. Natürlich ist sie sehr gut ...«

»Wenn sie sehr gut ist, was willst du dann noch mehr?«

»Was ganz sicher zu dem Erfolg der Berma beiträgt«, erklärte Norpois, indem er sich ausdrücklich an meine Mutter wandte, um sie in die Unterhaltung mit einzubeziehen und damit gewissenhaft seiner Höflichkeitspflicht der Dame des Hauses gegenüber nachzukommen, »ist ihr vollendeter Geschmack in der Wahl ihrer Rollen, der ihr immer den vollen, wohlverdienten Erfolg einbringt. Nur selten sieht man sie in einem mittelmäßigen Stück. Jetzt, beachten Sie, hat sie sich die Rolle der Phädra vorgenommen. Den gleichen Geschmack übrigens betätigt sie auch in ihren Kostümen und in ihrem Spiel. Obwohl häufige und erfolgreiche Tourneen sie nach England und Amerika geführt haben, hat doch die Gewöhnlichkeit, ich möchte nicht sagen John Bulls, was mindestens in bezug auf das viktorianische England eine Ungerechtigkeit wäre, aber auch Uncle Sams nicht auf sie abgefärbt.[1] Niemals trägt sie mit Farben oder mit der Stimme irgendwo zu stark auf. Überhaupt ihre Stimme! Sie ist wundervoll, und sie hat sie vollkommen in der Gewalt, sie spielt darauf, ich möchte beinahe sagen, wie eine Musikerin!«

Mein Interesse an dem Spiel der Berma hatte, seitdem die Vorstellung beendet war, unaufhörlich zugenommen, weil es nun durch die Grenzen der Wirklichkeit nicht mehr eingeengt war, doch hatte ich das Bedürfnis, Erklärungen dafür zu finden; zudem hatte es sich in gleich intensiver Weise auf alles gerichtet, was sie in ihrem Spiel, unteilbar wie das Leben selbst, meinen Augen und Ohren darbot; es war dabei ohne Aussonderung oder Auszeichnung verfahren; daher war es denn auch ganz glücklich, einen vernünftigen Grund für sein Dasein im Lob zu entdecken, das der Schlichtheit und dem guten Geschmack der Künstlerin gezollt wurde; es sog dieses Lob förmlich auf und machte es sich zu eigen, so wie es der Optimismus eines Betrunkenen mit den Taten seines Nachbarn hält, in denen er stets Grund zur Rührung findet. »Es ist wahr«, sagte ich mir, »welch schöne Stimme, welches Maß in ihrem Gebrauch, wie schlicht doch die Kostüme sind und wie klug von ihr, *Phèdre* gewählt zu haben! Nein, ich wurde nicht enttäuscht.«

Das kalte Rindsfilet mit Karotten erschien, von unserem Küchen-Michelangelo auf riesige Geléekristalle gelagert, die aussahen wie Blöcke aus durchsichtigem Quarz.[1]

»Sie haben da ja einen Meister erster Güte, Gnädigste«, meinte Norpois. »Das will heute viel heißen. Wenn man wie ich im Ausland ein Haus in ziemlich großem Stil hat führen müssen, weiß man, wie schwierig es oft ist, einen tadellosen Küchenchef zu finden. Sie laden uns ja wirklich zu erlesenen Genüssen ein.«

Tatsächlich hatte sich Françoise, zu höchstem Ehrgeiz getrieben, einem distinguierten Gast ein Abendessen aufzutischen, dessen Anforderungen ihrer auch würdig waren, eine Mühe gemacht, die sie sonst für uns nicht mehr auf sich nahm, und ihren unvergleichlichen Stil aus den Combrayer Tagen wieder erreicht.

»Das sind Dinge, die man im Wirtshaus nicht bekommt, auch in den besten nicht: ein Rinderschmorbraten, bei dem das Gelée nicht nach Kleister schmeckt und bei dem das Fleisch wirklich den Duft der Karotten angenommen hat, ganz vortrefflich! Gestatten Sie, daß ich mich noch einmal bediene«, setzte er hinzu und gab durch ein Zeichen zu verstehen, daß er mehr vom Gelée nehmen wolle. »Ich fände es wirklich interessant, Ihren Vatel[2] jetzt einmal mit einem ganz anderen Gericht zu erproben, zum Beispiel zu sehen, wie er sich mit dem Bœuf Stroganoff[3] aus der Affäre zieht.«

Um auch seinerseits zu den Annehmlichkeiten des

Mahls beizutragen, tischte uns Norpois verschiedene Histörchen auf, die er oft bei seinen Berufskollegen zum besten gab, indem er abwechselnd eine lächerliche Phrase eines Politikers zitierte, der bekannt war für seine endlosen, mit schiefen Bildern gespickten Sätze, oder eine lapidare Formel aus dem Mund eines Diplomaten mit dem rechten Zusatz von attischem Salz.[1] Allerdings hatte das Kriterium, durch das er diese beiden Arten von Äußerungen unterschied, nichts mit dem zu tun, das ich selbst auf die Literatur anzuwenden pflegte. Viele Nuancen entgingen mir; die Wendungen, die er von Lachen geschüttelt vorbrachte, schienen mir nicht sehr verschieden von denen, die er beachtenswert fand. Er gehörte der Gattung Menschen an, die sich über Werke, die ich liebte, so geäußert hätten: »Aha, Sie verstehen das? Ich persönlich muß zugeben, daß ich da nichts verstehe, ich bin eben nicht eingeweiht«, doch hätte ich ihm genauso antworten können, denn ich hatte kein Verständnis für den Geist oder die Dummheit, die Beredsamkeit oder den Schwulst, den er in dieser oder jener Replik oder Rede entdeckte, und daß es keinen erkennbaren Grund für mich gab, weshalb das eine schlecht und das andere gut sein sollte, bewirkte, daß diese Art von Literatur mir schleierhafter und dunkler vorkam als jede andere. Ich stellte nur fest, daß in der Politik das Wiederholen dessen, was alle Welt meint, offenbar kein Zeichen von Mittelmäßigkeit, sondern von Größe ist. Wenn Norpois gewisse Ausdrücke, auf die man auch in den Zeitungen stieß, benutzte und mit Nachdruck aussprach, spürte man, daß sie allein durch die Tatsache, daß er sich ihrer bedient hatte, zu einer Art Amtshandlung wurden, die beachtet und kommentiert werden würde.

Meine Mutter versprach sich viel von dem Ananas- und Trüffelsalat.[2] Doch nachdem der Botschafter auf diesem Gericht einen Augenblick lang seinen allesdurchdringenden Beobachterblick hatte ruhen lassen, nahm er es in eine Wolke von diplomatischem Schweigen gehüllt zu sich und gab uns seine Gedanken nicht preis. Meine Mutter drängte ihn, noch einmal davon zu nehmen, was Norpois auch tat, doch an Stelle des erhofften Kompliments bemerkte er nur: »Ich gehorche, Gnädigste, Ihr Wunsch ist für mich ein Ukas[1].«

»Wir haben in verschiedenen ›Blättern‹ gelesen, daß sie sich lange mit dem König Theodosius unterhalten haben?« wandte sich mein Vater an ihn.

»In der Tat hat der König, der über ein außergewöhnliches physiognomisches Gedächtnis verfügt, die Güte gehabt, als er mich in meinem Orchestersessel erblickte, sich daran zu erinnen, daß ich die Ehre gehabt habe, mit ihm während mehrerer Tage am bayrischen Hofe zu weilen, als er noch nicht an einen östlichen Thron dachte (Sie wissen, daß er durch einen europäischen Kongreß berufen worden ist und sogar sehr gezögert hat, ob er annehmen sollte, da er diesen Herrscherrang seinem Geschlecht, das heraldisch gesehen das edelste ganz Europas ist, nicht ganz angemessen fand). Ein Adjutant bat mich zu Seiner Majestät, und ich habe mich natürlich beeilt, dem allerhöchsten Befehl zu willfahren.«

»Waren Sie mit den Ergebnissen seines hiesigen Aufenthalts zufrieden?«

»Mehr als das, entzückt! Man durfte sich vorher einigen Befürchtungen hingeben, wie ein so junger Monarch sich aus der Affäre ziehen würde, besonders in einer derart heiklen Konstellation. Ich meinerseits hegte allerdings vollstes Vertrauen zu dem gesunden politischen Sinn dieses Souveräns. Doch muß ich gestehen, daß meine Erwartungen übertroffen wurden. Die Tischrede, die er im Élysée gehalten hat und die, wie ich aus völlig zuverlässiger Quelle weiß, vom ersten bis zum letzten Wort von ihm selbst verfaßt worden ist, war dem allgemeinen Interesse auch würdig, das sie geweckt hatte. Sie ist ganz einfach ein Meisterstück; etwas kühn, gebe ich zu, doch von einem Freimut, dem der Erfolg voll und ganz recht gegeben hat. Die Traditionen der Diplomatie haben bestimmt ihr Gutes, doch so, wie die Dinge liegen, hatten sie schließlich dazu geführt, daß die Atmosphäre, in der unsere beiden Länder lebten, zum Ersticken geworden war. Eine Möglichkeit, frische Luft zu schaffen – die freilich an sich nicht zu empfehlen ist, doch König Theodosius konnte sich das erlauben –, besteht nun jedenfalls darin, die Fenster einzuschlagen. Er hat das mit solch herrlichem Temperament getan, daß alles davon entzückt war, und gleichzeitig seine Worte so vorzüglich gewählt, daß man sofort jene Familie hochgebildeter Fürsten erkannte, der er durch seine Mutter angehört. Sicher ist der Ausdruck ›Wahlverwandtschaft‹ für die Beziehungen seines Landes zu Frankreich, wie wenig geläufig er auch im Vokabular der Diplomatie sein mag, als Formulierung überaus geglückt. Sie sehen, Literatur kann nichts schaden, in der Diplomatie nicht und nicht einmal auf dem Thron«, setzte er zu mir gewandt hinzu. »Die Tatsache selbst, gebe ich zu, bestand an sich schon seit langem, und die Beziehungen zwischen den beiden Mächten waren ausgezeichnet. Doch mußte man es auch sagen. Man wartete auf das Wort, und dieses nun war so gut gewählt, daß es, wie Sie sehen, auch gezündet hat. Ich meinerseits applaudiere ihm jedenfalls vorbehaltlos.«

»Ihr Freund, Monsieur de Vaugoubert, der ja schon seit Jahren an einer solchen Annäherung gearbeitet hat, war sicher sehr erfreut darüber.«

»Um so mehr, als Seine Majestät, der dieser Sachverhalt wohl bekannt war, es darauf angelegt hatte, ihm damit eine Überraschung zu bereiten. Eine Überraschung freilich, die eine solche auch für alle übrigen war, nicht zuletzt für den Minister des Äußeren, der sie, wie mir berichtet worden ist, nicht ganz nach seinem Geschmack gefunden hat. Er soll jemandem, der ihn darauf ansprach, laut genug, daß die Umstehenden es hören konnten, zur Antwort gegeben haben: ›Ich bin weder befragt noch unterrichtet worden‹, wodurch er deutlich zum Ausdruck brachte, daß er seinerseits jede Verantwortung für das Vorgefallene ablehnt. Man muß zugeben, daß die Sache allerdings rechten Lärm gemacht hat, und ich möchte nicht behaupten«, fügte er mit einem maliziösen Lächeln hinzu, »daß gewisse Kollegen von mir, deren oberstes Gesetz das des geringsten Widerstandes zu sein scheint, nicht etwas aus ihrer Seelenruhe aufgescheucht worden sind. Was nun Vaugoubert anbelangt, so war er, wie Sie wohl wissen, gerade wegen seiner Annäherungspolitik scharf angegriffen worden, und er litt darunter bestimmt um so mehr, als er sehr empfindsam ist, ein Mensch mit viel Gemüt. Ich kann das um so besser bestätigen, als ich, obwohl er um vieles jünger ist als ich, viel mit ihm umgegangen bin; wir sind Freunde von alters her, und ich kenne ihn gut. Wer im übrigen kennt ihn nicht? Er kann ja nichts verbergen. Das ist sogar der einzige Fehler, den man ihm vorwerfen könnte; es muß nicht unbedingt sein, daß man einem Diplomaten derart ins Innerste schaut. Dennoch ist die Rede davon, ihn nach Rom zu entsenden, was eine schöne Auszeichnung wäre, aber eine, die freilich nicht leicht zu haben ist. Unter uns gesagt, glaube ich, daß Vaugoubert, wenn ihm auch jeder Ehrgeiz fernliegt, sehr erfreut sein und keineswegs danach verlangen würde, daß dieser Kelch an ihm vorübergehe. Er wird auch vielleicht da unten wirklich Wunder tun; er ist der Kandidat der Consulta, und ich meinerseits kann mir gerade ihn, den Künstler, sehr gut im Rahmen des Palazzo Farnese und der Galleria Carracci denken. Es scheint ganz so, als könne zumindest niemand ihn hassen; doch König Theodosius ist von einer ganzen Camarilla umgeben, die mehr oder weniger treu der Wilhelmstraße ergeben ist, deren Anregungen sie gefügig befolgt und die auf alle Arten versucht hat, ihm möglichst arg zuzusetzen.[1] Vaugoubert hat es also nicht nur mit den Intrigen der Wandelgänge, sondern auch mit den Anwürfen der bezahlten Federfuchser zu tun gehabt, die später, feige wie alle gemieteten Schreiberlinge, zwar die ersten beim Paterpeccavi gewesen sind, zunächst aber nicht davor zurückschreckten, den haltlosen Anschuldigungen, die verantwortungslose Elemente gegen den Vertreter Frankreichs vorbrachten, Glauben zu schenken. Mehr als vier Wochen lang führten die Feinde Vaugouberts um ihn einen Skalptanz auf«, sagte Norpois, indem er letzteren Ausdruck stark hervorhob. »Doch wohl dem, der rechtzeitig eine Warnung erhält; die Anwürfe hat er mit der linken Hand erledigt«, setzte er noch nachdrücklicher und mit einem so drohenden Blick hinzu, daß wir einen Moment mit Essen innehielten. »Wie sagt doch ein schönes arabisches Sprichwort: ›Die Hunde bellen, und die Karawane zieht vorüber.‹« Nach Anbringen dieses Zitats hielt Norpois inne, um uns anzuschauen und die Wirkung auf uns abzuschätzen. Sie war groß; das fragliche Sprichwort war uns bereits bekannt: Es war in diesem Jahr bei bedeutenden Männern an die Stelle eines anderen getreten, das lautete: »Wer Wind sät, wird Sturm ernten« und das Ruhe nötig hatte, denn es war nicht so widerstands- und lebensfähig wie: »Travailler pour le roi de Prusse«.[2] Diese Herrschaften nämlich bestellten den Acker ihres Geistes nach dem Prinzip des Fruchtwechsels, dessen Turnus zur Zeit drei Jahre lief. Freilich waren Zitate dieser Art, mit denen Norpois seine Artikel in der *Revue* auf Hochglanz zu bringen verstand, nicht unbedingt erforderlich, damit jene solide und wohlinformiert wirkten. Auch ohne solches schmückende Beiwerk genügte es, wenn Norpois im gegebenen Augenblick – was er nie unterließ – schrieb: »Nicht zuletzt erkannte auch das Kabinett von Saint-James die Gefahr«, oder: »Die Aufregung war groß am Ufer der Newa, wo man mit besorgtem Blick die egoistische, aber geschickte Politik des Doppeladlers verfolgte«, oder: »Ein Alarmruf ertönte vom Montecitorio her«, oder: »Das ewige Doppelspiel, das so ganz zu den Gepflogenheiten des Ballhausplatzes paßt«.[1] An diesen Ausdrücken erkannte der Laie sofort den Berufsdiplomaten und las mit gebührender Achtung weiter. Was aber die Meinung genährt hatte, daß er noch mehr sei als das, daß er nämlich über eine höhere Geistesbildung verfüge, war der durchdachte Gebrauch von Zitaten, als deren vollkommenstes Muster damals galt: »Macht mir eine gute Politik, und ich mache euch gute Finanzen, wie Baron Louis[2] zu sagen pflegte.« (Man hatte noch nicht aus Fernost importiert: »Der Sieg gehört demjenigen der beiden Gegner, der eine Viertelstunde länger aushält, wie die Japaner sagen.«) Dieser Ruf als höchst gebildeter Mann in Verbindung mit einer wirklich genialen Begabung für die Intrige unter der Maske des Unbeteiligtseins hatte Norpois Eingang in die Académie des Sciences morales verschafft. So mancher hätte ihn sogar in der Académie française nicht fehl am Platz gefunden, zumal seit dem Tag, da er, in dem Bestreben darzutun, daß wir nur durch Stärkung der Allianz mit den Russen zu einer Verständigung mit England kommen könnten, nicht gezögert hatte zu schreiben: »Es sollte am Quai d'Orsay zur Kenntnis genommen werden und fortan in allen geographischen Handbüchern stehen, die bislang in diesem Punkt noch unvollständig sind, man sollte beim Abitur unerbittlich jeden Kandidaten durchfallen lassen, der es noch nicht weiß: zwar führen alle Wege nach Rom, aber der Weg von Paris nach London führt unweigerlich über Sankt Petersburg.«

»Alles in allem«, fuhr Norpois fort, »hat Vaugoubert einen schönen Erfolg zu verzeichnen, der seine Erwartungen noch bei weitem übertrifft. Er hat sich bestimmt auf eine höflich korrekte Tischrede gefaßt gemacht (was nach den mancherlei Trübungen der letzten Jahre schon recht schön gewesen wäre), doch nicht auf mehr. Mehrere Persönlichkeiten, die zugegen waren, haben mir versichert, daß man sich beim bloßen Lesen der Rede keinen Begriff von der Wirkung machen kann, die sie tatsächlich hatte, als sie so ungemein pointiert aus dem Munde des Königs kam, der ein Meister des Vortrags ist und ganz nebenher jede Absicht, jede Feinheit unterstrichen hat. Ich habe mir bei dieser Gelegenheit eine ganz pikante Einzelheit berichten lassen, die noch einmal den gewissen jugendlichen Charme, der dem König Theodosius so viele Herzen gewinnt, so richtig hervortreten läßt. Man hat mir gesagt, daß gerade bei dem Wort ›Wahlverwandtschaft‹ – in dem ja vor allem enthalten war, was diese Rede an völlig Neuem bringt und was noch lange den Kommentaren der diplomatischen Welt Stoff liefern wird, Sie werden ja sehen – Seine Majestät in Voraussicht der Freude unseres Botschafters, der die gerechte Krönung seiner Bemühungen, seiner Träume möchte man sagen, die Belehnung mit dem Marschallstab, darin erkennen mußte, sich halb zu Vaugoubert hingewendet hat und den so fesselnden Blick der Öttingen[1] auf diesem ruhen ließ, wobei er das so glücklich gewählte Wort ›Wahlverwandtschaft‹, dieses Wort, das eine wahre Eingebung darstellt, in einem Ton hervorgehoben hat, der jedermann zu verstehen gab, daß er es wohlwissend und im vollem Bewußtsein seiner Tragweite benutzte. Es scheint, daß Vaugoubert Mühe hatte, seine Rührung zu verbergen, und ich muß gestehen, in gewisser Weise begreife ich das. Eine Person von höchster Glaubwürdigkeit hat mir außerdem anvertraut, nach dem Diner, als Seine Majestät Cercle hielt, sei der König zu Vaugoubert getreten und habe halblaut zu ihm gesagt: ›Nun, mein lieber Marquis, sind Sie mit Ihrem Schüler zufrieden?‹ Sicher ist«, schloß Norpois, »daß eine solche Rede zur Annäherung der beiden Länder, zur Förderung ihrer ›Wahlverwandtschaft‹, um den so anschaulichen Ausdruck Theodosius' II. zu verwenden, mehr beigetragen hat als zwanzig Jahre des Verhandelns. ›Wahlverwandtschaft‹, das ist, wenn Sie wollen, nur ein Wort, aber Sie sehen ja, wie es einschlug, wie die gesamte Presse Europas es aufgenommen hat, welches Interesse es weckt, welch neuen Ton es hat aufklingen lassen. Es liegt übrigens ganz in der Linie dieses Souveräns. Ich will nicht geradezu sagen, daß er alle Tage Diamanten reinen Wassers wie diesen findet. Doch es ist sehr selten, daß er in seinen wohlvorbereiteten Reden oder sogar mehr noch ganz spontan in der Unterhaltung sich nicht mit einem Wort, das aus dem Rahmen fällt, auszeichnet und damit, wäre man versucht zu sagen, eigentlich unterzeichnet. Ich dürfte um so mehr über jeden Verdacht der Parteilichkeit auf diesem Gebiet erhaben sein, als ich ein Feind jeder Neuerung in der Materie bin. Auf zwanzig eher gefährliche kommt höchstens eine gute.«

»Ja, ich denke mir, daß die Depesche des deutschen Kaisers neulich nicht so sehr nach Ihrem Geschmack gewesen sein kann«, warf mein Vater ein.[1]

Norpois hob die Augen zum Himmel, als wolle er damit sagen: Oh! Überhaupt der! »Zunächst einmal handelt es sich hier um einen Akt der Undankbarkeit. Es ist mehr als ein Verbrechen, es ist ein Fehler und eine Dummheit obendrein, die ich als pyramidal bezeichnen muß! Im übrigen, wenn da nicht bald jemand Halt gebietet, ist dieser Mann, der Bismarck fortgejagt hat, imstande, die ganze bismarckische Politik über den Haufen zu werfen, und dann kommt der Sprung ins Ungewisse.«

»Mein Mann hat mir gesagt, Monsieur de Norpois, Sie würden ihn einmal eines Sommers mit nach Spanien nehmen, ich würde mich sehr für ihn freuen.«

»Ja gewiß doch, das ist ein Plan, der mir verlockend scheint und den ich gern ins Auge fasse. Ich würde mit Vergnügen in Ihrer Begleitung die Reise machen, lieber Freund. Und Sie, Gnädigste, haben Sie auch schon darüber nachgedacht, wie Sie die Ferien verbringen wollen?«

»Ich werde vielleicht mit meinem Sohn nach Balbec gehen, ich weiß es noch nicht genau.«

»Ah! Balbec ist ein angenehmer Ort, ich kam vor einigen Jahren dort vorbei. Es werden da jetzt ganz niedliche Villen gebaut, ich glaube, es wird Ihnen gefallen. Aber darf ich fragen, was Sie bewogen hat, gerade Balbec zu wählen?«

»Mein Sohn möchte so gern ein paar Kirchen in der Gegend sehen, vor allem die von Balbec. Ich hatte erst wegen seiner Gesundheit ein bißchen Angst vor den Strapazen der Reise und auch des Aufenthaltes dort. Doch wie ich höre, gibt es jetzt in Balbec ein ausgezeichnetes neues Hotel, in dem er alles an Bequemlichkeit haben kann, was sein Zustand erfordert.«

»Ah! Das muß ich einer bestimmten Dame sagen, die sich sicher sehr dafür interessieren wird.«[1]

»Die Kirche in Balbec ist doch etwas ganz Besonderes, nicht wahr?« fragte ich in dem Bemühen, über den traurigen Eindruck hinwegzukommen, daß ein Hauptreiz von Balbec in seinen niedlichen Villen bestehen sollte.

»Sie ist gar nicht übel, aber freilich hält sie den Vergleich mit jenen ziselierten Schmuckstücken, den Kathedralen von Reims und von Chartres und jener, die meiner Ansicht nach die Perle von allen ist, der Sainte-Chapelle zu Paris, nicht aus.«

»Aber die Kirche von Balbec ist doch zum Teil romanisch?«

»Das stimmt, sie ist im romanischen Stil erbaut, der an sich schon außerordentlich kalt wirkt und noch in nichts die Eleganz und die Phantasie der gotischen Baumeister ahnen läßt, die den Stein behandeln, als ob es Spitzen wären.[1] Die Kirche von Balbec verdient, daß man sie besichtigt, wenn man in der Gegend ist, sie ist ganz merkwürdig in ihrer Art; wenn Sie an einem Regentag nicht wissen, was Sie anfangen sollen, gehen Sie einmal hinein und besuchen Sie Tourvilles[2] Grab.«

»Sind Sie eigentlich beim Bankett des Außenministeriums gewesen? Ich selbst konnte nicht hingehen«, bemerkte mein Vater.

»Nein«, antwortete Norpois mit einem Lächeln, »ich gebe zu, daß ich zugunsten eines recht anders gearteten Abends darauf verzichtet habe. Ich habe bei einer Frau gespeist, von der Sie vielleicht gehört haben, bei der schönen Madame Swann.«

Meine Mutter unterdrückte ein leichtes Erschauern, denn da sie mit ihren Gefühlen rascher reagierte als mein Vater, fürchtete sie seinetwegen häufig Dinge, die ihn selber erst später berührten. Die Unannehmlichkeiten, die ihm zustießen, wurden zuerst von ihrem Bewußtsein registriert, so wie die schlechten Nachrichten, die Frankreich betreffen, im Ausland schneller bekannt werden als bei uns. Doch neugierig, welche Art von Personen die Swanns wohl bei sich sehen mochten, erkundigte sie sich bei Norpois, wen er dort angetroffen habe.

»Mein Gott... es ist ein Haus, in dem, wie mir scheint, vor allem... Herren verkehren. Es waren ein paar verheiratete Männer da, aber ihre Frauen fühlten sich an dem betreffenden Abend nicht ganz wohl und kamen nicht«, antwortete der Botschafter mit einer in Gutmütigkeit gehüllten sarkastischen Note, während er Blicke in die Runde sandte, die durch Sanftmut und Diskretion seine Bosheit abschwächen sollten, sie aber statt dessen geschickt verstärkten.

»Um der Wahrheit die Ehre zu geben, es waren auch Frauen da, aber Frauen, die... vielleicht eher... wie soll ich sagen, der republikanischen Welt als eigentlich der Gesellschaft Swanns« (er sprach den Namen ›Svann‹ aus) »angehören. Wer weiß? Vielleicht wird eines Tages ein politischer oder literarischer Salon daraus. Im übrigen scheinen mir die beiden, so wie es ist, ganz zufrieden zu sein. Ich finde, daß Swann es sogar etwas allzusehr zeigt. Er zählte auf, bei welchen Leuten er und seine Frau in der nächsten Woche eingeladen sind, Leute, auf deren Freundschaft man sich aber wirklich nichts einzubilden braucht, und zwar tat er das mit einem Mangel an Zurückhaltung und Geschmack, ich möchte fast sagen an Takt, der mich bei einem so feinsinnigen Menschen in Erstaunen setzte. Immer wieder sagte er: ›Wir sind keinen Abend frei‹, als ob das an sich ein Ruhmestitel wäre, und wie ein Parvenü, der er doch gar nicht ist. Denn Swann hatte viele Freunde und sogar Freundinnen, und ohne daß ich zu weit gehe, ohne daß ich zuviel behaupten möchte, glaube ich doch sagen zu können, daß zwar nicht alle und freilich auch nicht die Mehrzahl davon, aber eine wenigstens, die eine sehr große Dame ist, sich vielleicht nicht ganz abgeneigt zeigen würde, mit Madame Swann in Beziehung zu treten, in welchem Fall höchstwahrscheinlich manch ein Hammel Panurges[1] zu folgen bereit wäre. Es scheint aber, daß Swann in dieser

Richtung keine Schritte unternommen hat. Wie? Auch noch ein Pudding à la Nesselrode![1] Eine Kur in Karlsbad wird das mindeste sein, was ich brauche, um mich von diesem lukullischen Mahl wieder zu erholen. Vielleicht hat Swann gespürt, daß es doch zu viele Widerstände zu überwinden gäbe. Die Heirat, soviel steht fest, wurde nicht gern gesehen. Es war davon die Rede, daß die Frau vermögend sei, aber das ist barer Unsinn. Kurz und gut, die Sache hat allgemein mißfallen. Zudem hat Swann eine ungewöhnlich reiche Tante, die gesellschaftlich höchst angesehen und Gattin eines Mannes ist, der vom finanziellen Standpunkt aus betrachtet geradezu eine Macht ist. Diese hat sich nicht nur geweigert, Madame Swann zu empfangen, sondern auch eine regelrechte Kampagne geführt, damit ihre Freundinnen und Bekannten dasselbe tun. Ich will damit nicht etwa sagen, daß auch nur ein Pariser der guten Gesellschaft es Madame Swann gegenüber an Respekt hat fehlen lassen ... Nein! hundertmal nein! Noch dazu wäre ihr Gatte der Mann danach, den Handschuh aufzunehmen. Jedenfalls ist es merkwürdig zu sehen, wie Swann, der so viele Leute, und zwar aus den ersten Kreisen, kennt, sich jetzt um eine Gesellschaft bemüht, von der man doch wohl zugeben muß, daß sie recht gemischt ist. Ich, der ich ihn früher gekannt habe, muß gestehen, daß ich ebenso erstaunt wie amüsiert mitangesehen habe, wie ein so gebildeter Mann, der in den erlesensten Koterien hoch im Kurs steht, überschwenglich dem Kabinettsdirektor im Postministerium dankte, daß er gekommen sei, und ihn fragte, ob Madame Swann sich *erlauben dürfe*, seine Frau zu besuchen. Er muß sich doch dabei etwas fehl am Platz vorkommen; es ist ganz offensichtlich nicht mehr dieselbe Welt. Doch glaube ich nicht einmal, daß Swann unglücklich ist. Allerdings sind in den Jahren vor seiner Verheiratung ziemlich üble Erpressungsmanöver von seiten der Frau gelaufen; sie entzog ihm seine Tochter jedesmal, wenn er ihr etwas abschlug. Der arme Swann, der ebenso naiv ist wie auf der anderen Seite raffiniert, bildete sich dann jedesmal ein, daß die Entführung seiner Tochter nur zufällig damit zusammenfalle, und wollte die Realität nicht sehen. Sie machte ihm außerdem unaufhörlich Szenen, so daß man glaubte, an dem Tage, da sie endlich ihren Zweck erreicht und ihn dazu gebracht haben würde, sie zu heiraten, würde sie überhaupt keine Ruhe mehr geben, ihm vielmehr das Leben vollends zur Hölle machen. Aber nein, das Gegenteil trat ein. Über die Art, wie Swann von seiner Frau spricht, werden oft Witze gemacht, die Leute lachen sich buchstäblich den Buckel voll. Niemand kann schließlich verlangen, daß er, mehr oder weniger wohlwissend, er sei nun einmal ein ... [1] (Sie kennen ja Molières Bezeichnung dafür), dies *urbi et orbi* verkündet; dennoch wirkt es etwas übertrieben, wenn er behauptet, seine Frau sei eine Mustergattin. Dabei ist es nicht einmal so falsch, wie es den Anschein hat. Auf ihre Weise, die nicht gerade die den meisten Männern erwünschte ist (aber unter uns gesagt, kommt es mir unwahrscheinlich vor, daß Swann, der sie schon lange kannte und schließlich kein Erzdummkopf ist, nicht gewußt haben sollte, was ihn erwartete), hegt sie ganz unleugbar eine gewisse Zuneigung für ihn. Ich will damit nicht behaupten, daß sie nicht etwas flatterhaft sei, eine Eigenschaft übrigens, von der auch Swann nicht völlig freizusprechen ist, wenn man gewissen Zungen glauben darf, die sich in dieser Hinsicht keinen Zaum anlegen. Doch ist sie ihm dankbar für alles, was er für sie getan hat, und entgegen dem, was man allgemein befürchtete, scheint sie geradezu ein Engel an Sanftmut geworden zu sein.« Dieser Wandel war vielleicht nicht so ungewöhnlich, wie Norpois ihn fand. Odette hatte nicht geglaubt, daß Swann sie schließlich doch heiraten werde; jedesmal, wenn sie ihm, nicht ohne Absicht, erzählte, es habe wieder ein Mann von Welt seine Geliebte heimgeführt, hatte sie erleben müssen, daß er sich in eisiges Schweigen hüllte und höchstens, wenn sie ihn direkt fragte: »Nun, findest du das nicht ganz richtig, ist es nicht etwas Schönes, was er da getan hat für eine Frau, die ihm ihre Jugend geschenkt hat?« sehr trocken entgegnete: »Ich sage ja nicht, daß es falsch ist, jeder soll nach seiner Fasson selig werden.« Manchmal schien ihr sogar der Gedanke gar nicht so abwegig, daß er sich, wie er in Augenblicken des Zorns vorzuhaben behauptete, ganz von ihr trennen werde, denn kurz zuvor hatte sie eine Bildhauerin sagen hören: »Bei Männern kann man nie wissen, es sind ja solche Rüpel.« Betroffen über die tiefe Einsicht, die dieser pessimistischen Maxime zugrunde lag, hatte sie sich dieselbe sofort zu eigen gemacht und brachte sie bei jeder Gelegenheit an, mit einer hoffnungslosen Miene, die zu besagen schien: »Schließlich ist alles möglich, damit mindestens kann ich rechnen.« Und in der Folge hatte die optimistische Maxime, der Odette bis dahin im Leben gefolgt war: »Mit Männern, die einen lieben, kann man machen, was man will, es sind ja solche Gimpel« und die sie mit dem gleichen Augenzwinkern begleitete, als handle es sich um Worte wie: »Keine Angst, der schlägt nichts entzwei«, ihre Geltung völlig verloren. Inzwischen aber litt Odette unter der Vorstellung, was wohl die eine oder andere ihrer Freundinnen, die einen Mann geheiratet hatte, mit dem sie nicht so lange zusammen war wie sie selbst mit Swann und von dem sie kein Kind besaß, in ihrer nunmehr verhältnismäßig geachteten Stellung, in der sie zu Präsidentschaftsbällen eingeladen wurde, von Swanns Verhalten dachte. Ein gründlicherer Spezialist als Norpois wäre zweifellos zu der Diagnose gelangt, daß dieses

Gefühl der Beschämung und Demütigung Odette so verbittert habe und daß die abscheuliche Laune, die sie an den Tag legte, nicht in ihrem Wesen begründet und keineswegs unheilbar sei; er hätte mit Leichtigkeit vorausgesagt, daß eine neue Therapie, nämlich die der Ehe, wie mit einem Zauberschlag die sehr lästigen, täglich sich wiederholenden, aber keineswegs organisch bedingten Anfälle beheben würde. Beinahe alle staunten über diese Heirat, was in sich selbst erstaunlich ist. Sicher begreifen nur wenige Menschen, welch rein subjektiven Charakter das Phänomen der Liebe besitzt und daß sie sich aus Elementen, die in ihrer Mehrzahl aus uns selber stammen, eine regelrechte und deutlich von derjenigen, die im wirklichen Leben den gleichen Namen trägt, unterschiedene Ersatzperson erschafft. Daher verstehen auch nur wenige, welche ungeheuren Ausmaße schließlich für uns ein Wesen annimmt, das keineswegs das gleiche ist, das sie selbst sehen. Dennoch hätte einem in Odettes Fall ins Auge springen müssen, daß sie, wenn sie auch sicherlich Swanns Intelligenz nie begriffen hatte, doch über die Titel und den Stand seiner Arbeiten genau Bescheid wußte und daß der Name Vermeer ihr ebenso vertraut war wie der ihres Schneiders; sie hatte bei Swann alle jene Charakterzüge erfaßt, von denen die übrige Welt nichts weiß oder die sie lächerlich findet und deren wirklich ähnliches und mit Rührung betrachtetes Abbild nur eine Geliebte, eine Schwester in sich trägt; wir aber hängen so sehr an diesen Zügen, selbst an denjenigen, die wir am meisten zu korrigieren wünschten, daß schließlich, weil eine Frau auf nachsichtig humorvolle Art sich so sehr an sie gewöhnt hat wie wir selbst oder unsere Eltern, solche alten Liebesverhältnisse etwas von der sanften Macht von Familienbanden bekommen. Die engen Beziehungen, die uns an ein anderes Wesen knüpfen, erhalten ihre Weihe dadurch, daß dieses unsere

Schattenseiten vom gleichen Standpunkt aus betrachtet wie wir. Unter diesen besonderen Zügen gab es bei Swann auch solche, die ebensosehr mit seiner Intelligenz zusammenhingen wie mit seinem Charakter, die jedoch, weil sie gleichwohl im letzteren verwurzelt waren, Odette leichter erkannt hatte. Sie beklagte sich, daß man, wenn Swann sich als Schriftsteller betätigte, wenn er seine Studien veröffentlichte, diese Züge nicht so deutlich spürte wie in seinen Briefen oder in seiner Konversation, wo sie überreich auftraten, und riet ihm, ihnen auch dort mehr Spielraum zu gewähren. Sie hätte es gern gesehen, waren sie ihr doch die liebsten an ihm; da sie aber andererseits ihnen den Vorzug gab, weil sie am meisten von ihm selbst enthielten, hatte sie vielleicht nicht einmal unrecht damit, wenn sie sie gern in dem, was er schrieb, wiedergefunden hätte. Vielleicht glaubte sie auch, daß lebendigere Werke, sofern sie ihm schließlich Erfolg verschafften, ihr erlaubt hätten, das zu haben, was sie bei den Verdurins gelernt hatte höher einzuschätzen als alles andere: einen Salon.

Zu den Leuten, die eine solche Heirat lächerlich fanden, sich aber insgeheim fragten: »Was wird Monsieur de Guermantes denken, was wird Bréauté sagen, wenn ich Mademoiselle de Montmorency heirate?«, zu den Leuten also mit dieser Art von gesellschaftlichem Ideal hätte zwanzig Jahre früher Swann selbst gehört, jener Swann, der sich die größte Mühe gegeben hatte, in den Jockey-Club aufgenommen zu werden, und damals darauf rechnete, durch eine glanzvolle Heirat seine gesellschaftliche Position zu festigen und zu einer der meistbeachteten Erscheinungen des Pariser Lebens zu werden. Nun aber brauchen die Bilder von einer solchen Heirat, um nicht zu verblassen und schließlich ganz zu verschwinden, wie alle anderen Bilder auch, bei dem Betreffenden Nahrung von außen her. Nehmen wir an, Ihr glühendster Wunsch sei es, jenen Menschen zu demütigen, der Sie verletzt hat. Wenn Sie dann aber niemals mehr etwas von ihm hören, weil er außer Landes gegangen ist, verliert dieser Feind für Sie am Ende jegliche Bedeutung. Hat man im Lauf von zwanzig Jahren alle Personen aus den Augen verloren, um derentwillen man Mitglied des Jockey-Club oder des Institut[1] werden wollte, ist die Aussicht, dem einen oder anderen anzugehören, nicht mehr so verlockend. Nun aber pflegt ebenso wie eine längere Zurückgezogenheit, eine Krankheit oder eine Bekehrung auch eine lange andauernde Liaison die alten Vorstellungen durch neue zu ersetzen. Als Swann Odette heiratete, handelte es sich bei ihm nicht eigentlich um einen Verzicht auf gesellschaftliche Ambitionen, denn von dieser Art Ehrgeiz hatte Odette ihn seit langem schon im geistigen Sinn des Wortes gelöst. Im anderen Fall übrigens wäre sein Verdienst dabei um so größer gewesen. Gerade weil sie das Opfer einer mehr oder weniger schmeichelhaften äußeren Situation zugunsten einer rein privaten Annehmlichkeit einschließen, sind im allgemeinen sogenannte Mesalliancen die ehrenwertesten aller Heiraten (man darf dabei das Wort Mesalliance nicht auf Geldheiraten ausdehnen, denn es gibt kein Beispiel dafür, daß ein Ehepaar, von dem der eine oder andere Teil sich verkauft hat, nicht empfangen worden wäre, und sei es auch nur aus Tradition, im Vertrauen auf so viele schon vorliegende Beispiele, oder um nicht mit zweierlei Maß zu messen). Zudem hätte Swann vielleicht aus künstlerischer Neigung oder gar aus Perversion auf alle Fälle eine Art Wollust bei einem jener Kreuzungsversuche empfunden (wie die »Mendelianer«[2] sie so gern machen oder wie die, von denen die Mythologie zu berichten weiß), indem er sich mit einem Wesen von anderer Gattung, Erzherzogin oder Kokotte, zusammentat, das heißt entweder in eine fürstliche Familie hineinheiratete oder eine Ehe unter seinem Stand einging. Es hatte in der mondänen Gesellschaft nur eine einzige Person gegeben, an deren Urteil ihm gelegen war, wenn er eine Heirat mit Odette ins Auge faßte, nämlich – und nicht einmal aus Snobismus – die Herzogin von Guermantes. Über diese hingegen machte Odette sich überhaupt keine Gedanken, da sie sich nur mit den Personen beschäftigte, die unmittelbar über ihr selbst standen, nicht jedoch mit solchen, die ein nebelhaftes Empyreum bewohnten. Wenn aber Swann in Stunden der Träumerei sich Odette als seine Frau vorstellte, so schwebte ihm stets und immer der Augenblick vor, da er sie und zumal seine Tochter zur Fürstin des Laumes führen würde, die durch den Tod ihres Schwiegervaters bald Herzogin von Guermantes geworden war. Er legte keinen Wert darauf, die beiden anderswo vorzustellen, war aber ganz gerührt, wenn er sich ausmalte (und selbst die Worte dazu erfand), was die Herzogin über ihn zu Odette, was diese zu Madame de Guermantes sagen würde oder wie liebevoll die Herzogin zu Gilberte sein, wie sie sie verwöhnen und wie stolz er selbst auf seine Tochter sein würde. Er spielte sich diese Vorstellungsszene in rein fiktiven Einzelheiten mit der gleichen Genauigkeit vor, mit der andere Leute überlegen, wie sie den willkürlich festgesetzten Betrag verwenden werden, den sie auf ein Lotterielos zu gewinnen hoffen. In dem Maße, wie ein unsere Entschlüsse begleitendes Bild diese zu motivieren vermag, kann man sagen, daß Swann Odette heiratete, um sie und Gilberte ohne weitere Zeugen – notfalls sogar, ohne daß je ein Mensch etwas davon erfuhr – der Herzogin von Guermantes vorzustellen. Man wird sehen, wie gerade die Verwirklichung dieses einzigen gesellschaftlichen Ehrgeizes, den er für seine Frau und seine Tochter hegte, ihm nicht zuteil werden sollte, und zwar aufgrund eines so unbedingten Vetos, daß Swann starb, ohne auch nur geahnt zu haben, die Herzogin werde je die beiden kennenlernen. Doch wird man auch sehen, daß umgekehrt die Herzogin von Guermantes sich nach Swanns Tod mit Odette und Gilberte auf das engste verband. Und vielleicht hätte er gut daran getan – wenn er überhaupt einer solchen Geringfügigkeit eine Bedeutung beimessen wollte –, sich in dieser Hinsicht keine zu düstere Vorstellung von der Zukunft zu machen und es stets für möglich zu halten, daß die von ihm gewünschte Begegnung sehr wohl zustande kommen könne, wenn er nicht mehr da sei, um sich daran zu freuen. Das Wirken der Kausalität, das schließlich fast alle nur möglichen Effekte hervorbringt und infolgedessen auch die, von denen man es am wenigsten denkt, vollzieht sich oft langsam, langsamer noch aufgrund unserer Wünsche – die es hemmen, wenn sie es zu beschleunigen suchen –, ja manchmal selbst aufgrund unserer Existenz, und kommt erst zum Ziel, wenn wir zu wünschen, zuweilen sogar zu leben aufgehört haben. Und wußte es denn Swann nicht aus seiner eigenen Erfahrung, war es nicht schon zu seinen Lebzeiten als eine Art Vorklang dessen, was sich nach seinem Tode zutragen sollte, etwas wie ein posthumes Glück, daß er die einst – obwohl sie ihm anfangs nicht besonders gefallen hatte – so leidenschaftlich geliebte Odette heiratete, als er sie nicht mehr liebte, als das Ich, das in ihm so heftig danach verlangt hatte, mit Odette das ganze Leben zu verbringen, und so sehr daran verzweifelte, schon gestorben war?

Ich begann vom Grafen von Paris zu reden, zu fragen, ob er nicht mit Swann befreundet sei, denn ich fürchtete, das Gespräch könne sich von ihm entfernen. »Ja, das stimmt«, antwortete Norpois, indem er sich mir zuwandte und meine bescheidene Person mit jenem blauen Blick fixierte, in dem wie in ihrem natürlichen Element seine enorme Leistungs- und geistige Anpassungsfähigkeit schwebten. »Und, lieber Gott«, fuhr er wieder zu meinem Vater gewendet fort, »ich glaube nicht die Grenzen des Respekts zu überschreiten, den ich für den Fürsten hege (ohne indessen persönliche Beziehungen zu ihm zu unterhalten, was meine Position, wie wenig offiziell sie auch im Augenblick ist, doch ziemlich schwierig gestalten würde), wenn ich Ihnen erzähle, daß pikanterweise vor noch nicht vier Jahren der Fürst auf einem kleinen Bahnhof in einem der mitteleuropäischen Länder Gelegenheit hatte, Madame Swann zu bemerken. Freilich hat keiner seiner Vertrauten Monseigneur zu fragen gewagt, wie sie ihm gefalle. Das wäre nicht angegangen. Wenn aber zufällig in der Unterhaltung ihr Name fiel, schien der Fürst durch vielleicht kaum merkliche, doch um so untrüglichere Zeichen ganz gerne zu verstehen zu geben, daß sein Eindruck insgesamt durchaus nicht ungünstig gewesen sei.«

»Wäre es denn nicht möglich gewesen, sie dem Grafen von Paris vorzustellen?« fragte mein Vater.

»Nun«, gab Norpois zurück, »das kann man eben nie wissen; bei Fürstlichkeiten weiß man nie; gerade die stolzesten, die sonst unbedingt auf die ihnen gebührende Distanz halten, setzen sich manchmal am ehesten über die öffentliche Meinung hinweg, mag sie auch noch so begründet sein, sofern es sich darum handelt, gewisse Beweise der Anhänglichkeit zu belohnen. Nun hat zweifellos der Graf von Paris immer mit sehr viel Wohlwollen die Ergebenheit Swanns zur Kenntnis genommen, der ja im übrigen wahrhaftig ein geistreicher Junge ist.«

»Und wie war denn Ihr eigener Eindruck, Exzellenz?« fragte meine Mutter aus Neugier und Höflichkeit.

Mit der Verve des alten Kenners setzte Norpois sich

über seine gewohnte Mäßigung in allen Äußerungen hinweg und brach in die Worte aus:

»Blendend, muß ich sagen!«

Und da er wußte, daß man mit dem Eingeständnis des starken Eindrucks, den man von einer Frau empfangen hat, wenn man es mit einer gewissen Jovialität vorbringt, in der Unterhaltung durchaus Ehre einlegen kann, überließ er sich einen Augenblick lang einem genießerischen Schmunzeln, das die blauen Augen des alten Diplomaten befeuchtete und seine von roten Äderchen durchzogenen Nasenflügel erbeben ließ.

»Sie ist wirklich hinreißend!«

»War ein Schriftsteller mit Namen Bergotte auch bei dem Diner?« fragte ich schüchtern an, um das Gespräch noch länger in Swanns Nähe zu halten.

»Ja, Bergotte war da«, antwortete Norpois und neigte dabei höflich den Kopf zu meiner Seite hin, als ob er in dem Wunsch, zu meinem Vater liebenswürdig zu sein, allem, was zu ihm gehörte, Wichtigkeit zumäße, sogar den Fragen eines jungen Menschen meines Alters, der nicht gewöhnt ist, von Personen des seinen soviel Höflichkeit erwiesen zu bekommen. »Kennen Sie ihn denn?« fragte er und musterte mich dabei mit hellem Blick und durchdringender, von Bismarck bewunderter Kraft.

»Mein Sohn kennt ihn nicht, verehrt ihn aber sehr«, sagte meine Mutter.

»Mein Gott«, meinte Norpois (der mir hinsichtlich meiner eigenen Intelligenz noch größere Zweifel einflößte, als gewöhnlich schon an mir nagten, da ich feststellen mußte, daß das, was ich himmelweit über mich stellte, ja für das Höchste auf der Welt hielt, bei ihm einen Platz ganz unten auf der Stufenleiter der Bewunderung zugewiesen bekam), »ich teile diese Ansicht nicht.[1] Bergotte ist, was ich einen Flötenspieler nenne; man muß übrigens anerkennen, daß er angenehm spielt, wenn auch sehr manieriert, sehr affektiert. Das ist alles, und man muß sagen, das ist eben doch nicht viel. Niemals trifft man in seinen molluskenhaften Werken auf ein festes Gerüst. Keine Handlung – oder verschwindend wenig –, vor allem aber keine Tragweite. Seine Bücher sind schon von Grund auf falsch angelegt, oder besser gesagt, es fehlt ihnen schlichtweg das Fundament. In einer Zeit wie der unsrigen, da die zunehmende Vielschichtigkeit unseres Daseins einem so wenig Zeit zum Lesen läßt, da die Karte Europas durchgreifende Umgestaltungen erfahren hat und bald vielleicht noch viel bedeutendere erfahren wird, da von allen Seiten so viele drohende neue Probleme auftauchen, werden Sie mir zugeben müssen, daß man von einem Schriftsteller verlangen darf, etwas anderes als nur ein Schöngeist zu sein, der uns mit seinen Haarspaltereien über müßigen Fragen der bloßen Form vergessen läßt, daß wir von einer Stunde zur anderen von dem doppelten Ansturm der Barbaren überflutet werden können, derer, die von außen kommen, und der inneren. Ich weiß, daß ich mich damit ganz lästerlich gegen die sakrosankte Schule dessen vergehe, was diese Herrschaften L'art pour l'art nennen, doch gibt es in unserem Zeitalter dringendere Aufgaben, als Worte möglichst harmonisch aneinanderzureihen. Bergotte macht das manchmal ganz hübsch, das bestreite ich nicht, aber im ganzen ist er doch ziemlich süßlich, ziemlich schwächlich, jedenfalls sehr unmännlich. Ich verstehe jetzt, da ich Ihre vollkommen übertriebene Bewunderung für Bergotte kenne, die paar Zeilen besser, die Sie mir vorhin zeigten und über die nicht einfach hinwegzusehen ich unrecht täte, zumal Sie mir ja selbst ganz aufrichtig gesagt haben, es sei kindliches Gekritzel (ich hatte es allerdings gesagt, aber nicht im geringsten gemeint). Jede Sünde verdient Vergebung, und Jugendsünden zuallererst. Schließlich haben andere als Sie die gleichen auf dem Gewissen, und Sie sind nicht der einzige, der sich zu seiner Zeit für einen Dichter gehalten hat. Doch man erkennt in dem, was Sie mir zeigten, den schlechten Einfluß Bergottes. Wahrscheinlich bereite ich Ihnen keine Überraschung, wenn ich Ihnen sage, daß von seinen Vorzügen andererseits nichts darin zu finden ist, denn zweifellos hat er eine gewisse Meisterschaft in der zwar ganz oberflächlichen Kunst eines bestimmten Stils erreicht, von der man in Ihrem Alter noch nicht einmal die Rudimente besitzt. Doch herrscht schon der gleiche Fehler vor, der Widersinn, klangvolle Worte aneinanderzureihen und erst hinterher auf den Inhalt zu schauen. Das heißt das Pferd beim Schwanz aufzäumen. Selbst in den Büchern Bergottes scheinen mir alle diese formalen Chinoiserien, all diese Subtilitäten eines dekadenten Mandarins eitel und leer. Wenn heute ein Schriftsteller ein nettes Feuerwerklein abbrennt, zerreißt sich alles den Mund über das neue Meisterwerk. Aber so dicht gesät sind die Meisterwerke nun einmal nicht! Bergotte führt da nichts, er hat keinen Roman zu verbuchen, der einigermaßen Schwung hätte, ein Buch, das man in seiner Bibliothek auf die besseren Regale stellen würde. So etwas gibt es nirgends in seinem Werk. Das hindert nicht, daß in seinem Fall das Werk turmhoch über dem Verfasser steht. Ja! Er ist der lebende Beweis für die Richtigkeit des Ausspruchs, den ein kluger Mann getan hat, daß man nämlich Schriftsteller ausschließlich in ihren Büchern kennenlernen sollte. Man kann sich keinen Charakter vorstellen, der weniger denen entspricht, die er beschreibt, niemand Anmassenderen und Hochtrabenderen, niemand, der weniger Umgangsformen hat. Höchst vulgär bei Gelegenheit, redet er zu anderen wie ein Buch, doch nicht einmal wie ein Buch von ihm selbst, sondern wie ein langweiliges, und das wenigstens sind seine ja nicht. So ist dieser Bergotte! Ein völlig wirrer, geschraubter Geist, ein Phrasendrescher, wie unsere Altvorderen es nannten, der die Dinge, die er sagt, durch die Art, wie er sie sagt, noch abstoßender macht. Ich weiß nicht, ob es Loménie ist oder Sainte-Beuve, einer von beiden berichtet, daß Vigny dieselbe widerliche Unsitte an den Tag legte.[1] Doch Bergotte hat niemals einen *Cinq-Mars* geschrieben oder *Le cachet rouge*, Bücher, in denen es Seiten gibt, die jeder Anthologie Ehre machen.«[2]

Zu Boden geschmettert durch die Bemerkung Norpois' über das kurze Stück, das ich ihm vorgelegt hatte, und andererseits im Gedanken an die Schwierigkeiten, die sich mir stellten, wenn ich einen Essay schreiben oder auch nur seriöse Überlegungen anstellen wollte, wurde ich mir von neuem meiner vollkommenen geistigen Nichtigkeit sowie der Tatsache bewußt, daß ich für die Literatur nicht geboren war. Sicherlich hatten mich früher gewisse bescheidene Eindrücke oder die Lektüre Bergottes in einen Zustand von Träumerei versetzt, der mir sehr wertvoll erschienen war. Doch diesen Zustand spiegelte mein Prosagedicht ja wider: es bestand kein Zweifel, daß Norpois auf der Stelle mit klarem Blick durchschaut hatte, was mir darin schön erschien, und zwar aufgrund einer bloßen Täuschung, denn der Botschafter fiel ihr ja nicht anheim. Er hatte mir im Gegenteil soeben zu verstehen gegeben, welchen ganz untergeordneten Platz ich einnahm (wenn ich von außen her, objektiv, von einem denkbar empfänglichen und höchst intelligenten Kenner beurteilt wurde). Ich fühlte mich überrumpelt, herabgesetzt; und wie eine Flüssigkeit, die sich nur innerhalb der Maße des Gefäßes ausdehnen kann, in die man sie hineingibt, zog sich mein Geist zusammen, nachdem er sich einst gedehnt hatte, um die unermeßlichen Weiten des Genies zu füllen, und die engen Schranken der Mittelmäßigkeit, die Norpois ihm so plötzlich zugewiesen hatte, waren ihm jetzt Raum genug.

»Vom erstenmal an, da wir zusammen zu tun hatten, ich meine Bergotte und ich«, fügte er zu meinem Vater gewendet hinzu, »war es eine recht stachelige Sache (was allerdings auch eine Art ist, pikant zu sein). Bergotte machte – es ist jetzt schon einige Jahre her – eine Reise nach Wien zu der Zeit, als ich dort Botschafter war; er wurde mir durch die Fürstin Metternich[1] vorgestellt, trug sich auf der Botschaft ein und wollte eingeladen werden. Da er nun im Ausland gewissermaßen Frankreich repräsentierte, dem er in bestimmten Grenzen – recht engen Grenzen, wenn wir ehrlich sind – durch seine Schriften doch Ehre macht, hätte ich trotz des betrüblichen Eindrucks, den ich von seinem Privatleben hatte, ein Auge zugedrückt. Er reiste aber nicht allein und verlangte sogar noch, nicht ohne seine Begleiterin eingeladen zu werden. Ich halte mich nicht für prüder als irgendein anderer, und als Alleinstehender durfte ich vielleicht auch die Pforten der Botschaft etwas weiter öffnen, als wenn ich verheiratet und Familienvater gewesen wäre. Nichtsdestoweniger muß ich gestehen, daß es einen Grad von sittlicher Haltlosigkeit gibt, für den ich kein Verständnis mehr habe und der in diesem Fall noch widerwärtiger wird durch den moralisierenden – oder sagen wir ruhig moralischen – Ton, den Bergotte in seinen Büchern anschlägt, wo man nur endlose und, unter uns gesagt, recht ermüdende Analysen von wehleidigen Bedenken und krankhaften Gewissensbissen wegen bloßer Peccadillen findet, eine rechte Salbaderei (bei der man ja weiß, an welcher Elle sie zu messen ist), während er in seinem Privatleben sich ganz zynisch gehenläßt. Kurz, ich enthielt mich der Antwort, die Fürstin Metternich machte noch einen Vorstoß, doch wieder ohne

Erfolg. Ich vermute also, daß ich bei ihm nicht besonders gut angeschrieben bin, und ich weiß nicht, wie weit er Swanns Aufmerksamkeit, ihn mit mir einzuladen, gerade geschätzt haben mag. Außer er hat ihn womöglich selber darum gebeten. Man kann das nie wissen bei ihm, denn im Grunde ist er ein kranker Mensch. Nur das entschuldigt ihn.«

»War Madame Swanns Tochter auch bei dem Diner?« erkundigte ich mich bei Norpois, wobei ich für diese Frage den Augenblick wählte, da wir in den Salon hinübergingen und ich leichter als in vollem Licht und auf meinem festen Platz bei Tisch meine Erregung verbergen konnte.

Norpois überlegte offenbar einen Moment:

»Ja ... Ist das so eine junge Person von vierzehn bis fünfzehn Jahren? Ich erinnere mich in der Tat, daß sie mir vor Tisch als die Tochter unseres Gastgebers vorgestellt worden ist. Ich muß Ihnen offen sagen, ich habe nicht viel von ihr gesehen, sie ging früh zu Bett. Oder sie besuchte vielleicht noch eine Freundin, ich weiß es nicht mehr genau. Doch ich sehe, Sie sind über das Haus Swann sehr gut informiert?«

»Ich spiele mit Mademoiselle Swann in den Champs-Élysées-Anlagen, ich finde sie wundervoll.«

»Ei, sieh da, sieh da! Auch mir kam sie in der Tat wirklich reizend vor. Ich muß Ihnen allerdings gestehen, ich glaube nicht, daß sie ihrer Mutter jemals das Wasser reichen wird, wenn ich das sagen darf, ohne Ihre Gefühle allzusehr zu verletzen.«

»Ich mag das Gesicht von Mademoiselle Swann lieber, doch auch ihre Mutter bewundere ich sehr. Ich gehe manchmal im Bois spazieren, einzig in der Hoffnung, sie vorbeikommen zu sehen.«[1]

»Oh! Das muß ich den Damen sagen, sie werden sich bestimmt sehr geschmeichelt fühlen.«

Während Norpois diese Worte äußerte, war er für ein paar Sekunden noch in der gleichen Lage wie alle Leute, die, wenn sie mich von Swann als einem gescheiten Mann, seinen Eltern als angesehenen Wechselmaklern, seinem Haus als einem schönen Haus reden hörten, glaubten, ich würde ebenso gern von einem anderen gleichfalls gescheiten Mann, anderen ebenso angesehenen Wechselmaklern und einem sonstigen ebenso schönen Haus sprechen; es ist der Augenblick, in dem ein geistig Gesunder, der mit einem Verrückten spricht, noch nicht gemerkt hat, daß es ein Verrückter ist. Norpois wußte, daß das Vergnügen am Anblick hübscher Frauen an sich etwas ganz Natürliches ist und daß es gewissermaßen zu den guten Umgangsformen gehört, wenn jemand mit einiger Wärme von einer von ihnen spricht, so zu tun, als halte man ihn für verliebt, ihn damit zu necken und ihm zu versprechen, daß man seine Absichten unterstützen werde. Als er jedoch sagte, er werde Gilberte und ihrer Mutter von mir erzählen (was mir erlauben würde, wie eine Gottheit vom Olymp, die sich in einen leichten Zephir verwandelt oder besser noch die Gestalt jenes Greises angenommen hat, dessen Züge Minerva entlehnt[1], persönlich und unsichtbar in den Salon von Madame Swann einzudringen, ihre Aufmerksamkeit auf mich zu lenken, ihre Gedanken zu beschäftigen und ihre Dankbarkeit für meine Bewunderung zu wecken, ihr als Freund eines bedeutenden Mannes und damit in Zukunft einer Einladung würdig zu erscheinen, so daß ich schließlich Zugang zu ihrem Familienkreis bekäme), flößte dieser bedeutende Mann, der sein vermutlich großes Prestige in den Augen von Madame Swann zu meinen Gunsten verwenden würde, mir mit einemmal so zärtliche Gefühle ein, daß ich mich mit Mühe zurückhielt, um nicht seine weichen, weißen und runzeligen Hände, die immer aussahen, als habe er sie zu lange im Wasser gehabt, mit Küssen zu bedecken. Ich deutete beinahe die entsprechende Geste an, von der ich meinte, nur ich selbst hätte sie bemerkt. Es ist tatsächlich für keinen von uns ganz leicht zu berechnen, in welchem Maß unsere Worte oder Bewegungen den anderen deutlich werden; aus Furcht, uns unsere eigene Wichtigkeit zu übertreiben, und in der Annahme, daß sich die Erinnerungen der anderen notgedrungen im Lauf ihres Lebens über ein enormes Gebiet erstrecken, bilden wir uns ein, daß die kleineren Äußerlichkeiten unserer Rede und unseres Gebärdenspiels kaum ins Bewußtsein derer treten, mit denen wir uns unterhalten, geschweige denn in ihrem Gedächtnis verankert bleiben. Von einer Voraussetzung dieser Art übrigens gehen die Verbrecher aus, die nachträglich ein Wort, das sie gesagt haben, abändern und dabei glauben, daß man dieses nicht mit einer früheren Version vergleichen könne. Es ist jedoch sehr gut möglich, daß sogar im Lauf der jahrtausendealten Menschheitsgeschichte die Philosophie der Zeitungsschreiber, nach der alles dem Vergessen anheimfällt, weniger wahr ist als die entgegengesetzte, die da behauptet, daß alles irgendwie erhalten bleibt. Finden wir nicht in der gleichen Zeitung, in der der Feuilletonphilosoph des »Premier Paris«[1] mit Bezug auf ein Ereignis, ein Kunstwerk oder mit noch größerem Recht von einer Sängerin, die »die Sternstunde ihres Ruhms« erlebt hat, sagt: »Wer wird sich an das alles noch in zehn Jahren erinnern?«, auf der dritten Seite einen Bericht der Académie des Inscriptions[2], der oft von einem an sich weniger bedeutenden Faktum handelt, einem zweitklassigen Gedicht aus der Pharaonenzeit etwa, das noch vollständig erhalten ist? Vielleicht ist es im kurzen Menschenleben doch nicht ganz so. Dennoch geschah es mir einige Jahre später in einem Haus, in dem der dort zu Besuch weilende Norpois mir als meine solideste Stütze erschien, weil er ein Freund meines Vaters, zur Nachsicht neigend und von einem gewissen Wohlwollen uns allen gegenüber getragen war und im übrigen durch Beruf und Herkunft an Diskretion gewöhnt, daß man mir, nachdem der Botschafter gegangen war, erzählte, er habe einen Abend aus früheren Zeiten erwähnt, als er »den Moment habe kommen sehen, da ich ihm die Hände küssen würde«; ich errötete nicht nur bis über die Ohren, sondern war tief betroffen zu sehen, wie anders als ich geglaubt hatte nicht nur die Art Norpois', von mir zu reden, sondern auch die Zusammensetzung seiner Erinnerungen war. Dieser kleine »Klatsch« klärte mich über die unerwarteten Proportionen von Zerstreutheit und Geistesgegenwart, Erinnerung und Vergessen auf, aus denen der menschliche Geist sich zusammensetzt; ich war ebenso ungemein überrascht wie an dem Tag, da ich zum erstenmal in einem Buch von Maspero las, daß man noch eine genaue Liste der Jagdfreunde besitzt, die Assurbanipal ein Jahrtausend vor Christus[1] zu seinen Hofjagden lud.

»Oh«, sagte ich zu Norpois, als er mir in Aussicht stellte, er werde Gilberte und ihrer Mutter berichten, wie sehr ich sie bewunderte, »wenn Sie das täten, wenn Sie Madame Swann von mir erzählen würden, wäre ich Ihnen nicht nur mein Leben lang dankbar, Sie könnten auch jederzeit über dieses verfügen! Doch muß ich Ihnen ganz offen sagen, daß ich Madame Swann nicht persönlich kenne, daß ich ihr nie vorgestellt worden bin.«

Ich hatte diese letzten Worte aus Gewissenhaftigkeit hinzugesetzt, um nicht etwa den Anschein zu erwecken, ich wollte mich einer Beziehung rühmen, die ich gar nicht hatte. Doch als ich sie aussprach, fühlte ich bereits, daß sie gar nicht mehr nötig waren, denn schon zu Beginn meiner Dankesbezeigung, deren feurige Bekundung offenbar abkühlend wirkte, hatte ich auf dem Gesicht des Botschafters einen Ausdruck von Zögern und Mißvergnügen und in seinen Augen jenen senkrechten, schmalen und (wie in der perspektivischen Zeichnung eines Körpers die Fluchtlinie einer seiner Flächen) verkürzten Blick bemerkt, der sich jeweils an den unsichtbaren Gesprächspartner im eigenen Inneren richtet, in dem Augenblick, da man ihm etwas anvertraut, was der andere Gesprächspartner, der Herr, mit dem man bislang sich unterhalten hat – in diesem Falle ich –, nicht hören soll. Ich wurde mir sofort klar, daß die Sätze, die ich gesagt hatte und die, noch schwach im Vergleich zu der Wallung von Dankbarkeit, die in mir aufgestiegen war, in meinen Augen Norpois rühren und vollends zu einer Intervention geneigt machen mußten, die ihm so wenig Mühe und mir so viel Freude bereitet hätte, vielleicht (unter allen, die mir übelgesinnte Personen aus Teufelei hätten auswählen können) gerade die einzigen waren, die bewirken konnten, daß er darauf verzichtete. Als er sie hörte, genauso wie in dem Augenblick, da uns ein Unbekannter, mit dem wir eben noch in zwangloser Weise scheinbar ähnliche Ansichten über Vorübergehende ausgetauscht haben, die wir beide eingestandenermaßen recht gewöhnlich fanden, dadurch den pathologischen Abgrund aufdeckt, der zwischen uns klafft, daß er ganz beiläufig unter leichtem Herumtasten in seiner Tasche bemerkt: »Schade, daß ich meinen Revolver nicht bei mir habe, es wäre sonst auch nicht einer davon übriggeblieben«, genauso nahm Norpois, der wußte, daß nichts weniger kostbar und einfacher war, als Madame Swann empfohlen und bei ihr eingeführt zu werden, jedoch sah, welchen enormen Wert ich darauf legte und wie schwierig es für mich zu erreichen schien, nun an, hinter dem scheinbar so normalen Wunsch, den ich geäußert hatte, müsse wohl etwas anderes stecken, irgendeine verdächtige Absicht, irgendein früherer Mißgriff, aufgrund dessen in der Gewißheit, Madame Swann zu verstimmen, niemand sich bereit gefunden hatte, mein Ansinnen zu erfüllen. Da begriff ich, daß er meinem Wunsch nie nachkommen würde, daß er Jahre hindurch täglich Madame Swann würde sehen können, ohne auch nur ein einziges Mal mich ihr gegenüber zu erwähnen. Doch bat er sie ein paar Tage später um eine Auskunft, die ich gern haben wollte, und trug meinem Vater auf, sie mir zu übermitteln. Er hatte sich aber nicht verpflichtet gefühlt, ihr zu sagen, für wen sie war. Sie würde also nie erfahren, daß ich Norpois kannte und daß ich mir so sehr wünschte, bei ihr zu verkehren; doch vielleicht war das Unglück weniger groß, als ich mir einbildete. Denn die zweite dieser Neuigkeiten hätte wahrscheinlich zu der im übrigen nicht sicher vorauszusehenden Wirkung der ersten nicht viel hinzugetan. Da für Odette die Vorstellung von ihrem eigenen Leben und ihrem Heim nicht von aufregendem Geheimnis umgeben war, erschien ihr eine Person, die sie kannte und die sie besuchen kam, nicht als ein Fabelwesen wie mir, der ich am liebsten einen Stein in das Fenster der Swanns geworfen hätte, nur um darauf schreiben zu können, ich kenne Monsieur de Norpois, und überzeugt war, daß eine solche Botschaft, selbst auf eine derart gewaltsame Weise übermittelt, mir bei weitem mehr Ansehen in den Augen der Hausherrin verschafft, als sie gegen mich eingenommen hätte. Doch selbst wenn ich zu der Überzeugung gekommen wäre, daß die Mission, die Norpois nicht ausführte, zwecklos sein, ja sogar bei den Swanns mir eher schaden würde, hätte ich, sofern der Botschafter eingewilligt hätte, nicht das Herz gehabt, den Auftrag zu widerrufen und auf die berauschende Vorstellung zu verzichten – mochten auch die Folgen unausdenkbar schrecklich sein –, daß mein Name und meine Person dadurch für einen Augenblick bei Gilberte, in ihrem unbekannten Heim und Leben sich befinden würden.

Als Norpois gegangen war, warf mein Vater einen Blick in die Abendzeitung; ich dachte von neuem an die Berma. Die Freude, die ich daran gehabt hatte, sie spielen zu sehen, bedurfte um so mehr einer Vervollständigung, als sie weit entfernt war von der, die ich mir versprochen hatte; daher griff sie auch sofort alles auf, was irgendwie geeignet schien, ihr neue Nahrung zu geben, zum Beispiel die Verdienste, die Norpois der Berma zuerkannt hatte; mein Geist schluckte sie in einem Zug wie eine zu trockene Wiese das Wasser, mit dem man sie begießt. Mein Vater reichte mir die Zeitung und wies dabei auf eine in folgenden Wendungen abgefaßte Notiz: »Die Aufführung von *Phèdre*, die vor einem begeisterten Publikum über die Bretter ging, unter dem man die berühmtesten Erscheinungen aus der Welt der Kunst und Kritik bemerken konnte, bot Madame Berma, die die Titelrolle verkörperte, Gelegenheit zu einem Triumph, wie sie in ihrer glänzenden Laufbahn kaum einen größeren erlebt haben dürfte. Wir werden noch ausführlicher auf diese Aufführung zurückkommen, die ein wirkliches Ereignis im Theaterleben war; heute wollen wir nur so viel sagen, daß die berufensten Autoritäten sich darüber einig sind, daß Madame Bermas Interpretation dieser Rolle, einer der schönsten und tiefsten im Werke Racines, eine eigentliche Neuschöpfung bedeutet und eines der reinsten und höchsten Kunsterlebnisse darstellt, die uns in unseren Tagen geschenkt worden sind.«[1] Sobald mein Geist die neue Vorstellung von dem »reinsten und höchsten Kunsterlebnis« empfangen hatte, näherte diese sich der unvollkommenen Freude, die ich im Theater selbst gehabt hatte, und gab ihr etwas von dem, was ihr bisher fehlte; ihre Verbindung aber bildete etwas derart Begeisterndes, daß ich mir sagen mußte: Welch große Künstlerin! Sicherlich kann man die Meinung vertreten, daß ich nicht ganz aufrichtig war. Doch man denke einmal daran, wie viele Schriftsteller, die mit dem Abschnitt, den sie eben geschrieben haben, unzufrieden sind, beim Lesen einer Würdigung von Chateaubriands Genie oder im Gedanken an einen großen Künstler, dem sie gern ähnlich wären, zum Beispiel wenn sie ein bestimmtes Thema von Beethoven vor sich hinsummen und dessen erhabene Trauer mit der vergleichen, die sie selbst in ihre Prosa haben hineinlegen wollen, derart von dieser Vorstellung von Genie durchdrungen werden, daß sie etwas davon in ihre eigenen Werke hineinprojizieren und, wenn sie wieder daran denken, sie nicht mehr so sehen wie zuvor, sondern von neuem Glauben daran erfüllt sich sagen: »Immerhin!«, ohne sich klar zu sein, daß sie in das befriedigende Schlußergebnis die Erinnerung an die wundervollen Seiten aus Chateaubriand einfließen lassen, die sie unmittelbar neben den ihren sehen, doch schließlich nicht selbst geschrieben haben; man denke auch an die vielen Männer, die an die Liebe einer Mätresse glauben, von der sie bisher nichts erfahren haben als übelsten Verrat; auch an alle diejenigen, die entweder auf ein unbegreifliches Nachleben nach dem Tod hoffen – wenn sie nämlich entweder als untröstliche Ehegatten an eine Frau denken, die sie verloren haben, aber noch lieben, oder als Künstler an den künftigen Ruhm, den sie dann genießen könnten – oder aber auf ein beruhigendes Nichts, wenn nämlich ihr Geist im Gegenteil ihnen die Fehler vorhält, die sie sonst nach ihrem Tod abbüßen müßten; man denke auch an die Touristen, die über das schöne Gesamterlebnis einer Reise vor Begeisterung außer sich geraten, obwohl sie Tag für Tag nur

Unangenehmes erfahren haben – und dann frage man, ob es unter den gemeinsam im Schoß unseres Bewußtseins ruhenden Vorstellungen auch nur eine gibt von denen, die uns am glücklichsten machen, die nicht zuerst als regelrechte Schmarotzerin aus einer fremden, aber benachbarten das Beste der ihr fehlenden Kraft gezogen hätte.

Meine Mutter schien nicht sehr beglückt, daß mein Vater für mich nicht mehr an eine diplomatische Laufbahn dachte. Da sie in erster Linie auf eine Daseinsregelung bedacht war, die den Launen meiner Nerven eine gewisse Disziplin auferlegte, bedauerte sie, glaube ich, weniger, daß ich auf die Diplomatie verzichten, als daß ich mich der Literatur widmen sollte. »Nun hör doch auf«, entrüstete sich mein Vater, »man muß vor allem Freude haben an dem, was man tut. Er ist ja schließlich kein Kind mehr. Er weiß jetzt schon selbst, was er will; es ist unwahrscheinlich, daß er sich noch ändert, und er ist durchaus imstande, selber zu merken, was ihn im Leben glücklich machen wird.« Bevor es sich zeigen sollte, ob ich aufgrund der Freiheit, die sie mir gewährten, im Leben einmal glücklich oder unglücklich sein würde, bereiteten mir die Worte meines Vaters an diesem Abend jedenfalls nicht unbeträchtlichen Kummer. Schon immer hatte mich sein unerwartetes Entgegenkommen, wenn es sich einmal zeigte, mit einem so tollen Verlangen erfüllt, die geröteten Wangen oberhalb seines Bartes mit Küssen zu bedecken, daß ich ihm nur deswegen nicht nachgab, weil ich fürchtete, sein Mißfallen zu erregen. Wie ein Schriftsteller von einer Art Schrecken befallen wird, wenn er sieht, wie seine Träumereien, die ihm gar nicht besonders wertvoll erscheinen, da er sie von sich selbst nicht trennt, den Verleger zwingen, ein Papier zu wählen und einen Druck zu verwenden, der ihm fast zu schön dafür scheint, so fragte ich mich jetzt, ob mein Wunsch zu schreiben auch hinreichend wichtig sei, damit mein Vater deswegen soviel Güte aufwendete. Besonders aber weckte seine Bemerkung über meine Neigungen, die sich nicht mehr ändern würden, und über das, was mein Leben glücklich gestalten müßte, in mir zwei schreckliche Befürchtungen. Die erste galt dem Umstand, daß (wo ich mich doch Tag für Tag gleichsam noch auf der Schwelle meines bislang unberührten Lebens glaubte, das erst morgen beginnen würde) meine Existenz bereits angefangen hatte, ja schlimmer noch, daß das, was kommen würde, nicht allzu verschieden von dem sein würde, was vorausgegangen war. Die zweite Befürchtung, die genaugenommen nur eine andere Form der ersten war, bezog sich darauf, daß ich offenbar nicht außerhalb der Zeit existierte, sondern ihren Gesetzen unterworfen war, ganz wie die Romangestalten, die mich gerade aus diesem Grund mit so viel Trauer erfüllten, wenn ich in Combray, im Schutz meiner Rohrhütte, ihr Leben las. Theoretisch weiß man, daß die Erde sich dreht, tatsächlich aber merkt man es nicht; der Boden, auf dem man schreitet, scheint sich nicht zu rühren, und so lebt man ruhig vor sich hin. Genauso ist es im Leben mit der Zeit. Um ihr Entschwinden fühlbar zu machen, versuchen die Romanschriftsteller, den Lauf des Zeigers so rasend zu beschleunigen, daß der Leser zehn, zwanzig, dreißig Jahre in zwei Minuten durchmißt. Oben auf der Seite hat man sich von einem hoffnungsfrohen Liebhaber getrennt, und unten auf der nächsten findet man einen Achtzigjährigen wieder, der im Hof eines Altersheims mühselig seinen täglichen Spaziergang absolviert und dabei kaum auf die an ihn gerichteten Fragen Antwort geben kann, da er das Vergangene vergessen hat. Dadurch, daß mein Vater von mir sagte: »Er ist kein Kind mehr, seine Neigungen werden sich nicht mehr ändern«, hatte er mir mit einem Schlag mich selbst als in der Zeit existierend gezeigt und mich in die gleiche Art von Trauer gestürzt, als sei ich, wenn auch noch nicht gerade der vertrottelte Heiminsasse, so doch einer jener Helden, von denen der Autor in dem gleichgültigen Ton, der so besonders grausam ist, am Ende eines Buches sagt: »Kaum noch einmal verläßt er das Dorf. Er hat sich dort für immer zur Ruhe gesetzt usw.«

Um von vornherein jeder Kritik zu begegnen, die wir an unserem Gast hätten üben können, bemerkte mein Vater Mama gegenüber:

»Ich gebe zu, der alte Norpois war etwas sehr ›förmlich‹, wie ihr sagt. Als er sagte, es wäre ›nicht angegangen‹, dem Grafen von Paris eine Frage zu stellen, hatte ich schon Angst, ihr würdet womöglich lachen.«

»Aber gar nicht«, antwortete meine Mutter, »ich finde es sehr schön, daß ein Mann von seinem Rang und seinem Alter noch diese Art von Naivität besitzt, die ja nur seine Grundanständigkeit und gute Erziehung beweist.«

»Das stimmt allerdings! Es hindert ihn ja auch nicht, geschickt und scharfsinnig zu sein; ich weiß es, da ich ihn ja in der Kommission sehe, wo er ein ganz anderer ist als hier«, bekräftigte mein Vater, der froh darüber war, daß Mama Norpois schätzte, und ihr gern nahelegen wollte, daß sogar noch mehr an ihm sei, als sie glaubte, denn eine warme Gesinnung einem anderen gegenüber übertreibt im Guten ebensogern, wie sich der Spott darin gefällt, jemand herabzusetzen. »Wie sagte er doch gleich ... ›bei Fürstlichkeiten weiß man nie ...‹«

»Ja sicher, genau so, wie du sagst. Mir war es auch aufgefallen, wirklich sehr scharfsinnig. Man merkt, daß er über große Lebenserfahrung verfügt.«

»Merkwürdig, daß er bei den Swanns diniert hat und dort alles in allem ganz normale Leute, Beamte und so getroffen hat ... Wo Madame Swann nur all diese Menschen auftreiben mag?«

»Hast du gehört, wie boshaft er sich ausgedrückt hat: ›Das ist ein Haus, in dem vor allem Männer verkehren‹?«

Und alle beide bemühten sich, genau wiederzugeben, wie Norpois diesen Satz ausgesprochen hatte, so wie sie es mit dem Tonfall Bressants oder Thirons in *L'Aventurière* oder in *Le gendre de monsieur Poirier*[1] getan hätten. Von allen seinen Aussprüchen aber wurde einer am meisten gewürdigt, und zwar von Françoise, die noch Jahre darauf »vor Lachen nicht konnte«, wenn man sie daran erinnerte, daß der Botschafter von ihr als einem »Meister erster Güte« gesprochen hatte, was meine Mutter ihr übermittelte wie ein Kriegsminister nach der Truppenschau die Glückwünsche eines Souveräns auf der Durchreise. Übrigens war ich selbst noch vor ihr in der Küche gewesen. Denn ich hatte mir von der pazifistischen, aber grausamen Françoise ausdrücklich versprechen lassen, sie werde das Kaninchen, das sie schlachten mußte, nicht unnötig leiden lassen, hatte jedoch über seinen Tod noch keinen Bericht erhalten; Françoise versicherte mir, daß alles denkbar gut abgelaufen sei und zudem sehr schnell: »Ich habe niemals so ein Tier erlebt; es ist gestorben, ohne ein Wort zu sagen; man hätte meinen können, es sei stumm.« Wenig mit der Sprache der Tiere vertraut, wandte ich ein, ein Kaninchen schreie vielleicht nicht wie ein Hähnchen. »Da werden Sie noch was erleben«, erwiderte Françoise, empört über meine Unwissenheit, »wenn Sie meinen, die Hasen schreien nicht so laut wie die Hähnchen. Die haben sogar noch eine sehr viel kräftigere Stimme.« Françoise nahm Norpois' Komplimente mit dem schlichten Stolz, dem freudigen und – für den Augenblick wenigstens – klugen Blick entgegen, den ein Künstler hat, wenn man mit ihm über seine Kunst spricht. Meine Mutter hatte sie früher in gewisse feine Restaurants geschickt, damit sie sähe, wie man dort kocht. An diesem Abend, als sie die berühmtesten unter ihnen als Sudelküchen abtat, hörte ich ihr mit dem gleichen Vergnügen zu, mit dem ich mir ehedem hatte berichten lassen, daß die Rangordnung unter den Größen der Schauspielkunst dem Verdienst nach keinesweg ihrem jeweiligen Bekanntheitsgrad entsprach. »Der Botschafter«, sagte meine Mutter zu ihr, »meint, daß man den kalten Rinderbraten und das Soufflé nirgends so wie hier bei uns bekommt.« Françoise gestand das mit bescheidener Miene und um der Wahrheit die Ehre zu geben zu, ohne daß ihr übrigens der Titel eines Botschafters besonders imponiert hätte; mit der Liebenswürdigkeit, die sie jemandem schuldete, der sie für einen »Meister« gehalten hatte, sagte sie von Norpois: »Das ist einer aus der guten alten Zeit wie ich.« Sie hatte sich zwar Mühe gegeben, ihn bei seinem Eintreffen zu sehen, da sie aber wußte, daß Mama es nicht leiden konnte, wenn man hinter Türen und Fenstern herumlungerte, und befürchtete, andere Dienstboten oder das Portiersehepaar könnten ihr verraten, daß sie ihm aufgelauert habe (denn Françoise vermutete überall »Eifersüchteleien« und »Gerede«, was in ihrer Vorstellung ebenso zäh und unheilvoll herumspukte wie bei gewissen anderen Personen die Intrigen der Jesuiten oder der Juden), hatte sie sich damit begnügt, durch das Küchenfensterchen zu schauen, um es »nicht mit Madame zu tun zu bekommen«, und im flüchtig erblickten Norpois »Monsieur Legrandin geglaubt«, wegen seiner *Fixigkeit*, obwohl die beiden sich auch nicht im allermindesten glichen. »Schon gut«, sagte meine Mutter, »aber wie erklären Sie mir, daß niemandem das Rindfleischgelée so gut wie Ihnen gelingt (wenn Sie wollen)?« – »Ich weiß auch nicht, warum es ›wird‹«, antwortete Françoise (die dieses Wort im absoluten, prägnanten Sinne verwendete). Im übrigen war, was sie sagte, wenigstens teilweise wahr; sie war fast ebenso unfähig – oder ungewillt – das Geheimnis zu lüften, das die Einzigartigkeit ihrer Gelées oder Cremes ausmachte, wie eine elegante Frau das ihrer Toiletten oder eine große Sängerin das ihres Gesangs. Ihre Erklärungen sagen uns nicht viel; ebenso verhielt es sich mit den Rezepten unserer Köchin. »Die machen alles viel zu husch-husch«, bemerkte sie über die berühmten Restaurants, »und dann nicht alles zusammen. Das Rindfleisch muß wie ein Schwamm werden, nur dann saugt es alle Brühe auf. Aber es gab da so ein Wirtshaus, wo es mir doch vorkam, als hätten sie eine Ahnung vom Kochen. Es war nicht ganz, was mein Gelée hier ist, aber sie machten es schön langsam, und die Soufflés hatten schön viel Rahm.« – »Vielleicht war es Henry[1]?« fragte mein Vater, der dazugekommen war und der eine große Vorliebe für das Restaurant an der Place Gaillon hatte, wohin er regelmäßig mit alten Kameraden essen ging. »O nein!« wehrte Françoise mit einer Sanftmut ab, hinter der sich tiefe Nichtachtung verbarg, »ich sprach von einem kleinen Restaurant; in dem Henry ist es sicher sehr gut, aber das ist kein Restaurant, mehr so etwas wie eine … Suppenküche!« – »Oder Weber?« – »O nein, Monsieur, ich meine ein gutes Restaurant. Weber ist das in der Rue Royale, das ist kein Restaurant, mehr ein Bierlokal. Was sie einem da geben, wird ja nicht mal richtig serviert. Ich meine, sie haben nicht einmal Tischtücher dort, sondern stellen die Sachen einfach auf den Tisch, wie es gerade kommt.« – »Cirro?« Françoise lächelte: »Oh! Was da geboten wird, das sind, glaube ich, vor allem Weltdamen« (wenn sie Weltdame sagte, meinte sie Halbweltdame). »Na, auch das muß sein für die Jungen.« Wir stellten fest, daß Françoise mit ihrer Einfaltsmiene für die berühmten Köche eine furchterregendere »Kollegin« war, als es die mißgünstigste und eingebildetste Schauspielerin gegenüber ihresgleichen ist. Wir spürten andererseits, daß sie ein richtiges Gefühl für ihre Kunst besaß und Achtung vor der Tradition, denn sie setzte hinzu: »Nein, ich meine ein Restaurant, wo es mir so vorkam, als hätten sie dort eine richtig gute, bürgerliche Küche. Es ist ein recht gediegenes Haus, und schaffen tun sie auch nicht schlecht. Oh, da wurde mancher Sou verdient.« (Die haushälterische Françoise rechnete nach Sous und nicht nach Louisdor, wie Leute, die sich ruiniert haben.) »Madame weiß doch, da hinten rechts auf den großen Boulevards, so etwas zurückgelegen...« Das Restaurant, dem sie mit dieser Mischung von Schlichtheit und Stolz Gerechtigkeit widerfahren ließ, war... das Café Anglais.

Als der 1. Januar kam, machte ich zunächst Familienbesuche mit Mama, die, um mich nicht zu ermüden, die Reihenfolge (mit Hilfe eines von meinem Vater aufgezeichneten Plans) im voraus nach Stadtvierteln und weniger nach dem Grad der Verwandtschaft festgelegt hatte. Doch kaum waren wir im Salon einer ziemlich entfernten Kusine, die wir nur deshalb als erste aufsuchten, weil ihre Wohnung es von der unseren nicht war, als meine Mutter mit Entsetzen den besten Freund des empfindlichsten meiner Onkels, seine glacierten oder gefüllten Maronen in der Hand, eintreten sah, der diesem sicher berichten würde, daß wir unsere Tour nicht mit ihm begonnen hatten. Dieser Onkel wäre bestimmt verletzt; er würde es nur natürlich gefunden haben, daß wir von der Madeleine aus uns zunächst zum Jardin des Plantes, wo er wohnte, begeben hätten, bevor wir an der Place Saint-Augustin hielten, um dann in der Rue de l'École-de-Médecine unsere Aufwartung zu machen.

Als unsere Besuche beendet waren (meine Großmutter erließ uns den bei ihr, da wir an diesem Tag bei ihr zur Nacht aßen), eilte ich in die Anlagen der Champs-Élysées zu unserer Verkäuferin und brachte ihr, damit sie ihn der Person übergab, die mehrmals in der Woche für Swanns die Lebkuchen bei ihr holte, den Brief, den ich bereits an dem Tag, da meine Freundin mir so viel Kummer gemacht hatte, beschlossen hatte ihr zum neuen Jahr zu senden und in dem ich ihr sagte, unsere alte Freundschaft werde nun mit dem alten Jahr erlöschen und damit auch meine Kümmernisse und Enttäuschungen; vom 1. Januar an aber würden wir eine neue Freundschaft begründen, die so fest sein sollte, daß nichts sie zerstören könnte, so wundervoll, daß ich hoffte, Gilberte werde selbst ihren Stolz darein setzen, sie in ihrer ganzen Schönheit zu erhalten und mich (so wie ich es auch ihr gegenüber vorhätte) gleich darauf aufmerksam machen, wenn die geringste Gefahr ihr drohte. Auf dem Heimweg nötigte mich Françoise, an der Ecke der Rue Royale vor einem windigen Verkaufsstand stehenzubleiben, wo sie für sich als Neujahrsgeschenke Photographien von Pius IX. und von Raspail[1] und ich selber eine von der Berma kaufte. Die zahllosen Kundgebungen der Bewunderung, zu denen diese Künstlerin die Menschen hinriß, ließen das einzige Gesicht, das sie hatte, um darauf Antwort zu geben, etwas ärmlich erscheinen – einförmig und dürftig wie die Kleidungsstücke von Menschen, die nichts zum Wechseln haben –, dieses Gesicht, auf dem sie immer nur die kleine Falte über der Oberlippe, die etwas gehobenen Brauen und ein paar andere physische Eigentümlichkeiten vorzeigen konnte, die stets die gleichen blieben und die alles in allem jeder Brandwunde, jedem Schlag zum Opfer fallen konnten. Dieses Gesicht wäre mir an und für sich übrigens nicht einmal schön erschienen, doch rief es in mir die Vorstellung und damit auch den Wunsch wach, es zu küssen, wegen all der Küsse, die es gewiß über sich hatte ergehen lassen und die es noch hier auf dieser »Albumpostkarte« herbeizurufen schien mit diesem kokett schmachtenden Blick und dem künstlich naiven Lächeln. Denn die Berma hegte ja bestimmt für viele junge Männer die verlangenden Gefühle, zu denen sie sich unter dem Deckmantel ihrer Rolle als Phädra bekannte und deren Befriedigung ihr alles, bis hin zum Nimbus ihres Namens, der ihre Schönheit erhöhte und ihre Jugend verlängerte, sicher sehr leicht machen mußte. Es wurde dunkel, ich blieb vor einer Theatersäule mit dem Plakat der Vorstellung stehen, die die Berma zum Neujahrstag gab. Es wehte ein feuchter, weicher Wind. Dieses Wetter kannte ich; ich hatte die Empfindung und das Vorgefühl, daß der 1. Januar nur ein Tag wie alle anderen sei, nicht der Beginn einer neuen Welt, in der ich mit ganz unverbrauchten Chancen noch einmal die Bekanntschaft Gilbertes machen konnte wie am ersten Schöpfungstag, als ob die Vergangenheit noch gar nicht existierte, als ob samt allen Hinweisen, die man daraus für die Zukunft entnehmen konnte, die Enttäuschungen, die sie mir zuweilen bereitet hatte, völlig versunken wären: einer neuen Welt, in der nichts von der alten mehr übrigblieb ... nichts außer einem, nichts außer meinem Wunsch, daß Gilberte mich liebte. Ich begriff, daß mein Herz, wenn es nach einer solchen Erneuerung der ganzen umgebenden Welt verlangte, die ihm nicht Genüge getan hatte, dieses Herz sich eben nicht gewandelt hatte, und ich sagte mir auch, daß kein Grund bestehe, weshalb das Gilbertes es eher getan haben sollte; ich fühlte, daß diese neue Freundschaft doch die gleiche war, ebenso wie die neuen Jahre, die unser Verlangen, ohne daß wir sie wirklich damit treffen oder beeinflussen können, ohne ihr Wissen gleichsam, mit einem neuen Namen benennt, nicht durch eine Kluft von den alten getrennt sind. Es half mir nichts, daß ich das nun anbrechende Jahr Gilberte zueignete und damit, so wie man eine Religion über die blinden Gesetze der Natur stülpt, versuchte, dem Neujahrstag das besondere Bild aufzuprägen, das ich mir von ihm gemacht hatte; es war umsonst. Ich fühlte, er wußte gar nichts davon, daß wir ihn Neujahrstag nannten; er ging in der Dämmerung auf eine Weise zu Ende, die mir gar nicht neu war: in dem weichen Wind, der die Anschlagsäule umspielte, hatte ich die stets gleiche und gewöhnliche Substanz wiedererkannt, die wohlbekannte Feuchtigkeit gespürt, den gedankenlosen Fluß der alten Tage.

Ich kehrte nach Hause zurück. Mein Neujahrstag war der der alten Leute gewesen, die an diesem Tag so ganz verschieden von den jungen sind, nicht, weil sie keine Geschenke mehr bekommen, sondern weil sie an das neue Jahr nicht mehr glauben. Geschenke hatte ich zwar bekommen, doch nicht das einzige, das mir Freude bereitet hätte: ein Wort von Gilberte. Und doch war ich noch ganz jung, hatte ich ihr doch einen Brief schreiben können in der Absicht, mit der Schilderung der einsamen Träume meines Herzens in ihr ebensolche wachzurufen. Das Traurige an alt gewordenen Menschen ist ja, daß sie nicht mehr daran denken, solche Briefe zu schreiben, deren Wirkungslosigkeit sie erfahren haben.

Als ich mich zu Bett gelegt hatte, hielten die Geräusche der Straße mich wach, die an diesem Festtagsabend länger andauerten als sonst. Ich dachte an alle, die diese Nacht in Freuden beschließen würden, an den Liebhaber, an die Schar der Nachtschwärmer vielleicht, die die Berma bei Schluß der Vorstellung abgeholt haben mochten, die, wie ich gesehen hatte, für diesen Abend angekündigt war. Ich konnte mir nicht einmal, um die

Unruhe zu überwinden, die mich in schlafloser Nacht bei diesem Gedanken überkam, einreden, die Berma denke wohl gar nicht an Liebe, denn die Verse, die sie auf der Bühne sprach, nachdem sie sie zuvor lange geprobt hatte, erinnerten sie ja unaufhörlich an ihre Wonnen, die sie ohnedies ja übrigens so gut kannte, daß sie die bewußte Erregung – mit einer ganz neuen Heftigkeit und ungeahnter Süße versetzt – den staunenden Zuschauern vorzuführen vermochte, deren jeder sie gleichwohl selbst schon verspürt hatte. Ich zündete meine bereits ausgelöschte Kerze wieder an und betrachtete von neuem ihr Gesicht. Bei dem Gedanken, daß es gewiß in diesem Augenblick von Männern liebkost wurde, die ich nicht daran hindern konnte, der Berma übermenschliche, dunkle Freuden zu schenken und solche von ihr zu empfangen, machte ich eine tiefe Bewegung meines Inneren durch, die viel eher grausam als lustvoll war, ein quälendes Sehnen, das der Klang des Horns noch steigerte, den man in der Mittfastennacht und oft auch in anderen Festnächten vernimmt und der, weil ihm dann jegliche Poesie fehlt, noch viel trauriger ist, wenn er aus einer Schenke kommt, als »abends, aus des Waldes Tiefe«[1]. In einem solchen Augenblick wäre ein Wort von Gilberte vielleicht nicht einmal das gewesen, was ich eigentlich brauchte. Unsere Wünsche überlagern sich oft, und im Gewirr des Daseins ist selten ein Glück genau dem Wunsch angepaßt, der es herbeirufen wollte.

Ich ging an schönen Tagen auch weiterhin in die Anlagen der Champs-Élysées durch Straßen, deren elegante, rosig schimmernde Häuser, da die Mode der Aquarellausstellungen[2] auf dem Höhepunkt war, in einem leichten, wäßrigen Himmel standen. Ich müßte lügen, wenn ich behaupten wollte, ich hätte in jenen Tagen die Paläste Gabriels[3] für schöner oder gar aus einer anderen Epoche stammend gehalten als die ihnen benachbarten Häuser.

Mehr Stil und sogar ein ehrwürdigeres Alter schrieb ich, wenn auch vielleicht nicht gerade dem Palais de l'Industrie, so doch dem Trocadéro zu. In unruhigen Schlaf versunken, erblickte meine Jugend diese ganze Gegend von Paris durch die Hülle des Traums, den sie dort spazierenführte; ich hätte niemals gedacht, daß es in der Rue Royale ein Gebäude aus dem achtzehnten Jahrhundert geben könne, und wäre erstaunt gewesen zu hören, daß die Porte Saint-Martin und die Porte Saint-Denis, Meisterwerke aus der Zeit Ludwigs XIV.[1], nicht in der gleichen Epoche entstanden sind wie die jüngst erstellten Wohnbauten dieser trostlosen Stadtviertel. Ein einziges Mal blieb ich lange vor einem der Gabrielschen Palastbauten stehen; als es nämlich Nacht geworden war, wirkten seine durch das Mondlicht entmaterialisierten Säulen wie aus Pappe geschnitten, und, indem sie mich an ein Bühnenbild aus der Operette *Orphée aux Enfers*[2] gemahnten, vermittelten sie mir zum ersten Mal einen Eindruck von Schönheit.

Gilberte hingegen kam immer noch nicht wieder in die Anlagen der Champs-Élysées. Und doch hätte ich sie dringend sehen müssen, ich erinnerte mich nicht einmal mehr an ihr Gesicht. Das Suchende, Angstvolle, Fordernde, mit dem wir den geliebten Menschen anschauen, unser Warten auf das Wort, das uns die Hoffnung auf ein Wiedersehen am folgenden Tag schenken oder rauben wird, und, bis dieses Wort gefallen ist, die abwechselnde, wenn nicht gar gleichzeitige Vorstellung von Freude und Verzweiflung, all das versetzt unsere Aufmerksamkeit, solange wir uns in Gegenwart des geliebten Wesens befinden, mit zuviel Unruhe, als daß sie ein deutliches Bild von ihm festhalten könnte. Vielleicht ist die gleichzeitige Regung aller Sinne in dem Bemühen, nur mit dem Blick zu erfassen, was jenseits seines Aufnahmevermögens liegt, auch zu empfänglich für die tausend Gestalten, all die Reize und Gesten der lebenden Person, die wir normalerweise, solange wir nicht lieben, gänzlich erstarren lassen. Das geliebte Modell hingegen bewegt sich; man erhält davon stets nur unscharfe Photographien. Ich wußte wirklich nicht mehr, wie Gilbertes Züge eigentlich beschaffen waren, außer in den göttlichen Augenblicken, in denen sie sie für mich spielen ließ; ich erinnerte mich bloß noch an ihr Lächeln. Und während ich das geliebte Antlitz, wie sehr ich mich auch bemühte, vor meinem Auge nicht wiedererstehen lassen konnte, stellte ich mit Ingrimm fest, daß ich die unnützen und einprägsamen Gesichter des Karussellmanns und der Süßwarenverkäuferin mit absoluter Genauigkeit in meinem Gedächtnis aufgezeichnet fand: so sind auch diejenigen, die ein geliebtes Wesen verloren haben, das sie niemals im Traum wiedersehen, aufgebracht darüber, daß sie unaufhörlich im Schlaf höchst unerfreulichen Leuten begegnen, die sie schon im Wachzustand am liebsten nicht kennengelernt hätten. In ihrer Unfähigkeit, sich den Gegenstand ihrer Trauer vorzustellen, neigen sie fast zu der Meinung, sie trauerten eben nicht genug. Ich selber war nicht weit davon entfernt zu glauben, daß ich, da ich mir die Züge Gilbertes nicht mehr ins Gedächtnis rufen konnte, sie eben vergessen hätte, sie nicht mehr liebte. Endlich aber kam sie fast alle Tage wieder spielen und ließ vor mir neue Dinge aufscheinen, die ich mir wünschen, für den nächsten Tag von ihr erbitten konnte, und tatsächlich schuf sie in diesem Sinne aus meiner Zärtlichkeit für sie beinahe täglich ein neues Gefühl. Etwas aber veränderte noch einmal und ganz unerwartet das Problem meiner Liebe, so wie es sich Tag für Tag nachmittags gegen zwei Uhr stellte. Ob Swann meinen für seine Tochter bestimmten Brief abgefangen hatte oder ob Gilberte mir erst ganz verspätet, damit ich vorsichtiger würde, einen schon alten Sachverhalt eingestand, jedenfalls nahm sie, als ich ihr sagte, wie sehr ich ihren Vater und ihre Mutter bewunderte, jene undurchdringliche Miene voller Vorbehalte und Reserve an, die sie an sich hatte, wenn man zu ihr von Dingen sprach, die sie tun sollte, von ihren Besorgungen und Besuchen, und erklärte mir plötzlich: »Wissen Sie, eigentlich können sie Sie nicht riechen!« und ungreifbar wie eine Undine[1] – denn so war sie nun einmal – brach sie gleich darauf in Lachen aus. Oft schien ihr Lachen, wenn es mit ihren Worten nicht im Einklang stand – etwa wie die Musik – in einem ganz anderen Bereich ein unsichtbares Relief nachzuzeichnen. Ihre Eltern verlangten nicht von Gilberte, sie solle nicht mehr mit mir spielen, hätten aber ganz gern gesehen, so meinte sie jedenfalls, diese ganze Sache hätte nie angefangen. Sie betrachteten meine Bekanntschaft mit ihr ohne Begeisterung, hielten mich für moralisch nicht ganz einwandfrei und glaubten, mein Einfluß auf ihre Tochter könne nur nachteilig sein. Die Art von bedenkenlosen jungen Leuten, zu denen Swann mich offenbar rechnete, stellte ich mir so vor, daß sie die Eltern des jungen Mädchens, dem sie zugetan sind, im Grunde verachten, ihnen schöntun ins Gesicht, sie hinter ihrem Rücken aber zusammen mit der Tochter verspotten, die sie außerdem zum Ungehorsam anstiften und, wenn sie sie erst einmal ganz für sich gewonnen haben, sie daran hindern, die Eltern überhaupt noch zu sehen. Wie leidenschaftlich jedoch stellte mein Herz diesen Zügen (in denen niemals ein Elender sich selbst erkennen würde) die Gefühle gegenüber, von denen es tatsächlich für Swann erfüllt war, Gefühle von so glutvoller Art, daß ich nicht daran zweifelte, er hätte sein Urteil über mich, wenn er sie geahnt hätte, wie einen Justizirrtum bereut! Was ich für ihn fühlte, wagte ich ihm in einem langen Brief auseinanderzusetzen, den ich Gilberte mit der

Bitte anvertraute, ihn ihrem Vater zu geben. Sie verstand sich auch dazu. Ach! Offenbar sah er in mir einen noch größeren Betrüger, als ich gefürchtet hatte! Die Gefühle, die ich ihm auf sechzehn Seiten überzeugend dargelegt zu haben meinte, stießen also nur auf Zweifel bei ihm, denn der Brief, den ich ihm in ebenso leidenschaftlichen und aufrichtigen Worten schrieb, wie ich sie Norpois gegenüber im Gespräch gebraucht hatte, hatte genausowenig Erfolg. Am folgenden Tag berichtete mir Gilberte, nachdem sie mich abseits hinter ein Lorbeerboskett in einer Nebenallee geführt hatte, wo wir uns auf Stühlen niederließen, ihr Vater habe nach der Lektüre des Briefs, den sie mir wieder zurückbrachte, nur achselzuckend gesagt: »Das bedeutet gar nichts, es beweist nur, wie recht ich habe!« Ich, der ich die Lauterkeit meiner Absichten und meine Seelengüte kannte, war gekränkt, daß meine Worte den absurden Irrtum Swanns nicht einmal an der Oberfläche hatten streifen können. Denn es war ein Irrtum, ich zweifelte damals nicht daran. Ich war mir bewußt, gewisse unbestreitbare Eigenschaften meiner edlen Gefühle mit solcher Genauigkeit beschrieben zu haben, daß Swann, wenn er sie sich daraufhin nicht sogleich als Ganzes vorstellen konnte und nicht kam sich zu entschuldigen und mir einzugestehen, er habe sich getäuscht, eben dergleichen selbst nie an sich erfahren hatte und folglich außerstande war, sie bei anderen zu verstehen.

Swann aber wußte vielleicht einfach, daß Großherzigkeit häufig nur die subjektive Erscheinungsform unserer egoistischen Gefühle ist, solange wir sie noch nicht benannt und eingeordnet haben. Vielleicht hatte er in der Verbundenheit, die ich ihm ausdrückte, nur die naheliegende Wirkung – und enthusiastische Bestätigung – meiner Liebe zu Gilberte erkannt, durch die – statt durch meine erst sekundär zustande gekommene Verehrung für ihn – meine Handlungen fortan zwangsläufig bestimmt sein würden. Ich konnte seine Voraussicht nicht teilen, denn es war mir nicht gelungen, meine Liebe von mir selbst zu abstrahieren, ihr in der Allgemeinheit der anderen Menschen einen Platz zuzuweisen und aufgrund der Erfahrung ihre Folgen zu berechnen: Ich war verzweifelt. Dann mußte ich Gilberte einen Moment verlassen, Françoise hatte mich gerufen. Ich sollte sie in einen kleinen, grünbewachsenen Pavillon begleiten, der den nicht mehr als solche benutzten Akzisehäuschen im alten Paris glich und in dem seit kurzem das eingerichtet war, was man in England als Lavabo und in Frankreich einer fehlgeleiteten Anglomanie zufolge als Water-Closets bezeichnet. Die feuchten, alten Mauern des Eingangsraums, in dem ich auf Françoise wartete, hauchten eine muffige Frische aus, die mir auf der Stelle die Sorgen, die mich aufgrund der mir durch Gilberte mitgeteilten Worte Swanns befallen hatten, weniger drückend erscheinen ließ und mir eine Lust bereitete, die nicht wie gewisse andere war, die uns nur unausgeglichener zurücklassen, unfähig, sie zu erhalten oder sie uns ganz zu eigen zu machen, sondern vielmehr in einem soliden Genuß bestand, an dem ich mich festhalten konnte, köstlich, friedvoll und mit einer stetigen, unerklärten und doch zuverlässigen Wahrheit erfüllt.[1] Ich hätte gern, wie früher auf meinen Spaziergängen in der Gegend von Guermantes, den Versuch gemacht, in den Zauber dieses Zustands tiefer einzudringen, der über mich gekommen war, und unbeweglich dieses Modergerüchlein zu erforschen, das mich einlud, nicht die Lust auszukosten, die es mir gleichsam nur als Zugabe bereitete, sondern die Wirklichkeit zu ergründen, die es mir noch nicht entdeckt hatte. Doch die Pächterin des Etablissements, eine alte Dame mit dickgepuderten Wangen und einer roten Perücke, begann mit mir zu reden.

Françoise hielt sie für »etwas Besseres«. Ihre Tochter hatte das geheiratet, was Françoise »einen jungen Mann von Familie« nannte, also jemanden, der sich in ihren Augen von einem Arbeiter stärker unterschied als in der Meinung Saint-Simons ein Herzog von einem Mann »aus der Hefe des Volkes«. Natürlich hatte die Pächterin, bevor sie es wurde, einige Schicksalsschläge erlebt. Doch Françoise versicherte, sie sei eine Marquise und gehöre der Familie Saint-Ferréol an. Diese Marquise nun riet mir, nicht in dem kühlen Vorraum zu bleiben, und öffnete mir sogar eines der Kabinette mit den Worten: »Wollen Sie nicht hineingehen? Dies hier ist ganz sauber, und für Sie ist es gratis.« Sie machte es vielleicht nur wie die Verkäuferinnen bei Gouache[1], die mir, wenn wir etwas bestellten, einen der Bonbons anboten, die unter Glasglocken auf dem Verkaufstisch lagen und den Mama mir – leider! – anzunehmen verbot; vielleicht auch in weniger harmloser Absicht, etwa wie eine alte Blumenhändlerin, bei der Mama ihre Jardinieren füllen ließ und die mir mit schmachtendem Blick eine Rose verehrte. Auf alle Fälle mochte wohl die »Marquise«, sofern sie eine Schwäche für kleine Jungen hatte, indem sie ihnen die unterirdische Pforte zu jenen Steinwürfeln öffnete, wo Menschen wie Sphinxen hocken, bei der speziellen Form ihrer Großherzigkeit weniger von der Hoffnung bestimmt sein, sie ins Verderben zu locken, als vielmehr von der Genugtuung, die man verspürt, wenn man sich in selbstloser Weise freigebig gegen die erweist, die man liebt, denn niemals habe ich bei ihr einen anderen Besucher getroffen als einen alten Parkwächter.[2]

Einen Augenblick später verabschiedete ich mich von der »Marquise« in Françoises Begleitung und verließ auch diese, um wieder zu Gilberte zurückzukehren. Ich sah sie sogleich, auf einem Stuhl, hinter dem Lorbeerboskett. Sie hielt sich dort vor ihren Freundinnen verborgen, denn sie spielten Versteck. Ich ging hin, um mich neben sie zu setzen. Sie trug eine flache Toque, die, ziemlich tief in die Stirn gesetzt, ihren Augen den gleichen nachdenklich-heimlichen Blick »von unten her« gab, den ich zum ersten Mal an ihr in Combray gesehen hatte. Ich fragte sie, ob es keine Möglichkeit gebe, mich mündlich mit ihrem Vater auseinanderzusetzen. Gilberte antwortete, sie habe ihm selbst den Vorschlag gemacht, er aber habe es für ganz zwecklos erklärt. »So jetzt«, fügte sie noch hinzu, »vergessen Sie Ihren Brief nicht, ich muß wieder zu den anderen, sie haben mich ja nicht gefunden.«

Wäre Swann damals dazugekommen, auch bevor ich noch jenen Brief wieder an mich nahm, von dessen Aufrichtigkeit er sich meiner Meinung nach so unsinnigerweise nicht hatte überzeugen lassen, hätte er vielleicht festgestellt, wie überaus recht er hatte. Denn als ich mich Gilberte näherte, die, auf ihrem Stuhl zurückgelehnt, mich zwar aufforderte, meinen Brief zu nehmen, doch ihn mir nicht hinhielt, fühlte ich mich körperlich von ihr derart stark angezogen, daß ich zu ihr sagte:

»Nun, versuchen Sie doch, mich daran zu hindern, ihn zu nehmen, mal sehen, wer stärker ist.«

Sie versteckte ihn im Rücken, ich griff hinter ihren Hals und hob dabei die Zöpfe, die sie schulterlang trug, entweder weil es noch ihrem Alter entsprach oder weil ihre Mutter wollte, daß sie länger kindlich wirke, um selbst dadurch jünger zu scheinen; eins übers andere gebeugt, rangen wir miteinander. Ich versuchte, sie an mich zu ziehen, sie leistete Widerstand; ihre eiferheißen Wangen waren wie Kirschen so rund und rot; sie lachte, als kitzelte ich sie; ich hielt sie zwischen den Knien fest wie einen jungen Baum, auf den ich steigen wollte; mitten in dieser Gymnastik aber, ohne daß ich stärker atmete, als ich es infolge der Muskelanstrengung und in der Hitze des Spiels ohnehin schon tat, strömte genauso wie ein paar Schweißtropfen, die die Anstrengung einem entlockt, meine Lust aus mir, ohne daß ich auch nur Zeit gehabt hätte, sie richtig auszukosten; in dem Augenblick faßte ich auch schon den Brief. Da sagte Gilberte ganz freundlich zu mir:

»Wenn Sie mögen, können wir ruhig noch ein bißchen ringen.«

Vielleicht hatte sie dunkel gespürt, daß mein Spiel einen anderen Zweck als den von mir eingestandenen hatte, ohne jedoch zu bemerken, daß ich ihn schon erreicht hatte. Ich aber fürchtete, sie könne es gemerkt haben (eine gewisse, verhaltene Rückwärtsbewegung, der etwas von verletztem Schamgefühl innewohnte und die sie gleich hinterher gemacht hatte, brachte mich auf den Gedanken, meine Befürchtungen seien berechtigt), und ließ mich darauf ein, noch etwas weiterzuringen, damit sie nicht etwa glaubte, ich habe nur die eine Absicht verfolgt, nach deren Erreichen ich freilich nur Lust verspürte, ruhig bei ihr zu bleiben.

Auf dem Heimweg stand mir in plötzlichem Erinnern das bislang verborgene Bild vor Augen, das mir, ohne daß ich es klar gesehen oder wiedererkannt hatte, in der fast nach Ruß riechenden Frische des umrankten Pavillons so nahe gewesen war. Es war das Bild des kleinen Ruhegemachs meines Onkels Adolphe in Combray, das tatsächlich den gleichen dumpfen, feuchten Geruch an sich gehabt hatte.[1] Doch konnte ich nicht begreifen und hob mir für später auf, darüber nachzudenken, wieso die Erinnerung an ein so unbedeutendes Bild mir solches Glück geschenkt hatte.[2] Bis dahin aber kam es mir vor, als verdiene ich wirklich die Geringschätzung von Norpois; allen Schriftstellern hatte ich einen, wie er es nannte, bloßen »Flötenspieler« vorgezogen, und ein wahrhafter Rauschzustand wurde mir nicht durch eine große Idee, sondern durch Schimmelgeruch zuteil.

Seit einiger Zeit begegneten in gewissen Familien die Mütter dem Namen der Champs-Élysées, wenn ein Besucher ihn fallen ließ, mit der feindseligen Miene, die sie sich für den bekannten Arzt aufsparen, von dem sie sagen, er habe zu viele falsche Diagnosen gestellt, als daß sie noch zu ihm Vertrauen haben könnten; es wurde behauptet, diese Anlagen bekämen den Kindern nicht, es gebe viele Beispiele von Halsschmerzen, Röteln und Fieberanfällen, die durch sie verursacht seien. Ohne geradezu Mamas mütterliche Gefühle in Frage zu stellen, die mich auch weiter hingehen ließ, bedauerten doch einige ihrer Freundinnen aufs tiefste, wie verblendet sie sei.

Neuropathen sind vielleicht entgegen allem, was man gemeinhin annimmt, gerade diejenigen, die am wenigsten auf sich selber »achten«; sie nehmen in sich so viele Dinge wahr, über die sie sich, wie sie später zugeben müssen, umsonst beunruhigt haben, daß sie schließlich auf keines mehr ernstlich Rücksicht nehmen. Ihr Nervensystem hat so oft schon »Hilfe!« geschrien, als sei eine schwere Krankheit im Anzug, wenn statt dessen nur Schnee in der Luft lag, oder beim Umzug in eine neue Wohnung, daß sie sich daran gewöhnen, solche Warnungen so wenig wichtig zu nehmen wie ein Soldat, der in der Hitze des Gefechts sie so wenig beachtet, daß er imstande ist, noch als Sterbender ein paar Tage lang das Leben des Gesunden zu führen. Eines Mittags, als ich meine gewohnten kleinen Übel, deren ständiger innerer Kreislauf meinen Geist ebensowenig beschäftigte wie jener des Bluts, wohlgeordnet in mir trug, eilte ich beschwingt ins Eßzimmer, wo meine Eltern schon bei Tisch saßen, und, nachdem ich mir wie gewöhnlich vorgehalten hatte, ein gewisses Kältegefühl müsse nicht bedeuten, daß man sich wärmen sollte, sondern man habe es zum Beispiel auch, wenn man gescholten worden sei, und Appetitmangel könne ebensogut besagen, daß es regnen wird, und nicht, daß man nicht essen sollte, nahm ich dort gleichfalls Platz; als ich jedoch den ersten Bissen eines appetitlichen Koteletts zum Mund führte, hielt ich in meiner Bewegung inne mit einem plötzlichen Schwindelgefühl, und Übelkeit überkam mich; es war die fiebernde Antwort einer beginnenden Krankheit, deren Symptome meine eisige Indifferenz überdeckt und aufgehalten hatte und die nun entschieden die Nahrung verweigerte, deren Aufnahme mir ohnehin unmöglich gewesen wäre. In derselben Sekunde aber schon gab mir der Gedanke, man werde mir, wenn man bemerkte, daß ich krank sei, das Ausgehen verbieten, den Selbsterhaltungstrieb eines Verwundeten und damit die Kraft, mich in mein Zimmer zu schleppen, wo ich feststellte, daß ich vierzig Grad Fieber hatte, und mich dann zum Gang in die Champs-Élysées zu rüsten. Die Hülle des erschöpften und durchlässig gewordenen Körpers durchdringend, strebten, ja lechzten meine beflügelten Gedanken nach den so süßen Freuden einer Partie Barlauf mit Gilberte, und als ich eine Stunde später, obgleich ich mich kaum auf den Beinen halten konnte, glücklich neben ihr stand, hatte ich sogar die Kraft, jene auch zu genießen.

Bei der Heimkehr erklärte Françoise, ich hätte mich »unwohl befunden«, offenbar sei ich »verkühlt«, und der sogleich herbeizitierte Arzt erklärte, das »Ungestüm« und die »Virulenz« des Fieberanfalls, der meine Lungenentzündung begleitete und nur ein »Strohfeuer« sein werde, »gefalle ihm viel besser« als »schleichendere« und »verkappte« Formen. Seit langem schon litt ich an Erstickungsanfällen, und ungeachtet der Mißbilligung meiner Großmutter, die mich bereits als Alkoholiker zugrunde gehen sah, hatte unser Arzt mir außer

Koffein, das mir verschrieben wurde, damit ich leichter atmete, auch Bier, Champagner oder Cognac zu trinken verordnet, sobald ich das Herannahen einer Krise spürte. Diese würde dann, meinte er, in der durch den Alkohol ausgelösten »Euphorie« ganz von selbst zum Stillstand kommen. Damit meine Großmutter mir dergleichen zu geben erlaubte, war es oft so, daß ich Zustände von Atemnot nicht überspielen durfte, sondern sie fast ostentativ herausstreichen mußte. Wenn ein Anfall nahte, fürchtete ich dabei – weil ich ja nie wußte, welche Ausmaße er annehmen würde – die Niedergeschlagenheit meiner Großmutter ohnehin mehr als mein eigenes Leiden. Gleichzeitig aber legte mir mein Körper, sei es, daß er zu schwach war, das Geheimnis meines Leidens für sich zu behalten, sei es, daß er befürchtete, in Unkenntnis des nahenden Übels werde man von mir eine Anstrengung verlangen, zu der er nicht imstande oder die für ihn gefährlich wäre, das Bedürfnis nahe, meine Großmutter von meinem Unbehagen mit einer Pünktlichkeit in Kenntnis zu setzen, bei der ich schließlich eine Art von physiologischer Strenge walten ließ. Stellte ich ein unerfreuliches Symptom an mir fest, das ich noch nicht bemerkt hatte, so stand mein Körper Todesängste aus, solange ich meine Großmutter noch nicht davon verständigt hatte. Tat sie so, als nähme sie es überhaupt nicht wichtig, so forderte er von mir, daß ich deutlicher würde. Manchmal ging ich damit zu weit; und das geliebte Antlitz, das nicht mehr immer so gut wie einst die innere Bewegung verbergen konnte, ließ einen Ausdruck des Mitleids, ein schmerzliches Zusammenzucken erkennen. Dann wand sich mein Herz in Qualen angesichts des Kummers, den ich ihr bereitete, und als könnten meine Küsse ihn hinfällig machen, als könne meine Zärtlichkeit der Großmutter gleiches Glück bereiten, wie meine Gesundheit es täte, stürzte ich mich in ihre Arme. Da meine Bedenken aber andererseits durch die Gewißheit beschwichtigt waren, daß sie meinen Zustand nun kenne, hatte mein Körper nichts mehr dagegen, daß ich sie beruhigte. Ich behauptete jetzt, die Sache sei gar nicht so arg, sie brauche mich nicht zu bedauern und könne sicher sein, daß ich mich ganz glücklich fühle; mein Körper hatte nur erreichen wollen, daß man ihm das ihm zukommende Maß an Mitleid spendete, und, sofern bekannt war, daß es ihm an der rechten Seite wehtat, hatte er nichts dagegen, daß ich erklärte, es seien aber keine richtig schlimmen Schmerzen und sie hinderten mich nicht, mich glücklich zu fühlen, denn zum Philosophieren neigte er nicht; das gehörte nun einmal nicht zu seinem Ressort. Ich hatte während meiner Genesung fast täglich solche Erstickungsanfälle. Eines Tages, als meine Großmutter mich bei ziemlich gutem Befinden verlassen hatte, kam sie sehr spät am Abend noch einmal in mein Zimmer und sah, daß ich keine Luft bekam: »O mein Gott«, rief sie mit gramerfüllter Miene, »was du aushalten mußt!« Sie verließ mich sogleich, ich hörte die Haustür gehen, und ein wenig später kam sie mit Cognac zurück, den sie kaufen gegangen war, denn zufällig war gerade keiner im Haus. Bald fing ich an, mich glücklicher zu fühlen. Meine Großmutter hatte ein etwas gerötetes Gesicht, sah verlegen aus, und ihre Augen zeigten einen Ausdruck von Müdigkeit und Mutlosigkeit.

»Ich überlasse dich lieber ein bißchen dir selbst, damit dir die Besserung auch wirklich zugute kommt«, sagte sie und ließ mich plötzlich allein. Ich küßte sie aber noch und spürte dabei auf ihren kühlen Wangen etwas Nasses, von dem ich nicht recht wußte, ob es die Feuchte der Nachtluft war, aus der sie eben kam. Am folgenden Tag kehrte sie erst am Abend wieder in mein Zimmer zurück, da sie, wie man mir sagte, hatte ausgehen müssen.

Ich sah darin ein Zeichen von Gleichgültigkeit mir gegenüber und mußte mich zurückhalten, um ihr keinen Vorwurf zu machen.

Da die Erstickungsanfälle auch noch anhielten, als die schon lange ausgeheilte Lungenentzündung keine Erklärung mehr dafür bot, ließen meine Eltern Professor Cottard kommen. Für einen Arzt, der in einem solchen Fall zu Rate gezogen wird, genügt es nicht, sein Metier zu kennen. Angesichts von Symptomen, die von drei oder vier verschiedenen Krankheiten herrühren können, entscheidet letzten Endes sein richtiger Instinkt, sein sicherer Blick, mit welcher er es bei fast gleichen Anzeichen mit größter Wahrscheinlichkeit zu tun hat. Diese geheimnisvolle Gabe schließt keineswegs eine Überlegenheit auch der anderen Bezirke des Geistes ein, und selbst ein höchst gewöhnlicher Mensch, der sich zu den schlechtesten Werken von Musik und Malerei hingezogen fühlt, dem jede geistige Neugier abgeht, kann sie besitzen. In meinem Fall konnte der äußerlich erhobene Befund ebensogut durch Nervenkrämpfe, durch beginnende Tuberkulose, durch Asthma, durch Atmungsbeschwerden infolge einer Nahrungsmittelvergiftung mit gleichzeitig bestehender Niereninsuffizienz, durch chronische Bronchitis wie durch einen komplexen Krankheitszustand, an dem mehrere dieser Faktoren mitwirkten, hervorgerufen sein. Die Krämpfe hätten nun aber eine Kur der Nichtbeachtung verlangt, die Tuberkulose sorgfältige Pflege und eine Art von Überernährung, die für einen Arthritiker oder Asthmatiker unzuträglich gewesen wäre und verhängnisvoll werden konnte im Falle einer Nahrungsmittelvergiftung, die ihrerseits wiederum eine Behandlungsweise erfordert, die einen Tuberkulösen zugrunde richten kann. Doch Cottard verordnete nach nur kurzem Zögern mit Entschiedenheit: »Reichlich drastische Abführmittel, ein paar

Tage lang Milch, nichts als Milch. Kein Fleisch, kein Alkohol.« Meine Mutter murmelte, daß ich doch dringend etwas zu meiner Kräftigung brauche, daß ich schon so nervös genug sei, daß eine solche Roßkur und so dürftige Kost mich vollends herunterbringen würden. Ich sah an Cottards Augen, die so unruhig umherirrten, als fürchte er, seinen Zug zu versäumen, daß er sich fragte, ob er sich nicht aus Versehen seiner natürlichen Gutmütigkeit überlassen hatte. Er versuchte sich zu erinnern, ob er auch daran gedacht hatte, eine eisige Miene aufzusetzen, wie man nach einem Spiegel sucht, um festzustellen, ob man nicht vergessen hat, die Krawatte zu binden. Im Zweifel hierüber und um auf alle Fälle etwas möglicherweise Versäumtes nachzuholen, gab er grob zurück: »Ich bin nicht gewöhnt, meine Anordnungen zu wiederholen. Geben Sie mir eine Feder. Und vor allem Milchdiät. Später, wenn wir über die Anfälle und die Schlaflosigkeit hinweg sind, kann er etwas Suppe bekommen, auch Brei, doch immer mit Milch; ›au lait, au lait‹«, wiederholte er. »Das muß Ihnen doch gefallen, junger Mann, Spanien ist ja jetzt Mode, Olé! Olé!« (Seine Schüler kannten dieses Wortspiel gut, da er es in der Klinik jedesmal machte, wenn er einen Herz- oder Leberkranken auf strenge Milchdiät setzte.)[1] »Dann werden Sie nach und nach die gewohnte Lebensweise wiederaufnehmen. Aber jedesmal, wenn Husten und Erstickungsanfälle wieder einsetzen, sofort Abführmittel, Einläufe, Bettruhe, Milch!« Mit frostiger Miene und ohne darauf Antwort zu geben, hörte er sich ein letztes Mal die Einwände meiner Mutter an; da er uns aber verließ, ohne geruht zu haben, die Gründe für seine Behandlungsart anzugeben, hielten meine Eltern sie in meinem Fall für abwegig, unnötig schwächend, und erprobten sie nicht an mir. Sie versuchten natürlich, ihren Ungehorsam dem Professor zu verheimlichen, und um sicherzugehen, mieden sie alle

Bekannten, bei denen sie ihm hätten begegnen können. Dann aber verschlimmerte sich mein Zustand, und es wurde beschlossen, die Vorschriften Cottards gewissenhaft zu befolgen; nach drei Tagen hatte ich keine Anfälle, keinen Husten mehr und konnte gut atmen. Da mußten wir einsehen, daß Cottard, der mich, wie er später sagte, ziemlich anfällig für Asthma und vor allem »verdreht« fand, jedenfalls die Intoxikation als den im Augenblick bei mir vorherrschenden Zustand erkannt und vorausgesehen hatte, daß eine Anregung der Lebertätigkeit und Durchspülung der Nieren meine Bronchien befreien und mir unbehinderte Atmung, Schlaf und Kräfte wiedergeben würden. Wir mußten einsehen, daß dieser Dummkopf ein hervorragender Diagnostiker war. Endlich konnte ich aufstehen, doch es hieß, ich dürfe künftig nicht mehr in die Anlagen der Champs-Élysées. Angeblich war es wegen der schlechten Luft; ich glaube aber, daß man diesen Vorwand benutzte, damit ich Gilberte Swann nicht mehr sähe, und ich zwang mich, unaufhörlich ihren Namen zu wiederholen, so wie Besiegte bestrebt sind, ihre Muttersprache zu pflegen, um die Heimat nicht zu vergessen, die sie niemals wiedersehen werden. Manchmal strich mir meine Mutter mit der Hand über die Stirn und sagte:

»Ist es jetzt soweit, daß die kleinen Jungen ihrer Mama nicht mehr ihren Kummer erzählen?«

Françoise trat mir alle Tage mit den Worten entgegen: »Der junge Herr sieht ja aus! Haben Sie sich denn nicht angeschaut; wie ein Toter!« Es stimmt allerdings, daß Françoise, hätte ich einen einfachen Schnupfen gehabt, die gleiche Grabesmiene aufgesetzt hätte. Solche Leidbezeugungen waren mehr eine Frage ihrer »Klasse« als meines Gesundheitszustandes. Ich konnte damals nicht deutlich herauserkennen, ob dieser Pessimismus bei ihr von Gefühlen des Schmerzes oder der Genugtuung begleitet war. Fürs erste kam ich zu dem Ergebnis, er sei sozial und professionell bedingt.

Eines Tages, als die Post gekommen war, legte meine Mutter einen Brief auf mein Bett. Ich öffnete ihn zerstreut, da er ja doch nicht die einzige Unterschrift tragen konnte, die mich beglücken würde, nämlich die Gilbertes, mit der ich außerhalb der Sphäre der Champs-Élysées keine Verbindung hatte. Doch unten auf dem Briefbogen – er trug einen silbernen Stempelaufdruck mit einem behelmten Ritter und darunter die gewundene Devise: *Per viam rectam*[1] –, am Ende eines in großen Lettern hingeschriebenen Briefes, in dem fast alle Sätze wie unterstrichen wirkten, einfach weil der T-Strich jeweils nicht durch den Buchstaben ging, sondern darüber schwebte und somit als Linie unter dem darüber befindlichen Wort lag, erblickte ich ausgerechnet die Unterschrift Gilbertes. Da ich sie aber in einem an mich adressierten Brief für unmöglich hielt, gewährte mir – denn mir fehlte der Glaube daran – ihr Anblick keine Freude. Er ließ bloß alle Dinge, die mich umgaben, eine Sekunde lang vollkommen unwirklich erscheinen. In schwindelerregendem Tempo spielte diese ganz unwahrscheinliche Unterschrift Bäumchenwechseln mit meinem Bett, meinem Kamin, meinen Wänden. Ich sah alles um mich schwanken wie jemand, der vom Pferd fällt, und ich fragte mich, ob es nicht ein Leben gebe, das ganz verschieden von dem mir vertrauten, ihm entgegengesetzt, jedoch das wahre sei, bei dessen unverhofftem Anblick mich dann jenes zögernde Staunen ergreifen würde, das die Steinmetzen in den Darstellungen des Jüngsten Gerichtes den wiedererweckten Toten ins Gesicht geschrieben haben, im Augenblick, da sie die Schwelle zum Jenseits überschreiten. »Lieber Freund«, so hieß es in dem Brief, »ich habe erfahren, daß Sie sehr krank waren und nicht mehr in die Anlagen der

Champs-Élysées kamen. Auch ich gehe kaum noch hin, weil so viele dort krank geworden sind. Doch meine Freundinnen kommen jeden Montag und Freitag zum Nachmittagstee zu uns. Mama trägt mir auf, Ihnen zu sagen, daß Sie uns ein sehr großes Vergnügen machen würden, wenn Sie ebenfalls kämen, sobald Sie wiederhergestellt sind; wir könnten dann zu Hause unsere netten Gespräche aus den Champs-Élysées wiederaufnehmen. Adieu, lieber Freund, ich hoffe, Ihre Eltern erlauben Ihnen, recht oft zum Tee zu kommen. Mit den herzlichsten Grüßen, Ihre Gilberte.«

Während ich diese Worte las, nahm mein Nervensystem bewundernswert schnell die Neuigkeit zur Kenntnis, daß mir ein großes Glück widerfahren sei. Meine Seele aber, das heißt ich selbst und damit der, den es vor allem anging, wußte noch nichts davon. Das Glück, und zwar das Glück durch Gilberte, war etwas, woran ich unaufhörlich gedacht hatte, etwas rein Gedankliches, *cosa mentale*[1], wie Leonardo von der Malerei gesagt hat. Ein mit Schriftzügen bedecktes Blatt Papier aber ist eine Sache, die vom Denken nicht auf der Stelle assimiliert wird. Doch sobald ich den Brief zu Ende gelesen hatte, dachte ich an ihn, er wurde zum Gegenstand von Träumerei, er wurde auch seinerseits zu einer *cosa mentale*, und ich liebte ihn schon so sehr, daß ich ihn alle fünf Minuten wiederlesen und mit Küssen bedecken mußte. Da wurde mir mein Glück bewußt.

Das Leben ist voll von solchen Wundern, auf die der Liebende immer hoffen darf. Es ist möglich, daß dieses hier vielleicht durch meine Mutter künstlich herbeigeführt worden war, die, als sie sah, daß ich seit einiger Zeit allen Lebensmut verloren hatte, vielleicht Gilberte hatte wissen lassen, sie möge mir doch schreiben, so wie sie in der Zeit meiner ersten Seebäder, um mir Lust am Tauchen zu machen, das ich haßte, weil es mir den Atem nahm, heimlich meinem Badewärter wunderschöne Kästchen aus Muscheln und Korallenzweige zusteckte, die ich dann selbst auf dem Grund zu entdecken meinte. Im übrigen gilt für alle Ereignisse, die im Leben und in seinen widerspruchsvollen Situationen sich auf die Liebe beziehen, daß man sie am besten gar nicht zu verstehen versucht, da sie in allem, was sie an Unerbittlichem und Unverhofftem an sich haben, eher magischen als rationalen Gesetzen zu gehorchen scheinen. Wenn ein Multimillionär, der dennoch ein sehr netter Mensch ist, von der mittellosen Frau ohne Reiz, mit der er lebt, den Laufpaß erhält, in seiner Verzweiflung alle Mächte des Goldes zu Hilfe ruft und Himmel und Erde in Bewegung setzt, ohne daß es ihm gelingt, in Gnaden wiederaufgenommen zu werden, so ist es klüger, angesichts des unüberwindlichen Starrsinns seiner Mätresse anzunehmen, daß das Schicksal ihn zugrunde richten und an gebrochenem Herzen sterben lassen will, als nach logischen Gründen zu suchen. Die Widerstände, gegen die Liebende zu kämpfen haben und die ihre durch Leiden überreizte Phantasie zu erraten versucht, haben ihren Sitz häufig in einer speziellen Charakteranlage der Frau, die sie nicht zurückgewinnen können, in deren Dummheit, in dem Einfluß von Menschen, die der Liebende gar nicht kennt, und in den Befürchtungen, die jene ihr suggeriert haben, in einer bestimmten Art von Vergnügen, die sie zu diesem Zeitpunkt gerade vom Leben verlangt und die weder er noch sein Vermögen ihr zu geben imstande sind. Auf alle Fälle befindet sich der Liebende in einer ungünstigen Position, um die Natur der Hindernisse zu durchschauen, die die List der Frau ihm verbirgt und die sein eigenes, durch Liebe verfälschtes Urteil unmöglich richtig einschätzen kann. Sie gleichen jenen Tumoren, die der Arzt schließlich zum Schrumpfen bringt, ohne jedoch ihren Ursprung entdeckt zu haben. Wie diese sind auch jene Hindernisse geheimnisvoll, aber zeitgebunden. Nur überdauern sie im allgemeinen die Liebe. Und da diese keine selbstlose Leidenschaft ist, sucht der Verliebte, der nicht mehr liebt, auch nicht herauszubekommen, weshalb die mittellose und leichtfertige Person, die er liebte, es jahrelang hartnäkkig ablehnte, sich weiterhin von ihm aushalten zu lassen.

Das gleiche Geheimnis nun, das so häufig den Augen die Ursache von Katastrophen verbirgt, wenn es sich um Liebe handelt, umgibt ebensooft auch die Plötzlichkeit gewisser glücklicher Lösungen (so wie die, die Gilbertes Brief für mich bedeutete): glückliche Lösungen, oder doch solche, die es zu sein scheinen, denn es gibt kaum solche, die es wirklich sind, wenn es sich um ein Gefühl der Art handelt, daß jede Befriedigung, die man ihm gewährt, im allgemeinen nur einer Verlagerung des Schmerzes gleichkommt. Manchmal jedoch tritt Waffenruhe ein, und eine gewisse Zeit hindurch hegt man die Illusion, man sei wirklich geheilt.

Was nun diesen Brief angeht, in dessen Unterschrift Françoise sich weigerte, den Namen Gilberte zu erkennen, weil das verschlungene G, das sich über ein *i* ohne Punkt lehnte, wie ein A aussah, während die letzte Silbe durch einen gewellten Schnörkel in unbestimmter Weise verlängert schien[1], so kann man vielleicht, wenn man durchaus nach einer rationalen Erklärung für die Wendung suchen will, die sich darin kundtat und mich so fröhlich machte, annehmen, daß ich ihn zum Teil einem Zwischenfall verdankte, den ich im Gegenteil für geeignet gehalten hatte, mich bei den Swanns für immer unmöglich zu machen. Kurz zuvor hatte Bloch mir einen Besuch abgestattet, während Professor Cottard, den meine Eltern, seitdem ich seine Vorschriften befolgte, wieder kommen ließen, sich in meinem Zimmer befand. Da die Untersuchung beendet und Cottard nur noch als Besucher anwesend war, weil meine Eltern ihn gebeten hatten, zum Abendessen zu bleiben, ließ man Bloch ruhig ein. Als wir nun alle am Plaudern waren und Bloch erzählt hatte, er habe gehört, und zwar von einer Person, die am Abend vorher mit ihm gespeist habe und selbst Madame Swann sehr nahestehe, diese sei mir besonders zugetan, wollte ich ihm entgegenhalten, daß er sich täuschen müsse, und aus derselben Gewissenhaftigkeit heraus, die mich Norpois gegenüber diese Erklärung abgeben ließ, andererseits auch aus Furcht, Madame Swann möchte mich für einen Lügner halten, vollends klarstellen, daß ich sie nicht kannte und nie mit ihr gesprochen hatte. Doch ich hatte das Herz nicht, Blochs Irrtum zu berichtigen, weil mir klar war, daß er ihn wissentlich beging und daß er, wenn er etwas erfand, was Madame Swann gar nicht hatte sagen können, es nur tat, um bekanntzugeben, er habe – was er für schmeichelhaft hielt, jedoch nicht der Wahrheit entsprach – in Gesellschaft einer der Freundinnen dieser Dame diniert. Während nun Norpois, als er erfuhr, daß ich Madame Swann nicht kannte, sie aber gern kennen würde, sich gehütet hatte, ihr gegenüber von mir zu sprechen, schloß Cottard, der ihr Arzt war, aus dem, was er Bloch hatte sagen hören, daß sie mich kenne und schätze, und dachte, wenn er ihr sagte, sobald er sie wiedersehe, ich sei ein reizender Junge, mit dem er sich sehr angefreundet habe, so könne das für mich von keinem Vorteil, wohl aber für ihn ganz schmeichelhaft sein; diese beiden Gründe bewogen ihn, mich Odette gegenüber zu erwähnen, sobald er Gelegenheit dazu fand.

So lernte ich nun diese Wohnung kennen, deren Treppenhaus bereits von dem Parfüm durchzogen war, das Madame Swann benutzte, doch die stärker noch der ganz besondere und schmerzliche Reiz durchduftete, der dem Leben Gilbertes entströmte. Der unerbittliche Concierge, nunmehr in eine wohlgesinnte Eumenide[1] verwandelt, nahm die Gewohnheit an, mir, wenn ich ihn fragte, ob ich hinaufgehen könne, durch Heben seiner Mütze mit glückverheißender Hand zu verstehen zu geben, er habe meine Bitte erhört. Die Fenster, die von außen her zwischen mich und mir nicht zugedachten Köstlichkeiten ihren blitzenden, fernen und flüchtigen Blick gelegt hatten, der mir geradezu wie der Blick der Swanns vorgekommen war, öffnete ich jetzt gelegentlich, wenn ich im Sommer einen ganzen Nachmittag mit Gilberte in ihrem Zimmer zugebracht hatte, selbst, um etwas Luft hereinzulassen und sogar um mich neben ihr hinauszulehnen, wenn nämlich gerade der Empfangstag ihrer Mutter war, wo wir dann die Gäste ankommen sahen, die oft den Kopf hoben, wenn sie aus dem Wagen stiegen, und mir zuwinkten, da sie mich für einen Neffen der Dame des Hauses hielten. Gilbertes Haarzöpfe streiften in solchen Augenblicken meine Wange. Sie schienen mir in ihrer zartfasrigen Feinheit gleichzeitig natürlich und übernatürlich, und die Fülle ihres kunstreichen Blattgeflechtes ein einzigartiges Meisterwerk, worin der Flor des Paradieses selbst verwoben schien. Welch himmlisches Herbarium hätte ich nicht gern dem allerwinzigsten Teilchen davon als Reliquienschrein gegeben! Da ich aber nicht hoffte, ein richtiges Stückchen eines solchen Zopfes zu ergattern, wäre mir, hätte ich wenigstens eine Photographie davon besessen, diese unendlich viel kostbarer erschienen als eine von Blümchen aus Leonardos Hand![2] Um eine zu bekommen, ließ ich mich bei Freunden der Swanns und selbst bei Photographen zu Katzbuckeleien hinreißen, die mir zwar nicht verschafften, wonach ich trachtete, mich aber in dauernde Verbindung mit sehr lästigen Leuten brachten.

Wenn ich jetzt in das dunkle Vorzimmer trat, wo unaufhörlich, furchtbarer und ersehnter als einst in Versailles das Erscheinen des Königs, die Möglichkeit in der Luft lag, den Eltern Gilbertes zu begegnen, die mich so lange gehindert hatten, sie zu sehen, und wo ich gewöhnlich, nachdem ich gegen einen riesigen Kleiderständer gelaufen war, der sieben Arme hatte wie der Leuchter der Heiligen Schrift[1], mich in Grußbezeigungen vor einem Hausdiener ergangen hatte, der in seinem langen grauen Rock auf der Holztruhe saß und den ich in der Dunkelheit für Madame Swann gehalten hatte, drückte mir Gilbertes Vater oder ihre Mutter – wenn einer von ihnen gerade im Augenblick meines Eintretens vorüberkam – lächelnd die Hand und fragte:

»Wie geht es Ihnen denn?« (wobei beide dieses ›Comment allez-vous‹ aussprachen wie ›Commen allez-vous‹, ohne das *t* zu binden; man kann sich vorstellen, wie ich, kaum nach Hause zurückgekehrt, mit Hochgenuß gleichfalls dieses *t* fallen ließ). »Weiß Gilberte, daß Sie da sind? Gut, dann lasse ich Sie so lange allein.«

Aber viel mehr noch: Auch die Teegesellschaften, die Gilberte für ihre Freundinnen veranstaltete und die mir so lange Zeit hindurch als ganz unüberwindlich zwischen ihr und mir sich auftürmende Hindernisse erschienen waren, wurden jetzt für uns eine Gelegenheit, uns zusammenzufinden, von der sie mich (da ich noch ein ziemlich neuer Bekannter war) durch ein paar Zeilen unterrichtete, und zwar jedesmal auf anderem Briefpapier. Einmal war es mit einem geprägten blauen Pudel über einer scherzhaften englischen Unterschrift geschmückt, die mit einem Ausrufungszeichen endete, ein andermal mit einem marineblauen Anker oder dem Monogramm G. S., übermäßig langgezogen in einem Rechteck, das die ganze Höhe des Blattes einnahm, oder mit dem Namen »Gilberte«, der manchmal schräg in der

Ecke mit Goldlettern die Unterschrift meiner Freundin nachahmend in einem Schnörkel endete und unter einem schwarzgedruckten geöffneten Regenschirm erschien, manchmal aber auch zusammengepfercht in Form eines Schellenbaums, in dem alle Buchstaben als Majuskeln enthalten waren, ohne daß man einen einzigen davon wirklich lesen konnte. Doch schließlich sah ich, da die Briefpapierserie, die Gilberte besaß, zwar äußerst reichhaltig, aber nicht unerschöpflich war, nach einer gewissen Anzahl von Wochen das Papier wiederkehren, das wie jenes erste, auf dem sie mir geschrieben hatte, die Devise *Per viam rectam*[1] über dem Bild eines behelmten Ritters in einem Medaillon aus brüniertem Silber trug. Jedes aber wurde für einen bestimmten Tag – dachte ich damals – aufgrund bestimmter Riten gewählt, mehr wohl jedoch, wie ich jetzt annehme, weil Gilberte im Gedächtnis zu behalten versuchte, welches sie die vorigen Male benutzt hatte, so daß sie möglichst nicht das gleiche zum zweitenmal an einen ihrer Korrespondenten schickte – wenigstens nicht an die, auf die sie überhaupt in dieser Hinsicht Wert legte – als höchstens in denkbar weiten Abständen. Da manche der zum Tee geladenen Freundinnen Gilbertes wegen ihrer Unterrichtsstunden bereits gehen mußten, wenn andere erst kamen, hörte ich immer schon auf der Treppe aus dem Vorzimmer ein Stimmengewirr, das im Verein mit der Aufregung, in die mich die bevorstehende großartige Zeremonie versetzte, jäh, noch bevor ich den Treppenflur erreichte, die Bande zerriß, die mich noch an mein früheres Dasein knüpften, und mir sogar die Erinnerung an die Weisung benahm, daß ich, einmal im Warmen, meinen Seidenschal ablegen sowie auf die Uhr schauen sollte, um nicht zu spät heimzukommen. Die Treppe übrigens, die ganz aus Holz war, wie man sie damals oft in teurere Mietshäuser in jenem Stil Henri II[2] einbaute, der so lange Zeit Odettes Ideal gewesen war (das sie jedoch bald darauf wieder fallenlassen sollte) und mit einer Tafel, für die es in unserem Haus keine Entsprechung gab, versehen war, auf der man die Worte las: »Benutzung des Fahrstuhls für Abwärtsfahrten verboten«, erschien mir als etwas so Bedeutendes, daß ich meinen Eltern gegenüber behauptete, Swann habe eine antike Treppe von sehr weither mitgebracht. Meine Liebe zur Wahrheit war so groß, daß ich nicht gezögert hätte, ihnen diese Auskunft zu geben, selbst wenn ich gewußt hätte, daß sie nicht richtig sei, denn nur so konnte ich ihnen für die Würde des Swannschen Treppenhauses die gleiche Ehrfurcht einflößen, wie sie mich selber beseelte. So würde man sich ja auch im Recht fühlen, wenn man einem Ignoranten gegenüber, der nicht begreifen kann, worin das Genie eines großen Arztes besteht, die Tatsache verschwiege, daß dieser einen gewöhnlichen Schnupfen nicht zu kurieren versteht. Da ich aber keinerlei Beobachtungsgabe besaß und im allgemeinen weder den Namen noch die Art der Dinge kannte, die ich vor Augen hatte, und nur so viel begriff, daß sie, wenn sie sich in der Nähe der Swanns befanden, außergewöhnlich sein mußten, schien es mir keineswegs ausgemacht, daß ich log, wenn ich meinen Eltern den künstlerischen Wert und den fernen Ursprung der Treppe schilderte. Ausgemacht schien es mir zwar nicht, doch hielt ich es wohl für wahrscheinlich, denn ich fühlte, wie sehr ich errötete, als mein Vater mich mit den Worten unterbrach: »Aber ich kenne doch diese Häuser da; ich habe eines davon gesehen, sie sind alle gleich; Swann bewohnt nur mehrere Etagen, Berlier[1] hat sie alle gebaut.« Er setzte hinzu, daß er daran gedacht habe, dort eine Wohnung zu mieten, dann aber davon abgekommen sei, weil er sie nicht bequem genug und den Eingang zu dunkel gefunden habe; er sagte es zwar; ich aber fühlte instinktiv, daß mein Geist dem Ansehen der Swanns und meinem Glück die notwendigen Opfer bringen müsse und daß ich aufgrund eines inneren Machtworts trotz allem, was ich eben gehört hatte, für alle Zeiten – wie ein gläubiger Katholik die *Vie de Jésus* von Renan[1] – den zersetzenden Gedanken von mir fernhalten müsse, die Swannsche Wohnung sei eine beliebige Wohnung, die wir hätten mieten können.

An diesen Tagen der Teegesellschaft gelangte ich dann, nachdem ich mich Stufe für Stufe, schon allen Denkens und aller Erinnerung bar, nur noch ein Spielball dumpfer Reflexe, der Treppe folgend erhoben hatte, in die Zone, wo das Parfüm Madame Swanns sich bemerkbar machte. Ich glaubte schon die Herrlichkeit des Schokoladekuchens vor mir zu sehen, umgeben vom Rund kleiner Teller mit Petits-Fours und gemusterten grauen Damastserviettchen, die die Etikette verlangte und die eine Besonderheit des Hauses Swann darstellten. Diese unwandelbare und einheitliche Ordnung aber schien wie das notwendige Universum Kants von einem höchsten Akt der Freiheit abzuhängen. Denn wenn wir alle in Gilbertes kleinem Salon versammelt waren, schaute sie plötzlich auf die Uhr und sagte:

»Was meint ihr, das Mittagessen ist bei uns schon so lange her, und wir essen erst um acht Uhr zu Abend; ich finde, man könnte etwas zu sich nehmen. Was haltet ihr davon?«

Sie ließ uns dann in das große Speisezimmer eintreten, das düster wie das Innere eines von Rembrandt gemalten asiatischen Tempels war und wo ein architektonisch aufgetürmter Kuchen, ebenso gutmütig und traulich wie imposant, ganz zufällig zu thronen schien wie an irgendeinem beliebigen Tag, für den Fall, daß Gilberte Lust bekäme, seine Schokoladezinnen abzutragen und seine Wälle mit den rötlichen, steilen Hängen zu stürmen, die wie die Bastionen am Palast des Königs Darius im heißen Ofen bereitet waren.[1] Besser noch, um an die Zerstörung dieses ninivitischen Gebäcks zu gehen, befragte Gilberte nicht nur ihren eigenen Appetit, sondern erkundigte sich auch nach meinem, während sie für mich aus dem in Trümmer sinkenden Bauwerk eine ganze glasierte und – in orientalischem Geschmack – mit einem Cloisonné aus scharlachroten Früchten bestückte Ecke heraushieb. Sie fragte mich sogar, wann meine Eltern zu Abend äßen, als würde ich das noch wissen, als ob die Aufregung, die mich beherrschte, auch nur die Empfindung der Appetitlosigkeit oder des Hungers, die Vorstellung von Abendessen oder das Bild der Familie in meinem leeren Gedächtnis und meinem gelähmten Magen hätte bestehen lassen. Unglücklicherweise war ebendiese Lähmung nur von kurzer Dauer. Der Augenblick mußte ja kommen, da all diese Süßigkeiten, mit denen ich mich vollstopfte, ohne es zu merken, verdaut werden sollten. Doch das war ja noch lange hin. Inzwischen machte mir Gilberte »meinen« Tee. Ich trank Riesenmengen davon, wo doch schon eine einzige Tasse mich vierundzwanzig Stunden lang nicht schlafen ließ. Meine Mutter sagte daher auch jedesmal: »Es ist zu ärgerlich, der Junge kann nicht zu den Swanns gehen, ohne hinterher krank nach Hause zu kommen.« Aber wußte ich denn überhaupt, wenn ich bei Swanns war, daß es Tee war, was ich trank? Doch selbst wenn ich es gewußt hätte, hätte ich ihn getrunken, denn vorausgesetzt, ich wäre mir einen Augenblick lang der Gegenwart wieder bewußt geworden, so hätte mir das noch lange nicht die Erinnerung an die Vergangenheit und die Voraussicht auf die Zukunft wiedergegeben. Meine Einbildungskraft erstreckte sich nicht bis zu dem entlegenen Zeitpunkt, da ich ans Zubettgehen denken und Schlaf benötigen würde.

Gilbertes Freundinnen waren nicht alle von diesem Rauschzustand erfaßt, in dem eine Entscheidung ganz unmöglich ist. Manche dankten für Tee! Da sagte dann Gilberte mit einer Wendung, die damals in Mode gekommen war: »Offenbar habe ich mit meinem Tee keinen Erfolg.« Um alle Steifheit zu verbannen, lockerte sie die Ordnung der Stühle rings um den Eßtisch: »Wir sehen ja aus wie eine Hochzeitsgesellschaft. Gott, sind diese Dienstboten dumm.«

Sie knabberte Süßigkeiten und saß seitwärts auf einem Hocker, der schräg zu den anderen Stühlen stand. Es sah sogar so aus, als habe sie so viele Petits-Fours zu ihrer Verfügung, ohne daß sie ihre Mutter um Erlaubnis hätte bitten müssen: Wenn nämlich Madame Swann – deren »Jour« gewöhnlich auf den gleichen Tag fiel wie Gilbertes Tee-Einladungen –, nachdem sie einen Besuch zur Tür geleitet hatte, einen Augenblick flüchtig eintrat, manchmal in blauen Samt gehüllt, oft in einem mit weißen Spitzen bedeckten schwarzen Atlaskleid, stellte sie mit erstaunter Miene fest:

»Ja schau, das sieht aber gut aus, was ihr da habt. Ich bekomme direkt Appetit, wenn ich euch euren Cake essen sehe.«

»Dann bleiben Sie doch, Mama, wir laden Sie ein«, antwortete Gilberte.

»Aber nein, mein Schatz, was würden denn meine Gäste sagen; ich habe noch Madame Trombert, Madame Cottard und Madame Bontemps da; du weißt, unsere liebe Bontemps macht keine kurzen Besuche, und sie ist eben erst gekommen. Was würden all diese guten Leutchen sagen, wenn ich nicht wieder erschiene? Wenn niemand mehr kommt, schwatze ich nachher noch ein Weilchen mit euch (was ich sowieso viel lieber täte), wenn alle gegangen sind. Ich glaube, ich habe dann ein Recht auf ein bißchen Ruhe. Fünfundvierzig Personen waren da, und davon haben zweiundvierzig über das Bild von Gérôme gesprochen![1] Aber kommen Sie doch dieser Tage einmal und trinken Sie *Ihren* Tee bei Gilberte, sie macht ihn Ihnen genau, wie Sie ihn gern mögen, wie Sie ihn in Ihrem kleinen ›Studio‹ trinken«, fügte sie, während sie zu ihren Gästen enteilte, zu mir gewendet hinzu, als ob ich etwas mir so Altbekanntes in dieser geheimnisvollen Welt hier suchte wie meine Gewohnheiten (etwa die, die ich in bezug auf das Teetrinken gehabt hätte, wenn ich überhaupt welchen tränke; was das »Studio« betraf, so war ich ungewiß, ob ich eins besäße oder nicht). »Wann kommen Sie? Morgen? Wir werden Ihnen Toast vorsetzen, der so gut ist wie bei Colombin.[2] Nein? Sie sind aber gar nicht nett«, sagte sie, denn seitdem auch sie einen Salon ihr eigen nennen konnte, nahm sie das Auftreten von Madame Verdurin, ihren kokett schmollenden Despotismus an. Toast war für mich übrigens etwas ebenso Unbekanntes wie Colombin, so daß dieses letzte Versprechen die Versuchung nicht lockender machen konnte. Da heute jedermann – jetzt vielleicht sogar in Combray – so spricht, mag es um so befremdlicher klingen, daß ich nicht auf der Stelle verstand, von wem Madame Swann reden wollte, als sie mich zu unserer alten »nurse« beglückwünschte. Ich konnte kein Englisch, begriff aber doch allmählich, daß mit diesem Ausdruck Françoise gemeint war. Ich, der ich in den Champs-Élysées den peinlichen Eindruck so sehr gefürchtet hatte, den sie machen mußte, erfuhr nun von Madame Swann, daß alles, was Gilberte ihr über meine »nurse« erzählt hatte, bei ihr und ihrem Mann besondere Sympathie für mich hervorgerufen hatte. »Man spürt, wie ergeben sie Ihnen ist, wie vortrefflich sie sein muß.« (Sofort änderte ich denn auch vollkommen meine Meinung über Françoise. Eine Erzieherin mit Gummimantel und Federhut zu haben erschien mir dann als indirekte Folge auch nicht mehr ganz so erforderlich.) Schließlich wurde mir durch ein paar Worte, die Madame Swann beiläufig über Madame Blatin fallen ließ, deren wohlwollende Gesinnung ihr bekannt war, deren Besuche sie jedoch fürchtete, klar, daß eine persönliche Bekanntschaft dieser Dame nicht so wertvoll für mich gewesen wäre, wie ich geglaubt hatte, und in nichts meine Situation bei den Swanns zum Vorteil beeinflußt hätte.

Wenn ich nun schon begonnen hatte, vor Ehrfurcht und Freude erbebend in die Märchenregion vorzudringen, die mir wider alles Erwarten ihre bis dahin verschlossenen Zugänge aufgetan hatte, so war es mir doch nur in meiner Eigenschaft als Freund Gilbertes gelungen. Das Reich, in das ich aufgenommen war, lag aber selber noch in dem weit geheimnisvolleren beschlossen, in dem Swann und seine Frau ihr übernatürliches Dasein führten und in das sie sich wieder begaben, nachdem sie mir die Hand gedrückt hatten, wenn sie zu gleicher Zeit wie ich, doch in entgegengesetzter Richtung, das Vorzimmer durchschritten. Bald aber drang ich auch in das Allerheiligste ein. Es kam zum Beispiel vor, daß Gilberte nicht da war, aber Monsieur oder Madame Swann sich zu Hause befanden. Sie hatten sich erkundigt, wer geschellt hätte, und als sie hörten, ich sei es, mich bitten lassen, einen Augenblick zu ihnen hereinzukommen, weil sie mich bitten wollten, in dieser oder jener Sache meinen Einfluß auf ihre Tochter geltend zu machen. Ich mußte an den so ausführlichen, so überzeugenden Brief denken, den ich einst an Swann geschrieben und den er nicht einmal einer Antwort für wert befunden hatte. Ich staunte über die Ohnmacht des Geistes, der Vernunft und des Herzens, die geringste Sinnesänderung zu bewirken oder auch nur eine einzige der Schwierigkeiten zu beheben, die gleich darauf das Leben, ohne daß man auch nur wußte, wie, spielend zu lösen versteht. Meine neue Position als Gilbertes Freund, der einen so ausgezeichneten Einfluß auf sie hatte, verschaffte mir jetzt dieselbe Gunst, als hätte ich in einer Schule, wo ich immer Erster wäre, einen Königssohn zum Kameraden und dank diesem Zufall nunmehr beliebig freien Zugang zum Schloß und zu den Audienzen im Thronsaal: Mit unendlicher Leutseligkeit und als sei er gar nicht mit ruhmvollen Geschäften überlastet, ließ Swann mich in seine Bibliothek eintreten und während einer ganzen Stunde unter Stammeln und schüchternem Schweigen, das von kurzen und wirren Anfällen von Mut unterbrochen wurde, auf Dinge antworten, von denen ich in meiner Aufregung kein einziges Wort begriff; er zeigte mir Kunstgegenstände und Bücher, von denen er annehmen konnte, daß sie mich interessierten, und von denen ich von vornherein überzeugt war, daß sie an Schönheit bei weitem alles übertrafen, was Louvre und Nationalbibliothek zu ihren Schätzen zählten, die ich aber unmöglich richtig anschauen konnte. In solchen Augenblicken hätte ich mit Vergnügen gesehen, Swanns Maître d'hôtel hätte von mir verlangt, ich solle ihm meine Uhr, meine Krawattennadel, meine Stiefel geben und einen Akt unterschreiben, durch den ich ihn zu meinem Erben einsetzte: nach dem schönen volkstümlichen Ausdruck, dessen Autor man ebensowenig kennt wie die der berühmtesten Epen, der aber wie jene, entgegen der Wolfschen These[1], sicher einen gehabt hat (einen jener erfinderischen, aber bescheidenen Köpfe, wie es jedes Jahr welche gibt und die solche Trouvaillen machen wie zum Beispiel »einem Gesicht einen Namen geben«: doch ihren eigenen Namen geben sie nicht preis), *wußte ich nicht mehr, was ich tat.* Höchstens wunderte ich mich, wenn der Besuch sich in die Länge zog, zu welchem Nichts an Erfüllung, zu welchem völligen

Fehlen von erfreulichen Ergebnissen diese in den verzauberten Hallen verlebten Stunden mich führten. Doch rührte meine Enttäuschung nicht etwa von der Unzulänglichkeit der mir gezeigten Kunstwerke her oder von meiner Unfähigkeit, meinen zerstreuten Blick auf sie zu heften. Denn es war nicht die den Dingen innewohnende Schönheit, die es mir so zauberhaft erscheinen ließ, in Swanns Arbeitszimmer zu sein – jene Dinge selbst hätten geradezu die häßlichsten der Welt sein können –, sondern das ihnen anhaftende ganz besondere Gefühl von Wehmut und Lust, zu dessen Sitz ich es seit so langen Jahren erkoren hatte und das es noch immer bewohnte. Ebenso spielte die Vielzahl der Spiegel, Silberbürsten, der von den größten Künstlern, seinen Freunden, geschaffenen und bemalten Altäre des hl. Antonius von Padua keine Rolle in dem Gefühl meiner Unwürdigkeit und seiner königlichen Güte, das mich durchdrang, wenn Madame Swann mich einen Augenblick in ihrem Ankleidezimmer empfing, wo drei schöne, imponierende Geschöpfe, ihre erste, zweite und dritte Kammerzofe, lächelnd herrliche Toiletten auslegten, und zu dem ich mich auf den von einem Diener in Kniehose überbrachten Befehl hin, daß Madame mir etwas zu sagen habe, durch den gewundenen Pfad eines Korridors begab, in dem die köstlichen Essenzen webten, die von weither aus dem Ankleidekabinett ihre unaufhörlichen Duftströme entsandten.

Auch wenn Madame Swann zu ihren Gästen zurückgekehrt war, hörten wir sie noch reden und lachen, denn selbst in Gegenwart von nur zwei Personen erhob sie, als habe sie noch allen »Kameraden« zu genügen, die Stimme; sie betonte ihre Bemerkungen lebhaft, wie sie es so oft in dem kleinen Kreis die »Patronne« hatte machen hören in den Augenblicken, da diese »die Unterhaltung dirigierte«. Da die Ausdrücke, die wir erst kürzlich von anderen übernommen haben, wenigstens für eine gewisse Zeit diejenigen sind, die wir am liebsten benutzen, wählte Madame Swann entweder die, die sie von distinguierten Personen gelernt hatte, die ihr Mann mit ihr bekannt zu machen nicht umhin gekonnt hatte (von ihnen hatte sie die Manier übernommen, den Artikel oder das Demonstrativpronomen vor einem eine Person näher bezeichnenden Adjektiv wegzulassen), oder die allergewöhnlichsten (zum Beispiel »Na so was!«, ein Lieblingsausdruck einer ihrer Freundinnen), und versuchte sie in allen Geschichten anzubringen, die sie, ebenfalls nach einer im »kleinen Kreis« bestehenden Gewohnheit, zu erzählen beliebte. Hinterher sagte sie dann gern: »Ich liebe diese Geschichte«, »Ah, Sie müssen zugeben, eine ganz *wunderschöne* Geschichte«, was sie über ihren Gatten von den Guermantes bezogen hatte, die sie gar nicht kannte.

Madame Swann hatte das Eßzimmer verlassen, doch ihr Mann, der soeben nach Hause gekommen war, erschien nun seinerseits bei uns. »Weißt du, ob deine Mutter allein ist, Gilberte?« – »Nein, es sind noch Leute da, Papa.« – »Wie, noch immer? Es ist doch sieben Uhr! Das ist ja fürchterlich. Die Arme muß doch schon völlig erschöpft sein. So etwas ist wirklich odios.« (Bei uns zu Hause wurde dieses Wort, *odieux*, seit jeher mit einem langen *o* gesprochen – audieux –, doch Monsieur und Madame Swann sagten odieux, mit kurzem *o*.) »Stellen Sie sich vor, so geht das jetzt seit zwei Uhr!« setzte er zu mir gewandt hinzu. »Und Camille hat mir gesagt, zwischen vier und fünf seien mindestens zwölf Personen gekommen. Was sage ich, zwölf, ich glaube vielmehr, er hat von vierzehn gesprochen. Nein, zwölf; kurz und gut, ich weiß es nicht mehr. Als ich nach Hause kam, habe ich nicht mehr daran gedacht, daß sie ihren Empfangstag hat, und beim Anblick der vielen Wagen vor der Tür geglaubt, wir hätten eine Hochzeit im Haus. Während der kurzen Zeit, die ich in meinem Arbeitszimmer war, hat die Glocke nicht stillgestanden; ich habe Kopfweh davon, mein Ehrenwort. Und jetzt sind auch noch viel Leute da?« – »Nein, nur noch zwei.« – »Weißt du, wer?« – »Madame Cottard und Madame Bontemps.« – »Ah! Die Frau des Kabinettchefs im Ministerium für öffentliche Arbeiten.« – »Ich weiß, daß ihr Mann in einem Ministerium angestellt ist, aber als was, das weiß ich nicht«, sagte Gilberte in affektiert kindlichem Ton.

»Aber wie denn, kleines Dummchen, du sprichst ja wie ein Baby. Wie das klingt: in einem Ministerium angestellt! Er ist ganz einfach Chef des Kabinetts, das heißt: der ganze Laden untersteht ihm; aber nicht doch, wo habe ich denn meine Gedanken; ich bin wahrhaftig fast so zerstreut wie du, er ist nicht Chef des Kabinetts, sondern *Direktor* des Kabinetts.«

»Weiß ich alles nicht; ist das was, Direktor des Kabinetts?« antwortete Gilberte, die nie eine Gelegenheit versäumte, ihre Gleichgültigkeit gegen alles zu bekunden, was der Eitelkeit ihrer Eltern Nahrung gab (im übrigen mochte sie auch denken, daß eine so glänzende Bekanntschaft nur noch an Ansehen gewinnen könne, wenn sie so wenig Wert darauf zu legen schien).

»Und ob das etwas ist!« rief Swann, der einer derartigen Bescheidenheit, die mir noch irgendeinen Zweifel hätte belassen können, eine deutlichere Sprache vorzog. »Das ist doch der erste gleich nach dem Minister! Er ist sogar eigentlich mehr, denn er macht im Grunde alles. Außerdem scheint er eine Kapazität, ein höchst verdienstvoller Mann und ein ganz distinguierter Herr zu sein. Er ist Offizier der Ehrenlegion, ein bezaubernder Mensch und sieht zudem noch vorzüglich aus.«

Seine Frau hatte ihn übrigens allem und allen zum

Trotz geheiratet, weil er ein so »reizendes Wesen« war. Er hatte, was genügen kann, um ein erlesenes und graziöses Ganzes abzugeben: einen seidigen blonden Bart, hübsche Züge, eine nasale Stimme, einen etwas strengen Atem und ein Glasauge.

»Ich muß Ihnen gestehen«, fuhr Swann zu mir gewandt fort, »ich finde es höchst vergnüglich, Leute dieser Art in der gegenwärtigen Regierung zu sehen, denn es sind die Bontemps aus dem Hause Bontemps-Chenut, typische Vertreter der reaktionären, klerikalen und engstirnigen Bourgeoisie. Ihr verstorbener Großvater hat mindestens vom Sehen und vom Hörensagen den alten Vater Chenut gekannt, der den Kutschern immer nur einen Sou Trinkgeld gab, obwohl er für damalige Begriffe reich war, und den Baron Bréau-Chenut. Das ganze Geld ist beim Krach der *Union Générale*[1] verlorengegangen, Sie sind zu jung, um das noch erlebt zu haben, und sie haben dann auch alles Mögliche und Unmögliche angestellt, um wieder hochzukommen.«

»Er ist der Onkel einer Kleinen, die in meine Schule ging, sie war aber ein paar Klassen unter mir, die berühmte ›Albertine‹. Sie wird sicher mal ›very fast‹, einstweilen führt sie sich aber ziemlich komisch auf.«[2]

»Erstaunlich, wie meine Tochter alle Welt kennt.«

»Ich kenne sie nicht. Ich habe sie immer nur vorbeigehen sehen, ständig hieß es Albertine hin, Albertine her. Aber Madame Bontemps kenne ich und kann sie auch nicht leiden.«

»Da hast du aber sehr unrecht, sie ist reizend, hübsch und auch gescheit. Sie ist sogar recht geistvoll. Ich werde ihr jetzt guten Tag sagen und sie fragen, ob ihr Mann meint, daß wir einen Krieg haben werden und ob man sich auf König Theodosius verlassen kann. Er muß das doch wissen, nicht wahr, wo er selbst im Rat der Götter sitzt?«

So hatte Swann früher nicht gesprochen; doch wer hat nicht schon mitangesehen, daß ganz schlichte königliche Prinzessinnen, wenn sie sich zehn Jahre später von einem Kammerdiener haben entführen lassen, dann aber wieder Gesellschaft wollen und spüren, daß niemand gern zu ihnen kommt, ganz von selbst in den Ton langweiliger alter Klatschtanten verfallen, und wer hat sie nicht schon, wenn von einer in der Gesellschaft beliebten Herzogin die Rede ist, sagen hören: »Gestern war sie bei mir« oder »Ich lebe ja ganz zurückgezogen«? Daher ist es auch ganz überflüssig, Beobachtungen über die Sitten anzustellen; sie gehen logisch aus psychologischen Gesetzen hervor.

Die Swanns teilten die Untugend jener Leute, die nicht sehr hoch im Kurs stehen; ein Besuch, eine Einladung, ein bloßes liebenswürdiges Wort von einigermaßen bekannten Persönlichkeiten waren für sie ein Ereignis, das sie bekanntzugeben wünschten. Wollte es das Unglück, daß die Verdurins gerade in London waren, wenn Odette ein halbwegs brillantes Diner gab, sorgten die Swanns dafür, daß ihnen die Nachricht durch irgendeinen gemeinsamen Freund über den Kanal gekabelt wurde. Selbst der Inhalt der Briefe und schmeichelhaften Telegramme, die Odette erhielt, konnten sie unmöglich für sich behalten. Sie sprachen davon vor Freunden, und die Zuschriften gingen von Hand zu Hand. So glich der Salon der Swanns jenen Hotels in Badeorten, in denen die Depeschen ausgehängt werden.

Die Personen übrigens, die den vormaligen Swann nicht nur wie ich außerhalb der mondänen Welt, sondern in dieser Welt selbst gekannt hatten, in jenem Milieu der Guermantes, wo man – außer wenn es sich um Hoheiten und Herzoginnen handelte – unendlich anspruchsvoll in bezug auf Geist und Charme war, wo man berühmte Männer fallenließ, die man langweilig fand oder vulgär, diese selben Personen hätten sich gewundert, wenn sie hätten feststellen müssen, daß der vormalige Swann nicht nur seine Diskretion aufgegeben hatte, wenn er von seinen Bekanntschaften sprach, sondern auch jede Exklusivität bei der Wahl, die er in dieser Beziehung traf. Wie kam es, daß Madame Bontemps, die so gewöhnlich und boshaft war, ihn nicht aufs äußerste irritierte? Wie konnte er sie vielmehr sogar angenehm finden? Die Erinnerung an das Milieu der Guermantes hätte ihn, so schien es, daran hindern müssen; in Wirklichkeit half sie ihm dabei. Bei den Guermantes herrschte sicher, im Gegensatz zu dreiviertel aller mondänen Milieus, Geschmack, ein raffinierter Geschmack sogar, doch auch Snobismus und die daraus sich ergebende Möglichkeit, daß dieser Geschmack einmal vorübergehend versagte. Wenn es sich um jemanden handelte, auf den dieser Kreis gut verzichten konnte, auf einen Minister des Äußeren, einen humorlosen Republikaner, ein geschwätziges Akademiemitglied, so sprach dieser Geschmack über ihn gründlichst sein Verdikt; Swann bedauerte dann Madame de Guermantes, daß sie an der Seite von solchen Mitgästen in einer Gesandtschaft hatte dinieren müssen, und man gab vor ihnen tausendmal einem eleganten Mann den Vorzug, das heißt einem Mann aus dem Milieu der Guermantes, der zwar zu nichts zu brauchen war, aber den Esprit der Guermantes besaß, also der gleichen Koterie angehörte. Wenn jedoch eine Großherzogin, eine Prinzessin von Geblüt, häufig bei Madame de Guermantes dinierte, wurde sie als zu dieser Koterie zugehörig betrachtet auch ohne eigentliche Berechtigung, das heißt ohne den erforderlichen Geist zu besitzen. Doch gab man sich mit der Naivität der Menschen aus der besten Gesellschaft von dem Augenblick an, da sie nun einmal zugelassen war, die größte Mühe – da man sich nicht sagen konnte, sie sei zugelassen, weil man Gefallen an ihr fand –, Gefallen an ihr zu finden. Swann kam dann Madame de Guermantes zu Hilfe und sagte, sobald die Hoheit gegangen war: »Im Grunde ist sie eine nette Frau, sie hat sogar einen gewissen Sinn für Humor. Mein Gott, ich nehme nicht an, daß sie sich in der *Kritik der reinen Vernunft* auskennt, aber sie ist nicht übel.«

»Ich bin ganz Ihrer Meinung«, pflichtete die Herzogin bei. »Dabei war sie noch ein wenig befangen, aber Sie werden sehen, daß sie reizend sein kann.« – »Sie langweilt einen viel weniger als Madame X« (die Gattin des geschwätzigen Akademiemitglieds, eine bemerkenswerte Frau), »die ja wie ein Buch redet.« – »Aber gar kein Vergleich!« Die Fähigkeit, solche Dinge zu sagen, und sogar aufrichtig zu sagen, hatte Swann bei der Herzogin erworben und dann beibehalten. Jetzt wendete er sie zugunsten der Leute an, die bei ihm verkehrten. Er bemühte sich, in ihnen die Eigenschaften aufzuspüren und zu lieben, die jedes menschliche Wesen enthüllt, wenn man es günstig eingenommen betrachtet und nicht mit dem Widerwillen der Hochempfindlichen; jetzt strich er die Verdienste von Madame Bontemps heraus wie früher die der Prinzessin von Parma, die sich im Milieu der Guermantes nicht hätte halten können, hätte nicht gewissen Fürstlichkeiten eine Art Ehrenpforte offengestanden und wären auch bei der Beurteilung von Hoheiten einzig Geist und Charme maßgebend gewesen. Man hat ja übrigens schon früher gesehen, daß Swann die Neigung besaß (der er jetzt nur in beständigerer Weise nachgab), seine gesellschaftliche Stellung gegen eine andere einzutauschen, wenn diese unter bestimmten Umständen ihm eben besser behagte. Nur Menschen, die unfähig sind, in ihrer Wahrnehmung das auseinanderzuhalten, was auf den ersten Blick unteilbar scheint, glauben, die Stellung sei von der Person nicht zu trennen. Ein und dasselbe Wesen bewegt sich, wenn man es in aufeinanderfolgenden Phasen des Lebens betrachtet, auf verschiedenen Sprossen der sozialen Stufenleiter in Milieus, die nicht unbedingt immer höher angesiedelt sind, und jedesmal, wenn wir in einer neuen Daseinsperiode zu einem bestimmten Milieu Bande neu oder wieder knüpfen, plätschern wir behaglich darin und fangen ganz selbstverständlich an, menschlich Wurzeln zu schlagen.

Was nun Madame Bontemps anbetrifft, so glaube ich außerdem, daß, wenn Swann so beharrlich von ihr sprach, er gar nicht ungern dabei dachte, meine Eltern würden von ihren Besuchen bei seiner Frau erfahren. Tatsächlich allerdings erregten bei uns zu Hause die Namen der Personen, deren Bekanntschaft zu machen Madame Swann allmählich gelungen war, mehr Neugier als Bewunderung. Bei der Erwähnung von Madame Trombert bemerkte meine Mutter:

»Aha! Da hat sie ja wieder jemanden rekrutiert, und das wird weitere Folgen haben.«

Und als vergleiche sie die etwas summarische, rasche und gewaltsame Art, mit der Madame Swann ihre Bekannten eroberte, mit den Praktiken eines Kolonialkriegs, setzte Mama noch hinzu:

»Jetzt, wo die Tromberts unterworfen sind, werden auch die Nachbarstämme nicht mehr lange zögern, sich gleichfalls zu ergeben.«

War ihr auf der Straße Madame Swann begegnet, so berichtete sie beim Nachhausekommen:

»Ich habe Madame Swann auf dem Kriegspfad getroffen. Sicher war sie auf einem erfolgreichen Zug gegen die Massachusetts, Singhalesen oder Tromberts begriffen.«

Bei allen neuen Personen aber, von denen ich ihr erzählte, ich hätte sie in diesem etwas buntscheckigen und künstlichen Milieu angetroffen, in das sie oft aus ganz anderen Welten mit Mühe verschleppt worden waren, erriet sie sofort, woher sie kamen, und sprach von ihnen wie von teuer erkauften Trophäen:

»Die hat sie von einer Expedition zu den Soundsos mitgebracht.«

Was Madame Cottard anging, so wunderte sich mein Vater, was Madame Swann davon haben mochte, diese wenig elegante Spießbürgerin heranzuziehen, und meinte: »Trotz der Stellung des Professors verstehe ich das nicht.« Meine Mutter jedoch verstand das sehr gut; sie wußte, daß ein großer Teil des Vergnügens, das eine Frau daran findet, in ein anderes Milieu als ihr bisheriges einzudringen, ihr abgehen würde, wenn sie nicht ihre alten Bekanntschaften von den verhältnismäßig glänzenderen Beziehungen, die an ihre Stelle getreten sind, in Kenntnis setzen könnte. Dazu aber braucht man einen Zeugen, den man in diese neue, berauschende Welt eindringen läßt wie ein summend hin und her fliegendes Insekt in eine Blüte, das im Verlauf weiterer Besuche – so hofft man wenigstens – die Kunde, den erbeuteten Pollen aus Neid und Bewunderung weitertragen wird. Madame Cottard, die die ideale Person für diese Rolle war, gehörte ganz und gar zu der Kategorie von Gästen, die meine Mutter im ererbten Geiste ihres Vaters mit dem Zitat kennzeichnete: »Wanderer, kommst du nach Sparta!«[1] Im übrigen mußte Madame Swann – abgesehen von einem anderen Grund, den man erst Jahre später erfuhr –, wenn sie diese wohlwollende, zurückhaltende und bescheidene Freundin zu sich einlud, keineswegs befürchten, eine Verräterin oder Konkurrentin bei sich einzuführen. Sie wußte, welch enorme Zahl von Blütenkelchen in der Bourgeoisie diese emsige Arbeiterin, mit Reiher und Visitenkartentasche bewaffnet, an einem einzigen Nachmittag aufzusuchen imstande war.[1] Sie kannte ihr Ausstreuungsvermögen und durfte, auf die Wahrscheinlichkeitsrechnung gestützt, mit gutem Grund annehmen, dieser oder jener Getreue der Verdurins werde bereits am übernächsten Tag erfahren, daß der Gouverneur von Paris seine Karten bei ihr abgegeben habe, oder Verdurin selbst würde hören, daß Monsieur Le Hault de Pressagny, Präsident des Concours hippique, sie beide, Swann und Frau, zu der Galavorstellung für König Theodosius eingeladen habe; sie nahm an, die Verdurins seien nur über diese beiden, für sie schmeichelhaften Ereignisse auf dem laufenden, da die spezifischen konkreten Formen, unter denen der Ruhm uns erscheint und wir ihn verfolgen, nicht sehr zahlreich sind infolge der Enge unseres Bewußtseins, das nicht in der Lage ist, sich gleichzeitig alle anderen auch noch möglichen gegenwärtig zu halten, von denen wir aber – summa summarum – trotzdem hoffen, daß sie eines Tages für uns Gestalt annehmen werden.

Im übrigen hatte Madame Swann solche Erfolge nur in dem zu verzeichnen, was man »die offiziellen Kreise« nennt. Vornehme Frauen verkehrten nicht bei ihr. Es war nicht so, daß die Anwesenheit von Größen der Republik sie in die Flucht geschlagen hätte. In den Tagen meiner Kindheit war das mondän, was sich im Rahmen der konservativen Gesellschaft bewegte, und in einem anständigen Salon hätte man keinem Republikaner Zutritt gewährt. Die Menschen, die in diesen Milieus lebten, bildeten sich ein, daß die Unmöglichkeit, jemals einen »Opportunisten«[2] oder gar einen abscheulichen »Radikalen«[3] einzuladen, ewig bestehen werde wie die Petroleumlampen und der Pferdeomnibus. Doch gleich einem sich manchmal drehenden Kaleidoskop stellt die Gesellschaft nach und nach die Elemente, die man für unbeweglich hielt, in anderer Weise zusammen, so daß sich ein verschiedenes Bild ergibt. Ich hatte noch nicht meine Erstkommunion hinter mir, als Damen aus regierungstreuen Kreisen zu ihrer maßlosen Verwunderung bei Besuchen auf eine elegante Jüdin stießen. Solche neuen Konstellationen im Kaleidoskop kommen durch etwas zustande, was ein Philosoph als einen Wandel der Kriterien bezeichnen würde. Die Dreyfus-Affäre[1] führte kurz nach der Zeit, als ich angefangen hatte, zu Madame Swann zu gehen, einen derartigen neuen Wandel herauf, und das Kaleidoskop wirbelte noch einmal seine kleinen bunten Rauten durcheinander. Alles, was jüdisch war, kam nach unten zu liegen, sei es selbst die vornehme Dame, und obskure Nationalisten nahmen ihren Platz oben ein. Der glänzendste Salon von Paris war jetzt der eines ultrakatholischen österreichischen Fürsten. Wäre es anstatt zu der Dreyfus-Affäre zu einem Krieg mit Deutschland gekommen, so hätte sich die Wendung des Kaleidoskops in umgekehrter Richtung vollzogen. Da die Juden zur allgemeinen Verwunderung sich als gute Patrioten erwiesen, hätten sie ihre Stellung auch weiterhin behauptet, und niemand hätte mehr zu dem österreichischen Fürsten gehen oder auch nur eingestehen mögen, daß er jemals zu ihm gegangen war. Das hindert nicht, daß jedesmal, wenn sich die Gesellschaft in einer momentanen Ruhelage befindet, die darin Lebenden meinen, es werde nun keine Veränderung mehr geben, genauso wie sie, nachdem sie die Erfindung des Telefons miterlebt haben, an das Flugzeug nicht glauben. Die Feuilletonphilosophen indessen schimpfen auf die vorangegangene Epoche, nicht nur auf die Art der Vergnügungen, denen man damals nachging und die ihnen als der Gipfel der Verderbtheit erscheinen, sondern auch auf die Werke der Künstler und Philosophen, die in ihren Augen keinerlei Wert mehr besitzen, ganz als wären sie mit den sich ablösenden

Spielarten der Frivolität im mondänen Leben untrennbar verbunden. Das einzige, was sich nicht ändert, ist der Anschein, daß sich jeweils »in Frankreich etwas geändert hat«. Zu der Zeit, als ich bei Madame Swann verkehrte, hatte die Dreyfus-Affäre noch nicht begonnen, und einige bekannte Juden besaßen große Macht: niemand mehr als Sir Rufus Israëls, dessen Frau, Lady Israels, Swanns Tante war. Sie hatte persönlich nicht so vornehme Freundschaftsbeziehungen wie ihr Neffe, der sie andererseits nicht besonders mochte und deshalb den Umgang mit ihr mied, obwohl er wahrscheinlich ihr künftiger Erbe war. Doch war sie von den Verwandten Swanns die einzige, die seine gesellschaftliche Position kannte, denn die anderen sind in dieser Hinsicht immer ebenso ahnungslos geblieben, wie wir es lange Zeit waren. Wenn ein Angehöriger einer Familie in die höchste Gesellschaft emigriert – was ihm selbst als ein einzigartiges Phänomen erscheint, während er zehn Jahre später rückblickend feststellen muß, daß in anderer Weise und aus anderen Gründen mehr als einer der jungen Männer aus seiner Schulzeit den Sprung geschafft hat –, so bildet sich um diesen eine unerforschte Zone, eine *terra incognita*, die in ihren kleinsten Nuancen für all ihre Bewohner deutlich erkennbar, jedoch nur Nacht und Nichts für diejenigen ist, die nicht in sie eindringen und sie nur ganz dicht streifen, ohne etwas von ihrem Vorhandensein zu ahnen. Da keine Agence Havas[1] Swanns Kusinen davon unterrichtet hatte, bei welchen Leuten er verkehrte, so erzählte man sich (vor seiner unmöglichen Heirat natürlich) mit herablassendem Lächeln bei Familiendiners, daß man den Sonntag »honett« darauf verwendet habe, den »Cousin Charles« zu besuchen, der, da man ihn für einen etwas neidischen armen Verwandten hielt, geistreicherweise in Anspielung auf den Titel des Balzacschen Romans »Le Cousin Bête«[2] genannt wurde. Lady Israels hingegen wußte sehr genau, wer die Leute waren, die Swann mit einer Freundschaft bedachten, auf die sie eifersüchtig war. Die Familie ihres Mannes, so etwas wie die Rothschilds, besorgte seit mehreren Generationen die Geschäfte der Prinzen von Orléans. Lady Israels war außerordentlich reich und verfügte über großen Einfluß, den sie dazu verwendete, daß niemand aus ihrem Bekanntenkreis Odette empfing. Nur eine Person war ihr insgeheim ungehorsam gewesen: die Gräfin von Marsantes. Das Unglück aber hatte gewollt, daß gerade als Odette Madame de Marsantes einen Besuch machte, Lady Israels fast zu gleicher Zeit in den Salon getreten war. Madame de Marsantes saß wie auf Nadeln. Mit der typischen Feigheit von Leuten, die sich doch eigentlich alles erlauben dürften, richtete sie nicht ein einziges Wort an Odette, die dadurch nicht gerade ermutigt wurde, weiter in eine Gesellschaft vorzustoßen, die übrigens keineswegs diejenige war, in der sie am liebsten aufgenommen werden wollte. In ihrer vollkommenen Gleichgültigkeit gegenüber dem Faubourg Saint-Germain blieb Odette auch weiterhin die ungebildete Kokotte, deutlich anders als gewisse Bürgerliche, die sich in den kleinsten genealogischen Einzelheiten genau auskennen und mit der Lektüre alter Memoirenwerke ihre Gier nach aristokratischen Bekanntschaften, die das wirkliche Leben ihnen nicht bietet, ersatzweise befriedigen. Swann andererseits blieb sicher auch weiterhin der Liebhaber, dem all diese Besonderheiten einer ehemaligen Geliebten nett und harmlos erscheinen, denn oft hörte ich seine Frau Dinge vorbringen, die im Sinne der mondänen Gesellschaft wahre Ketzereien waren, ohne daß er (aus einem Rest von Zärtlichkeit, Mangel an Wertschätzung oder weil er zu träge war, sich um ihre Bildung zu kümmern) sie zu korrigieren versuchte. Es war vielleicht auch eine Form jener Schlichtheit, die uns in Combray so lange getäuscht hatte und die ihn jetzt, wo er wenigstens für seine Person auch weiterhin sehr illustre Leute kannte, dennoch bewog, keinen Wert darauf zu legen, daß man ihnen in der Unterhaltung im Salon seiner Frau eine besondere Bedeutung beimesse. Tatsächlich besaßen sie für Swann einen geringeren denn je; der Schwerpunkt seines Lebens hatte sich verlagert. Jedenfalls war Odettes Unwissenheit in gesellschaftlichen Dingen so groß, daß sie, als im Gespräch der Name der Fürstin von Guermantes nach dem der Herzogin, ihrer Kusine, genannt wurde, die Bemerkung machte: »Da schau an, die sind Fürsten, da haben sie doch einen Grad mehr als die anderen.« Oder wenn jemand von dem »Fürsten« sprach und den Herzog von Chartres damit meinte, so korrigierte sie ihn: »Der Herzog; er ist Herzog von Chartres, und nicht Fürst.« In bezug auf den Herzog von Orléans, den Sohn des Grafen von Paris, meinte sie: »Komisch, da ist der Sohn mehr als der Vater«, und da sie Anglomanin war, setzte sie hinzu: »Man kennt sich gar nicht aus mit allen diesen ›Royalties‹«; als jemand sie fragte, aus welcher Provinz die Guermantes kämen, antwortete sie: »Aus der Aisne.«[1]

Swann war übrigens allem gegenüber blind, was Odette betraf, nicht nur bezüglich ihrer Bildungslücken, sondern auch der Mittelmäßigkeit ihrer Intelligenz. Ja, mehr noch, jedesmal, wenn Odette eine dumme Geschichte erzählte, hörte Swann seiner Frau mit einem Behagen, einer Heiterkeit, schon fast einer Bewunderung zu, in der noch ein Rest von Erotik mitschwingen mochte; während alles, was er selbst im gleichen Gespräch an Scharfsinnigem, ja Tiefgründigem vorbrachte, von Odette im allgemeinen ohne Interesse, flüchtig und mit Ungeduld aufgenommen und häufig unnachsichtig angegriffen wurde. Man muß zu dem Schluß kommen, daß eine solche Unterwerfung der Elite unter die Gewöhnlichkeit in vielen Ehen die Regel ist, wenn man bedenkt, wie viele hochkultivierte Frauen umgekehrt sich von einem Grobian betören lassen, der ihre zartsinnigsten Worte unerbittlich aburteilt, während sie sich mit der unendlichen Nachsicht der Zärtlichkeit angesichts seiner dummen Späße vor Entzücken nicht zu fassen wissen. Um aber auf die Gründe zurückzukommen, die es zu jener Zeit für Odette unmöglich machten, in die Kreise des Faubourg Saint-Germain einzudringen, so muß gesagt werden, daß die jüngste Umdrehung des mondänen Kaleidoskops durch eine Reihe von Skandalen hervorgerufen worden war. Frauen, bei denen man vertrauensvoll aus- und eingegangen war, hatten sich als Dirnen oder englische Spioninnen entpuppt. Für einige Zeit verlangte man daraufhin von den Leuten vor allem eine hochanständige, solide Position oder wollte wenigstens daran glauben ... Odette repräsentierte genau das, womit man eben gebrochen, allerdings auch schon wieder von neuem angebandelt hatte (denn da die Menschen sich nicht von heute auf morgen ändern, suchen sie in einem neuen Regime die Fortsetzung des alten), wobei man es freilich in einer anderen Gestalt suchte, durch die man sich gerne täuschen ließ, so daß man meinte, es sei nicht mehr die Gesellschaft aus der Zeit vor der Krise. Nun sah Odette aber den »verpönten« Damen jener Gesellschaft nur allzu ähnlich. Menschen aus den höchsten Schichten neigen stark zur Kurzsichtigkeit; in dem Augenblick, da sie alle Beziehungen zu israelitischen Damen ihrer Bekanntschaft abbrechen, gewahren sie, gerade während sie sich noch fragen, wie sie die entstandene Leere ausfüllen sollen, eine neue Erscheinung, gleichsam während einer Gewitternacht aus dem Boden gewachsen, eine neue Dame, ebenfalls israelitisch; aufgrund ihrer Neuartigkeit aber bringen sie sie nicht wie die früheren mit dem in Zusammenhang, was sie glauben verabscheuen zu müssen. Die Neue verlangt nicht, daß man ihren Gott respektiert. So erkennt man sie an. Um Antisemitismus handelte es sich nicht in jener Epoche, als ich bei Odette zu verkehren begann. Doch glich sie dem, was man für einige Zeit gerade zu meiden gedachte.

Swann besuchte oft den einen oder anderen seiner früheren und demzufolge der höchsten Gesellschaftsschicht angehörigen Bekannten. Doch wenn er uns von den Leuten erzählte, die er eben besucht hatte, stellte ich fest, daß er bei seiner Wahl unter denen, die er von früher kannte, sich von der gleichen Art von halb künstlerisch, halb historisch bedingtem Geschmack leiten ließ, wie er ihn beim Kunstsammeln betätigte. Als ich die Beobachtung machte, daß ihn oft nur diese oder jene heruntergekommene große Dame interessierte, weil sie die Geliebte Liszts gewesen oder weil ein Roman Balzacs ihrer Großmutter gewidmet war (ebenso wie er eine Zeichnung kaufte, wenn Chateaubriand sie beschrieben hatte), stieg der Verdacht in mir auf, wir hätten in Combray den Irrtum, ihn für einen Bürgerssohn zu halten, der nicht in der Gesellschaft verkehrte, durch einen anderen ersetzt, nämlich in ihm einen der vornehmsten Männer von Paris zu sehen. Der Freund des Grafen von Paris zu sein bedeutet nichts. Wie viele solche »Freunde eines Fürsten« gibt es nicht, die in einem einigermaßen exklusiven Salon nicht empfangen würden? Die Fürsten wissen, daß sie Fürsten sind, sind keine Snobs und halten sich außerdem für derart hoch über allem erhaben, was nicht von ihrem Geblüt ist, daß große Herren und Bürgerliche, da beide so viel tiefer stehen, ihnen fast ranggleich erscheinen.

Im übrigen begnügte sich Swann nicht damit, in der Gesellschaft, wie sie nun einmal ist, und anhand der Namen, die die Vergangenheit in sie eingeschrieben hat und die man heute noch darin lesen kann, ein rein bildungsmäßiges oder künstlerisches Interesse zu befriedigen, sondern er fand eine ziemlich gewöhnliche Art von Unterhaltung darin, aus heterogenen Elementen, die er aufs Geratewohl aufgriff, gleichsam soziale Buketts zusammenzustellen. Diese Experimente einer unterhaltsamen Soziologie (Swann wenigstens fand sie amüsant) trafen nicht bei allen Freundinnen seiner Frau – zumindest nicht in konstanter Weise – auf den gleichen Widerhall. »Ich habe die Absicht, Cottards und die Herzogin von Vendôme zusammen einzuladen«, bemerkte er lachend zu Madame Bontemps mit der genüßlichen Miene eines Feinschmeckers, der gerade auf den Gedanken gekommen ist, versuchsweise in einer Sauce die Gewürznelken durch Cayennepfeffer zu ersetzen. Dieses Projekt aber, das den Cottards allerdings in jedem Sinne behagen sollte, war dazu angetan, bei Madame Bontemps Entrüstung hervorzurufen. Sie war vor kurzem von den Swanns der Herzogin von Vendôme vorgestellt worden und hatte das ebenso erfreulich wie natürlich gefunden. Bei den Cottards damit zu prunken, als sie es ihnen erzählte, war nicht die geringste der Freuden gewesen, die ihr daraus erwachsen waren. Doch wie frisch mit Orden Bedachte am liebsten sähen, daß gleich darauf der Hahn zugedreht würde, aus dem solche Ehrungen fließen, hätte Madame Bontemps gewünscht, daß nach ihr niemand aus ihrem Kreis gleichfalls dieser Fürstlichkeit vorgestellt würde. Sie verwünschte im stillen den entarteten Geschmack dieses Swanns, der einer elenden ästhetischen Schrulle folgend mit einem Schlag den Sand, den sie den Cottards in die Augen gestreut hatte, als sie ihnen von der Herzogin von Vendôme erzählte, in Nichts auflösen würde. Wie sollte sie es bloß wagen, ihrem Mann zu berichten, daß auch der Professor und seine Frau ihr Teil an diesem Vergnügen haben würden, das sie ihm als einzigartig gerühmt hatte? Wenn die Cottards wenigstens erfahren hätten, daß sie nicht eigentlich ernstlich eingeladen waren, sondern nur zum Spaß! Tatsächlich war es mit den Bontemps ebenso gewesen, doch Swann, der von der Aristokratie jenen ewigen Donjuanismus übernommen hatte, der von zwei belanglosen Frauen eine jede glauben macht, sie sei die wahrhaft geliebte, hatte zu Madame Bontemps von der Herzogin von Vendôme wie von einer Person gesprochen, mit der sie höchst angemessenerweise bei ihnen zu Abend speisen würde. »Ja, wir haben vor, die Fürstin mit den Cottards zusammen einzuladen«, sagte ein paar Wochen später Madame Swann, »mein Mann meint, daß diese Konjunktion etwas Amüsantes ergeben wird«; denn wenn sie auch vom »kleinen Kreis« ein paar der Lieblingsgewohnheiten Madame Verdurins bewahrt hatte, wie zum Beispiel sehr laut zu sprechen, damit auch alle Getreuen sie hörten, gebrauchte sie doch auch bestimmte Ausdrücke – wie in diesem Fall das Wort Konjunktion –, die im Milieu der Guermantes beliebt waren, dessen kosmische Anziehungskraft sie auf diese Weise unbewußt und auf große Entfernung an sich erfuhr wie das Meer die des Mondes, ohne sich ihm deshalb real irgendwie zu nähern. »Ja, die Cottards und die Herzogin von Vendôme, denken Sie sich das nicht komisch?« fragte Swann. »Ich glaube, es wird sehr schlecht klappen und Ihnen nur Unannehmlichkeiten bereiten, man soll nun einmal nicht mit dem Feuer spielen«, antwortete Madame Bontemps wütend. Sie und ihr Mann waren übrigens auch, ebenso wie der Fürst von Agrigent, zu diesem Diner geladen, was Madame Bontemps und Cottard auf zwei verschiedene Arten darstellten, je nachdem, an wen sie sich mit ihrer Erzählung wandten. Zu den einen sagten einerseits Madame Bontemps, andererseits Cottard, wenn sie gefragt wurden, wer außer ihnen dagewesen sei, in beiläufigem Ton: »Nur noch der Fürst von Agrigent, es war ganz intim.« Bei anderen aber bestand die Gefahr, daß sie besser unterrichtet waren (einmal hatte sogar jemand zu Cottard direkt gesagt: »Aber waren denn nicht auch die Bontemps da?«, worauf Cottard errötend zugegeben hatte: »Richtig, die hatte ich vergessen«, nicht jedoch ohne den ungeschickten Frager für künftige Zeiten in die Kategorie der bösen Zungen zu verweisen). Für diese letzteren hatten sich sowohl die Cottards wie die Bontemps, ohne sich darüber verständigt zu haben, eine Version zurechtgelegt, deren Schema identisch war und bei der nur im einen und anderen Fall die Namen ihren Platz wechselten. Cottard sagte: »Es waren nur die Gastgeber anwesend, der Herzog und die Herzogin von Vendôme, ferner« – dies wurde mit gewinnendem Lächeln gesagt – »Professor Cottard nebst Gattin, und außerdem, weiß der Teufel warum, denn sie paßten dorthin wie die Faust aufs Auge, Monsieur und Madame Bontemps.« Madame Bontemps sagte genau das gleiche Sprüchlein auf, nur wurden bei ihr Monsieur und Madame Bontemps mit selbstzufriedener Betonung zwischen der Herzogin von Vendôme und dem Fürsten von Agrigent erwähnt[1], die räudigen Schafe aber, von denen sie schließlich behauptete, sie hätten sich selber eingeladen und gar nicht hingepaßt, waren die Cottards.

Von seinen Besuchen kehrte Swann oft erst kurz vor dem Abendessen zurück. In dieser Sechsuhrabendstunde, in der er sich früher so unglücklich gefühlt hatte, fragte er sich nun nicht mehr, was Odette wohl vorhaben mochte, und beunruhigte sich nicht darüber, ob jemand bei ihr zu Besuch oder ob sie ausgegangen sei. Manchmal erinnerte er sich daran, wie er vor langen Jahren eines Tages versucht hatte, durch das Kuvert hindurch einen Brief Odettes an Forcheville zu lesen. Doch war ihm diese Erinnerung nicht sehr angenehm, und anstatt seinen Schamgefühlen freien Lauf zu lassen, verzog er lieber nur ein wenig den Mund; eventuell wurde dies noch von einem Kopfschütteln begleitet, das ungefähr besagte: »Was macht mir das schon aus?« Gewiß war er jetzt der Meinung, die Hypothese, die er früher oft in Erwägung gezogen hatte, daß nämlich nur die Phantasmagorien seiner Eifersucht das in Wahrheit unschuldige Dasein Odettes bei ihm anschwärzten (eine alles in allem wohltuende Hypothese, da sie für die Dauer seiner Liebeskrankheit deren Leiden gemindert und als Einbildung hingestellt hatte), sei nun eben nicht die richtige gewesen und seine Eifersucht habe vielmehr ganz recht gesehen, jedenfalls habe Odette, wenn sie ihn mehr geliebt hatte, als er glaubte, ihn auch mehr betrogen. Früher, als er noch so sehr unter dem allen litt, hatte er sich geschworen, er werde sich die Genugtuung verschaffen, sobald er Odette nicht mehr liebte und nicht mehr Angst davor hatte, sie zu erzürnen oder in ihr die Vorstellung zu wecken, er liebe sie zu sehr, mit ihr zusammen aus einfacher Liebe zur Wahrheit und gleichsam als historisches Faktum zu klären, ob Forcheville an jenem Tag tatsächlich mit ihr im Bett gewesen sei, als er geschellt und ans Fenster geklopft hatte, ohne daß sie ihn einließ, und sie Forcheville geschrieben hatte, ihr Onkel sei gekommen. Doch dieses so ungemein spannende Problem, für dessen Aufklärung er nur das Ende seiner Eifersucht abgewartet hatte, verlor jedes Interesse in Swanns Augen, als er aufgehört hatte, eifersüchtig zu sein. Nicht sofort allerdings. Er hegte schon keine Eifersucht mehr in bezug auf Odette, als der Gedanke an den Tag, an dem er des Nachmittags vergebens an die Tür der kleinen Villa in der Rue La Pérouse gepocht hatte, immer noch ein verwandtes Gefühl in ihm zu wecken vermochte. Es war, als ob die Eifersucht – darin den

Krankheiten ähnlich, die ihren Sitz oder ihre Ansteckungsquelle weniger in bestimmten Personen als an bestimmten Örtlichkeiten, in bestimmten Häusern haben – nicht so sehr Odette zum Gegenstand gehabt hätte als vielmehr jenen Tag, jene Stunde der versunkenen Vergangenheit, da Swann an sämtliche Eingänge von Odettes Haus gepocht hatte. Man hätte meinen können, daß nur dieser Tag und diese Stunde noch einige letzte Partikelchen von der Persönlichkeit des Liebenden, die früher die Swanns gewesen war, an sich geheftet hätten und daß er sie nur in ihnen wiederfinden konnte. Er war seit langem ganz unbesorgt darum, ob Odette ihn betrogen hatte und noch betrog. Und doch hatte er noch ein paar Jahre lang auch weiterhin frühere Dienstboten Odettes aufzufinden versucht, so lange hielt bei ihm die schmerzliche Neugier vor, zu wissen, ob an jenem so weit zurückliegenden Tag um sechs Uhr Odette mit Forcheville im Bett gewesen war. Dann war auch die eigentliche Neugier verblaßt, ohne daß er in seinen Erkundigungen nachgelassen hätte. Er versuchte in Erfahrung zu bringen, was ihn nicht mehr interessierte, weil sein altes, schon beinahe abgestorbenes Ich noch mechanisch weiteragierte mit so völlig überlebten Anliegen, daß es Swann nicht mehr gelang, sich die Beängstigung auszumalen, die gleichwohl damals so mächtig in ihm gewesen war, daß er sich nicht hatte vorstellen können, sie würde je von ihm weichen, und daß er gemeint hatte, nur der Tod derjenigen, die er liebte (der Tod, der, wie später in diesem Buch eine grausame Gegenprobe beweisen wird, in nichts die Qualen der Eifersucht mildert), wäre imstande, seinem gänzlich versperrten Leben einen Weg zu ebnen.

Es war dennoch nicht Swanns einziger Wunsch gewesen, die tatsächlichen Begebenheiten im Leben Odettes, denen er seine Qualen verdankte, eines Tages aufzuklären; im Hintergrund hegte er auch den, sich dafür zu rächen, sobald er Odette nicht mehr lieben und folglich nicht mehr fürchten würde; für die Erfüllung dieses zweiten Wunsches bot sich nun gerade eine Gelegenheit, denn Swann liebte eine andere Frau, eine Frau, die ihm keinen Grund zur Eifersucht gab und doch in ihm Eifersucht weckte, weil er nicht mehr fähig war, eine neue Art von Liebe aufzubringen; die gleiche, die er an Odette gewendet hatte, diente ihm auch noch für eine andere. Damit Swanns Eifersucht auflebte, war es nicht nötig, daß diese Frau ihm untreu war; es genügte, daß sie aus irgendeinem Grund fern von ihm, an einer Abendgesellschaft zum Beispiel, sich aufgehalten hatte und es den Anschein machte, sie habe sich dabei gut unterhalten. Schon dann lebte die alte Beängstigung wieder in ihm auf, jene leidige und widersprüchliche Wucherung seiner Liebe, die ihn gerade von dem trennte, was sie am dringendsten zu fassen suchte (die wirklichen Gefühle der jungen Frau ihm gegenüber, die verborgene Sehnsucht ihrer Tage, das Geheimnis ihres Herzens), denn zwischen Swann und der, die er liebte, schuf sie einen unüberwindlichen Wall von altem Argwohn, der eigentlich Odette gegolten hatte oder vielleicht schon einer Vorgängerin von Odette, nun aber dem alternden Liebhaber nicht mehr gestattete, seine neue Geliebte anders als durch jenes alte kollektive Phantasiebild der »Frau, die seine Eifersucht weckt« zu sehen, dem er willkürlich auch seine neue Liebe unterordnete. Oft freilich klagte Swann diese Eifersucht an, daß sie ihn an eingebildeten Verrat glauben machte; dann aber fiel ihm wieder ein, daß er auch zu Odettes Gunsten solche Argumente angeführt hatte und daß es damals zu Unrecht geschah. So schien ihm auch jetzt schließlich nichts mehr von dem, was die junge Frau, die er liebte, in den Stunden tat, da er nicht bei ihr war, unbedenklich zu sein. Während er sich jedoch früher geschworen hatte, er werde, wenn er jemals diejenige zu lieben aufgehört hätte, von der er nie geahnt hätte, daß sie eines Tages seine Frau würde, ihr rücksichtslos seine endlich aufrichtig gewordene Gleichgültigkeit zu verstehen geben, um seinem so lange gedemütigten Stolz Genugtuung zu verschaffen, legte er auf diese Repressalien, die er jetzt unbesorgt ausüben konnte (denn was machte es ihm schon aus, beim Wort genommen zu werden und der intimen Zusammenkünfte mit Odette verlustig zu gehen, die ihm einst so notwendig waren?), keinen Wert mehr; mit der Liebe war auch sein Verlangen geschwunden zu zeigen, daß keine Liebe mehr in ihm war. Und er, der so sehr gewünscht hätte, als er wegen Odette litt, sie eines Tages spüren zu lassen, daß er in eine andere verliebt sei, ergriff jetzt, als er es hätte tun können, tausend Vorsichtsmaßregeln, damit seine Frau von dieser neuen Liebe ja nichts erführe.

Nicht nur an den Tee-Einladungen, um derentwillen Gilberte mich früher zu meinem großen Kummer verließ und vor der Zeit nach Hause ging, nahm ich nunmehr teil; auch zu den Ausgängen mit ihrer Mutter, zu Spazierfahrten oder Nachmittagsvorstellungen, die sie früher in die Champs-Élysées zu kommen gehindert und mir ihren Anblick entzogen hatten an jenen Tagen, da ich dann allein blieb auf der Rasenfläche oder beim Karussel, zogen Monsieur und Madame Swann mich neuerdings hinzu; ich hatte meinen Platz in ihrem Landauer[1] und wurde sogar ausdrücklich gefragt, ob es mir lieber wäre, ins Theater zu gehen, zu einer Tanzstunde, die bei einer von Gilbertes Kameradinnen stattfand, zu einer mondänen Veranstaltung bei Freunden der Swanns (sie selbst sprach von einem »kleinen Meeting«) oder zu einem Besuch der Gräber in Saint-Denis.

An den Tagen, an denen ich mit den Swanns ausgehen sollte, fand ich mich schon zum Mittagessen bei ihnen ein, das Madame Swann als Lunch bezeichnete; da ich erst auf halb eins eingeladen war und meine Eltern damals schon um viertel nach elf speisten, machte ich mich jeweils, nachdem sie von Tisch aufgestanden waren, nach jenem luxuriösen Stadtviertel auf den Weg, das auch sonst ziemlich verlassen dalag, vor allem aber zu dieser Stunde, da alles zu Hause war. Selbst bei winterlichem Frost, wenn sonst schönes Wetter war, ging ich, von Zeit zu Zeit den Knoten meiner prachtvollen, bei Charvet[1] gekauften Krawatte zurechtrückend und überprüfend, ob meine Lackstiefel auch nicht schmutzig würden, in den Alleen auf und ab, bis es zwölf Uhr siebenundzwanzig war. Von weitem sah ich, wie die Sonne die kahlen Bäume im Vorgarten der Swanns wie Reif auffunkeln ließ. Allerdings standen nur zwei darin. Die unübliche Tageszeit gab diesem Schauspiel einen ganz neuen Reiz. Zu solchen Naturfreuden (die durch den Ausschluß des Gewohnheitsmäßigen und sogar durch den Hunger noch intensiviert wurden) gesellte sich die aufregende Aussicht auf ein Mittagsmahl bei Madame Swann: diese Aussicht ließ die anderen nicht geringer erscheinen, aber sie beherrschte sie und unterwarf sie sich, machte gleichsam bloße Attribute des geselligen Geschehens daraus; so kam es dann, daß ich, wenn ich zu dieser Stunde, da ich sie gewöhnlich nicht wahrnahm, das schöne Wetter, die Kälte und das winterliche Licht zu entdecken glaubte, sie als eine Art Vorspann zu den Œufs à la crème[2] betrachtete, als eine Patina, eine kühle, rosige Glasur über der Umhüllung dieser geheimnisvollen Kapelle, als die mir die Wohnstätte von Madame Swann erschien, deren Inneres im Gegensatz dazu soviel Wärme, Duft und Blütenpracht enthielt.

Um halb ein Uhr entschloß ich mich endlich, in das Haus zu treten, das wie ein großer, zur Weihnacht mit Gaben gefüllter Schuh mir übernatürliche Genüsse zu verheißen schien. (Das Wort Weihnacht war übrigens bei Madame Swann und Gilberte unbekannt; sie hatten es durch Christmas ersetzt und sprachen nur vom Christmaspudding, von Geschenken, die sie zu Christmas bekommen hätten und von ihrer Absicht – ich wurde rasend vor Schmerz dabei –, zu Christmas zu verreisen. Selbst zu Hause hätte ich mich geschämt, von Weihnachten zu reden, und sprach nur von Christmas, was mein Vater ungemein lächerlich fand.)

Zunächst stieß ich nur auf einen Diener, der mich durch mehrere große Salons hindurch in einen ganz kleinen leeren führte, der schon im blauen Nachmittagsschimmer seiner Fenster träumte; ich blieb allein in Gesellschaft von Orchideen, Rosen und Veilchen, die – ähnlich wie Menschen, die gleichzeitig mit einem warten, einen aber nicht kennen – ein Schweigen bewahrten, das durch ihre Eigenart als lebendige Dinge um so eindrucksvoller war, und fröstelnd die Wärme eines glühenden Holzkohlenfeuers auf sich einwirken ließen, das kostbar verwahrt hinter einer Kristallvitrine, in einem weißen Marmorbecken, von Zeit zu Zeit seine gefährlichen Glutrubine niederprasseln ließ.

Ich hatte mich hingesetzt, stand aber überstürzt wieder auf, als ich die Tür gehen hörte; es war nur ein zweiter Diener, dann ein dritter, und das geringfügige Ergebnis ihres Kommens und Gehens, das für mich so unnötig aufregend war, bestand darin, das Feuer mit Kohle oder die Vasen mit Wasser zu versorgen. Sie gingen, ich war wieder allein und die Tür geschlossen, die wohl Madame Swann einmal öffnen würde. Bestimmt wäre ich in der Höhle eines Zauberers weniger beeindruckt gewesen als in diesem kleinen Warteraum, wo der Feuerschein mir merkwürdige Verwandlungen vorzunehmen schien wie in Klingsors Werkstatt.[1] Von neuem hörte ich das Geräusch von Schritten, ich stand diesmal nicht auf, sicher kam wieder ein Diener herein, doch jetzt war es Monsieur Swann. »Wie? Sie sind allein? Doch was wollen Sie, meine liebe Frau hat noch nie gewußt, wieviel Uhr es ist. Zehn Minuten vor eins. Jeden Tag wird es später, und Sie werden sehen, wenn sie kommt, beeilt sie sich bestimmt nicht einmal, sondern glaubt, sie sei noch wer weiß wie früh dran.« Und da Swann nach wie vor an nervösen Beschwerden litt, gleichzeitig aber etwas lächerlich geworden war, beunruhigte es ihn zwar seines Magens wegen, daß er eine so unpünktliche Frau hatte, die derart spät vom Bois nach Hause kam oder sich bei ihrer Schneiderin versäumte und nie rechtzeitig zum Mittagessen zu Hause war, aber andererseits schmeichelte es seiner Eigenliebe.

Er zeigte mir seine Neuerwerbungen und erklärte mir, worin ihr Interesse liege, doch meine Aufregung im Verein mit dem ungewohnten Fasten zu dieser vorgerückten Stunde brachte meinen Geist so durcheinander, daß darin eine Leere entstand, was mich zwar nicht am Reden hinderte, das Zuhören aber gänzlich unmöglich machte. Außerdem genügte es mir bei den in Swanns Besitz befindlichen Werken, daß sie ihren Platz in seinen Räumen und damit an der köstlichen Stunde vor dem Mittagessen ihren Anteil hatten. Hätte die *Mona Lisa* bei ihm an der Wand gehangen, würde sie mir keinen größeren Genuß verschafft haben als ein Morgenkleid von Madame Swann oder ihre Flakons mit den Badesalzen.

Ich wartete weiter, allein oder mit Swann und oft auch Gilberte, die uns Gesellschaft leisten kam. Die Ankunft Madame Swanns, die durch so viele großartige Auftritte vorbereitet war, mußte, so schien es mir, etwas Unerhörtes werden. Ich horchte auf jedes Knacken. Doch niemals ist eine Kathedrale, eine Woge im Sturm, der Sprung eines Tänzers so hoch, wie man es sich erhofft; nach den livrierten Dienern, die darin Statisten glichen, deren Einzug auf der Bühne das Auftreten der Herrscherin vorbereitet und gleichzeitig in seiner Wirkung abschwächt, erfüllte Madame Swann, wenn sie endlich in ihrem kleinen Otterpelz und einem Gesichtsschleier über der von Kälte geröteten Nasenspitze ins Zimmer huschte, die Erwartungen nicht, die während der Zeit des Harrens in meiner Einbildungskraft so üppig gewuchert hatten.

War sie aber den ganzen Morgen zu Hause geblieben, so erschien sie im Salon in einem Morgenkleid aus zartfarbiger Crêpe de Chine, das mir eleganter vorkam als alle übrigen Toiletten.

Manchmal entschlossen sich die Swanns, den ganzen Nachmittag zu Hause zu bleiben. Dann sah ich, da das Mittagessen so spät stattgefunden hatte, sehr rasch auf der Gartenmauer die Sonne dieses Tages dahinschwinden, von dem ich gemeint hatte, er müsse anders als andere Tage sein, und mochten die Bedienten auch Lampen von jeglicher Größe und Form bringen, deren jede auf dem geweihten Altar einer Konsole, einer runden kleinen Tischplatte, einer Eckkommode oder einem rechteckigen Tischchen brannte wie zur Feier eines unbekannten Kultes, es begab sich doch nichts Außergewöhnliches bei diesen Gesprächen, und ich ging enttäuscht davon, wie man es oft schon in der Kindheit nach der Christmette ist.

Doch war diese Enttäuschung eigentlich nur geistiger Art. Ich strahlte vor Freude in diesem Haus, wo Gilberte, wenn sie schon nicht bei uns war, bald eintreten und mir binnen kurzem auf Stunden hinaus den Klang ihrer Worte und ihren heiteren, aufmerksamen Blick schenken würde, so wie ich ihn zum ersten Mal in Combray gesehen hatte. Höchstens war ich etwas eifersüchtig, wenn ich sie oft in große Zimmer verschwinden sah, in die man durch eine Innentreppe gelangte. Ich selbst mußte dann im Salon sitzenbleiben wie der Liebhaber einer Schauspielerin, der an seinen Orchestersessel gebunden ist und sich sorgenvoll ausmalt, was hinter den Kulissen, im Foyer der Schauspieler vorgehen mag, und richtete dann an Swann über jenen mir unbekannten Teil des Hauses geschickt verschleierte Fragen, aus deren Tonfall ich jedoch eine gewisse Unruhe nicht verbannen konnte. Er erklärte mir, der Raum, in den Gilberte sich begebe, sei die Wäschekammer, erbot sich, ihn mir zu zeigen, und versprach, er werde Gilberte, wenn sie dort zu tun habe, mich jedesmal mitnehmen heißen. Durch diese Worte und die Entspannung, die sie mir verschafften, hob Swann auf einen Schlag eine jener furchtbaren inneren Distanzen auf, durch die eine Frau, die wir lieben, uns so fern erscheint. In solchen Augenblicken hegte ich ein Gefühl der Zärtlichkeit für ihn, das ich für tiefer hielt als meine Zuneigung für Gilberte. Denn er, der Herr über seine Tochter war, gab sie mir, während sie sich zuweilen entzog, und ich hatte von mir aus nicht so viel Macht über sie wie indirekt durch Swann. Sie aber liebte ich und konnte sie dementsprechend nicht ohne jene Unruhe sehen oder ohne jenes Verlangen nach mehr, das einem in Gegenwart des geliebten Wesens das Gefühl der Liebe benimmt.

Meistens übrigens blieben wir nicht zu Hause, sondern gingen spazieren. Manchmal setzte sich Madame Swann, bevor sie sich umzog, ans Klavier. Ihre schönen Hände, die aus den rosa, weißen oder oft auch lebhaft gefärbten Crêpe-de-Chine-Ärmeln ihres Morgenkleids hervorschauten, glitten dann über die Tasten mit der gleichen Schwermut, die in ihren Augen, nicht aber in ihrem Herzen war. An einem solchen Tag spielte sie mir einmal auch den Teil der Sonate von Vinteuil vor, in dem das kleine Thema erscheint, das einst Swann so liebte. Doch bei einer etwas komplizierteren Musik, die man zum erstenmal hört, hört man oft zunächst nichts. Als mir später jedoch die Sonate zwei- oder dreimal vorgespielt wurde, war sie mir schließlich völlig vertraut. Deshalb ist auch die Wendung so berechtigt: »zum erstenmal hören«. Hätte man wirklich, wie man meint, beim ersten Anhören überhaupt nichts herausgehört, würde das zweite oder dritte Anhören wiederum ein erstes Mal sein, und es wäre nicht einzusehen, weshalb man beim zehnten Mal plötzlich etwas begriffen haben sollte. Was das erste Mal fehlt, ist offenbar nicht das Verständnis, sondern das Gedächtnis. Dieses ist, verglichen mit der komplexen Beschaffenheit der Eindrücke, mit denen es beim Zuhören zu tun hat, so dürftig und so beschränkt wie das Gedächtnis eines Schlafenden, der an tausend Dinge denkt, sie aber gleich wieder vergißt, oder eines kindischen Alten, der nach einer Minute nicht mehr weiß, was man ihm eben gesagt hat. Das Gedächtnis ist nicht imstande, uns von so vielfältigen Eindrücken auf der Stelle ein Erinnerungsbild zu liefern. Dieses bildet sich nach und nach; und mit Werken, die man zwei- oder dreimal gehört hat, geht es einem wie dem Schüler, der vor dem Einschlafen mehrmals eine Lektion durchgelesen hat, die er nicht zu können meinte und die er am Morgen auswendig hersagen kann. Nur hatte ich bis zu diesem Tage noch nichts von der Sonate gehört, und da, wo Swann und seine Frau deutlich ein Thema erkannten, war dieses für mich so ungreifbar wie ein Name, an den man sich zu erinnern sucht und an dessen Platz man nur ein Nichts konstatieren kann – ein Nichts freilich, aus dem eine Stunde später, ohne daß man daran denkt, mit einem Schlag die Silben, nach denen man vorher vergeblich gesucht hat, von selbst hervorquellen werden. Und es ist nicht nur so, daß man wirklich erlesene Werke nicht beim ersten Mal behält, sondern auch innerhalb dieser Werke – so erging es mir mit der Sonate von Vinteuil – sind es gerade die am wenigsten kostbaren Stellen, die man zuerst in sein Bewußtsein aufnimmt. So bestand meine Täuschung nicht nur darin, daß ich dachte, das Werk habe mir nichts weiter zu geben (woraufhin ich lange gar keinen Versuch unternahm, es von neuem zu hören), nachdem Madame Swann mir das berühmte Thema daraus vorgespielt hatte (ich war in dieser Hinsicht ebenso töricht wie diejenigen, die sich keine Überraschung mehr von der Markuskirche in Venedig versprechen, weil sie die Form ihrer Kuppeln schon von Photographien her kennen). Vielmehr blieb mir die Sonate auch noch dann, als ich sie von Anfang bis zu Ende angehört hatte, als Ganzes fast unsichtbar wie ein Bauwerk, von dem man wegen des Nebels oder der großen Entfernung nur einzelne Partien undeutlich wahrnehmen kann. Daher auch die Schwermut, die der Kenntnis solcher Werke anhaftet wie allem, was zu seinem Zustandekommen an die Zeit gebunden ist. Als das Verborgenste der Sonate von Vinteuil sich mir auftat, begann, von der Gewohnheit schon aus dem Bereich meiner Empfänglichkeit entrückt, was ich zuerst daran mit Bewußtsein erkannt hatte, was mir zuerst daran am liebsten war, bereits zu entschwinden, mir zu entfliehen. Da ich nur nach und nach hatte lieben können, was diese Sonate mir brachte, besaß ich sie niemals ganz: darin glich sie dem Leben. Doch sind solche großen Meisterwerke wiederum weniger enttäuschend als das Leben, weil sie uns nicht zu Beginn schon das Beste geben, was sie zu bieten haben. In der Sonate von Vinteuil sind die Schönheiten, die man als erste entdeckt, gleichzeitig diejenigen, deren man am schnellsten müde wird, und dies wahrscheinlich aus demselben Grund; sie unterscheiden sich am wenigsten von dem, was wir schon vorher kannten. Wenn diese uns dann aus dem Bewußtsein entschwunden sind, vermögen wir noch jene Klangfolge zu lieben, die in ihrer ganz neuen Ordnung anfänglich unseren Geist nur verwirrte, so daß sie uns zwar unkenntlich, doch unversehrt erhalten blieb; sie, an der wir täglich vorübergingen, ohne es zu wissen, und die sich aufbewahrte für uns, sie, die gerade kraft ihrer Schönheit unsichtbar geworden und unbekannt geblieben war, tritt als letzte vor uns hin. Dafür werden wir sie aber auch als letzte von uns lassen. Wir werden sie länger lieben als die übrigen, weil wir länger gebraucht haben, bis wir sie liebten. Diese Zeit übrigens, die das Individuum – wie ich bei der Sonate – benötigt, um in ein anspruchsvolleres Werk einzudringen, ist gleichsam nur die Abkürzung und das Symbol der Jahre, der Jahrhunderte zuweilen sogar, die vergehen, bis das Publikum ein wirklich neues Werk zu lieben versteht. So sagt sich das Genie vielleicht, um der Verkennung durch die große Masse zu entgehen, daß es den Zeitgenossen am nötigen Abstand fehlt und daß für die Nachwelt bestimmte Werke auch erst von dieser gelesen werden sollten, wie gewisse Bilder, die falsch beurteilt werden, wenn man sie aus zu großer Nähe betrachtet. In Wahrheit aber erweist sich jede dieser ängstlichen Vorkehrungen zur Vermeidung von falschen Urteilen als nutzlos, weil diese unvermeidlich sind. Der Grund dafür, daß ein geniales Werk selten sofort bewundert wird, liegt darin, daß sein Verfasser außergewöhnlich ist, daß wenige Menschen ihm gleichen. Doch sein Werk selbst wird die wenigen Geister, die zu seinem Verständnis befähigt sind, befruchten und dadurch sich mehren und wachsen lassen. Die Quartette von Beethoven (das zwölfte, dreizehnte, vierzehnte und fünfzehnte)[1] haben fünfzig Jahre gebraucht, um ein Publikum für Beethoven-Quartette zur Welt zu bringen und zu vergrößern; sie haben wie alle Meisterwerke einen Fortschritt wenn nicht in der Qualität der Künstler, so jedenfalls in der Gemeinschaft der Geister zuwege gebracht, besteht doch diese heute weitgehend aus Menschen, die noch unauffindbar waren, als das Werk erschien, nämlich solchen, die fähig sind, ebendieses Werk zu lieben. Was man die Nachwelt nennt, ist die Nachkommenschaft des Werks. Das Werk muß ganz für sich allein (wobei wir der Einfachheit halber absehen wollen von Genies, die möglicherweise zur gleichen Zeit und unabhängig an einem noch besseren Publikum für die Zukunft arbeiten, einem Publikum, das dann eben ganz anderen Genies zugute kommen wird) sich selbst seine Nachwelt bereiten. Wenn also das Werk etwa zurückgehalten und erst der Nachwelt bekanntgegeben würde, so wäre diese für das Werk nicht eine Nachwelt, sondern eine Versammlung von Zeitgenossen, die einfach nur fünfzig Jahre später gelebt hätten. Daher muß der Künstler – so wie es Vinteuil tat –, wenn er will, daß sein Werk seinen Weg macht, es da, wo er genügend Tiefe vermutet, aussetzen, mitten hinein in die ferne Zukunft. Und doch ist es mit dieser Zukunft (die für Meisterwerke die einzige Hoffnung darstellt) so, daß, wenn auch schlechte Richter eben darin irren, daß sie ihr nicht Rechnung tragen, es doch bei den guten zu einer gefährlichen Hemmung werden kann, wenn sie es zu sehr tun. Sicher kann man sich aufgrund jener Sinnestäuschung, die alle Dinge am Horizont gleich erscheinen läßt, leicht einbilden, alle Revolutionen, die bisher in der Malerei oder Musik stattgefunden haben, hätten dennoch immer gewisse Regeln respektiert, das aber, was jetzt unmittelbar vor uns liegt, der Impressionismus, die Vorliebe für die Dissonanz, der ausschließliche Gebrauch des Fünftonsystems, der Kubismus, der

Futurismus, weiche in schändlichster Weise von allem ab, was vorangegangen ist. Wir vergessen dabei, daß das Frühere durch einen langen Assimilationsprozeß in eine zweifellos noch vielfältige, alles in allem aber doch homogene Materie umgewandelt ist, in der Victor Hugo seinen Platz neben Molière einnimmt. Malen wir uns doch nur einmal aus, welch schreiende Diskrepanz – wenn wir die vor uns liegende Zeit und die dadurch bedingten Veränderungen nicht bedächten – ein Horoskop unseres reifen Alters in unseren Jugendtagen für uns dargestellt hätte. Nur treffen nicht alle Horoskope zu, und daß man bei einem Kunstwerk in das Gesamturteil über seine Schönheit auch den Faktor Zeit einbeziehen soll, mengt diesem Urteil etwas so Zufälliges und dadurch in gleichem Maße jeden wahren Interesses Entbehrendes ein, wie jede Prophezeiung es ist, deren Nichteintreffen keineswegs die Mittelmäßigkeit des prophetischen Geistes beweist; denn zu wissen, was ein Mögliches existent werden läßt oder ihm die Verwirklichung versagt, gehört nicht unbedingt zum Kompetenzbereich des Genies; man kann durchaus genial gewesen sein, ohne deshalb an die Zukunft der Eisenbahnen oder Flugzeuge geglaubt zu haben oder als hervorragender Psychologe an die Treulosigkeit einer Geliebten oder eines Freundes, deren Verrat schon ein Mittelmäßigerer vorausgesehen hätte.

Wenn ich die Sonate auch nicht verstand, war ich doch entzückt vom Spiel Madame Swanns. Ihr Anschlag schien mir wie ihr Morgengewand, wie der Duft auf ihrer Treppe, wie ihre Mäntel, wie ihre Chrysanthemen einen Teil eines ganz persönlichen, geheimnisvollen Ganzen in einer unendlich höheren Welt zu bilden, als die es ist, in der man verstandesmäßig Talente analysiert. »Ist sie nicht schön, diese Sonate von Vinteuil?« fragte Swann. »Dieser Augenblick, wenn es dunkel wird unter den Bäumen und die Geigenarpeggien so kühl herniederrieseln. Sie müssen doch zugeben, das ist wirklich sehr hübsch; hier zeigt sich die statische Seite des Mondscheins, das heißt, die wesentliche Seite. Ich finde es gar nicht so unbegreiflich, daß eine Lichtkur, wie meine Frau sie jetzt macht, auf die Muskeln wirkt, da ja der Mondschein die Blätter zu völliger Ruhe zwingt. Gerade das zeichnet das kleine Thema so schön nach, den Bois de Boulogne, wie er in Katalepsie erstarrt. Am Meer ist es noch auffallender, da dort das schwache Antwortraunen der Wellen natürlich um so vernehmlicher wird, weil sich sonst nichts regt. In Paris ist es umgekehrt; dort fällt einem höchstens der ungewohnte Schimmer auf den Bauwerken auf oder der Himmel, den eine farblose, ungefährliche Feuersbrunst zu erleuchten scheint, oder etwas wie der unermeßliche Schimmer eines lokalen Vorkommnisses. Doch in dem kleinen Thema von Vinteuil oder auch in der ganzen Sonate handelt es sich nicht darum; es spielt sich nur im Bois ab, und im Doppelschlag hört man deutlich jemand sagen: ›Man könnte ja beinahe seine Zeitung lesen‹.« Für spätere Zeiten hätten diese Worte Swanns mein Verständnis der Sonate verfälschen können, denn die Musik ist so wenig ausschließlich, daß man ohne weiteres in ihr finden kann, was irgend jemand uns einflüstert. Doch aus anderen Gesprächen mit ihm wurde mir klar, daß das nachtdunkle Laub ganz einfach jenes war, unter dem er an so vielen Abenden in manchen Restaurants der Umgebung von Paris das kleine Thema gehört hatte. Anstelle des tiefen Sinns, den er so oft von ihm erbeten hatte, war das, woran es Swann nun erinnerte, jenes Laubwerk, das das Thema umgab, es umkräuselte, es ummalte (und das er gerne wiedergesehen hätte, weil ihm so vorkam, als wohne es dort wie eine Seele), war es jener Frühling, den er damals nicht hatte genießen können, weil er, fiebernd und gramverzehrt zu jener Zeit, sich dafür nicht wohl genug fühlte, und den es (so wie man für einen Kranken gute Dinge aufhebt, die er nicht hat essen können) ihm bewahrt hatte. Über den Zauber gewisser Nächte im Bois, den Vinteuils Sonate ihm darlegen konnte, hätte er Odette nicht befragen können, obwohl sie sich ihm zugesellte wie das kleine Thema. Doch Odette war damals nur neben ihm (nicht in ihm wie das Motiv von Vinteuil) und sah also nicht – selbst wenn sie tausendmal verständnisvoller gewesen wäre –, was sich bei keinem von uns (wenigstens habe ich lange geglaubt, daß diese Regel keine Ausnahme zuläßt) nach außen hin vergegenständlichen kann. »Es ist eigentlich etwas Hübsches, nicht wahr«, meinte Swann, »daß der Klang so gut wie Wasser oder Glas als Spiegel dienen kann. Und wissen Sie, dabei zeigt mir Vinteuils Thema nur all die Dinge, auf die ich damals gar nicht geachtet habe. Von meinen Sorgen und meinen Liebesaffären von einst ruft es mir nichts mehr in Erinnerung, es hat etwas anderes an ihre Stelle gesetzt.« – »Charles, mir scheint, was Sie da sagen, ist mir gegenüber nicht gerade liebenswürdig.« – »Nicht liebenswürdig! Die Frauen sind wirklich großartig! Ich wollte diesem jungen Mann hier nur erklären, daß das, was die Musik zeigt – wenigstens mir – keineswegs der ›Wille an sich‹ und die ›Synthese des Unendlichen‹[1] ist, sondern zum Beispiel der alte Verdurin in seinem Gehrock im Palmenhaus des Jardin d'Acclimatation.[2] Tausendmal schon hat dieses kleine Thema mich, ohne daß ich den Salon hier zu verlassen brauchte, zum Abendessen mit ihm nach Armenonville[3] ausgeführt. Mein Gott, immerhin ist das weniger langweilig, als mit Madame de Cambremer dorthin zu gehen.« Madame Swann mußte lachen: »Das ist nämlich eine Dame, die eine besondere Schwäche für Charles gehabt haben soll«, erklärte sie mir in dem Ton, in dem sie kurz zuvor von Vermeer van Delft, als ich mich wunderte, daß dieser Maler ihr bekannt sei, gesagt hatte: »Dazu muß ich Ihnen sagen, daß Monsieur sich viel mit ihm beschäftigt hat zu der Zeit, als er mir den Hof machte. Nicht wahr, Charlie?« – »Erzählen Sie doch nicht solchen Unsinn über Madame de Cambremer«, bemerkte Swann, der sich im Grunde sehr geschmeichelt fühlte. »Aber ich sage doch nur, was man mir erzählt hat. Übrigens soll sie sehr gescheit sein, ich selber kenne sie nicht. Ich glaube, sie ist recht ›pushing‹[1], was mich wundert bei einer klugen Frau. Aber jeder sagt doch, daß sie ganz verrückt nach Ihnen war; das ist doch keine Beleidigung.« Swann stellte sich völlig taub, was eine Art der Zustimmung war und ein Beweis seiner Eitelkeit. »Da das Stück, das ich spiele, Sie an den Jardin d'Acclimatation erinnert«, fuhr Madame Swann scherzhaft schmollend fort, »könnten wir ihn ja auch gleich zum Ziel unseres Ausflugs nehmen, wenn es dem Kleinen hier Spaß macht. Es ist sehr schönes Wetter, und Sie würden Ihre heißgeliebten Eindrücke dort wiederfinden! Beim Jardin d'Acclimatation fällt mir ein, daß dieser junge Mann hier meinte, wir legten großen Wert auf eine Person, die ich im Gegenteil so oft wie möglich ›schneide‹, nämlich Madame Blatin! Ich finde es ja geradezu beschämend für uns, daß sie als unsere Freundin gilt. Stellen Sie sich vor, sogar unser lieber Doktor Cottard, der nie von jemandem Böses sagt, hat sie abscheulich gefunden.« – »Gräßlich! Sie hat einzig für sich, daß sie Savonarola gleicht. Sie sieht genau aus wie das Porträt Savonarolas von Fra Bartolomeo.[2]« Swanns Manie, solche Ähnlichkeiten in der Malerei zu finden, war verzeihlich, denn selbst das, was wir den individuellen Ausdruck nennen, ist – wie man mit großer Trauer feststellen muß, wenn man liebt und an die Einzigartigkeit des Individuums glauben möchte – etwas allgemein Gegebenes und kommt in den verschiedensten Epochen vor. Doch wenn man Swanns Ideen folgte, so wäre das Gefolge der Heiligen Drei Könige, in das Benozzo Gozzoli anachronistischerweise bereits die Medici[1] eingereiht hat, noch unzeitgemäßer, weil es dann nämlich eine Menge Leute enthielte, die nicht Gozzolis, sondern Swanns Zeitgenossen waren, das heißt nicht nur fünfzehn Jahrhunderte nach der Geburt Christi, sondern auch noch vier nach dem Maler gelebt hatten. Es gab nach Swanns Meinung nicht einen einzigen bekannten Pariser, der in diesem Gefolge fehlte, so wie in jenem Akt eines Stückes von Sardou[2] – aus Freundschaft für den Autor und die Hauptdarstellerin und auch, weil es Mode war – alle Pariser Berühmtheiten, bekannte Ärzte, Politiker, Advokaten zum Vergnügen nacheinander je einen Abend als Statisten auftraten. »Aber in welcher Hinsicht hat sie denn mit dem Jardin d'Acclimatation zu tun?« – »In jeder.« – »Wie, Sie meinen, sie hat wie die Affen dort ein himmelblaues Hinterteil?« – »Charles, werden Sie nicht unanständig! Nein, ich dachte an die Antwort, die ihr der Singhalese gegeben hat. Erzählen Sie es ihm, es ist wirklich ein Prachtsspruch.« – »Eigentlich ist es Blödsinn. Sie wissen ja, daß Madame Blatin allen Leuten mit einer Haltung begegnet, die sie für liebenswürdig hält, die aber in erster Linie gönnerhaft ist.« – »Was unsere lieben Nachbarn an der Themse ›patronizing‹ nennen«, unterbrach ihn Odette. »Sie war kürzlich im Jardin d'Acclimatation, wo auch Schwarze zu sehen sind, Singhalesen[3], glaube ich, hat meine Frau gesagt, die in Völkerkunde viel stärker ist als ich.« – »Aber bitte Charles, machen Sie keine Scherze!« – »Aber nein, ich scherze durchaus nicht. Also gut, sie redet einen der Schwarzen an und sagt: ›Hallo, Negerlein!‹« – »Das ist ja dick!« – »Jedenfalls gefiel dem Schwarzen diese Bezeichnung nicht: ›Ich Negerlein‹, sagte er wütend zu Madame Blatin, ›aber du Kamel sein!‹« – »Ich finde das wahnsinnig komisch! Die Geschichte liebe ich heiß. Nicht wahr, sie ist doch zum Anbeißen? Man sieht sie, die gute Blatin: ›Ich Negerlein, du Kamel sein!‹« Ich tat nun so, als wünsche ich dringend die Singhalesen zu sehen, von denen einer Madame Blatin »Kamel« genannt hatte. Sie interessierten mich gar nicht. Aber ich dachte, daß wir, um zum Jardin d'Acclimatation und wieder zurück zu kommen, durch jene Allée des Acacias fahren würden, in der ich Madame Swann so sehr bewundert hatte, und daß vielleicht der mulattenhafte Freund Coquelins[1], dem ich mich niemals hatte zeigen können, wie ich gerade Madame Swann grüßte, nun sehen würde, wie ich im Fond eines Mylords[2] an ihrer Seite saß.

Während der paar Minuten, als Gilberte, um sich zum Ausgehen bereitzumachen, den Salon verlassen hatte, gefielen sich Monsieur und Madame Swann darin, mir die seltenen Tugenden ihrer Tochter zu offenbaren. Alles, was ich selbst beobachtet hatte, schien ihnen recht zu geben; ich hatte festgestellt, daß sie, so wie ihre Mutter berichtete, nicht nur ihren Freundinnen, sondern auch der Dienerschaft, ja den Armen zartfühlende, sorgsam durchdachte Aufmerksamkeiten zukommen ließ, sowie überhaupt ein Verlangen, Freude zu bereiten, und eine Furcht, jemand zu verstimmen, in vielen kleinen Dingen an den Tag legte, die sie oft große Mühe kosteten. Für unsere Verkäuferin in den Champs-Élysées hatte sie eine Handarbeit gemacht und war durch den Schnee gestapft, um sie ihr selbst und ohne einen Tag Verzögerung zu bringen. »Sie können sich nicht vorstellen, was für ein gutes Herz sie hat, sie verbirgt es nur«, sagte ihr Vater. So jung sie war, wirkte sie doch viel verständiger als ihre Eltern. Wenn Swann von den großartigen Bekanntschaften seiner Frau sprach, wandte Gilberte den

Kopf ab und schwieg, doch ohne tadelnde Miene, denn ihr Vater schien ihr über jede, selbst die leiseste Kritik erhaben. Eines Tages, als ich Mademoiselle Vinteuil vor ihr erwähnte, sagte sie:

»Die werde ich nie kennenlernen, und zwar deswegen nicht, weil sie nicht nett zu ihrem Vater war, dem sie viel Kummer gemacht haben soll. Sie werden das sowenig verstehen wie ich, nicht wahr, denn Sie würden gewiß auch Ihren Papa nicht überleben können, wie ich den meinen nicht, was ja auch ganz natürlich ist. Wie könnte man einen Menschen vergessen, den man von jeher liebt!«

Und einmal, als sie Swann besonders zärtlich umschmeichelt hatte und ich, als er es nicht hören konnte, etwas darüber bemerkte, antwortete sie:

»Ach ja, der arme Papa, in diesen Tagen kehrt nämlich der Todestag seines Vaters wieder. Sie können sich vorstellen, wie ihm zumute ist, Sie verstehen das gewiß, denn wir fühlen ja ganz gleich in solchen Dingen. Da versuche ich eben, weniger schlimm zu sein als sonst.« – »Aber er findet Sie gar nicht schlimm, er findet Sie doch wunderbar.« – »Der arme Papa, er ist eben viel zu gut.«

Nicht nur priesen mir Gilbertes Eltern die Tugenden ihrer Tochter – jener selben Gilberte, die schon, bevor ich sie jemals gesehen hatte, mir vor einer Kirche, in einer Landschaft der Île-de-France erschienen war und die dann, als sie nicht mehr Träume, vielmehr Erinnerungen in mir weckte, immer vor der rosa Dornenhecke auf dem steilen Pfad stand, den ich einschlug, um in Richtung Méséglise zu gehen. Als ich Madame Swann in dem gespielt gleichgültigen Ton eines Freundes der Familie, der sich nach den Vorlieben eines Kindes erkundigt, danach fragte, welche ihrer Kameraden Gilberte wohl am liebsten mochte, antwortete sie:

»Aber Sie müssen doch ihre Geheimnisse besser kennen als ich, Sie sind doch der große Favorit, ihr ›crack‹, wie die Engländer sagen.«

Bei einer so vollkommenen Übereinstimmung, das heißt, wenn die Wirklichkeit sich genau nach dem formt, was wir so lange geträumt haben und sich vollkommen damit deckt, ergibt sich zweifellos, daß sie uns die Formen ebenjenes Traums verbirgt und sich mit ihm verbindet wie zwei ganz gleiche aufeinandergelegte Figuren, die nur noch eine bilden, während wir, damit unsere Freude ihren vollen Sinn bekomme, gern sähen, daß unser Wunschbild in allen Punkten in dem Augenblick, da wir daran rühren wollen – um ganz sicher zu sein, daß es das richtige ist – die Faszination des Ungreifbaren behält. Das Denken aber kann nicht einmal den alten Zustand wiederherstellen, um ihn mit dem neuen zu vergleichen, denn es hat keine freie Hand mehr: die Bekanntschaft, die wir gemacht haben, die Erinnerung an die ersten unverhofften Minuten, die Worte, die wir vernommen haben, versperren den Eingang zu unserem Bewußtsein und öffnen die Pforten der Erinnerung eher als die unserer Phantasie; sie wirken viel stärker auf die Vergangenheit zurück – die wir, ohne durch sie beeinflußt zu werden, gar nicht mehr wahrnehmen können – als auf die frei vor uns liegenden Räume der Zukunft. Jahrelang hatte ich glauben können, daß der Umgang mit Madame Swann ein nebelhafter Wunschtraum sei, den ich nie verwirklichen würde; nachdem ich eine halbe Stunde bei ihr zugebracht hatte, war aber vielmehr die Zeit, da ich sie noch nicht kannte, nebel- und traumhaft geworden wie ein Mögliches, das durch das Wirklichwerden eines anderen zunichte geworden war. Wie hätte ich noch von dem Eßzimmer träumen können als von einer unerhörten Stätte, während ich doch im Geist auf Schritt und Tritt auf die Strahlen stieß, die ungebrochen bis ins Unendliche, bis in meine fernste Vergangenheit hinein der Hummer à l'américaine[1] entsandte, den ich noch eben dort gegessen hatte? Swann hatte für seine Person gewiß etwas ganz Ähnliches erlebt, denn diese Wohnung, in der er mich empfing, konnte man füglich als einen Ort ansehen, mit dem nicht nur jene ideale Behausung meiner Phantasie zu einem zusammenfiel, sondern auch noch eine andere, die Swanns eifersüchtige Liebe, hierin nicht minder erfinderisch, als meine Träume es waren, ihm so oft geschildert hatte, jene gemeinsame Wohnung mit Odette, die ihm als etwas so Unerreichbares erschienen war an jenem Abend, da Odette ihn mit Forcheville zusammen zu sich eingeladen hatte, um eine Orangeade zu trinken; was für ihn in den Plan jenes Speisezimmers, in dem wir zu Mittag aßen, eingegangen war, war das unverhoffte Paradies, in dem er (wie er einstmals nicht ohne tiefe Bewegung sich hatte vorstellen können) zu ihrem *gemeinsamen* Maître d'hôtel eben die Worte sagen würde: »Ist Madame bereit?« – Worte, die ich ihn jetzt mit leichter Ungeduld aussprechen hörte, in denen jedoch auch etwas wie befriedigte Eigenliebe schwang. Ebensowenig wie zweifellos Swann konnte ich mein Glück fassen, und sogar wenn Gilberte selbst ausrief: »Wer hätte gedacht, daß das kleine Mädchen, dem Sie beim Barlauf zugeschaut haben, ohne mit ihm zu sprechen, einmal Ihre beste Freundin sein würde, bei der Sie aus- und eingehen, wie es Ihnen gefällt«, sprach sie von einem Wandel der Dinge, den ich zwar äußerlich feststellte, aber im Inneren nicht mitvollzogen hatte, denn er setzte sich aus zwei Zuständen zusammen, die ich nicht, ohne daß die Trennungslinien sich verwischten, gleichzeitig denken konnte.

Und doch mußte diese Wohnung, weil er sie sich einst mit so leidenschaftlichem Willen gewünscht hatte, für Swann irgendeinen Reiz behalten haben, wenn ich nach mir selbst urteilte, für den sie nicht alles Geheimnisvolle eingebüßt hatte. Den besonderen Zauber, von dem ich so lange Zeit das Leben der Swanns umflossen sah, hatte ich nicht ganz und gar aus ihrem Haus vertrieben, als ich es betrat; mein Eindringen hatte nur bewirkt, daß er etwas mehr in den Hintergrund rückte, nachdem er unter die Botmäßigkeit des Fremden, des Parias geraten war, der ich gewesen war und dem jetzt Mademoiselle Swann liebreich, damit er darauf Platz nähme, einen köstlichen, feindlich gesinnten, entrüsteten Sessel hinschob; doch in der Erinnerung spüre ich noch diesen Zauber, wie er rings um mich waltet. Kommt es daher, daß ich an jenen Tagen, da Monsieur und Madame Swann mich zum Essen einluden, um hinterher mit ihnen und Gilberte auszugehen, mit meinem Blick – während ich allein wartete – auf den Teppich, die Lehnsessel, die Konsolen, die Wandschirme und die Bilder die mich beherrschende Vorstellung heftete, Madame Swann, ihr Gatte oder Gilberte würden gleich erscheinen? Oder daher, daß seitdem in meinem Gedächtnis diese Dinge mit den Swanns zusammengewohnt und schließlich etwas von ihnen angenommen haben? Oder daß ich, da ich ja wußte, daß sie ihr Dasein unter ihnen verbrachten, alle zu Emblemen ihres ganz persönlichen Lebens und ihrer Gewohnheiten machte, von denen ich zu lange ausgeschlossen war, als daß sie aufgehört hätten, mir fremd zu scheinen, selbst als man mir die Gunst erwies, mich unter sie aufzunehmen? Immer jedenfalls, wenn ich an diesen Salon denke, den Swann (ohne daß diese Kritik von seiner Seite die Absicht einschloß, in irgendeiner Hinsicht dem Geschmack seiner Frau entgegenzutreten) so uneinheitlich fand – weil, obschon er noch ganz in dem halb treibhaus-, halb atelierhaften Stil jener Wohnung angelegt war, in der Swann sie kennengelernt hatte, Odette jetzt doch begonnen hatte, in der Fülle der

Dinge, die er enthielt, eine Anzahl chinesischer Sächelchen, die sie neuerdings etwas »verschroben« oder ziemlich »abwegig« fand, durch eine Unzahl kleiner, mit alten Louis-Seize-Seiden bezogener Möbel zu ersetzen (ganz zu schweigen von den Kunstwerken, die Swann aus seinem Haus am Quai d'Orléans mitgebracht hatte) –, hat im Gegenteil dieser zusammengewürfelte Salon in meiner Erinnerung eine Ordnung, eine Einheitlichkeit, einen individuellen Charme, wie sie selbst vollkommen intakte Raumausstattungen aus früheren Zeiten oder ganz lebendige neue, denen eine bestimmte Person ihren Stempel aufgedrückt hat, nie besitzen; denn nur wir selbst vermögen durch den Glauben, sie hätten eine selbständige Existenz, gewissen Dingen, die wir sehen, eine Seele zu verleihen, die sie auch weiterhin bewahren und in uns weiter entfalten. Alle Gedanken, die ich mir über jene Stunden – so verschieden von denen, die für alle anderen Menschen existieren – gemacht hatte, die die Swanns in dieser Wohnung verbrachten, die für ihr tägliches Leben das war, was der Körper für die Seele ist und die doch deren Eigentümlichkeit ausdrücken mußte, alle diese Ideen verteilten sich – überall gleich aufregend und unbestimmbar – auf die Anordnung der Möbel, die Dicke der Teppiche, die Lage der Fenster, den Stil der Bedienung und verschmolzen damit. Wenn wir nach Tisch den Mokka im hellen Sonnenlicht der großen Fenster im Salon einnahmen und Madame Swann mich fragte, wieviel Stücke Zucker sie mir in meinen Kaffee tun sollte, so ging nicht nur von der seidenen Fußbank, die sie mir hinschob, mit dem schmerzlichen Reiz, den ich früher – unter der rosa Dornenhecke, dann neben dem Lorbeerboskett – bei dem Namen Gilberte empfunden hatte, jene feindliche Haltung aus, die ihre Eltern mir gegenüber eingenommen hatten und die dieses kleine Möbelstück so sehr begriffen und geteilt zu haben schien, daß ich mich unwürdig und ein wenig charakterlos fühlte, weil ich meine Füße auf sein wehrloses Seidenpolster setzte; eine persönliche Seele verknüpfte es geheimnisvoll mit dem Zwei-Uhr-Licht des Nachmittags, das anders war als sonst irgendwo in dem Golf, in dem es zu unseren Füßen seine goldenen Fluten spielen ließ und aus dem wie verzauberte Inseln bläuliche Kanapees und duftige Stickereien auftauchten; und alles, bis hin zum Gemälde von Rubens, das über dem Kamin hing, besaß dieselbe Eigenart und fast dieselbe Zauberkraft wie die Schnürstiefel von Swann und der Pelerinenmantel, nach dessen Vorbild ich so gern auch einen getragen hätte; jetzt bat Odette ihren Mann, diesen durch einen anderen zu ersetzen, aus Gründen der Eleganz, wenn ich ihnen schon die Ehre gäbe, mit ihnen auszugehen. Auch sie ging sich umziehen, obwohl ich lebhaft einwendete, daß kein »Stadtkleid« auch nur annähernd dem herrlichen Morgengewand aus Crêpe de Chine oder Seide in Altrosa, Kirschrot, Tiepolorosa, Weiß, Mauve, Grün, Rot, Gelb, einfarbig oder gemustert, das Wasser reichen könne, in dem Madame Swann gespeist hatte und das sie jetzt ablegen wollte. Als ich ihr sagte, sie hätte einfach so, wie sie war, ausgehen sollen, lachte sie belustigt über meine Unwissenheit oder geschmeichelt durch mein Kompliment. Sie bemerkte entschuldigend, sie besitze so viele Morgenkleider, weil sie – wie sie behauptete – nur in diesen sich wohl fühle, und verließ uns dann, um eine ihrer fürstlichen, ehrfurchteinflößenden Toiletten anzulegen, wobei ich zuweilen aufgefordert wurde, diejenige auszuwählen, die ich am liebsten an ihr sah.

Wie stolz war ich, wenn wir den Wagen verlassen hatten, im Jardin d'Acclimatation neben Madame Swann einherzugehen! Während sie in langsamem Schreiten ihren Mantel hinter sich herwehen ließ, warf ich ihr bewundernde Blicke zu, die sie kokett durch ein langes Lächeln beantwortete. Wenn jetzt aus Gilbertes Kameradenkreis ein Freund oder eine Freundin uns traf und uns aus geziemender Entfernung grüßte, wurde ich nun meinerseits als eines jener Wesen betrachtet, die ich so sehr beneidet hatte, als einer der Intimen Gilbertes, der ihre Angehörigen kannte und an jenem anderen Teil ihres Lebens teilhatte, der sich nicht in den Anlagen der Champs-Élysées abspielte.

Oft kreuzten wir in den Alleen des Bois oder des Jardin d'Acclimatation den Weg dieser oder jener großen Dame, die mit Swann befreundet war und uns grüßte; er sah sie dann manchmal nicht und wurde von seiner Frau aufmerksam gemacht: »Charles! Aber sehen Sie denn Madame de Montmorency nicht?«, und Swann zog mit dem freundschaftlichen Lächeln langer, alter Vertrautheit, gleichwohl nachdrücklich und mit einer Eleganz, die nur er besaß, seinen Hut. Manchmal blieb die Dame stehen, glücklich, Madame Swann eine nichts weiter besagende Höflichkeit zu erweisen und dabei gewiß zu sein, daß diese keine Folgerungen daraus ziehen werde, denn Swann hatte Odette Zurückhaltung gelehrt. Nichtsdestoweniger hatte sie ganz die Umgangsformen der großen Welt angenommen, und mochte jene Dame auch noch so elegant und von noch so großartiger Haltung sein, Madame Swann tat es ihr darin gleich: während sie ebenfalls einen Augenblick neben der Freundin stehenblieb, die Swann getroffen hatte, stellte sie ihr Gilberte und mich mit solcher Ungezwungenheit vor, sie blieb so natürlich und ruhig in ihrer Liebenswürdigkeit, daß es schwer gefallen wäre zu sagen, ob die aristokratische Lustwandlerin oder Madame Swann die große Dame sei. An dem Tag, als wir bei den Singhalesen waren, sahen wir auf dem Rückweg, von zwei anderen begleitet, die ihr Gefolge zu sein schienen, eine alte, aber noch schöne Dame, in einen dunklen Mantel gehüllt und mit einem kleinen, unter dem Kinn mit zwei Bändern gehaltenen Kapotthut auf dem Kopf, auf uns zukommen. »Ah! Da ist jemand, der Sie interessieren wird«, sagte Swann zu mir. Die alte Dame war jetzt nur noch drei Schritte von uns entfernt und lächelte uns mit erwärmender Freundlichkeit an. Swann nahm den Hut ab, Madame Swann versank in einen Hofknicks und wollte die Hand der Dame küssen, die einem Porträt von Winterhalter[1] glich, doch diese hob sie zu sich empor und begrüßte sie. »Aber gehen Sie, setzen Sie doch Ihren Hut wieder auf, Sie meine ich«, sagte sie zu Swann mit tiefer, etwas barscher Stimme wie eine alte Freundin. »Ich werde Sie Ihrer Kaiserlichen Hoheit vorstellen«, sagte Madame Swann zu mir. Swann zog mich einen Augenblick auf die Seite, während Madame Swann mit der Hoheit von dem schönen Wetter und den im Jardin d'Acclimatation neu eingetroffenen Tieren sprach. »Es ist die Prinzessin Mathilde«, sagte er zu mir, »Sie wissen ja, die Freundin von Flaubert, von Sainte-Beuve, von Dumas.[2] Stellen Sie sich vor, sie ist die Nichte Napoleons I.! Napoleon III. und der Kaiser von Rußland haben um sie geworben. Ist das nicht interessant? Sprechen Sie doch ein wenig mit ihr. Es wäre mir allerdings lieb, wir müßten ihretwegen nicht noch stundenlang hier herumstehen.« – »Ich habe Taine getroffen, und er hat mir gesagt, Ihro Hoheit sei böse auf ihn«, sagte Swann. »Er hat sich wie ein Schwein benommen«, gab diese mit harter Stimme zurück, wobei sie das Wort »cochon« aussprach, als wäre es der Name des Bischofs aus den Zeiten Jeanne d'Arcs.[3] »Auf den Artikel hin, den er über den Kaiser geschrieben hat, habe ich eine Karte mit P. P. C.[4] bei ihm abgegeben.« Ich erlebte die gleiche Überraschung, mit der man die Korrespondenz der Herzogin von Orléans, Lotte von der Pfalz[5], aufschlägt.

Tatsächlich hegte die Prinzessin Mathilde ihre so ganz französischen Gefühle auf eine so rauhe, redliche Art, wie man sie im alten Deutschland noch finden mochte und die bei ihr zweifelsohne ein Erbteil ihrer württembergischen Mutter war. Ihre etwas direkte und fast männliche Offenheit wurde, sobald sie lächelte, durch eine ganz italienische Weichheit gemildert.[1] Die ganze Erscheinung aber präsentierte sich in einer Toilette, die so sehr Zweites Kaiserreich war, daß man, obwohl die Prinzessin sie sicherlich nur aus Anhänglichkeit an die Moden, die sie einst geliebt hatte, trug, die Absicht dahinter vermutete, keinen historischen Stilfehler zu begehen und die Leute nicht zu enttäuschen, die von ihr ein Abbild einer anderen Geschichtsepoche erwarteten. Ich flüsterte Swann zu, er solle sie doch fragen, ob sie Musset gekannt habe. »Sehr schlecht, Monsieur«, antwortete sie mit einer scheinbar verstimmten Miene, und tatsächlich sagte sie zu Swann nur im Scherz Monsieur, war sie doch eng mit ihm befreundet. »Ich hatte ihn einmal bei mir zum Diner. Er war auf sieben Uhr eingeladen. Als er um halb acht noch nicht da war, gingen wir zu Tisch. Er kommt um acht, begrüßt mich, setzt sich an seinen Platz, tut den Mund nicht mehr auf und verschwindet nach dem Essen, ohne daß ich auch nur den Klang seiner Stimme vernommen hätte. Er war stockbetrunken. Das hat mich dann nicht gerade ermutigt, es nochmals mit ihm zu versuchen.« Swann und ich standen etwas abseits. »Ich hoffe nur«, sagte Swann, »daß diese Konferenz sich nicht zu sehr in die Länge zieht. Mir tun die Füße weh. Ich verstehe nicht, weshalb meine Frau immer wieder etwas Neues zur Sprache bringt. Sie wird nachher diejenige sein, die über Müdigkeit klagt, und ich vertrage solche Stehkonvente nicht mehr.« Tatsächlich war Madame Swann, die diese Information von Madame Bontemps erhalten hatte, gerade dabei, der

Prinzessin zu berichten, die Regierung habe endlich ihr flegelhaftes Benehmen eingesehen und beschlossen, der Prinzessin eine Einladung zu schicken, damit sie auf der Tribüne dem Besuch beiwohnen könne, den Zar Nikolaus am übernächsten Tag dem Invalidendom abstatten wolle. Die Prinzessin aber, die allem Anschein zum Trotz und ungeachtet ihrer Umgebung, die vorwiegend aus Künstlern und Schriftstellern bestand, im Grunde ihres Herzens und vor allem immer, wenn es zu handeln galt, die Nichte Napoleons geblieben war, antwortete ihr: »Jawohl, Madame, ich habe sie heute morgen bekommen und sie dem Minister zurückgeschickt, sicher hat er sie schon. Ich habe ihm gesagt, daß ich keine Einladung brauche, um in den Invalidendom zu gehen. Wenn die Regierung wünscht, daß ich erscheine, so gehe ich nicht auf die Tribüne, sondern nur in unsere Gruft, in der der Kaiser ruht. Eine Eintrittskarte brauche ich nicht. Ich habe meine Schlüssel. Ich gehe dort ein und aus, wie ich will. Die Regierung braucht mir nur zu sagen, ob sie wünscht, daß ich komme oder nicht. Doch wenn ich gehe, wird es nur dorthin sein oder gar nicht.« In diesem Augenblick wurden wir, Madame Swann und ich, von einem jungen Mann begrüßt, der ihr guten Tag sagte, ohne stehenzubleiben, und von dem ich nicht gewußt hatte, daß er sie kannte: Bloch. Auf mein Befragen erklärte mir Madame Swann, er sei ihr durch Madame Bontemps vorgestellt worden, er sei im Ministerium beschäftigt, wovon ich bislang nichts wußte. Im übrigen schien sie ihn nicht oft gesehen zu haben – oder aber sie hatte den Namen Blochs, den sie vielleicht nicht »schick« fand, nicht nennen wollen –, denn sie sagte, er heiße Moreul. Ich versicherte ihr, sie bringe etwas durcheinander, er heiße Bloch. Die Prinzessin zupfte an einer Schleppe, die hinter ihr bis auf den Boden fiel und von Madame Swann sehr bewundert wurde. »Sie ist übrigens gerade aus einem Pelz, den mir der Kaiser von Rußland geschickt hat«, sagte die Prinzessin, »und da ich ihn eben besucht habe, wollte ich ihm zeigen, daß sich das Stück zu einem Mantel hat verarbeiten lassen.« – »Es scheint, daß Prinz Louis jetzt bei der russischen Armee ist, Ihro Hoheit werden recht unglücklich sein, ihn nicht mehr bei sich zu haben«, bemerkte Madame Swann, der die Zeichen der Ungeduld ihres Mannes entgingen. »Das hat ihm gerade noch gefehlt! Ich habe ihm gesagt: Du denkst wohl, du mußt das tun, weil du einen Militär in der Familie hast; als ob das ein Grund wäre«, antwortete die Prinzessin, die in dieser schlichten Form auf Napoleon I. anspielte. Swann hielt es nicht länger aus. »Madame«, sagte er, »jetzt spiele ich einmal Hoheit und bitte, mich verabschieden zu dürfen, aber meine Frau war recht leidend, und ich möchte nicht, daß sie hier so lange auf einem Fleck stehenbleibt.« Madame Swann machte wieder ihre Reverenz, und die Prinzessin sandte uns allen ein himmlisches Lächeln zu, das sie aus der Vergangenheit hervorzuholen schien, aus ihrer anmutvollen Jugendzeit oder den Abenden von Compiègne[1], und das in ungebrochener Süße über das eben noch so grimmige Antlitz glitt; dann entfernte sie sich, gefolgt von ihren beiden Hofdamen, die nach der Art von Dolmetschern, Kinderfrauen oder Krankenpflegerinnen die Unterhaltung nur mit unbedeutenden Phrasen und überflüssigen Erklärungen begleitet hatten. »Sie sollten in dieser Woche einmal gehen und Ihren Namen bei ihr einschreiben«, sagte Madame Swann; »man gibt keine Karten ab bei solchen ›royalties‹, wie die Engländer sagen, aber sie lädt Sie ein,wenn Sie sich bei ihr in die Liste eintragen.«

Ein paarmal gingen wir in diesen letzten Wintertagen vor dem Spaziergang in eine der kleinen Ausstellungen, die um diese Zeit begannen und in denen Swann als bekannter Sammler mit besonderer Hochachtung von den Bilderhändlern begrüßt wurde, bei denen sie stattfanden. Mein altes Verlangen, in den Süden Frankreichs und nach Venedig zu fahren, erwachte wieder zu dieser noch so kalten Jahreszeit in den Sälen, in denen ein schon fortgeschrittener Frühling und eine heiße Sonne violette Reflexe auf die rosaroten Alpilles setzten und dem Canal Grande tiefe, smaragdgrüne Transparenz verliehen.[1] Wenn schlechtes Wetter war, gingen wir zum Konzert oder ins Theater und danach zur Stärkung in einen Teesalon. Sobald Madame Swann mir etwas anvertrauen wollte, was die Personen an den Nachbartischen oder sogar die servierenden Kellner nicht hören sollten, sagte sie es auf englisch zu mir, als sei diese Sprache allein uns beiden bekannt. Nun aber konnten zwar alle Englisch, nur ich hatte es bislang nicht gelernt und mußte Madame Swann diese Tatsache eingestehen, damit sie nicht länger über die Teetrinker oder jene, die den Tee servierten, ihre Bemerkungen machte, in denen ich Anzüglichkeiten vermuten mußte, die mir selbst entgingen, während derjenige, der gemeint war, sicher jedes Wort mitbekam.

Einmal, aus Anlaß einer Theatermatinee, setzte Gilberte mich in höchstes Erstaunen. Es war gerade das Datum, von dem sie mir im voraus erzählt hatte, der Todestag ihres Großvaters. Wir beide, sie und ich, hatten vor, mit ihrer Erzieherin zusammen Teile einer Oper anzuhören, und Gilberte hatte sich mit der gewöhnlich im Hinblick auf unsere gemeinsamen Unternehmungen zur Schau getragenen unbeteiligten Miene – sie sagte immer, es sei ihr ganz gleich, wohin wir gingen, wenn es nur mir gefalle und ihren Eltern angenehm sei – für den Besuch dieser musikalischen Darbietung umgezogen. Noch vor dem Essen jedoch nahm ihre Mutter uns auf die Seite und erklärte Gilberte, es störe ihren Vater, wenn wir an diesem Tag in ein Konzert gingen. Ich fand das nur natürlich. Gilberte blickte unbeteiligt drein, wurde aber blaß vor Zorn, den sie nicht verbergen konnte, und sagte nichts mehr. Als Swann nach Hause kam, nahm ihn seine Frau in eine andere Ecke des Salons und flüsterte ihm etwas zu. Darauf rief er Gilberte und zog sich mit ihr ins Nebenzimmer zurück. Man hörte erregtes Sprechen. Ich konnte indessen nicht glauben, daß Gilberte, dieses gefügige, sanfte, verständige Geschöpf, der Bitte ihres Vaters an einem solchen Tag und wegen eines so unbedeutenden Anlasses Widerstand entgegensetzen könne. Endlich trat Swann heraus und sagte noch: »Du weißt, was ich dir gesagt habe; tu jetzt, was du willst.«

Gilbertes Miene blieb unnatürlich gespannt während des ganzen Essens, nach dem wir uns in ihr Zimmer begaben. Ohne Zögern und so, als habe sie keinen Augenblick irgendwelche Bedenken gehabt, rief sie auf einmal: »Schon zwei Uhr! Sie wissen doch, das Konzert fängt um halb drei an.« Und sie forderte die Erzieherin auf, sie möge sich beeilen.

»Aber«, bemerkte ich, »stört das denn Ihren Vater nicht?«

»Überhaupt nicht.«

»Er fürchtete doch, es könne merkwürdig aussehen, wegen des Todestags?«

»Was liegt mir schon daran, was die anderen denken? Ich finde es einfach grotesk, wenn man sich in Dingen des Gefühls um andere Leute kümmert. Man fühlt für sich, nicht für die öffentliche Meinung. Für Mademoiselle, die wenig Zerstreuung hat, ist es eine große Freude, ins Konzert zu gehen; ich werde sie der öffentlichen Meinung zuliebe bestimmt nicht darum bringen.«

Sie griff nach ihrem Hut.

»Aber Gilberte«, wandte ich ein und faßte sie beim Arm, »es wäre doch nicht der öffentlichen Meinung wegen, sondern um Ihrem Vater einen Gefallen zu tun.«

»Sie werden mir ja wohl keine Vorhaltungen machen wollen«, rief sie mit harter Stimme und riß sich von mir los.

Eine noch köstlichere Gunst, als daß sie mit mir in den Jardin d'Acclimatation oder ins Konzert gingen, bestand darin, daß die Swanns mich sogar in ihre Freundschaft mit Bergotte einbezogen, die der Anlaß dafür gewesen war, daß ich sie so faszinierend gefunden hatte, als ich, noch bevor ich Gilberte kannte, mir ausmalte, wie sie aufgrund ihrer nahen Bekanntschaft mit dem göttlichen Greis die interessanteste aller Freundinnen für mich sein könnte, wenn mir die Geringschätzung, die sie mir gegenüber empfinden mußte, nicht jede Hoffnung genommen hätte, ich könnte mit ihr die Städte besuchen gehen, die ihm teuer waren. Eines Tages nun lud mich Madame Swann zu einem großen Mittagessen ein.[1] Ich wußte nicht, wer alles erwartet wurde. Bei meiner Ankunft wurde ich bereits im Vestibül durch einen Vorfall verwirrt, ja geradezu eingeschüchtert. Madame Swann unterließ es fast nie, die Gepflogenheiten zu übernehmen, die eine Saison hindurch als elegant gelten, sich aber nicht zu behaupten vermögen und bald wieder verschwinden (so wie sie vor vielen Jahren ihr »Hansom cab«[2] gehabt hatte oder auf eine Einladung zum Mittagessen drucken ließ, der Anlaß sei »to meet« eine mehr oder weniger bekannte Person). Oft hatten diese Gepflogenheiten nichts Geheimnisvolles an sich, und man brauchte nicht erst eingeweiht zu werden. So hatte Odette – eine aus England eingeführte, bescheidene Neuerung dieser Jahre – ihrem Mann Visitenkarten drucken lassen, auf denen vor dem Namen Charles

Swann »Mr.« stand. Nach meinem ersten Besuch bei ihr hatte Madame Swann eines jener »Bristols«, wie sie sagte, bei mir abgegeben. Noch nie hatte jemand bei mir Karten abgeworfen; ich war so stolz, so ergriffen, so sehr von Dankbarkeit erfüllt, daß ich alles Geld zusammenkratzte, das ich überhaupt besaß, und einen Korb voll prächtiger Kamelien an Madame Swanns Adresse schicken ließ. Ich flehte meinen Vater an, seine Karte bei ihr abzugeben, sich aber zuvor schnellstens solche mit einem »Mr.« vor seinem Namen lithographieren zu lassen. Er erhörte keine meiner beiden Bitten. Ich war ein paar Tage sehr unglücklich darüber, fragte mich jedoch später, ob er nicht recht gehabt hatte. Der Usus dieses »Mr.« indessen mochte zwar überflüssig sein, doch war er klar. Nicht so war es mit einem anderen, der sich mir am Tage jenes Essens manifestierte, aber ohne die ihm zukommende Bedeutung. Im Augenblick, als ich aus dem Vorzimmer in den Salon treten wollte, reichte mir der Maître d'hôtel ein langes, schmales Kuvert mit meinem Namen darauf. In meiner Verwunderung dankte ich ihm und starrte auf das Kuvert. Ich wußte nicht besser, was ich damit anfangen sollte, als ein Ausländer mit einem der kleinen Instrumente, die den Gästen bei chinesischen Mahlzeiten hingelegt werden. Ich sah, daß es verschlossen war, fürchtete, indiskret zu sein, wenn ich es sogleich öffnete, und steckte es mit überlegener Miene ein. Madame Swann hatte mich ein paar Tage zuvor schriftlich aufgefordert, zu einem Mittagessen »im kleinen Kreis« zu kommen. Es waren immerhin sechzehn Personen da; ich hatte keine Ahnung, daß sich unter ihnen Bergotte befand. Madame Swann, die gerade einigen Mitgästen »meinen Namen genannt« hatte, wie sie sagte, sprach auf einmal nach dem meinen und in ganz derselben Art (als seien wir einfach nur zwei Eingeladene bei diesem Essen, die gleichermaßen froh sein müßten, einander kennenzulernen) den Namen des holden Sängers mit weißem Haar aus. Bei dem Namen Bergotte fuhr ich zusammen, als habe man einen Revolverschuß auf mich abgegeben, grüßte aber instinktiv, um Haltung zu bewahren; vor mir, nach Art der Zauberkünstler, die man makellos im Gehrock dastehen sieht im Rauch eines Flintenschusses, dem eine Taube entflattert, erwiderte meinen Gruß ein kräftig gebauter, untersetzter, kurzsichtiger, kleiner junger Mann mit roter, schneckenhausförmiger Nase und schwarzem Spitzbärtchen. Ich war todtraurig, denn was jetzt in Rauch aufging, war nicht nur der zarte, schwache Greis, von dem nichts mehr übrigblieb, sondern auch die Schönheit eines immensen Werkes; in dem hinfälligen, heiligen Organismus, den ich wie einen Tempel eigens dafür geschaffen, hatte ich es wohl unterbringen können, doch in dem untersetzten, mit Gefäßen, Knochen, Ganglien angefüllten Leib des kleinen, stumpfnasigen Mannes mit schwarzem Spitzbart, der da vor mir stand, war dafür kein Platz vorgesehen. Jener ganze Bergotte, den ich mir langsam und mit zarter Hand, Tropfen für Tropfen, wie einen Stalaktiten, aus der durchscheinenden Substanz seiner Bücher erarbeitet hatte, dieser Bergotte war mit einem Schlag zu gar nichts mehr zu gebrauchen seit dem Augenblick, da die schneckenhausförmige Nase beibehalten und das schwarze Spitzbärtchen verwendet werden mußte; wie auch die Lösung, die wir für eine algebraische Aufgabe gefunden haben, zu nichts mehr taugt, wenn wir die Voraussetzung ungenau gelesen und nicht darauf Rücksicht genommen haben, daß eine bestimmte Endsumme dabei herauskommen soll. Nase und Bärtchen waren so wenig wegzuleugnende und um so hemmendere Faktoren, als sie, während sie mich zwangen, die Gestalt Bergottes völlig neu aufzubauen, auch noch eine gewisse aktive und selbstzufriedene Geistesart mit sich zu führen, unentwegt hervorzubringen, ja abzusondern schienen, die gar nicht vorgesehen war, denn diese Art von geistiger Verfassung hatte nichts mit jener Einsicht zu tun, die jene mir so wohlbekannten Werke mit süßer, göttlicher Weisheit durchwob. Von ihnen aus wäre ich niemals auf eine solche Schneckenhausnase gekommen; doch von dieser Nase ausgehend, der das gar nichts auszumachen schien, die im Alleingang gleichsam »variierte«, wurde ich in eine ganz andere Richtung als auf das Werk Bergottes geführt und würde, so schien es mir, viel eher bei der Denkart eines stets eiligen Ingenieurs landen von der Sorte, die, wenn man sie begrüßt, sagen zu müssen meint: »Danke, und Sie?« bevor man überhaupt noch gefragt hat, wie es dem Betreffenden geht, und die auf eine Bemerkung, man sei entzückt, ihre Bekanntschaft gemacht zu haben, mit einer Abkürzung antwortet, die sie für angemessen, smart und äußert zeitgemäß hält, weil sie keine Vergeudung kostbarer Zeit an eitlen Formelkram ist: »Ebenfalls.« Gewiß sind Namen höchst launenhafte Zeichenkünstler; von Menschen und Ländern entwerfen sie Skizzen, die so wenig ähnlich sind, daß uns oft eine Art von Bestürzung überkommt, wenn wir an Stelle der von uns imaginierten Welt die sichtbare vor uns haben (die übrigens auch nicht die wahre Welt ist, da unsere Sinne über kaum bessere Fähigkeiten verfügen als unsere Einbildungskraft, die Wirklichkeit richtig zu treffen, so daß die doch nur annähernde Anschauung, die wir von ihr erhalten können, mindestens ebenso stark von der Welt, die wir sehen, abweicht, wie diese von der unserer Imagination). In Bergottes Fall jedoch war die Voreingenommenheit durch den im voraus vertrauten Namen nichts im Vergleich zu der, die mir die Kenntnis des Werks einflößte, eines Werks, an das ich wie an einen Luftballon den Mann mit dem Bärtchen anhängen mußte, ohne recht zu wissen, ob es dann immer noch die Kraft zum Aufsteigen fände. Und doch schien es, als habe dieser Mann hier die Bücher geschrieben, die ich so sehr geliebt hatte, denn als Madame Swann glaubte, ihm von meiner Vorliebe für eines von ihnen erzählen zu müssen, verriet er kein Erstaunen darüber, daß sie ihm und nicht einem der anderen Gäste diese Mitteilung machte, und schien darin keineswegs die Folge eines Mißverständnisses zu sehen; doch hatte er, während er mit einem gierig dem nahen Essen entgegensehenden Leib den Gehrock ausfüllte, den er zu Ehren dieser Runde angelegt hatte, und während seine Aufmerksamkeit mit anderen wichtigen Realitäten beschäftigt war, nur ein Lächeln, wie für eine abgelaufene Episode seines früheren Lebens oder als ob man ihm gegenüber auf ein Kostüm als Herzog von Guise angespielt habe, das er in einem bestimmten Jahr bei einem Kostümball getragen hatte, für seine Bücher übrig, die auch für mich sofort beträchtlich an Ansehen verloren (wobei sie in ihrem Sturz den Wert des Schönen schlechthin, der Welt, des Lebens, mitrissen), bis sie mir nur noch wie ein mittelmäßiger Zeitvertreib eines spitzbärtigen Mannes vorkamen. Ich sagte mir, daß er freilich eine gewisse Aufmerksamkeit darauf habe verwenden müssen, daß er sich aber wohl, hätte er auf einer von Austernbänken umgebenen Insel gelebt, statt dessen mit Erfolg dem Perlenhandel gewidmet hätte. Sein Werk kam mir nicht mehr so vor, als habe es unbedingt entstehen müssen. Und ich fragte mich, ob denn Originalität tatsächlich beweist, daß die großen Schriftsteller Götter sind, von denen jeder in einem ihm gehörigen Reich herrscht, oder ob nicht in all dem eine kleine Lüge steckt, ob die Unterschiede zwischen den Werken nicht eher das Ergebnis von Arbeit sind als der Ausdruck radikaler, in ihrer Essenz begründeter Verschiedenheit der Persönlichkeiten.

Inzwischen war man zu Tisch gegangen. Neben meinem Gedeck fand ich eine Nelke, deren Stengel in Silberpapier gewickelt war. Sie machte mir weniger Kopfzerbrechen als der Briefumschlag, der mir im Vorzimmer überreicht worden war und den ich schon ganz vergessen hatte. Der Brauch, wiewohl genauso neu für mich, schien mir doch verständlicher, als ich alle anderen anwesenden Herren sich einer entsprechenden Nelke neben ihrem Gedeck bemächtigen und in das Knopfloch ihres Rockaufschlags stecken sah. Mit der unbefangenen Miene eines in eine Kirche geratenen Freidenkers, der die Messe nicht kennt, aber aufsteht, wenn alle anderen aufstehen und einen Augenblick nach allen anderen niederkniet, machte ich es wie sie. Ein anderer unbekannter, doch weniger an die Mode gebundener Brauch mißfiel mir dagegen schon mehr. Auf der anderen Seite meines Tellers stand ein kleinerer, gefüllt mit einer schwärzlichen Substanz, von der ich nicht wußte, daß es Kaviar war. Ich hatte keine Ahnung, was man damit machen sollte, beschloß jedoch, bestimmt nicht davon zu essen.

Bergotte saß nicht weit von mir entfernt, ich konnte alles sehr gut hören, was er sagte. Da konnte ich den Eindruck, den Norpois von ihm gehabt hatte, nachvollziehen. Bergottes Organ war wirklich sonderbar; nichts beeinträchtigt so sehr die materiellen Eigenschaften der Stimme wie die Tatsache, daß sie Gedanken enthält. Die Klangfülle der Diphthonge, die Eindringlichkeit der Labiale werden dadurch beeinflußt, außerdem auch die Diktion. Die seine schien mir vollkommen anders zu sein als seine Art zu schreiben und sogar die Dinge, die er sagte, ganz verschieden von denen, die seine Werke erfüllten. Doch die Stimme dringt aus einer Maske, die uns zunächst nur undeutlich ein Gesicht erkennen läßt, das wir im Stil unverhüllt vor uns sahen.[1] In gewissen Teilen der Unterhaltung, in denen Bergotte eine Art zu sprechen entwickelte, die nicht nur Norpois affektiert und unangenehm erschien, habe ich erst nach langem eine genaue Entsprechung zu den Partien seiner Bücher entdecken können, in denen seine Form so poetisch und musikalisch wird. In solchen Augenblicken sah er in dem, was er sagte, eine plastische Schönheit, die ganz unabhängig von der Bedeutung der Sätze war, und da das gesprochene Wort in Beziehung zur Seele steht, sie aber nicht ausdrückt wie der Stil, schien Bergotte fast widersinnig zu reden; er psalmodierte bestimmte Wörter, und wenn er unter ihrem Fluß ein einziges Bild verfolgte, verband er sie ohne Unterbrechung mit ermüdender Monotonie wie einen einzigen Klang. So war eine hochgestochene, emphatische und monotone Sprechweise das Zeichen für den ästhetischen Wert seiner Reden, die Auswirkung ebenjener Fähigkeit auf seine Konversation, die in seinen Büchern die Verbindung der Bilder und die Harmonie zustande brachte. Das festzustellen war mir zunächst um so schwerer gefallen, als alles, was er in solchen Augenblicken sagte, genau weil es wirklich von Bergotte stammte, gar nicht den Anschein machte, Bergotte zu sein. Es war ein üppiges Wuchern von sehr bestimmten Ideen, die nicht zu jenem »Genre Bergotte« gehörten, das viele Verfasser von Gesellschaftschroniken sich zu eigen gemacht hatten; wahrscheinlich war der Unterschied – in verwischter Form durch das Medium der Konversation gesehen wie ein Bild hinter rauchgeschwärztem Glas – ein anderer Aspekt der Tatsache, daß eine Seite von Bergotte niemals etwas war, was irgendeiner der platten Nachahmer hätte schreiben können, die in Zeitungen und Büchern gleichwohl ihre Prosa mit so vielen Bildern und Gedanken »à la Bergotte« ausschmückten. Diese Verschiedenheit im Stil kam daher, daß das Element »Bergotte« vor allem etwas Kostbares und Wahres darstellte, das, im Herzen jedes Gegenstandes verborgen, aus diesem von dem großen Schriftsteller kraft seines Genies extrahiert wurde; diese Extraktion war die Absicht des holden Sängers, und nicht das Herstellen Bergottescher Prosa. In Wirklichkeit freilich tat er das auch, ob er es wollte oder nicht, weil er nun einmal Bergotte war und weil in diesem Sinne jede neue Schönheit seines Werks jenes kleine Quantum an Bergotte war, das in einem Gegenstand verborgen lag und das er aus ihm herauslöste. Doch wenn dadurch jede dieser Schönheiten mit den anderen verwandt und deutlich wiederzuerkennen war, war sie dennoch etwas so Besonderes wie die Entdekkung, die sie ans Licht gebracht hatte; sie war neu, infolgedessen verschieden von dem, was man als Genre Bergotte bezeichnete und was nur eine unklare Synthese von jenen von ihm bereits gefundenen und redigierten Bergotte-Elementen darstellte, die Menschen ohne Genie nicht vorauszuahnen gestattete, was er jeweils anderswo neu entdecken würde. Ebenso ist es mit allen großen Schriftstellern; die Schönheit ihrer Sätze ist unvorhersehbar wie die einer Frau, die man noch nicht kennt; sie ist Schöpfung, da sie sich auf einen äußeren Gegenstand bezieht, an den sie denken – und nicht auf sich selbst – und den sie noch nie ausgedrückt haben. Ein Memoirenschreiber von heute, der etwa, ohne es allzu deutlich zeigen zu wollen, Prosa von Saint-Simon herstellen möchte, wird allenfalls die erste Zeile des Porträts von Villars zustande bringen: »Er war ein ziemlich großer, brünetter Mann ... mit einer Physiognomie, die lebendig, offen, auffallend war«; doch welche Schicksalsgunst könnte ihm jene zweite Zeile zutragen, die mit den Worten beginnt: »und tatsächlich etwas verrückt«?[1] Die wahre Originalität liegt in dieser Fülle an realen und doch unerwarteten Elementen, im blaublühenden Zweig, der wider Erwarten noch aus der Frühlingshecke herausschießt, die bereits voll entfaltet schien, während die rein formale Nachahmung der Originalität (und dasselbe gilt von allen anderen Stilqualitäten) nur Leere und Eintönigkeit, das heißt etwas der Originalität am deutlichsten Entgegengesetztes ist und deren Spiegelung oder Reminiszenz die Nachahmer nur denen vorführen können, die sie bei den Meistern nicht begriffen haben.

Daher hatte denn auch – gleich wie die Diktion Bergottes gewiß ihren Zauber ausgeübt haben würde, wäre er selbst nur ein Amateur gewesen, der etwas angeblich Bergottisches sagte, anstatt daß sie durch lebendige Beziehungen, die das Ohr nicht sogleich erkennen konnte, mit dem in Bewegung und Aktion befindlichen Denken Bergottes verbunden war –, eben weil Bergotte dieses Denken mit großer Genauigkeit an die Wirklichkeit verwendete, an der er Gefallen fand, seine Sprache jenes Positive, geradezu übermäßig Substantielle an sich, das alle diejenigen enttäuschte, die erwarteten, er werde nur vom »ewigen Fluß der Erscheinungen« und den »geheimnisvollen Schauern der Schönheit« reden. Die immer erlesene und immer neue Qualität dessen, was er schrieb, wirkte sich schließlich in der Unterhaltung bei ihm durch eine derart subtile Weise aus, eine Frage unter Nichtachtung aller ihrer bereits bekannten Aspekte anzugehen, daß es schien, als greife er nur eine ganz unwichtige Seite davon auf, als täusche er sich, als ergehe er sich in Paradoxen, und seine Gedanken meist verworren wirkten, da jeder die Gedanken klar und deutlich findet, die einen gleichen Grad von Verworrenheit aufweisen wie seine eigenen. Da im übrigen alles Neue auf der Voraussetzung vorherigen Eliminierens des Klischees beruht, an das wir gewöhnt waren und das wir für die Wirklichkeit selbst hielten, wird jede neue Art der Unterhaltung ebenso wie jede originale Malerei oder Musik immer gekünstelt und ermüdend erscheinen. Sie verwendet Figuren, an die wir nicht gewöhnt sind, der Sprecher scheint uns nur in Metaphern zu reden, was ermattend wirkt und den Anschein mangelnder Wahrhaftigkeit erweckt. (Im Grunde waren ursprünglich die alten Formen des Ausdrucks ebenfalls schwer nachzuvollziehende Bilder, solange nämlich der Zuhörer das Universum noch nicht kannte, das sie zur Darstellung brachten. Seit langem aber bildet man sich nun ein, daß jenes das wirkliche Universum sei und verläßt sich darauf.) Wenn nun Bergotte (was einem heute schon wieder ganz simpel vorkommt) von Cottard sagte, er sei ein kartesianisches Teufelchen[1], das sein Gleichgewicht suche, und von Brichot, daß »er noch viel mehr Mühe mit der Pflege seiner Frisur habe als Madame Swann, da er gleichzeitig an sein Profil und seinen Ruf denken, das heißt jeden Augenblick darauf bedacht sein müsse, daß die Anordnung seiner Haare ihm gleichzeitig das Aussehen eines Löwen und eines Philosophen gebe«, wurde man schnell müde und hätte gern wieder den festen Boden von, sagte man, irgend etwas Konkreterem unter den Füßen gespürt, meinte aber damit: etwas Gewohnterem. Die unkenntlichen Reden, die aus der Maske drangen, die ich vor Augen hatte, mußte ich wohl oder übel mit dem von mir verehrten Schriftsteller in Verbindung bringen, sie hätten sich aber nicht in seine Bücher einfügen lassen wie ein Puzzleteil, das zwischen andere paßt, sie bewegten sich auf einer anderen Ebene und brauchten eine Transposition, mittels deren ich tatsächlich, als ich mir eines Tages Sätze wieder vorsprach, die ich von Bergotte gehört hatte, in ihnen das gesamte Rüstzeug seines Schreibstils wiederfand, dessen einzelne Teile ich in seiner gesprochenen Rede wiedererkennen und benennen konnte, obwohl diese mir zuerst so anders vorgekommen war.

Unter einem beiläufigeren Gesichtspunkt entsprach die besondere, etwas zu genaue und prägnante Art, in der er manche Worte aussprach, bestimmte Adjektive, die oft in seiner Unterhaltung wiederkehrten und die er nicht ohne eine gewisse Emphase gebrauchte, indem er alle ihre Silben betonte und die letzte geradezu sang (wie zum Beispiel »visage«, das er überall anstatt »figure« gebrauchte und dem er eine beträchtliche Zahl von V-, S- und G-Lauten hinzufügte, die alle aus seiner in solchen Augenblicken offenen Hand herauszuschießen schienen), genau der schönen Stelle, an der er in seiner Prosa diese besonders geliebten Wörter in den Vordergrund rückte, wobei ihnen dann eine Art Pause voranging und sie im gesamten Satzgefüge in einer Stellung erschienen, daß man, wollte man nicht einen metrischen Fehler begehen, ihre volle »Quantität« in Betracht ziehen mußte. Dennoch fand man in der gesprochenen Rede Bergottes jene bestimmte Beleuchtung nicht wieder, die in seinen Büchern und auch in denen mancher anderer Autoren so oft im geschriebenen Satz das Erscheinungsbild der Wörter verändert. Sicher geht das darauf zurück, daß sie aus großen Tiefen kommt und ihre Strahlen nicht bis zu dem emporsendet, was wir in Stunden sagen, da wir, für die anderen ganz offen in der Unterhaltung, uns selbst gegenüber bis zu einem gewissen Grade verschlossen bleiben. In dieser Hinsicht fanden sich mehr Tonabstufungen, gleichsam mehr Akzent in seinen Büchern als in seinen Reden; und zwar handelte es sich um einen von der Schönheit des Stils unabhängigen Akzent, den der Autor selbst zweifellos nicht bemerkt hat, denn er ist untrennbar von seinem innersten Selbst. Es ist der Akzent, der in Bergottes Büchern, wenn er vollkommen er selbst war, die damals oft ganz unbedeutenden Worte rhythmisierte, die er niederschrieb. Dieser Akzent erscheint nicht im Text, er wird nirgends durch Zeichen markiert und tritt doch ganz von selbst zu den Sätzen hinzu, man kann sie nicht anders lesen; er ist das Allerflüchtigste bei diesem Schriftsteller und das Tiefste zugleich, das er an sich hatte; nur er wird wirklich Zeugnis ablegen von seiner Natur und sagen, ob er trotz aller Härten, die er ausgesprochen hat, sanft und trotz aller Sinnlichkeit gemütvoll war.

Gewisse Eigentümlichkeiten der Sprechweise, die in abgeschwächter Form in Bergottes Unterhaltung erschienen, waren keine persönliche Besonderheit von ihm, denn ich habe später die Bekanntschaft seiner Geschwister gemacht und sie bei ihnen viel ausgeprägter wiedergefunden. Da war etwas Unvermitteltes und Rauhes in den letzten Worten eines heiteren Satzes, etwas zart Verklingendes am Schluß eines traurigen. Swann, der den Meister schon als Kind gekannt hatte, sagte mir, es seien einem damals bei ihm genau wie bei seinen Geschwistern diese gleichsam familienbedingten Intonationen aufgefallen, Schreie unbändiger Ausgelassenheit, die auf ersterbendes Geflüster der Schwermut folgten, und in dem Raum, in dem sie spielten, habe Bergotte selbst besser als irgendeiner seinen Part in ihren abwechselnd ohrenbetäubenden und wehmutvollen Konzerten gespielt. Wie speziell es auch sein mag, all das Tönen, das aus dem Mund menschlicher Wesen kommt, ist flüchtig und lebt nicht länger als sie. Doch war es nicht so mit der Aussprache in der Familie Bergotte. Denn wenn es auch schwierig ist, je zu begreifen – selbst in den *Meistersingern* – wie ein Künstler die Musik erfinden kann, indem er dem Zwitschern der Vögel lauscht[1], hatte doch Bergotte jene Art von schleppendem Langziehen der Wörter, die als Freudenrufe nachhallen oder als Seufzer der Trauer versiegen, in seine Prosa übertragen und darin festgehalten. Es gibt in seinen Büchern gewisse Satzausgänge mit einer langanhaltenden Häufung von Klängen wie in den Schlußakkorden einer Opernouvertüre, die kein Ende nehmen will und ihre letzte Kadenz mehrere Male von neuem wiederholt, bevor der Dirigent seinen Stab niederlegt; in ihnen entdeckte ich später das musikalische Äquivalent jener phonetischen Hornklänge der Familie Bergotte. Er selbst aber hörte von dem Augenblick an, da er sie an seine Bücher weitergab, unbewußt auf, sie in seiner Rede zu verwenden. Von dem Tag an, da er zu schreiben begann, und erst recht später, als ich ihn kennenlernte, fanden sie sich in der Orchestrierung seiner Stimme niemals wieder.

Die jungen Bergottes – der künftige Schriftsteller und seine Geschwister – waren zweifellos nicht (eher im Gegenteil) anderen scharfsinnigeren und geistreicheren jungen Leuten überlegen, für deren Gefühl die Bergottes recht laut, sogar etwas gewöhnlich, jedenfalls ziemlich anstrengend waren mit ihren für das teils äußerst hochgestochene, teils sehr läppische »Genre« des Hauses charakteristischen Späßen. Doch das Genie, sogar schon das große Talent erklären sich weniger aus Faktoren der Intelligenz und gesellschaftlicher Verfeinerung, die denen von anderen überlegen wären, als aus der Fähigkeit, sie umzuwandeln, sie zu transponieren. Um eine Flüssigkeit mit einer elektrischen Lampe zu erhitzen, braucht man nicht eine extra starke Lampe, sondern eine, in der der Strom nicht mehr Licht, sondern nach einer entsprechenden Umformung eben Wärme spendet. Um sich in den Lüften zu ergehen, braucht man nicht ein denkbar kräftiges Automobil, sondern eines, das nicht mehr auf dem Boden weiterfährt, das die Linie, die es vordem verfolgte, zur Vertikalen umbiegen und die Geschwindigkeit seiner horizontalen Bewegung in Auftriebskraft verwandeln kann. Ebenso sind diejenigen, die geniale Werke hervorbringen, nicht Menschen, die im feinsinnigsten Milieu leben, in der Unterhaltung glänzen, über die breiteste Bildung verfügen, sondern solche, die die Kraft gefunden haben, von einem gewissen Augenblick an plötzlich nicht länger für sich selbst zu leben, sondern ihre Persönlichkeit zu einer Art Spiegel zu machen, der ihr Dasein, mag es auch gesellschaftlich und in gewissem Sinne sogar geistig betrachtet noch so mittelmäßig sein, reflektiert; denn das Genie besteht in der Fähigkeit des Widerspiegelns und nicht in der eigentlichen Beschaffenheit des gespiegelten Schauspiels. An dem Tag, als der junge Bergotte der Welt seiner Leser den geschmacklosen Salon, in dem er seine Kindheit verbracht und seine nicht besonders lustigen Gespräche mit seinen Brüdern geführt hatte, zeigen konnte, stieg er höher auf als die geistreicheren und vornehmeren Freunde seiner Familie. Diese konnten zwar beim Nachhausefahren in ihren schönen Rolls-Royces etwas Verachtung für die Gewöhnlichkeit der Bergottes bekunden; er aber, mit seinem bescheidenen Apparat, der nun endlich »abgehoben« hatte, flog hoch über ihnen dahin.

Andere Züge in seiner Sprechweise hatte er nicht mehr mit Gliedern seiner Familie, sondern mit gewissen Schriftstellern seiner Zeit gemein. Jüngere, die ihn schon wieder verleugneten und behaupteten, keine geistige Verwandtschaft mit ihm zu besitzen, bekundeten diese unwillkürlich, indem sie die gleichen Adverbien, die gleichen Präpositionen verwendeten, wie er sie unaufhörlich brauchte, indem sie die Sätze auf gleiche Weise bildeten und in Opposition gegen die wortreiche, leicht dahinplätschernde Sprache der vorangehenden Generation den gleichen zaudernden und zögernden Ton anschlugen. Vielleicht haben diese jungen Leute – es wird noch von solchen die Rede sein – Bergotte selbst nicht gekannt. Doch seine Denkweise hatte, nachdem sie ihnen eingeimpft worden war, jene Veränderungen der Syntax und des Akzents hervorgebracht, wie sie sich notwendig aus der Originalität der verschiedenen Geister ergeben, in einer Beziehung freilich, die einer Auslegung bedarf. So hatte zum Beispiel Bergotte, wenn er in seiner Schreibweise niemandem etwas verdankte, seine Redeweise von einem seiner alten Schulkameraden übernommen, dessen glanzvolle Redebegabung ihn so nachhaltig beeinflußte, daß er, ohne es zu wollen, sie in der Unterhaltung kopierte; der andere aber, weniger begabt, hatte niemals wirklich bedeutende Bücher geschrieben. Wenn man also von der Originalität des mündlichen Ausdrucks ausginge, stände Bergotte als bloßer Schüler da, als Autor aus zweiter Hand, während er, von seinem Freund nur auf dem Gebiet der Konversation beeinflußt, als Schriftsteller originell und schöpferisch war. Sicher war das Bedürfnis, von der vorhergehenden Generation mit ihrer Neigung zu Abstraktionen und tönenden Gemeinplätzen abzurücken, auch ein Grund, weshalb Bergotte, wenn er von einem Buch etwas Gutes sagen wollte, immer irgendeine bildhafte Szene, eine Impression ohne rationale Bedeutung zitierte und hervorhob. »Oh! Ja!« sagte er dann. »Das ist wirklich gut! Da kommt ein kleines Mädchen vor mit einem orangefarbenen Schal. Oh! Oh! Ist das gut!« oder: »Ah! Ja! Da ist eine Stelle, wie ein Regiment durch eine Stadt zieht.[1] Ah! Ah! Ist das gut!« In Stilfragen war er nicht ganz auf der Höhe seiner Zeit (und blieb auch ganz ausschließlich auf sein eigenes Land beschränkt: er verabscheute Tolstoj, George Eliot, Ibsen und Dostojewski[2]), denn das Wort, das bei ihm immer wiederkehrte, wenn er den Stil eines Autors oder Werks loben wollte, war »süß«[3]. »Ja, ich bin doch mehr für den Chateaubriand der *Atala* als für den des *Rancé*, er scheint mir viel süßer.«[4] Er sprach dieses Wort aus wie ein Arzt, der einem Patienten, der ihm versichert, er bekomme Magenschmerzen von Milch, entgegenhält: »Aber es ist doch etwas so Süßes!« Tatsächlich herrschte in Bergottes Stil eine Harmonie gleich der, für die die Alten gewissen Rednern ein Lob zollten, dessen Natur wir schwer begreifen, weil wir in der Gewöhnung an unsere modernen Sprachen befangen sind, wo man diese Art von Effekt nicht sucht.

Von den Stellen seiner Bücher, die man ihm gegenüber bewundernd erwähnte, meinte er mit schüchternem Lächeln: »Ich glaube jedenfalls, es ist wahr, es stimmt einigermaßen, es könnte vielleicht etwas nützen«, doch nur aus Bescheidenheit, so wie eine Frau, der man sagt, ihr Kleid oder ihre Tochter sei bezaubernd, mit Bezug auf ersteres antwortet: »Es trägt sich sehr angenehm« und die zweite betreffend: »Sie ist sehr lieb.« Doch der Instinkt des Baumeisters war zu tief eingewurzelt in Bergotte, als daß er nicht genau gewußt hätte, daß der einzige Beweisgrund, der Nützlichkeit und Wahrheit abstützen konnte, in der Freude lag, die sein Werk ihm bereitete – ihm in erster Linie, dann aber auch den anderen. Erst viele Jahre später, als er kein Talent mehr besaß, sagte er, wenn er etwas schrieb, womit er nicht zufrieden war, und es nicht – wie er hätte tun sollen – vernichten, sondern dennoch publizieren wollte, nunmehr zu sich selbst: »Trotz allem, es stimmt einigermaßen, es könnte vielleicht etwas nützen für unser Land.« So wurde dieser Satz, den einst seine Bescheidenheit seinen Bewunderern gegenüber als Ausflucht zaghaft vorgebracht hatte, nun zur Beruhigung seiner Eigenliebe verborgen in seinem Herzen weitergeflüstert. Die gleichen Worte, die Bergotte als überflüssige Entschuldigung für die Bedeutung seiner ersten Werke gedient hatten, wurden ihm nun ein unwirksamer Trost für die Mittelmäßigkeit dessen, was er in seiner Spätzeit schrieb.[1]

Eine gewisse Strenge des Geschmacks und der ihm

innewohnende Wille, niemals etwas zu schreiben, wovon er nicht sagen konnte: »Es hat eine gewisse Süße«, hatten ihn lange Jahre hindurch für einen sterilen, preziösen, in leerer Formkunst sich ergehenden Schriftsteller gelten lassen, doch lag im Gegenteil das Geheimnis seiner Kraft darin, denn die Gewohnheit formt den Stil des Schriftstellers ebenso wie den Charakter des Menschen, und der Autor, der sich mehrmals damit begnügt hat, im Ausdruck seiner Gedanken ein gewisses Maß an Gefälligkeit zu erreichen, legt damit für alle Zeiten die Grenzen seines Talentes fest, so wie man selber dadurch, daß man oft dem Vergnügen, der Trägheit, der Angst vor Schmerzen nachgibt, in einen Charakter, der schließlich keine Retuschen mehr zuläßt, die Züge seiner Laster und das Maß seiner Tugend einzeichnet.

Wenn ich gleichwohl trotz all der Übereinstimmungen, die ich im Laufe der Zeit zwischen dem Schriftsteller und dem Menschen feststellen konnte, im ersten Augenblick im Salon von Madame Swann nicht geglaubt hatte, daß dies Bergotte, daß dies der Autor so vieler göttlicher Bücher sei, der da vor mir stand, hatte ich vielleicht nicht vollkommen unrecht gehabt, denn er selbst »glaubte« es (im wahren Sinne des Wortes) auch nicht. Er glaubte es nicht, weil er (ohne im übrigen ein Snob zu sein) Leuten von Welt, aber auch Literaten und Journalisten gegenüber, die eigentlich tief unter ihm standen, große Eilfertigkeit an den Tag legte. Gewiß hatte er jetzt durch den Konsens der anderen erfahren, daß er Genie besitze, wogegen eine Stellung in der Gesellschaft und amtlich verliehene Titel nicht aufkommen können. Er hatte erfahren, er besitze Genie, doch er glaubte es nicht, da er auch weiterhin bewundernde Ergebenheit mittelmäßigen Schriftstellern gegenüber simulierte, um demnächst Mitglied der Académie zu werden, während in Wirklichkeit die Académie oder der

Faubourg Saint-Germain nicht mehr zu tun haben mit jenem Teil des ewig Geistigen, der der wahre Autor der Bergotteschen Bücher ist, als mit dem Kausalitätsprinzip oder dem Gottesgedanken. Er wußte auch das, so wie ein Kleptomane, ohne daß es ihm etwas nützt, genau weiß, daß Stehlen etwas Schlechtes ist. Der Mann mit Spitzbärtchen und Schneckenhausnase ließ indessen die Listen eines Gentleman spielen, der silberne Löffel stiehlt, um dem ersehnten Sitz in der Académie oder irgendeiner Herzogin, die bei den Wahlen über mehrere Stimmen verfügte, etwas näherzukommen, freilich auf eine Weise, daß niemand, der an der Verfolgung eines solchen Ziels Anstoß genommen hätte, von seinen Machenschaften etwas bemerken sollte. Es gelang ihm nur halb, und man hörte abwechselnd den wahren Bergotte reden und den egoistischen, ehrgeizigen Bergotte, der nur darauf bedacht war, von irgendwelchen Mächtigen, Adligen oder Reichen zu sprechen, um sich zur Geltung zu bringen – er, der in seinen Büchern, wenn er wirklich er selbst war, die vollkommene Reinheit der Armen in ihrem ganzen Zauber sichtbar gemacht hatte.

Was nun die anderen von Norpois angedeuteten Laster anbetraf, jene halb inzestuöse Liebe, der man außerdem noch einen erschwerenden Einschlag von mangelndem Feingefühl in Gelddingen nachsagte, so bewiesen diese – wenn sie auch kraß der Tendenz seiner letzten Romane widersprachen, in denen ein so schmerzhaft quälendes, ängstliches Bedachtsein auf das Gute vorherrschte, daß die harmlosesten Freuden ihrer Helden vergällt wurden und selbst den Leser ein Gefühl der Beklemmung überfiel, das ihm auch das angenehmste Leben beinahe unerträglich erscheinen ließ – dennoch nicht, würden sie auch Bergotte mit Recht zur Last gelegt, daß seine Schriften verlogen und so viele zartfühlende Bedenken nichts als Komödie seien. Genauso wie in pathologischer Hinsicht bestimmte Zustände auf übermäßige, andere jedoch, die ganz ähnliche Erscheinungsformen aufweisen, auf ungenügende Intensität des Blutdrucks, der Sekretion usw. zurückzuführen sind, können auch Laster im Überschuß und nicht nur im Mangel an Sensibilität begründet sein. Vielleicht kann sich nur in einem Leben, das wirklich lasterhaft ist, das Problem der Moral in seiner ganzen beängstigenden Schwere stellen. Dieses Problem aber löst der Künstler nicht im Rahmen seines individuellen Daseins, sondern auf der Ebene dessen, was für ihn das wahre Leben ist, indem er eine allgemeine, literarische Lösung findet. Wie häufig die großen Kirchenlehrer, während sie selber gut waren, doch erst aus der Kenntnis der Sünden aller Menschen ihre persönliche Heiligkeit ziehen konnten, so benutzen vielfach die großen Künstler, während sie selber schlecht sind, ihre Laster, um schließlich eine Regel der Moral für alle zu erstellen. Die Laster (oder auch nur die Schwächen oder Lächerlichkeiten) ihrer Umgebung, die unbedachten Reden, das leichtfertige und ärgerniserregende Leben ihrer Tochter, die Treulosigkeiten ihrer Frau oder ihre eigenen Fehler liefern den Schriftstellern am allerhäufigsten den Stoff für ihre Moralpredigten, ohne daß sie deswegen die Unzuträglichkeiten im eigenen Eheleben oder die schlechten Sitten in ihrem Familienkreis beheben. Doch fiel dieser Gegensatz früher weniger in die Augen als zu Zeiten Bergottes, weil einerseits, je verderbter die Gesellschaft wurde, die Moralbegriffe um so größere Reinheit anstrebten und andererseits das Publikum sich jetzt eingehender als zuvor mit dem Privatleben der Schriftsteller befaßte; an gewissen Abenden im Theater zeigte man sich den Autor, den ich in Combray so sehr bewundert hatte, wie er im Hintergrund einer Loge saß, deren weitere Besetzung allein schon ein ausgesprochen lächerlicher oder peinlicher Kommentar, ein schamloses Dementi der These schien, die er eben noch in seinem letzten Werk verfochten hatte. Nicht das, was die einen oder anderen mir mitteilen konnten, klärte mich in erster Linie über die Güte oder die Schlechtigkeit von Bergotte auf. Dieser oder jener seiner nahen Bekannten lieferte Beweise seiner Hartherzigkeit, ein Unbekannter gab ein Gegenbeispiel tiefen seelischen Zartgefühls (das um so rührender war, als es offenbar verborgen bleiben sollte). Mit seiner Frau war er grausam verfahren. Doch in einem Dorfgasthaus, in dem er nur eine Nacht verbringen wollte, war er geblieben, um am Bett irgendeines armen Geschöpfes zu wachen, das einen Versuch gemacht hatte, sich ins Wasser zu stürzen, und als er schließlich hatte aufbrechen müssen, hatte er dem Wirt einen großen Betrag dagelassen, damit er die Unglückliche nicht auf die Straße werfe und ihr mit Rücksicht begegne. Vielleicht war es so, daß, je mehr der große Schriftsteller sich in Bergotte auf Kosten des Mannes mit Spitzbärtchen entwickelte, sein individuelles Leben sich desto tiefer in der Flut aller der Leben, die seine Imagination erschuf, verlor und ihn in seinen Augen nicht mehr zu wirklichen Pflichten rief, an deren Stelle für ihn die Pflicht getreten war, sich jene anderen Leben vorzustellen. Weil er sich die Gefühle der anderen ebenso klar vorstellen konnte wie seine eigenen, vertrat er aber gleichzeitig, wenn er bei Gelegenheit wenigstens vorübergehend mit einem Unglücklichen zu tun hatte, nicht seinen persönlichen Standpunkt, sondern nahm den des Leidenden ein; dann allerdings wäre er entsetzt gewesen über die Sprache derjenigen, die angesichts der Qualen eines anderen noch an ihre kleinen eigennützigen Interessen denken. Auf diese Weise säte er in seiner Umgebung ebensoviel berechtigten Groll wie unauslöschliche Dankbarkeit.

Er war vor allem ein Mensch, der im Grunde nur bestimmte Bilder liebte und diese (wie eine Miniatur auf dem Grund eines Kästchens) unter den Wörtern komponieren und malen wollte. Für eine Nichtigkeit, die jemand ihm zugeschickt hatte, konnte er, wenn diese Nichtigkeit für ihn ein Anlaß war, solche Bilder einzuflechten, überschwenglich im Ausdruck seiner Dankbarkeit sein, während er ebensogut für eine reiche Gabe überhaupt keine zeigte. Und hätte er sich vor einem Gericht zu verteidigen gehabt, so hätte er unwillkürlich seine Worte nicht danach gewählt, wie sie auf den Richter wirkten, sondern mit Rücksicht auf Bilder, die der Richter bestimmt nicht bemerken würde.

An diesem ersten Tag, an dem ich ihn bei Gilbertes Eltern traf, erzählte ich Bergotte, daß ich kurz zuvor die Berma in *Phèdre* gesehen hatte; er bemerkte dazu, sie habe in der Szene, wo sie mit zur Schulterhöhe erhobenem Arm stehenbleibt – es war gerade eine der Szenen, bei denen so stark applaudiert worden war –, mit edelster Kunst auf Meisterwerke zurückgegriffen, die ihr vielleicht niemals vor Augen gekommen waren, nämlich eine Hesperide, die diese Gebärde auf einer olympischen Metope macht, oder auch die schönen Jungfrauengestalten des alten Erechtheion.

»Es mag reine Eingebung bei ihr sein, doch kann ich mir denken, daß sie Museen besucht. Es wäre interessant, das zu eruieren.« (»Eruieren« war einer der häufig gebrauchten Ausdrücke Bergottes, den manche jungen Leute, die ihm nie begegnet waren, gleichsam durch eine Art von Fernsuggestion von ihm übernommen hatten.)

»Sie denken an die Karyatiden?« fragte Swann.

»Nein, nein«, sagte Bergotte, »außer in der Szene, wo sie Oenone ihre Leidenschaft gesteht und wo sie mit der Hand die Geste der Hegeso auf der Stele des Kerameikos macht, ist es eine ältere Kunst, die sie wieder aufleben läßt. Ich dachte an die Koren des alten Erechtheion[1] und gebe dabei zu, daß es vielleicht nichts gibt, was der Kunst Racines ferner läge, doch in *Phèdre* gibt es schon so viele Dinge ... es wäre nur noch eines mehr ... Dann ist sie eben auch sehr hübsch, diese kleine Phädra aus dem sechsten Jahrhundert, der vertikal gestreckte Arm, das gewellte Haar, das ›auf Marmor‹ macht, doch, trotz allem, ich finde es gewaltig, auf so etwas zu kommen. In all dem steckt weit mehr Antike als in vielen Büchern, die man dieses Jahr als ›antik‹ bezeichnet.«

Da eines der Bücher Bergottes eine berühmte Anrufung jener archaischen Bildwerke[1] enthielt, waren die Worte, die er hier fallenließ, außerordentlich klar für mich und gaben mir von neuem Grund, mich für das Spiel der Berma zu interessieren. Ich versuchte, sie mir in der Erinnerung wieder vorzustellen, so wie sie in jener Szene gewesen war, wo sie, wie ich noch genau wußte, den Arm bis zur Schulter erhoben hatte. Und ich sagte mir: »Da ist die Hesperide von Olympia, da ist die Schwester einer der wunderbaren betenden Frauen der Akropolis; da ist sie, die edle Kunst.« Doch damit diese Gedanken die Gebärde der Berma für mich schöner werden ließen, hätte Bergotte sie mir vor der Vorstellung eingeben müssen. Dann hätte ich in dem Augenblick, da die Attitüde der Schauspielerin tatsächlich vor mir existierte, da dem Geschehen noch die ganze Fülle des Wirklichen anhaftete, versuchen können, die Idee der archaischen Bildkunst daraus abzuleiten. Doch was ich von der Berma in dieser Szene behalten hatte, war eine Erinnerung, die schon keine Veränderung mehr vertrug, hauchdünn nur mehr wie ein Bild, dem die Tiefen der Gegenwart fehlen, in die man eindringen kann, um wirklich etwas Neues hervorzuholen, ein Bild, dem man nicht rückblickend noch eine Deutung aufzwingen kann, da diese ja keine Nachprüfung, keine objektive Bestätigung mehr zuließe. Um gleichfalls an der Unterhaltung teilzunehmen, fragte mich Madame Swann, ob Gilberte daran gedacht habe, mir zu geben, was Bergotte über *Phèdre* geschrieben hatte. »Ich habe eine so unbesonnene Tochter«, setzte sie hinzu. Bergotte lächelte bescheiden und wandte ein, es seien nur einige ganz belanglose Seiten. »Aber es ist doch eine bezaubernde kleine Schrift, dieser ›little tract‹«, sagte Madame Swann, um sich als gute Gastgeberin zu erweisen und so zu tun, als habe sie den Aufsatz gelesen, außerdem auch, weil sie nicht nur gern Bergotte Komplimente machte, sondern unter den Sachen, die er schrieb, eine Wahl treffen, ihn auf diese Weise lenken wollte. Tatsächlich inspirierte sie ihn, wenn auch auf andere Art, als sie dachte. Doch bestehen zwischen dem, was die Eleganz ihres Salons war, und einem bestimmten Aspekt seines Werks so evidente Beziehungen, daß sich die beiden heutzutage, für die alten Leute, als gegenseitige Kommentare geradezu anbieten.

Ich ließ mich verleiten, meine Eindrücke zu erzählen. Oft fand Bergotte sie nicht richtig, doch ließ er mich reden. Ich sagte ihm, ich hätte die grüne Beleuchtung schön gefunden, die in dem Augenblick einsetzt, da Phädra den Arm hebt. »Oh, das würde den Bühnenbildner freuen, der ein großer Künstler ist; ich werde es ihm erzählen, er ist sehr stolz auf diesen Effekt. Ich selbst muß sagen, daß ich ihn nicht sehr mag, es ist da alles in so ein Meergrün getaucht, die kleine Phädra wirkt da drin wie ein Korallenzweig in einem Aquarium. Wahrscheinlich werden Sie mir entgegenhalten, dadurch werde die kosmische Seite des Dramas um so mehr betont. Das ist wahr. Aber es würde besser für ein Stück passen, das im Reiche Neptuns spielt. Ich weiß natürlich, daß von Neptuns Rache da was drin ist. Mein Gott, ich verlange nicht, daß man nur an Port-Royal denkt, aber schließlich ist, was Racine da erzählt, doch nicht eine Romanze, die von Seeigeln handelt.[1] Aber schließlich hat das mein Freund ja gewollt; trotz allem finde ich es gewaltig und eigentlich auch ganz hübsch. Also jedenfalls hat es Ihnen gefallen, Sie haben es richtig verstanden, nicht wahr, im Grunde denken wir das gleiche darüber; was er macht, ist ein bißchen verrückt, aber doch sehr gescheit.« Wenn Bergottes Meinung also der meinen in dieser Weise entgegengesetzt war, so verdammte sie mich deshalb nicht zum Schweigen, sie machte es mir nicht unmöglich, eine Antwort zu geben, wie es die von Norpois getan hätte. Das beweist nicht, daß die Meinungen Bergottes weniger fundiert waren als die des Botschafters, im Gegenteil. Ein starker Gedanke teilt auch dem, der anderer Meinung ist, von seiner Kraft etwas mit. Da er ein Teil der Wirkwelt des Geistes ist, schiebt er sich, pflanzt er sich auch im Geist des Gegners zwischen verwandte Gedanken ein, mit deren Hilfe dieser nun das gegnerische Argument, indem er eine gute Seite davon aufgreift, vervollständigt oder richtigstellt, so daß schließlich das Endurteil gewissermaßen das Werk beider Kontrahenten ist. Nur auf Gedanken, die eigentlich keine sind, Gedanken, die keinen Halt haben und ihn auch bei keinem artgleichen Schößling im Geist des Gegners finden, wird dieser, da er sich völliger Leere gegenübersieht, um eine Antwort verlegen sein. Die Argumente Norpois' (in Kunstdingen) waren unwiderlegbar, weil sie substanzlos waren.

Da Bergotte meine Einwände nicht beiseite schob, gestand ich ihm, welcher Nichtachtung sie bei Norpois begegnet waren. »Ach, der alte Zeisig«, lachte er; »er hat Ihnen Schnabelhiebe versetzt, weil er immer etwas vor sich zu haben glaubt, woran er seinen Schnabel wetzen kann.« – »Wie, Sie kennen Norpois?« fragte mich Swann. »Oh, er ist sterbenslangweilig«, unterbrach ihn seine Frau, die großes Vertrauen in Bergottes Urteil hatte und offenbar fürchtete, Norpois könne uns gegenüber schlecht von ihr gesprochen haben. »Ich habe nach dem Essen mit ihm plaudern wollen, aber ich weiß nicht, ob es bei ihm am Alter liegt oder an der Verdauung, jedenfalls habe ich ihn ziemlich abgestumpft gefunden. Ich glaube, man hätte ihm etwas zum Aufpulvern geben müssen!« – »Ja, nicht wahr?« meinte Bergotte, »er muß häufig einmal zwischendurch den Mund halten, damit ihm nicht vor Schluß des Abends der Vorrat an Sottisen ausgeht, der seinen Hemdkragen steift und seine Weste weißhält.« – »Ich finde Bergotte und meine Frau sehr streng«, warf Swann hier ein, der bei sich zu Hause die »Funktion« des besonnenen Mannes übernommen hatte. »Ich gebe ja zu, daß Norpois Sie nicht sehr interessieren kann, doch unter einem anderen Gesichtspunkt« (denn Swann liebte nun einmal, die Schönheiten des »Lebens« einzufangen) »ist er ganz bemerkenswert, als ›Liebhaber‹ zum Beispiel. Als er Botschaftssekretär in Rom war«, fuhr er fort, nachdem er sich vergewissert hatte, daß Gilberte ihn nicht hören konnte, »hatte er in Paris eine Geliebte, in die er maßlos verschossen war, und da machte er es doch tatsächlich möglich, zweimal in der Woche hinzufahren, um sie zwei Stunden zu sehen. Sie war übrigens eine höchst gescheite und ganz bezaubernde Person zu der Zeit, jetzt ist sie eine ältere Dame. In der Zwischenzeit hat er noch viele andere gehabt. Ich persönlich wäre ja verrückt geworden, wenn es sich nicht anders hätte machen lassen, als daß die Frau, die ich liebte, in Paris lebte und ich selbst in Rom. Nervöse Menschen sollten immer unter ihrem Stand lieben, wie man im Volk sagt, damit die Frau ihrer Wahl in ihrem eigenen Interesse stets erreichbar bleibt.« In diesem Augenblick wurde Swann sich bewußt, daß ich möglicherweise diese Maxime auf ihn und Odette beziehen könnte. Und da selbst bei den feinsinnigsten Menschen, auch wenn sie mit ihrem Gesprächspartner über den Dingen zu stehen scheinen, die Eigenliebe kleinlich bleibt, war er daraufhin mir gegenüber empfindlich verstimmt. Das tat sich aber einzig in seinen unruhigen Blicken kund. Für den Augenblick sagte er nichts zu mir. Man darf sich nicht zu sehr darüber wundern. Als Racine nach einer allerdings wohl erfundenen Anekdote, die sich im Prinzip jedoch alle Tage im Pariser Leben wiederholt, vor Ludwig XIV. eine Anspielung auf Scarron machte, äußerte sich am selben Abend der mächtigste König der Welt dem Dichter gegenüber mit keinem Wort. Doch am nächsten Tag war er in Ungnade gefallen.[1]

Da nun aber eine Theorie danach drängt, vollends entwickelt zu werden, führte Swann nach dieser Minute der Verstimmung und nachdem er das Glas seines Monokels abgerieben hatte, seinen Gedanken mit den folgenden Worten zu Ende, die später in meiner Erinnerung den Wert einer prophetischen Warnung, die ich nicht zu nutzen verstand, annehmen sollten: »Doch besteht bei dieser Art von Liebesbeziehungen die Gefahr, daß die Unterwerfung der Frau zwar für den Augenblick die Eifersucht des Mannes beschwichtigt, sie jedoch immer unersättlicher macht. Schließlich läßt er dann seine Geliebte das Dasein von Gefangenen führen, die Tag und Nacht im Hellen sind, damit sie besser überwacht werden können. Das gibt dann gewöhnlich ein Drama.«

Ich kam auf Norpois zurück. »Trauen Sie ihm nicht, er hat eine sehr böse Zunge«, sagte Madame Swann in einem Ton, der mir um so mehr zu beweisen schien, daß Norpois schlecht von ihr gesprochen habe, als Swann seine Frau daraufhin mit tadelnder und gleichsam schweigengebietender Miene ansah.

Indessen blieb Gilberte, die schon zweimal aufgefordert worden war, sich zum Ausgehen umzuziehen, zwischen ihren Eltern sitzen, um uns zuzuhören; sie hatte sich schmeichelnd an die Schulter ihres Vaters gelehnt. Nichts kontrastierte auf den ersten Blick mehr mit der brünetten Madame Swann als dieses junge Mädchen mit dem rotblonden Haar und der goldigschimmernden Haut. Doch gleich darauf erkannte man in Gilberte viele Züge – zum Beispiel die Nase, die der unsichtbare, für Generationen mit seinem Meißel arbeitende Bildhauer mit plötzlicher und unfehlbarer Entschlossenheit hatte abbrechen lassen –, den Ausdruck, die Bewegungen ihrer Mutter wieder; oder um einen Vergleich aus einem anderen Gebiet der Kunst zu entnehmen: sie sah aus wie ein noch nicht sehr ähnliches Porträt von Madame Swann, die der Maler aus einer koloristischen Laune heraus halb verkleidet, im Begriff, in Gestalt einer Venezianerin zu einem Maskenfest zu gehen, für sich hätte sitzen lassen. Und da sie nicht nur eine blonde Perücke aufhatte, sondern auch jedes dunkle Stäubchen ausgetrieben worden war aus ihrem Leib, der nun, aus seinen brünetten Schleiern gelöst, um so nackter schien und nur von Strahlen bedeckt, die eine Sonne im Inneren aussandte, handelte es sich nicht nur um oberflächliche Schminke, sondern um eigentliche Inkarnation: Gilberte sah aus, als stelle sie ein Fabeltier dar oder sei als mythologisches Wesen kostümiert. Ihre für Rothaarige typische Haut glich der des Vaters so sehr, daß es schien, die Natur habe bei der Erschaffung Gilbertes das Problem zu lösen gehabt, nach und nach Madame Swann unter ausschließlicher Verwendung der Hautsubstanz von Monsieur Swann nachzuschaffen. Die aber hatte sie sich wirklich aufs vollkommenste zunutze gemacht wie ein Meister der Bildschnitzerkunst, der Wert darauf legt, die Maserung und die Knoten des Holzes sichtbar zu verwenden. In Gilbertes Gesicht hob sich an der Wurzel einer Nase, die der Odettes vollkommen nachgebildet war, ein wenig die Haut, um die beiden Schönheitsflecken Swanns bequem darauf unterzubringen. Gilberte war eine neue Spielart von Madame Swann, eine neue Züchtung, die hier neben ihr zu sehen war wie ein weißer Fliederbusch an der Seite eines violetten. Man darf sich jedoch die Grenzlinie zwischen den beiden Ähnlichkeiten nicht als ganz deutlich vorstellen. Augenblicksweise, wenn Gilberte lachte, zeigte sich das Oval der Wange ihres Vaters in dem Gesicht der Mutter, als hätte man beide zusammengetan, um zu sehen, was sich aus der Mischung ergäbe; dieses Oval nahm mehr und mehr Gestalt an wie ein Embryo, zog sich schräg auseinander, rundete sich und war dann plötzlich verschwunden. In Gilbertes Augen lag der gute, freimütige Blick des Vaters; ihn hatte sie gehabt, als sie mir damals die Achatkugel mit den Worten gab: »Heben Sie sie gut auf als Andenken unserer Freundschaft.« Wenn aber Gilberte danach gefragt wurde, was sie unternommen habe, zeigten diese gleichen Augen Verlegenheit, Unsicherheit, Verstellung und Traurigkeit, wie sie früher in Odettes Augen sichtbar geworden waren, wenn Swann sie fragte, wo sie gewesen sei, und sie ihm eine jener verlogenen Antworten gab, die damals den Liebhaber zur Verzweiflung brachten, jetzt aber einen umsichtigen und gar nicht neugierigen Gatten nur dazu veranlaßten, der Unterhaltung rasch eine andere Wende zu geben. In den Champs-Élysées war ich oft unruhig geworden, wenn ich diesen Blick bei Gilberte bemerkte. Doch in den meisten Fällen lag kein Grund dafür vor. Denn dieser Blick war ein rein physisches Erbteil der Mutter bei ihr, es steckte – bei diesem wenigstens – gar nichts dahinter. Wenn Gilberte zu ihrem Unterricht gegangen war, wenn sie zu einer Privatstunde nach Hause zurückkehren mußte, führten ihre Pupillen die Bewegung aus, die einst in den Augen Odettes durch die Angst zustande gekommen war, etwa zu enthüllen, daß sie an dem betreffenden Tag einen ihrer Liebhaber bei sich gehabt oder Eile hatte, zu einem Rendezvous zu gehen. So sah man die beiden verschiedenen Naturen der Eltern Swann wogen, fluten, abwechselnd sich überspülen im Leib dieser Melusine.[1]

Natürlich weiß man, daß ein Kind seine Eigenschaften von Vater und Mutter bezieht. Doch die Vorzüge und Fehler von beiden Seiten verteilen sich so seltsam, daß man von zwei guten Veranlagungen, die bei dem Vater oder der Mutter untrennbar schienen, bei dem Kind vielleicht nur eine antrifft, dafür aber in Verbindung mit einem der Fehler des anderen Elternteils, der mit ihr gerade ganz unvereinbar schien. Selbst die Inkarnation eines seelischen Vorzugs in einem ganz entgegengesetzten physischen Mangel scheint oft ein Gesetz der kindlichen Ähnlichkeit zu sein. Von zwei Schwestern hat vielleicht die eine mit der stolzen Haltung des Vaters die kleinliche Natur der Mutter geerbt; die andere zeigt der Welt die Klugheit des Vaters, die vollkommen auf sie übergegangen ist, unter der äußeren Erscheinung ihrer Mutter; eine dicke Nase, ein untersetzter Leib und die dazugehörende Stimme sogar sind zur äußeren Hülle von Gaben geworden, die man an einer großartigen äußeren Erscheinung kannte. Auf diese Weise kann man von jeder der beiden Schwestern mit gleich gutem Grund behaupten, sie sei diejenige, die am meisten von dem einen oder anderen Elternteil habe. Obwohl Gilberte eigentlich ein Einzelkind war, gab es mindestens zwei Gilbertes. Die beiden Naturen, die des Vaters und die der Mutter, mischten sich nicht nur in ihr, sie machten sie sich streitig; doch auch das gibt noch kein genaues Bild und könnte die Vermutung aufkommen lassen, eine dritte Gilberte sei inzwischen zum leidenden Opfer der beiden anderen geworden. Tatsächlich aber war Gilberte abwechselnd die eine oder die andere, und zwar in jedem Augenblick nur ganz und gar die eine, das heißt unfähig, wenn sie weniger gut war, etwa darunter zu leiden, da ja die momentan abwesende bessere Gilberte dieses Versagen gar nicht feststellen konnte. So stand denn auch der minder guten der beiden frei, sich wenig edlen Vergnügungen hinzugeben. Wenn die andere mit dem Herzen des Vaters sprach, war sie großzügig, man hätte mit ihr etwas Schönes und Weltbeglükkendes unternehmen mögen, und man sagte es ihr; doch im Augenblick, da es ernst werden sollte, hatte das Herz der Mutter die Oberhand gewonnen, und nun sprach dieses aus ihr; man war dann enttäuscht und verstimmt – ja, es wurde einem beinahe unbehaglich, als sei der vorherigen eine fremde Person untergeschoben – durch eine kleinliche Überlegung, ein hämisches Kichern, in dem Gilberte sich gefiel, denn diese Äußerungen kamen aus der; die sie selber in diesem Augenblick war. Der Abstand zwischen den beiden Gilbertes war sogar manchmal so groß, daß man sich – vergeblich übrigens – fragte, was man ihr getan haben mochte, so verändert war sie. Zu der von ihr selbst angeregten Verabredung war sie nicht nur nicht gekommen und hatte sich hinterher auch nicht entschuldigt, sie zeigte sich nachher auch, durch welchen Einfluß sie sich auch anders entschieden haben mochte, so verändert, daß man hätte meinen können, man unterliege einer Täuschung durch Ähnlichkeit, wie sie das Thema der *Menaechmi*[1] bildet, und befinde sich nicht mehr der Person gegenüber, die so freundlich gebeten hatte, man wolle sich doch wiedersehen – hätte sie nicht durch ihre schlechte Laune bewiesen, daß sie sich im Unrecht fühlte und Erklärungen aus dem Wege gehen wollte.

»Also geh schon, wir werden nachher alle auf dich warten müssen«, sagte ihre Mutter zu ihr.

»Ach, ich sitze so gut hier bei meinem lieben Papa, ich möchte noch einen Augenblick bleiben«, antwortete Gilberte und schob ihren Kopf unter den Arm ihres Vaters, der seine Finger zärtlich in ihrem blonden Haar spielen ließ.

Swann war einer der Männer, die, nachdem sie lange in den Illusionen der Liebe gelebt haben, sehen mußten, daß der Wohlstand, den sie vielen Frauen verschafften, deren Glück durchaus mehrte, ohne daß sie selbst dafür Dankbarkeit oder wahre Zärtlichkeit des Gefühls ernteten; in ihrem Kind aber glauben sie eine Zuneigung zu verspüren, die sogar in ihrem Namen inkarniert ist und ihnen über den Tod hinaus Dauer verleihen wird. Wenn es keinen Charles Swann mehr gäbe, würde noch eine Mademoiselle Swann oder Madame X geborene Swann da sein, die den entschwundenen Vater weiterlieben, ihn vielleicht sogar allzusehr lieben würde – meinte Swann sicherlich, denn er antwortete Gilberte: »Du bist ein gutes Mädchen«, in bewegtem Ton, erfüllt von zärtlicher Sorge, die uns im Hinblick auf die Zukunft die allzu leidenschaftliche Anhänglichkeit eines Wesens einflößt, das uns voraussichtlich überlebt.[1] Um seine Rührung zu verbergen, mischte er sich in unsere Unterhaltung über die Berma. Er machte mich darauf aufmerksam, allerdings in einem unbeteiligten und gelangweilten Ton, als wolle er gleichsam außerhalb des Gesagten bleiben, wie klug und unerwartet treffend die Schauspielerin zu Oenone gesagt hatte: »Du hast es gewußt!«[2] Er hatte recht: hier wenigstens hatte der von ihr gewählte Akzent einen klaren Sinn und hätte dadurch meinem Verlangen Genüge verschaffen müssen, unwiderlegbare Gründe der Bewunderung für die Berma zu finden. Doch gerade weil er so klar war, befriedigte er jenes nicht. Der Akzent war so gut getroffen und hatte eine so klare Absicht, eine so deutlich spürbare Bedeutung, daß er schon an und für sich gegeben schien, so daß jede halbwegs begabte Schauspielerin ihn hätte finden müssen. Es war ein schöner Gedanke, den aber jeder als sein Eigentum bezeichnen konnte, der ihn ebenso klar erfaßte. Der Berma blieb noch das Verdienst, ihn gefunden zu haben – doch kann man das Wort »finden« anwenden, wenn es sich um etwas handelt, das nicht anders wäre, wenn es einem einfach in den Schoß fiele, etwas, das nicht wesensmäßig zu einem selbst gehört, da ja ein anderer es sogleich reproduzieren kann?

»Mein Gott, wie Ihre Anwesenheit das *Niveau der Unterhaltung* hebt!« sagte, wie um sich bei Bergotte zu entschuldigen, Swann zu mir, denn im Milieu der Guermantes hatte er sich angewöhnt, die großen Künstler wie gute Freunde zu empfangen, denen man nur ihre Lieblingsgerichte vorzusetzen und Gelegenheit zu geben bemüht ist, die ihnen besonders zusagenden Spiele oder – auf dem Lande – Sportarten zu treiben. »Mir scheint«, fügte er hinzu, »wir reden tatsächlich von Kunst.« – »Das ist ja sehr gut so, ich habe das gern«, bemerkte Madame Swann mit einem dankbaren Blick auf mich, den sie mir aus Gutherzigkeit zusandte und auch, weil sie ihrem alten Streben nach geistigen Gesprächen treu geblieben war. Bergotte sprach darauf mit anderen Anwesenden, besonders mit Gilberte. Ich hatte ihm gegenüber alles, was ich empfand, mit einem Freimut geäußert, der mich selbst erstaunte und der wohl darauf zurückzuführen war, daß ich seit Jahren ihm gegenüber (in so vielen Stunden einsamer Lektüre, da er für mich nur der beste Teil meiner selbst gewesen war) die Gewohnheit der Aufrichtigkeit, der Offenheit, des Vertrauens angenommen hatte; er schüchterte mich weniger ein als sonst jemand, mit dem ich zum ersten Mal sprach. Und doch war ich aus dem gleichen Grunde sehr besorgt, welchen Eindruck ich auf ihn gemacht haben mochte, da ja meine Vorstellung, er könne nur Geringschätzung für meine Ideen aufbringen, nicht von heute stammte, sondern aus den nun schon weit zurückliegenden Zeiten, als ich in unserem Garten in Combray begann, seine Bücher zu lesen. Ich hätte mir – da ich, in gleich ehrlicher Weise meinem Denken folgend, einerseits so sehr mit dem Werk Bergottes sympathisierte und andererseits im Theater eine Enttäuschung erlebt hatte, deren Gründe mir unbekannt waren – vielleicht dennoch sagen sollen, daß diese beiden instinktiven Regungen voneinander nicht so sehr verschieden sein und den gleichen Gesetzen gehorchen dürften und daß Bergottes Geistesart, die ich in seinen Büchern so sehr geliebt hatte, nicht etwas sein könne, was meiner Enttäuschung und meiner Unfähigkeit, sie in Worte zu kleiden, ganz fremd und entgegengesetzt gewesen wäre. Denn mein Geist mußte ja in beiden Fällen der gleiche sein, und vielleicht gibt es überhaupt nur einen Geist, an dem jeder einzelne von uns teilhat, einen Geist, auf den jeder in seinem eigenen Körper befangen die Blicke geheftet hält, so wie im Theater, wo zwar jeder seinen gesonderten Platz hat, doch nur eine einzige Bühne existiert. Gewiß waren die Gedanken, denen ich gern nachhing, nicht die, die Bergotte in seinen Büchern darzulegen pflegte. Doch wenn ihm und mir der gleiche Geist zur Verfügung stand, mußte er die Gedanken, die ich ausdrückte, wiedererkennen, sie lieben, ihnen freundlich begegnen, da er wahrscheinlich entgegen meinen Vermutungen mit seinem inneren Auge einen viel ausgedehnteren Teil des Geistigen überblickte als nur den, von dem ein Ausschnitt in seine Bücher eingegangen war und nach dem ich mir ein Bild seines gesamten Universums gemacht hatte. Ebenso wie die Priester, die die größte Erfahrung mit dem menschlichen Herzen haben, am besten Sünden verzeihen können, die sie selbst nicht begehen, kann das Genie, da es die größte Erfahrung in der Sphäre des Geistigen besitzt, auch am besten solchen Gedanken folgen, die den seinem eigenen Werk zugrundeliegenden am deutlichsten entgegengesetzt sind. Das alles hätte ich mir sagen sollen (wobei es im übrigen nicht besonders angenehm ist, denn der Geneigtheit geistig hochstehender Menschen steht kompensierend das Unverständnis und die Ablehnung der mittelmäßigen gegenüber; nun ist man aber viel weniger beglückt über die Liebenswürdigkeit eines großen Schriftstellers, den man ja notfalls immer in seinem Werk finden kann, als man unglücklich ist über die Ablehnung seitens einer Frau, die man sich nicht aufgrund ihrer geistigen Fähigkeiten ausgesucht hat, sondern weil man nicht umhin kann, sie zu lieben). Ich hätte mir das alles sagen sollen, sagte es mir aber nicht; ich war überzeugt, ich müsse Bergotte recht einfältig vorgekommen sein, als Gilberte mir ins Ohr flüsterte:

»Ich bin ja so glücklich, Sie haben meinen großen Freund Bergotte ganz für sich eingenommen. Er hat zu Mama gesagt, er finde Sie ausgesprochen intelligent.«

»Wo gehen wir denn hin?« fragte ich Gilberte.

»Oh, ganz nach Wunsch, Sie wissen ja, mir ist das immer ganz gleich . . .«

Doch seit dem Vorfall am Todestag ihres Großvaters fragte ich mich, ob Gilbertes Charakter nicht anders sei, als ich geglaubt hatte, ob sich hinter ihrer Indifferenz gegen das, was man plante, ihrer folgsamen Art, ihrer Gelassenheit, ihrer ständigen, lächelnden Unterordnung nicht im Gegenteil sehr leidenschaftliche Wünsche verbargen, die sie aus Eigenliebe nicht zeigen wollte und die sich nur in plötzlichem Widerstand offenbarten, wenn ihnen zufällig etwas zuwiderlief.

Da Bergotte im gleichen Stadtviertel lebte wie meine Eltern, brachen wir zusammen auf; im Wagen dann sprach er von meiner Gesundheit: »Unsere Freunde haben mir gesagt, Sie seien etwas zart. Das tut mir sehr leid für Sie, und doch wieder auch nicht allzu leid, denn ich sehe, daß Ihnen die Freuden des Geistes zugänglich sind, und wahrscheinlich zählen diese für Sie wie für alle, die sie kennen, mehr als alles übrige.«

Ach! Wie deutlich fühlte ich, daß das, was er sagte, nicht der Wahrheit entsprach für mich, den alle Überlegungen, selbst die anspruchvollsten, kalt ließen und der ich nur glücklich war in den Augenblicken ziellosen Umherstreifens, wenn ich einmal bei gutem Befinden war; ich fühlte, wie sehr das, was ich im Leben wünschte, rein materieller Art war und wie leicht ich auf Geist verzichtet hätte. Da ich die Freuden nicht danach unterschied, aus welchen mehr oder weniger tiefen und stetigen Quellen sie flossen, dachte ich im Augenblick meiner Antwort daran, daß ich gern ein Dasein geführt hätte, in dem ich zu der Herzogin von Guermantes in Beziehung stände und in dem ich oft wie in dem alten Akzisehäuschen in den Champs-Élysées mich von einer Frische hätte anwehen fühlen, die mich an Combray erinnerte. In diesem Lebensideal aber, das ich ihm nicht mitzuteilen wagte, hatten die Freuden des Geistes keinen Raum.

»Nein Monsieur, die Freuden des Geistes bedeuten mir sehr wenig, sie sind nicht die, die ich suche; ich weiß nicht einmal, ob ich jemals solche empfunden habe.«

»Meinen Sie das wirklich?« antwortete er. »Also hören Sie, ich glaube es doch! Sicher lieben Sie sie am meisten, ich kann es mir denken, jedenfalls ist das meine Meinung.«

Er überzeugte mich freilich nicht; und doch fühlte ich mich glücklicher, weniger eingeengt. Aufgrund der Äußerungen Norpois' hatte ich meine Augenblicke von Träumerei, von Begeisterung, von Selbstvertrauen als rein subjektive Empfindungen ohne Wahrheitsgehalt angesehen. Nun aber, wenn ich Bergotte glauben wollte, der meinen Fall zu kennen schien, bestand gerade das Symptom, dem man keine Beachtung schenken durfte, in meinen Zweifeln, meinem Haß auf mich selbst. Besonders was er von Norpois gesagt hatte, nahm einer Verurteilung, die ich für unwiderruflich hielt, viel von ihrer Schärfe.

»Sind Sie in guten Händen?« fragte mich Bergotte. »Wer kümmert sich denn um Ihre Gesundheit?« Ich sagte ihm, daß ich Cottard konsultiert habe und sicher auch weiterhin konsultieren würde. »Aber das ist nicht das Richtige für Sie!« sagte er. »Ich kenne ihn nicht als Arzt, aber ich habe ihn bei Madame Swann getroffen. Cottard ist ein Esel. Selbst wenn man annimmt, das hindere ihn nicht, ein guter Arzt zu sein – was ich mir schlecht vorstellen kann –, so hindert es ihn doch bestimmt, ein guter Arzt für Künstler, für intelligente Menschen zu sein. Leute wie Sie brauchen geeignete Ärzte, ich möchte beinahe sagen, auch ganz spezielle Behandlungsweisen und Medikamente. Cottard langweilt Sie sicher, und schon die Langeweile macht seine Behandlung ganz bestimmt unwirksam. Sie dürfte eben für Sie nicht die gleiche wie für jeden Beliebigen sein. Dreiviertel der Leiden, die intelligente Menschen befallen, kommen von ihrer Intelligenz. Sie brauchen dann mindestens einen Arzt, der dieses Übel kennt. Wie soll Cottard Sie behandeln können? Er kann wohl voraussehen, daß man bestimmte Saucen nicht verträgt, die Schwierigkeiten mit dem Magen ... aber die Wirkung einer Shakespeare-Lektüre, die kann er nicht voraussehen. Daher stimmen bei Ihnen seine Berechnungen nicht, das Gleichgewicht kommt aus den Fugen, und da erscheint unser kartesianisches Teufelchen auch wieder. Er stellt bei Ihnen eine Magenerweiterung fest, er braucht nicht erst nachzusehen, er hat sie bereits im Auge. Sie können sie selber sehen, sie spiegelt sich in seinem Kneifer.« Diese Art zu reden ermüdete mich sehr. Ich sagte mir mit der Torheit des gesunden Menschenverstandes: Daß sich eine Magenerweiterung im Kneifer von Professor Cottard spiegelt, stimmt ebensowenig wie daß sich in der weißen Weste von Monsieur de Norpois Sottisen verstecken. »Ich würde Ihnen eher«, fuhr Bergotte fort, »zu Doktor du Boulbon raten, der ausgesprochen intelligent ist.« – »Er ist ein großer Bewunderer Ihrer Werke«, antwortete ich ihm. Ich sah, daß Bergotte es wußte, und kam zu dem Schluß, daß verwandte Geister sich schnell finden und daß man wenig wirklich »unbekannte Freunde« hat. Was Bergotte mir über Cottard sagte, machte mir Eindruck, obwohl es allem widersprach, was ich bisher glaubte. Es machte mir nichts aus, meinen Arzt langweilig zu finden; ich erwartete von ihm, daß er mit den Mitteln einer Kunst, deren Gesetze mir unbekannt waren, über meinen Gesundheitszustand aus meinen Eingeweiden ein unfehlbares Orakel ablas, legte aber keinen Wert darauf, daß er mit Hilfe einer Intelligenz, mit der ich ihm selber hätte aushelfen können, die meine verstehen wollte, die ich mir nur als ein an sich belangloses Mittel vorstellte, um außer mir liegende Wahrheiten zu erforschen. Ich zweifelte sehr, daß intelligente Menschen eine andere Art von Kur nötig hätten als Esel, und war völlig bereit, mich der gleichen zu unterziehen wie diese letzteren. »Jemand, der einen guten Arzt brauchen könnte, ist unser Freund Swann«, meinte Bergotte. Und als ich fragte, ob er denn krank sei, antwortete er: »Nun, er ist eben ein Mann, der eine Dirne geheiratet hat und täglich fünfzig Giftnattern von Frauen schlucken muß, die die seine nicht bei sich empfangen wollen, oder ebenso viele Männer, die mit ihr geschlafen haben. Man sieht sie ja, wie sie ihm den Mund verziehen. Achten Sie nur einmal auf die Zirkumflexbrauen, die er beim Nachhausekommen aufsetzt, um zu sehen, wer da ist.« Die Böswilligkeit, mit der Bergotte so zu einem Fremden über Freunde sprach, bei denen er seit langem schon verkehrte, war mir ebenso neu wie der beinahe zärtliche Ton, den er bei den Swanns ihnen gegenüber ständig benutzte. Sicherlich wäre eine Person wie meine Großtante zum Beispiel außerstande gewesen, irgend jemandem von uns gewisse Nettigkeiten zu erweisen, mit denen Bergotte ebenjenen Swann in so hohem Maß bedachte. Selbst den Menschen, die sie liebte, sagte sie gern etwas Unangenehmes. In deren Abwesenheit aber hätte sie niemals etwas geäußert, was sie nicht hören durften. Nichts war der mondänen Welt weniger ähnlich als unsere Gesellschaft in Combray. Die der Swanns befand sich bereits auf halbem Weg zu dem unsteten Flut- und Ebbespiel, das in jener herrschte. Sie war gewiß noch nicht das offene Meer, aber schon die Lagune. »Das bleibt natürlich unter uns«, meinte Bergotte, als er mich unter meiner Haustür verließ. Ein paar Jahre später würde ich ihm geantwortet haben: »Ich erzähle nie etwas weiter« – die rituelle Formel, mit der mondäne Menschen die Lästerzunge jeweils in falscher Sicherheit wiegen. Ich hätte diesen Satz schon damals Bergotte entgegengehalten, denn nicht alles, was man sagt, erfindet man selbst, besonders nicht in Augenblicken, wo man Gesellschaftsmensch ist. Doch ich kannte ihn noch nicht. Die Antwort meiner Großtante freilich bei ähnlicher Gelegenheit wäre gewesen: »Wenn Sie nicht wollen, daß man es weitererzählt, weshalb sagen Sie es?« Das ist die Entgegnung von ungeselligen Leuten, von »Bärbeißern«. Ich war keiner und verneigte mich schweigend.

Leute aus literarischen Kreisen, zu denen ich verehrend aufsah, mußten Jahre hindurch intrigieren, bis es ihnen gelang, mit Bergotte eine Beziehung zu knüpfen, die jedoch auf das rein Literarische und auf die Wände seines Arbeitszimmers beschränkt blieb, während ich meinen Platz unter den Freunden des großen Mannes einnahm, von Anbeginn an und in aller Ruhe wie jemand, der, anstatt sich wie alle anderen hinten anzustellen, um einen schlechten Platz zu ergattern, den allerbesten bekommt, weil er den Weg durch einen für andere verschlossenen Korridor genommen hat. Wenn Swann mir diesen geöffnet hatte, so höchst wahrscheinlich weil, wie ein König ganz selbstverständlich die Freunde seiner Kinder in die Hofloge oder auf die königliche Jacht einlädt, auch die Eltern Gilbertes die Freunde ihrer Tochter inmitten der Kostbarkeiten, die sie besaßen, und der noch kostbareren intimen Freundschaftsbeziehungen empfingen, deren Rahmen jene ersteren bildeten. Doch zu jener Zeit meinte ich – und hatte wahrscheinlich recht damit –, daß Swanns Liebenswürdigkeit indirekt an die Adresse meiner Eltern gerichtet sei. Ich glaubte früher in Combray gehört zu haben, er habe angesichts meiner Bewunderung für Bergotte meinen Eltern angeboten, mich zu ihm zum Essen mitzunehmen, meine Eltern aber hätten mit dem Bemerken abgelehnt, ich sei noch zu jung und zu nervös, um »auszugehen«. Zweifellos stellten meine Eltern für gewisse Personen – und zwar gerade für die, die mir am meisten imponierten – etwas ganz anderes dar als für mich, so daß ich wie zu den Zeiten, als die Dame in Rosa meinem Vater ein Lob aussprach, dessen er sich so wenig würdig erwiesen hatte, wünschte, meine Eltern würden diesmal begreifen, welche unschätzbare Gabe mir – und ihnen – zuteil geworden war, und Swann als dem großherzigen ritterlichen Spender ihren Dank erweisen, ebenjenem Swann, der offenbar den Wert seiner Schenkung so wenig beachtete wie auf dem Fresko von Luini[1] jener bezaubernde König aus dem Morgenland mit der gebogenen Nase und dem blonden Haar, mit dem man ihm offenbar früher große Ähnlichkeit nachgesagt hatte.

Leider wurde jedoch die Gunst, die Swann mir erwiesen hatte und von der ich beim Nachhausekommen, noch ehe ich meinen Mantel abgelegt hatte, meinen Eltern in der Hoffnung berichtete, sie werde in ihren Herzen die gleichen Gefühle der Rührung wecken wie in meinem und sie der Familie Swann gegenüber zu einer ganz außergewöhnlichen, entscheidenden »Höflichkeitsbezeigung« bestimmen, von ihnen in keiner Weise gewürdigt. »Swann hat dich mit Bergotte bekanntgemacht? Welch feine Bekanntschaft, welch reizende Verbindung!« rief mein Vater ironisch. »Das hat gerade noch gefehlt!« Und ach, als ich auch noch hinzufügte, Bergotte mache sich nichts aus Norpois, brach er von neuem los:

»Natürlich! Das beweist ganz klar, daß er ein ganz falscher, boshafter Charakter ist. Mein armer Junge, viel gesunden Menschenverstand hast du noch niemals gehabt; doch ich sehe dich nun mit dem größten Bedauern in ein Milieu geraten, das dich noch um den letzten Rest der Vernunft bringen wird.«

Schon mein bloßer Umgang mit den Swanns hatte meine Eltern keineswegs entzückt. Daß ich Bergotte vorgestellt worden war, erschien ihnen als unheilvolle, aber ganz natürliche Folge eines ersten Fehltritts, ihrer eigenen Schwäche nämlich, die mein Großvater »mangelnde Umsicht« genannt hätte. Ich spürte, daß ich, um ihre Verstimmung zu vollenden, nur noch zu erwähnen brauchte, daß dieser verderbte Mensch, der Norpois nicht schätzte, mich ausgesprochen intelligent gefunden hatte. Wenn mein Vater nämlich meinte, daß jemand, einer meiner Kameraden zum Beispiel, auf eine falsche Bahn geraten sei – wie ich in diesem Augenblick – und dieser Jemand auch noch die Billigung eines anderen fand, den mein Vater nicht schätzte, sah er in diesem Urteil eine Bestätigung seiner betrüblichen Diagnose. Das Übel schien ihm nur ärger dadurch. Ich hörte ihn schon rufen: »Natürlich! Das gehört *alles* zusammen!«, Worte, die mich durch die darin enthaltene Drohung unbestimmter, unbegrenzter, unmittelbar bevorstehender Reformen erschreckten, deren Einführung in mein so angenehm dahinfließendes Dasein sie anzukündigen schienen. Da aber nichts mehr den Eindruck, den meine Eltern hatten, verwischen konnte, auch wenn ich Bergottes Bemerkung über mich nicht erzählt hätte, machte es schließlich auch nichts aus, wenn er noch schlechter wurde. Außerdem kamen sie mir so ungerecht und so sehr im Irrtum befangen vor, daß ich nicht nur keine Hoffnung, sondern auch kaum noch den Wunsch verspürte, sie zu einer gerechteren Auffassung zu bewegen. Dennoch warf ich, als schon die Worte aus meinem Mund kamen, von dem Gefühl beherrscht, wie sehr es sie erschrecken müßte zu denken, daß ich jemandem gefallen hatte, der intelligente Leute für dumm hielt, der selber für ehrenwerte Leute der Verachtung würdig war und dessen mir so erstrebenswert erscheinendes Lob mich zum Bösen ermutigen mußte, nur mit leiser Stimme und eher schamhafter Miene am Ende meines Berichts als krönenden Abschluß hin: »Er hat zu den Swanns gesagt, er finde mich ausgesprochen intelligent.« Wie ein vergifteter Hund auf einer Wiese sich instinktiv auf die Art von Kräutern stürzt, in denen das Gegengift ist, das er benötigt, hatte ich ahnungslos das einzige Wort auf der Welt gesagt, das imstande war, das Vorurteil meiner Eltern gegen Bergotte zu besiegen, gegen das die schönsten Argumente, die ich vorbringen, alles Lob, das ich ihm spenden konnte, machtlos gewesen wären. Mit einem Schlag war die Lage verändert.

»So? ... Er hat gesagt, er finde dich intelligent?« fragte meine Mutter. »Das freut mich, denn ohne Zweifel hat er ja Talent.«

»Wie? Das hat er gesagt?« warf nun auch mein Vater ein ... »Seine allgemein anerkannte Bedeutung für die Literatur streite ich ihm natürlich nicht ab; schade nur, daß sein privates Leben so wenig empfehlend ist, der alte Norpois hat sich darüber ja in Andeutungen ergangen«, setzte er hinzu, ohne gewahr zu werden, daß der überlegenen Kraft jener magischen Worte, die ich ausgesprochen hatte, die Sittenverderbnis Bergottes ebensowenig standhalten konnte wie die Unrichtigkeit seines eigenen Urteils.

»Nun, mein Lieber«, unterbrach ihn meine Mutter, »nichts beweist doch, daß das auch wirklich stimmt. Es wird so viel geredet. Außerdem ist Monsieur de Norpois zwar riesig nett, aber nicht immer besonders wohlwollend gegen andere, zumal wenn es nicht Leute seines Schlages sind.«

»Das ist wahr, das habe ich auch schon bemerkt«, stimmte mein Vater bei.

»Und dann ist Bergotte sicher viel vergeben, weil er meinen Kleinen nett gefunden hat«, setzte meine Mutter noch hinzu und ließ mit einem langen, träumerischen Blick ihre Finger durch meine Haare gleiten.

Übrigens hatte meine Mutter nicht auf das Verdikt Bergottes gewartet, um mir zu sagen, ich könne Gilberte zum Nachmittagstee einladen, wenn ich Freunde dahabe. Aus zwei Gründen aber wagte ich nicht, dergleichen zu tun. Der erste war, daß bei Gilberte nur Tee angeboten wurde. Zu Hause jedoch hielt Mama darauf, daß neben Tee auch Schokolade auf den Tisch kam. Ich fürchtete, Gilberte möchte das vielleicht spießbürgerlich finden und uns daraufhin verachten. Der andere Grund bestand in einem protokollarischen Hindernis, das ich nie aus dem Wege räumen konnte. Wenn ich bei Madame Swann erschien, fragte sie mich immer:

»Und wie geht es Ihrer Frau Mama?«

Ich hatte bei meiner Mutter ein wenig vorgefühlt, ob sie Gleiches zu tun gedenke, wenn Gilberte uns besuchte, und sah darin einen Punkt von größerer Wichtigkeit, als es am Hofe Ludwigs XIV. das Recht auf die Anrede »Monseigneur«[1] gewesen war. Doch meine Mutter wollte nichts davon wissen.

»Aber nein, ich kenne Madame Swann ja nicht.«

»Aber sie kennt dich doch auch nicht.«

»Das schon, aber wir müssen ja nicht in allen Dingen genau das gleiche tun. Ich werde zu Gilberte in anderer Weise freundlich sein, wie wieder Madame Swann es dir gegenüber nicht ist.«

Ich ließ mich jedoch nicht überzeugen und zog es vor, Gilberte nicht einzuladen.

Als ich meine Eltern verlassen hatte, zog ich mich um, und beim Ausleeren meiner Taschen fiel mir das Kuvert in die Hände, das der Maître d'hôtel der Swanns mir übergeben hatte, bevor er mich in den Salon geleitete. Jetzt, da ich allein war, öffnete ich es und fand darin eine Karte mit dem Namen der Dame, die ich zu Tisch führen sollte.[2]

Zu jener Zeit revolutionierte Bloch mein Weltbild und eröffnete mir ganz neue Glücksperspektiven (die sich übrigens später in Leidensmöglichkeiten verwandeln sollten), als er mir entgegen allem, was ich auf meinen Spaziergängen in der Gegend von Méséglise gedacht hatte, versicherte, die Frauen seien immer mit Vergnügen zur Liebe bereit. Er übertraf sich noch selbst an Gefälligkeit, indem er mir einen weiteren Dienst erwies, den ich erst sehr viel später richtig würdigen sollte: er führte mich zum ersten Mal in ein Bordell. Er hatte mir sehr wohl gesagt, es gebe viele hübsche Frauen, die man besitzen könne. Doch hatten diese für mich noch kein bestimmtes Gesicht, erst solche Etablissements verliehen ihnen festere Züge. Wenn ich also Bloch – für die »Frohe Botschaft«, daß das Glück und der Besitz der Schönheit nichts Unerreichbares sind und wir uns umsonst gemüht haben, wenn wir ihnen für immer entsagten – in ähnlicher Weise verpflichtet war, wie wir es optimistischen Ärzten oder Philosophen gegenüber sind, die uns ein langes Leben in dieser Welt und zudem noch eine nicht völlige Loslösung davon in einer anderen verheißen, verdienten es auch die besseren Bordelle, die ich ein paar Jahre später aufsuchte – indem sie mir eine Musterkollektion möglicher Beglückungen vorlegten und mir erlaubten, der Schönheit der Frauen jenes Element hinzuzufügen, das man nicht erfinden kann und das mehr als nur der Inbegriff aller erlebten Schönheiten ist, ein wahrhaft göttliches Geschenk, das einzige, das wir von uns selbst nicht erhalten können, vor dem alle logischen Konstruktionen unseres Verstandes in Nichts zergehen und das wir allein von der Wirklichkeit zu erwarten haben: den Reiz des Individuellen –, von mir unter jene anderen Wohltäter jüngeren Ursprungs, jedoch von ähnlicher Nützlichkeit eingereiht zu werden (Wohltäter, vor deren Auftreten wir uns nur ohne rechte Überzeugungskraft den verführerischen Reiz Mantegnas, Wagners, Sienas nach dem Muster anderer Maler, Komponisten und Städte vorstellen konnten): nämlich illustrierte Werke der Kunstgeschichte, Symphoniekonzerte und die Monographien der Reihe »Les villes d'art«[1]. Das Haus jedoch, in das Bloch mich führte und das er übrigens selbst schon lange nicht mehr besuchte, war zu zweitrangig, sein Personal zu mittelmäßig und zu lange nicht aufgefrischt, als daß ich dort frühere Formen der Neugier hätte befriedigen oder neue in mir hätte erwecken können. Die Patronne dieses Etablissements kannte keine der Frauen, nach denen man verlangte, und schlug einem immer solche vor, die man nicht haben wollte. Besonders eine rühmte sie mir, von der sie mit verheißungsvollem Lächeln, als stelle diese Eigenschaft eine Seltenheit und den Inbegriff aller Wonnen dar, sagte: »Sie ist Jüdin! Lockt Sie das nicht?« (Deswegen sicher hieß die Betreffende Rachel bei ihr.) Mit alberner und künstlicher Begeisterung, die ansteckend wirken sollte und zum Schluß in ein lustvolles Röcheln überging, setzte sie hinzu: »Stellen Sie sich vor, junger Mann, eine Jüdin! Das muß doch einfach zum Tollwerden sein, hach!« Diese Rachel, die ich gesehen hatte, ohne daß sie es merkte, war brünett, nicht hübsch, sah aber intelligent aus und lächelte, natürlich nicht ohne sich mit der Zungenspitze über die Lippen zu fahren, die Freier, die ihr vorgestellt wurden und sich Mühe gaben, mit ihr ins Gespräch zu kommen, unverfroren an. Ihr kleines, schmales Gesicht war von krausem schwarzem Haar umrahmt, das sich ungleichmäßig bauschte, wie wenn es mit Tuschestrichen hervorgehoben wäre. Jedesmal versprach ich der Patronne, die sie mir mit großem Nachdruck offerierte, indem sie ihre Intelligenz und Bildung rühmte, ich werde demnächst ganz bestimmt eigens kommen, um Rachels Bekanntschaft zu machen, die bei mir den Beinamen »Rachel quand du Seigneur«[1] erhalten hatte. Doch hatte ich sie am ersten Abend beim Nachhausegehen zu der Patronne sagen hören:

»Also abgemacht, morgen bin ich frei; wenn Sie jemand haben, denken Sie an mich und lassen Sie mich holen.«

Aufgrund dieser Worte nun hatte ich in ihr keine Einzelperson zu sehen vermocht, weil sie sie auf der Stelle in eine allgemeine Kategorie von Frauen einreihten, deren gemeinsame Gewohnheit es war, abends hierherzukommen und zu sehen, ob etwas für sie zu verdienen sei.

Sie änderte ihren Satz höchstens, indem sie sagte: »Wenn Sie mich brauchen« oder: »Wenn Sie jemand brauchen.«

Die Patronne des Hauses, der die Oper von Halévy unbekannt war, wußte nicht, weshalb ich sie »Rachel quand du Seigneur« nannte. Daß man eine scherzhafte Anspielung nicht versteht, hat aber noch nie bedeutet, daß man sie weniger komisch findet, und daher sagte sie immer aus vollem Halse lachend zu mir:

»Also heute ist es wieder nichts damit, daß ich Sie mit ›Rachel quand du Seigneur‹ vereine? Wie Sie das sagen: ›Rachel quand du Seigneur‹, das ist wirklich gelungen! Ich will Sie beide doch noch verloben. Sie werden es bestimmt nicht bereuen!«

Einmal war ich schon fast entschlossen, doch da war sie gerade »in Betrieb«, ein andermal unter den Händen des »Friseurs«, eines alten Herrn, der nichts anderes tat, als den Frauen Öl auf die gelösten Haare zu gießen und sie dann zu kämmen. Das Warten aber dauerte mir zu lange, obwohl einige sehr bescheidene Besucherinnen, angeblich Arbeiterinnen, die jedoch nie Arbeit hatten, kamen, mir einen Kräutertee machten und mit mir lange Gespräche führten, die – ungeachtet der ernsthaften Themen, die sie behandelten – durch die teilweise oder komplette Unbekleidetheit meiner Gesprächspartnerinnen von einer reizvollen Schlichtheit untermalt wurden. Ich hörte übrigens auf, dieses Haus zu besuchen, weil ich in dem Wunsch, der Inhaberin, der es an Möbeln fehlte, meine Geneigtheit zu zeigen, ihr einige – darunter ein großes Kanapee – der von meiner Tante Léonie geerbten zum Geschenk gemacht hatte.[1] Ich hatte sie nie mehr gesehen, denn aus Platzmangel hatten meine Eltern sie nicht zu uns schaffen lassen, sondern sie in einem Schuppen eingelagert. Als ich sie nun aber in dem Haus wiedersah, wo diese Frauen sich ihrer bedienten, traten mir alle Tugenden vor Augen, die das Zimmer meiner Tante in Combray durchduftet hatten, und schienen mir Qualen auszustehen in diesem martervollen Kontakt, dem ich sie wehrlos ausgeliefert hatte! Hätte ich eine Tote der Vergewaltigung preisgegeben, ich hätte nicht so gelitten. Ich kehrte zu der Kupplerin daraufhin nicht mehr zurück, denn die Möbel schienen mir zu leben und mich anzuflehen wie in einem persischen Märchen die scheinbar leblosen Dinge, in denen Seelen eingeschlossen sind, die ein Martyrium erdulden und um Befreiung bitten. Zudem fiel mir, da unser Gedächtnis uns gewöhnlich nicht unsere Erinnerungen in ihrem zeitlichen Ablauf ins Bewußtsein bringt, sondern als einen Widerschein, in dem die Ordnung der Teile umgestellt ist, erst viel später ein, daß ich auf diesem selben Kanapee viele Jahre zuvor mit einer meiner kleinen Kusinen zum erstenmal die Freuden der Liebe kennengelernt hatte; ich wußte seinerzeit nicht, wo wir ungestört sein könnten, und da gab sie mir den gefährlichen Rat, eine Stunde zu nutzen, in der meine Tante Léonie aufgestanden war.[1]

Einen anderen Teil der Möbel und vor allem ein prächtiges altes Silberservice meiner Tante Léonie verkaufte ich gegen den Rat meiner Eltern, um über mehr Geld verfügen und mehr Blumen an Madame Swann schicken zu können, die, wenn sie riesige Körbe voll Orchideen bekam, zu mir zu sagen pflegte: »Wenn ich Ihr Vater wäre, ließe ich Sie unter Kuratel stellen.« Wie konnte ich ahnen, daß ich eines Tages ganz besonders diesem Silber nachtrauern und andere Freuden höher stellen würde als das dann vielleicht ganz hinfällig gewordene Vergnügen, den Eltern von Gilberte Aufmerksamkeiten zu erweisen? Ebenso hatte ich mich Gilbertes wegen, um sie nicht verlassen zu müssen, entschlossen, auf die diplomatische Laufbahn zu verzichten. Immer nur trifft man aufgrund einer geistigen Verfassung, die nicht von Dauer sein wird, solche endgültigen Entscheidungen. Ich konnte mir kaum vorstellen, daß die eigenartige Substanz, die Gilberte innewohnte, die auf ihre Eltern und ihr Haus ihren Glanz warf und mich gegen alles übrige gleichgültig machte, losgelöst werden und in ein anderes Wesen hinüberwechseln könnte – tatsächlich die gleiche Substanz, die freilich dann auf mich ganz anders wirken sollte. Denn die gleiche Krankheit nimmt ein andermal einen neuen Verlauf, und ein köstliches Gift wird nicht mehr in gleicher Weise vertragen, wenn mit den Jahren die Widerstandskraft des Herzens nachgelassen hat.

Meine Eltern hätten indessen gewünscht, daß die von Bergotte mir zuerkannte Intelligenz sich in irgendeiner bedeutenden Arbeit kundgetan hätte. Als ich die Swanns noch nicht kannte, glaubte ich, ich werde durch den Zustand permanenter Aufregung, in den mich die Unmöglichkeit versetzte, Gilberte beliebig zu sehen, am Arbeiten gehindert. Doch als ihr Haus mir offenstand, saß ich kaum an meinem Schreibtisch, als ich mich auch schon wieder erhob und zu ihnen eilte. Wenn ich sie aber verlassen hatte und wieder zu Hause war, bestand meine Abgeschiedenheit nur dem Schein nach, denn meine Gedanken vermochten nicht aufwärts gegen den Strom der Reden anzukommen, in dem ich mich ganze Stunden lang mechanisch hatte mittreiben lassen. Wieder allein, beschäftigte ich mich damit, Aussprüche zu fabrizieren, die den Swanns vielleicht hätten gefallen können, und um dem Spiel noch größeres Interesse abzugewinnen, versetzte ich mich auch an die Stelle der abwesenden Gesprächspartner; ich richtete fingierte Fragen an mich, die ich so auswählte, daß meine glänzendsten Einfälle nur noch glücklich formulierte Repliken darauf waren. Obwohl sie lautlos verlief, entsprach diese Übung doch einer Konversation und nicht einer Meditation, und meine Einsamkeit einem Salonleben im Geist, in dem nicht meine eigene Person, sondern erdachte Gegenspieler meine Reden bestimmten und in dem ich, anstatt Gedanken Gestalt zu geben, die ich für wahr hielt, bei der Gestaltung von solchen, die mir mühelos kamen, ohne einen Weg von außen nach innen zurückzulegen, jene rein passive Lust empfand, die jemand, der mühsam ein üppiges Mahl verdaut, darin findet, regungslos zu verharren.

Wäre ich weniger entschlossen gewesen, mich endgültig an die Arbeit zu machen, hätte ich vielleicht einen Versuch unternommen, gleich damit anzufangen. Da aber mein Entschluß in aller Form gefaßt war und noch vor Ablauf von vierundzwanzig Stunden im leeren Rahmen des morgigen Tages – wo sich für alles, da ich mich ja noch nicht darin befand, Platz finden ließ – meine guten Vorsätze sich leichthin verwirklichen würden, war es besser, nicht einen Abend, an dem ich schlecht aufgelegt war, für den Beginn zu wählen, dem die folgenden Tage sich jedoch leider ebenfalls nicht günstiger zeigen sollten. Doch ich riet mir selbst zur Vernunft. Von dem, der Jahre gewartet hatte, wäre es kindisch gewesen, wenn er nicht noch einen Aufschub von drei Tagen ertrüge. In der Gewißheit, daß ich am übernächsten Tag bereits ein paar Seiten geschrieben haben würde, sagte ich meinen Eltern nichts mehr von meinem Entschluß; ich wollte mich lieber noch ein paar Stunden gedulden und dann meiner getrösteten und überzeugten Großmutter das im Entstehen begriffene Werk vorweisen. Unglücklicherweise war der folgende Tag auch nicht der weit offen vor mir liegende Zeitraum, den ich fieberhaft erwartet hatte. War er zu Ende gegangen, hatten meine Trägheit und mein mühevoller Kampf gegen gewisse innere Widerstände nur vierundzwanzig Stunden länger gedauert. Und als dann nach mehreren Tagen meine Pläne nicht weiter gediehen waren, hatte ich nicht mehr die gleiche Hoffnung auf baldige Erfüllung, daraufhin aber auch weniger das Herz, dieser Erfüllung alles andere einfach hintanzustellen: ich fing wieder an, nachts lange aufzubleiben, da ich nicht mehr, um mich doch eines Abends zu frühem Schlafengehen zu zwingen, die feste Voraussicht des am folgenden Morgen begonnenen Werkes in mir fand. Ich brauchte, bevor ich zu meinem Tatendrang zurückfand, ein paar Tage der Entspannung, und als meine Großmutter das einzige Mal in sanftem, traurig enttäuschtem Ton einen leisen Vorwurf in die Worte kleidete: »Nun? Und diese Arbeit, an die du gehen wolltest – ist davon gar keine Rede mehr?«, war ich böse auf sie, überzeugt, daß sie, außerstande zu sehen, daß mein Entschluß unwiderruflich gefaßt war, seine Ausführung noch einmal und diesmal wahrscheinlich auf lange Zeit vertagt habe infolge der nervösen Reizung, die ihre Rechtsverweigerung in mir hervorrief und unter deren Wirkung ich mein Werk nicht beginnen wollte. Sie spürte, daß sie mit ihrer Skepsis unbewußt einen Entschluß empfindlich getroffen hatte. Sie entschuldigte sich und küßte mich mit den Worten: »Verzeih mir, ich sage bestimmt nichts mehr.« Und damit ich den Mut nicht verlöre, versicherte sie mir, sobald ich mich richtig wohl fühle, werde auch die Arbeit ganz von selbst kommen.

Außerdem, sagte ich mir, wenn ich meine Tage bei den Swanns verbringe – mache ich es nicht wie Bergotte? Meinen Eltern kam es beinahe so vor, als ob ich, wiewohl untätig, dennoch ein Leben führte, das dem Talent dienlich sein müsse, weil es sich ja im gleichen Salon abspielte wie das eines großen Schriftstellers. Und doch ist es ebenso unmöglich, daß es jemand erlassen wird, ein Talent in sich selbst von innen her zu entwikkeln, und er es von außen her durch einen anderen empfängt, wie man etwa (während man sonst allen Regeln der Hygiene entgegenhandelt und die schlimmsten Exzesse begeht) dadurch eine gute Gesundheit erlangt, daß man oft in Gesellschaft eines Arztes speist. Die Person übrigens, die sich am vollkommensten durch die Vorstellung täuschen ließ, der meine Eltern und ich selbst zum Opfer fielen, war Madame Swann selbst. Wenn ich ihr vorhielt, ich könne nicht kommen, ich müsse zu Hause bleiben, um zu arbeiten, setzte sie eine Miene auf, die zu besagen schien, ich spiele mich wirklich reichlich auf und meine Worte zeugten von törichter Anmaßung:

»Dabei kommt doch Bergotte! Finden Sie etwa, er schreibe nicht gut? Es wird sogar noch besser werden«, setzte sie hinzu, »denn als Publizist ist er noch pointierter, noch prägnanter als in seinen Büchern, wo er etwas weitschweifig wird. Ich habe erreicht, daß er neuerdings den ›leader article‹ im *Figaro* macht. Da ist wirklich dann ›the right man in the right place‹.«[1]

»Kommen Sie nur«, setzte sie hinzu, »er kann Ihnen besser als irgend jemand sagen, was gut für Sie ist.«

Und wie man einen Freiwilligen mit seinem Obersten einlädt, im Interesse meiner Laufbahn nämlich, und als kämen auch Meisterwerke »durch Beziehungen« zustande, legte sie mir dann dringend nahe, am folgenden Tag mit Bergotte zum Diner bei ihr zu erscheinen.

So[2] begegnete ich weder auf seiten der Swanns noch auf seiten meiner Eltern, das heißt bei denen, die zu verschiedenen Zeitpunkten am ehesten daran Anstoß nehmen mußten, irgendeinem Widerstand gegen dieses wohlige Dasein, in dem ich Gilberte beliebig sehen konnte, mit Entzücken jedenfalls, wenn auch nicht mit Ruhe. In der Liebe gibt es sie nicht, da das, was man erlangt, immer nur der Ausgangspunkt für neue Wünsche ist. Solange ich sie nicht hatte besuchen dürfen, konnte ich mir mit starr auf dieses unerreichbare Glück geheftetem Blick die neuen Quellen der Unruhe nicht einmal vorstellen, die mich dort erwarteten. Als der Widerstand ihrer Eltern überwunden und das Problem endlich gelöst schien, stellte es sich unaufhörlich in anderer Gestalt aufs neue. In diesem Sinne begann freilich täglich eine neue Freundschaft. Jeden Abend, wenn ich nach Hause kam, wurde mir bewußt, daß ich Gilberte Dinge von entscheidender Wichtigkeit sagen mußte, von denen unsere Freundschaft abhing, und diese Dinge waren niemals die gleichen. Doch schließlich war ich jetzt glücklich, und keine Drohung erhob sich mehr gegen mein Glück. Sie sollte jedoch von einer Seite kommen, in der ich nie eine Gefahr vermutet hatte, nämlich von Gilberte und mir selbst. Und doch hätte ich beunruhigt sein müssen durch das, was mich im Gegenteil in Ruhe wiegte und mir als Glück erschien. Das ist in der Liebe ein abnormer Zustand, der im Nu dem scheinbar unbedeutendsten Zwischenfall, der jederzeit eintreten kann, eine Tragweite verleiht, die er in sich selbst nicht besitzt. Was so glücklich macht, ist etwas Instabiles im Herzen, das man immer zu erhalten versucht und das man kaum noch wahrnimmt, solange es sich nicht verschiebt. Tatsächlich liegt in der Liebe beständiges Leiden, das die Freude zwar neutralisiert, in bloß potentiellem Zustand erhält und aufschiebt, das aber jeden Augenblick werden kann, was es seit langem wäre, wenn man nicht das erlangt hätte, was man wollte: entsetzlich.

Mehrere Male spürte ich, daß Gilberte meine Besuche hinausschieben wollte. Allerdings brauchte ich mich, wenn mir allzusehr daran lag, sie zu sehen, nur von ihren Eltern einladen zu lassen, die mehr und mehr von meinem ausgezeichneten Einfluß auf ihre Tochter überzeugt waren. Dank ihnen lebte ich in dem Wahn, meiner

Liebe drohe keine Gefahr; solange ich die Eltern Swann für mich habe, so argumentierte ich, könne ich ruhig sein, da ja sie es sind, die über Gilberte bestimmen. Leider aber mußte ich mich angesichts gewisser Zeichen der Ungeduld, die sie äußerte, wenn ihr Vater mich sozusagen gegen ihren Willen kommen ließ, fragen, ob das, was ich als eine Garantie für mein Glück betrachtet hatte, nicht im Gegenteil der geheime Grund seiner Vergänglichkeit sei.

Das letzte Mal, als ich Gilberte besuchte, regnete es; sie war zu einer Tanzstunde bei Leuten eingeladen, die sie zu wenig kannte, als daß sie mich einfach hätte mitnehmen können. Wegen der Feuchtigkeit hatte ich mehr Koffein als gewöhnlich genommen. Des schlechten Wetters wegen vielleicht oder aber auch aus irgendeiner Voreingenommenheit gegen das Haus, wo diese Veranstaltung stattfinden sollte, rief Madame Swann ihre Tochter in dem Augenblick, als sie aufbrechen wollte, mit großer Dringlichkeit: »Gilberte!« und wies auf mich, um ihr zu bedeuten, daß ich zu Besuch gekommen sei und sie deshalb zu Hause bleiben solle. Dieses »Gilberte« war in bester Absicht für mich ausgesprochen, ja gerufen worden, doch an dem Achselzucken Gilbertes, mit dem sie sich ihrer Sachen wieder entledigte, merkte ich, daß ihre Mutter, ohne es zu wollen, die vielleicht bis dahin noch vermeidbare Entwicklung beschleunigt hatte, die meine Freundin allmählich von mir trennte. »Man braucht ja nicht alle Tage tanzen zu gehen«, sagte Odette zu Gilberte in einer Anwandlung von Lebensweisheit, die sie sich offenbar aus früheren Lehren Swanns angeeignet hatte. Dann wurde sie wieder ganz Odette und sprach englisch mit ihrer Tochter. Sofort war es, als ob eine Mauer mir einen Teil von Gilbertes Leben verberge, als habe ein böser Genius mir meine Freundin entführt. In einer Sprache, die wir verstehen, haben wir die Undurchdringlichkeit der Laute durch die Transparenz der Gedanken ersetzt. Eine Sprache aber, die wir nicht kennen, ist wie ein verschlossener Palast, in dem die Geliebte uns betrügen kann, ohne daß wir, die wir draußen stehen, verzweifelt und unerträglich aufgewühlt in unserer Ohnmacht, irgend etwas sehen oder verhindern könnten. So bedeutete diese englische Konversation, über die ich vier Wochen zuvor nur gelächelt hätte und in der vereinzelt vorkommende französische Eigennamen meine Befürchtungen nur nährten und in eine bestimmte Richtung wiesen, diese Konversation, die da zwei Schritte von mir entfernt zwischen zwei unbeweglich dastehenden Personen stattfand, die gleiche Grausamkeit für mich, machte mich so verlassen und einsam, als ob man mir die Freundin entführt hätte. Endlich ließ Madame Swann uns allein. An jenem Tag nun, vielleicht aus Groll gegen mich als den unfreiwillig Verantwortlichen, daß sie sich nicht amüsieren konnte, vielleicht auch, weil ich, da ich ihren Unmut erriet, vorbeugend selbst sofort kühler als gewöhnlich war, schien Gilbertes Gesicht, jeder Freude beraubt, nackt, verwüstet, den ganzen Nachmittag in schwermütigem Schmerz dem Pas-de-quatre nachzuhängen, den meine Gegenwart sie zu tanzen hinderte, und aller Kreatur, in erster Linie mir, zu beweisen, daß wir nie und nimmer die sublimen Gründe begreifen würden, die sie zu einer so tiefen Sympathie für den Boston bewogen hatten. Sie beschränkte sich darauf, gelegentlich mit mir über das Wetter, den zunehmenden Regen, die Frage, ob die Uhr vorgehe, eine von langem Schweigen und einsilbigen Bemerkungen skandierte Unterhaltung zu führen, bei der ich mich selbst in einer Art von Wut der Verzweiflung darauf kaprizierte, die Augenblicke zunichte zu machen, die wir der Freundschaft und dem Glück hätten schenken können. Allen unseren Reden teilte sich eine gewisse Härte durch den Paroxysmus ihrer völlig paradoxen Bedeutungslosigkeit mit, der mich gleichwohl tröstete, denn er hinderte Gilberte daran, sich durch die Banalität meiner Überlegungen und die Gleichgültigkeit meines Tons ernstlich täuschen zu lassen. Vergebens sagte ich zu ihr: »Ich glaube, neulich ging die Uhr nach«, für sie hieß das ganz offenbar: »Sie sind wirklich unausstehlich!« Ich mochte noch so hartnäckig den ganzen trüben Tag hindurch diese lichtlosen Reden in die Länge ziehen, ich wußte, daß meine Kälte nichts so gänzlich Unverrückbares war, wie ich vorgeben wollte, und daß Gilberte sehr wohl spüren mußte, daß ich, wenn ich nach der dreimaligen Feststellung, die Tage würden kürzer, etwa wagen wollte, diese Behauptung noch einmal aufzustellen, Mühe haben würde, nicht in Tränen auszubrechen. Wenn sie so war, wenn kein Lächeln in ihren Augen leuchtete und ihr Gesicht enthüllte, dann läßt sich kaum schildern, welche unsäglich trostlose Monotonie in ihren traurigen Augen und ihren freudlosen Zügen lag. Ihr Gesicht, das fast häßlich wurde, glich dann jenen öden Gestaden, an denen das weit draußen liegende Meer durch den stets gleichen Widerschein, den ein unwandelbarer und lastender Horizont begrenzt, endlos die Sinne ermüdet. Als schließlich von Gilberte her der glückliche Wandel nicht kam, den ich seit Stunden erwartete, sagte ich zu ihr, sie sei nicht sehr nett. »Sie sind nicht nett«, antwortete sie. »Doch!« Ich fragte mich, was ich getan hätte, und da ich nichts finden konnte, fragte ich sie danach. »Natürlich, Sie finden sich nett!« rief sie und lachte eine Weile. Da merkte ich, wie schmerzlich es für mich war, daß ich jene andere, viel schwerer erreichbare Ebene ihres Denkens nicht fassen konnte, die ihr Lachen beschrieb. Dieses Lachen schien zu besagen: »Nein, nein, ich falle nicht auf alles herein, ich weiß genau, daß Sie ganz verrückt sind nach mir, aber das ist mir schnuppe, ich mache mir nämlich gar nichts aus Ihnen.« Doch sagte ich mir, das Lachen sei schließlich keine so eindeutige Sprache, daß ich sicher sein könnte, dieses hier richtig verstanden zu haben. Die Worte Gilbertes zudem waren ganz freundschaftlich. »Aber inwiefern bin ich nicht nett?« fragte ich zurück. »Sagen Sie es mir, ich tue alles, was Sie wollen.« – »Nein, das würde nichts nützen, ich kann es Ihnen nicht erklären.« Einen Augenblick lang fürchtete ich, sie könne glauben, ich liebe sie nicht, was für mich ein neues, nicht weniger spürbares Leiden bedeutete, jedoch eine andere Dialektik erforderte. »Wenn Sie wüßten, welchen Kummer Sie mir machen, würden Sie es mir sagen.« Doch dieser Kummer, der sie, wenn sie an meiner Liebe zweifelte, hätte freuen müssen, verärgerte sie gerade. Da begriff ich meinen Irrtum, beschloß, auf ihre Worte nichts mehr zu geben, sie ruhig mir sagen zu lassen, ohne ihr Glauben zu schenken: »Ich habe Sie wirklich immer sehr gern gehabt, Sie werden das noch einmal einsehen« (an jenem Tag nämlich, an dem, wie die Angeklagten immer behaupten, ihre Unschuld sich erweisen wird, der aber aus geheimnisvollen Gründen niemals derjenige ist, an dem man sie verhört), und plötzlich fand ich den Mut zu dem Entschluß, sie nicht mehr zu sehen, ohne es ihr jedoch mitzuteilen, denn sie hätte mir nicht geglaubt.

Ein Kummer, den uns ein geliebtes Wesen zufügt, kann bitter sein, selbst wenn er sich unter andere Sorgen, Freuden und Beschäftigungen mischt, die nicht um das gleiche Wesen kreisen und von denen unsere Aufmerksamkeit sich nur von Zeit zu Zeit entfernt, um zu jenem zurückzukehren. Doch wenn ein solcher Kummer – wie es bei mir der Fall war – in einem Augenblick entsteht, in dem das Glück, diese Person zu sehen, uns ganz und gar ausfüllt, erzeugt der plötzliche Druckabfall in unserer bis dahin in besonnter, friedlicher Stille daliegenden Seele einen tobenden Sturm, gegen den bis zum Ende anzukämpfen wir kaum die Kraft in uns fühlen. Derjenige, der jetzt in meinem Herzen raste, war von so heftiger Art, daß ich völlig durchgeschüttelt und zerschlagen nach Hause zurückkehrte mit dem Gefühl, ich werde erst wieder Luft bekommen, wenn ich auf der Stelle kehrtmachte und unter irgendeinem Vorwand zu Gilberte zurückeilte. Sie aber hätte sich gesagt: Da ist er ja schon wieder. Offenbar kann ich mir alles erlauben, er kommt jedesmal um so gefügiger zu mir zurück, je verzweifelter er mich verlassen hat. Dann rissen meine Gedanken mich wieder stürmisch zu ihr hin, und diese ständigen Richtungswechsel, diese plötzlichen Abweichungen der inneren Magnetnadel hielten noch weiter an, als ich zu Hause war, und drückten sich in den Entwürfen sich widersprechender Briefe aus, die ich an Gilberte schrieb.

So würde ich also eine jener schwierigen Situationen durchmachen, denen man sich im allgemeinen mehrmals im Leben gegenübersieht und auf die man, auch wenn man sich in Charakter und Natur nicht verändert hat – jener Natur, die aus sich selbst unsere Liebe und beinahe auch die Frauen, die wir lieben, ja sogar ihre Fehler erschafft –, nicht jedesmal, das heißt in jedem Alter, in gleicher Weise reagiert. In solchen Augenblicken ist unser Leben geteilt oder vielmehr gleichsam auf die beiden sich gegenüberstehenden Schalen einer Waage verteilt und völlig in ihnen enthalten. In der einen liegt unser Wunsch, dem Wesen, das wir lieben, ohne es zu verstehen, nicht zu mißfallen, ihm nicht zu demütig zu erscheinen, es aber doch auch eine Weile nach außen hin zu vernachlässigen, damit es nicht das Gefühl bekommt, uns unentbehrlich zu sein, wodurch es sich erst recht von uns abwenden würde; die andere enthält ein Leiden – ein nicht örtlich begrenztes und nicht partielles Leiden –, das hingegen nur beschwichtigt werden könnte, wenn wir unter Verzicht darauf, dieser Frau zu gefallen und sie glauben zu machen, wir könnten sie gut entbehren, wieder zu ihr eilten. Wenn man von der Schale, die den Stolz enthält, ein kleines Stück Willenskraft fortnimmt, die man aus Nachgiebigkeit schon vor der Zeit sich hat abstumpfen lassen, und zu der Schale mit dem Kummer ein erworbenes physisches Leiden hinzusetzt, das man untätig hat anwachsen lassen, so ergibt sich anstelle der mutigen Lösung, die sich durchgesetzt hätte, als wir zwanzig waren, ein Sinken der anderen, ohne Gegengewicht zu schwer gewordenen Schale, die uns, wenn wir erst fünfzig sind, mit sich herunterzieht. Das tritt um so mehr ein, als die Situationen sich zwar wiederholen, aber dabei auch wandeln und die Möglichkeit besteht, daß wir um die Mitte oder am Ende des Lebens die verhängnisvolle Schwäche uns selbst gegenüber walten lassen, unsere Liebe noch durch eine Gewöhnung zu komplizieren, die die Jugend in Anbetracht anderer Pflichten, die ihr weniger Freiheit lassen, noch nicht kennt.

Ich schrieb Gilberte einen Brief, in dem ich meinem Zorn freien Lauf ließ, nicht jedoch ohne auch gleich für alle Fälle Rettungsbojen in Gestalt von scheinbar zufälligen Wörtern anzubringen, an die meine Freundin eine Versöhnung hätte anknüpfen können; einen Augenblick später hatte dann der Wind gedreht, und nun richtete ich zärtliche Sätze an sie, in denen die ganze Süße bestimmter Ausdrucksformen trostlosen Kummers lag, ein »Niemals mehr«, das so rührend klingt für die, die es verwenden, und so unerfreulich für die, die es liest, sei es, daß sie nicht daran glaubt und »Niemals mehr« durch »Heute abend noch, wann immer ich Ihnen genehm bin« übersetzt oder es aber für wahr hält und es als Ankündigung einer jener endgültigen Trennungen versteht, die uns so vollkommen gleichgültig sind im Leben, wenn es um jemanden geht, in den wir nicht verliebt sind. Da wir aber, wenn wir lieben, außerstande sind, als würdige Vorgänger des Wesens zu handeln, das wir sein werden, wenn wir nicht mehr lieben, können wir uns unmöglich den Geisteszustand einer Frau vorstellen, der wir trotz unseres Wissens, daß wir ihr gleichgültig sind, in unseren Tagträumen unaufhörlich, um uns glücklich einzulullen oder über unser Leid zu trösten, die gleichen Worte in den Mund gelegt haben, als wenn sie uns wirklich liebte. Den Gedanken und Handlungen einer geliebten Frau gegenüber sind wir ebenso hilflos wie wahrscheinlich die ersten Physiker (bevor es eine eigentliche Naturwissenschaft gab, die etwas Licht in das Dunkel brachte) den Naturphänomenen gegenüber, oder schlimmer noch: wie ein Wesen, für dessen Geist das Kausalitätsprinzip noch kaum existierte, ein Wesen, das nicht imstande wäre, eine Verbindung zwischen dem einen und dem anderen Phänomen herzustellen und dem das Schauspiel der Welt so ungewiß vorkommen mußte wie ein Traum. Sicherlich gab ich mir Mühe, aus dieser Beziehungslosigkeit herauszukommen, Ursachen zu entdecken. Ich versuchte sogar, »objektiv« zu sein und dementsprechend dem Mißverhältnis Rechnung zu tragen, das zwischen der Wichtigkeit bestand, die Gilberte für mich hatte, und derjenigen nicht nur, die ich für sie besaß, sondern sogar der, die sie für andere Wesen außer mir haben mochte, einem Mißverhältnis, ohne dessen Berücksichtigung ich eine bloße Liebenswürdigkeit meiner Freundin für ein leidenschaftliches Geständnis und einen grotesken und erniedrigenden Schritt von meiner Seite für eine Gebärde von schlichter Anmut gehalten hätte, wie sie uns der Geneigtheit der Schönen näherträgt. Doch fürchtete ich auch, in das entgegengesetzte Extrem zu fallen, bei dem ich in dem unpünktlichen Eintreffen Gilbertes zu einer Verabredung, einer Regung schlechter Laune einen Beweis unversöhnlicher Feindschaft gesehen hätte. Ich versuchte, zwischen diesen beiden die Tatsachen entstellenden Blickpunkten denjenigen zu finden, der mir eine möglichst zutreffende Sicht der Dinge verschaffte; die Berechnungen, die ich hierfür anstellen mußte, lenkten mich ein wenig von meinem Kummer ab; und sei es aus Gefügigkeit gegenüber dem Votum der Zahlen oder weil ich das errechnete, was ich mir wünschte, jedenfalls entschloß ich mich am nächsten Tag, zu den Swanns zu gehen, glücklich zwar, jedoch auf die gleiche Art wie jemand, der sich lange mit dem Plan einer Reise herumgeschlagen hat, die er gar nicht machen wollte, nur bis zum Bahnhof geht und dann nach Hause zurückkehrt und die Koffer wieder auspackt. Und da, während man noch zögert, die bloße Vorstellung von einem möglichen Entschluß (sofern man die Vorstellung nicht von vornherein unwirksam gemacht hat, indem man innerlich entschieden ist, den Entschluß nicht zu fassen) gleich einem lebendigen Samenkorn die Grundlinien und alle Einzelheiten der inneren Bewegungszustände aus sich entwickelt, die sich aus der Ausführung dieses Entschlusses ergeben würden, sagte ich mir, bei meinem Vorhaben, Gilberte nicht mehr zu sehen, sei ich recht dumm gewesen, mir soviel Leid zuzufügen, als ob ich diesen Plan hätte je verwirklichen wollen, und ich hätte mir, da es doch schließlich damit endete, daß ich wieder zu ihr ginge, von vornherein einen solch großen Aufwand an Absichtserklärungen und schmerzlicher Resignation ersparen können. Doch hielt diese Wiederaufnahme der Freundschaft nur so lange an, bis ich bei den Swanns angekommen war; nicht weil ihr Maître d'hôtel, der mir sehr zugetan war, mir sagte, Gilberte sei ausgegangen (ich erfuhr tatsächlich noch am gleichen

Abend, daß es stimmte, denn Bekannte von mir hatten sie gesehen), sondern wegen der Art, mit der er mir sagte: »Monsieur, das gnädige Fräulein ist ausgegangen, ich kann Monsieur fest versichern, daß ich Monsieur nicht belüge. Wenn Monsieur sich erkundigen will, lasse ich die Kammerzofe kommen. Monsieur kann sich denken, daß ich gern alles für ihn täte, und wenn das gnädige Fräulein da wäre, würde ich Monsieur sofort zu ihr führen.« Diese auf die einzig maßgebende Weise (indem sie uns eine zumindest summarische Radiographie der ungeahnten Wirklichkeit liefern, die hinter einer einstudierten Rede verborgen bleiben würde), nämlich unwillkürlich vorgebrachten Worte bewiesen, daß in Gilbertes Umgebung der Eindruck bestand, daß ich ihr lästig falle; kaum hatte denn auch der Maître d'hôtel sie ausgesprochen, als sie auch schon in mir einen Haß erzeugten, den ich lieber gegen ihn als gegen Gilberte richtete; er vereinigte nunmehr auf sich alle jene Gefühle des Zorns, die ich gegen meine Freundin hatte hegen können; da sie nun dank jenen Worten von diesen befreit war, blieb nur meine Liebe zurück; doch immerhin hatten sie mir gezeigt, daß ich besser daran täte, Gilberte eine Zeitlang nicht zu sehen. Sie würde mir sicher schreiben, um sich zu entschuldigen. Doch auch dann würde ich, um ihr zu beweisen, ich könne auch ohne sie leben, nicht sofort wieder zu ihr eilen. Außerdem würde ein Besuch bei Gilberte, nachdem sie erst einmal geschrieben hätte, eine Sache sein, auf die ich gut noch ein Weilchen würde verzichten können, weil ich dann sicher wäre, sie doch wiederzusehen, sobald es mir beliebte. Was ich brauchte, um die freiwillige Trennung weniger schmerzlich zu empfinden, war, mein Herz von der furchtbaren Ungewißheit zu befreien, ob wir auch wirklich nicht für immer zerstritten seien, sie nicht verlobt, verreist, entführt worden sei. Die nächsten Tage dann glichen denen der nun schon entlegenen Neujahrswoche, die ich ohne Gilberte hatte verbringen müssen. Doch als jene Woche damals verstrichen war, war ich einerseits sicher, daß meine Freundin wieder in die Champs-Élysées-Anlagen kommen und daß ich sie wieder wie zuvor sehen würde; andererseits wußte ich mit nicht geringerer Gewißheit, daß es, solange die Weihnachtsferien andauerten, keinen Zweck hatte hinzugehen, so daß ich während jener nun schon fernen traurigen Woche meinen Kummer mit Gelassenheit ertragen hatte, weil weder Furcht noch Hoffnung damit verbunden war. Jetzt im Gegenteil war es gerade letzteres Gefühl, das fast so sehr wie die Furcht mein Leiden unerträglich machte. Als ich am gleichen Abend keinen Brief von Gilberte erhalten hatte, hatte ich ihre Nachlässigkeit, alle ihre Beschäftigungen in Betracht gezogen und zweifelte nicht daran, in der Morgenpost einen solchen zu finden. Auf diese wartete ich Tag für Tag mit Herzklopfen, auf das ein Zustand von Niedergeschlagenheit folgte, weil ich nur Briefe von anderen als Gilberte erhielt oder auch nichts, was nicht schlimmer war, denn die Zeichen der Freundschaft einer anderen ließen mir ihre Zeichen der Gleichgültigkeit nur um so grausamer erscheinen. Ich hoffte dann von neuem auf die Nachmittagspost. Selbst in den Stunden zwischen den Zustellungen wagte ich nicht auszugehen, denn sie könnte mir ihre Nachricht ja durch einen Boten schikken. Dann trat schließlich der Augenblick ein, da ich, weil weder ein Briefträger noch ein Swannscher Diener mehr erscheinen konnte, endgültig meine Hoffnung auf Beschwichtigung auf den nächsten Morgen verschieben mußte, und so blieb mir nichts anderes übrig, als, gerade weil ich glaubte, mein Leiden werde nicht lange dauern, es gleichsam stets wieder zu erneuern. Der Kummer blieb vielleicht der gleiche, doch statt daß er wie früher nur mein erstes Gefühl gleichförmig verlängerte, setzte er mehrmals am Tag mit einem so häufig wiederbelebten Gefühl von neuem ein, daß dieses – ein nur momentaner, rein physischer Zustand – schließlich chronisch wurde und die durch das Warten verursachten Aufregungen kaum Zeit hatten, sich etwas zu legen, als bereits ein neuer Anlaß zum Warten da war und es schließlich keine einzige Minute des Tages mehr gab, in der ich mich nicht in beklemmendster Spannung befand, wie sie schon eine Stunde lang schwer zu ertragen ist. So war mein Leiden unendlich grausamer diesmal als in jenen ersten Januartagen, weil jetzt in mir anstelle einer schlichten Ergebung in das Leiden die immer neu erstehende Hoffnung lebte, es enden zu sehen. Zu jener Ergebung kam ich am Ende zwar doch, und ich begriff dann, daß sie definitiv sein müsse; ich verzichtete für immer auf Gilberte im Interesse meiner Liebe selbst, und ich wünschte, daß sie vor allem keine mit Verachtung gemischte Erinnerung an mich behalten sollte. Ich ging sogar so weit, damit sie nicht etwa bei mir etwas wie Liebesgram vermuten könnte, in der Folge, wenn sie mir ein Wiedersehen vorschlug, des öfteren zuzusagen und ihr nur im letzten Augenblick mitzuteilen, daß ich nicht kommen könne, und ihr dabei zu versichern, ich sei untröstlich darüber, wie ich es mit jemandem gemacht hätte, den ich nicht treffen wollte. Mir schien, diese Ausdrücke des Bedauerns, die man gewöhnlich nur gegenüber Menschen verwendet, die einen kalt lassen, würden Gilberte besser von meiner Gleichgültigkeit überzeugen als der Ton der Gleichgültigkeit, den man derjenigen gegenüber, die man liebt, nur vortäuscht. Wenn ich ihr dann auch noch überzeugender als mit Worten durch immer wiederkehrende Handlungen beweisen würde, daß mir nichts daran liege, sie zu sehen, fände vielleicht sie von neuem Gefallen an mir.

Ach! es würde vergeblich sein: der Versuch, ihre Neigung für mich dadurch zu beleben, daß ich sie nicht mehr sähe, war gleichbedeutend damit, sie endgültig zu verlieren; denn erstens würde ich, sofern diese Neigung noch einmal auflebte und ich ihr Dauer verleihen wollte, Gilberte nicht gleich nachgeben dürfen; zweitens würden die grausamsten Stunden dann schon vorüber sein; im jetzigen Augenblick war sie unentbehrlich für mich, und ich hätte ihr am liebsten gesagt, sie würde, wenn sie mich wiedersähe, bald nur noch einen so sehr geschwundenen Schmerz beschwichtigen können, daß dann nicht mehr, wie in diesem Augenblick noch, die Absicht, ihm ein Ende zu bereiten, ein Grund des Waffenstreckens, der Versöhnung, der Wiederbegegnung sein könnte. Später aber, wenn ich endlich Gilberte ohne Gefahr – so sehr würde dann die ihre zu mir an Kraft gewonnen haben – meine Neigung gestehen könnte, würde diese einer so langen Trennung nicht haben standhalten können und nicht mehr existieren; Gilberte würde mir bis dahin gleichgültig geworden sein. Ich wußte es und konnte es ihr doch nicht sagen; sie hätte geglaubt, wenn ich behauptete, ich werde aufhören sie zu lieben, sofern ich sie längere Zeit nicht sähe, ich täte es einzig in dem Wunsch, sie möge mich nur recht bald wieder zu sich rufen. Inzwischen wurde es mir dadurch leichter, mich zu dieser Trennung zu verurteilen, als ich (damit Gilberte sich um so klarer darüber würde, daß es entgegen meinen Behauptungen an meinem freien Willen und nicht an einer Verhinderung, etwa meinem Befinden, liege, wenn ich sie nicht besuchte) jedesmal, wenn ich im voraus wußte, daß Gilberte nicht bei ihren Eltern war, daß sie mit einer Freundin ausging und zum Abendessen nicht nach Hause kam, Madame Swann besuchen ging (die für mich wieder das geworden war, was sie damals für mich darstellte, als ich ihre Tochter nur unter Schwierigkeiten sah und, wenn diese nicht in den Anlagen der Champs-Élysées erschien, in der Avenue des Acacias spazierenging). Auf diese Weise hörte ich von Gilberte reden und war sicher, daß sie ebenfalls hinterher von mir hören werde, und zwar auf eine Weise, die deutlich erkennen ließe, daß ich mir nicht viel aus ihr machte. Und ich fand wie alle, die leiden, daß meine traurige Lage noch schlimmer hätte sein können. Denn da ich freien Zugang zu dem Haus hatte, in dem Gilberte lebte, sagte ich mir immer, wenn ich auch entschlossen war, keinen Gebrauch davon zu machen, ich könne meinem Schmerz, wenn er zu heftig würde, ein Ende bereiten. Ich war einfach von einem Tag zum anderen unglücklich. Und selbst das ist übertrieben. Wie viele Male in einer Stunde sprach ich mir nicht (aber jetzt ohne die beklemmende Spannung, die mir in den ersten Wochen nach unserem Bruch das Herz zugeschnürt hatte, bevor ich wieder zu den Swanns zurückkehrte) den Text des Briefes vor, den Gilberte mir eines Tags schicken oder vielleicht sogar selber bringen würde! Die stete Vorstellung dieses imaginären Glücks half mir, den Zusammenbruch des wirklichen Glücks zu ertragen. Für Frauen, die uns nicht lieben, gilt wie für »Verschollene«, daß das Bewußtsein, man habe nichts mehr zu hoffen, dennoch nicht bedeutet, daß man nicht mehr weiter wartet. Man späht unaufhörlich, man horcht auf jedes Geräusch; Mütter, deren Sohn sich zu einer gefahrvollen Expedition auf See begeben hat, stellen sich jede Minute vor, selbst wenn seit langem die Gewißheit besteht, daß ihr Sohn umgekommen ist, er werde, auf wunderbare Weise gerettet, wohlbehalten ins Zimmer treten. Und dieses Warten verhilft ihnen je nach der Kraft der Erinnerung und der Widerstandsfähigkeit ihrer Organe entweder dazu, die Jahre zu überdauern bis zu dem Punkt, wo sie den Gedanken ertragen, daß ihr

Sohn nicht mehr lebt, es allmählich vergessen und weiterleben – oder aber zu sterben. Außerdem erfuhr mein Schmerz eine gewisse Linderung durch den Gedanken, daß er meiner Liebe nütze. Jeder Besuch, den ich Madame Swann machte, ohne Gilberte zu sehen, war grausam für mich, aber ich merkte, daß er um ebensoviel das Bild verbesserte, das Gilberte von mir hatte.

Wenn ich es im übrigen immer so einrichtete, daß ich, bevor ich zu Madame Swann ging, ganz sicher war, ihre Tochter nicht anzutreffen, so geschah das vielleicht ebensosehr aus Entschlossenheit, mit ihr zerstritten zu sein, wie aus jener Hoffnung auf Versöhnung heraus, die meinen Willen zum Verzicht überlagerte (es gibt – zumindest in kontinuierlicher Form – wenig absolute Verzichte in der menschlichen Seele, denn eines ihrer durch den unerwarteten Zustrom verschiedener Erinnerungen noch bekräftigten Gesetze ist das Intermittieren) und mir gnädig verdeckte, was allzu grausam daran schien. Ich wußte wohl, daß diese Hoffnung ziemlich illusorisch war. Ich war wie ein Armer, der sein trockenes Brot mit weniger Tränen netzt, wenn er sich sagt, daß vielleicht sogleich ein Fremder ihm sein ganzes Vermögen hinterlassen werde. Wir alle müssen, um die Wirklichkeit für uns erträglich zu machen, ein paar kleine Torheiten in uns nähren. Meine Hoffnung aber blieb unversehrter erhalten – während gleichzeitig die Trennung sich leichter durchführen ließ –, wenn ich Gilberte nicht sah. Hätte ich bei ihrer Mutter plötzlich ihr gegenübergestanden, so würden wir vielleicht nicht wiedergutzumachende Worte gewechselt haben, die unser Zerwürfnis endgültig besiegelt, meine Hoffnung erstickt und andererseits durch das Entstehen neuer Ängste meine Liebe wiedererweckt und meine Resignation noch schwieriger gestaltet hätten.

Seit langem schon, weit vor dem Zerwürfnis mit ihrer

Tochter, hatte Madame Swann mir gesagt: »Es ist ja sehr nett, daß Sie Gilberte besuchen kommen, aber ich wünschte, Sie kämen auch manchmal meinetwegen, nicht zu meinem Choufleury[1], bei dem Sie sich langweilen würden, weil zuviel Leute da sind, sondern an einem der anderen Tage, wo Sie mich zu späterer Stunde immer antreffen können.« Wenn ich sie also besuchen ging, sah es so aus, als käme ich nur einem von ihr längst geäußerten Wunsch nach. Und sehr spät jeweils, nach dem Dunkelwerden, wenn meine Eltern schon fast zu Tisch gingen, brach ich auf und besuchte Madame Swann; die ganze Zeit wußte ich dann, daß ich Gilberte nicht sehen, aber doch unausgesetzt an sie denken würde. In diesem damals noch als sehr entlegen geltenden Stadtviertel eines Paris, das dunkler war als heute und selbst im Zentrum noch keine elektrische Straßenbeleuchtung hatte, auch sehr wenig elektrisches Licht in den Häusern, genügten die Lampen eines im Parterre oder in einem niedrigen Zwischenstock gelegenen Salons (wie es der ihrer Räumlichkeiten war, in denen Madame Swann gewöhnlich ihre Gäste empfing), um die Straße zu erhellen und die Blicke des Passanten zu fesseln, der in ihrem hellen Schein die offensichtliche und doch verhüllte Ursache für die Anwesenheit einiger schmucker Coupés[2] vor der Tür zu erkennen glaubte. Der Vorübergehende vermutete dann mit allerlei bewegten Gedanken eine Veränderung in dieser geheimnisumwobenen Ursache, wenn er eines der Coupés sich in Bewegung setzen sah; doch es handelte sich dabei nur um einen Kutscher, der aus Furcht, sie könnten sich erkälten, seine Pferde gelegentlich die Straße hoch- und wieder hinuntertraben ließ, was um so eindrucksvoller war, als die gummibereiften Räder dem Hufgetrappel einen Hintergrund von Stille bereiteten, von dem es sich desto deutlicher und bestimmter abhob.

Der »Wintergarten«, den in jenen Jahren der Vorübergehende in allen möglichen Straßen sehen konnte, wenn die Wohnung nicht allzu hoch über dem Bürgersteig lag, ist jetzt nur noch auf den Heliogravüren in den Geschenkbüchern von P.-J. Stahl[1] zu entdecken, wo er, im Gegensatz zu den spärlichen floralen Ornamenten der heutigen Louis-Seize-Gemächer – eine Rose oder japanische Iris in einer langhalsigen Kristallvase, in die keine weitere Blume hineinginge –, in Anbetracht der verschwenderischen Fülle der Zimmerpflanzen, die man damals hatte, und des absoluten Mangels einer Stilisierung in ihrem Arrangement offenbar bei der Dame des Hauses eher einer Art lebendiger, köstlicher Begeisterung für Botanik entsprungen zu sein scheint als einem nüchternen Bemühen um unbelebte Dekoration. Er erinnerte in vergrößertem Format, in den eleganten Stadtvillen von damals, an jene winzigen transportablen Treibhäuser, die am Morgen des 1. Januar unter die leuchtende Lampe gestellt wurden – die Kinder hatten ja doch nicht die Geduld, bis Tagesanbruch zu warten – und dort unter anderen Neujahrsgeschenken das schönste von allen waren, da sie ja mit den Pflanzen, die man weiterhin pflegen konnte, über die Kahlheit des Winters freundlich hinwegtrösteten; mehr noch als an diese Treibhäuser selbst erinnerten die Wintergärten an jenes, das man daneben in einem schönen Buch, ebenfalls einem Neujahrsgeschenk, abgebildet fand und das, obwohl nicht den Kindern zugedacht, sondern für Mademoiselle Lili, die Heldin des Buches, bestimmt, doch jene derart entzückte, daß sie, die heute fast Greise sind, sich fragen, ob in jenen glücklichen Jahren der Winter nicht die schönste Jahreszeit war. In der Tiefe nun jedenfalls dieses Wintergartens erkannte, hinter den eisblumenhaften Schattenspielen all dieser Gewächse, die von der Straße her das beleuchtete Fenster den Scheiben jener auf Bildern dargestellten oder wirklichen Kindertreibhäuser ähnlich machten, der Vorübergehende, wenn er sich auf die Zehenspitzen hob, gewöhnlich einen Herrn im Gehrock mit einer Gardenie oder Nelke im Knopfloch, der vor einer sitzenden Dame stand, beide undeutlich wie zwei in einen Topas geschnittene Figurinen, eingehüllt in die Atmosphäre des vom Samowar – einem damals neu eingeführten Artikel – mit Ambradämpfen, die vielleicht auch heute noch daraus hervorquellen, die aber infolge der Gewöhnung daran niemand mehr bemerkt, durchdufteten Salons. Madame Swann hielt sehr auf diesen »Tee«; sie hielt es für originell und charmant, wenn sie zu einem Mann sagte: »Sie finden mich alle Tage zu späterer Stunde zu Hause, kommen Sie doch und trinken Sie Ihren Tee bei mir«, wobei sie mit einem feinen, sanften Lächeln diese mit einem vorübergehend englischen Akzent ausgesprochenen Worte begleitete, die ihr Gegenüber mit respektvollem Gruß zur Kenntnis nahm, als seien sie etwas Wichtiges und Besonderes, das Ehrerbietung erheischte und Aufmerksamkeit gebot. Aus einem anderen Grund noch als den genannten hatten die Blumen in Madame Swanns Salon nicht nur rein ornamentalen Charakter, und dieser Grund hatte nichts mit der Epoche zu tun, sondern zum Teil mit Odettes früherer Existenz. Eine große Kokotte, wie sie es gewesen war, lebt vor allem für ihre Liebhaber, das heißt bei sich zu Hause, was sie dazu führen kann, für sich zu leben. Die Dinge, die man bei einer ehrbaren Frau zu sehen bekommt und die auch in ihren Augen Wichtigkeit haben müssen, besitzen jedenfalls für die Kokotte die allergrößte überhaupt. Der Höhepunkt ihres Tages ist nicht der Augenblick, da sie sich für eine Gesellschaft anzieht, sondern derjenige, da sie sich für einen Mann auszieht. Sie muß im Negligé, im Nachthemd so elegant sein wie im Ausgehkleid. Andere Frauen zeigen ihren

Schmuck, sie aber lebt in Intimität mit ihren Perlen. Diese Daseinsform verpflichtet und verführt schließlich zu einem geheimen und nahezu selbstlosen Luxus. Madame Swann dehnte diesen auf die Blumen aus. Immer stand neben ihrem Fauteuil eine ungeheure Kristallschale, gefüllt mit Parmaveilchen oder mit Margueriten, deren gelöste Blätter im Wasser schwebten, so daß es dem Eintretenden scheinen mußte, als habe er sie gerade bei ihrer Lieblingsbeschäftigung gestört, wie etwa bei einer Tasse Tee, die Madame Swann zu ihrem Vergnügen ganz für sich allein getrunken hätte, ja sogar bei einer geheimnisvolleren und intimeren Beschäftigung, so daß man sich beim Anblick dieser offen ausgebreiteten Blumen am liebsten hätte entschuldigen mögen, wie wenn man den Titel des noch aufgeklappten Bandes angeschaut hätte, aus dem man ersehen konnte, was Odette gelesen und womit vielleicht ihre Gedanken zur Zeit beschäftigt waren. Mehr noch als das Buch aber lebten die Blumen; man war befangen, wenn man bei Madame Swann eintrat, um ihr einen Besuch zu machen, und sah, daß sie nicht allein war, oder wenn man mit ihr zusammen nach Hause kam und den Salon nicht leer vorfand; einen so rätselhaften und zu den unbekannten Stunden der Hausherrin in Beziehung stehenden Platz nahmen diese Blumen darin ein, die nicht für Odettes Besucher hergerichtet waren, sondern – gleichsam nur von ihr selbst vergessen – dort mit ihr Privatgespräche geführt hatten und noch führen würden, die man zu stören fürchtete und deren geheimen Sinn man vergebens aus der verwaschenen, in einen flüssigen Lilaton sich lösenden Farbe der Parmaveilchen zu erraten versuchte. Von Anfang Oktober an kehrte Odette so regelmäßig wie irgend möglich zum Tee, den man damals noch »five o'clock tea« nannte, nach Hause zurück, da sie hatte sagen hören (und selbst gern wiederholte), nur dadurch habe Madame Verdurin es zu einem Salon gebracht, daß man immer sicher sein konnte, sie zur gleichen Stunde zu Hause anzutreffen. Odette bildete sich nun ein, selber einen zu haben, der gleichen Art, etwas freier vielleicht, *senza rigore*[1], wie sie selbst gern sagte. Sie sah sich nämlich als eine Art Lespinasse[2] und glaubte einen Konkurrenzsalon aufgemacht zu haben, in den sie der du Deffand des kleinen Kreises ihre angenehmsten Besucher, besonders Swann, entführt hätte, der die Sezession mitgemacht und ihr in ihr Lager gefolgt sei, eine Version, die ihr verständlicherweise Neulingen weiszumachen gelang, die nichts von der Vergangenheit wußten, nicht jedoch sich selbst. Doch werden gewisse Lieblingsrollen von uns so häufig vor anderen durchgespielt und in uns selber einstudiert, daß wir uns leichter auf ihr erdichtetes Zeugnis stützen als auf eine Wahrheit, die uns fast völlig entfallen ist. An den Tagen, an denen Madame Swann überhaupt nicht ausgegangen war, traf man sie in einem schneeweißen Crêpe-de-Chine-Morgenkleid an, manchmal auch in einem jener langen gefältelten Gewänder aus Seidenmusselin, die aussehen wie aus weißen und rosigen Blütenblättern hingehaucht und die man heute wenig für den Winter geeignet fände, ganz zu Unrecht übrigens. Denn jene leichten Stoffe und zarten Farben gaben der Frau – in der angestauten Wärme der damaligen mit Portieren abgedichteten Salons, deren »seidenweiche Polster« die Modeschriftsteller der Epoche rühmten, wenn sie besonders elegant sein wollten – dasselbe fröstelnde Aussehen, wie es die Rosen hatten, die trotz des Winters im Inkarnat ihrer Blöße dort bei ihr ausharren konnten wie im Frühling. Weil die Teppiche jeden Laut erstickten und sie selbst im Schutz von Wandnischen sich eingerichtet hatte, merkte die Herrin des Hauses nicht, wenn jemand eingetreten war, wie sie es heute täte, sondern fuhr zu lesen fort, wenn man schon beinahe vor ihr stand, was den Eindruck des Romanhaften, den Zauber gleichsam eines belauschten Geheimnisses verstärkte, den wir noch in der Erinnerung an jene damals schon aus der Mode gekommenen Gewänder wiederfinden, die Madame Swann vielleicht als einzige noch nicht abgelegt hatte und die in uns die Vorstellung wecken, die Frau, die sie trägt, müsse eine Romanheldin sein, da die meisten von uns dergleichen nur in bestimmten Romanen von Henry Gréville[1] begegnet sind. Odette hatte jetzt bei Beginn des Winters in ihrem Salon Chrysanthemen von enormen Ausmaßen und einer Vielfalt der Farben, wie Swann sie früher bei ihr nicht hatte vorfinden können.[2] Meine Bewunderung für diese Blumen – wenn ich Madame Swann einen jener traurigen Besuche machte, bei denen ich in ihr wegen meines Kummers die ganze geheimnisvolle Poesie der Mutter jener Gilberte wiederfand, der sie am nächsten Tag sagen würde: »Dein Freund hat mich gestern besucht« – kam zweifellos daher, daß sie, blaßrosa wie die Louis-Seize-Seiden ihrer Fauteuils, schneeweiß wie ihr Hauskleid aus Crêpe de Chine oder von dem metallischen Rot ihres Samowars, über die Ausstattung des Salons eine zweite legten von ebenso reichem Kolorit, ebenso raffiniert, aber diesmal lebendig und nur für wenige Tage bestimmt. Doch wurde ich weniger durch die Vergänglichkeit dieser Chrysanthemen berührt als vielmehr durch ihre relative Dauerhaftigkeit im Vergleich zu den ebenso rosigen und ebenso kupferfarbenen Tönen, die die untergehende Sonne verschwenderisch über die grauen Nebel der Spätnachmittage im November verströmt; nachdem ich sie auf dem Weg zu Madame Swann am Himmel hatte erlöschen sehen, fand ich sie nun nachlebend, in die entflammte Farbpalette der Blumen transponiert wieder. Als habe ein großer Meister der Farbe diese Feuer der Vergänglichkeit der Atmosphäre und des Sonnenlichts entrissen, damit sie eine menschliche Wohnung schmückten, luden die Chrysanthemen mich bei all meiner Traurigkeit doch dazu ein, während dieser Teestunde begierig die so kurzen Novemberfreuden auszukosten, deren traulich geheimnisvollen Glanz sie neben mir erstrahlen ließen. Aus den Gesprächen freilich war Ähnliches nicht zu hoffen; sie hatten herzlich wenig davon. Selbst Madame Cottard gegenüber und obwohl es schon spät war, erklärte Madame Swann mit aufgesetzter Liebenswürdigkeit: »Aber nein, es ist nicht spät, schauen Sie nicht auf die Uhr dort. Sie hat nie die richtige Zeit, sie geht nicht; was haben Sie denn nur so schrecklich Dringendes vor«; und bot der Frau des Professors, die mit der Visitenkartentasche in der Hand dasaß, noch ein Törtchen an.

»Man kann aus diesem Haus einfach nicht fort«, sagte Madame Bontemps zu Madame Swann, während Madame Cottard in ihrer Verwunderung, ihre eigene Meinung aussprechen zu hören, in die Worte ausbrach: »Das sage ich mir doch auch immer im Innersten, mit meinem bißchen Grips!« Und damit fand sie den Beifall der Herren vom Jockey-Club, die sehr geschmeichelt getan und sich bis auf den Boden verbeugt hatten, als Madame Swann sie dieser unfreundlichen Kleinbürgerin vorstellte, die Odettes glänzenden Freunden gegenüber ihre Reserve, ja, wie sie sich ausdrückte, denn sie verwendete immer eine vornehme Sprache für die einfachsten Dinge, »ihre Defensive« nie ablegte. »Man sollte es nicht glauben, doch schon drei Nachmittage haben Sie mich im Stich gelassen«, sagte Madame Swann zu Madame Cottard. »Das ist wahr, Odette, es ist einfach *Unzeiten, Ewigkeiten* her, seit ich Sie zuletzt gesehen habe. Ich muß mich da ganz schuldig sprechen; und doch gestehe ich Ihnen«, setzte sie mit verschämter und vielsagender

Miene hinzu – denn obwohl Gattin eines Arztes, hätte sie nie gewagt, anders als in Periphrasen von Rheuma oder Nierenkoliken zu sprechen – »daß ich manchmal meine kleinen *Weh-Wehs* habe. Jeder hat die seinen, nicht wahr. Außerdem gab es eine Krise bei meiner männlichen Dienerschaft. Ohne daß ich besonders auf mein Ansehen im Haus poche, mußte ich doch ein Exempel statuieren und meinen Vatel[1] wegschicken, der im übrigen, glaube ich, einen einträglicheren Posten suchte. Doch sein Abgang hat beinahe zur Demission des gesamten Kabinetts geführt. Meine Kammerzofe wollte gleichfalls nicht bleiben, es hat homerische Szenen gesetzt. Ich habe zwar das Steuer fest in der Hand behalten, doch das Ganze war für mich ein Anschauungsunterricht, aus dem ich eine Lehre ziehen werde. Ich langweile Sie mit diesen Dienstbotengeschichten, aber Sie wissen ja, was man für Mühe hat, wenn man sich gezwungen sieht, Umstellungen beim Personal vorzunehmen. Und Ihr reizendes Töchterchen? Sehen wir sie heute nicht?« fragte sie dann. »Nein, mein reizendes Töchterchen speist heute bei ihrer Freundin«, antwortete Madame Swann, und an mich gerichtet fügte sie hinzu: »Ich glaube, sie hat Ihnen geschrieben, Sie möchten sie morgen besuchen ... Und was machen Ihre babies?« wandte sie sich wieder der Frau des Professors zu. Ich atmete tief auf. Die Worte Madame Swanns, die mir bewiesen, daß ich Gilberte, sobald ich wollte, wiedersehen könnte, brachten mir gerade die Erleichterung, um derentwillen ich hierhergekommen war und die mir die Besuche bei Madame Swann in jener Zeit so nötig machte. »Nein, ich werde ihr heute abend ein Wort schreiben. Gilberte und ich können uns ja nicht mehr sehen«, setzte ich hinzu, indem ich unserer Trennung eine geheimnisvolle Ursache zu unterstellen schien, was mir noch eine Illusion von Liebe ließ, die ja auch durch die freundschaftliche Art, in der ich von Gilberte sprach und sie von mir, genährt wurde. »Sie wissen ja, sie hat Sie furchtbar gern«, erklärte Madame Swann. »Wollen Sie wirklich morgen nicht kommen?« Ein plötzlicher Freudentaumel hob meine Stimmung, ich hatte mir eben gesagt: Warum eigentlich nicht? Wo doch ihre Mutter selbst mich aufgefordert hat! Doch gleich darauf fiel ich wieder in meine Trübsal zurück. Ich fürchtete, bei meinem Anblick könne Gilberte denken, meine Gleichgültigkeit in der letzten Zeit sei nur fingiert gewesen, und wollte dann doch die Trennung bestehen lassen. Während dieser Nebenbemerkungen klagte Madame Bontemps darüber, wie langweilig für sie der Verkehr mit den Frauen der Politiker sei, denn sie tat mit Vorliebe so, als finde sie alle Welt albern und lächerlich und sei kreuzunglücklich über die Stellung ihres Mannes. »Wie bringen Sie es fertig, einfach fünfzig Arztfrauen hintereinander zu empfangen«, meinte sie zu Madame Cottard gewendet, die im Gegensatz zu ihr voller Wohlwollen für jedermann und voller Respekt gegenüber allen Verpflichtungen war. »Ah, das nenn' ich Tugend! Ich im Ministerium, nicht wahr, ich bin natürlich dazu verpflichtet. Na gut, doch kann ich mir einfach nicht helfen, Sie wissen ja, diese Beamtenfrauen ... am liebsten streckte ich ihnen die Zunge heraus. Meine Nichte Albertine ist da ganz wie ich. Die Kleine ist auch keineswegs auf den Mund gefallen. Letzte Woche hatte ich bei meinem Jour die Frau des Unterstaatssekretärs im Finanzministerium, die behauptete, sie verstehe nichts von der Küche. ›Aber Madame‹, sagte meine Nichte da mit ihrem charmantesten Lächeln zu ihr, ›Sie müßten es doch wissen, Ihr Vater war doch Küchenjunge!‹« – »Oh! Ich liebe diese Geschichte; wirklich köstlich«, meinte Madame Swann. »Doch wenigstens an den Tagen, wo der Doktor Sprechstunde hat, sollten Sie Ihr kleines

›home‹ genießen mit Ihren Blumen, Ihren Büchern, den Dingen, die Sie lieben«, riet sie Madame Cottard. »Platsch ins Gesicht, jawohl, sie war einfach sprachlos. Und diese kleine Krabbe hatte mir vorher nichts gesagt, sie ist schlau wie etwas. Sie haben Glück, daß Sie sich so beherrschen können; ich beneide immer die Leute, die sich nichts anmerken lassen.« – »Ich habe das doch gar nicht nötig, Madame, ich habe keine hohen Ansprüche«, gab Madame Cottard sanftmütig zurück. »Zunächst darf ich mir das ja auch weniger erlauben als Sie«, fügte sie mit etwas lauterer Stimme hinzu, wie sie es immer zum Zweck der Hervorhebung tat, wenn sie in die Unterhaltung eine der zarten Liebenswürdigkeiten gleiten ließ, eine jener wohlabgewogenen Schmeicheleien, die von ihrem Mann bewundert wurden und seiner Karriere nützten. »Und dann tue ich auch alles gern, was dem Professor dienlich ist.«

»Gewiß, Madame, doch muß man das eben können. Wahrscheinlich sind Sie nicht nervös. Wenn ich die Grimassen der Frau des Kriegsministers sehe, mache ich sie auf der Stelle nach. Es ist einfach furchtbar, wenn man so ein Temperament hat wie ich.«

»Ja, allerdings«, sagte Madame Cottard, »ich habe sagen hören, sie habe Tics, mein Mann kennt da eine sehr hochgestellte Persönlichkeit, und wenn die Herren unter sich sind, natürlich ...«

»Und dann sehen Sie, Madame, ist da der Chef des Protokolls, der einen Buckel hat; ich kann einfach nicht anders, er ist noch keine fünf Minuten bei uns, und schon muß ich seinen Buckel anfassen. Mein Mann sagt, ich werde noch erreichen, daß er seine Stellung verliert. Na, auch gut! Zum Kuckuck mit dem Ministerium! Jawohl, zum Kuckuck mit dem Ministerium! Das möchte ich am liebsten als Devise auf mein Briefpapier drucken lassen. Ich bin sicher, Sie sind entsetzt über mich, da Sie selber so nett sind; ich für meine Person muß gestehen, daß mich nichts so amüsiert wie diese kleinen Bosheiten, ohne die ich das Leben einfach öde fände.«

Und sie redete unaufhörlich weiter vom Ministerium, als handle es sich um den Olymp. Um dem Gespräch eine andere Richtung zu geben, wandte Madame Swann sich an Madame Cottard:

»Sie kommen mir heute besonders hübsch vor? Redfern[1] *fecit*?«

»O nein, Sie wissen ja, ich bin eine treue Anhängerin von Raudnitz.[2] Im übrigen ist dies hier nur eine Änderung.«

»Jedenfalls hat es großen Schick!«

»Wieviel meinen Sie? ... Nein, Sie müssen die erste Ziffer ändern.«

»Ist das möglich? Das ist ja nichts, das ist ja geschenkt. Man hatte mir dreimal soviel gesagt.«

»Ja, so entstehen Legenden«, schloß die Doktorsgattin das Thema ab. Dann zeigte sie Madame Swann eine Pelzboa, die diese ihr geschenkt hatte.

»Schauen Sie, Odette, kennen Sie die noch?«

Im Spalt eines Vorhangs erschien mit dem Ausdruck respektvollen Abwartens ein Männerkopf, der seine Furcht zu stören scherzhaft übertrieb: es war Swann. »Odette, der Fürst von Agrigent ist bei mir im Arbeitszimmer und fragt, ob er Ihnen seine Aufwartung machen darf. Was soll ich ihm sagen?« – »Daß ich entzückt bin, natürlich«, gab Odette sichtlich befriedigt, doch auch mit Gelassenheit zurück, die ihr um so leichter fiel, als sie ja immer schon, auch als Kokotte, elegante Männer bei sich empfangen hatte. Swann ging sagen, daß der Gast genehm sei, und kehrte mit dem Fürsten von Agrigent zu seiner Frau zurück, falls in der Zwischenzeit nicht Madame Verdurin eingetreten war. Als er Odette heiratete, hatte er sich ausbedungen, sie dürfe den kleinen Kreis nicht mehr besuchen (er hatte dafür viele Gründe, und sonst hätte auch schon das Gesetz der Undankbarkeit genügt, das keine Ausnahme duldet und um so mehr den Mangel an Voraussicht oder die Selbstlosigkeit der Kuppler hervortreten läßt). Er hatte Odette lediglich zugestanden, jährlich zwei Visiten mit Madame Verdurin auszutauschen, was gewissen Getreuen, in ihrer Empörung über die der Patronne – die doch so viele Jahre hindurch Odette und sogar Swann als ihre besonderen Lieblinge behandelt hatte – angetane Schmach, sogar noch zuviel scheinen wollte. Denn wenn zu dem kleinen Kreis auch perfide Gesellen gehörten, die ab und zu die Verdurins versetzten, um insgeheim einer Einladung Odettes zu folgen, und bereit waren, falls sie ertappt würden, sich mit ihrer Neugier zu entschuldigen, einmal Bergotte zu begegnen (obwohl die Patronne behauptete, er verkehre gar nicht bei den Swanns und habe auch kein Talent, wobei sie ihn aber dennoch, wie sie es selbst so gern nannte, heranzuziehen suchte), so hatte er doch auch seine »Ultras«. In Unkenntnis der besonderen Interessen, die oft die Menschen dazu bringen, die extreme Haltung abzulegen, die man gern an ihnen sähe, wenn es sich darum handelt, jemand anderen zu ärgern, hätten sie, ohne es jedoch zu erreichen, gewünscht, Madame Verdurin würde alle Beziehungen zu Odette abbrechen und ihr damit die Genugtuung verwehren, lachend sagen zu können: »Wir gehen seit dem Schisma sehr selten zu der Patronne. Das war noch möglich, solange mein Mann Junggeselle war, doch wenn man verheiratet ist, läßt sich so etwas nicht immer ganz leicht machen ... Monsieur Swann, um die Wahrheit zu sagen, verträgt die alte Verdurin gar nicht und sähe es ungern, wenn ich normalen Umgang mit ihr pflegte. Und als getreue Gattin ...« Swann begleitete seine Frau, wenn eine Soiree stattfand, ließ sich aber möglichst nicht blicken, wenn Madame Verdurin Odette besuchen kam. Für den Fall also, daß die Patronne im Salon anwesend war, erschien der Fürst von Agrigent allein. Und allein auch wurde er ihr vorgestellt, denn Odette legte keinen Wert darauf, vor Madame Verdurin unbedeutende Namen zu nennen; da diese mehr als ein unbekanntes Gesicht unter den Anwesenden sah, sollte sie sich lieber unter lauter Aristokraten ersten Ranges glauben; diese Rechnung ging so gut auf, daß am Abend Madame Verdurin angewidert zu ihrem Gatten bemerkte: »Ein Milieu ist das, sage ich dir! Die Spitzen der Reaktion!« Odette unterlag in bezug auf Madame Verdurin der entgegengesetzten Illusion. Nicht, daß deren Salon damals auch nur angefangen hätte zu werden, was er – wie wir sehen werden – eines Tages sein sollte. Madame Verdurin war noch nicht einmal bei jener Inkubationszeit angelangt, wo man große Festlichkeiten aufschiebt, da sonst die wenigen Neuerwerbungen an glanzvollen Erscheinungen in zuviel seichtem Mittelmaß untergehen würden, und lieber wartet, bis die Zeugungskraft dieser zehn Gerechten, die man mit Erfolg herangezogen hat, siebzig mal zehn daraus macht. Wie Odette das in Kürze auch tun würde, setzte Madame Verdurin sich in der Tat die »große Welt« als Ziel, doch ihre Ansatzpunkte waren noch vereinzelt und zudem so weit von denen entfernt, mittels deren Odette dem gleichen Ergebnis zustrebte, daß diese sich in größter Unwissenheit über die strategischen Pläne befand, die die Patronne indessen ausarbeitete. In denkbar gutem Glauben also fing Odette, wenn jemand ihr gegenüber Madame Verdurin als Snob bezeichnete, zu lachen an und meinte: »Aber ganz im Gegenteil! Erstens fehlen ihr alle Voraussetzungen dafür, denn sie kennt ja niemand. Ferner muß man gerecht sein und ihr zugestehen, daß es ihr selber so gefällt. Nein, woran ihr liegt, das sind ihre Mittwochabende und Leute, die nett zu plaudern wissen.« Insgeheim aber beneidete sie Madame Verdurin (obwohl sie die Hoffnung nicht aufgab, in einer so guten Schule schließlich dergleichen gelernt zu haben) um die Künste, denen die Patronne selbst so große Wichtigkeit beimaß, obwohl sie nur das Inexistente verfeinern, die Leere ausformen und im wahrsten Sinne Künste des Nichts genannt werden können: die Kunst (der Gastgeberin), die Leute »zusammenzubringen«, die richtigen »Gruppen zu bilden«, jemand »herauszustellen«, sich selbst ganz »auszuschalten« und nur als »Bindeglied« eine Rolle zu spielen.

Auf alle Fälle waren Madame Swanns Freundinnen beeindruckt davon, bei ihr eine Frau anzutreffen, die man sich gemeinhin nur in ihrem eigenen Salon vorstellte, in einem von ihr unlösbaren Rahmen getreuer Gäste, einer ganzen kleinen Gruppe, die man nun staunend auf einem einzigen Fauteuil gegenwärtig geworden, verdichtet, in der Person der Patronne zusammengefaßt vor sich sah, die zur Besucherin geworden war in ihrem mit Daunenfedern besetzten Mantel, der sie ganz einhüllte und so duftig war wie die weißen Felle überall im Salon, in dessen Mitte Madame Verdurin ihren Salon für sich bildete. Die schüchternsten unter den anwesenden Damen wollten sich zurückziehen, und den Plural verwendend – wie man es tut, wenn man zu verstehen geben will, es sei besser, eine Rekonvaleszentin, die zum erstenmal aufgestanden ist, nicht allzusehr zu ermüden – sagten sie: »Odette, wir verlassen Sie jetzt.« Man beneidete Madame Cottard, die von der Patronne mit Vornamen angeredet wurde. »Darf ich Sie entführen?« sagte Madame Verdurin zu ihr, da sie den Gedanken nicht ertrug, eine Getreue könne dableiben, anstatt mit ihr aufzubrechen. »Madame Bontemps ist so liebenswürdig, mich mitzunehmen«, antwortete Madame Cottard, die zugunsten einer berühmteren Anwesenden gleichwohl nicht vorgeben wollte, sie hätte vergessen, daß sie bereits das Anerbieten von Madame Bontemps, sie in ihrer trikoloregeschmückten Kutsche heimzufahren, angenommen hatte.

»Ich muß gestehen, daß ich den Freundinnen ganz besonders dankbar bin, die mich in ihrem Gefährt aufnehmen. Es ist eine wahre Wohltat für mich, zumal ich selbst keinen Automedon[1] habe.« – »Es ist in diesem Fall um so freundlicher«, antwortete Madame Verdurin (die nicht auf ihrem Angebot beharren wollte, denn sie kannte Madame Bontemps flüchtig und hatte sie gerade zu ihren Mittwochabenden eingeladen), »als Sie hier bei Madame de Crécy nicht eben in der Nähe Ihrer Wohnung sind. Oh, mein Gott, ich werde mich nie gewöhnen, Madame Swann zu sagen.« Es galt nämlich bei Leuten im kleinen Kreis, die nicht über allzuviel Geist verfügten, als Witz, so zu tun, als könne man sich nicht an »Madame Swann« gewöhnen: »Ich war doch so gewöhnt, Madame de Crécy zu sagen, jetzt hätte ich mich beinahe wieder versprochen.« Nur Madame Verdurin tat es, wenn sie mit Odette sprach, nicht aus Versehen, sondern versprach sich mit Absicht. »Haben Sie keine Angst, Odette, in einer so abgelegenen Gegend zu wohnen? Ich glaube, mir wäre es unangenehm, hier abends spät nach Hause zu kommen. Und dann ist es doch sicher auch feucht. Für das Ekzem Ihres Gatten dürfte das nicht das richtige sein. Ratten haben Sie doch wohl nicht auch?« – »Aber nein, um Gottes willen! Wie gräßlich!« – »Um so besser, ich hatte so etwas gehört. Ich bin nur froh, daß es nicht stimmt, denn ich habe selber fürchterliche Angst vor Ratten und wäre nicht wiedergekommen. Auf Wiedersehen, meine Gute, Liebe, auf bald, Sie wissen ja, wie gern ich Sie immer sehe. Sie arrangieren die Chrysanthemen nicht richtig«, sagte sie im Gehen, als Madame Swann sich erhob, um sie hinauszubegleiten. »Es sind japanische Blumen, man muß sie so anordnen, wie die Japaner es tun.« – »Ich bin da nicht der Ansicht von Madame Verdurin, wiewohl sie in allen Dingen das Gesetz und die Propheten für mich ist. Nur Sie, Odette, treiben so schöne Chrysanthemums auf – oder Chrysanthemen[1] sagt man wohl jetzt«, erklärte Madame Cottard, als die Patronne die Tür hinter sich zugemacht hatte. »Unsere liebe Madame Verdurin ist nicht immer sehr wohlwollend bei Blumen der anderen«, gab Madame Swann mit sanfter Stimme zurück. »Wen beehren Sie denn, Odette?« wollte Madame Cottard wissen, um weiterer Kritik an der Patronne zuvorzukommen . . .

»Lemaître?[2] Ich muß gestehen, bei Lemaître habe ich neulich vorn eine große rosa Topfpflanze gesehen, für die ich mich in tolle Unkosten gestürzt habe.« Doch machte sie aus Schamgefühl keine näheren Angaben zum Preis der Pflanze, setzte nur hinzu, daß der Professor, dem »sonst der Hut nicht so leicht hochgehe«, rot gesehen und ihr gesagt habe, sie kenne den Wert des Geldes nicht. »Nein, nein, mein Hoflieferant für Blumen ist nach wie vor Debac.« – »Meiner auch«, sagte Madame Cottard, »aber ich gebe zu, daß ich ihm manchmal mit Lachaume die Treue breche.« – »Soso, Sie hintergehen ihn mit Lachaume, das werde ich ihm sagen«, antwortete Odette, die gern geistreich sein und zu Hause, wo sie sich mehr in ihrem Element fühlte als im kleinen Kreis, die Unterhaltung führen wollte. »Übrigens wird Lachaume wirklich zu teuer; seine Preise sind überrissen, ich finde sie geradezu unanständig!« setzte sie lachend hinzu.

Indessen war Madame Bontemps, die hundertmal behauptet hatte, sie wolle nicht zu den Verdurins gehen, entzückt darüber, daß sie zu den Mittwochabenden eingeladen war, und rechnete sich aus, wie sie es anstellen könne, so häufig wie möglich dort zu sein. Sie wußte nicht, wie großen Wert Madame Verdurin darauf legte, daß man keinen versäumte; andererseits gehörte sie zu den nicht sehr gesuchten Personen, die, wenn sie von einer Gastgeberin zu einer regelmäßig wiederkehrenden Veranstaltung eingeladen sind, es nicht wie diejenigen machen, die sicher sind, immer gern gesehen zu sein, und hingehen, wenn sie gerade Zeit und Lust dazu haben; jene anderen versagen sich zum Beispiel die Teilnahme am ersten und dritten Abend in der Annahme, ihre Abwesenheit werde bemerkt werden, und erscheinen das zweite und vierte Mal, sofern sie nicht auf eine Information hin, daß der dritte besonders brillant zu werden verspreche, ihre Ordnung umstoßen und anführen, sie seien »zu ihrem großen Bedauern das letzte Mal nicht frei« gewesen. So überschlug Madame Bontemps die Zahl der Mittwochabende bis Ostern und überlegte, auf welche Weise sie einen mehr herausbekommen könne, ohne den Anschein zu erwecken, sie dränge sich auf. Sie rechnete auf Madame Cottard, die ihr gewiß beim Nachhausefahren ein paar Winke geben würde. »Oh! Madame Bontemps, was sehe ich, Sie stehen auf, das ist aber bös von Ihnen, daß Sie das Signal zum Aufbruch geben. Sie schulden mir doch eine Entschädigung dafür, daß Sie am letzten Donnerstag nicht konnten ... Kommen Sie, setzen Sie sich noch einen Augenblick. Sie machen doch bestimmt keinen anderen Besuch mehr vor dem Abendessen. Ja, lassen Sie sich denn gar nicht in Versuchung führen?« setzte Madame Swann hinzu, indem sie ihr einen Teller mit Gebäck anbot. »Hören Sie, dieser Plunder hier ist wirklich nicht übel. Es schaut zwar nach nichts aus, aber kosten Sie nur, dann werden Sie schon sehen.« – »Im Gegenteil, ich finde, es sieht ausgezeichnet aus«, antwortete Madame

Cottard, »bei Ihnen, Odette, kommt man in kulinarischer Hinsicht ja niemals zu kurz. Ich brauche gar nicht erst zu fragen, woher diese Herrlichkeiten sind; ich weiß, Sie beziehen alles von Rebattet.[1] Ich muß sagen, ich bin da eklektischer. Für Petits fours, überhaupt für alle Leckereien, wende ich mich oft an Bourbonneux. Aber ich gebe zu, von Eis verstehen sie dort nichts. Für Eis, Bavaroise oder Sorbet ist Rebattet *der* Künstler. Was er macht, ist – wie mein Mann sagen würde – einfach *nec plus ultra*.« – »Das hier ist aber ganz schlicht im Haus gemacht. Wirklich nichts mehr?« – »Ich werde zwar nicht zu Abend essen können«, antwortete Madame Bontemps, »aber ich setze mich noch einmal einen Augenblick, Sie wissen ja, ich unterhalte mich gar zu gern mit einer gescheiten Frau, wie Sie es sind.« – »Sie werden mich indiskret finden, Odette, aber ich wüßte doch gern, wie Sie den Hut beurteilen, den Madame Trombert aufhatte. Ich weiß natürlich auch, daß große Hüte Mode sind. Aber war der nicht doch ein wenig übertrieben? Dabei war er geradezu mikroskopisch klein im Vergleich zu dem, den sie bei mir neulich trug.« – »Aber nein, ich bin nicht gescheit«, sagte Odette in der Meinung, daß sich das gut machen würde. »Ich bin im Grunde eine einfältige Person, der man alles weismachen kann und die sich über ein Nichts zu Tode grämt.« Sie gab dann zu verstehen, daß sie zu Anfang sehr unter der Ehe mit einem Mann wie Swann gelitten habe, der ein Leben für sich führte und sie betrog. Der Fürst von Agrigent hingegen, der die Worte: »Ich bin nicht gescheit« aufgeschnappt hatte, hielt es für seine Pflicht zu protestieren, nur mangelte es ihm an Schlagfertigkeit. »Larifari!« tönte Madame Bontemps, »Sie und nicht gescheit!« – »Nicht wahr, ich sagte mir schon: Was höre ich da?« ergriff der Fürst den rettenden Strohhalm, der sich ihm bot. »Ich glaubte, ich hätte nicht recht verstanden.« – »Aber nein, es ist so«, sagte Odette, »ich bin eigentlich eine biedere Bürgersfrau, die sehr leicht schockiert ist, voller Vorurteile steckt, in ihrem Loch lebt und vor allem höchst unwissend ist.« Um über den Baron von Charlus etwas zu hören, fragte sie dann den Fürsten: »Haben Sie unseren lieben Baronet gesehen?« – »Sie und unwissend!« rief Madame Bontemps. »Da möchte ich wissen, was Sie zu unseren Ministerfrauen sagen würden, unseren Exzellenzen, die von nichts als Kleidern reden können! ... Denken Sie sich, es ist noch keine acht Tage her, da komme ich in Gegenwart der Gattin des Kultusministers auf *Lohengrin*[1] zu sprechen. Sie antwortet mir: ›*Lohengrin*? Ach ja, das ist doch die neue Revue in den Folies-Bergère, es soll zum Totlachen sein.‹ Also wissen Sie, wenn man so etwas hört, könnte man wirklich aus der Haut fahren. Ich hätte ihr eine kleben mögen. Ich kann nämlich ganz schön heftig werden, müssen Sie wissen. Aber sagen Sie selbst«, wandte sie sich an mich, »habe ich nicht recht?« – »Ja, schon«, meinte Madame Cottard, »es kann aber doch passieren, daß man einmal eine verkehrte Antwort gibt, wenn man so mir nichts dir nichts gefragt wird, ohne daß man weiß, wovon die Rede ist. Ich kann da mitreden, denn Madame Verdurin hat diese Gewohnheit, einem immer die Pistole auf die Brust zu setzen.« – »Ach, à propos Madame Verdurin«, wandte sich Madame Bontemps wieder Madame Cottard zu, »wissen Sie, wer nächsten Mittwoch bei ihr sein wird? ... Ach! Jetzt fällt mir ein, daß wir für nächsten Mittwoch eine Einladung angenommen haben. Wollen Sie nicht Mittwoch in acht Tagen mit uns zu Abend essen? Wir könnten dann zusammen zu Madame Verdurin gehen. Ich traue mich allein nicht recht hin, ich weiß nicht, wieso diese große Frau mir seit jeher Angst macht.« – »Ich werde es Ihnen sagen«, antwortete Madame Cottard, »was Sie an Madame Verdurin so erschreckt, ist ihr Organ. Aber was wollen Sie? Nicht alle Leute haben ein so angenehmes Organ wie Madame Swann. Doch hat man erst einmal Fühlung genommen, wie die Patronne sagt, ist das Eis bald gebrochen. Im Grunde ist sie eine sehr herzliche Frau. Ich verstehe jedoch Ihre Unruhe sehr gut, es ist nie angenehm, wenn man sich zum erstenmal in unbekanntem Territorium bewegt.« – »Sie könnten doch auch bei uns zu Abend essen«, sagte Madame Bontemps zu Madame Swann. »Hinterher fahren wir dann alle zusammen, ganz à la Verdurin, und machen so richtig auf Verdurin; und selbst auf die Gefahr hin, daß die Patronne große Augen macht und mich nicht wieder einlädt, bleiben wir, wenn wir erst da sind, zu dreien unter uns und plaudern; ich weiß, daß mir das am meisten Spaß machen würde.« Diese Behauptung schien allerdings nicht ganz der Wahrheit zu entsprechen, denn gleich darauf wollte sie wissen: »Und wer, meinen Sie, wird am Mittwoch in acht Tagen kommen? Wird auch etwas los sein? Doch nicht allzu viele Leute, hoffe ich?« – »Ich gehe bestimmt nicht hin«, sagte Odette. »Wir geben nur ein kurzes Gastspiel bei ihrem letzten Empfangstag. Wenn es Ihnen nichts ausmacht, auch bis dahin zu warten...« Doch Madame Bontemps schien einen Aufschub nicht besonders verlockend zu finden.

Obwohl die geistigen Verdienste eines Salons und seine Eleganz im allgemeinen eher im umgekehrten als im direkten Verhältnis zueinander stehen, muß man, da Swann Madame Bontemps nett fand, annehmen, daß jeder Abstieg, mit dem man sich abgefunden hat, dazu führt, einen weniger heikel denen gegenüber zu machen, mit denen man in Gottes Namen nunmehr gut auskommen will, weniger heikel in bezug auf deren Geist wie auch auf das übrige. Wenn das stimmt, verlieren Menschen ganz wie Völker ihre Kultur und sogar ihre Sprache zugleich mit ihrer Unabhängigkeit. Als Folge dieser Nachgiebigkeit verstärkt sich die ohnehin vorhandene Tendenz, von einem gewissen Alter an die Worte angenehm zu finden, die ein Tribut an unsere Denkweise, unsere Neigungen sind, eine Ermutigung sozusagen, uns ihnen hinzugeben; es ist das Alter, in dem ein großer Künstler der Gesellschaft der originellsten Geister die seiner Schüler vorzieht, die nichts mit ihm gemein haben als den Buchstaben seiner Lehre und von denen er beweihräuchert und gläubig angehört wird; das Alter auch, in dem ein Mann oder eine Frau, beide an sich bemerkenswert, die sich einer Liebe hingeben, in einem Kreis diejenige vielleicht unbedeutende Person am gescheitesten finden, die durch einen Satz bewiesen hat, daß sie Verständnis für eine ganz dem galanten Umgang gewidmete Existenz besitzt, sie billigt und dadurch auf angenehme Art den sinnlichen Neigungen des Liebhabers oder der Geliebten geschmeichelt hat; es war auch das Alter, in dem Swann als Gatte Odettes Madame Bontemps gern sagen hörte, es sei lächerlich, wenn man nur Herzoginnen empfange (woraus er, anders als er früher bei den Verdurins getan hätte, schloß, sie sei eine vernünftige Frau, sehr geistreich und nicht im geringsten ein Snob), und ihr Geschichten erzählte, über die sie sich »totlachte«, da sie sie noch nicht kannte, und die sie im übrigen schnell »auffaßte«, dabei auch mit Vergnügen schöntat und sich gern amüsierte. »Also ist der Doktor kein solcher Blumennarr wie Sie?« wollte Madame Swann von Madame Cottard wissen. »Oh, Sie verstehen, mein Mann ist ein Weiser, maßvoll in allen Dingen. Aber doch, ja, er hat eine Leidenschaft.« Mit Augen, die vor Übelwollen, Freude und Neugier zugleich blitzten, fragte Madame Bontemps: »Und welche denn?«, worauf Madame Cottard ganz harmlos antwortete: »Das Lesen, Madame.« – »Oh! Das ist aber eine völlig ungefährliche Leidenschaft bei einem Ehemann«, rief Madame Bontemps, indem sie ein teuflisches Lächeln unterdrückte. »Wenn der Doktor aber über ein Buch geraten ist, nun, Sie können es sich ja denken.« – »Aber, liebe Madame Cottard, da brauchen Sie doch gar keine Angst zu haben ...« – »Doch, seiner Augen wegen. Jetzt muß ich aber wieder zu ihm. Odette, ich klopfe sobald wie möglich wieder bei Ihnen an. Übrigens, da von Augen die Rede ist ... haben Sie schon gehört, daß in der Villa, die Madame Verdurin gekauft hat, alles mit elektrischem Licht ausgestattet wird? Ich habe das nicht etwa nur von meinem eigenen kleinen Nachrichtendienst, sondern von Mildé[1], dem Elektriker, selbst, er hat es mir gesagt. Sie sehen, ich gebe meine Quellen an! Sogar in den Schlafzimmern werden Glühbirnen installiert mit einem Lampenschirm darüber, der das Licht dämpfen soll. Das ist bestimmt ein Luxus, der seine Reize hat. Nun, heutzutage will man ja um jeden Preis etwas Neues haben, auch wenn es kaum noch etwas gibt. Die Schwägerin einer meiner Freundinnen hat bei sich das Telefon eingerichtet![2] Sie kann bei einem Lieferanten etwas bestellen, ohne sich aus ihrer Wohnung zu rühren! Ich muß offen gestehen, daß ich regelrecht Listen ersonnen habe, um die Erlaubnis zu bekommen, auch eines Tages einmal vor dem Apparat sprechen zu dürfen. Es verlockt mich sehr, aber doch mehr bei einer Freundin als bei mir. Ich glaube, ich hätte nicht gern das Telefon im Haus. Wenn das erste Vergnügen vorüber ist, wird das Gebimmel wahrscheinlich bald zur Qual. Also, Odette, jetzt muß ich aber gehen, halten Sie mir bitte Madame Bontemps nicht fest, sie will sich ja meiner annehmen, ich muß fort, Sie bringen mich in eine schöne Lage, ich bin sicher erst nach meinem Mann zu Hause!«

Auch ich mußte jetzt heimkehren, noch ehe ich der

Winterfreuden teilhaftig geworden war, als deren leuchtende Hülle mir die Chrysanthemen erschienen waren. Die Freuden waren nicht gekommen, und doch sah Madame Swann nicht so aus, als ob sie noch etwas erwarte. Sie ließ die Bedienten den Tee hinaustragen, als kündige sie an: »Es wird geschlossen!« Und auch zu mir sagte sie: »Ja? Müssen Sie wirklich gehen? Also dann ›good-bye‹.« Ich fühlte, daß ich, auch wenn ich noch bliebe, jene unbekannten Freuden nicht antreffen würde und daß nicht nur meine Trübsal sie mir vorenthielt. Befanden sie sich vielleicht nicht auf der vielbefahrenen Bahn der Stunden, die immer so schnell zum Augenblick des Aufbruchs führen, sondern auf einem mir unbekannten Seitenpfad, den ich hätte einschlagen sollen? Der Zweck meiner Anwesenheit war jedoch erreicht: Gilberte würde erfahren, daß ich ihre Eltern besucht hatte, während sie nicht anwesend war, und daß ich bei ihnen, wie Madame Cottard mir unaufhörlich wiederholt hatte, »auf der Stelle, beim ersten Anlauf, Madame Verdurin« für mich »eingenommen« habe, die sie ihrerseits, wie die Arztgattin versicherte, noch nie »soviel Aufhebens« hatte machen sehen. »Ganz offensichtlich haben Sie die gleiche Wellenlänge«, hatte sie noch gemeint. Sie würde erfahren, daß ich von ihr gesprochen hatte, wie es sich gehörte, sehr freundschaftlich, doch nicht so, als könnte ich nicht leben, ohne daß wir uns sähen, eine Überzeugung, die ich für die Grundlage des Unbehagens hielt, das sie in der letzten Zeit in meiner Gegenwart gefühlt hatte. Ich hatte Madame Swann gesagt, ich könne Gilberte nicht mehr treffen. Ich hatte es gesagt, als hätte ich für alle Zeiten beschlossen, sie nicht mehr zu sehen. Und der Brief, den ich an Gilberte schicken wollte, sollte im gleichen Sinn abgefaßt sein. Nur ich selbst nahm mir, um mir Mut zu machen, bloß noch eine letzte, kurze Anstrengung von wenigen Tagen vor. Ich sagte mir:

Dies ist die letzte Verabredung, auf die ich nicht eingehe, die nächste nehme ich an. Um die Trennung für mich annehmbarer zu machen, stellte ich sie mir nicht als etwas Endgültiges vor. Doch ich spürte, daß sie es werden würde.

Der 1. Januar war für mich dieses Jahr ein besonders schmerzlicher Tag. Wenn man unglücklich ist, sind dies gewiß alle, die zum Gedenk- und Jahrestag werden. Doch wenn das Unglück zum Beispiel darin besteht, daß man ein teures Wesen verloren hat, so liegt das Leiden nur in der Tatsache, daß man einen besonders sinnfälligen Vergleich mit der Vergangenheit anstellt. In meinem Fall kam noch die unausgesprochene Hoffnung dazu, daß Gilberte, als habe sie nur von meiner Seite auf den ersten Schritt gewartet und nun feststellen müssen, daß ich ihn nicht tat, den Vorwand des Neujahrstages benutzen würde, um mir zu schreiben: »Was ist geschehen? Ich bin ganz verrückt nach Ihnen, kommen Sie, wir wollen uns aufrichtig aussprechen, ich kann nicht leben, ohne Sie zu sehen.« Bereits in den letzten Tagen des alten Jahres kam das Eintreffen dieses Briefs mir höchst glaubhaft vor. Dies war es vielleicht nicht, doch damit wir etwas dafür halten, genügt der Wunsch, das Verlangen danach. Der Soldat ist überzeugt, eine Art unendlich verlängerbarer Aufschub würde ihm, bevor er getötet würde, zuteil, der Dieb desgleichen, bevor man ihn erwischt, die Menschen im allgemeinen, bevor sie sterben müssen. Das ist das Amulett, das den einzelnen – manchmal sogar Völker – beschützt, wenn auch nicht vor der Gefahr, so doch vor der Angst davor, in Wirklichkeit vor dem Glauben daran, und das führt in gewissen Fällen dazu, daß man ihr trotzt, ohne tapfer zu sein. Ein ebensowenig fundiertes Vertrauen der gleichen Art hält den Liebenden aufrecht, der mit einer Versöhnung rechnet, mit einem Brief. Um einen solchen nicht zu erwarten, hätte ich nur nicht auf ihn hoffen müssen. Wenn man auch der noch immer Geliebten ganz gleichgültig ist – und es sehr wohl weiß –, unterschiebt man ihr doch eine Reihe von Gedanken, und wären es solche der Gleichgültigkeit, sowie eine Absicht, sie uns mitzuteilen, ein Beschäftigtsein ihres Inneren, in dem man Gegenstand vielleicht einer Antipathie, doch auch einer unablässigen Aufmerksamkeit ist. Um mir aber richtig vorzustellen, was in Gilberte vorging, wäre es nötig gewesen, daß ich an dem bewußten 1. Januar in vollem Umfang hätte vorausfühlen können, was an einem der folgenden Neujahrstage ich selber erleben würde, einen Zustand nämlich, in dem die Aufmerksamkeit, das Schweigen, die Zärtlichkeit oder Kälte Gilbertes nahezu unbemerkt an mir vorübergehen würden und ich nicht daran denken, ja nicht einmal fähig sein würde, daran zu denken, irgendwelche Probleme zu lösen, die sich mir nicht mehr stellten. Wenn man liebt, ist die Liebe zu groß, um ganz in uns enthalten zu sein; sie strahlt aus auf die geliebte Person, trifft in ihr auf eine Fläche, an der sie nicht weiter kann, und ist dadurch gezwungen, zu ihrem Ausgangspunkt zurückzukehren; in dieser Rückwirkung unseres eigenen zärtlichen Gefühls glauben wir dann das Gefühl des anderen zu erkennen und lassen uns viel stärker bezaubern als auf dem Hinweg, weil wir es nicht als das unsere wiedererkennen. Am 1. Januar schlug die Uhr alle Stunden, ohne daß der Brief von Gilberte eintraf. Und als ich ein paar andere, verspätete oder durch die Überlastung der Post an diesen Tagen aufgehaltene Neujahrsgrüße erst am 3. oder 4. Januar bekam, hoffte ich noch, allerdings immer weniger. An den folgenden Tagen habe ich viel geweint. Sicherlich kam es daher, daß ich bei meinem Verzicht auf Gilberte weniger ehrlich war, als ich glaubte, und an der Hoffnung auf einen Neujahrsbrief von ihr festgehalten hatte.

Und da ich diese Hoffnung nun dahinschwinden sah, bevor ich Zeit gehabt hatte, mich mit einer neuen zu versorgen, litt ich wie ein Kranker, der seine Morphiumampulle geleert hat, ohne eine zweite bei der Hand zu haben. Vielleicht aber hatte mir – diese beiden Erklärungen schließen einander nicht aus, denn ein einziges Gefühl ist manchmal aus Gegensätzlichem gemacht – die Hoffnung, endlich doch einen Brief zu erhalten, Gilbertes Bild wieder nähergebracht und in mir die Regungen erneuert, die die Erwartung, in ihrer Nähe zu sein, ihr Anblick, ihre Art, sich mir gegenüber zu geben, vordem in mir wachgerufen hatten. Die unmittelbare Möglichkeit einer Versöhnung hatte in mir jene Sache zurückgedrängt, deren ungeheures Gewicht wir nicht begreifen wollen: den Verzicht. Neurastheniker glauben den Leuten nicht, die ihnen versichern, sie würden zur Ruhe kommen, wenn sie im Bett blieben, ohne Post zu erhalten und Zeitungen zu lesen. Sie stellen sich vor, ein Leben gemäß solchem Rat werde ihre Nervosität nur um so schlimmer machen. Ebenso können Verliebte, die einen solchen Zustand aus dem entgegengesetzten heraus ins Auge fassen, bevor sie einen Versuch damit machen, nicht an die wohltätige Macht der Entsagung glauben.

Da ich an heftigem Herzklopfen litt, hatte man die Koffeindosis, die ich einnahm, herabgesetzt, und meine Beschwerden hörten auf. Da fragte ich mich, ob vielleicht durch sie jene Beängstigung zustande gekommen war, die ich empfunden hatte, wenn ich mich mit Gilberte nahezu überworfen hatte, und die ich jeweils, wenn sie erneut einsetzte, dem Kummer zuschrieb, meine Freundin gar nicht mehr oder dann vermutlich nur genauso schlechtgelaunt wiederzusehen. Wenn das Medikament aber die Ursache meiner Leiden gewesen war, die meine Phantasie in diesem Fall so fälschlich ausgelegt hätte (was an sich nichts Außergewöhnliches wäre, da die schwersten seelischen Leiden bei Liebenden oft nur der körperlichen Gewöhnung an die Frau entspringen, mit der sie zusammenleben), so jedenfalls nach Art des Liebestranks, der noch lange, nachdem sie ihn zu sich genommen hatten, Tristan und Isolde verband. Denn die Besserung in meinem körperlichen Befinden, die durch die Verminderung der Koffeinration im Nu zustande kam, hielt die Weiterentwicklung des Kummers nicht auf, der durch das Schlucken der Droge vielleicht, wenn auch nicht geschaffen, so doch wenigstens verstärkt worden war.

Allein, als Mitte Januar näher kam, meine Hoffnung auf einen Neujahrsbrief endlich geschwunden war und der zusätzliche Schmerz, der diese Enttäuschung begleitete, sich beruhigt hatte, setzte der Kummer von »vor dem Fest« wieder ein. Was ihn vielleicht noch besonders grausam machte, war die Tatsache, daß ich selbst bewußt, freiwillig, schonungslos und geduldig wie ein Handwerksmann daran arbeitete. Das einzige, was mir wichtig war, meine Beziehung zu Gilberte, zerstörte ich selbst mit Fleiß, indem ich nach und nach durch die Dauer der Trennung von meiner Freundin wenn auch nicht die Gleichgültigkeit bei ihr, so doch, was auf dasselbe herauskam, in mir entstehen ließ. Hartnäckig, in aller Hellsichtigkeit für das, was ich in der Gegenwart tat, aber auch, was in Zukunft daraus werden mußte, beging ich einen langen und grausamen Selbstmord an jenem Ich, das in mir Gilberte so sehr zugetan war; ich wußte nicht nur, ich würde nach einer gewissen Zeit Gilberte nicht mehr lieben, sondern auch noch weiter, daß sie es bereuen würde, daß aber dann ihre Versuche, mich zu sehen, so vergeblich sein würden wie die jetzigen, nicht mehr weil ich sie zu sehr liebte, sondern weil ich bestimmt eine andere Frau lieben würde, die ich herbeisehnen, stundenlang erwarten würde, ohne es zu wagen, auch nur einen Bruchteil meiner Zeit Gilberte zu widmen, die mir nichts mehr bedeuten würde. Und sicher war mir (da ich ja entschlossen war, sie nicht mehr zu sehen, sofern nicht von ihr eine förmliche Bitte um eine Aussprache oder eine ausdrückliche Liebeserklärung erginge, was nunmehr ganz ausgeschlossen war) zu jenem Zeitpunkt, da Gilberte für mich verloren war, ich sie aber noch mehr liebte (alles, was sie für mich war, fühlte ich viel besser als im vorhergehenden Jahr, als ich alle meine Nachmittage beliebig mit ihr verbrachte und glaubte, daß nichts unsere Freundschaft bedrohe), sicher war mir zu diesem Zeitpunkt die Vorstellung, daß ich eines Tages die gleichen Gefühle für eine andere hegen würde, verhaßt, denn diese Vorstellung raubte mir nicht nur Gilberte, sondern auch meine Liebe und mein Leiden – meine Liebe und mein Leiden, in denen ich unter Tränen gerade das zu fassen versuchte, was Gilberte war, und die doch, wie ich zugeben mußte, nicht ihr speziell gehörten, sondern früher oder später einmal einer anderen gelten würden. Also – so dachte ich damals wenigstens – ist man immer von den anderen Menschen getrennt; wenn man liebt, so spürt man, daß diese Liebe nicht einen einmaligen Namen trägt, sondern in künftigen Zeiten wieder aufleben kann und sogar in der Vergangenheit für eine andere als die Frau hätte entstehen können; und in der Zeit, da man nicht liebt, erlebt man, wenn man sich philosophisch mit den Widersprüchlichkeiten der Liebe abfindet, jene Liebe, von der man so geruhsam spricht, eben nicht, kennt sie also auch nicht, da die Kenntnis auf diesem Gebiet nur intermittierend auftritt und die wirkliche Gegenwart des Gefühls nicht überlebt. Diese Zukunft, in der ich Gilberte nicht mehr lieben würde, eine Zukunft, die mein Schmerz mich erraten ließ, obwohl meine Phantasie sie sich noch nicht deutlich vorstellen konnte, hätte ich gewiß Gilberte noch rechtzeitig in ihrem voraussichtlichen Ablauf vor Augen führen und ihr sagen können, daß ihr Heraufkommen wenn auch noch nicht unmittelbar bevorstehend, so doch unausweichlich sei, sofern nicht sie, Gilberte, mir zu Hilfe käme und meine künftige Gleichgültigkeit im Keim erstickte. Wie oft war ich nicht dicht daran, Gilberte zu schreiben oder ihr direkt zu sagen: »Nehmen Sie sich in acht, ich habe meinen Entschluß gefaßt, der Schritt, den ich tue, ist ein letzter Schritt. Ich sehe Sie zum letztenmal. Bald liebe ich Sie nicht mehr!« Doch wozu? Mit welchem Recht hätte ich Gilberte eine Gleichgültigkeit vorgeworfen, die ich, ohne mich deswegen für schuldig zu halten, allem gegenüber bekundete, was nicht Gilberte war? Das letzte Mal! Mir kam es wie etwas Ungeheures vor, eben weil ich Gilberte liebte. Ihr hätte es wahrscheinlich nur so viel Eindruck gemacht wie die Briefe, in denen Freunde bitten, uns einen Besuch machen zu dürfen, bevor sie außer Landes gehen, einen Besuch, den wir ihnen wie lästigen Frauen, die uns lieben, nicht einmal zugestehen, weil wir etwas vorhaben, was uns Vergnügen macht. Die Zeit, über die wir jeden Tag verfügen, ist elastisch; unsere Leidenschaften ziehen sie in die Länge; jene, die wir in anderen wecken, lassen sie schrumpfen, und die Gewohnheit füllt sie aus.

Im übrigen, was immer ich auch zu Gilberte gesagt hätte, sie hätte mich nicht verstanden. Wir stellen uns beim Reden stets vor, daß unsere Ohren und unser Geist zuhören. Meine Worte wären zu Gilberte nur in entstellter Form gelangt, als hätten sie den bewegten Schleier eines Kataraktes durchdringen müssen, um sich meiner Freundin zu nähern, unkenntlich, mit einem grotesken Klang versehen und jeglichen Sinnes bar. Die Wahrheit, die man in Worte kleidet, bahnt sich nicht unmittelbar ihren Weg und besitzt keineswegs die Kraft der Evidenz. Es braucht eine ganze Weile Zeit, bis eine Wahrheit gleicher Ordnung sich in ihnen formen kann. Dann schließlich teilt der politische Gegner, der trotz aller Vernunftgründe und Beweise den Anhänger der entgegengesetzten Doktrin für einen Verräter hielt, die verhaßte Meinung, die jener andere, der so erfolglos um ihre Verbreitung bemüht war, selbst schon nicht mehr hegt. Dann wird das Meisterwerk, das für die Bewunderer, die es vorlasen, den Beweis seiner Vorzüglichkeit ohne weiteres in sich zu tragen schien, den Zuhörern aber nur krankhaft oder belanglos vorkam, von diesen als Meisterwerk hoch gepriesen – zu spät, als daß der Verfasser noch davon Kenntnis erhalten könnte. Ebenso können, was man auch tut, in der Liebe die Schranken nicht von außen her durch den, der verzweifelt davorsteht, durchbrochen werden; wenn er sich ihretwegen gar keinen Kummer mehr macht, dann plötzlich fallen auf der Gegenseite als Ergebnis eines Werks, das sich im Inneren derjenigen, die nicht liebte, vollzog, die Schranken, gegen die er einst vergebens angerannt ist: nur ist ihr Fall jetzt sinnlos. Wenn ich Gilberte meine künftige Gleichgültigkeit und das Mittel, ihr zu begegnen, im voraus angezeigt hätte, so würde sie aus diesem Schritt einzig geschlossen haben, daß meine Liebe zu ihr, mein Verlangen nach ihrer Nähe noch größer seien, als sie geglaubt hatte, und ihre Abneigung, mich zu sehen, hätte sich nur noch vermehrt. Es ist im übrigen vollkommen wahr, daß gerade diese Liebe durch die verschiedenen Seelenzustände, die sie mich durchlaufen ließ, mir dazu verhalf, besser als Gilberte es konnte, ihr Ende vorauszusehen. Gleichwohl hätte ich vielleicht brieflich oder mündlich Gilberte eine solche Warnung zukommen lassen, wenn einmal genügend Zeit vergangen wäre; ich hätte sie mir damit allerdings weniger unentbehrlich gemacht, ihr aber auch beweisen können, daß sie es mir nicht war. Leider sprachen andere Personen in guter oder böser Absicht von mir auf eine Weise zu ihr, daß sie glauben mußte, es geschehe auf meinen Wunsch. Jedesmal, wenn ich erfuhr, daß Cottard, meine Mutter selbst oder sogar Norpois durch ungeschickte Worte das ganze von mir vollbrachte Opfer vereitelt, das gesamte Resultat meiner Zurückhaltung zunichte gemacht hatten, indem sie den fälschlichen Anschein erweckten, ich hätte meine Reserve schon wieder aufgegeben, folgte daraus für mich ein doppelter Verdruß. Zunächst mußte ich mit dem gleichen Datum meine schmerzliche, erfolgreiche Enthaltung von neuem beginnen lassen, die Unbefugte ohne mein Wissen unterbrochen und damit unwirksam gemacht hatten. Dazu aber hätte ich nun auch noch weniger Vergnügen daran gehabt, Gilberte wiederzusehen, weil sie mich jetzt nicht mehr für würdevoll resigniert gehalten hätte, da ich ja so offenkundig intrigierte, um eine Begegnung zu erreichen, die sie zu gewähren verschmähte. Ich verfluchte dieses eitle Geschwätz von Leuten, die oft, ohne die Absicht, uns zu schaden oder zu nützen, aus gar keinem Grund, nur aus Redebedürfnis, manchmal auch weil wir unseres ihnen gegenüber nicht unterdrücken konnten und sie eben indiskret sind (wie wir selbst), uns zu gegebener Zeit so großen Schaden zufügen. Allerdings spielen sie bei dem verhängnisvollen Bemühen um die Zerstörung unserer Liebe eine weit geringere Rolle als zwei Personen, die beide die Gewohnheit haben, die eine aus allzu großer Güte, die andere aus einem Übermaß von Schlechtigkeit, alles zu vernichten in dem Augenblick, da es sich einrichten wollte. Diesen beiden Personen aber sind wir nicht so böse wie den zudringlichen Cottards, denn die letztgenannte ist diejenige, die wir lieben, die andere sind wir selbst.

Indessen ergab es sich, da Madame Swann mich fast jedesmal, wenn ich sie besuchte, einlud, zum Nachmittagstee ihrer Tochter zu kommen, und mir sagte, ich solle dieser persönlich antworten, daß ich häufig an Gilberte schrieb, und im Rahmen dieser Korrespondenz wählte ich nicht die Sätze, die sie, wie mir schien, hätten überzeugen können, sondern ich suchte mir nur einen möglichst wohligen Weg für den Strom meiner Tränen. Denn weder Leid noch Verlangen will sich selbst analysieren, sondern nur sich Genüge tun; wenn man zu lieben beginnt, verbringt man seine Zeit nicht damit zu ergründen, was diese Liebe ist, sondern damit, die Möglichkeit eines Wiedersehens für den folgenden Tag anzubahnen. Wenn man verzichtet, so sucht man nicht seinen Schmerz zu ermessen, sondern ihn der, die ihn verursacht hat, in der rührendsten Form, deren wir fähig sind, zu Bewußtsein zu bringen. Man sagt Dinge, die man gern sagen möchte und die der andere nicht verstehen wird, man redet nur für sich selbst. Ich schrieb: »Ich hatte geglaubt, es werde nicht möglich sein. Nun sehe ich unglücklicherweise, daß es gar nicht so schwer ist.« Oder ich machte auch die Bemerkung: »Wahrscheinlich werde ich Sie nicht mehr sehen«, und zwar sagte ich es, indem ich auch weiterhin eine Kälte des Tons vermied, die sie für erzwungen hätte halten können, und während ich die Worte niederschrieb, vergoß ich darüber Tränen, denn ich fühlte, daß sie nicht ausdrückten, was ich glauben wollte, sondern das, was wirklich geschehen würde. Denn auch bei ihrer nächsten Aufforderung, sie einmal wiederzutreffen, würde ich wie dieses Mal den Mut zum Widerstehen finden, und von einer Ablehnung zur anderen würde ich nach und nach bei dem Augenblick ankommen, da ich, weil ich sie so lange nicht mehr gesehen hatte, auch den Wunsch, sie zu sehen, nicht mehr in mir fände. Ich weinte, brachte aber den Mut doch auf, genoß das wehmutsvolle Glück, die Freude, bei ihr sein zu können, der Möglichkeit aufzuopfern, ihr eines Tages angenehm zu werden, eines Tages jedoch, da es mir leider ganz gleichgültig sein würde, ihr angenehm zu sein. Sogar die an sich so wenig glaubhafte Hypothese, daß sie mich, wie sie es bei meinem letzten Besuch bei ihr behauptet hatte, in diesem Augenblick liebe und daß, was ich für Unbehagen hielt, wie man es in Gegenwart eines Menschen empfindet, dessen man überdrüssig ist, nur einer eifersüchtigen Empfindlichkeit entspringe, einer nur gespielten Gleichgültigkeit, ganz wie die meine, trug nur dazu bei, daß mir mein Entschluß weniger grausam vorkam. Es schien mir dann, sie werde in einigen Jahren, wenn wir einander vergessen hätten und ich ihr rückblickend sagen könnte, daß der Brief, den ich in diesem Augenblick schrieb, gar nicht im Ernst so gemeint gewesen sei, zu mir sagen: »Wie, Sie ... Sie haben mich geliebt? Wenn Sie gewußt hätten, wie ich auf Ihren Brief wartete, wie sehr ich auf eine Begegnung hoffte, wie ich geweint habe damals!« Der Gedanke, ich könne vielleicht mit dem Brief, den ich gleich nach der Rückkehr von dem Besuch bei ihrer Mutter verfaßte, dieses Mißverständnis vollkommen machen, trieb mich erst recht – weil der Gedanke so traurig war, weil ich mir so gerne ausmalte, Gilberte liebte mich – dazu an, weiterzuschreiben.

Dachte ich, wenn ich Madame Swann am Ende ihres »Tees« verließ, nur daran, was ich ihrer Tochter schreiben werde, nahmen die Gedanken Madame Cottards, als sie ebenfalls gegangen war, einen ganz anderen Weg. Als sie ihre »kleine Inspektion« vornahm, hatte sie nicht versäumt, Madame Swann zu ihren neuen Möbeln zu gratulieren, den »Neuerwerbungen«, die sie im Salon hatte feststellen können. Sie hatte dort übrigens, wenn auch in sehr geringer Zahl, einige Gegenstände wiederfinden können, mit denen sich Odette schon früher in ihrem Haus in der Rue La Pérouse umgeben hatte, vor allem ihre Tiere aus kostbarem Material, die ihre Fetische waren.

Seitdem aber Madame Swann von einem Freund, zu dem sie verehrungsvoll aufsah, das Wort »Talmi« übernommen hatte – das ihr neue Horizonte eröffnete, da es genau die Dinge bezeichnete, die sie einige Jahre zuvor »schick« gefunden hatte –, waren diese Dinge nacheinander dem vergoldeten Gitterwerk, das den Chrysanthemen als Stütze gedient hatte, in die Verbannung gefolgt, mancher Bonbonniere von Giroux[1] auch und dem Briefpapier mit der Krone darauf (ganz zu schweigen von den auf den Kaminsimsen zwanglos verstreuten Pappgoldstücken, die sie, bereits bevor sie Swann kennenlernte, auf den Rat eines Mannes von Geschmack außer Kurs gesetzt hatte). Im übrigen wurde in der bohememäßigen Unordnung, in dem atelierhaften Durcheinander der noch dunkelgestrichenen Wände, die so völlig verschieden waren von den weißen Salons, die Madame Swann wenig später bewohnte, der Ferne Osten mehr und mehr durch die Invasion des achtzehnten Jahrhunderts zurückgedrängt; und die zusammengedrückten Kissen, die Madame Swann mir jetzt in den Rücken stopfte, damit ich »confortabler« sitze, waren mit Louis-Quinze-Gewinden und nicht mehr wie früher mit chinesischen Drachen verziert. In dem Zimmer, in dem man sie am häufigsten antraf und von dem sie sagte: »Ja, ich habe es wirklich sehr gern, ich halte mich viel darin auf; unter unsympathischen, bombastischen Dingen könnte ich nicht leben; hier arbeite ich« (wobei sie sich nicht näher darüber ausließ, ob sie sich dort mit einem Bild beschäftigte oder einem Buch – die Neigung, zu schreiben, begann sich damals bei Frauen bemerkbar zu machen, die gern etwas tun und nicht nutzlos dahinleben wollen), war sie von Meißner Porzellan[1] umgeben (das sie besonders liebte; den Namen »porcelaine de Saxe« sprach sie mit englischem Akzent aus, und bei jeder Gelegenheit meinte sie: »Das ist hübsch, es sieht aus wie Blumen auf Meißner Porzellan«), für das sie, mehr noch als früher für ihre grotesken Figuren und Chinoiserien, die verständnislose Berührung ihrer Dienstboten fürchtete, die sie den Schreck, den sie ihr eingejagt hatten, durch eine Heftigkeit büßen ließ, deren Äußerung Swann, der für seine Person ein so höflicher und sanftmütiger Hausherr war, mitanhörte, ohne dadurch merklich schockiert zu sein. Der klare Blick für ein paar kleine Entgleisungen beeinträchtigt übrigens die Zärtlichkeit nicht; diese läßt jene viel eher sogar reizend erscheinen. Immer seltener empfing Odette ihre Intimen in japanischen Kimonos, an deren Stelle jetzt helle Peignoirs aus wallender Seide im Stil Watteaus traten, deren blumige Gischt sie auf ihrem Busen liebkoste und in denen sie sich geradezu badete, sich rekelte und sich so wohlig und mit solcher Miene des Behagens, des Gefühls der Frische auf der Haut und des unbehinderten Atmenkönnens erging, als genieße sie sie nicht nur als eine kleidsame Hülle, sondern als seien sie ihr auch nötig wie ihr »tub« und ihr »footing«, förderlich also zugleich für ihre Erscheinung und die Ansprüche eines hygienischen Raffinements. Sie sagte oft und gern, sie würde eher aufs tägliche Brot verzichten als auf Kunst und Hygiene und würde trauriger sein, die *Mona Lisa* verbrennen zu sehen als einen ganzen Haufen von Leuten, die sie persönlich kannte. Theorien, die ihren Freundinnen paradox erschienen, sie aber doch bei ihnen als eine Frau von überlegenem Geist gelten ließen und ihr einmal wöchentlich den Besuch des belgischen Gesandten eintrugen, so daß in der kleinen Welt, deren Sonne sie war, jedermann höchst erstaunt gewesen wäre zu hören, daß sie anderswo, zum Beispiel bei den Verdurins, für dumm gegolten hatte. Wegen ihres regen Geistes zog Madame Swann die Gesellschaft von Männern der von Frauen vor. Doch wenn sie die letzteren kritisierte, so tat sie es stets als Kokotte, indem sie auf Mängel hinwies, die ihnen bei den Männern schadeten, dicke Fesseln, ein häßlicher Teint, orthographische Fehler, Haare an den Beinen, ein widerwärtiger Geruch, falsche Augenbrauen. Denen aber, die ihr früher Nachsicht und Liebenswürdigkeit hatten zuteil werden lassen, erwies sie mehr Freundlichkeit, zumal wenn sie unglücklich waren. Sie verteidigte sie geschickt und pflegte etwa zu sagen: »Sie wird falsch beurteilt, sie ist wirklich eine sehr nette Frau, kann ich Ihnen versichern.«

Nicht nur das Mobiliar in Odettes Salon, auch Odette selbst hätten Madame Cottard und alle diejenigen, die früher mit Madame de Crécy Umgang hatten, jetzt schwer wiedererkannt, wenn sie sie lange nicht gesehen hätten. Sie schien viel jünger als damals! Sicher kam das zum Teil daher, daß sie zugenommen hatte und, da es ihr besser ging, ruhiger, frischer und ausgeruhter wirkte, doch es lag zum Teil auch an den neuen Frisuren mit geglättetem Haar, die ihrem von einem Hauch rosigen Puders belebten Gesicht größere Flächigkeit gaben, so daß ihre Augen und ihr Profil, die früher überzeichnet wirkten, jetzt mehr darin zurücktraten. Ein anderer Grund der Veränderung aber war, daß Odette jetzt, da sie in der Mitte des Lebens stand, an sich selbst eine ganz persönliche Physiognomie, einen bleibenden »Charakter«, ein bestimmtes »Genre von Schönheit« entdeckt oder auch erfunden hatte und es auch verstand, ihren zerfließenden Zügen – die, lange Zeit hindurch den Zufallslaunen des Körpers hilflos preisgegeben, bei der geringsten Ermüdung vorübergehend um Jahre gealtert wirkten und schlecht und recht, je nach Stimmung und Befinden, ein zerfahrenes, veränderliches, unausgeprägtes und charmantes Gesicht zustande gebracht hatten – diesen festen Typus gleich einer ewigen Jugend mitzuteilen.

Swann hatte in seinem Zimmer an Stelle der schönen Photographien, die jetzt von seiner Frau gemacht wurden und auf denen man an dem immer gleichbleibenden rätselvollen, siegesbewußten Ausdruck ganz unabhängig von Kleidung und Hut unbezwingbar ihren Umriß und ihr Gesicht erkannte, eine ganz einfache kleine Daguerreotypie, die vor der Entstehung jenes Typus gemacht worden war und auf der Odettes Jugend und Schönheit, die sie damals noch nicht entdeckt hatte, ganz zu fehlen schienen. Doch sicherlich schätzte Swann, entweder aus Treue zu einer anderen Auffassung oder weil er zu einer solchen zurückgekehrt war, an der jungen schmächtigen Person mit dem gedankenvollen Blick und den müden Zügen, der Haltung, die zwischen Schreiten und Ruhe zögerte, eine Anmut, die eher Botticelli entsprach. Tatsächlich sah er immer noch gern einen Botticelli in ihr. Odette hingegen, die nicht betonen wollte, sondern eher ausglich und vertuschte, was ihr selber an ihr nicht gefiel, obwohl es für einen Künstler vielleicht ihr »Charakter« war, für sie als Frau jedoch Mängel, wollte von diesem Maler nichts wissen. Swann besaß einen wundervollen orientalischen blau und rosa Schal, den er gekauft hatte, weil er genau dem der Jungfrau Maria des *Magnificat* glich. Doch Madame Swann wollte ihn nicht tragen. Einmal und nicht wieder ließ sie ihren Mann eine mit Maßliebchen, Kornblumen, Vergißmeinnicht und Glockenblumen überstreute Toilette nach dem Vorbild der Allegorie des Frühlings aus der Primavera für sie bestellen.[1] Manchmal machte er mich abends, wenn sie müde war, leise darauf aufmerksam, wie sie, ohne es zu merken, ihre besinnlichen Hände der lässigen, etwas erzwungenen Gebärde der Jungfrau überließ, die die Feder gerade in das von einem Engel dargebotene Tintenfaß taucht, bevor sie in dem heiligen Buch zu schreiben beginnt, im dem das Wort »Magnificat« bereits erscheint. Doch fügte er hinzu: »Sagen Sie ihr bloß nichts davon, sobald sie es wüßte, würde sie ihre Haltung sofort ändern.«

Außer in solchen Augenblicken unwillkürlichen Sichgehenlassens, in denen Swann die melancholischen Bewegungsrhythmen Botticellis wiederzufinden suchte, war Odettes Gestalt jetzt klar umrissen, von einer »Linie« festgelegt, die, um den Konturen der Frau zu folgen, von den komplizierten Bahnen, den künstlichen Aus- und Einbuchtungen, den Klöppelspitzen, dem verwickelten Gewirr der Moden von ehedem abgekommen war, die aber auch, wo die Anatomie ihrerseits irrte und nach der einen oder anderen Seite unnötig von der idealen Führung abschwenkte, mit kühnem Strich auf einem Teil der Strecke die Abweichungen der Natur berichtigte und sowohl den Unzulänglichkeiten des Leibes als auch denen der Stoffe abzuhelfen verstand. Die Polster, das »Sitzkissen« der greulichen »Tournüre« waren ebenso verschwunden wie die Taillen mit dem über den Rockansatz hinausreichenden und durch Fischbein versteiften Schoß, die Odette so lange mit einer Art künstlichem Bauch versehen und ihr einen Anschein verliehen hatten, als sei sie aus verschiedenen Stücken zusammengesetzt, hinter denen keine einheitliche Individualität zu erkennen war. Die Vertikale der Fransentücher und die Kurvenlinie der Rüschen hatten den natürlichen Rundungen eines Körpers Platz gemacht, der die Seide wogen ließ, wie die Sirene die Flut in Bewegung versetzt, und dem Perkal einen menschlichen Ausdruck verlieh, nach dem er selbst als höhergeordnete und lebendige

Form aus dem langwährenden Chaos und der nebelhaften Verhüllung durch nunmehr entthronte Moden entstiegen war.[1] Doch Madame Swann hatte es verstanden, mit Kunst und Absicht eine Spur von einzelnen unter ihnen selbst innerhalb der neuen, die jene abgelöst hatten, zu bewahren. Wenn ich am Abend nicht arbeiten konnte, Gilberte mit Sicherheit in Begleitung ihrer Freundinnen im Theater wußte und unangemeldet zu ihren Eltern ging, fand ich oft Madame Swann in einem eleganten Déshabillé, dessen Rock – in einem jener schönen gedämpften dunkelroten oder Orangetönen gehalten, die aussahen, als wohne ihnen eine besondere Bedeutung inne, weil sie nicht mehr Mode waren – in schräger Richtung von einem durchbrochenen, breiten Einsatz aus schwarzer Spitze durchzogen war, der an die Volants von früher erinnerte. Als sie mich an einem noch kalten Frühlingstag vor meinem Bruch mit ihrer Tochter in den Jardin d'Acclimatation mitgenommen hatte, sah unter ihrer Jacke, die sie mehr oder weniger offenstehen ließ, je nachdem ihr im Gehen wärmer wurde, der gezackte »Vorstoß« ihres Mieders hervor wie das zufällig erscheinende Futter eines nicht vorhandenen Westchens nach Art derjenigen, die sie ein paar Jahre früher gerade mit einem solchen leicht ausgezackten Rand gern getragen hatte; und ihr Halstuch – mit jenem »Schottenmuster«, dem sie treu geblieben war, obwohl sie jetzt sanftere Töne bevorzugte (Rosa statt Rot, das Blau war durch Lila ersetzt), das man auf den ersten Blick für einen der wie Taubengefieder schillernden Seidentaftstoffe halten konnte, die gerade Mode geworden waren – hatte sie unter dem Kinn auf eine Weise geknotet, bei der man nicht recht sah, woher die Enden kamen, und unweigerlich an die Bindebänder von Hüten dachte, die man jetzt nicht mehr trug. Wenn sie so noch einige Zeit »durchhielte«, würden die jungen

Leute in ihrem Bemühen, diese Toiletten zu verstehen, sicherlich bemerken: »Madame Swann ist eigentlich der Abriß einer ganzen Epoche, nicht wahr?« Wie in einem schönen Stil, in dem sich verschiedene Formen überlagern und den eine geheime Tradition stützt, ließen in der Toilette von Madame Swann solche vagen Erinnerungen an Westchen oder Agraffen, manchmal auch eine gleich wieder im Keim unterdrückte Neigung zu einem »Saute-en-barque«[1] oder sogar eine entfernte, leise Andeutung eines »Suivez-moi-jeune-homme«[2] unter der tatsächlichen Form eine nicht völlig ausgeführte Ähnlichkeit mit älteren Formen aufscheinen, die man darin nicht von der Schneiderin oder Modistin konkretisiert hätte wiederfinden können, an die man jedoch ständig denken mußte und die Madame Swann mit der Aura von etwas Höherem umgaben – vielleicht, weil eben die Nutzlosigkeit dieser Ausschmückungen sie einem mehr als nur nützlichen Zweck zuzuordnen schien, vielleicht wegen der darin aufbewahrten Spur der vergangenen Jahre oder auch wegen einer Art Individualität der Bekleidung, die zu dieser Frau gehörte und noch ihren verschiedenartigsten Gewändern eine gewisse Familienähnlichkeit gab. Man spürte, daß sie sich nicht nur nach Bedürfnissen der Bequemlichkeit kleidete oder um ihren Körper zu schmücken; sie wurde von ihrer Toilette eingehüllt wie von dem zarten, vergeistigten Apparat einer ganzen Kultur.[3]

Wenn Gilberte, die meist ihre Einladungen an dem Tag gab, da auch ihre Mutter Gäste empfing, statt dessen abwesend war und ich daher an Madame Swanns »Choufleury« teilnehmen konnte, traf ich sie stets in schönen, langen Kleidern an; manche von ihnen waren aus Taft, andere aus Faille oder Samt oder Crêpe de Chine, aus Atlas oder Seide; sie fielen nicht locker wie die Déshabillés, die sie sonst im Hause trug, sondern gaben, so betont gestaltet wie die für den Ausgang bestimmten, an jenem Nachmittag ihrer häuslichen Muße etwas Beschwingtes und Tätiges. Der kühne Schnitt dieser Gewänder in all ihrer Schlichtheit paßte gut zu ihrer Gestalt und ihren Bewegungen, deren von Tag zu Tag wechselnde Tönung sich in der Farbe der Ärmel auszudrücken schien; so meinte man plötzlich, Entschlossenheit dem blauen Samt anzusehen, muntere Erregbarkeit im weißen Taft zu erkennen, und glaubte, etwas wie letzte, vornehme Reserviertheit in der Art, den Arm auszustrecken, habe, um recht sichtbar zu werden, den strahlenden Glanz des Lächelns, von dem die ganz großen Opfer begleitet sind, in der Gestalt von schwarzem Crêpe de Chine angelegt. Gleichzeitig aber fügte diesen so lebendig wirkenden Kleidern das Raffinement der »Garnituren« ohne praktischen Nützlichkeitswert und ohne sichtbaren Grund etwas Selbstloses, Nachdenkliches und Geheimes hinzu, das gut zu der leisen Schwermut paßte, die Madame Swann stets zumindest in den Schatten um ihre Augen und in den einzelnen Gliedern ihrer Finger bewahrte. Unter der Fülle der Glücksbringer aus Saphir, den Vierkleeblättern aus Email, den Silbermünzen und Goldmedaillons, den Türkisamuletten, Rubinkettchen und Topaskullern fand man auf dem Kleid selbst irgendein farbiges Muster, das sich auf einem beigefügten Einsatz aus anderem Material fortsetzte, oder eine Reihe kleiner Seidenknöpfe, die nichts knöpften und auch nicht aufgeknöpft werden konnten, einen Soutachebesatz, der mit der Akkuratesse und Verschwiegenheit eines zarten Winks zu erfreuen versuchte, Dinge, die genau wie die kleinen Schmuckstücke so aussahen – da sie sonst keine Daseinsberechtigung besaßen –, als wollten sie eine Absicht kundtun, ein Unterpfand der Zärtlichkeit darstellen, etwas Anvertrautes bewahren oder einem Aberglauben Genüge tun, an eine Heilung, ein Gelübde, eine Liebe, ein Vielliebchen erinnern. Und manchmal gaben in dem blauen Samt eines Oberteils die Andeutung eines à la Henri II geschlitzten Wamses, in der schwarzen Atlasrobe eine leichte Raffung, die entweder in der Schulterpartie an die »Keulenärmel« von 1830 oder um die Hüften herum an die »Paniers« der Louis-Quinze-Mode erinnerte, den Kleidern einen unmerklichen Einschlag von Maskenkostümen; indem sie unter dem Leben der Gegenwart etwas wie eine unsichtbare Reminiszenz an die Vergangenheit anklingen ließen, versahen sie die Person Madame Swanns mit dem zusätzlichen Zauber gewisser historischer Heldinnen oder solchen aus Romanen.[1] Wenn ich sie darauf aufmerksam machte, antwortete sie mir: »Ich spiele nicht Golf wie einige meiner Freundinnen und hätte also auch keine Entschuldigung, wenn ich im Sweater erschiene.«

Im Durcheinander des Salons, wenn Madame Swann einen Besuch hinausgeleitet hatte oder Gebäck herbeiholte, um es einem anderen anzubieten, sagte sie im Vorübergehen, mich rasch auf die Seite ziehend, zu mir: »Ich bin von Gilberte beauftragt, Sie auf übermorgen zum Mittagessen einzuladen. Ich war nicht sicher, Sie zu sehen, hätte Ihnen aber geschrieben, falls Sie nicht gekommen wären.« Ich leistete weiter Widerstand. Das aber fiel mir immer weniger schwer, denn wenn man auch das Gift, das einem verderblich ist, noch so sehr liebt, kann man doch, wenn man durch Zwang von außen her eine Zeitlang bereits darauf hat verzichten müssen, nicht anders als der Ruhe, die man nicht mehr kannte, dem Fehlen von Aufregung und Leid, einen gewissen Wert zusprechen. Wenn man mit der Behauptung sich selbst gegenüber, man wolle die, die man liebt, niemals wiedersehen, nicht ganz ehrlich ist, so wäre man es noch weniger, wenn man sagte, man wünsche sie doch wiederzusehen. Denn man kann zwar ihre Abwesenheit gewiß nur ertragen, indem man sie sich als etwas Vorübergehendes denkt und in dem Glauben, daß man eines Tages sich dennoch wiedersieht; andererseits aber fühlt man, wieviel weniger schmerzlich die täglichen Träume von naher, immer wieder aufgeschobener Wiedervereinigung sind, als eine Begegnung es wäre, auf die etwa Eifersucht folgte, so daß die Nachricht, man werde die Geliebte wiedersehen, einen eher erschreckt. Was man jetzt Tag für Tag hinausschiebt, ist nicht mehr das Ende der unerträglichen Angst, die durch die Trennung verursacht wird, sondern der gefürchtete Wiederbeginn von sinn- und ausweglosen Aufregungen. Wie sehr zieht man dann die fügsame Erinnerung, die man beliebig mit Träumereien nährt und in der, wenn man allein ist, die in Wirklichkeit gar nicht Liebende einem im Gegenteil Liebeserklärungen macht, einer solchen Begegnung vor! Diese Erinnerung, der man immer mehr von dem beimischt, was man gern möchte, und die man schließlich so angenehm gestaltet, wie es einem beliebt, ist uns unendlich viel lieber als die immer wieder aufgeschobene Begegnung, bei der man mit einem Wesen zu tun hat, dem man nicht mehr nach Gutdünken Worte diktieren kann, die man zu hören wünscht, sondern von dessen Seite man neue Kälte und unerwartete Ausfälle zu gewärtigen hat! Wir wissen alle, wenn wir nicht mehr lieben, daß Vergessen oder vage, verschwommene Erinnerung nicht so viele Leiden schafft wie unglückliche Liebe. So zog ich, ohne es mir einzugestehen, die sanfte Ruhe eines solchen vorweggenommenen Vergessens vor.

Im übrigen nimmt das, was eine solche seelische Entwöhnungs- und Isolationskur an Beschwerlichem an sich haben mag, aus einem anderen Grund immer mehr ab, schwächt sie doch, bevor sie sie heilt, jene fixe Idee, die man Liebe nennt. Die meine war zwar noch stark genug, in mir den Wunsch zu nähren, ich möchte in den Augen Gilbertes mein ganzes Ansehen wiedergewinnen, das, wie mir schien, durch die freiwillige Trennung von ihr geradezu progressiv wachsen mußte, so daß keiner der stillen, traurigen Tage, an denen ich sie nicht sah, der Tage, die ohne Unterbrechung, ohne Verjährung (wenn nicht ein Unbefugter sie durch Einmischung störte) aufeinanderfolgten, ein verlorener Tag, sondern jeder ein gewonnener war – nutzlos gewonnen vielleicht, denn bald würde ich als geheilt gelten. Die Resignation, eine abgewandelte Form der Gewohnheit, läßt manche unserer Kräfte unendlich wachsen. Die so geringen, die ich an jenem ersten Abend meines Bruchs mit Gilberte in mir trug, um meinen Kummer zu ertragen, waren seitdem zu unermeßlicher Stärke gediehen. Nur wird die Tendenz der Dauer, die allem Bestehenden innewohnt, manchmal durch plötzliche Impulse gestört, denen wir uns um so bedenkenloser nachzugeben gestatten, als wir wissen, wie viele Tage und Monate hindurch wir uns enthalten konnten und uns auch in Zukunft noch werden enthalten können. Oft leert man die Sparbüchse dann gerade, wenn sie beinahe voll war, und setzt, ohne den Erfolg abzuwarten, eine Behandlung aus, an die man sich schon gewöhnt hat. Eines Tages, als Madame Swann mir ihre gewohnten Worte über das Vergnügen wiederholte, das Gilberte ein Wiedersehen mit mir bereiten würde, Worte, die mir das Glück, das ich mir nun seit so langem schon vorenthielt, greifbar naherückten, überwältigte mich die Einsicht, daß es noch immer möglich sei, dieses Glück zu genießen; es fiel mir schwer, bis zum nächsten Tag zu warten; ich war entschlossen, Gilberte vor dem Abendessen überraschend einen Besuch zu machen.

Was mir half, noch einen ganzen Tag Geduld zu üben,

war ein weiterer Plan. Von dem Augenblick an, da alles vergessen und ich mit Gilberte wieder ausgesöhnt wäre, wollte ich sie nur noch als Verliebter sehen. Alle Tage würde sie von mir die allerschönsten Blumen erhalten. Und wenn Madame Swann, obwohl sie eigentlich nicht das Recht hatte, eine allzu strenge Mutter zu sein, mir tägliche Blumensendungen nicht erlauben sollte, würde ich weniger häufige, dafür aber kostbarere Geschenke finden. Von meinen Eltern erhielt ich nicht genug Geld, um teure Dinge zu kaufen. Da verfiel ich auf eine große alte Chinavase, die ich von Tante Léonie geerbt hatte und von der Mama täglich voraussagte, das Ende werde sein, daß Françoise komme und melde, sie sei »aus dem Leim gegangen«. War es da nicht vernünftiger, ich verkaufte sie und bereitete damit Gilberte alle Freude, die ich mir für sie ausdenken konnte? Ich würde dafür sicher tausend Francs erzielen. Ich ließ sie einwickeln, aus Gewohnheit hatte ich sie nie richtig angeschaut; sich von ihr zu trennen würde also wenigstens den Vorteil haben, daß ich sie kennenlernte. Ich nahm sie mit mir, bevor ich mich zu den Swanns begab, und als ich ihre Adresse dem Kutscher nannte, bat ich ihn zugleich, durch die Champs-Élysées zu fahren, an deren einer Ecke ich einen Händler für Ostasienkunst wußte, der meinem Vater bekannt war. Zu meinem großen Erstaunen bot er mir auf der Stelle für die Vase nicht tausend, sondern zehntausend Francs.[1] Ich raffte die Scheine mit Entzükken zusammen; ein ganzes Jahr hindurch konnte ich nun Gilberte Tag für Tag mit Rosen und Flieder überschütten. Als ich nach Verlassen des Geschäfts wieder in den Wagen gestiegen war, nahm der Kutscher ganz selbstverständlich, da die Swanns in der Nähe des Bois wohnten, an Stelle der gewöhnlichen Route den Weg durch die Avenue des Champs-Élysées. Er war schon an der Rue de Berri vorbei, als ich in der Dämmerung nahe bei

Swanns Haus Gilberte zu erkennen glaubte, wie sie in entgegengesetzter Richtung langsam, aber doch entschiedenen Schrittes neben einem jungen Mann einherging, mit dem sie plauderte, dessen Gesicht ich jedoch nicht sehen konnte. Ich richtete mich im Wagen auf und wollte schon halten lassen, zögerte dann aber doch. Die Spaziergänger waren schon ziemlich weit entfernt, und die beiden zarten Parallelen, die ihr langsamer Gang zeichnete, verwischten sich bereits im elysäischen Dunkel. Bald war ich vor Gilbertes Haus angelangt. Ich wurde von Madame Swann empfangen: »Ach! Da wird sie aber untröstlich sein!« sagte sie zu mir. »Ich weiß nicht, wieso sie nicht zu Hause ist. Es war ihr so heiß geworden bei einem ihrer Kurse, da hat sie mir gesagt, sie wolle mit einer Freundin noch ein bißchen spazierengehen.« – »Ich glaube, ich habe sie in der Avenue des Champs-Élysées gesehen.« – »Ich kann mir nicht denken, daß sie das war. Auf alle Fälle sagen Sie ihrem Vater nichts davon, er hat gar nicht gern, wenn sie zu dieser Zeit noch aus dem Haus geht. ›Good evening‹.« Ich ging und sagte dem Kutscher, er solle den gleichen Weg zurückfahren, fand aber die beiden Spaziergänger nicht mehr vor. Wo waren sie geblieben? Was sagten sie sich in der Abenddämmerung mit so offensichtlicher Innigkeit?

Ich kehrte nach Hause zurück, aller Hoffnung bar, mit den unverhofften zehntausend Francs, die es mir erlaubt hätten, jener Gilberte, die ich jetzt bestimmt nie wiedersehen wollte, so viele kleine Freuden zu bereiten. Sicher hatte dieser Besuch bei dem Händler mir im Augenblick Vergnügen gemacht, weil ich daraufhin hatte hoffen dürfen, meine Freundin nie mehr anders als zufrieden mit mir und dankbar wiederzusehen. Hätte ich aber den Abstecher nicht gemacht und den Wagen nicht durch die Avenue des Champs-Élysées fahren lassen, wäre ich auch Gilberte und dem jungen Mann nicht begegnet. So kann ein und derselbe Vorgang gegensätzliche Früchte tragen, und das Unglück, das er bewirkt, alles Glück vernichten, das er gleichfalls herbeigeführt hat. Mir war das Gegenteil von dem zugestoßen, was sich so häufig ereignet. Man wünscht sich eine Freude, doch die materiellen Mittel dazu fehlen. »Es ist traurig«, sagte La Bruyère, »ohne großes Vermögen zu lieben.«[1] Es bleibt dann nichts übrig als der Versuch, das Verlangen nach dieser Freude allmählich zu ersticken. In meinem Fall hingegen hatten die materiellen Mittel sich unverhofft eingestellt, im gleichen Augenblick aber – wenn auch nicht in logischer Verknüpfung damit, so doch als zufällige Folge dieses ersten Erfolgs – war mir die Freude entzogen. So scheint es im übrigen immer sein zu müssen, wenn auch gewöhnlich nicht am gleichen Abend noch, da wir erlangen, was sie möglich macht. In den meisten Fällen streben und hoffen wir noch einige Zeit. Doch das Glück kann sich nie einstellen. Sind die Umstände endlich gefügig gemacht und besiegt, so verlegt die Natur den Kampf von außen nach innen und bringt allmählich in unserem Herzen eine Wandlung hervor, so daß es etwas anderes wünscht, als was ihm zuteil werden wird. Und wenn die Peripetie sich so rasch vollzieht, daß unser Herz die Zeit sich zu ändern nicht mehr gefunden hat, so gibt die Natur deswegen nicht auf, uns dennoch zu besiegen, freilich etwas später, auf subtilere, doch ebenso wirkungsvolle Weise. Dann wird uns der Besitz des Glücks in letzter Sekunde entrissen, oder genauer wird der Besitz selber durch teuflische List von der Natur damit betraut, das Glück zu zerstören. Wenn die Natur in allem, was der Ordnung der Dinge und des Lebens angehört, uns nicht hat beikommen können, so schafft sie eine letzte Unmöglichkeit des Glücks, die psychologische. Das Phänomen des Glücks tritt entweder nicht ein, oder es löst die bittersten Reaktionen aus.

Ich drückte die zehntausend Francs an mich. Sie waren mir aber zu nichts mehr von Nutzen. Ich gab sie im übrigen schneller aus, als wenn ich täglich Blumen an Gilberte geschickt hätte, denn sobald der Abend kam, war ich so unglücklich, daß ich nicht allein bleiben konnte und aus dem Hause ging, um mich in den Armen von Frauen, die ich nicht liebte, auszuweinen. Was die Idee betraf, Gilberte eine Freude zu machen, so hegte ich diesen Wunsch nicht mehr; in Gilbertes Haus zurückzukehren hätte jetzt für mich nur noch Leiden bedeutet. Selbst Gilberte wiederzusehen, was mir am Tag zuvor noch so beglückend erschienen war, hätte mir nichts mehr genützt. Denn unaufhörlich wäre ich nun voller Unruhe gewesen, solange ich nicht in ihrer Nähe war. So kommt es, daß eine Frau durch jedes neue Leiden, das sie uns zufügt, oft ohne es zu wissen, ihre Macht über uns vermehrt, aber auch unsere Ansprüche an sie. Durch das Leid, das sie uns antut, umschließt sie uns immer stärker, verdoppelt sie unsere Ketten, aber auch die, mit denen es uns bis dahin genügte, sie gefesselt zu wissen, um uns beruhigt zu fühlen. Noch am Tag zuvor wäre ich, hätte ich nicht Gilberte damit zu verstimmen geglaubt, mit einigen seltenen Begegnungen ganz zufrieden gewesen; jetzt aber würden diese nicht mehr ausgereicht haben, und durch ganz andere Bedingungen hätte ich sie nunmehr ersetzt. Denn anders als es nach Schlachten üblich ist, setzt man sie in der Liebe, je größer die Niederlage, desto härter und schwerer an, sofern man in der Lage ist, sie zu diktieren. Das war auf meiner Seite Gilberte gegenüber jedoch nicht der Fall. Daher zog ich auch vor, nicht sogleich wieder zu ihrer Mutter zu gehen. Ich sagte mir auch weiterhin, daß Gilberte mich nicht liebe, daß ich es seit langem schon gewußt hatte, daß ich sie sehen könne, sobald es mir beliebe, doch sie auch langsam vergessen könne, wenn ich das vorziehen sollte. Wie ein Heilmittel aber, das bei manchen Affektionen nicht hilft, waren diese Gedanken ohne jede Wirkung gegenüber den beiden parallelen Linien, die ich von Zeit zu Zeit wieder vor mir sah: Gilberte und der junge Mann, wie sie allmählich in der Avenue des Champs-Élysées verschwanden. Es war dies ein neues Leid, das sich bestimmt auch schließlich abnützen, ein Bild, das sich meinem Geist eines Tages von allem entleert zeigen würde, was an schädlichen Stoffen in ihm enthalten war, wie jene tödlichen Gifte, mit denen man gefahrlos manipulieren kann, die kleine Dosis Dynamit, an der man ohne Furcht vor einer Explosion die Zigarette entzündet. Solange aber gab es in mir eine andere Kraft, die mit aller Macht gegen jene zerstörerische ankämpfte, die unweigerlich Gilbertes Spaziergang in der Dämmerung in mein Bewußtsein heraufführte: Auf den immer wieder erneuerten Ansturm meiner Erinnerung wirkte meine Phantasie erfolgreich im gegenläufigen Sinn. Die erste dieser beiden Kräfte zeigte mir zwar unaufhörlich von neuem die beiden Spaziergänger in der Avenue des Champs-Élysées und hielt mir auch andere unangenehme, der Vergangenheit entnommene Bilder vor, zum Beispiel, wie Gilberte mit Achselzukken die Bitte ihrer Mutter beantwortet, mit mir zu Hause zu bleiben. Die zweite Kraft aber benutzte den Entwurf meiner Hoffnungen und malte mir eine Zukunft aus, die sich viel liebenswürdiger gestaltete als diese armselige, eigentlich so begrenzte Vergangenheit. Wie viele Minuten gab es nicht an Stelle der einen, in der ich Gilberte wieder mißgelaunt vor mir sah, in denen ich mir irgendeinen Schritt von ihrer Seite in allen Einzelheiten zurechtlegte, der unsere Versöhnung, ja Verlobung vielleicht, zum Ziele haben würde! Allerdings sog meine Phantasie diese Kraft, die sie auf Künftiges richtete, trotz allem aus der Vergangenheit. In dem Maße, wie mein Verdruß über jenes Achselzucken Gilbertes nachließ, würde auch die Erinnerung an ihren Zauber verblassen, die Erinnerung, die mich wünschen ließ, sie käme zu mir zurück. Aber noch war ich weit entfernt von diesem Tod der Vergangenheit. Ich liebte immer noch sie, sie, die ich freilich zu verabscheuen glaubte. Wann immer jemand sagte, ich sei so hübsch frisiert, ich sähe ausgezeichnet aus, hätte ich gewünscht, sie wäre zugegen gewesen. Es irritierte mich, daß zu jener Zeit so viele Leute den Wunsch äußerten, sie würden mich gern bei sich sehen, und ich lehnte ab. Zu Hause gab es eine Szene, weil ich meinen Vater nicht zu einem offiziellen Diner begleitete, bei dem die Bontemps und ihre Nichte Albertine, damals noch ein ganz junges Mädchen, beinah noch ein Kind, auch zugegen sein sollten. So sind die verschiedenen Epochen unseres Lebens miteinander verschränkt. Man lehnt um dessentwillen, was man liebt und was einem eines Tages völlig gleichgültig sein wird, verachtungsvoll ab, das zu sehen, was einem heute noch gleichgültig ist und was man morgen liebt, und, hätte man sich schon früher zu einer Begegnung bereit gefunden, auch früher schon hätte lieben können, wodurch man die gegenwärtigen Leiden abgekürzt hätte, freilich nur, um sie durch andere zu ersetzen. Die meinen wandelten sich nach und nach. Mit Staunen stieß ich in den Tiefen meines Inneren den einen Tag auf dieses, den nächsten auf jenes Gefühl, das mir im allgemeinen durch eine bestimmte Hoffnung oder eine Furcht eingeflößt wurde, die sich auf Gilberte bezogen. Auf die Gilberte, die ich in mir trug. Ich hätte mir sagen sollen, daß die andere, die wirkliche, vielleicht ganz anders war als diese, von aller Reue nichts wußte, die ich ihr andichtete, und wahrscheinlich viel weniger an mich dachte, nicht nur als ich an sie, sondern auch als ich selbst sie an mich denken ließ, wenn ich mit meiner erfundenen Gilberte allein die Zeit in traulicher Zweisamkeit verbrachte, ihre wahren Absichten mir gegenüber zu ergründen versuchte und sie mir dementsprechend immer mit ganz auf mich gerichteter Aufmerksamkeit vorstellte.

Man muß mit Rücksicht auf jene Perioden, in denen, wenn auch in ständigem Schwinden begriffen, der Kummer gleichwohl noch besteht, zwischen demjenigen unterscheiden, den uns das unaufhörliche Denken an die betreffende Person selbst bereitet, und dem, der sich aus gewissen Erinnerungen nährt, einer bösen Äußerung, einer Wendung in einem Brief, den man erhalten hat. Auch wenn erst beim Anlaß einer späteren Liebe[1] von den verschiedenen Formen des Kummers die Rede sein soll, können wir doch jetzt schon sagen, daß von diesen beiden der erstere weit weniger grausam ist als der letztgenannte. Das kommt daher, daß unsere Vorstellung von der Person, die immer in uns lebendig ist, durch den Glorienschein verklärt wird, mit dem wir sie allzubald umgeben, und die, wenn auch nicht von häufig aufschimmernden süßen Hoffnungen, so doch von der Ruhe steter Traurigkeit geprägt ist. (Dazu ist übrigens auch noch zu bemerken, daß das Bild der Person, die uns leiden macht, wenig Raum einnimmt in den Komplikationen, aus denen einem Liebeskummer Verschlimmerungen, Dauer und schlechte Heilungsaussichten erwachsen, so wie bei gewissen Erkrankungen die Ursache in keinem Verhältnis zu dem daraus entstehenden Fieber und dem nur zögernden Eintritt der Rekonvaleszenz steht.) Doch wenn die Vorstellung von der Person, die wir lieben, den Widerschein eines im allgemeinen optimistischen Grundgefühls trägt, so trifft das keineswegs auf jene ganz besonderen Erinnerungen zu, jene bösen Worte, jenen feindseligen Brief (ich selbst erhielt nur einen einzigen dieser Art von Gilberte); man sollte meinen, die Person selbst hause in diesen gleichwohl so begrenzten Fragmenten und entfalte in ihnen eine Macht, die sie in der Vorstellung, die wir gemeinhin von ihr in ihrer Gesamtheit haben, gar nicht besitzt. Wir haben diesen Brief eben nicht wie das Bild des geliebten Wesens in der schwermütigen Ruhe sehnsüchtiger Trauer betrachtet, sondern in der furchtbaren Angst gelesen, ja verschlungen, mit der ein unerwartetes Unglück uns traf. Diese Art von Kummer entsteht anders; er befällt uns von außen, und er nimmt den Weg des allergrausamsten Schmerzes bis hin zu unserem Herz. Das Bild unserer Freundin, das wir für alt und echt gehalten haben, ist in Wirklichkeit von uns selbst zu vielen Malen überarbeitet. Die grausame Erinnerung datiert hingegen nicht vom gleichen Augenblick wie das restaurierte Bild, sie stammt aus einer anderen Zeit, sie ist eine der wenigen Zeuginnen einer ungeheuerlichen Vergangenheit. Da aber diese Vergangenheit auch weiterhin besteht außer in uns selbst, die wir uns darin gefallen, sie durch ein märchenhaftes goldenes Zeitalter, ein Paradies zu ersetzen, in dem alles sich versöhnt, gemahnen uns diese Erinnerungen, diese Briefe an die Wirklichkeit und müßten uns durch den plötzlichen Schmerz, den sie uns bereiten, bewußt machen, wie weit wir uns von ihr in den wahnwitzigen Hoffnungen der täglichen Erwartung haben forttreiben lassen. Es ist nicht so, daß diese Wirklichkeit immer dieselbe bleiben müßte, obwohl auch das manchmal vorkommt. Es gibt in unserem Leben viele Frauen, die wir niemals versucht haben wiederzusehen und die dann ganz natürlicherweise auf unser keineswegs beabsichtigtes Schweigen mit einem ähnlichen Schweigen geantwortet haben. Nur haben wir dann, da wir sie ja nicht liebten, nicht die fern von ihnen verbrachten Jahre gezählt; dieses Beispiel aber wird – da es sie in Frage stellen würde – von uns übersehen, wenn wir Betrachtungen über die Wirksamkeit der Isolation anstellen, so wie es diejenigen, die an Vorahnungen glauben, in allen Fällen tun, in denen sich die ihrigen als falsch erwiesen haben.

Letztlich aber kann die räumliche Trennung doch wirksam sein. Der Wunsch, das Verlangen nach einem Wiedersehen mit uns lebt irgendwann einmal endlich in dem Herzen wieder auf, das uns jetzt noch verkennt. Nur braucht es dazu Zeit. Wir jedoch stellen in bezug auf die Zeit ebenso maßlose Forderungen, wie sie das Herz für seine Wandlung begehrt. Gerade die Zeit ist das, was wir am schwersten gewähren, denn unser Leiden setzt uns grausam zu, wir möchten es schleunigst beenden. Zudem wird unser Herz die gleiche Zeit, die jenes andere für seine Wandlung braucht, sicher dazu benutzen, sich ebenfalls zu wandeln, so daß das Ziel, das wir uns gesetzt haben, in dem Augenblick, da es erreicht werden könnte, schon gar kein Ziel mehr für uns ist. Übrigens trägt der Gedanke selbst, daß es erreichbar werden wird, daß es kein Glück gibt, das nicht, wenn es kein Glück mehr für uns ist, uns zugänglich würde, bereits einen Teil der Wahrheit in sich, doch eben nur einen Teil. Es fällt uns zu, wenn wir unempfänglich dafür geworden sind. Doch gerade unsere Gleichgültigkeit dagegen macht uns weniger anspruchsvoll und läßt rückblickend glauben, es hätte uns zu einer Zeit entzückt, in der es uns in Wirklichkeit vielleicht sehr unvollkommen erschienen wäre. Man ist nicht sehr heikel und kein guter Richter in bezug auf das, woraus man sich nichts macht. Die Liebenswürdigkeit eines Wesens, das wir nicht mehr lieben, mag uns in unserer Gleichgültigkeit außerordentlich scheinen, hätte aber vielleicht den Ansprüchen unserer Liebe keineswegs genügt. Die zärtlichen

Worte, das Angebot eines Rendezvous lassen uns an das Vergnügen denken, das sie uns früher bereitet hätten, jedoch nicht mehr an all jene, die wir ihnen so gern hätten folgen sehen und die wir vielleicht gerade durch unsere Gier danach verhindert hatten. Demgemäß ist es also nicht gewiß, daß das Glück, das uns zu spät zufällt, als daß wir uns seiner erfreuen könnten – erst, wenn wir nicht mehr lieben –, überhaupt noch ganz das gleiche Glück ist, dessen Ausbleiben uns früher so unglücklich machte. Nur eine einzige Person könnte die Frage entscheiden: unser damaliges Ich; das aber ist nicht mehr; sicher brauchte es nur wieder in Erscheinung zu treten, damit das Glück, identisch oder nicht, in nichts zerrinnen würde.

Doch bis solche nachträglichen Erfüllungen eines Traums eintreten würden, an dem mir dann nichts mehr läge, nahmen die von mir wie zu der Zeit, als ich Gilberte noch kaum kannte, erfundenen Worte, Briefe, in denen sie mich um Verzeihung anflehte, gestand, sie habe immer nur mich geliebt, und mich heiraten wollte, sowie eine Folge von schmeichelnden Bildern, die ich unaufhörlich neu in mir erschuf, schließlich mehr Platz in meinem Bewußtsein ein als die Vision von Gilberte und dem jungen Mann, die keine neue Nahrung mehr fand. Ich wäre vielleicht jetzt zu Madame Swann zurückgekehrt, hätte ich nicht einen Traum[1] gehabt, in dem einer meiner Freunde, der mir als solcher allerdings nicht bekannt war, mir gegenüber die größte Falschheit an den Tag legte und eine ebensolche bei mir vermutete. Als ich durch den Schmerz, den der Traum mir bereitete, jäh erwachte und gleich darauf feststellen mußte, daß er nicht nachließ, versuchte ich mich zu erinnern und herauszufinden, wer der Freund wohl gewesen sei, den ich im Schlaf gesehen und dessen spanischer Name mir schon nicht mehr deutlich in Erinnerung war.

Gleichzeitig Joseph und Pharao, machte ich mich daran, meinen Traum zu deuten.[1] Ich wußte, daß man in vielen Fällen nichts auf das Aussehen der Personen geben darf, die verkleidet sein und vertauschte Gesichter haben können wie die verstümmelten Heiligen an den Kathedralen, die von unwissenden Restauratoren in der Weise wiederhergestellt wurden, daß den Körper des einen der Kopf des anderen ziert und die Attribute und Namen vertauscht sind. Auch jene, die Personen im Traum tragen, können uns irreführen. Die Person, die wir lieben, können wir nur am Schmerz, den sie uns bereitet, erkennen. Der meine belehrte mich, daß die in meinem Traum als junger Mann auftretende Person, deren soeben erlebte Falschheit mir immer noch weh tat, Gilberte war.[2] Ich erinnerte mich nun, wie sie bei unserem letzten Beisammensein, damals als ihre Mutter sie veranlaßt hatte, auf eine Tanzveranstaltung zu verzichten, ernstlich oder vorgeblich mit einem sonderbaren Lachen abgelehnt hatte, an meine guten Absichten ihr gegenüber zu glauben. Durch Assoziation führte diese Erinnerung eine andere bei mir herauf. Lange zuvor war es Swann gewesen, der weder an meine Aufrichtigkeit hatte glauben wollen noch daran, daß ich ein geeigneter Freund für seine Tochter sei. Vergebens hatte ich ihm geschrieben, Gilberte hatte den Brief wieder zurückgebracht und ihn mir mit dem gleichen unbegreiflichen Lachen ausgehändigt. Sie hatte ihn mir jedoch nicht auf der Stelle gegeben, ich rief mir die ganze Szene hinter dem Lorbeerboskett ins Gedächtnis zurück. Man wird moralisch, sobald man unglücklich ist. Gilbertes gegenwärtige Antipathie gegen mich schien mir gleichsam eine vom Leben auferlegte Buße wegen meines Verhaltens an jenem Tage zu sein. Man glaubt Bestrafungen zu vermeiden, indem man beim Überqueren der Straße auf die Wagen achtgibt und Gefahren aus dem Wege geht. Doch es gibt eben Strafen, die sich im Inneren vollziehen. Der Unfall kommt von der Seite, an die man nicht gedacht hat, aus dem Inneren, dem Herzen. Die Worte Gilbertes: »Wenn Sie wollen, können wir weiterringen« flößten mir jetzt Grauen ein. Ich stellte sie mir so, zum Beispiel bei sich zu Hause in der Wäschekammer, mit dem jungen Mann vor, den ich neben ihr in der Avenue des Champs-Élysées gesehen hatte. Wie ich mich also (es war nun schon lange her) in einem Wahn befunden hatte, als ich mich im Glück friedlich verankert glaubte, so war ich auch jetzt nach meinem Verzicht auf das Glück noch im Irrtum befangen, wenn ich meinte, ich sei zumindest ruhig geworden und könne es auch bleiben. Denn solange unser Herz unablässig das Bild eines anderen Wesens umschließt, kann nicht nur unser Glück jeden Augenblick wieder ins Wanken geraten; wenn es entschwunden ist, wenn wir gelitten und dann endlich sogar unser Leiden eingeschläfert haben, bleibt unsere Ruhe noch ebenso trügerisch und prekär, wie unser Glück es war. Die meine kehrte schließlich zurück, denn was kraft eines Traums in unser Bewußtsein getreten ist und unseren Seelenzustand, unsere Wünsche beeinflußt hat, verflüchtigt sich auch allmählich wieder; Fortbestehen und Dauer gelten für nichts auf Erden, nicht einmal für den Schmerz. Außerdem sind die an Liebe Leidenden, wie es von manchen Kranken heißt, tatsächlich ihr eigener Arzt. Da ihnen Trost nur von seiten des Wesens zuteil werden kann, das ihnen Schmerz bereitet, und da dieser Schmerz ein Ausfluß jenes Wesens ist, finden sie in ihm schließlich auch ihr Heilmittel. Er selbst entdeckt es ihnen im gegebenen Augenblick, denn in dem Maße, wie sie ihn in sich hin- und herwälzen, zeigt ihnen dieser Schmerz jeweils eine andere Seite der so sehnlich entbehrten Person, die zuweilen so hassenswert erscheint, daß man nicht einmal mehr den Wunsch hat, sie wiederzusehen, weil man, bevor man sich wieder an ihr erfreute, ihr Leid zufügen müßte; dann wieder erscheint sie einem so liebenswert, daß man ihr den Charme, den man ihr leiht, als Verdienst auslegt und darin einen Grund zum Hoffen sieht. Wenn auch mein wieder erneuertes Leiden sich schließlich beruhigte, wollte ich doch nur noch selten Madame Swann wiedersehen. Erstens kam das daher, daß bei Liebenden, die verlassen worden sind, das Gefühl der Erwartung – selbst der uneingestandenen –, in dem sie dauernd leben, sich ganz von selbst verwandelt und, obwohl es dem Anschein nach gleich bleibt, auf einen ersten Zustand einen genau entgegengesetzten zweiten folgen läßt. Der erste war die Fortsetzung, der Reflex der schmerzlichen Vorkommnisse, die uns überwältigt hatten. Die Erwartung dessen, was sich ereignen könnte, ist mit Grauen gemischt, um so mehr als wir in diesem Augenblick, wenn uns nichts Neues von seiten der Geliebten zustößt, selbst zu handeln wünschen und dabei doch nicht recht wissen, welches der Erfolg eines Schrittes sein wird, nach dem es vielleicht nicht mehr möglich ist, einen zweiten zu wagen. Bald aber, ohne daß wir uns darüber Rechenschaft geben, wird unsere weiterbestehende Erwartung, wie wir gesehen haben, nicht mehr durch die Erinnerung an die erlebte Vergangenheit bestimmt, sondern durch die Hoffnung auf eine Zukunft, die unsere Phantasie sich schafft. Von diesem Augenblick an ist sie beinahe angenehm. Die erste Form der Erwartung hat uns, wenn sie eine gewisse Zeit dauert, an ein von Hoffnung bestimmtes Leben gewöhnt. Das Leiden, das wir bei den letzten Begegnungen an uns erfahren haben, dauert noch in uns an, aber doch schon halb beschwichtigt. Wir haben es nicht so eilig damit, es wieder aufzufrischen, zumal wir nicht genau wissen, was wir jetzt wünschen sollen. Wenn wir von der Frau, die wir lieben, etwas mehr besäßen, würde uns nur das, was wir nicht besitzen, noch unerläßlicher scheinen, jener Teil nämlich, der, da unsere Wünsche aus unseren Befriedigungen entstehen, stets etwas Unerreichbares bleibt.

Schließlich kam später noch ein letzter Grund hinzu, der mich bewog, vollends meine Besuche bei Madame Swann einzustellen. Dieser nachträgliche Grund war nicht, daß ich Gilberte schon vergessen hatte, vielmehr mein Wunsch, sie schneller zu vergessen. Sicherlich waren, seitdem mein großes Leiden zu Ende gegangen war, meine Besuche bei Madame Swann für die in mir noch verbliebene Trauer wieder zu einem Beruhigungsmittel und einer Ablenkung geworden, wie sie mir anfänglich so wichtig gewesen waren. Doch stellte die Wirksamkeit des ersten auch den Grund für die Unzuträglichkeit der zweiten dar, da ja meinen Besuchen die Erinnerung an Gilberte so innig beigemischt war. Die Ablenkung wäre mir nur nützlich gewesen, wenn sie gegen ein Gefühl, das aus der Gegenwart Gilbertes keine Nahrung mehr zog, Gedanken, Interessen, Leidenschaften hätte ins Feld führen können, mit denen Gilberte überhaupt nichts zu tun hatte. Solche Bewußtseinszustände, denen das geliebte Wesen fremd bleibt, stellen, wie klein auch der Raum sein mag, den sie zunächst in Anspruch nehmen, dennoch ebensoviel an Terraingewinn der Liebe gegenüber dar, die früher die ganze Seele für sich allein bewohnte. Man muß diese Gedanken zu nähren und zu mehren versuchen, während das Gefühl, das schon nur noch eine Erinnerung ist, schwächer wird, so daß die neu in den Geist eingeführten Elemente beginnen, diesem Gefühl immer größere Teile unserer Seele streitig zu machen, zu entreißen und sie ihm am Ende ganz und gar entziehen. Ich war mir klar darüber, daß dies die einzige Weise sei, eine Liebe zu töten, und ich war noch jung und kühn genug, um den Versuch zu wagen, den grausamsten aller Schmerzen auf mich zu nehmen, den nämlich, der aus der Gewißheit entsteht, daß man – wie lang es auch währen mag – doch schließlich Erfolg haben wird. Der Grund, den ich jetzt Gilberte in meinen Briefen angab, weshalb ich sie nicht sehen könne, war eine Anspielung auf irgendein mysteriöses, vollkommen fiktives Mißverständnis, das zwischen uns entstanden sei und zu dem Gilberte – so hoffte ich wenigstens zunächst – von mir Erklärungen fordern sollte. Tatsächlich aber wird – nicht einmal in den belanglosesten Beziehungen in unserem Leben – keiner je seinen Briefpartner um Aufklärung bitten, der weiß, daß ein dunkler, absichtlich unwahrer, bezichtigender Satz mit dem Ziel eingefügt ist, daß er protestiere, und der sich dadurch der Gewißheit freut, die Macht und Initiative des Handelns zu besitzen und weiterhin zu behalten. Erst recht aber trifft dies auf gefühlsbetontere Beziehungen zu, in denen die Liebe über so viel Beredsamkeit verfügt und die Gleichgültigkeit so wenig Neugier zeigt. Da Gilberte dieses Mißverständnis weder angezweifelt noch es aufzuklären versucht hatte, wurde es für mich ein Stück Wirklichkeit, auf das ich mich in jedem meiner Briefe bezog. In solchen konstruierten Sachverhalten, in der Vortäuschung von Kälte liegt aber ein Zauberbann, in dem man verhaftet bleibt. Dadurch, daß ich ständig schrieb: »Seitdem unsere Herzen entzweit sind«, damit Gilberte mir antwortete: »Aber das sind sie ja gar nicht, sprechen wir uns doch einmal aus«, war ich schließlich überzeugt, daß es wirklich so war. Wenn ich immer wieder behauptete: »Das Leben hat wohl anders werden können für uns, doch das Gefühl, das wir füreinander hatten, wird dadurch nicht ausgelöscht«, war ich von dem Wunsch beherrscht, zu sagen: »Aber nichts ist anders geworden, und das Gefühl ist stärker denn je«, und lebte in der Vorstellung, das Leben sei tatsächlich anders geworden und wir würden die Erinnerung an ein Gefühl bewahren, das nicht mehr existierte – so wie gewisse Nervöse, die eine Krankheit simulieren, schließlich ernstlich erkranken. Jetzt bezog ich mich jedesmal, wenn ich an Gilberte schreiben mußte, auf diese vorgebliche Veränderung, die, nunmehr durch ihr Schweigen über diesen Punkt in ihren Antworten auch von ihrer Seite anerkannt, fortan zwischen uns weiterbestehen sollte. Dann ließ es auch Gilberte nicht mehr beim Übergehen bewenden. Sie eignete sich meine Sicht an, und wie bei offiziellen Tischreden der als Gast anwesende Staatschef ungefähr die Wendungen aufgreift, die der Einladende soeben gebraucht hat, erklärte Gilberte jedesmal, wenn ich an sie geschrieben hatte: »Das Leben hat uns zu trennen vermocht, doch die Erinnerung an die Zeiten, da wir verbunden waren, wird weiterbestehen«, unfehlbar in ihrer Antwort: »Das Leben hat uns trennen können, doch wird es uns nicht dazu bringen, die schönen Stunden zu vergessen, die uns immer lieb bleiben werden« (wobei wir beide in großer Verlegenheit gewesen wären zu erklären, weshalb »das Leben« uns getrennt und welche Veränderung sich eigentlich vollzogen hatte). Mein Leiden war nicht mehr allzu groß. Dennoch widerfuhr es mir, als ich ihr eines Tages in einem meiner Briefe schrieb, ich hätte erfahren, unsere alte Süßwarenverkäuferin aus den Champs-Élysées sei gestorben, und hinzusetzte: »Ich habe gedacht, daß Sie darüber traurig gewesen sind; in mir hat es viele alte Erinnerungen aufgerührt«, daß ich meinen Tränen nicht Einhalt gebieten konnte, als ich merkte, daß ich in der Vergangenheit und wie von einem Toten, der schon beinahe vergessen war, von jener Liebe sprach, die ich trotz allem immer noch als etwas Lebendiges aufgefaßt hatte oder doch wenigstens als etwas, das man wieder zum Leben erwecken könnte. Man kann sich nichts Zärtlicheres denken als diesen Briefwechsel zwischen Freunden, die sich nicht mehr sehen wollten. Die Briefe Gilbertes waren feinfühlig wie die, die ich selbst an mir gleichgültige Menschen schrieb, und enthielten die gleichen augenfälligen Sympathiebezeugungen, die ich von ihr so willig entgegennahm.

Im übrigen bereitete mir die Weigerung, sie zu sehen, jedesmal weniger Schmerz. Und da sie mir weniger teuer wurde, hatten meine schmerzlichen Erinnerungen nicht mehr genügend Kraft, um in ihrer unablässigen Wiederkehr zu verhindern, daß mir der Gedanke an Florenz, an Venedig Vergnügen bereitete. Ich bedauerte in solchen Augenblicken, daß ich auf die Diplomatenlaufbahn verzichtet und mich für ein seßhaftes Dasein entschieden hatte, um mich nicht von einem jungen Mädchen zu trennen, das ich nicht mehr sehen würde und beinahe schon vergessen hatte. Man richtet sein Leben ein für eine Person, die, wenn man sie endlich darin empfangen könnte, gar nicht erscheint und für uns schließlich stirbt; selbst aber lebt man gefangen in dem, was nur für sie bestimmt war. Wenn meinen Eltern Venedig sehr weit und sehr fiebergefährlich für mich erschien, war es andererseits doch einfach, ohne zu große Ermüdung nach Balbec zu gehen. Dazu aber hätte ich Paris verlassen, auf meine – wenn auch seltenen – Besuche verzichten müssen, bei denen ich zuweilen Madame Swann von ihrer Tochter sprechen hörte. Außerdem begann ich darin ein gewisses Vergnügen zu finden, zu dem Gilberte in keiner Beziehung mehr stand.

Als der Frühling nahte und noch einmal Kälte brachte, zur Zeit der Eisheiligen und der Hagelschauer der Osterwoche, fand Madame Swann, man friere bei ihr erbärmlich, und wenn ich zu ihr kam, sah ich sie häufig in Pelze gewickelt die Gäste empfangen; ihre fröstelnden Hände und Schultern verschwanden unter der schimmernd weißen Decke eines riesigen flachen Muffs und einer Pelzstola, beide aus Zobelfell[1], die sie beim Nachhausekommen nicht abgelegt hatte und die aussahen wie letzte, alle anderen überdauernde Flecken aus winterlichem Schnee, die weder die Wärme des Feuers noch die fortschreitende Jahreszeit aufzutauen vermocht hatten. Die gesamte Wahrheit jener eisigen und doch schon blütentreibenden Wochen schien mir aber in jenem Salon, den ich bald nicht mehr betreten würde, durch eine andere, noch berauschendere Häufung von weißen Tönen zur Entfaltung zu kommen, die des »Schneeballs« zum Beispiel, der auf der Spitze seiner langen Zweige, so kahl wie die linearen Stauden der Präraffaeliten, seine in sich geteilten und doch ebenmäßigen Kugeln anordnete, die weiß wie Verkündigungsengel und von Zitronenduft umwoben waren. Denn die Schloßherrin von Tansonville wußte, daß der April, wie eisig er sich auch gibt, doch nicht ohne Blumen ist, daß Winter, Frühling und Sommer nicht so hermetisch voneinander getrennt sind, wie der Boulevardier meint, der sich bis zu den ersten warmen Tagen die Welt nur mit lauter kahlen, regennassen Häusern vorstellen kann. Daß Madame Swann sich mit den Sendungen ihres Gärtners aus Combray begnügte und nicht vielleicht mit Hilfe ihrer »Hoflieferantin« für Blumen die Lücken eines unzulänglichen Frühlingsbildes mit ausgeborgter mediterraner Frühblüte stopfte, will ich nicht behaupten; es kümmerte mich auch nicht. Mir genügte schon, um Sehnsucht nach dem Land zu bekommen, daß neben dem Firnschnee des Muffs, den Madame Swann hielt, der Schneeball (der vielleicht für die Hausherrin keinen anderen Zweck erfüllte, als auf den Rat Bergottes hin eine »Symphonie in Weiß-Dur«[2] mit ihren Möbeln und ihren Kleidern zu bilden) mich daran erinnerte, daß der Karfreitagszauber[3] ein Naturwunder darstellt, an dem man jedes Jahr teilnehmen könnte, wenn man weiser wäre, und im Verein mit dem herben, berauschenden Duft anderer Arten, deren Name mir unbekannt war und um derentwillen ich so oft auf meinen Spaziergängen in Combray einfach stehengeblieben war, den Salon von Madame Swann so jungfräulich erscheinen ließ, so unschuldig leuchtend in seinem blattlosen Blütenflor, so reich an richtigen Düften wie der steile Pfad von Tansonville.

An diesen erinnert zu werden war aber noch zu viel für mich. Noch drohte der Gedanke an ihn das wenige zu erhalten, was von meiner Liebe zu Gilberte übriggeblieben war. So legte ich, obwohl ich bei meinen Besuchen bei Madame Swann keinen Kummer mehr empfand, dazwischen immer größere Pausen ein und versuchte sie so wenig wie möglich zu sehen. Als äußerstes billigte ich mir, da ich auch jetzt Paris nicht verließ, gewisse Spaziergänge mit ihr zu. Die schönen Tage waren endlich wieder da und auch die Wärme. Da ich wußte, daß Madame Swann vor dem Mittagessen eine Stunde ausging und in der Avenue du Bois nahe beim Étoile nicht weit von der Stelle, die man damals wegen der Leute, die von dort aus die Reichen beobachteten, von denen sie höchstens die Namen kannten, »Club des Pannés«[1] nannte, frische Luft schöpfte, rang ich meinen Eltern die Erlaubnis ab, daß ich am Sonntag – denn während der Woche war ich um diese Zeit nicht frei – erst weit nach ihnen, nämlich um Viertel nach eins, zu Mittag zu essen brauchte und zuvor einen Spaziergang machen konnte. Ich versäumte das nie in jenem Mai, denn Gilberte war auf dem Land bei Freundinnen. Gegen Mittag erschien ich am Arc de Triomphe. Ich bezog einen Spähposten am Eingang der Avenue und verlor die Ecke der kleinen Straße nicht aus den Augen, durch die Madame Swann, die nur ein paar Schritte bis dahin hatte, von ihrem Haus her kam. Da es schon die Stunde war, zu der viele Spaziergänger zum Essen heimgekehrt waren, blieben nur einige wenige dort, meist vornehme Leute. Plötzlich[1] erschien dann auf dem Sand der Allee, langsam, spät und üppig wie die schönste Blüte, die sich erst zur Mittagsstunde auftut, Madame Swann, von einer Toilette umwogt, die jedesmal eine andere, doch, wie ich mich zu erinnern glaube, meist malvenfarben war; dann hißte und entfaltete sie im Augenblick ihres größten Glanzes auf einem langen Stiel den Seidenwimpel eines großen Sonnenschirms vom gleichen Farbton wie die flatternden Blütenblätter ihres Kleides. Ein ganzes Gefolge begleitete sie: Swann und vier bis fünf Angehörige der eleganten Pariser Clubs, die ihr einen Morgenbesuch gemacht oder die sie hier erst getroffen hatte: ihre gefügige, graue oder schwarze Formation, die die fast mechanischen Bewegungen eines Odette träge umschließenden Rahmens ausführte, gab dieser Frau, die als einzige im Blick intensive Lebendigkeit behielt, zwischen all diesen Männern das Aussehen, als blicke sie durch ein Fenster, an das sie getreten sei, und ließ sie zerbrechlich, aber furchtlos in der Nacktheit ihrer zarten Farben aufschimmern wie ein unwirkliches Wesen von ganz anderer Art und unbekanntem Ursprung, doch mit fast kriegerischer Macht begabt, durch die sie ganz für sich allein der zahlenmäßig stärkeren Begleitung das Gleichgewicht hielt. Strahlend, beglückt durch das schöne Wetter, die Sonne, die noch nicht lästig war, die Sicherheit und Ruhe des Schöpfers ausstrahlend, der sein Werk vollendet hat und sich um das Weitere nicht mehr sorgt, in der Gewißheit, daß ihre Toilette – mochten gewöhnliche Passanten sie auch nicht zu schätzen wissen – die eleganteste von allen sei, trug sie diese für sich selbst und für ihre Freunde, natürlich, ohne ihr übertriebene Aufmerksamkeit zu zollen, doch auch ohne völlig unbeteiligt daran zu sein; sie hinderte die kleinen Schleifen an Rock und Taille nicht daran, leicht vor ihr herzuflattern wie Geschöpfe, deren Anwesenheit ihr bewußt war, denen sie jedoch mit aller Nachsicht erlaubte, sich ihrem Spiel hinzugeben, nach ihrem eigenen Rhythmus, sofern sie nur ihren Schritten folgten, und selbst auf den malvenfarbenen Sonnenschirm, den sie oft beim Kommen noch nicht aufgespannt hatte, ließ sie manchmal, ebenso wie auf einem Strauß Parmaveilchen, ihren Blick fallen, der so froh und weich, wie er war, noch zu lächeln schien, selbst wenn er sich nicht mehr auf einen ihrer Freunde, sondern auf einen leblosen Gegenstand heftete. So wies sie ihrer Toilette als deren eigentlichen Ort jenen Zwischenraum von Eleganz zu, dessen Maß und Notwendigkeit auch die Männer respektierten, mit denen Madame Swann am freundschaftlichsten verkehrte; sie taten es nicht ohne die achtungsvolle Scheu profaner Außenstehender und ein gewisses Eingeständnis der eigenen Unzuständigkeit, wobei sie ihrer Freundin diesbezüglich, wie man es einem Kranken bei einer notwendigen Spezialbehandlung oder einer Mutter gegenüber tut, wenn es sich um die Erziehung ihrer Kinder handelt, alleinige Kompetenz und Urteilskraft zuerkannten. Nicht weniger als durch den sie umgebenden Hofstaat, der die Vorübergehenden zu ignorieren schien, rief Madame Swann auch durch die späte Stunde ihres Erscheinens das Bild ihrer Gemächer wach, in denen sie einen so langen Morgen verbracht hatte und in die sie bald zum Essen zurückkehren würde; deren Nähe schien sie durch die Art ihres Gehens anzuzeigen, das in seinem gelassenen Schlendern an den gemächlichen Rundgang erinnerte, den man in seinem Garten tut; es schien an ihr gleichsam noch der kühle Schatten jener intimen Gemächer zu haften. Doch gerade dadurch erhöhte ihr Anblick bei mir das Gefühl, im Freien, in der Wärme des Frühlings zu sein, und das um so mehr, als ich überzeugt war, daß dank der genauen Kenntnis, die Madame Swann von den Riten und der Liturgie besaß, zwischen ihrer Toilette und der Jahreszeit, ja der Stunde eine notwendige, einzigartige Beziehung bestand; die Blumen ihres geschmeidigen Strohhutes, die kleinen Bänder an ihrem Kleid schienen mir natürlicher dem Monat Mai zu entwachsen als die Blumen in Garten und Wald; und um das neue Weben und Leben der Jahreszeit zu erkennen, erhob ich die Blicke nicht höher als bis zu ihrem Sonnenschirm, der offen ausgespannt war wie ein zweiter, näher gerückter, milder, beweglicher und blauer Himmel. Denn wenn diese Riten auch unumschränkt galten, so setzten sie und damit auch Madame Swann ihre Ehre darein, huldvoll dem Morgen, dem Frühling, der Sonne sich anzupassen, die mir ihrerseits gar nicht genügend geschmeichelt schienen, daß eine so elegante Frau sich herabließ, von ihnen Kenntnis zu nehmen, ihretwegen für den Tag ein Kleid von hellerem, leichterem Stoff ausgewählt hatte, das durch die Kelchform von Kragen und Ärmeln an die Frische des Halses und der Handgelenke gemahnte, und überhaupt für sie den ganzen Extraaufwand einer großen Dame trieb, die in heiterer Bereitwilligkeit sich aufs Land begibt, um ganz gewöhnliche Leute zu besuchen, die jedermann, selbst das Volk gut kennt und die dennoch Wert darauf legt, speziell für diese Gelegenheit eine leichte, ländliche Toilette zu tragen. Gleich wenn sie kam, begrüßte ich Madame Swann, sie hielt mich an und sagte lächelnd »Good morning« zu mir. Wir gingen ein paar Schritte. Ich begriff, daß sie ganz für sich selber den kanonischen Regeln gehorchte, nach denen sie sich kleidete, wie einer höheren Weisheit, deren Oberpriesterin sie sei: denn wenn es ihr einmal zu warm wurde und sie ihre Jacke, die sie eigentlich geschlossen hatte anbehalten wollen, aufknöpfte oder ganz auszog und mir zu tragen gab, entdeckte ich an ihrem Mieder tausend kleine Einzelheiten der Ausführung, die um ein Haar ganz unbemerkt geblieben wären wie jene Orchesterpartien, auf die der Komponist die größte Sorgfalt verwendet hat, obwohl sie niemals wirklich ans Ohr des Publikums dringen; oder ich fand in den Ärmeln der über meinem Arm gefalteten Jacke irgendein wundervolles Detail, das ich zu meinem Vergnügen oder aus Höflichkeit eingehend bewunderte, einen Streifen von köstlicher Farbe oder einen malvenfarbenen, gewöhnlich versteckten Baumwollsatin, die so zierlich verarbeitet waren wie die sichtbaren Teile, darin den Skulpturen einer gotischen Kathedrale gleich, die in achtzig Fuß Höhe hinter einer Balustrade verborgen genauso vollkommen gemeißelt sind wie die Reliefs am großen Hauptportal, obwohl nie jemand sie gesehen hat, bis zufällig ein Künstler im Verlauf einer Reise es erreicht, sich in freier Höhe zwischen den beiden Türmen ergehen zu können, um von dort aus den Blick über die Stadt zu genießen.

Was den Eindruck noch verstärkte, Madame Swann promeniere in der Avenue du Bois[1] ganz wie auf dem Weg eines ihr gehörigen Gartens, war – in den Augen der Leute, die von ihrer Gewohnheit des »footing« nichts wußten –, daß sie zu Fuß ankam, ohne daß der eigene Wagen ihr folgte, sie, die man gewöhnt war schon ab Mai mit dem gepflegtesten Gespann und den bestgehaltenen Livreen von ganz Paris vorüberfahren zu sehen, lässig und hoheitsvoll, göttinnengleich gelagert in der lauen, luftigen Atmosphäre eines riesigen Mylords mit achtfacher Federung. Wenn Madame Swann zu Fuß ging, sah sie, vor allem mit ihrem in der Wärme verlangsamten Schritt, ganz so aus, als habe sie einer neugierigen Neigung nachgegeben, als begehe sie eine elegante Übertretung des Protokolls wie jene Monarchen, die, ohne jemand um Rat zu fragen, begleitet von der etwas schockierten Bewunderung eines Gefolges, das keine Kritik zu üben wagt, während einer Galavorstellung ihre Loge verlassen, das Foyer aufsuchen und sich für ein paar Minuten unter die übrigen Zuschauer mengen. Zwischen Madame Swann und sich selbst spürte die Menge die Schranken einer ganz bestimmten Art von Reichtum, die ihr von allen am unüberwindlichsten scheinen. Auch der Faubourg Saint-Germain hat seine, aber diese sind weniger augenfällig und regen die Phantasie der »Pannés« weniger an. Einer großen Dame gegenüber, die, schlichter gekleidet und leichter mit einer Kleinbürgerin zu verwechseln, dem Volk weniger fern ist, werden diese nicht das Gefühl der Ungleichheit, fast der Unwürdigkeit haben, das sie angesichts einer Madame Swann befällt. Gewiß macht auf Frauen ihrer Art das glanzvolle Gepränge, das sie umgibt, selbst nicht den gleichen Eindruck; sie geben gar nicht mehr darauf acht, aber nur, weil sie daran gewöhnt sind und diesen Luxus um so natürlicher und notwendiger finden, als sie auch die anderen Menschen danach beurteilen, wie weit sie mit diesen Gewohnheiten vertraut sind: so kommt es, daß diese Frauen (da die Großartigkeit, deren Glanz sie ausstrahlen und bei anderen feststellen, rein materiell bedingt, leicht zu konstatieren, langwierig zu erringen und sehr schwer durch anderes auszugleichen ist), wenn sie einen Vorübergehenden auf die niederste Stufe stellen, diesem selbst auf die gleiche Weise auf der höchsten zu stehen scheinen, und zwar auf den ersten Blick, unmittelbar und unwiderruflich. Diese besondere Gesellschaftsklasse, die damals Frauen wie Lady Israels, die bei denen der Aristokratie verkehrte, und auch Madame Swann umfaßte, die eines Tages bei jenen verkehren sollte, diese Zwischenklasse, die unter dem Faubourg Saint-Germain stand, da sie ihn ja umwarb, dafür aber über allem, was nicht Faubourg Saint-Germain war, und deren Besonderheit darin bestand, daß sie, bereits von der Welt der Reichen losgelöst, selbst noch Reichtum war – aber ein modellierbar gewordener Reichtum, der einer Berufung, einem künstlerischen Gedanken gehorchte, formbares Geld, poetisch ziseliert, Geld, das zu lächeln verstand –, diese Klasse existiert vielleicht zumindest mit dem gleichen Charakter und dem gleichen Zauber nicht mehr. Die Frauen, die ihr angehörten, würden freilich heute über die erste Bedingung ihrer Herrschaft auch nicht mehr verfügen, denn im Alter haben fast alle ihre Schönheit eingebüßt. Madame Swann aber sah nicht nur von den Höhen ihres edlen Reichtums, sondern mindestens genauso vom Zenit ihres reifen, noch so verlockenden Sommers, wenn sie majestätisch, lächelnd und gütig durch die Avenue du Bois schritt, unter dem langsamen Gleiten ihrer Füße – wie Hypatia[1] – die Welten rollen. Junge Männer, die vorübergingen, schauten ängstlich zu ihr hin, in Ungewißheit darüber, ob ihre vagen Beziehungen zu ihr (um so mehr als sie kaum einmal Swann vorgestellt worden waren, so daß sie fürchten mußten, er erkenne sie nicht) genügten, sie grüßen zu dürfen. Innerlich bebend vor den Folgen, entschlossen sie sich dazu und fragten sich dabei, ob ihre provozierend kühne und frevlerische Geste, dieser Verstoß gegen die unverletzliche Suprematie einer Kaste, nicht Katastrophen entfesseln oder ein göttliches Strafgericht auf sie herabziehen werde. Doch löste sie nur die uhrwerkhafte Bewegung der kleinen salutierenden Figurinen aus, die Odettes Gefolge bildeten, beginnend mit Swann, der seinen grünledern gefütterten Zylinderhut mit im Faubourg Saint-Germain erlernter lächelnder Grazie, doch nicht mehr mit der damit verbundenen Gleichgültigkeit lüftete, die er früher gezeigt hätte. Diese wurde jetzt (als habe er sich in gewissem Umfang die Vorurteile Odettes zu eigen gemacht) gleichzeitig durch den leichten Verdruß ersetzt, daß er jemand so schlecht Gekleideten wiedergrüßen müsse, doch auch durch die Befriedigung darüber, daß seine Frau so viele Leute kannte, eine Gefühlsmischung also, die er den begleitenden Elegants gegenüber in die Worte kleidete: »Schon wieder einer! Wahrhaftig, ich frage mich, wo Odette all diese Leute auftreibt!« Inzwischen wandte sich Madame Swann, nachdem sie mit einer leichten Kopfbewegung einem schon nicht mehr sichtbaren aufgeregten Vorübergehenden gedankt hatte, dem das Herz noch hinterher höher schlug, mit der Bemerkung an mich: »Es ist also wirklich aus? Sie kommen nicht mehr zu Gilberte? Ich bin ja nur froh, daß Sie zu meinen Gunsten eine Ausnahme machen und mich nicht auch völlig ›droppen‹. Ich sehe Sie immer gern, doch war mir auch Ihr Einfluß auf meine Tochter sehr lieb. Ich glaube, es tut ihr auch sehr leid. Aber ich möchte Sie natürlich nicht tyrannisieren, denn dann würden Sie wahrscheinlich auch mich nicht mehr sehen wollen!« – »Odette, da ist Sagan[1], der Sie grüßt«, bedeutete Swann seiner Frau. Und tatsächlich machte es der Prinz, wie man es in der Schlußapotheose auf der Bühne, im Zirkus oder auf alten Bildern sieht: er stellte sein Pferd in Parade und spendete Odette einen weitausholenden theatralischen und gleichsam allegorischen Gruß, mit dem der Grandseigneur, ritterlicher Höflichkeit entsprechend, der Frau schlechthin, selbst in Gestalt eines weiblichen Wesens, mit dem seine Mutter oder Schwester nicht hätten verkehren dürfen, seine Huldigung darbringt. Übrigens wurde Madame Swann unaufhörlich im durchsichtigen Fluten und schimmernden Spiel des Schattens unter ihrem Sonnenschirm erkannt und gegrüßt von letzten, verspäteten Reitern, die wie auf der Leinwand des Kinematographen auf der besonnten Bahn der Avenue galoppierten, mondänen Größen, deren Namen – Antoine de Castellane, Adalbert de Montmorency[1] und viele andere – im Publikum berühmt, für Madame Swann hingegen vertraute Freundesnamen waren. Und da die mittlere Lebenserwartung – die relative Langlebigkeit – poetischer Empfindungen größer ist als die der Leiden unseres Herzens, hat den so lange schon entschwundenen Kummer, den ich damals wegen Gilberte fühlte, nur das Vergnügen überlebt, das ich noch jedesmal habe, wenn ich im Mai – wie auf einer Sonnenuhr – die Minuten zwischen zwölfeinviertel und eins ablesen will und mich dann wieder mit Madame Swann plaudern sehe, unter ihrem Sonnenschirm wie unter dem fließenden Licht eines Glyzinienbogens.

ZWEITER TEIL

NAMEN UND ORTE: ORTE

Ich hatte es gegenüber Gilberte zu beinahe vollkommener Gleichgültigkeit gebracht, als ich zwei Jahre[1] später mit meiner Großmutter nach Balbec[2] fuhr. Wenn ich dem Reiz eines neuen Gesichts unterlag, wenn ich mit Hilfe eines anderen jungen Mädchens die gotischen Kathedralen, die Paläste und Gärten Italiens kennenzulernen hoffte, sagte ich mir mit Trauer im Herzen, daß unsere Liebe, soweit sie Liebe zu einem bestimmten Menschen ist, vielleicht nichts sehr Reales an sich hat, denn wenn auch Assoziationen von angenehmen oder schmerzlichen Träumereien sie eine Zeitlang an eine Frau verhaftet halten können, so daß wir meinen, sie sei uns unweigerlich von jener Seite her eingeflößt, so lebt doch auch andererseits, wenn wir uns willentlich oder unwillkürlich von jenen Assoziationen lösen, diese Liebe, als entstehe sie spontan und entstamme nur uns selbst, wieder auf, um sich einer anderen Frau zuzuwenden. Allerdings war im Augenblick dieser Abreise nach Balbec und während der ersten Zeit meines Aufenthaltes dort meine Gleichgültigkeit noch in intermittierendem Zustand. Oft lebte ich (da ja unser Leben so wenig chronologisch verläuft und so viele Anachronismen in den Lauf der Tage einfügt) in jenen weiter als gestern und vorgestern zurückliegenden Tagen, als ich Gilberte liebte. Dann war es plötzlich schmerzlich, wie es in jener Zeit gewesen wäre, sie nicht mehr zu sehen. Das Ich, das sie geliebt hatte und das schon fast ganz von einem anderen ersetzt worden war, tauchte wieder auf, und zwar wurde es mir viel häufiger aus einem nichtigen Anlaß als aus einem wichtigen Grund wieder zuteil. So hörte ich zum Beispiel (ich greife dabei bereits meinem Aufenthalt in der Normandie vor) in Balbec einen Unbekannten, der mir auf der Strandpromenade entgegenkam, sagen: »Die Familie des Direktors im Postministerium.« Nun hätte freilich (da ich damals nicht wußte, welchen Einfluß auf mein Leben diese Familie bekommen sollte) ein solcher Ausspruch mir müßig erscheinen müssen, doch brachte er in mir ein lebhaftes Schmerzgefühl hervor, einen Schmerz, den ein bereits seit langem zum größten Teil untergegangenes Ich noch immer über die Trennung von Gilberte empfand. Ich hatte nämlich zuvor niemals an eine Unterhaltung zurückgedacht, die Gilberte in meiner Gegenwart mit ihrem Vater über die Familie des »Direktors im Postministerium« geführt hatte. Nun aber bilden die Erinnerungen der Liebe keine Ausnahme von den allgemeinen Regeln des Gedächtnisses, die ihrerseits von den noch allgemeineren der Gewohnheit regiert werden. Da diese alles abschwächt, bringt uns gerade das, was wir vergessen hatten (weil es zu unbedeutend war und wir ihm auf diese Weise seine ganze Kraft belassen haben), am stärksten die Erinnerung an einen Menschen zurück. Daher lebt der beste Teil unseres Gedächtnisses außerhalb von uns, in dem feuchten Hauch eines Regentages, dem Geruch eines ungelüfteten Raums oder dem Geruch eines eben entzündeten, aufflammenden Feuers, das heißt überall da, wo wir von uns selbst das wiederfinden, was unser Verstand als unverwendbar abgelehnt hatte, die letzte Reserve, die beste, der Vergangenheit, die, wenn all unsere Tränen versiegt scheinen, uns immer noch neue entlocken wird. Außerhalb von uns? In uns, besser gesagt; doch unseren Blicken entzogen, in einer mehr oder weniger langanhaltenden Vergessenheit. Dank diesem Vergessen allein können wir von Zeit zu Zeit das wiederfinden, was wir gewesen sind, den Dingen gegenüberstehen wie jenes Wesen von einst, von neuem leiden, weil wir nicht wir selbst mehr sind, sondern der andere, und weil der liebte, was uns jetzt gleichgültig ist. Im hellen Licht der gewöhnlichen Erinnerung verblassen die Bilder der Vergangenheit nach und nach, sie verschwinden, es bleibt von ihnen nichts, und wir werden die Vergangenheit nicht wiederfinden. Oder wir fänden sie vielmehr nicht, wenn nicht ein paar Worte (wie »Direktor im Postministerium«) sorgfältig in Vergessenheit gebettet worden wären, so wie man in der Bibliothèque Nationale ein Exemplar eines Buches deponiert, das sonst möglicherweise unauffindbar würde.

Doch dieses Leiden und dieses Wiederaufblühen meiner Liebe zu Gilberte hielten nicht länger an als in einem Traum; und diesmal kam dazu, daß in Balbec die Gewohnheit nicht mehr da war, die ihnen hätte Dauer schenken können. Wenn demgemäß die Wirkungen der Gewohnheit widerspruchsvoll erscheinen, so deshalb, weil diese vielfältigen Gesetzen gehorcht. In Paris war ich gerade dank der Gewohnheit Gilberte gegenüber nach und nach gleichgültiger geworden. Der Wechsel der Gewohnheit, das heißt ihr vorübergehendes Aussetzen, vollendete ihr Werk, als ich nach Balbec ging. Sie schwächt, doch konsolidiert sie zugleich; sie führt die Zersetzung herbei, doch läßt sie diese unendlich dauern. Seit Jahren richtete ich jeden Tag meinen Seelenzustand so gut es ging nach dem des Vortages ein. In Balbec unterstützte ein neues Bett, an dem mir jeden Morgen ein anderes Frühstück als das in Paris gewohnte serviert wurde, die Gedanken nicht mehr, aus denen meine Liebe zu Gilberte sich genährt hatte. In gewissen Fällen (die freilich nicht häufig sind) besteht, da Seßhaftigkeit die Tage erstarren läßt, das beste Mittel, Zeit zu gewinnen, in einem Wechsel des Orts. Meine Reise nach Balbec war wie der erste Ausgang eines Genesenden, der nur noch auf diesen gewartet hat, um sich geheilt zu fühlen.

Diese Reise würde man heute gewiß im Automobil machen und dabei glauben, es sei angenehmer. Man wird sehen, daß sie auf diese Weise in gewissem Sinn sogar wahrer würde, da man aus größerer Nähe und in engerer Fühlung damit den allmählich sich vollziehenden Veränderungen folgen könnte, gemäß denen das Antlitz der Erde sich wandelt. Im Grunde aber besteht das spezifische Vergnügen einer Reise nicht darin, unterwegs aussteigen und haltmachen zu können, wenn man müde ist, sondern den Unterschied zwischen Abreise und Ankunft statt möglichst unmerklich so tiefgreifend wie irgend tunlich zu machen, ihn in seiner Ganzheit zu erfahren, wie wir ihn, noch ganz intakt, in unseren Gedanken trugen, als unsere Einbildungskraft uns von jenem Ort, an dem wir lebten, bis ins Herz jener ersehnten Stätte in einem gewaltigen Schwung trug, der uns wunderbar nicht deshalb schien, weil er eine Entfernung durchmaß, sondern gerade weil er zwei deutlich unterschiedene Individualitäten der Erde miteinander in Verbindung brachte, uns von einem Namen zu einem anderen führte, einen Unterschied, den (besser als eine Spazierfahrt, bei der es, da man inzwischen beliebig aussteigen kann, keine eigentliche Ankunft mehr gibt) das geheimnisvolle Wirken schematisch darstellt, das sich in jenen besonderen Stätten, den Bahnhöfen, vollzog, die nicht eigentlich zur Stadt gehören, jedoch die Essenz ihrer Persönlichkeit enthalten, genau wie sie auf einem Anzeigeschild ihren Namen tragen.

Auf allen Gebieten hat ja unsere Zeit die Manie, uns die Dinge nur in ihrer natürlichen Umgebung vor Augen führen zu wollen und damit das Wesentliche zu unterschlagen, nämlich den geistigen Vorgang, der sie aus jener heraushob. Man »präsentiert« ein Bild inmitten von Möbeln, Nippsachen und Tapeten aus derselben Epoche, einer belanglosen Einrichtung, die eine gestern noch völlig unwissende Hausherrin in den Stadthäusern von heute tadellos zusammenstellt, denn jetzt verbringt sie ihre Tage in Archiven und Bibliotheken, und in der uns das Meisterwerk, das man während des Abendessens betrachtet, nicht mehr das gleiche berauschende Glücksgefühl schenkt, das man von ihm nur in einem Museumssaal erwarten kann, der in seiner nüchternen Enthaltung von allen Details viel besser die inneren Räume symbolisiert, in die sich der Künstler zurückgezogen hat, um es zu erschaffen.

Leider sind diese wunderbaren Stätten, die Bahnhöfe, von denen aus man fernen Bestimmungsorten entgegeneilt, zugleich auch tragische Stätten, denn wenn sich in ihnen zwar das Wunder vollzieht, durch das Länder, die bislang nur in unseren Gedanken für uns existierten, zu solchen werden, in denen wir leben und wohnen, müssen wir doch auch aus dem gleichen Grund beim Verlassen des Wartesaals darauf Verzicht leisten, gleich wieder in das vertraute Zimmer zurückzukehren, in dem wir eben noch waren. Man muß jede Hoffnung fahren lassen, am Abend zu Hause zu schlafen, sobald man sich entschlossen hat, die verpestete Höhle zu betreten, durch die man Zutritt findet zum Mysterium, eine jener großen, glasverkleideten Werkstätten, wie der Bahnhof Saint-Lazare eine ist, in dem ich den Zug nach Balbec nahm, während sich über der gewaltsam aufgebrochenen Stadt einer jener ungeheuren rohen und von dramatischen Drohungen trächtigen Himmel entfaltete, ähnlich gewissen Himmeln von fast pariserisch anmutender Modernität bei Mantegna oder bei Veronese, ein

Himmel, unter dem sich einzig ein Akt von furchtbarer Feierlichkeit vollziehen konnte wie eine Abreise mit der Eisenbahn oder die Kreuzaufrichtung.[1]

Solange ich mich damit begnügt hatte, in Paris von meinem Bett aus die persische Kirche von Balbec inmitten vom Sturm gepeitschter Schaumflocken ins Auge zu fassen, wurde von meinem Körper kein Einwand gegen die Reise erhoben. Er fing damit erst an, als er begriffen hatte, daß er mit von der Partie sein solle und daß man mich am Abend der Ankunft in »mein« Zimmer führen würde, das ihm unbekannt war. Seine Auflehnung war um so heftiger, als ich erst am Abend vor der Abreise erfahren hatte, daß meine Mutter uns nicht begleiten werde, da mein Vater, der bis zum Antritt seiner Reise nach Spanien mit Norpois im Ministerium unabkömmlich war, es vorgezogen hatte, ein Haus in der Umgebung von Paris zu mieten. Im übrigen kam mir der Anblick von Balbec nicht weniger wünschenswert vor, weil ich ihn um den Preis eines Leidens erkaufen mußte, der mir im Gegenteil die Wirklichkeit des Eindrucks, den ich haben wollte, zu versinnbildlichen und zu garantieren schien, eines Eindrucks, den kein angeblich gleichwertiges Schauspiel mir ersetzt hätte, kein »Panorama«[2], das ich mir hätte anschauen können, ohne daß ich deswegen darauf hätte verzichten müssen, wieder nach Hause in mein eigenes Bett schlafen zu gehen. Es war dies nicht das erste Mal, daß ich spürte, daß die, die lieben, und die, die Vergnügen empfinden, nicht dieselben sind. Ich glaubte mich ebenso stark nach Balbec zu sehnen wie der Arzt, der mich behandelte und der am Morgen des Aufbruchs, erstaunt über meine unglückliche Miene, zu mir sagte: »Ich kann Ihnen nur sagen, wenn ich mich irgendwie acht Tage freimachen könnte, um Seeluft zu genießen, ließe ich mich nicht bitten. Sie finden da Rennen, Segelregatten, es wird bestimmt großartig werden.« Ich aber hatte, sogar schon bevor ich die Berma sah, gelernt: was immer ich liebte, würde mir nur nach qualvollem Ringen zuteil, in dessen Verlauf ich zunächst mein Vergnügen jenem höchsten Gut opfern müsse, anstatt es in ihm zu suchen.

Meine Großmutter verband mit unserem Aufbruch natürlich eine etwas andere Vorstellung, und immer noch ebensosehr wie früher darauf bedacht, daß die Geschenke, die ich erhielt, einen künstlerischen Wert besäßen, hatte sie, um mir von dieser Reise einen wenigstens teilweise alten »Abzug« zu bescheren, gewollt, daß wir zur einen Hälfte mit der Eisenbahn, zur anderen mit dem Wagen die Strecke zurücklegten, die der Reiseroute der Madame de Sévigné von Paris nach »L'Orient« über Chaulnes und »le Pont-Audemer«[1] entsprach. Doch mußte meine Großmutter auf diesen Plan verzichten, da mein Vater seine Ausführung verbot; er wußte, wenn sie einen Ortswechsel in der Absicht organisierte, allen nur erdenklichen geistigen Nutzen daraus zu ziehen, mit wie vielen versäumten Zügen, verlorenen Gepäckstücken, Halsentzündungen und Geldbußen zu rechnen war. Sie freute sich aber wenigstens bei dem Gedanken, daß uns niemals, wenn wir an den Strand gehen wollten, ein Störenfried – von ihrer geliebten Sévigné als eine »chienne de carrossée«[2] bezeichnet – belästigen würde, denn wir würden niemand kennen in Balbec, da Legrandin uns keinen Empfehlungsbrief an seine Schwester angeboten hatte. (Diese Zurückhaltung war nicht in der gleichen Weise von meinen Tanten Céline und Victoire[3] geschätzt worden, die – weil sie diejenige, die sie als junges Mädchen gekannt und bislang, um die alte Intimität zu betonen, immer nur »Renée de Cambremer« genannt hatten, und auch noch Geschenke von ihr besaßen, wie sie zur Ausstattung von Zimmern und Unterhaltungen dienen, ohne daß ihnen in der Gegenwart etwas Wirkliches entspricht – die uns widerfahrene Kränkung dadurch zu rächen glaubten, daß sie niemals mehr bei der alten Madame Legrandin den Namen ihrer Tochter aussprachen und erst, wenn sie das Haus wieder verlassen hatten, sich gegenseitig in Wendungen wie »Ich habe keine Anspielung gemacht, du weißt schon, auf wen«, und »Ich glaube, *man* wird verstanden haben« zu ihrem Schweigen beglückwünschten.)

So würden wir also einfach von Paris mit dem Einuhrzweiundzwanzigzug abfahren, den ich zu oft und zu gern im Kursbuch nachgeschlagen hatte – und der mir dann jedesmal die freudige Aufregung, beinahe die beseligte Illusion der Abreise verschafft hatte –, als daß ich mir nicht einbildete, ihn bereits zu kennen. Da in unserer Phantasie die Einzelheiten eines Glücks weit mehr auf der Identität mit den Wünschen, die es in uns weckt, als auf genauen Informationen über seine Beschaffenheit beruhen, glaubte ich dieses hier bereits in allen Details zu kennen und zweifelte nicht, daß ich im Abteil ein besonderes Vergnügen empfinden würde, wenn die Kühle eintrat, und bei der Ankunft an einer bestimmten Station diesen oder jenen Effekt betrachten könne. So kam es, daß dieser Zug, der in mir die Bilder immer der gleichen Städte wachrief, die ich vom Licht jener Nachmittagsstunden umflossen sah, in denen er verkehrt, mir anders als alle anderen Züge erschien; und schließlich hatte ich auch noch, wie man es oft mit einem Menschen macht, den man nie gesehen hat, dessen Freundschaft gewonnen zu haben man aber träumt, die immer gleichen individuellen Züge dem blonden Reisenden – einem Künstler – verliehen, der mich zum Weggenossen wählen und von dem ich mich am Fuß der Kathedrale von Saint-Lô[1] verabschieden würde, bevor er gen Abend entschwände.

Da meine Großmutter sich nicht entschließen konnte,

nur »einfach so« nach Balbec zu fahren, wollte sie sich wenigstens vierundzwanzig Stunden bei einer ihrer Freundinnen aufhalten, die ich bereits am Abend wieder verlassen sollte, um nicht zu stören und auch um am folgenden Tag noch gleich die Kirche von Balbec zu sehen, die, wie wir hörten, von Balbec-Plage ziemlich weit entfernt lag und die ich später, wenn meine Badekur begonnen hätte, vielleicht nicht würde besuchen können. Es war vielleicht auch leichter für mich zu wissen, daß das wundervolle Hauptziel meiner Reise seinen Platz noch vor der grausamen ersten Nacht haben würde, in der ich ein neues Zimmer beziehen und mich damit abfinden müßte, dort eine Weile zu wohnen. Zunächst aber hatte es sich darum gehandelt, das alte zu verlassen; meine Mutter hatte es so eingerichtet, daß sie noch am gleichen Abend nach Saint-Cloud aufbrach, und tatsächlich oder vorgeblich alle Vorbereitungen getroffen, um sich unmittelbar, nachdem sie uns zur Bahn gebracht hatte, dorthin zu begeben, ohne vorher noch einmal unsere Wohnung betreten zu müssen, denn sie fürchtete wohl, ich möchte sonst, anstatt nach Balbec zu fahren, wieder mit ihr heimkehren wollen. Sie hatte sogar unter dem Vorwand, in dem neugemieteten Haus sei noch so viel zu tun, daß die Zeit kaum reiche, in Wirklichkeit aber, um mir die Grausamkeit dieser Art von Abschiednehmen zu ersparen, beschlossen, nicht bis zur Abfahrt des Zuges zu bleiben, bei der eine zuvor hinter dem Kommen und Gehen und den noch nicht definitiv verpflichtenden Vorbereitungen verborgene Trennung mit einemmal unmöglich zu ertragen scheint, obgleich sie schon nicht mehr zu umgehen ist, verdichtet zu einem unendlichen Augenblick ohnmächtiger und äußerster Hellsichtigkeit.

Zum erstenmal erfaßte ich die Möglichkeit, daß meine Mutter ohne mich und in anderer Weise als für mich ein anderes Leben lebte. Sie würde ganz für sich mit meinem Vater sein, für den, wie sie glauben mochte, meine schwache Gesundheit, meine Nervosität das Dasein etwas kompliziert und traurig machten. Diese Trennung erschütterte mich um so mehr, als ich mir sagen mußte, sie stelle wahrscheinlich die letzte Etappe der aufeinanderfolgenden Enttäuschungen dar, die ich ihr bereitet, die sie mir verschwiegen, nach denen sie aber das Problematische gemeinsamer Ferien eingesehen hätte; vielleicht aber auch den ersten Versuch einer Existenz, mit der sie sich für die Zukunft abzufinden begann, in der nach und nach für meinen Vater und sie die Jahre kommen würden, da ich sie weniger sehen und – was selbst in meinen Alpträumen noch nie vorgekommen war – sie selbst für mich schon ein wenig fremd werden könnte: eine Dame, die man allein in ein Haus, in dem ich nicht wohnte, treten und den Portier fragen sah, ob kein Brief von mir eingetroffen sei.

Ich konnte kaum dem Träger Antwort geben, der nach meinem Koffer griff. Meine Mutter versuchte mich mit den Mitteln zu trösten, die ihr die wirksamsten schienen. Sie hielt es für nutzlos, so zu tun, als bemerke sie meinen Kummer nicht, und scherzte statt dessen lieber:

»Nun sag mal, was würde denn die Kirche von Balbec dazu meinen, daß du mit einer solchen Unglücksmiene den Besuch zu ihr unternimmst? Ist das der begeisterte Reisende, von dem Ruskin spricht?[1] Im übrigen werde ich ganz genau wissen, ob du dich auch tapfer hältst, auch in der Ferne bin ich immer bei meinem kleinen Spatz. Morgen bekommst du einen Brief von deiner Mama.«

»Mein Kind«, sagte meine Großmutter, »ich sehe dich schon wie Madame de Sévigné vor einer Karte sitzen und uns im Geiste keine Sekunde verlassen.«[2]

Dann versuchte Mama, mich auf andere Gedanken zu bringen, sie fragte mich, was ich mir zum Abendessen bestellen würde; sie bewunderte Françoise und machte ihr ein Kompliment über einen Hut und einen Mantel, die sie nicht wiedererkannte, obwohl sie ihr in früherer Zeit, als sie sie neu an meiner Großtante gesehen hatte, beträchtlich mißfallen hatten, der Hut mit einem oben darauf schwebenden Riesenvogel, der Mantel mit scheußlichem Muster und überladen mit Jettbesatz. Da man aber solche Mäntel nicht mehr trug, hatte Françoise ihn gewendet, so daß die Innenseite aus einfarbigem Tuch von schöner Färbung nach außen kam. Der Vogel aber war vor langer Zeit schon zerbrochen und in der Rumpelkammer verschwunden. Und wie man zuweilen verwirrenderweise die raffiniertesten Effekte, wie Künstler sie mit bewußtester Anstrengung hervorzubringen trachten, in einem Volkslied entdeckt oder an einem Bauernhaus, über dessen Tür eine weiße oder schwefelgelbe Rose genau an der richtigen Stelle erblüht, so hatte Françoise eine Schleife aus Samt, eine Bandschluppe, die auf einem Porträt von Chardin oder Whistler[1] bezaubert haben würde, mit natürlichem, unfehlbar sicherem Geschmack auf dem jetzt wunderhübsch gewordenen Hut angebracht.

Wenn man auf ältere Zeiten zurückgehen will, so erinnerte Françoise – da die Bescheidenheit und Redlichkeit, die häufig dem Gesicht unserer alten Dienerin etwas wie Adel verliehen, sich auch der Kleidung mitteilten, die sie als zurückhaltende, aber doch jeder Unterwürfigkeit von Grund aus abholde Person, die »wußte, wo sie hingehörte«, für diese Reise angelegt hatte, auf der sie unserer würdig erscheinen und doch nicht hervortreten wollte – in dem kirschroten, wenn auch verschossenen Tuchmantel und dem weichgetragenen Pelzkragen an Bilder der Herzogin Anne de Bretagne in Stundenbüchern[1], von einem alten Meister gemalt, wo alles so völlig an seinem Platz und das Gefühl für das Ganze so gleichmäßig über alle Teile ausgebreitet ist, daß die reiche, altmodische Eigenart des Kostüms den gleichen frommen Ernst ausdrückt wie Augen, Lippen und Hände.

Von Gedanken hätte man bei Françoise nicht wirklich sprechen können. Sie wußte nichts – in jenem umfassenden Sinn, in dem nichts wissen nichts verstehen heißt – außer jenen wenigen Wahrheiten, an die das Herz unmittelbar rührt. Die unermeßliche Welt der Ideen gab es nicht für sie. Doch angesichts ihres klaren Blicks, der zarten Linien dieser Nase, dieser Lippen, angesichts all der Zeichen, die bei so vielen Gebildeten fehlen, bei denen sie höchste Vornehmheit und die edle Selbstlosigkeit eines hervorragenden Geistes bedeutet hätten, fühlte man sich verwirrt wie vor dem klugen, guten Blick eines Hundes, von dem man gleichwohl weiß, daß alle Begriffe der Menschen ihm unbekannt sind, und man konnte sich fragen, ob es nicht unter jenen anderen niederen Brüdern, den Bauern, Wesen gibt, die so etwas sind wie die überragenden Menschen in der Welt der einfachen Geister oder vielmehr – durch ein ungerechtes Geschick dazu verurteilt, unter den einfachen Geistern, des Lichtes beraubt zu leben und dennoch auf natürlichere und wesentlichere Art den hervorragenden Geistern verwandt als die meisten Gebildeten – so etwas wie verstreute, in die Irre gegangene, der Vernunft beraubte Glieder der heiligen Familie: in der Kindheit verbliebene, den erlauchtesten Geistern eng verwandte Menschen, denen – wie das unmöglich zu verkennende Aufleuchten ihrer Augen verrät, das sich hier freilich auf nichts Bestimmtes bezieht – zur Entfaltung einer Begabung nur das Wissen gefehlt hat.

Als meine Mutter sah, daß ich kaum die Tränen zurückhalten konnte, sagte sie: »Regulus pflegte bei großen Anlässen zu sagen ...[1] Und dann ist es auch nicht nett gegen deine Mama. Zitieren wir Madame de Sévigné, wie deine Großmutter: ›Ich werde all den Mut aufbringen müssen, an dem du es fehlen läßt.‹«[2] Dann besann sie sich darauf, daß die Liebe zu anderen von egoistischem Leiden ablenkt, und versuchte mir damit Vergnügen zu machen, daß sie mir sagte, die Fahrt nach Saint-Cloud werde sicher glatt vonstatten gehen, sie sei zufrieden mit der Droschke, die sie behalten habe, der Kutscher sei höflich und der Wagen sehr bequem. Ich zwang mich zu einem Lächeln bei diesen Einzelheiten und neigte den Kopf zum Zeichen meiner Zustimmung und meiner Befriedigung. Doch sie verhalfen mir nur dazu, daß ich mir Mamas Aufbruch noch deutlicher vorstellen konnte, und mit bangem Herzen schaute ich sie an, als wäre sie bereits von mir getrennt, wie sie dastand mit ihrem runden Strohhut, den sie sich für den Aufenthalt auf dem Land gekauft, und dem leichten Kleid, das sie für die lange Fahrt durch die Sommerhitze angezogen hatte, die beide sie anders erscheinen ließen, schon ganz der Villa in »Montretout«[3] zugehörig, wo ich sie nicht sehen würde.

Um zu verhindern, daß ich wegen der Reise Erstickungsanfälle bekäme, hatte mir der Arzt geraten, bei der Abfahrt eine reichliche Dosis Bier oder Cognac zu trinken, um dadurch in jenen von ihm als »euphorisch« bezeichneten Zustand zu geraten, in dem das Nervensystem vorübergehend weniger verletzlich ist. Ich war noch ungewiß, ob ich es tun würde, wollte aber wenigstens, daß meine Großmutter für den Fall, daß ich mich doch dafür entschiede, Recht und Klugheit auf meiner Seite wisse. Daher redete ich davon auch so, als bezögen sich meine Bedenken einzig auf den Ort, an dem ich mir den Alkohol zuführen würde, ob am Bahnhofsbüfett oder im Speisewagen. Sobald ich aber den Ausdruck von Mißbilligung auf dem Antlitz meiner Großmutter sah und bemerkte, daß sie nicht einmal den Gedanken daran in Betracht ziehen wollte, rief ich empört: »So also« – und dabei entschloß ich mich plötzlich zu dieser Handlung, nämlich trinken zu gehen, deren Ausführung nun nötig wurde, um meine Freiheit zu beweisen, da schon ihre Ankündigung in Worten nicht ohne Protest durchgegangen war – »so also, du weißt, wie krank ich bin, du weißt, was der Arzt mir gesagt hat, und das ist der Rat, den du mir gibst!«[1]

Als ich meiner Großmutter die Art meines Unbehagens auseinandergesetzt hatte, sah sie, als sie mir sagte: »Aber dann geh doch schnell und hol dir Bier oder einen Schnaps, wenn das gesund für dich sein soll«, so tief betrübt aus und so herzensgut, daß ich mich auf sie stürzte und sie mit Küssen bedeckte. Und wenn ich dann ging und im Speisewagen viel mehr als genug trank, so nur, weil ich wußte, ich würde sonst einen heftigen Anfall bekommen und ihr damit noch weit größeren Kummer machen. Als ich auf der ersten Station wieder in unser Abteil stieg, sagte ich meiner Großmutter, wie glücklich ich sei, daß wir nach Balbec führen, daß ich das feste Vorgefühl hätte, alles werde gut, daß ich mich im Grunde schnell auch daran gewöhnen würde, fern von Mama zu sein, daß der Zug sehr angenehm sei; der Mann im Speisewagen und die Angestellten seien so reizend, daß ich diese Strecke gern öfter zurücklegen würde, um sie wiederzusehen. Meine Großmutter schien indessen nicht ganz die gleiche Freude wie ich an all diesen guten Nachrichten zu haben. Sie wich meinen Blicken aus. »Du solltest vielleicht zu schlafen versuchen«, sagte sie und wandte die Augen dem Fenster zu, dessen Vorhang wir herabgelassen hatten, doch nur so weit, daß er nicht den ganzen Fensterrahmen ausfüllte, sondern darunter die Sonne noch über das blank gewachste Eichenholz der Wagentür und den Drapbezug der Bank (wie eine viel überzeugendere Reklame für ein Leben in der Natur als die von der Eisenbahngesellschaft im Abteil zu hoch aufgehängten Landschaftsprospekte mit Namen, die ich nicht lesen konnte) den gleichen warmen, schläfrigen Schimmer gleiten ließ, der draußen in den Waldlichtungen seine Siesta hielt.

Als meine Großmutter glaubte, ich hätte die Augen geschlossen, warf sie, wie ich bemerkte, hinter ihrem Tupfenschleier ab und zu einen Blick auf mich, sah wieder fort und fing dann von neuem an wie jemand, der, um sich daran zu gewöhnen, eine Übung zu machen versucht, die ihm wehtut.

Da begann ich, mit ihr zu sprechen, doch schien es ihr nicht angenehm zu sein. Dabei machte mir der Klang meiner eigenen Stimme Vergnügen, desgleichen meine unmerklichsten, innersten Körperbewegungen. Ich versuchte daher, sie möglichst lange auszudehnen, und ließ meine Stimme auf jedem Wort verweilen; ich hatte das Gefühl, daß jeder meiner Blicke sich dort sehr wohl fühlte, wo er haftete, und gern an der gleichen Stelle länger als gewöhnlich verweilte. »So, ruh dich jetzt aus«, riet mir meine Großmutter. »Wenn du nicht schlafen kannst, lies.« Und damit reichte sie mir einen Band Madame de Sévigné, den ich auch aufschlug, während sie sich in die Memoiren der Madame de Beausergent[1] vertiefte. Sie reiste niemals ohne einen Band der einen und der anderen. Es waren ihre beiden Lieblingsautoren. Da ich in diesem Augenblick nicht gern den Kopf bewegte und es als sehr angenehm empfand, eine einmal eingenommene Stellung beizubehalten, saß ich mit meinem Band Madame de Sévigné da, ohne ihn aufzuschlagen, und statt auf ihn niederzublicken, schaute ich nur den blauen Fensterstore an. Diesen Store zu betrachten schien mir indes ganz wundervoll, und ich hätte mir nicht die Mühe gemacht, jemand Antwort zu geben, der mich in meiner Versunkenheit hätte stören wollen. Die blaue Farbe des Stores schien mir weniger durch ihre Schönheit als durch ihre Intensität alle Farben, die mir vom Tag meiner Geburt an bis zu dem Augenblick zu Gesicht gekommen waren, da ich den letzten Schluck getrunken und die erste Wirkung davon gespürt hatte, derart in den Schatten zu stellen, daß sie alle neben diesem Blau des Stores in meinen Augen so trübe, so nichtssagend wurden wie etwa für Blindgeborene, die man späterhin operiert und die endlich Farben sehen, rückblickend die Dunkelheit, in der sie vordem gelebt haben. Ein alter Schaffner verlangte unsere Fahrkarten. Die silbernen Reflexe auf den Metallknöpfen seiner Uniform entzückten mich ungemein. Ich wollte ihn bitten, sich zu uns zu setzen. Doch er ging weiter in den nächsten Wagen, während ich mit Sehnsucht an das Leben der Eisenbahner dachte, die, da sie ihre ganze Zeit in den Zügen verbrachten, kaum einen Tag verleben würden, an dem sie den alten Schaffner nicht zu Gesicht bekämen. Mein Vergnügen beim Anblick des blauen Stores und das Wohlgefühl, mit halboffenem Mund dazusitzen, ließen allmählich nach. Ich wurde beweglicher; ich regte mich ein wenig; ich öffnete den Band, den meine Großmutter mir gereicht hatte, und es gelang mir, meine Aufmerksamkeit auf die Seiten zu richten, die ich bald hier, bald da aufschlug. Während ich las, verspürte ich wachsende Bewunderung für Madame de Sévigné.

Man darf sich nicht durch die rein formalen Eigentümlichkeiten täuschen lassen, die in der Zeit und dem Leben der Salons begründet sind, die gewisse Personen zur Annahme verleiten, sie kennten ihre Sévigné, wenn sie etwa sagen: »Entbiete mich zu Dir, meine Gute« oder

»Dieser Graf schien viel Geist zu besitzen« oder »Heumachen ist die hübscheste Sache der Welt«. Schon Madame de Simiane glaubt ihrer Großmutter ähnlich zu sein, weil sie schreibt: »Monsieur de la Boulie geht es ausgezeichnet, er ist durchaus imstande, Nachrichten von seinem Tod anzuhören« oder »Oh, mein lieber Marquis, wie gut gefällt mir Ihr Brief! Unmöglich, Ihnen darauf keine Antwort zu geben« oder »Mir scheint, Monsieur, Sie sind mir eine Antwort schuldig, und ich Ihnen Bergamottedosen. Ich erfülle meine Pflicht heute mit acht Stück, andere werden folgen ... nie hat die Erde so reich getragen. Offenbar geschieht es Ihnen zu Gefallen.« In der gleichen Art schreibt sie den Brief über den Aderlaß, die Zitronen und so weiter, und bildet sich dabei ein, es seien Briefe der Madame de Sévigné.[1] Meine Großmutter aber, die von innen her zu der Autorin gekommen war, aus Liebe zu den Ihren, zur Natur, hatte mich gelehrt, die wahren Schönheiten darin zu lieben, die ganz andere sind. Sie sollten mir bald noch um so mehr zum Bewußtsein kommen, als Madame de Sévigné eine große Künstlerin von der gleichen Familie ist wie ein Maler, den ich in Balbec treffen sollte und der einen derart nachhaltigen Einfluß auf meine Sicht der Dinge nahm: Elstir. In Balbec wurde mir klar, daß sie uns die Dinge auf die gleiche Art zeigt wie er, in der Reihenfolge unserer Eindrücke nämlich, nicht indem sie zuvor deren Ursachen erklärt. Doch schon an jenem Nachmittag im Eisenbahnabteil, als ich den Brief las, in dem vom Mondschein die Rede ist: »Ich konnte der Versuchung nicht widerstehen, ich lege alle meine Hauben und Hüllen an, die ich gar nicht brauchte, und gehe auf die Promenade, wo die Luft so gut wie die in meinem Zimmer ist, und ich finde tausend wunderliche Gestalten, *weiße und schwarze Mönche, mehrere graue und weiße Nonnen, Wäschestücke hier- und dorthin verstreut, stehend,*

Menschen, die aufrecht an Bäume gelehnt begraben sind usw.«, war ich von dem entzückt, was ich ein wenig später (malt sie die Landschaften nicht auf die gleiche Weise wie er die Charaktere?) den dostojewskihaften Zug in den Briefen der Madame de Sévigné genannt hätte.

Als ich am Abend, nachdem ich meine Großmutter zu ihrer Freundin begleitet und selbst noch ein paar Stunden dort geblieben war, allein mit dem Zug weiterfuhr, war mir wenigstens der Gedanke an die vor mir liegende Nacht nicht unangenehm; ich brauchte sie ja nicht gefangen in einem Zimmer zu verbringen, dessen schwere Verschlafenheit mich selber wachhalten würde; vielmehr war ich von der beruhigenden Geschäftigkeit all der Bewegungen des Zuges umhegt, die mir Gesellschaft leisteten, bereit, mich zu unterhalten, wenn ich nicht schlafen konnte, und die mich wiegte mit ihren Geräuschen, die ich wie den Klang der Glocken in Combray bald gemäß diesem, bald gemäß jenem Rhythmus miteinander verband (wobei ich ganz nach Belieben zuerst vier gleichmäßige Sechzehntel, dann eine Sechzehntel heraushörte, die nur der kurze Vorschlag einer Viertelnote war); sie hoben die Zentrifugalkraft meiner Schlaflosigkeit auf, indem sie einen Gegendruck darauf ausübten, der mich im Gleichgewicht hielt, meine Reglosigkeit und bald darauf meinen Schlaf stützte, um mir eine Empfindung von frischer Kühle zu verleihen, wie sie mir eine auf der Wachsamkeit mächtiger Kräfte der Natur und des Lebens basierende Ruhe hätte geben können, wenn ich vermocht hätte, mich einen Augenblick lang in einen Fisch zu verwandeln, der im Meer schläft und wohlig benommen durch Flut und Strömung gleitet, oder in einen Adler, der sich mit ausgebreiteten Schwingen nur vom Auftrieb des Sturms tragen läßt.

Sonnenaufgänge gehören zu langen Eisenbahnfahrten

wie hartgekochte Eier, illustrierte Zeitungen, Kartenspiele und Flüsse, auf denen Kähne sich abmühen, ohne vorwärtszukommen. In einem Moment, da ich die Gedanken zusammensuchte, die in den vorangehenden Minuten mein Hirn durchkreuzt hatten, um festzustellen, ob ich geschlafen hätte oder nicht (und da die Ungewißheit, die mich zu dieser Frage veranlaßte, schon stark auf eine bejahende Antwort hinzudeuten schien), sah ich im Ausschnitt des Fensters über einem kleinen schwarzen Gehölz fransige Wolken, deren leichter Flaum von einem stumpfen, leblosen Rosa war, das unveränderlich wirkte wie das auf den Federn eines Flügels, wo es ein für allemal so und nicht anders ist, oder auf dem Pastell, wo die Phantasie des Malers es endgültig festgelegt hat. Doch fühlte ich, daß diese Farbe aber weder tote Materie noch zufällige Laune, sondern Notwendigkeit und Leben war. Bald häuften sich hinter ihr große Reserven an Licht. Sie belebte sich, der Himmel ging in ein kräftiges Rot über, das ich mit dicht an die Scheiben gedrückten Augen besser zu sehen versuchte, denn ich fühlte, daß es in engem Zusammenhang mit dem tiefen Leben der Natur stand; da aber der Schienenweg die Richtung wechselte, machte der Zug eine Kurve, die Morgenszene wurde im Rahmen des Fensters von einem nächtlichen Dorf mit blau im Mondschein liegenden Dächern und einem Waschhaus abgelöst, auf dem die opalenen Perlmuttertöne der Nacht unter einem noch von all seinen Sternen übersäten Himmel eine trübe Schicht bildeten, und ich war unglücklich, meinen rosa Lichtstreifen am Himmel aus den Augen verloren zu haben, als ich ihn von neuem, aber nun schon rot, im gegenüberliegenden Fenster bemerkte, wo er bei einer neuerlichen Kurve der Trasse wiederum verschwand; so verbrachte ich meine Zeit damit, von einer Seite zur anderen zu eilen, um die lückenhaft und in entgegengesetzter Sicht auftauchenden Fragmente meines schönen scharlachfarbenen, launenhaft flüchtigen Morgenhimmels zusammenzusetzen, sie zu rentoilieren, um eine Totalansicht, ein fortlaufendes Bild davon zu erlangen.

Die Landschaft wurde gebirgig, felsig, und der Zug hielt zwischen zwei Bergen auf einem kleinen Bahnhof an.[1] In der Tiefe der Schlucht, am Rande eines Gießbachs sah man nur ein Wärterhaus liegen, das so weit im Wasser stand, daß die Flut unter den Fenstern vorbeischoß. Wenn ein menschliches Wesen das Produkt eines Bodens sein kann, dessen besondere Reize man in ihm genießt, so mußte es – mehr noch als die junge Bäuerin, die ich so gern hätte auftauchen sehen, wenn ich in der Gegend von Méséglise und in den Wäldern von Roussainville allein umherstreifte – das große Mädchen sein, das ich aus diesem Haus treten und auf dem von der schräg einfallenden Morgensonne beschienenen Pfad mit einer Milchkanne in der Hand auf den Bahnhof zukommen sah. In dem Tal, dem die umliegenden Höhen die übrige Welt verbargen, sah sie sicher nie einen Menschen außer in diesen Zügen, die nur einen Augenblick hielten. Sie ging an den Wagen entlang und bot ein paar bereits erwachten Reisenden ihren Milchkaffee an. Vom Widerschein des Morgenlichts purpurn beschienen, war ihr Antlitz rosiger als der Himmel selbst. Ich fühlte bei ihrem Anblick den Durst nach Leben, der jedesmal wieder auflebt, wenn uns von neuem Schönheit und Glück bewußt werden. Wir vergessen immer, daß beide etwas Individuelles sind, und ersetzen sie in unserem Geist durch einen konventionellen Typ, den wir aus einer Art von Querschnitt durch die Gesichter gewinnen, die uns gefallen, den Genüssen, die wir an uns erfahren haben, und so erhalten wir nur Abstraktionen, die kraftlos und matt bleiben müssen, da ihnen gerade der Wesenszug einer neuen und von allen uns bislang bekannten unterschiedenen Sache fehlt, jener Wesenszug, der der Schönheit und dem Glück eignet. Wir fällen über das Leben ein pessimistisches Urteil, das wir für richtig halten, da wir glauben, auch Glück und Schönheit in Rechnung gestellt zu haben; doch haben wir diese unterschlagen und durch Synthesen ersetzt, in denen von beiden keine Spur mehr vorhanden ist. So gähnt ein Literaturliebhaber von vornherein aus Langeweile, wenn man von einem neuen »schönen Buch« spricht, weil er sich darunter eine Art Absud aus allen schönen Büchern, die er gelesen hat, vorstellt, während ein schönes Buch einzigartig und unvorhersehbar ist, nicht aus der Summe aller ihm vorausgegangenen Meisterwerke besteht, sondern aus dem, was man durch vollkommene Aneignung dieser Summe nicht finden kann, denn es liegt ja anderswo. Sobald dann der eben noch blasierte Literaturliebhaber von diesem neuen Werk Kenntnis genommen hat, ist sein Interesse für die Wirklichkeit, die es schildert, erwacht. Ganz so, ohne Beziehung zu den Vorstellungen von Schönheit, die ich in Gedanken trug, wenn ich allein mit mir war, verschaffte das schöne Mädchen mir auf der Stelle den Vorgeschmack eines bestimmten Glücks (die einzige, immer an ein besonderes Geschehnis gebundene Form, in der wir den Geschmack des Glücks kosten können), eines Glücks, das sich verwirklichen ließe, wenn man mit ihr lebte. Doch auch hierin spielte das vorübergehende Aussetzen der Gewohnheit eine große Rolle. Ich ließ dem Milchmädchen zugute kommen, daß ihr mein Wesen ungeteilt mit seiner Fähigkeit, Freuden intensiv zu genießen, gegenüberstand. Gewöhnlich leben wir mit einem auf das Minimum reduzierten Teil unseres Wesens, die meisten unserer Fähigkeiten wachen gar nicht auf, weil sie sich in dem Bewußtsein zur Ruhe begeben, daß die Gewohnheit schon weiß, was sie zu tun hat, und ihrer nicht bedarf. An diesem Reisemorgen jedoch hatten die Unterbrechung der Routine meines Lebens, der Wechsel von Ort und Stunde, die Gegenwart jener Fähigkeiten unerläßlich gemacht. Meine Gewohnheit, seßhaft und keine Frühaufsteherin, war nicht zur Stelle, und alle meine Fähigkeiten eilten nunmehr herbei, sie zu ersetzen; um die Wette strebten sie – sich wie Wellen auftürmend – einer gleichen ungewohnten Höhe zu, alle, von der niedrigsten bis zur edelsten, von der Atmung, dem Appetit, dem Blutkreislauf bis zur Empfindungsfähigkeit und zur Einbildungskraft. Ich weiß nicht, ob, als ich glaubte, dieses Mädchen gleiche keiner anderen Frau, die wilde Poesie der Stätte ihr etwas von sich abgab, jedenfalls aber erwies sie jener den gleichen Dienst. Das Leben wäre mir köstlich erschienen, wenn ich es Stunde für Stunde einfach mit ihr verbringen, sie zu dem Gießbach und der Kuh, zum Zug begleiten, immer an ihrer Seite hätte sein können mit dem Bewußtsein, sie kenne mich, ich habe in ihren Gedanken einen festen Platz. Sie hätte mich mit den Reizen des Landlebens und den ersten Stunden des Tages vertraut gemacht. Ich gab ihr ein Zeichen, damit sie auch mir von ihrem Milchkaffee bringe. Ich verlangte danach, von ihr bemerkt zu werden. Sie sah mich nicht, ich rief. Über ihrer hochgewachsenen Gestalt war ihr Gesicht so golden und rosig, daß sie aussah, als betrachtete man sie durch ein Buntglasfenster. Sie machte kehrt, ich konnte meine Blicke nicht von ihrem Antlitz lassen, das immer größer wurde wie eine Sonne, in die man hineinschauen könnte, die immer dichter heranrückte und sich aus der Nähe betrachten ließe mit all ihrem blendenden Gold und Rot. Sie heftete ihren durchdringenden Blick auf mich, doch die Schaffner schlugen die Türen zu, der Zug setzte sich in Bewegung; ich sah sie den Bahnhof verlassen und wieder auf dem Pfad zurückkehren, es war jetzt heller Tag: ich fuhr von der Morgenröte fort. Ob meine Hochstimmung durch dieses Mädchen hervorgerufen war oder ob jene im Gegenteil weitgehend das Vergnügen bewirkte, das ich bei ihrem Anblick empfand, auf alle Fälle war eins mit dem anderen derart verquickt, daß mein Wunsch, sie wiederzusehen, vor allem das geistige Verlangen war, dieses erhöhte Lebensgefühl nicht ohne weiteres untergehen zu lassen und von dem Wesen nicht auf ewig getrennt zu sein, das, wenn auch unwissentlich, daran teilgehabt hatte. Das lag nicht nur daran, daß der Zustand angenehm war. Vor allem gab er (wie die größere Spannung einer Saite oder das raschere Vibrieren eines Nervs eine andere Tonlage oder Farbe erzeugt) allem, was ich sah, einen anderen Klang, er führte mich als Mitwirkender in ein unbekanntes und unendlich viel interessanteres Universum ein; dieses schöne Mädchen, das ich noch immer sah, während der Zug sein Tempo beschleunigte, war wie der Teil eines Lebens, das anders war als das mir bekannte, davon getrennt durch eine Grenze, eines Lebens, in dem die durch die Dinge ausgelösten Empfindungen nicht mehr die gleichen waren, aus dem ich jetzt nicht mehr hätte heraustreten können, ohne mir selber zu sterben. Um das süße Gefühl zu behalten, mit diesem Leben doch noch verbunden zu sein, hätte es genügt, daß ich nahe genug bei der kleinen Station wohnte, um von diesem Bauernmädchen mir jeden Morgen meinen Milchkaffee reichen zu lassen. Aber ach! sie würde jenem anderen Leben stets fernbleiben, dem ich immer rascher zustrebte und in das ich mich nur ergab, indem ich Pläne ausheckte, die mir gestatten würden, eines Tages wieder den gleichen Zug zu benutzen und an diesem gleichen Bahnhof Aufenthalt zu haben; dieser Plan hatte zudem den Vorzug, jener eigennützigen, aktiven, praktischen, mechanischen, trägen und zentrifugalen Neigung Nahrung zu geben, die unserem Geist eigentümlich ist, denn er wendet sich gern von der Anstrengung ab, die man machen muß, um in seinem Inneren auf eine allgemeine und uneigennützige Weise einem angenehmen Eindruck nachzugehen, den wir empfangen haben. Da wir aber andererseits gern weiter daran denken möchten, zieht unser Geist es vor, sich diesen Eindruck in der Zukunft vorzustellen und geschickt die Voraussetzungen zu arrangieren, unter denen er sich wiederholen kann, wodurch wir nichts über sein eigentliches Wesen erfahren, uns aber die ermüdende Anstrengung ersparen, ihn in uns selbst nachzuschaffen; wir dürfen statt dessen dann hoffen, ihn erneut von außen her zu erhalten.

Gewisse Städtenamen wie Vézelay, Chartres, Bourges oder Beauvais dienen dazu, in abgekürzter Form die wichtigste Kirche dort zu bezeichnen. Diese partielle Bedeutung, die wir ihnen so oft beilegen, verleiht schließlich – wenn es sich um Städte handelt, die wir noch nicht kennen – dem ganzen Namen eine bestimmte architektonische Gestalt, die dann, wenn wir die Vorstellung der Stadt – der Stadt, die wir noch nicht gesehen haben –, mit in ihn einbeziehen wollen, dieser – wie mit einer Gußform – die gleichen Steinornamente mit denselben Stilmerkmalen aufprägt und sie gleichsam zu einer einzigen großen Kathedrale macht. Balbec, den Namen von beinahe persischem Gepräge, las ich jedoch an einer Eisenbahnstation über einem Bahnhofsbüfett in weißen Lettern auf einem blauen Schild.[1] Ich durchquerte mit raschen Schritten den Bahnhof und den darauf mündenden Boulevard; ich fragte nach dem Strand, um nur die Kirche und das Meer zu sehen; die Leute aber sahen mich verständnislos an. Balbec-le-Vieux, Balbec-en-Terre, wo ich mich befand, war weder ein Strand noch ein Hafen. Gewiß hatten nach der Legende die Fischer im Meer den wundertätigen Christus gefunden, dessen Entdeckung auf einem der Fenster dieser Kirche, nur ein paar Meter von mir entfernt, abgebildet war; und aus flutumspülten Klippen war auch der Stein des Schiffes und der Türme gewonnen.[1] Das Meer aber, das ich mir daraufhin so vorgestellt hatte, als breche es sich direkt unterhalb dieses Glasfensters, war mehr als fünf Meilen entfernt in Balbec-Plage, und der Kirchturm neben der Kuppel, den ich mir, weil ich gelesen hatte, er selbst rage wie eine trutzige normannische Klippe daneben empor, die vom Sturm gepeitscht und von Vögeln umkreist sei, immer so ausgemalt hatte, als würden seine Grundmauern vom Schaum der hoch hinauf leckenden Wogen getroffen, erhob sich an einem Platz, auf dem zwei Straßenbahnlinien zusammenkamen, einem Café gegenüber, an dem in goldenen Lettern das Wort »Billard« stand, vor einem Hintergrund aus Häusern, zwischen deren Dächern kein einziger Mast erschien. Und die Kirche – die gleichzeitig mit dem Café, dem Vorübergehenden, den ich nach dem Weg hatte fragen müssen, und dem Bahnhof, zu dem ich zurückkehren würde, in mein Bewußtsein getreten war – bildete eine Einheit mit allem übrigen, schien etwas Zufälliges, ein bloßes Produkt dieses Spätnachmittags zu sein, in dem ihre weich aufgeblähte Kuppel unter dem Himmel lag wie eine Frucht, deren rosige, goldene, schmelzende Haut unter dem gleichen Licht reifte, das die Schornsteine der Häuser umfloß. Doch wollte ich nur noch an den unvergänglichen Sinn der Skulpturen denken, als ich die Apostel wiedererkannte, von denen ich Abgüsse im Trocaderomuseum[2] gesehen hatte und die hier zu beiden Seiten der Hl. Jungfrau vor dem tiefen Portal mich erwarteten wie eine Ehrenkompanie. Mit wohlwollender, stumpfnäsiger und sanftmütiger Miene, gebeugtem Rücken, das »Halleluja« eines schönen Tages singend, schienen sie willkommenheißend auf mich zuzutreten. Doch man sah, daß ihr Ausdruck unveränderlich war wie der eines Toten und sich nur wandelte, wenn man sie rundum betrachtete. Ich sagte mir: hier ist es, das ist die Kirche von Balbec. Dieser Platz, der so aussieht, als kenne er seinen Ruhm, ist der einzige Ort der Welt, der die Kirche von Balbec besitzt. Was ich bislang gesehen habe, waren Photographien dieser Kirche und bloße Abgüsse dieser so berühmten Apostel und der Hl. Jungfrau des Portals. Jetzt aber ist es die Kirche selbst, ist es die Statue selbst, sie sind es; sie, die Einmaligen, das ist doch viel mehr.

Doch vielleicht war es auch weniger. Wie ein junger Mann am Tag eines Examens oder eines Duells die Sache, nach der man ihn gefragt, die Kugel, die er verschossen hat, gar nicht so bedeutsam findet, gemessen an den Reserven an Wissen und an Mut, die er in sich trägt und die er so gern unter Beweis gestellt hätte, so wurde mein Geist, der diese Jungfrau des Portals unabhängig von allen Reproduktionen, die ich davon gesehen, errichtet hatte – erhaben über alle Wechselfälle, die jene treffen konnten, intakt selbst wenn man sie zerstörte, ideal und von universalem Wert –, von Staunen erfaßt, als die Statue, die er tausendmal geformt hatte, auf ihre eigene Erscheinung in Stein beschränkt, in bezug auf die Reichweite meines Armes sich an einer Stelle befand, die ein Wahlaufruf und die Spitze meines Spazierstocks ihr streitig machen konnten, als sie mit dem Platz fest verbunden dastand, untrennbar von der Ecke, wo die Hauptstraße einmündete, unweigerlich den Blicken des Cafés und des Schalters der Lokalbahn ausgesetzt, das Antlitz vom letzten halben Strahl der Abendsonne beschienen – und bald, in ein paar Stunden, vom Licht der Straßenlaterne –, während die Diskontbank die andere Hälfte abbekam, gleichzeitig mit dieser

Filiale eines Kreditinstituts von den Gerüchen aus der Bäckerei umweht; der Tyrannei des Besonderen war diese berühmte Jungfrau derart unterstellt, daß, wenn ich etwa meinen Namen hätte auf diesen Stein schreiben wollen, sie, die ich bislang mit einer allgemeingültigen Existenz und ungreifbarer Schönheit begabt hatte, die Muttergottes von Balbec, die nur hier vorhandene (was – ach! die einzige bedeutete), die auf ihrem schmutzigen Körper die gleiche Rußschicht trug wie die benachbarten Häuser, allen Bewunderern, die dorthin kamen, um sie zu betrachten, in ihrer Ohnmacht, sich davon befreien zu können, die Spur meines Kreidestücks und die Buchstaben meines Namens gezeigt hätte; das unsterbliche Kunstwerk, nach dessen Anblick ich so lange gelechzt hatte, war so wie auch die Kirche selbst zu einer kleinen steinernen Alten geworden, deren Körpergröße ich messen und deren Runzeln ich zählen konnte. Die Zeit verging, ich mußte zum Bahnhof zurück, wo ich meine Großmutter und Françoise erwarten sollte, um mit ihnen zusammen nach Balbec-Plage zu fahren. Ich rief mir ins Gedächtnis zurück, was ich über Balbec gelesen hatte, sowie die Worte Swanns: »Es ist wundervoll, es ist wie Siena so schön.« Und indem ich für meine Enttäuschung die zufälligen Umstände, meine ungeeignete Verfassung, Müdigkeit, Unfähigkeit zu sehen, verantwortlich machte, versuchte ich mich mit dem Gedanken zu trösten, daß andere Städte für mich noch intakt geblieben seien und ich vielleicht nächstens wie durch einen Perlenregen hindurch in das kühle Tropfenschwirren von Quimperlé eindringen oder den grünlich-rosigen Widerschein durchschreiten könnte, von dem Pont-Aven umflossen war; mit Balbec aber war es so, als hätte ich bei meinem Betreten der Stadt einen Namen ein wenig aufgetan, den ich hermetisch verschlossen hätte halten sollen und in den nun unter raschem Nutzen der Eintrittsmöglichkeit, die ich ihnen unvorsichtigerweise geschaffen hatte, und alle Bilder daraus verjagend, die so lange darin gelebt hatten, eine Straßenbahn, ein Café, den Platz überquerende Menschen, die Diskontbankfiliale hineinglitten und, durch eine Art von äußerem Luftdruck unwiderstehlich hineingepreßt, sich im Inneren der Silben eingenistet hatten, die, als sie sich über ihnen schlossen, das Portal der persischen Kirche von ihnen umrahmt beließen und sie für alle Zeiten nun in sich beherbergen mußten.

In der kleinen Lokalbahn, die uns nach Balbec-Plage bringen sollte, traf ich meine Großmutter wieder, aber allein, denn sie hatte den Einfall gehabt, Françoise vorauszuschicken, um alles von ihr gut vorbereiten zu lassen (ihr aber eine falsche Auskunft erteilt und daraufhin nur erreicht, daß jene in verkehrter Richtung weitergefahren war); in diesem Augenblick raste diese ahnungslos Nantes entgegen und würde vielleicht in Bordeaux erwachen. Kaum hatte ich in dem vom flüchtigen Schein der Abendröte und der anhaltenden Hitze des Nachmittags erfüllten Abteil Platz genommen (der erstere gestattete mir leider, auf dem Gesicht meiner Großmutter deutlich festzustellen, wie sehr die letztere sie mitgenommen hatte), fragte sie mich: »Nun, und Balbec?«, mit einem so strahlenden Lächeln der Hoffnung auf das große Vergnügen, das mir, wie sie glaubte, zuteil geworden war, daß ich nicht wagte, ihr meine Enttäuschung sofort einzugestehen. Im übrigen beschäftigte mich der Eindruck, nach dem mein Geist verlangt hatte, um so weniger, je mehr wir uns dem Ort näherten, an den mein Leib sich gewöhnen sollte. An dem noch mehr als eine Stunde von uns entfernten Ziel dieser Fahrt suchte ich mir den Direktor des Hotels in Balbec vorzustellen, für den ich in diesem Augenblick noch gar nicht existierte, und hätte mich ihm gern in einer glanzvolleren Begleitung präsentiert als in der meiner Großmutter, die sicherlich eine Preisermäßigung von ihm erbitten würde. Ich sah ihn vor mir mit seiner gewiß von arroganter Herablassung geprägten Miene, sonst aber in sehr vagen Umrissen.

Jeden Augenblick hielt von neuem unsere kleine Eisenbahn an einer der Stationen, die Balbec-Plage vorausgingen und deren Namen sogar (Incarville, Marcouville, Doville, Pont-à-Couleuvre, Arambouville, Saint-Mars-le-Vieux, Hermonville, Maineville)[1] mir seltsam vorkamen, während sie mich in einem Buch an die Namen gewisser Orte in der Nähe von Combray erinnert hätten. Doch für das Ohr eines Musikers haben zwei Motive, die rein materiell betrachtet aus mehreren der gleichen Noten bestehen, unter Umständen gar keine Ähnlichkeit, wenn sie sich durch die Klangfarbe unterscheiden, die sich aus Harmonik und Orchestrierung ergibt. So hätte auch nichts weniger als diese tristen, aus Sand, aus luftdurchströmten, leeren Weiten und Salz geformten Namen, über denen der Zusatz »ville« nur lose schwebte wie »flieg« in »Vöglein, Vöglein flieg«, den Gedanken an jene anderen Namen wie Roussainville oder Martinville in mir aufkommen lassen, an denen, weil ich sie so oft aus dem Mund meiner Großtante bei Tisch, in der »Stube«, vernommen, ein gewisser dunkler Zauber haftete, unter den sich vielleicht ein Etwas von dem Geschmack des Eingemachten, dem Duft des Kaminfeuers oder des Papiers mischte, aus dem ein Buch von Bergotte gemacht war, von der Sandsteinfarbe des gegenüberliegenden Hauses; heute noch, wenn sie wie Luftblasen aus dem Grund meiner Erinnerung aufsteigen, selbst durch die darüber gelagerten Schichten anderer Milieus hindurch, die sie erst überwinden müssen, um bis zur Oberfläche zu gelangen, haben sie die ihnen von damals her innewohnende Kraft bewahrt.

Das ferne Meer von der Düne her überblickend oder schon wie für die Nacht zusammengerollt am Fuß der Hügel, von derbem Grün und der ungefälligen Form eines Kanapees im Zimmer eines Hotels, in dem man soeben angekommen ist, aus Villen zusammengesetzt, an die sich ein Tennisplatz und manchmal ein Kasino schloß, dessen Fahne, hohl gebläht und ängstlich aufgeschreckt, in der auffrischenden Brise klatschte, waren es kleine Urlaubsorte, die mir zum erstenmal ihre gewohnten Gäste zeigten, so wie sie sich äußerlich präsentieren – Tennisspieler mit weißen Mützen, den Bahnhofsvorsteher, der da bei seinen Rosen und Tamarisken lebte, eine Dame mit einem »Canotier«, die, auf den Alltagspfaden eines Lebens wandelnd, das ich nie kennen würde, ihren hinter ihr zurückgebliebenen Windhund rief und in ihr Chalet trat, in dem die Lampe schon brannte –, und mit diesen seltsam alltäglichen und verachtungsvoll geläufigen Bildern meinen fremden Blick und mein heimatloses Herz aufs grausamste verletzten. Doch wieviel schwerer wurde mein Leiden noch, als wir in der Halle des »Grand-Hôtels« von Balbec[1] mit ihrer monumentalen Treppe aus falschem Marmor im Hintergrund gelandet waren und meine Großmutter, unbekümmert darum, ob sie die Feindseligkeit und Verachtung der Fremden vermehrte, in deren Mitte wir leben sollten, mit dem Direktor die »Bedingungen« aushandelte, einer Art von nickendem Pagoden, dessen Gesicht und Stimme eine Menge Narben aufwies (die auf dem ersteren die Exstirpation zahlreicher Pickel, auf der letzteren dagegen diejenige der verschiedenen Akzente, wie eine entlegene Herkunft und eine kosmopolitische Kindheit sie mit sich bringen, zurückgelassen hatte), im Smoking des Mannes von Welt und mit dem Blick des Psychologen begabt, der gewöhnlich bei Ankunft des »Bummelzugs« die großen Herren für Habenichtse und die Hoteldiebe für große Herren hielt! Offenbar völlig vergessend, daß er selbst weniger als fünfhundert Francs im Monat bezog, verachtete er aufs tiefste alle Personen, für die fünfhundert Francs – oder wie er sagte, »fünfundzwanzig Louis« – immerhin »ein Betrag« sind, und die er daraufhin der Klasse der Paria zuordnete, für die das Grand-Hôtel nicht geschaffen war. Allerdings gab es auch in diesem Hotelpalast Leute, die nicht viel ausgaben und dennoch die Achtung des Direktors genossen, sofern er nämlich sicher war, daß sie nicht aus Armut, sondern aus Geiz so sehr auf den Pfennig sahen. Der Geiz ist tatsächlich dem Prestige nicht abträglich, da er ein Laster und demgemäß in allen Gesellschaftsklassen zu Hause ist. Die Gesellschaftsklasse aber war das einzige, worauf der Direktor achtete, die Klasse oder vielmehr die äußeren Anzeichen, die ihm darauf hinzuweisen schienen, daß es sich um eine höhere handelte, wie zum Beispiel daß jemand nicht den Hut abnahm, wenn er die Halle betrat, Knickerbocker trug, einen auf Taille gearbeiteten Paletot anhatte, eine Zigarre mit einer gold und purpurnen Bauchbinde einem Etui aus gepreßtem Maroquinleder entnahm (alles Vorzüge, die mir leider fehlten). Er spickte seine geschäftlichen Bemerkungen mit gewählten, aber falsch angebrachten Wendungen.

Während ich von einer Bank aus hörte, wie meine Großmutter, ohne sich darüber zu entrüsten, daß er ihr seine Aufmerksamkeit mit dem Hut auf dem Kopf und vor sich hin pfeifend zuteil werden ließ, ihn in gespielter Naivität fragte: »Und wie sind ... Ihre Preise? ... Oh, das ist doch viel zu hoch für meine bescheidene Börse«, nahm ich meine Zuflucht zu den verborgensten Bezirken meines Inneren, ich versuchte es mit Abwanderung ins Reich der ewigen Gedanken, zog alles Persönliche, alles Lebendige von der Oberfläche meines Körpers weg – bis sie fühllos wurde wie die der Tiere, die sich durch Inhibition totstellen, wenn man sie verletzt –, um nicht zu sehr an diesem Ort zu leiden, an dem mein völliger Mangel an Eingewöhnung mir angesichts derjenigen noch besonders zum Bewußtsein kam, über die eine elegante Dame bereits zu verfügen schien, der der Direktor dadurch seine Hochachtung ausdrückte, daß er mit dem Hündchen schäkerte, das ihr folgte, oder der junge Stutzer, der, eine Feder am Hut, ins Hotel zurückkam und fragte, ob »Post da sei«, alle jene Leute, kurz gesagt, für die es bedeutete, in ihr »home« zurückzukehren, wenn sie die Stufen aus falschem Marmor erklommen. Gleichzeitig fiel der Blick von Minos, Aiakos und Rhadamanthys[1] auf mich (ein Blick, in dem meine Seele hüllenlos versank wie in einem unbekannten Element, wo nichts mehr ihr Schutz gewährte), den mir mit äußerster Strenge einige Herren zusandten, die, obwohl vielleicht nur wenig in der Kunst des »Empfangens« geübt, den Titel »Empfangschef« trugen; etwas weiter weg saßen Leute hinter einer Glaswand in einem Leseraum, für dessen Beschreibung ich Dante abwechselnd die Farben hätte entnehmen müssen, mit denen er das Paradies und die Hölle ausmalt, je nachdem ich an das Glück der Erwählten dachte, die das Recht besaßen, hier in aller Ruhe zu lesen, oder an das Grauen, das meine Großmutter mir bereiten würde, wenn sie in ihrer Unbekümmertheit in bezug auf solche Eindrücke mir etwa zugemutet hätte, dort einzudringen.

Mein Gefühl der Einsamkeit nahm einen Augenblick später noch zu. Da ich meiner Großmutter gestanden hatte, ich fühlte mich nicht sehr wohl und glaubte, wir würden doch wieder nach Paris zurückkehren müssen, hatte sie widerspruchslos erklärt, sie gehe nur ein paar Sachen besorgen, die wir auf jeden Fall brauchten, ob wir nun abreisten oder nicht (später stellte ich fest, daß alle für mich bestimmt waren, da Françoise Dinge bei sich hatte, die mir gefehlt haben würden). Während ich auf sie wartete, ging ich die Straßen auf und ab, wo sich eine Menschenmenge drängte, die dort eine zimmerhafte Wärme aufrechterhielt, und wo ein Frisiersalon und ein Konditorladen, in welch letzterem die Kunden ihre Eisportion angesichts der Statue Duguay-Trouins[1] verzehrten, noch geöffnet waren. Diese bereitete mir ungefähr das gleiche Vergnügen wie einem Patienten, der ihr Bild in einer »Illustrierten« beim Durchblättern im Wartezimmer eines Zahnarztes angetroffen hätte. Ich staunte, daß es Leute gab, die so verschieden von mir waren, daß mir der Hoteldirektor diesen Spaziergang in der Stadt als eine Zerstreuung hatte anraten können, und auch solche, für die dieser Ort der Qualen – wie jeder neue Wohnort es ist – sich als »ein entzückender Aufenthalt« präsentieren konnte, wie nämlich der Hotelprospekt verriet, der zwar übertreiben mochte, aber doch jedenfalls sich an eine Klientel wandte, deren Geschmack er entsprach. Allerdings rühmte er, um Leute ins Grand-Hôtel zu locken, nicht nur die »auserlesene Küche« und den »fabelhaften Blick auf die Kasinogärten«, sondern wies auch auf die »verpflichtenden Gebote Ihrer Majestät der Mode« hin, »die man nicht ungestraft verletzen kann, ohne als ein Banaus zu gelten, ein Urteil, dem kein wohlerzogener Mensch sich doch wohl aussetzen möchte«.

Das Verlangen nach meiner Großmutter wurde in mir noch durch die Befürchtungen verstärkt, ich könne ihr eine Enttäuschung bereitet haben. Sie verlor sicher allen Mut, mußte sie doch den Eindruck gewinnen, daß – wenn ich schon diese Anstrengung nicht vertrug – mir überhaupt keine Reise je guttun könne. Ich entschloß mich, sie lieber im Hotel zu erwarten; der Direktor kam selbst und drückte auf einen Knopf, und eine mir bis dahin unbekannte Person, die man »Liftboy« nannte (und die am höchsten Punkt des Hotels, da, wo sich in einer normannischen Kirche das durchbrochene Türmchen befinden würde, wie ein Photograph in seinem verglasten Atelier oder ein Organist in seinem Gehäuse installiert war), glitt mit der Gelenkigkeit eines emsigen, gefangenen und gezähmten Eichhörnchens zu mir herab. Von neuem dann an einem Pfeiler hinaufgleitend, führte er mich mit sich zur Wölbung des kommerziellen Kirchenschiffs empor. Auf jeder Etage taten sich an den beiden Seiten kleiner Verbindungstreppen fächergleich düstere Korridore auf, durch die, ein Keilkissen auf dem Arm, ein Zimmermädchen ging. Ich paßte ihrem im Dunkel undeutlich gewordenen Gesicht die Maske meiner leidenschaftlichsten Träume auf, las aber in ihrem Blick, als er sich mir zuwandte, nur das Grauen des Nichts, das ich war. Um indessen die tödliche Angst zu zerstreuen, die mich im Verlauf des nie endenwollenden Aufstiegs, beim schweigenden Durchqueren des Mysteriums dieses völlig unpoetischen Helldunkels befiel, das nur durch eine vertikale Reihe von schmalen Fenstern erhellt wurde, die jeweils zu dem einzigen Water-Closet des Stockwerks gehörten, richtete ich das Wort an den jungen Organisten, den Urheber meiner Fahrt und Gefährten der Haft, der weiter die Register seines Instrumentes zog und die Bälge bediente. Ich entschuldigte mich, daß ich so viel Platz einnehme, ihm soviel Mühe mache, und fragte ihn, ob ich ihn auch nicht bei der Ausübung seiner Kunst behindere, für die ich, um dem Virtuosen zu schmeicheln, mehr als nur Neugier zur Schau trug: ich gestand ihm geradezu meine Vorliebe dafür ein. Doch er gab keine Antwort, sei es aus Erstaunen über meine Worte, Konzentration auf seine Tätigkeit, aus Gründen der Etikette, Schwerhörigkeit, Ehrfurcht vor dem Ort, an dem wir uns befanden, Angst vor Gefahr, Trägheit der Intelligenz oder wegen einer Vorschrift des Direktors.

Nichts vermittelt uns vielleicht so sehr den Eindruck der außerhalb von uns bestehenden Wirklichkeit wie der Wechsel der Position, den sogar eine unbedeutende Person vor und nach dem Augenblick unserer Bekanntschaft mit ihr aus unserer Perspektive erfährt. Ich war derselbe Mensch, der am späten Nachmittag in die Kleinbahn nach Balbec gestiegen war, ich trug die gleiche Seele in mir. In dieser Seele aber befanden sich an der Stelle, wo um sechs Uhr noch neben der für mich bestehenden Unmöglichkeit, mir den Direktor, den Hotelpalast, das Personal vorzustellen, ein unklares ängstliches Erwarten des Augenblicks der Ankunft wohnte, jetzt die exstirpierten Pickel im Gesicht des kosmopolitischen Direktors (in Wirklichkeit war er ein naturalisierter Monegasse, obwohl er – so sagte er, da er immer Ausdrücke verwendete, die er für vornehm hielt, ohne zu bemerken, daß er es in fehlerhafter Weise tat – »von rumänischer Ursprünglichkeit« war), die Bewegung, mit der er den Liftboy herbeigeläutet hatte, oder der Liftboy selbst, jener ganze Fries von Figuren wie aus einem Kasperletheater, die aus der Pandorabüchse des Grand-Hôtels hervorgequollen waren, unleugbar vorhanden, nicht wegzuschaffen und, wie alles, was wirklich geworden ist, phantasieertötend. Doch wenigstens machte diese Veränderung, die ohne mein Zutun zustande gekommen war, mir bewußt, daß außerhalb von mir sich etwas begeben hatte – mochte es auch jedes wahren Interesses entbehren –, und ich war wie der Reisende, der, da er beim Aufbruch zu einem Ausflug die Sonne vor sich hatte, bemerkt, wie die Stunden vergangen sind, wenn er feststellt, daß sie nunmehr hinter ihm steht. Ich war halbtot vor Müdigkeit, hatte Fieber und wäre gern schlafen gegangen, aber mir fehlte alles, was ich dazu brauchte. Ich hätte mich gern wenigstens einen Augenblick auf meinem Bett ausstrecken mögen, aber wozu, da ich dort doch nicht jener Vielheit der Empfindungen hätte Ruhe gebieten können, in denen für jeden von uns das Körperbewußtsein enthalten ist, wenn nicht der Körper selbst; da aber die unbekannten Gegenstände, die ihn einkreisten, ihn zwangen, seine Wahrnehmungen im Zustand permanenter Abwehrbereitschaft zu halten, wurden meine Augen und mein Gehör, alle meine Sinne zu einer so gedrückten und unbequemen Lage (selbst bei ausgestreckten Beinen) verurteilt, wie die des Kardinals La Balue[1] in dem Käfig es war, in dem er weder stehen noch sitzen konnte. Unsere Aufmerksamkeit füllt ein Zimmer mit Gegenständen an, doch unsere Gewohnheit läßt sie wieder verschwinden und schafft uns selber darin Platz. Platz aber gab es für mich in meinem Zimmer in Balbec (das meines nur dem Namen nach war) nicht; es war voll von Dingen, die mich nicht kannten und mich so mißtrauisch anstarrten, wie ich es mit ihnen tat, und, ohne von meinem Dasein irgendwie Kenntnis zu nehmen, mir zu verstehen gaben, daß ich den Lauf des ihren störe. Die Pendeluhr – während ich zu Hause die meine nur ein paar Sekunden in der Woche hörte, nämlich dann, wenn ich aus tiefem Nachdenken auffuhr – hielt keinen Augenblick inne, in einer unbekannten Sprache daherzureden und sich offenbar in unfreundlicher Weise über mich zu äußern, denn die großen violetten Vorhänge hörten sie zwar ohne darauf zu reagieren, aber doch mit der gleichsam achselzuckenden Haltung von Personen an, die dadurch zeigen wollen, daß der Anblick gewisser Dritter sie stört. Sie gaben dem außerordentlich hohen Zimmer einen beinahe historischen Zug, der es für die Ermordung des Herzogs von Guise und spätere Besichtigung durch Touristen unter Führung eines Cook-Angestellten geeignet gemacht hätte – doch keineswegs für meinen Schlaf. Quälend wirkten auf mich auch die niederen, rings an den Wänden entlanglaufenden glasverkleideten Regale, besonders aber ein großer Spiegel, der schräg im Zimmer stehengeblieben war und vor dessen Verschwinden aus dem Raum mir keine Entspannung für mich denkbar schien. Unaufhörlich hob ich meine Blicke – für die die Gegenstände in meinem Pariser Zimmer keine ärgere Störung bedeuteten als meine eigenen Augäpfel, denn sie waren nichts anderes mehr als Anhängsel meiner Organe, ein erweitertes Ich – zu der erhöhten Decke dieses zuoberst im Hotel gelegenen Belvederes, das meine Großmutter für mich ausgewählt hatte; und bis in jene Sphäre hinein, die intimer ist als die des Sehens und Hörens, bis in jene Region, in der wir die Art der Düfte unterscheiden, beinahe in mein innerstes Wesen, zu meinen letzten Rückzugspositionen drang der Geruch von Vetiver mit seinem Angriff, den ich nicht ohne Mühe mit dem unnützen, unaufhörlichen Gegenschlag eines alarmierten Schnüffelns erwiderte. Ohne Welt, ohne Zimmer, ohne Leib, der nicht von den mich umgebenden Feinden bedroht und bis ins innerste Gebein von Fieber heimgesucht gewesen wäre, war ich ganz allein und wäre am liebsten gestorben. Da trat meine Großmutter ein; und der Ausweitung meines beengten Herzens boten sich auf einmal unermeßliche Räume dar.

Sie trug ein Morgenkleid aus Perkal, das sie zu Hause immer anzog, wenn eines von uns krank war (weil es ihr so bequem sei, sagte sie, da sie selbst alles, was sie tat, egoistischen Motiven zuschrieb), und das zum Zweck unserer Pflege ihr Bedienten- oder Krankenwärterinnenkittel, ihr Schwesternhabit war. Während die Fürsorge, die alle diese Wesen uns angedeihen lassen, ihre Güte, die Anerkennung und der Dank, die man ihnen zollt, bei einem selbst den Eindruck jedoch vermehren, daß man für sie ein anderer ist, daß man allein ist und die Last seiner eigenen Gedanken und sein Verlangen zu leben für sich behalten muß, wußte ich, wenn ich mit meiner Großmutter war, daß mein Kummer, mochte er auch noch so groß sein, von einem noch umfassenderen Erbarmen aufgefangen wurde; daß alles, was mein war, meine Sorgen, mein Wollen bei meiner Großmutter in ihrem stärker als mein eigener Selbsterhaltungstrieb entwickelten Bedürfnis, mein Leben zu erhalten und seine Kraft zu mehren, aufgehoben war; meine Gedanken setzten sich unmittelbar in ihr fort, weil sie aus meinem Geist in ihren übergingen, ohne eine Veränderung der Person oder des Milieus zu erfahren. Und so – wie jemand, der vor dem Spiegel seine Krawatte binden will, ohne zu begreifen, daß das Ende, das er sieht, von ihm aus nicht auf der Seite ist, nach der er die Hand bewegt, oder wie der Hund, der auf dem Boden den tanzenden Schatten eines Insekts verfolgt – warf ich mich, getäuscht durch den körperlichen Augenschein, wie immer in dieser Welt, in der wir die Seelen nicht unmittelbar wahrnehmen können, in die Arme meiner Großmutter und preßte meine Lippen auf ihr Gesicht, als gelangte ich so zu dem großen und weiten Herzen, das sie mir öffnete. Hielt ich meinen Mund in dieser Weise auf ihre Wangen, auf ihre Stirn gedrückt, so schöpfte ich daraus etwas so Wohltuendes, eine solche nährende Kraft, daß die unbewegliche, ernste, ruhige Gier eines Kindes in mir war, das an der Mutterbrust trinkt.

Ich wurde darauf nicht müde, ihr großes Gesicht zu betrachten, das den Schnitt einer schönen, durchglühten, friedvollen Wolke besaß, hinter der sich, wie man fühlte, das Strahlen der Zärtlichkeit barg. Und alles, was noch, selbst im schwächsten Ausmaß, in ihren

Empfindungsbereich geriet, alles, was also noch in irgendeiner Weise zu ihr gehörte, wurde dadurch derart vergeistigt und geheiligt, daß ich mit meinen Handflächen ihr schönes, kaum ergrautes Haar so achtungsvoll, so behutsam und mit solcher Weichheit glättete, als berühre meine Liebkosung ihre Güte selbst. Sie war glücklich in jedem Mühen, das mich einer Mühe enthob, und ein Augenblick vollkommener Ruhe und Befriedigung für meine ermatteten Glieder war etwas so Köstliches für sie, daß sie, als ich im Augenblick, da ich bemerkte, wie sie mir beim Zubettgehen helfen und die Schuhe ausziehen wollte, eine Bewegung machte, als wolle ich sie daran hindern und mich selbst entkleiden, mit einem flehenden Blick meine Hände, die schon die ersten Knöpfe meines Rocks und meiner Stiefel berührten, zum Innehalten brachte.

»Oh, ich bitte dich«, sagte sie. »Es ist eine solche Freude für deine Großmama. Und vor allem vergiß nicht, an die Wand zu klopfen, wenn du etwas brauchst heute nacht, mein Bett steht mit dem Kopfende nach dem deinen zu, und die Zwischenwand ist dünn. Versuche es gleich einmal, wenn du dich hingelegt hast, damit wir sehen, ob wir uns auch gut verständigen können.«

Und tatsächlich klopfte ich an jenem Abend dreimal, was ich dann eine Woche darauf, als ich krank war, ein paar Tage lang jeden Morgen wiederholte, weil meine Großmutter mir schon gleich in der Frühe meine Milch bringen wollte. Wenn ich gehört zu haben glaubte, daß sie aufgewacht sei, wagte ich es dann – damit sie nicht wartete und gleich danach weiterschlafen könnte –, dreimal schüchtern, schwach, aber dennoch deutlich hörbar an die Wand zu pochen, denn wenn ich fürchtete, ihren Schlaf zu stören, falls ich mich getäuscht haben sollte und sie doch noch schliefe, wollte ich doch auch nicht, daß sie dauernd auf einen Appell von meiner Seite wartete, den sie vielleicht beim erstenmal nicht deutlich vernommen hätte und den ich nicht zu wiederholen wagte. Und kaum hatte ich meine drei Schläge an die Wand getan, als ich auch schon drei andere hörte, in einem anderen Tonfall, als die meinen ihn hatten, von ruhiger Autorität geprägt; sie wurden um der größeren Deutlichkeit willen noch zweimal wiederholt und bedeuteten: Sorg dich nicht, ich habe gehört, ein paar Minuten noch, dann bin ich da; und sehr bald darauf trat meine Großmutter ein. Ich sagte ihr, ich hätte Angst gehabt, sie werde mich nicht hören oder glauben, ein Nachbar habe geklopft; sie aber lachte nur:

»Wie, ich sollte nicht heraushören, ob mein kleiner Schatz[1] oder ein anderer bei mir klopft? Aber unter Tausenden hätte deine Großmutter dein Pochen herausgehört! Meinst du, es gibt noch ein zweites auf der Welt, das so täppisch klingt und so fieberhaft ängstlich, ob es mich auch nicht aus dem Schlaf weckt oder aber zu schwach ist, als daß ich es hören kann? Auch wenn mein Spatz an die Wand nur pickte, würde man wissen, daß er es war, so einzigartig und so rührend, wie er ist. Ich hatte ihn doch auch jetzt schon einen Augenblick vorher gehört, wie er zögerte, sich im Bett umdrehte und auch sonst noch alles mögliche unternahm.«

Sie öffnete die Fensterläden ein wenig; auf dem Dach des vorspringenden Hotelanbaus machte die Sonne sich schon zu schaffen wie ein Dachdecker, der bereits früh am Morgen seine Arbeit beginnt und sie leise ausführt, um die Stadt nicht zu wecken, die noch schläft und deren Unbeweglichkeit ihn um so behender erscheinen läßt. Großmama sagte mir, wie spät es sei und was für Wetter wir haben würden, auch daß es gar nicht nötig sei, daß ich ans Fenster gehe, es liege Nebel über dem Meer; sie teilte mir mit, ob die Bäckerei schon geöffnet habe und was das für ein Wagen sei, den man hörte; es vollzog sich das unbedeutende Vorspiel, der belanglose *Introitus* des Morgens, bei dem noch niemand anwesend ist, ein kleiner Ausschnitt des Lebens rollte ab, der nur uns beiden gehörte, an den ich mich später am Tag gerne erinnern würde, wenn ich Françoise oder auch Fremden gegenüber eine Bemerkung über den Nebel machte, der heute früh um sechs zum Schneiden dicht gewesen sei; und zwar tat ich das weniger, um mein Wissen als um einen nur mir zuteil gewordenen Liebesbeweis zur Geltung zu bringen; wie süß war dieser erste Augenblick des Morgens, der wie eine Symphonie mit der rhythmischen Eröffnung eines Dialogs durch meine drei Schläge anhob, auf die die Zwischenwand, von zärtlicher Freude durchdrungen, harmonieträchtig, körperlos, von Engelstimmen schwingend mit drei anderen antwortete, die, leidenschaftlich erwartet, sich zweimal wiederholten und die ganze Seele meiner Großmutter sowie die Verheißung ihres Kommens in beschwingter Verkündigungsfreude und musikalischer Treue zu mir herübertrugen. Doch in dieser ersten Nacht nach der Ankunft begann ich, als meine Großmutter wieder gegangen war, von neuem zu leiden, wie ich es schon in Paris beim Verlassen des Hauses getan hatte. Vielleicht ist das Grauen, das ich empfand – und das auch viele andere verspüren –, wenn ich in einem unbekannten Zimmer schlafen sollte, nur die bescheidenste, dumpfe, organische, beinahe unbewußte Form jenes großen verzweifelten Widerstandes, den die Dinge, die das Beste unseres gegenwärtigen Lebens ausmachen, unserer geistigen Bereitschaft entgegensetzen, die Bedingungen einer Zukunft zu unterschreiben, in der sie nicht vorkommen; jenes Widerstandes, der auch dem Entsetzen zugrunde lag, das mir so oft der Gedanke eingeflößt hatte, daß meine Eltern eines Tages sterben oder daß die Notwendigkeiten des Lebens mich zwingen könnten, fern von

Gilberte zu leben oder mich auch nur für alle Zeiten in einem Land niederzulassen, wo ich meine Freunde nicht wiedersehen würde, eines Widerstandes, auf dem auch die Schwierigkeit für mich beruhte, an meinen eigenen Tod oder an ein Nachleben zu denken, wie es Bergotte den Menschen in seinen Büchern verhieß und in das ich meine Erinnerungen, meine Schwächen, meinen Charakter nicht würde mitnehmen können, die sich mit dem Gedanken nicht abfinden konnten, nicht mehr zu existieren, und für meine Person weder auf ein Nichts Wert legten noch auf eine Ewigkeit, in der sie nicht mehr wären.

Swann hatte eines Tages, als ich mich besonders krank fühlte, in Paris zu mir gesagt: »Sie sollten auf eine dieser herrlichen polynesischen Inseln[1] gehen, Sie werden sehen, Sie kommen nicht mehr zurück«; am liebsten hätte ich ihm zur Antwort gegeben: Aber dann sehe ich ja Ihre Tochter nicht mehr und lebe unter Menschen und Dingen, die sie niemals gesehen hat. Doch meine Vernunft sagte mir: Was macht das aus, da du nicht traurig darüber sein wirst? Wenn Monsieur Swann dir sagt, du wirst nicht wieder zurückkommen, so meint er ja damit, du wirst eben nicht zurückkehren wollen, und da du es nicht willst, wirst du dich da unten glücklich fühlen. Denn mein Verstand wußte, daß die Gewohnheit – die es sich jetzt zur Aufgabe machen würde, mir diese unbekannte Behausung angenehm erscheinen zu lassen, den Spiegel anders zu stellen, die Vorhänge umzufärben und die Uhr zum Stehen zu bringen – es auch übernimmt, dafür zu sorgen, daß uns die Gefährten lieb werden, die uns zunächst mißfallen haben, die Gesichter umzuformen, den Klang einer Stimme sympathisch zu machen und die Neigung der Herzen zu wandeln. Gewiß können diese neuen Freundschaftsgefühle für Orte und Menschen nur auf dem Grund des Vergessens der alten entstehen; meine Vernunft aber stellte sich eben vor, daß ich ohne Schrecken die Möglichkeit eines Daseins ins Auge fassen könnte, in dem ich für immer von Wesen getrennt sein würde, an die ich mich nicht mehr erinnerte, und verhieß meinem Herzen dieses Vergessen gleichsam als eine Tröstung, während es doch seine Verzweiflung nur auf die Spitze trieb. Es ist dabei nicht so, daß nicht auch unser Herz, wenn die Trennung vollzogen ist, die schmerzstillende Wirkung der Gewohnheit zu verspüren bekäme; bis dahin aber leidet es noch. Und anstatt sich zu verlieren, wächst die Furcht vor einer Zukunft, in der uns der Anblick unserer Lieben und die Unterhaltung mit ihnen, das heißt das, woraus wir heute unsere größten Freuden ziehen, versagt sein werden, immer weiter an, wenn wir uns vorstellen, daß zu dem Schmerz eines solchen Verlustes noch etwas hinzutreten wird, was uns jetzt noch fürchterlicher als jener scheint, nämlich daß wir ihn nicht als Schmerz verspüren, sondern fühllos dagegen sind; denn dann wäre unser eigenes Ich verwandelt, und nicht nur der Reiz, den unsere Eltern, unsere Geliebte, unsere Freunde für uns haben, wäre für uns verloren, sondern auch unsere Neigung für sie; sie würde dann so völlig aus unserem Herzen herausgerissen sein, von dem sie heute einen beträchtlichen Teil ausmacht, daß wir uns in jenem Leben ohne sie gefallen könnten, das uns heute noch grauenhaft erscheint; das aber wäre der wahre Tod unsrer selbst, ein Tod, auf den freilich eine Auferstehung folgt, aber doch nur in Gestalt eines neuen Ichs, zu dessen liebender Anerkennung die zum Sterben verdammten Teile des alten Ichs sich nicht aufschwingen können. Sie sind es, sie – selbst die schwächsten noch, wie etwa die dumpfe Anhänglichkeit an die Ausmaße und die Atmosphäre eines Zimmers –, die in einer Auflehnung sich sträuben und aufbäumen, in der man einen geheimen, partiellen, aber greifbaren und wirklichen Modus unseres Widerstandes gegen den Tod sehen muß, des langen, verzweifelten, täglichen Widerstandes gegen den bruchstückhaften, fortwährenden Tod, wie er sich durch unser ganzes Leben zieht und immer wieder Fetzen von uns selbst ablöst, auf deren verwesendem Stoff neue Zellen gedeihen. Für eine nervöse Natur aber, wie die meine es war (das heißt eine Natur, bei der die Nerven ihre Mittlerfunktion schlecht erfüllen, indem sie die Beschwerde der untergeordnetsten, zum Verschwinden verurteilten Elemente des Ichs deutlich spürbar, erschöpfend, in zahllosen Wellen und mit schmerzlichem Akzent bis zum Bewußtsein gelangen lassen, anstatt sie auf ihrem Weg aufzuhalten), bildete die beängstigte Unruhe, die ich angesichts dieser unbekannten und zu hohen Zimmerdecke empfand, nur der Protest einer in mir noch überlebenden Anhänglichkeit an eine vertraute niedrige. Sicher würde diese Anhänglichkeit verschwinden, wenn einmal eine andere ihren Platz einnähme (dann würden Tod und neues Leben unter dem Namen Gewohnheit ihre doppelte Aufgabe vollendet haben); doch bis zu ihrer Vernichtung würde die Anhänglichkeit jeden Abend leiden; besonders an diesem ersten Abend aber widersetzte sie sich in dem Gefühl, einer bereits zur Wirklichkeit gewordenen Zukunft gegenüberzustehen, in der es keinen Platz mehr für sie gäbe, und quälte mich mit ihren Klageschreien, sobald meine Blicke, da sie sich ja von dem, was sie verletzte, nicht abwenden konnten, sich an die für sie unerreichbare Decke zu heften versuchten.

Doch dann, am folgenden Morgen, welch eine Freude – nachdem einer der Hotelbediensteten mich geweckt und mir heißes Wasser gebracht hatte, während ich meine Toilette machte und vergebens die Sachen, die ich brauchte, in einem Koffer suchte, aus dem ich nur in völligem Durcheinander lauter Dinge zog, die mir zu nichts nützten, und ich schon an das Vergnügen des Mittagessens und der Promenade dachte –, im Fenster und auf den Scheiben vor den Wandregalen wie durch die Bullaugen einer Schiffskajüte das Meer frei daliegen zu sehen, heiter und doch verschattet auf einer Hälfte seiner Weite, die von einer schmalen, beweglichen Linie abgeschlossen wurde, und mit den Augen den Wellen zu folgen, die eine nach der anderen wie Artisten von einem Sprungbrett schnellten! Unaufhörlich kehrte ich mit meinem steifgestärkten Handtuch, auf dem der Hotelname stand und mit dem ich mich vergebens abzutrocknen versuchte, an das Fenster zurück, um noch einmal einen Blick auf die gleißende, bergig schwellende weite Arena und die schneeigen Gipfel der stellenweise in durchscheinender Glätte leuchtenden Wogen aus Smaragd zu werfen, die mit gelassener Wucht und löwenhaft gefurchter Stirn das Niederbrechen und Niederströmen ihrer Hänge spielen ließen, auf die das Sonnenlicht sein gesichtsloses Lächeln setzte.[1] Durch dieses Fenster sollte ich künftig jeden Morgen meine ersten Blicke werfen, wie ein Reisender aus einer Postkutsche schaut, in der er geschlafen hat, um zu sehen, ob sich während der Nacht eine ersehnte Bergkette genähert oder entfernt hat – nur waren es hier die Hügelfolgen des Meeres, die, bevor sie tanzend wieder auf uns zukommen, so weit zurückweichen können, daß ich erst nach einer langen, sandigen Ebene ihre ersten Wellenlinien bemerkte, fern, in durchschimmernder Weite, duftig und bläulich wie jene Gletscher, die man auf dem Hintergrund der Bilder früher toskanischer Maler erkennt. Zu anderen Malen lachte die Sonne ganz in meiner Nähe auf Wellen von einem ebenso zärtlichen Grün herab, wie es den Alpenwiesen (in den Bergen, wo das Sonnenlicht hier und da aufscheint, als ob ein Riese in ungleichen

Sätzen vergnügt die Hänge herunterspringen würde) weniger die Bodenfeuchtigkeit als die fließende Beweglichkeit des Lichtes verleiht. Überhaupt ist es in erster Linie das Licht, das – in jener Bresche, die Strand und Wellen in die übrige Welt schlagen, um ihm Durchgang zu gewähren und es aufzuspeichern, je nach der Richtung, aus der es kommt und der unser Auge folgt – das hügelige Gewoge des Meeres verschiebt und ihm seinen Platz zuweist. Die Verschiedenheit der Beleuchtung verändert nicht minder die Ausrichtung eines Ortes, stellt nicht weniger neue Ziele vor uns hin, die wir erreichen möchten, als ein auf einer Reise tatsächlich durchmessener, langer Weg. Wenn die Sonne am Morgen noch hinter dem Hotel lag und vor meinen Augen die beleuchteten Strandflächen bis zu den ersten Bollwerken des Meeres aufdeckte, schien sie mir davon eine neue Ansicht zu zeigen und mich einzuladen, auf der drehenden Bahn ihrer Strahlen eine bewegungslose und abwechslungsreiche Reise vorbei an den schönsten Aussichtspunkten der vielgestaltigen Landschaft der Stunden fortzusetzen. Seit diesem ersten Morgen bezeichnete mir die Sonne in der Ferne mit lächelnd erhobenem Finger die blauen Gipfel des Meeres, die auf keiner Karte der Welt einen Namen haben, bis sie dann, überwältigt von ihrem grandiosen Lauf über die hallende, wogende Fläche der Wellenkronen und Wellentäler, vor dem Wind ihre Zuflucht in mein Zimmer nahm, sich dort auf dem zerwühlten Bett breitmachte und ihre Schätze über dem naßgespritzten Waschtisch und dem offenen Koffer ausschüttete, wo gerade ihr unerhörter Glanz und unangebrachter Luxus die Unordnung um so mehr hervortreten ließ. Eine Stunde später im Speisesaal – während wir zu Mittag aßen und wie aus einer ledernen Kalebasse ein paar Tropfen goldgelben Zitronensaft auf zwei Seezungen träufelten, von denen auf unseren Tellern bald nur noch, gewellt wie eine Feder und tönend wie eine Zither, der Panasch ihrer Gräten übrigblieb – fand es meine Großmutter bedauerlich und grausam, auf den belebenden Hauch des Seewindes wegen der durchsichtigen, aber geschlossenen Fensterscheibe verzichten zu müssen, die uns wie das Glas vor einer Auslage vom Strand trennte, diesen aber gleichzeitig in seiner ganzen Ausdehnung unseren Blicken darbot und den Himmel so vollkommen mit einschloß, daß seine Azurtöne die Farbe der Fenster und seine weißen Wolken nur fehlerhafte Stellen im Glas zu sein schienen. Ich selbst bildete mir ein, ich sitze »auf der Mole« oder in der Tiefe jenes »Boudoirs«, von dem Baudelaire spricht, und fragte mich, ob seine »Sonne, die auf dem Meer erstrahlt«[1] – anders als der schlichte Abendschein, der wie ein goldener zitternder Pfeil an der Oberfläche verharrt –, nicht die gleiche sei, die in diesem Augenblick das Meer topasfarben aufflammen, gären, blond und milchig wie Bier, schaumig wie Milch werden ließ, während augenblicksweise große blaue Schatten, die ein Gott durch spielendes Bewegen eines Spiegels am Himmel hin und her zu schieben schien, darauf entlangwanderten. Leider unterschied sich von jener nur auf die gegenüberliegenden Häuser schauende, »Salle« genannten Stube in Combray der kahle, von grünem Sonnenlicht wie ein Wasserbekken durchflutete Speisesaal von Balbec, vor dem, nur ein paar Meter entfernt, das anbrandende Meer und das helle Tageslicht wie vor der himmlischen Stadt einen unzerstörbaren, bewegten Wall aus Smaragd und Gold aufrichteten, nicht nur dem Äußeren nach. Da uns in Combray jeder kannte, kümmerten mich die Leute nicht. Beim Badeleben an der See aber kennt man seine Nachbarn nicht. Ich war noch nicht alt genug und noch zu empfindungsfähig, um schon auf das Vergnügen verzichtet zu haben, anderen zu gefallen und sie für mich zu gewinnen. Ich besaß noch nicht die noblere Gleichgültigkeit eines Weltmannes angesichts der Personen, die im Speisesaal zu Mittag aßen, oder auch nur die der jungen Männer und Mädchen, die auf der Strandpromenade vorübergingen; ich litt bei dem Gedanken, daß ich nicht mit ihnen Ausflüge machen könnte, doch immerhin weniger, als wenn etwa meine Großmutter sich über die mondänen Umgangsformen hinweggesetzt und, nur auf meine Gesundheit bedacht, die für mich demütigende Bitte an sie gerichtet hätte, mich als Gefährten zu ihren Spaziergängen zuzulassen. Sei es, daß sie sich in irgendeine der unbekannten Villen begaben oder mit dem Racket in der Hand heraustraten und einen Tennisplatz aufsuchten oder auf Pferden ausritten, die mein Herz mit Hufen traten, ich sah ihnen mit leidenschaftlicher Neugier nach im blendenden Licht des Strandes, das die Proportionen im sozialen Gefüge verzerrt; ich verfolgte alle ihre Bewegungen durch die große Fensterwand hindurch, die soviel Licht einließ. Den Wind jedoch hielt sie von uns ab, und das war ein Mangel in den Augen meiner Großmutter, die, da sie den Gedanken nicht ertrug, ich könnte die Wohltat einer Stunde frischer Luft einbüßen, verstohlen einen der Flügel öffnete, wodurch mit einem Schlag die Menüs, Zeitungen, Schleier und Mützen aller beim Mittagessen sitzenden Personen sich in die Lüfte erhoben; sie selbst, vom himmlischen Hauch umweht, blieb ruhig und lächelte wie die heilige Blandina[1] inmitten der Schmähungen, in die, mein Gefühl der Einsamkeit und Trauer noch vermehrend, die verächtlich blickenden, zerzaust und wütend dasitzenden Gäste einmütig gegen uns einstimmten.[2]

Zu einem gewissen Teil – und das gab in Balbec der sonst gemeinhin einfach nur reichen, kosmopolitischen Einwohnerschaft dieser Art von Luxushotels einen betont regionalen Charakter – setzten sie sich aus hervorragenden Persönlichkeiten der wichtigsten Departements dieses Teiles von Frankreich zusammen, einem Gerichtspräsidenten aus Caen, einem Vorsitzenden der Anwaltskammer von Cherbourg, einem gewichtigen Notar aus Le Mans, die alle zur Ferienzeit von den verschiedensten Punkten aus, auf die sie sich während der übrigen Zeit des Jahres wie die Schützen bei der Treibjagd oder die Steine auf einem Damebrett verteilten, in diesem Hotel zusammenkamen. Sie hatten immer dieselben Zimmer und bildeten mit ihren Frauen, die sich aristokratisch gaben, eine kleine Gruppe, der sich noch ein berühmter Anwalt und ein bedeutender Arzt aus Paris angeschlossen hatten, die am Tag des Aufbruchs zu den übrigen sagten:

»Ach ja, richtig, Sie reisen ja nicht mit dem gleichen Zug wie wir, Sie haben es gut, Sie sind schon zum Mittagessen zurück.«

»Wieso gut? Das sagen Sie, der Sie in der Hauptstadt wohnen, in dem großen Paris, während ich in meiner armseligen Bezirkshauptstadt von einhunderttausend – nach der letzten Zählung allerdings sogar einhundertzweitausend – Seelen sitzen muß? Was ist das schon gegen Ihre zwei Millionen fünfhunderttausend? Wo Sie doch wieder Asphalt unter den Füßen und den Glanz des Pariser Lebens um sich haben werden?«

Sie sagten das mit einem bäuerlichen Rollen des *r* und übrigens ohne alle Bitterkeit, denn sie waren Leuchten in ihrer Provinz und hätten so gut wie andere nach Paris kommen können – dem Gerichtspräsidenten aus Caen war mehrmals ein Sitz im Kassationsgericht angeboten worden –, hatten aber vorgezogen zu bleiben, wo sie waren, aus Liebe zu ihrer Heimatstadt oder zum Leben in der Stille oder zum Ruhm, vielleicht auch, weil sie reaktionär waren oder weil sie auf die nachbarschaftlichen Beziehungen zu den Schlössern der Umgegend nicht verzichten wollten. Mehrere allerdings kehrten nicht sofort in ihre Bezirkshauptstadt zurück.

Da nämlich die Bucht von Balbec ein kleines Sonderuniversum inmitten des großen war, ein den Jahreszeiten gehorchendes Blumenbeet, in dessen Rund die verschiedenartigen Tage und die aufeinanderfolgenden Monate angeordnet waren in der Weise, daß man nicht nur an Tagen, an denen man Rivebelle[1] sah, was als Zeichen für nahendes Unwetter galt, dort den Sonnenschein auf den Häusern erkannte, während Balbec im Dunkel lag, sondern auch, wenn Balbec schon von Kälte heimgesucht war, sicher sein konnte, auf jenem anderen Ufer noch zwei oder drei weitere Sommermonate zu genießen, ließen diejenigen Stammgäste des Grand-Hôtels, deren Ferien spät begannen oder lange dauerten, sobald Regenfälle und Nebel begannen und der Herbst näherkam, ihre Koffer auf ein Fischerboot bringen und reisten dem Sommer nach in Richtung Rivebelle oder Costedor. Diese kleine Gruppe im Hotel von Balbec begegnete jedem Neuankömmling mit mißtrauischen Blikken, und während alle so taten, als interessierten sie sich gar nicht für ihn, fragten sie doch ihren Freund, den Oberkellner, über ihn aus. Denn es war immer derselbe – Aimé –, der alle Jahre zur Saison erschien und ihnen ihre Tische reservierte; und da ihre Gattinnen wußten, daß seine Frau ein Baby erwartete, arbeiteten sie nach dem Essen alle an einem Stück Erstlingswäsche, während sie uns mit ihren Lorgnons musterten, meine Großmutter und mich, weil wir den Salat mit harten Eiern darin aßen, was als unfein galt und in den ersten Kreisen von Alençon nicht üblich war. Sie nahmen eine Haltung ironisch gefärbter Verachtung einem Franzosen gegenüber ein, der Majestät angeredet wurde und der sich tatsächlich selbst zum König einer nur von ein paar

Wilden bevölkerten kleinen Insel des polynesischen Archipels aufgeworfen hatte.[1] Er bewohnte das Hotel mit seiner hübschen Freundin, der die Gassenbuben, wenn sie baden ging, nachriefen: »Hoch die Königin!«, weil sie dann Fünfzigcentimesstücke über sie regnen ließ. Der Kammerpräsident und der Vorsitzende der Anwaltskammer schienen sie sogar völlig zu ignorieren, und wenn einer ihrer Freunde einen Blick nach ihr warf, hielten sie es für ihre Pflicht, ihn darüber aufzuklären, daß sie nichts weiter als eine kleine Arbeiterin sei.

»Aber man hat mir doch gesagt, sie hätten in Ostende die königliche Kabine benutzt.«

»Natürlich! Die kann man mieten für zwanzig Francs. Das können Sie auch tun, wenn Sie Spaß daran haben. Ich aber weiß aus bester Quelle, daß man ihm, als er um eine Audienz beim König nachgesucht hat, zu verstehen gab, Seine Majestät lege keinen Wert auf die Bekanntschaft mit einem Operettenkönig.«

»Ach, wirklich? Das ist interessant! Was es für Leute gibt . . . !«

Sicherlich war das alles wahr, und doch empfanden der Notar, der Gerichtspräsident, der Anwaltskammervorsitzende, auch aus Verdruß darüber, daß für einen großen Teil der Menge sie selbst nur gutbürgerliche Leute waren, die diesen König und diese Königin, die mit Münzen nur so um sich warfen, nicht einmal kannten, angesichts dessen, was sie als Karneval bezeichneten, eine starke Mißstimmung und eine Empörung, die sie ganz offen äußerten, auch ihrem Freund, dem Oberkellner gegenüber, der daraufhin, wenn er gezwungenermaßen den mehr freigebigen als echten Souveränen gegenüber gute Miene machte, während er ihre Bestellung entgegennahm, von ferne seinen alten Kunden bedeutungsvoll zuzwinkerte. Vielleicht lag auch etwas von diesem gleichen Verdruß, daß sie nämlich fälschlich für weniger »chic« gehalten wurden und nicht erklären konnten, daß im Grunde sie selbst »chic« seien, dem Ausdruck »ein sauberer Herr« zugrunde, mit dem sie einen jungen Elegant bedachten, den schwindsüchtigen und der Lebewelt zugetanen Sohn eines Großindustriellen, der – alle Tage in einem neuen Rock, mit einer Orchidee im Knopfloch – Champagner zum Mittagessen trank und bleich, unnahbar, ein blasiertes Lächeln auf den Lippen, enorme Summen auf den Bakkarattisch des Kasinos warf, »mehr als er ausgeben kann«, erklärte mit der Miene eines Eingeweihten der Notar dem Gerichtspräsidenten gegenüber, dessen Frau »aus sicherer Quelle« wußte, daß dieser junge Mann, der so ganz »fin de siècle« war, seine armen Eltern vor Kummer noch ins Grab bringen werde.[1]

Andererseits wurden der Kammervorsitzende und seine Freunde nicht müde, mit ihren Sarkasmen eine alte reiche und vornehme Dame zu bedenken, weil sie sich nur mit ihrem ganzen Hauspersonal auf Reisen begab. Jedesmal, wenn die Frau des Notars und die Frau des Gerichtspräsidenten sie bei den Mahlzeiten im Speisesaal bemerkten, musterten sie sie unverfroren durch ihr Lorgnon hindurch mit der gleichen heiklen und argwöhnischen Miene, mit der sie ein Gericht geprüft hätten, das hinter einem pompösen Namen ein fragwürdiges Aussehen zu verdecken scheint und das man nach dem ungünstigen Ergebnis methodischer Untersuchung mit abstandnehmender Geste und angewiderter Miene wieder hinaustragen läßt.

Sicher wollten sie damit nur bezeugen, daß gewisse Dinge – in diesem Falle bestimmte Vorrechte der alten Dame oder eine Beziehung zu ihr – ihnen nicht deshalb fehlten, weil sie sie nicht hätten haben können, sondern weil sie nicht wollten. Am Ende glaubten sie es selbst; das aber bedeutet die Unterdrückung jedes Verlangens nach Formen des Lebens, die man nicht kennt, sowie jeglicher Neugier darauf, das Aufgeben auch der Hoffnung, neuen Menschen zu gefallen, die bei diesen Frauen durch zur Schau getragene Verachtung und künstliche Munterkeit ersetzt wurde, was den Nachteil hatte, daß sie ihr Mißvergnügen hinter aufgesetzter Zufriedenheit verbergen und sich ständig selber belügen mußten, zwei Ursachen, weshalb sie unglücklich waren. Doch in diesem Hotel handelten offenbar alle nach dem gleichen Prinzip, obschon in verschiedenen Formen, und brachten wenn auch nicht der Eigenliebe, so doch gewissen Erziehungsgrundsätzen oder Denkgewohnheiten das köstliche Beben zum Opfer, das man fühlt, wenn man sich mit der Sphäre eines unbekannten Daseins vermischt. Zweifellos war der Mikrokosmos, in den die alte Dame sich einkapselte, nicht mit virulenter Bitterkeit vergiftet wie die Gruppe, aus der das wutbedingte Hohnlachen der Notarsfrau und der Präsidentengattin kam. Er war im Gegenteil von einem feinen, etwas ältlichen Duft durchhaucht, der deshalb nicht weniger künstlich war. Denn im Grunde hätte die alte Dame wahrscheinlich in dem Versuch, bezaubernd zu wirken und die geheimnisvolle Sympathie neuer Menschen zu gewinnen (wobei sie sich selber innerlich erneuert hätte), einen Reiz gefunden, der der Genugtuung abgeht, daß man nur Menschen der eigenen Kreise sieht und sich immer wieder ins Gedächtnis ruft, daß die Verkennung durch andere, Schlechtinformierte, keine Rolle spielt, da diese Welt, der man angehört, die denkbar beste ist. Vielleicht fühlte sie, daß ihr schwarzes Wollkleid und ihre altmodische Haube, wäre sie als Unbekannte im Grand-Hôtel von Balbec abgestiegen, von irgendeinem jungen Lebemann belächelt worden wären, der von seinem »rocking-chair« aus so etwas wie »alte Schraube« gemurmelt hätte, oder sogar von einem angesehenen Mann wie dem Kammerpräsidenten, der zwischen seinen melierten Bartkoteletten frischgefärbte Wangen und muntere Augen bewahrt hatte, wie sie sie so gern mochte, und der auf der Stelle die Aufmerksamkeit der vergrößernden Linse des Lorgnons seines Ehegesponses auf dieses ungewöhnliche Phänomen gelenkt hätte; vielleicht lag es an dieser uneingestandenen Furcht vor der ersten Minute, von der man weiß, daß sie zwar kurz sein wird, die man aber doch scheut – wie den ersten Kopfsprung ins Wasser –, daß diese Dame, die einen Diener vorausschickte, um das Hotel von ihrer Person und ihren Gewohnheiten in Kenntnis zu setzen, rasch abwinkte, wenn der Direktor zu ihrer Begrüßung nahte, und sich – worin mehr Schüchternheit als Hochmut lag – schnellstens auf ihr Zimmer begab, in dem ihre eigenen Vorhänge, die die sonst am Fenster befindlichen ersetzten, ihre Wandschirme und Photographien zwischen sie und die Außenwelt, an die sie sich sonst hätte anpassen müssen, eine so wirksame Scheidewand ihrer Gewohnheiten errichteten, daß sie sich gleichsam in ihrem Heim befand, dessen Schoß sie nicht verlassen und das eigentlich statt ihrer sich auf Reisen begeben hatte.

Nachdem sie zwischen sich einerseits und das Hotelpersonal und die Lieferanten andererseits ihre eigenen Bedienten, die an ihrer Stelle den Kontakt mit jener neuen Menschheit herstellten und in der nächsten Umgebung ihrer Herrin die gewohnte Atmosphäre unterhielten, eingeschoben und den Schutzwall ihrer Vorurteile zwischen sich und den Badegästen aufgerichtet hatte, unbekümmert darum, ob sie etwa Leuten mißfiel, die ihre Freunde bei sich nicht empfangen hätten, lebte sie dank der Korrespondenz mit ihren Freundinnen, dank der Erinnerung, dem inneren Bewußtsein ihrer Stellung, ihren guten Manieren, ihrer Zuständigkeit in allen Fragen der Höflichkeit auch weiterhin ganz in ihrer Welt. Alle Tage, wenn sie herunterkam, um in ihrer Kalesche[1] eine Spazierfahrt zu machen, wirkten ihre Kammerfrau, die ihr die Sachen nachtrug, und der ihr voranschreitende Diener wie Wachen, die ihr an den Toren einer mit den betreffenden Landesfarben beflaggten Botschaft mitten im fremden Land das Privileg der Exterritorialität garantierten. Sie verließ ihr Zimmer am Tag unserer Ankunft erst am späteren Nachmittag, und so sahen wir sie nicht im Speisesaal, in den uns der Direktor als Neuangekommene zur Stunde des Mittagessens eskortierte, wie ein Gefreiter seine Rekruten zum Kammerunteroffizier führt, der sie einkleiden soll; dafür aber sahen wir dort sehr bald einen Landjunker und seine Tochter aus wenig bekannter, aber sehr alter bretonischer Familie, Monsieur und Mademoiselle de Stermaria[2], deren Tisch man uns in der Meinung, sie kämen erst am Abend zurück, zugewiesen hatte. Da sie nach Balbec nur gekommen waren, um von dort aus befreundete Schloßbesitzer der Nachbarschaft zu besuchen, verbrachten sie im Speisesaal des Hotels zwischen den Einladungen nach auswärts und den abgestatteten nur die unbedingt nötige Zeit. Ihr Dünkel bewahrte sie vor jeder menschlichen Sympathie, vor jedem Interesse an den Unbekannten, die rings um sie saßen und in deren Mitte Monsieur de Stermaria die eisige, eilige, distanzierte, unzugängliche, abweisende und übelgelaunte Miene bewahrte, die man an einem Bahnhofsbüfett inmitten von Reisenden aufsetzt, die man niemals gesehen hat, nie wiedersehen wird und mit denen einen nur die Tatsache in Beziehung setzt, daß man sein kaltes Huhn und seinen Platz im Abteil gegen sie zu verteidigen gedenkt. Kaum hatten wir mit dem Mittagessen begonnen, als man uns wieder aufzustehen bat, und zwar auf Veranlassung von Monsieur de Stermaria, der, soeben angekommen, ohne die geringste Entschuldigung an unsere Adresse, den Oberkellner mit lauter Stimme dafür zu sorgen ersuchte, daß ein solches Versehen sich nicht wiederhole, denn es sei ihm unangenehm, wenn »Leute, die er nicht kenne«, an seinem Tisch säßen.

In dem Gefühl sodann, das eine gewisse Schauspielerin (die übrigens bekannter war durch ihre Eleganz, ihren Geist, ihre schönen Sammlungen von Meißener Porzellan als durch einige im Théâtre de l'Odéon gespielte Rollen), ferner ihren Freund, einen sehr reichen jungen Mann, dem zuliebe sie sich eine gewisse Bildung zugelegt hatte, und zwei sehr bekannte Männer aus der Aristokratie dazu veranlaßte, ganz für sich zu bleiben, nur zusammen zu reisen, in Balbec erst sehr spät zu lunchen, wenn alles schon fertig war, den Tag in ihrem Privatsalon mit Kartenspielen zu verbringen, lag sicher keinerlei Unfreundlichkeit, sondern nur das Bedürfnis nach Befriedigung gewisser Ansprüche, die sie bezüglich gewisser geistvoller Formen der Unterhaltung stellten, und ihre Neigung zu gewissen Raffinements der Küche, die ihnen gemeinsames Leben und Speisen zur ausschließlichen Freude, die Gesellschaft von Menschen aber, die nicht zu ihnen gehörten, unerträglich machte. Selbst an einer gedeckten Tafel oder an einem Spieltisch hatte jeder einzelne von ihnen das Bedürfnis zu wissen, daß der Gast neben ihm oder der ihm gegenüber sitzende Partner, wenn auch momentan nicht angewendet und ungenutzt, in sich jenes Wissen trage, das man braucht, um den Ramsch herauszukennen, der so viele Pariser Wohnungen schmückt und den die Besitzer für echtes »Mittelalter« oder für »Renaissance« halten, sowie gemeinsame Kriterien, um Gutes von Schlechtem zu unterscheiden. Zweifellos äußerte sich in solchen Momenten das Sonderdasein, das diese Freunde nie aufgeben wollten, nur noch durch eine gelegentliche komische Interjektion inmitten einer schweigend eingenommenen Mahlzeit oder während eines lautlosen Spiels oder in dem bezaubernden neuen Kleid, das die junge Schauspielerin für ein Mittagessen oder eine Pokerpartie angezogen hatte. Dadurch aber, daß es sie ganz in die ihnen von Grund auf vertrauten Gewohnheiten einhüllte, waren sie gegen das Geheimnis des sie umgebenden Lebens wirksam abgeschirmt. Lange Nachmittage hindurch war das Meer nur wie eine Malerei von angenehmer Tönung im Boudoir eines reichen Junggesellen vor ihnen aufgehängt, und nur zwischen zwei Stichen warf einer der Spieler, weil er gerade nichts Besseres zu tun hatte, den Blick darauf, um einen Hinweis auf das Wetter oder die Stunde des Tages daraus zu entnehmen und die anderen daran zu erinnern, daß der Nachmittagstee sie erwartete. Am Abend aßen sie nicht im Hotel, wo die elektrischen Lampen den Speisesaal mit Licht überfluteten, so daß dieser gleichsam zu einem riesigen wunderbaren Aquarium wurde, vor dessen Glaswand die Arbeiterbevölkerung von Balbec, die Fischer und auch Kleinbürgerfamilien unsichtbar im Dunkel sich die Nasen plattdrückten, um das sich langsam in goldenem Hin- und Herwogen entfaltende Luxusleben aller dieser Leute anzuschauen, das für die Armen ebenso merkwürdig wie das von seltsamen Fischen oder Mollusken ist (eine große soziale Frage ist die, ob die Glaswand immer das Festmahl der Wundertiere umhegen wird oder ob nicht die Leute niederen Standes, die gierig in der Nacht mit dem Blick etwas zu erhaschen suchen, eines Tages kommen, sie aus dem Aquarium holen und verspeisen werden). Vielleicht aber fand sich inzwischen in der im Dunkel verharrenden, sich stauenden Menge irgendein Schriftsteller, ein Liebhaber menschlicher Ichthyologie, der, wenn er zusah, wie die Kinnbacken von alten weiblichen Ungetümen sich über einem Brocken der verschluckten Nahrung schlossen, sich ein Vergnügen daraus machte, diese nach Rassen, nach angeborenen und erworbenen Eigenschaften zu klassifizieren, welche letzteren auch erklären, warum eine alte serbische Dame, deren Kinnlade auf einen großen Seefisch hinweist, infolge der Tatsache, daß sie seit ihrer frühen Jugend sich in dem Süßwasserreservoir des Faubourg-Saint-Germain aufgehalten hat, ihren Salat wie eine La Rochefoucauld verspeist.

Zu dieser Stunde sah man die drei Männer im Smoking auf die Frau warten, die sich verspätete, aber bald darauf in einer fast jedesmal neuen Toilette und mit Schals, die nach dem speziellen Geschmack ihres Liebhabers ausgewählt waren, nachdem sie auf ihrer Etage nach dem Lift geschellt hatte, diesem wie einer Spielzeugschachtel entstieg. Dann setzten sich alle vier, da sie fanden, daß die internationale Kulturpflanze des Palace-Hotelstils nach ihrem Anbau auch in Balbec die Blüte des Luxus mehr als die Frucht der guten Küche hervorgebracht habe, in einen Wagen und fuhren zum Abendessen nach einem eine halbe Meile entfernten kleinen renommierten Restaurant, wo sie mit dem Küchenchef endlose Beratungen über die Menügestaltung und die Zubereitung der Speisen abhielten. Während der Fahrt war die von Apfelbäumen gesäumte Landstraße hinter Balbec für sie einzig eine Entfernung, die man zurücklegen mußte – wenig verschieden im nächtlichen Dunkel von jener, die zwischen ihren Pariser Wohnungen und dem Café Anglais oder dem Tour d'Argent[1] lag –, um zu dem kleinen eleganten Restaurant zu gelangen, wo dann wiederum, während die Freunde des reichen jungen Mannes ihn um seine so prächtig gekleidete Geliebte beneideten, die Schals der jungen Schauspielerin vor der kleinen Gesellschaft wie ein weicher, duftender Schleier hingen und sie doch von der Welt abtrennten.

Sehr zum Schaden für meine innere Ruhe war ich weit davon entfernt, wie all diese Menschen zu sein. An vielen unter ihnen lag mir sehr wohl, ich wäre gern von einem Mann mit sorgenvoller Stirn und einem Blick, der sich hinter den Scheuklappen seiner Vorurteile und seiner Erziehung verbarg, beachtet worden, dem Grandseigneur der Gegend, der niemand anders war als der Schwager Legrandins: er kam manchmal zu Besuch nach Balbec und entleerte dann sonntags durch die wöchentliche Garden-Party, die seine Frau und er gaben, das Hotel von einem Teil seiner Bewohner, da ein oder zwei von ihnen zu diesen Festen eingeladen wurden und die anderen, die nicht den Anschein erwecken wollten, als wären sie es nicht, statt dessen an diesem Tag einen größeren Ausflug machten. Er war übrigens bei seinem ersten Erscheinen im Hotel sehr schlecht empfangen worden, denn das soeben frisch von der Côte d'Azur hergeholte Personal hatte noch nicht gewußt, wer er war. Nicht nur ließ er einen Anzug aus weißem Flanell vermissen, sondern er hatte auch nach alter französischer Sitte und in Unkenntnis des Lebens in den Palace-Hotels beim Betreten der Halle, in der Damen saßen, seinen Hut gleich an der Tür abgenommen, woraufhin der Direktor den seinen nicht einmal anrührte, um den Gruß des Ankömmlings zu erwidern, denn er war der Meinung, dies müsse ein Mann von bescheidener Herkunft sein, sozusagen das, was er »mehr als ordinär« nannte. Nur die Frau des Notars hatte sich zu dem Eintretenden hingezogen gefühlt, der die ganze förmliche Gewöhnlichkeit der Vornehmen atmete, und mit dem unfehlbaren Unterscheidungsvermögen und der fraglosen Autorität einer Person, für die die erste Gesellschaft von Le Mans kein Geheimnis besitzt, hatte sie erklärt, daß man sich in seiner Gegenwart einem Manne von höchster Distinktion und vollendeter Erziehung gegenüber befinde, der anders sei als alles, was man sonst in Balbec treffe, das heißt Leute, die sie als unzulässig einstufte, solange ihr kein Zutritt zu ihnen gewährt wurde. Dieses günstige Urteil über Legrandins Schwager war vielleicht auf das unscheinbare Äußere dieses Mannes zurückzuführen, der so gar nichts Einschüchterndes besaß, vielleicht auch darauf, daß sie an diesem Gentlemanfarmer mit dem küsterhaften Auftreten die Freimaurerzeichen ihres eigenen Klerikalismus erkannte.

Es half nichts, daß ich in Erfahrung gebracht hatte, die jungen Leute, die jeden Tag vor dem Hotel aufsaßen und spazierenritten, seien die Söhne eines fragwürdigen Besitzers eines Modewarengeschäfts, dessen Bekanntschaft mein Vater nie hätte machen mögen: das »Badeleben« verwandelte sie für meine Augen in Reiterstandbilder von Halbgöttern, und das Beste, was ich erhoffen konnte, war, sie würden niemals ihre Blicke auf einem so armen Jungen ruhen lassen, wie ich einer war, der ich den Speisesaal des Hotels nur verließ, um mich in den Sand zu setzen. Ich hätte sogar dem Abenteurer gern Sympathie eingeflößt, der König einer einsamen Insel des polynesischen Archipels gewesen war, ja selbst dem jungen Schwindsüchtigen, von dem ich mir immer gern vorstellte, daß er unter seinem anmaßenden Äußeren eine furchtsame, zärtliche Seele berge und an mich ganz allein vielleicht Schätze des Herzens verschwendet hätte. Da im übrigen (ganz im Gegensatz zu dem, was man gemeinhin von Reisebekanntschaften sagt) die Tatsache, daß man mit bestimmten Leuten gesehen wird, einem in solchen Seebädern, die man öfter besucht, ein Prestige verleiht, das im wirklichen Gesellschaftsleben nicht seinesgleichen hat, gibt es kaum etwas, was man, anstatt es sich etwa möglichst fernzuhalten, im Pariser Leben so sorgfältig pflegt wie gerade Badebekanntschaften. Mir machte es etwas aus, welche Meinung von mir alle diese nur jetzt und hier als gesellschaftliche Größen geltenden Leute von mir haben mochten, denn aufgrund meiner Neigung, mich in die Leute hineinzuversetzen und ihre eigene geistige Verfassung in mir nachzuschaffen, rangierte ich sie nicht ihrer eigentlichen Stellung gemäß, der sehr niedrigen zum Beispiel, die sie in Paris eingenommen hätten, sondern nach der, die sie sich selbst zuerkannten und die die ihre auch tatsächlich in Balbec war, wo das Fehlen eines allgemeingültigen Maßstabs ihnen eine Art von relativer Überlegenheit und besonderem Reiz verlieh. Ach, aber keine Nichtachtung konnte mich schmerzlicher treffen als die von Monsieur de Stermaria.

Schon bei ihrem ersten Eintreten nämlich war mir die Tochter aufgefallen mit ihrem hübschen blassen, fast bläulich durchscheinenden Gesicht, die besondere Haltung ihrer hochgewachsenen Gestalt, ihr Gang, die mir mit Recht ihre ererbte Art und aristokratische Erziehung ins Bewußtsein riefen, und zwar um so deutlicher, als ich ihren Namen kannte – wie es mit jenen ausdrucksstarken musikalischen Motiven geht, die, von genialen Komponisten erfunden, so großartig das Knistern der Flamme, das Rauschen des Flusses und den Frieden der Felder für die Zuhörer malen, nachdem diese vorher das Programm überflogen und ihrer Phantasie den rechten Weg gewiesen haben. Indem die »Rasse« den Reizen von Mademoiselle de Stermaria die Vorstellung von deren Grund hinzufügte, machte sie jene verständlicher und vollkommener. Sie machte sie auch begehrenswerter, weil sie einen Hinweis darauf enthielt, wie schwer erreichbar sie seien, so wie ein hoher Preis den Wert eines Gegenstandes, der uns gefallen hat, für uns noch vermehrt. Der Stammbaum jedenfalls entsandte erlesene Säfte in diesen zarten Teint, der dadurch den verlockenden Duft einer exotischen Frucht oder eines berühmten Cru bekam.

Nun aber gab uns, meiner Großmutter und mir, der Zufall ein Mittel in die Hand, uns bei allen Bewohnern des Hotels ein unmittelbares Prestige zu verschaffen. An diesem ersten Tag noch, nämlich in dem Augenblick, als die alte Dame, aus ihren Gemächern kommend, die Treppe herunterstieg und dank dem vorausgehenden Diener und der Kammerfrau, die mit einem Buch und einer vergessenen Decke hinter ihr herlief, eine Macht auf die Seelen ausübte, die gleichzeitig Neugier und Respekt bewirkte und deren Ausstrahlung, wie man leicht sah, am allerwenigsten Monsieur de Stermaria sich entziehen konnte, neigte der Direktor sich zu meiner Großmutter, und aus Liebenswürdigkeit (so wie man den Schah von Persien oder die Königin Ranavalo[1] einem obskuren Zuschauer zeigt, der natürlich ohne Beziehung zu dem mächtigen Souverän bleiben wird, aber es vielleicht interessant findet, ihn aus nächster Nähe gesehen zu haben) raunte er ihr zu: »Die Marquise von Villeparisis«, während im gleichen Moment diese Dame, als ihr Blick auf meine Großmutter fiel, einen Audruck freudigen Erstaunens nicht unterdrücken konnte.

Man kann sich vorstellen, daß mir das Erscheinen der mächtigsten Fee in der Gestalt einer kleinen alten Frau nicht mehr Vergnügen bereitet hätte, da mir ja bislang in einer Gegend, in der ich niemand kannte, jede Vermittlung fehlte, durch die ich mich Mademoiselle de Stermaria hätte nähern können. Ich meine niemand im praktischen Sinne. Ästhetisch betrachtet ist die Zahl der menschlichen Typen zu beschränkt, als daß man nicht oft, wo es auch sei, die Freude hätte, bekannte Gesichter zu erblicken, auch wenn man sie nicht wie Swann auf den Bildern der alten Meister sucht. So hatte ich zum Beispiel schon in den ersten Tagen unseres Aufenthalts in Balbec Legrandin wiedergefunden, desgleichen Swanns Concierge und Madame Swann selbst, den ersten als Kellner in einem Café, den zweiten als einen durchreisenden Fremden, den ich nicht wiedersah, und letztere als Bademeister.[1] Durch eine Art von magnetischer Anziehung sind gewisse äußere und innere Züge so unwiderstehlich miteinander verhaftet und verquickt, daß die Natur, wenn sie in dieser Weise eine Person in einen neuen Körper versetzt, sie nicht allzusehr verstümmelt. Der in einen Cafékellner verwandelte Legrandin hatte vollkommen seine Statur, das Profil der Nasen- und zum Teil auch der Kinnlinie behalten; Madame Swann aber war bei ihrem Übergang ins männliche Geschlecht und in die Stellung eines Bademeisters nicht nur ihrem gewohnten Äußeren, sondern auch einer gewissen Art des Sprechens treu geblieben. Nur konnte sie mir persönlich, wenn sie, mit rotem Gürtel bekleidet, beim geringsten Wellengang die Fahne hochzog, die das Baden im Meer verbot (Bademeister sind vorsichtig, da sie meist nicht schwimmen können), nicht nützlicher sein als in jenem Fresko vom *Leben Mose*, in dem Swann sie seinerzeit unter den Zügen der Tochter Jethros erkannte.[2] Doch diese Madame de Villeparisis war die wirkliche, und nicht etwa das Opfer einer Verzauberung, die ihr ihre Macht genommen hätte, vielmehr war sie imstande, die meine durch ein Wunder zu vertausendfachen, als trügen mich die Flügel eines Märchenvogels im Nu über die wenigstens in Balbec unendlich weite soziale Kluft hinweg, die mich von Mademoiselle de Stermaria trennte.

Unglücklicherweise lebte meine Großmutter, mehr als irgend jemand, ganz für sich in ihrer eigenen Welt. Sie hätte mich nicht einmal verachtet, sie hätte mich einfach nicht verstanden, wenn sie gewußt hätte, daß ich der Meinung von gewissen Leuten Wichtigkeit beilegte und Interesse an der Person von Leuten nahm, deren Existenz sie nicht einmal bemerkte und deren Namen sie niemals behalten würde, wenn wir Balbec verließen; ich wagte ihr nicht einzugestehen, daß ich mich innig gefreut hätte, wenn diese selben Leute sie im Gespräch mit Madame de Villeparisis hätten sehen können, denn ich merkte, daß die Marquise im Hotel ein großes Prestige besaß und ihre Freundschaft uns ein gewisses Ansehen selbst in den Augen von Monsieur de Stermaria gegeben hätte. Es war dabei keineswegs so, daß mir die Freundin meiner Großmutter als Aristokratin erschienen wäre: ich war zu sehr an diesen Namen gewöhnt, der meinen Ohren vertraut geworden war, bevor mein Geist sich mit ihm beschäftigte, nämlich schon als ich ihn, selbst noch ein Kind, bei uns zu Hause aussprechen hörte; und der Titel hatte ihm nur einen bizarren Zug hinzugesetzt wie etwa ein wenig gebräuchlicher Vorname, so wie es einem mit den Straßennamen geht, wo man auch in der Rue Lord-Byron oder der volkstümlichen und recht gewöhnlichen Rue Rochechouart oder der Rue Grammont nichts Vornehmeres sieht als in der Rue Léonce-Reynaud oder der Rue Hippolyte-Lebas.[1] Unter Madame de Villeparisis stellte ich mir ebensowenig eine ganz bestimmten Gesellschaftskreisen angehörige Persönlichkeit vor wie unter ihrem Vetter MacMahon, der sich für mich nicht von Carnot unterschied, der ebenfalls Präsident der Republik war[2], oder von Raspail, dessen Photographie Françoise zugleich mit der von Pius IX.[3] erworben hatte. Es war ein Grundsatz meiner Großmutter, daß man auf Reisen keine Bekanntschaften pflegen solle; man gehe nicht an die See, um Leuten zu begegnen, was man ja in Paris kann, soviel man will, man verliere mit ihnen nur im Austausch von Höflichkeiten und Banalitäten die kostbare Zeit, die man ungeteilt an der frischen Luft und angesichts des wogenden Meeres verbringen sollte; und da sie es bequemer fand, die gleiche Auffassung auch bei allen anderen vorauszusetzen, und unter alten Freunden, die der Zufall im gleichen Hotel zusammenführte, die Fiktion eines gegenseitigen Inkognitos für erlaubt hielt, begnügte sie sich bei der Nennung des Namens, den der Direktor ihr zuraunte, damit, die Augen abzuwenden und sich so den Anschein zu geben, als sehe sie Madame de Villeparisis nicht, die ihrerseits begriff, daß meine Großmutter auf die Erneuerung der Bekanntschaft keinen Wert legte, und gleichfalls ins Leere schaute. Sie entfernte sich, und ich blieb in meiner Einsamkeit zurück wie ein Schiffbrüchiger, der geglaubt hat, ein Schiff nehme Kurs auf ihn, nachdem es dann wieder verschwunden ist, ohne angehalten zu haben.

Auch sie nahm ihre Mahlzeiten im Speisesaal ein, doch am anderen Ende des Raums. Sie kannte keine von den Personen, die im Hotel wohnten oder jemanden dort aufsuchten, nicht einmal Monsieur de Cambremer; tatsächlich stellte ich fest, daß er sie nicht grüßte, als er eines Tages zum Mittagessen die Einladung des Anwaltskammervorsitzenden angenommen hatte, der, von der Ehre berauscht, den Edelmann an seinem Tisch zu haben, seinen Freunden der übrigen Tage möglichst aus dem Wege ging und ihnen gegenüber nur von weitem auf das historische Ereignis mit einem Augenzwinkern hinwies, das so diskret war, daß es nicht als Aufforderung zum Näherkommen ausgelegt werden konnte.

»Nun, ich muß sagen, Sie verstehen es; Sie sind auf der Höhe, sind chic«, sagte am Abend die Frau des Gerichtspräsidenten zu ihm.

»Chic? Wieso?« fragte der Anwaltskammervorsitzende zurück, indem er sein Vergnügen unter übertriebenem Staunen verbarg. »Wegen meiner Gäste, meinen Sie?» fragte er, da er sich zu längerem Vertuschen der Tatsachen außerstande fühlte. »Aber was ist denn daran chic, wenn man alte Freunde zum Mittagessen hat? Irgendwo müssen sie doch schließlich ihre Mahlzeit einnehmen!«

»Doch, natürlich ist das chic! Das waren doch die ›de‹[1] Cambremers, nicht wahr? Ich habe sie ja erkannt. Sie ist eine Marquise, und zwar eine richtige, nicht nur über die weibliche Linie.«

»Oh! Sie ist eine ganz schlichte Frau, sie ist reizend und dabei so natürlich. Ich dachte, Sie würden auch zu uns kommen, ich habe Ihnen gewinkt... ich hätte Sie gern bekannt gemacht!« sagte er, indem er durch leichte Ironie die Ungeheuerlichkeit dieses Ansinnens etwas korrigierte, wie Assuérus in dem Drama Racines, wenn er zu Esther sagt: »Soll ich von meinen Reichen dir die Hälfte geben?«[2]

»Nein, nein und aber nein, wir bleiben im Hintergrund wie das bescheidene Veilchen.«

»Sie haben unrecht damit, ich sage es Ihnen noch einmal«, antwortete der Vorsitzende, der jetzt, nachdem die Gefahr vorüber war, kühn zu werden begann. »Sie hätten Ihnen nichts getan. Nun, wie wäre es mit einem kleinen Bésigue?«

»Aber gern, wir wagten es nur nicht vorzuschlagen, jetzt, wo Sie mit Marquisen verkehren!«

»Aber ich bitte Sie! An ihnen ist wirklich nichts Besonderes. Morgen abend esse ich dort. Wollen Sie statt meiner gehen? Ich trete Ihnen gern die Einladung ab. Offen gestanden bliebe ich lieber hier.«

»Nein, nein! ... da würde ich womöglich wegen reaktionärer Umtriebe abgesetzt«, rief über seinen Scherz tränenlachend der Gerichtspräsident. »Aber Sie«, fügte er zu dem Notar gewendet hinzu, »verkehren ja auch in Féterne.«[3]

»Oh, ich bin nur sonntags dort, man geht zur einen Tür hinein und zur anderen hinaus. Aber sie essen doch nicht zu Mittag bei mir wie bei dem Herrn Vorsitzenden.«

Monsieur de Stermaria war an jenem Tag nicht in Balbec, zum großen Bedauern des Anwaltskammervorsitzenden. Doch bemerkte dieser hinterlistig zu dem Oberkellner:

»Aimé, Sie können Monsieur de Stermaria sagen, er sei nicht der einzige Adlige in diesem Speisesaal. Haben Sie den Herrn gesehen, der heute mit mir zu Mittag gegessen hat? Hm? Mit einem kleinen Schnurrbart, sieht aus wie ein Militär? Na sehen Sie, das ist der Marquis von Cambremer.«

»Ach, wirklich? Das wundert mich nicht!«

»Da kann er sehen, daß er hier nicht der einzige mit einem Adelstitel ist. Das kann ihm gar nichts schaden. Diese Herren vertragen, daß man sie mal ein bißchen duckt. Aber natürlich, Aimé, brauchen Sie nichts zu sagen, wenn Sie nicht wollen, mir liegt ja im Grund nichts daran; übrigens kennt er ihn gut.«

Am folgenden Tag kam Monsieur de Stermaria, der wußte, daß der Anwaltskammervorsitzende für einen seiner Freunde einen Prozeß geführt hatte, und stellte sich ihm selbst vor.

»Unsere gemeinsamen Freunde, die Cambremers, wollten uns gerade zusammen einladen, aber es hat dann irgendwie mit den Tagen nicht gepaßt, ich weiß nicht mehr wieso«, sagte der Anwaltskammervorsitzende, der sich wie viele Lügner einbildete, man werde nicht einer belanglosen Einzelheit nachgehen, die gleichwohl (wenn durch Zufall die schlichte Wahrheit herauskommt, die damit in Widerspruch steht) genügt, einen Charakter als fragwürdig hinzustellen und für alle Zeiten Mißtrauen zu erwecken.

Wie immer, aber ungenierter, solange ihr Vater mit dem Kammervorsitzenden abseits stehend sprach, schaute ich Mademoiselle de Stermaria an. Die gewagte, aber immer schöne Eigenart ihrer Haltung, zum Beispiel wenn sie mit den Ellbogen auf dem Tisch ihr Glas mit beiden Händen in die Höhe hielt, die Kargheit eines rasch ermüdeten Blicks, die tief innewohnende ererbte Härte, die man nur flüchtig überdeckt unter ihrem persönlichen Tonfall auf dem Grund ihrer Stimme verspürte – meine Großmutter war davon schockiert – und die wie eine Art von atavistischer Sperrung jedesmal einsetzte, wenn sie durch einen Blick oder einen Tonfall schließlich doch ihr eigenes Fühlen verraten hatte, alles das lenkte die Gedanken, wenn man sie anschaute, auf die Ahnenreihe, die ihr diese Gefühlsinsuffizienz, ja eigentliche Lücken in der Empfindungsfähigkeit, eine Art fehlender Breite des an allen Ecken und Enden zu knappen Stoffes mitgegeben hatte. Doch an gewissen Blikken, die einen Moment lang über den so rasch wieder brach und trocken daliegenden Grund ihrer Augen huschten, spürte man jene fast demütige Weichheit, die eine vorherrschende Neigung zu den Freuden der Sinne auch der Stolzesten verleiht, die bald nur noch eine einzige Art des Vorrangs anerkennt, nämlich den, den in ihren Augen der erhält, der ihr jene schenken kann, und wäre es ein Komödiant oder Jahrmarktsgaukler, um dessentwillen sie eines Tages vielleicht ihren Gatten verlassen wird; an einer gewissen Färbung von sinnenhaft lebendigem Rosa, die ihre blassen Wangen aufblühen ließ, ähnlich jener, die im Inneren der weißen Seerosen auf der Vivonne rötlich funkelte, glaubte ich zu verspüren, daß sie leicht darauf eingegangen wäre, wenn ich auf ihrer Person den Duft des poetischen Lebens hätte suchen wollen, das sie in der Bretagne führte und das sie aus zu langer Gewohnheit, aus innewohnender Distinktion, aus Abneigung gegen die Armut oder den Geiz der Ihrigen nicht so herrlich fand, das aber dennoch körperlich zu ihr gehörte. In dem nur bescheidenen Vorrat an Willen, der auf sie gekommen war und der ihrem Ausdruck etwas Kleinmütiges gab, hätte sie wahrscheinlich nicht die Kraft zum Widerstand gefunden. Der mit einer etwas altmodischen und anspruchsvollen Feder gekrönte graue Filzhut aber, den sie unentwegt zu jedem Essen trug, machte sie mir um so angenehmer, nicht etwa weil er gut zu ihrem silbern und rosa schimmernden Teint paßte, sondern weil er mich vermuten ließ, sie sei arm, und sie mir deshalb näherbrachte. Durch die Anwesenheit ihres Vaters zu einer konventionellen Haltung gezwungen, stützte sie sich indessen bei der Wahrnehmung und der Klassifizierung derjenigen, die sie vor sich hatte, auf andere Prinzipien als er und sah deshalb an mir vielleicht weniger meine unbedeutende Stellung als mein Alter und mein Geschlecht. Wenn Monsieur de Stermaria eines Tages ohne sie ausgegangen wäre und womöglich auch noch Madame de Villeparisis sich an unseren Tisch gesetzt und ihr dadurch von uns eine Vorstellung vermittelt hätte, die mich zu einer Annäherung ermutigte, hätten wir vielleicht ein paar Worte austauschen, eine Verabredung treffen und uns näher aneinander anschließen können. Und wenn sie einmal ganz allein ohne ihre Eltern auf ihrem romantischen Schloß geblieben wäre, hätten wir vielleicht allein in der Abenddämmerung, in der über dem Dunkel des Wassers die rosa Blüten des Heidekrauts unter den vom Schlag der Wellen berührten Eichen um so lieblicher schimmerten, uns ergehen können. Zusammen hätten wir die Insel durchstreift, die für mich so viel Zauber barg, weil sie das gewohnte Leben von Mademoiselle de Stermaria umschloß und als stetes Gedenken auf dem Grund ihrer Augen lag. Denn es schien mir, daß ich nur dort und nach Durchmessen jener Stätten, die sie mit so vielen Erinnerungen umhüllten, sie wirklich hätte besitzen können – erst wenn mein Verlangen diesen Schleier weggerissen hätte, der von der gleichen Art war, wie ihn die Natur zwischen eine Frau und bestimmte andere Wesen breitet (in der gleichen Absicht, in der sie für alle den Akt der Zeugung vor die letzte Lust und für Insekten den Pollen, den sie weitertragen sollen, vor den Nektar setzt), damit diese, von der Illusion genarrt, sie würden auf diese Weise jene Frau vollständig besitzen, sich erst der Landschaften bemächtigen müsssen, in denen sie lebt und die, anregender für die Phantasie als der Sinnengenuß, dennoch ohne diesen nicht genügend Anziehungskraft hätten.

Ich mußte jedoch meine Blicke wieder von Mademoiselle de Stermaria wenden, denn schon hatte ihr Vater, offenbar in der Meinung, das bloße Bekanntwerden mit einer wichtigen Persönlichkeit sei ein kurioser, kurzer und in sich selbst ausreichender Akt, dessen ganzes Interesse man im Augenblick bereits durch einen Händedruck und einen durchdringenden Blick ohne unmittelbar anschließende Konversation oder weitere Beziehungen erschöpfe, sich wieder von dem Anwaltskammervorsitzenden verabschiedet und war an seinen Platz ihr gegenüber zurückgekehrt, wobei er sich die Hände rieb wie ein Mann, der eine wertvolle Erwerbung gemacht hat. Was den Anwaltskammerpräsidenten betraf, so hörte man mitunter, nachdem die erste Erregung über dieses Zusammentreffen sich gelegt hatte, wie er sich in gewohnter Weise an den Oberkellner wandte mit den Worten:

»Ich bin ja kein König, Aimé; gehen Sie doch zu dem König... Sagen Sie, Herr Präsident, sieht das nicht gut aus, die kleinen Forellen da? Wir wollen Aimé bitten, daß er uns auch welche bringt. Aimé, diese kleinen Fische da drüben sehen durchaus empfehlenswert aus. Bringen Sie uns davon, Aimé, und nicht zu knapp.«

Unaufhörlich wiederholte er den Namen Aimé, was dazu führte, daß, wenn er jemanden zum Abendessen eingeladen hatte, sein Gast bemerkte: »Ich sehe, Sie sind ja sehr gut bekannt in diesem Hause« und auch seinerseits fortwährend den Namen Aimé aussprechen zu müssen glaubte, und zwar aufgrund einer Neigung, in der Schüchternheit, Gewöhnlichkeit und Dummheit eine Rolle spielen, die aber jedenfalls gewisse Personen zu der Annahme führt, es sei geistreich und elegant, Leute, mit denen sie gerade zusammen sind, in allem zu kopieren. Er wiederholte ihn unablässig, aber doch mit einem Lächeln, denn er wollte gleichzeitig seine guten Beziehungen zu dem Oberkellner und seine Überlegenheit über ihn demonstrieren. Auch der Oberkellner lächelte jedesmal, wenn sein Name fiel, gleichzeitig gerührt und stolz; er wollte damit zu erkennen geben, daß er die Ehre zu würdigen wisse und den Scherz verstehe.

So einschüchternd für mich auch die Mahlzeiten in dem großen, meist bis auf den letzten Platz gefüllten Speisesaal des Grand-Hôtels bereits waren, wurden sie es doch noch mehr, wenn auf ein paar Tage der Eigentümer (oder der von der Kommanditgesellschaft gewählte Generaldirektor, was weiß ich) nicht nur dieses einen, sondern noch sieben oder acht anderer Palace-Hotels, die überall über Frankreich verstreut lagen, auf seinen Inspektionsreisen vom einen zum anderen, in deren jedem er von Zeit zu Zeit eine Woche verbrachte, in Balbec erschien. Dann zeigte sich jeden Abend fast zu Beginn des Diners am Eingang des Speisesaals dieser kleine weißhaarige Mann mit roter Nase und einer außerordentlichen Beherrschtheit des Äußeren und korrekten Sicherheit, der, so schien es, in London so gut wie in Monte Carlo als einer der ersten Hoteliers Europas bekannt war. Eines Abends, als ich zu Beginn der Mahlzeit noch einmal hinausgegangen war und beim Zurückkommen an ihm vorbeikam, grüßte er mich, wahrscheinlich um zu bezeugen, daß ich mich in seinem Haus befand, doch tat er es mit einer Kälte, bei der ich nicht recht zu unterscheiden vermochte, ob ihr Grund in der Zurückhaltung eines Mannes lag, der sich nichts vergibt, oder in der Nichtachtung für einen ganz unbedeutenden Gast. Vor denen, die im Gegenteil gewichtige Persönlichkeiten waren, verneigte der Generaldirektor sich ebenso kühl, aber tiefer und mit in schamhafter Hochachtung gesenkten Augenlidern, als habe er bei einer Beerdigung den Vater der Verstorbenen vor sich oder das Allerheiligste. Außer bei diesen eisigen und seltenen Grußbezeigungen machte er keine Bewegung, wie um zu zeigen, daß seine funkelnden Augen, die ihm aus dem Kopf zu springen schienen, ohnehin alles sähen, alles regelten und dem »Diner im Grand-Hôtel« die bis ins letzte gehende Vollendung des Details und die Harmonie des Ganzen hinreichend garantierten. Er dünkte sich offensichtlich mehr als ein Regisseur oder Orchesterdirigent, er fühlte sich schlechthin als Generalissimus. In der Überzeugung, daß eine von seiner Seite aufs äußerste gesteigerte Kontemplation genüge, um sicherzustellen, daß alles bereit sei und kein Fehler eine Katastrophe herbeiführen könne, und um sich ganz auf seine Verantwortung zu konzentrieren, enthielt er sich nicht nur jeder Gebärde, sondern bewegte nicht einmal seine vor Aufmerksamkeit gleichsam versteinerten Augäpfel, die die Operationen in ihrer Gesamtheit überschauten und lenkten. Ich spürte, daß selbst die Bewegungen meines Löffels ihm nicht entgingen, und wenn er sich auch nach der Suppe für den Rest des Abendessens entfernte, hatte mir sein Abnehmen der Parade den Appetit verschlagen. Der seine war ausgezeichnet, wie man beim Mittagessen feststellen konnte, das er wie ein schlichter Privatmann zur gleichen Stunde wie alle anderen im Speisesaal zu sich nahm. Sein Tisch hatte nur eine Besonderheit: während er speiste, blieb der andere Direktor, der gewöhnliche, neben ihm aufgepflanzt und machte Konversation. Denn da er der Untergebene des Generaldirektors war, suchte er ihm zu schmeicheln und hatte große Angst vor ihm. Die meine war geringer während des Mittagessens, denn verloren in der Menge der Gäste bewies er die Diskretion eines Generals in einem Restaurant, in dem auch Gemeine verkehren, das heißt er tat, als sähe er sie nicht. Wenn dann aber der von seinen »Chasseurs« umgebene Portier mir ankündigte: »Morgen früh geht er nach Dinard, von da nach Biarritz und hinterher nach Cannes«, atmete ich doch freier auf.

Mein Leben im Hotel war nicht nur traurig, weil ich selbst keine Bekanntschaften hatte, sondern auch unbequem, weil Françoise deren viele geknüpft hatte. Man hätte annehmen sollen, daß gerade das uns das Leben hätte erleichtern müssen. Das Gegenteil war der Fall. Wenn es für einfache Leute auch schwierig war, von Françoise als Bekannte behandelt zu werden – sie konnten das nur durch große Höflichkeit ihr gegenüber erreichen –, so waren sie doch andererseits, einmal so weit gelangt, die einzigen, die wirklich bei ihr zählten. Ihr alter Sittenkodex besagte, daß sie gegenüber den Freunden ihrer Herrschaft keine Verpflichtungen habe und sehr wohl, wenn sie eilig war, eine Dame wegschicken könne, die gekommen war, um meine Großmutter zu besuchen. Jedoch ihren persönlichen Bekannten, das heißt den wenigen Leuten aus dem Volk gegenüber, die ihre schwer zu erwerbende Freundschaft dennoch errungen hatten, wurde ihre Handlungsweise durch ein ausgetüfteltes und strikt angewendetes Protokoll geregelt. So hatte Françoise die Bekanntschaft des Kaffeekochs und eines einfachen Zimmermädchens gemacht, das für eine belgische Dame schneiderte; daraufhin kam sie nicht mehr sofort nach dem Mittagessen herauf, um für meine Großmutter zu sorgen, sondern erst eine Stunde später, weil der Kaffeekoch ihr in seiner Küche einen Kaffee oder einen Kräutertee bereiten wollte oder weil das Zimmermädchen sie aufgefordert hatte, ihr beim Nähen zuzuschauen, und es unmöglich gewesen wäre, diese Einladungen abzulehnen, weil man das nicht tut. Im übrigen war man dem Mädchen, einer kleinen Waisen, die bei Fremden aufgewachsen war und noch manchmal ein paar Tage bei ihnen verbrachte, besondere Rücksicht schuldig. Solche Umstände erregten bei Françoise mit gutmütiger Verachtung gemischtes Mitleid. Sie, die Familie hatte und von ihren Eltern her ein kleines Haus, in dem ihr Bruder ein paar Kühe hielt, konnte in einer Entwurzelten nicht ihresgleichen sehen. Und da diese junge Person hoffte, am 15. August ihre Wohltäter besuchen zu dürfen, konnte Françoise sich nicht enthalten, mehrmals zu bemerken: »Ich muß wirklich lachen über sie. Sie sagt: Am fünfzehnten kann ich, so Gott will, nach Hause fahren. Nach Hause, hat sie gesagt! Es ist dabei nicht einmal ihr Dorf, es sind nur die Leute, die sie bei sich aufgenommen haben, und da redet sie von ihrem Zuhause, als wäre sie dort wirklich daheim. Das arme Ding! Was für ein Elend muß das sein, wenn man nicht einmal weiß, was das ist, ein Zuhause zu haben.« Wenn sich Françoise nur darauf beschränkt hätte, sich mit den von Gästen mitgebrachten Mädchen anzufreunden, die mit ihr im Kuriersaal aßen und sie mit ihrer schönen Spitzenhaube und ihrem feinen Profil für irgendeine vielleicht adlige Dame hielten, die, durch die Umstände gezwungen oder durch Anhänglichkeit bewogen, meiner Großmutter als Gesellschafterin diente, wenn – mit einem Wort – Françoise nur Leute gekannt hätte, die nicht zum Hotel gehörten, wäre das Übel eigentlich nicht groß gewesen, weil sie sie dann nicht daran hätte hindern können, uns zu etwas zu nützen, aus dem einfachen Grunde, weil sie uns ja – selbst wenn sie sie nicht gekannt hätte – unmöglich zu etwas nütze hätten sein können. Sie hatte sich indessen auch mit dem Weinkellner, einem Mann aus der Küche und einer Etagenaufseherin angefreundet. Für unser tägliches Leben ergab sich daraus, daß Françoise – die am Tag ihrer Ankunft, als sie noch niemanden kannte, wegen der geringsten Kleinigkeit nicht genug hatte klingeln können, und dies sogar zu Stunden, da meine Großmutter und ich es nie zu tun gewagt hätten, und auf eine leichte Vorhaltung nur erwiderte: »Man zahlt ja auch teuer genug«, als koste es sie ihr eigenes Geld –, seitdem sie die Freundin einer Persönlichkeit des Küchenstabes geworden war, was uns zunächst für unsere Bequemlichkeit ganz vielversprechend schien, nicht mehr, selbst zu ganz normaler Zeit, zu schellen wagte, wenn meine Großmutter oder ich kalte Füße hatten; sie versicherte, es werde ungern gesehen, weil man deswegen noch einmal Feuer im Herd machen müsse, man störe das Personal damit beim Abendessen und werde die Leute verstimmen. Sie schloß dann immer mit einer Redensart, die trotz ihrer etwas vagen Form klar war und uns eindeutig unrecht gab: »Die Sache ist nämlich die ...« Wir bestanden dann auf unserem Ansinnen nicht, aus Angst, sie könne uns mit einer anderen, belastenderen kommen, die lautete: »Das ist ja unerhört! ...« So kam es also darauf heraus, daß wir kein heißes Wasser mehr kriegen konnten, weil Françoise mit dem befreundet war, der es warm machen mußte.

Endlich nahmen auch wir eine Verbindung auf, die trotz, aber auch dank meiner Großmutter zustande kam, denn sie und Madame de Villeparisis prallten eines

Morgens in der Tür unmittelbar aufeinander und sahen sich gezwungen, miteinander zu reden, nicht ohne zuvor eine Mimik des Erstaunens, Zögerns, Zurückweichens, Zweifelns, schließlich der Höflichkeitsbezeigungen und Freudenbeteuerungen durchlaufen zu haben wie in bestimmten Szenen von Molière, wo wir annehmen sollen, daß zwei der handelnden Personen, die seit langem jede auf ihrer Seite nur ein paar Schritte voneinander entfernt Monologe halten, sich noch nicht gesehen haben, dann aber plötzlich einander bemerken, ihren Augen nicht trauen wollen, abgerissene Sätze stammeln und schließlich, wie der Chor auf den Dialog folgt, zur gleichen Zeit reden und einander in die Arme stürzen.[1] Aus Diskretion wollte Madame de Villeparisis meine Großmutter gleich wieder allein lassen, doch diese zog es ihrerseits vor, sie bis zum Mittagessen festzuhalten, denn sie wollte gern von ihr wissen, wie sie es anstelle, ihre Post früher als wir zu erhalten und zu guten Grilladen zu kommen (denn Madame de Villeparisis, die sehr viel Wert aufs Essen legte, schätzte nur wenig die Küche des Hotels, in dem man uns – wie meine immer so gern Madame de Sévigné zitierende Großmutter sagte – »Menüs, so pomphaft, daß man verhungern könnte«[2] servierte). Die Marquise machte es sich nun zur Gewohnheit, alle Tage, bis ihr Essen kam, sich im Speisesaal einen Augenblick zu uns zu setzen, ohne daß wir aufstehen oder uns im geringsten ihretwegen bemühen durften. Höchstens hielten wir uns, um mit ihr zu plaudern, nach dem Essen häufig etwas länger als sonst an unserem Tisch auf, zu jenem unschönen Zeitpunkt, da die Messer nachlässig neben den zerknüllten Servietten herumliegen.[3] Um in mir, damit ich Balbec auch weiterhin lieben könnte, die Vorstellung wachzuhalten, ich befände mich am äußersten Punkt der Erde[4], bemühte ich mich für meinen Teil, in die Ferne zu blicken, nichts als das Meer zu sehen, darauf die von Baudelaire beschriebenen Stimmungen zu erkennen und meine Blicke auf unserem Tisch nur an jenen Tagen ruhen zu lassen, wo irgendein großer Fisch aufgetragen wurde, der im Gegensatz zu Messern und Gabeln schon in jener Urzeit existiert hatte, als das erste Leben im Ozean entstand, zur Zeit der Kymmerier bereits; eine Art Seeungetüm, dessen Leib mit den unzähligen Rückenwirbeln und dem blau und rosa Geäder von der Natur erbaut worden war nach einem architektonischen Plan wie eine in vielen Farben gehaltene Meereskathedrale.

Wie ein Friseur, wenn ein Offizier, den er gerade mit besonderer Aufmerksamkeit bedient, in einem anderen Kunden einen Bekannten erkennt und mit ihm eine Unterhaltung beginnt, sich freut an der Feststellung, daß die beiden der gleichen Welt angehören, und unwillkürlich lächelt, während er eine Schale mit Seifenwasser in dem Bewußtsein holt, daß in seinem Etablissement zu den gewöhnlichen Geschäften eines bescheidenen Frisiersalons noch gesellschaftliche, ja sogar aristokratische Vergnügungen hinzutreten, so ging auch Aimé, als er sah, daß Madame de Villeparisis in uns alte Bekannte wiedergefunden hatte, unsere Mundspülschalen mit dem gleichen stolzbescheidenen und klugverschwiegenen Lächeln wie eine Gastgeberin holen, die sich im richtigen Augenblick zurückzuziehen weiß. Man hätte in ihm auch einen glücklichen, gerührten Vater sehen können, der, ohne zu stören, das Glück einer Verlobung umhegt, die sich an seiner Tafel angeknüpft hat. Im übrigen genügte es, den Namen einer Person mit einem Adelstitel auszusprechen, daß Aimé glücklich schien, ganz im Gegensatz zu Françoise, in deren Gegenwart man nicht »Graf Soundso« sagen konnte, ohne daß ihre Miene sich verfinsterte und ihre Rede herb und kurzangebunden wurde, was bedeutete, daß sie den Adel nicht geringer, sondern höher achtete, als Aimé es tat. Außerdem hatte Françoise den Vorzug, der ihr bei anderen als denkbar großer Fehler erschien, sie war stolz. Sie gehörte nicht zu jener liebenswürdigen, gutmütigen Art von Menschen, von denen Aimé einer war. Diese empfinden und bekunden das lebhafteste Vergnügen, wenn man ihnen eine mehr oder weniger pikante, jedenfalls aber noch nicht bekannte Tatsache erzählt, die nicht in der Zeitung gestanden hat. Françoise aber zeigte sich nicht gern über irgend etwas erstaunt. Hätte man in ihrer Gegenwart behauptet, Erzherzog Rudolf, von dessen Existenz sie bis dahin nicht die geringste Ahnung gehabt hatte, sei nicht tot, wie als erwiesen galt, sondern lebe noch, so hätte sie nur »jaja« gesagt, ganz, als wisse sie das schon längst.[1] Man muß übrigens, da sie selbst von uns, die sie doch in aller Ergebenheit ihre Herrschaft nannte und die wir sie fast völlig gebändigt hatten, nicht ohne eine Regung unterdrückten Zorns einen adeligen Namen nennen hörte, annehmen, daß die Familie, aus der sie hervorgegangen war, in ihrem Dorf eine ansehnlich behäbige und selbständige Stellung eingenommen hatte und in der Hochachtung, die man ihr zollte, sich einzig durch jene gleiche Kaste der Edelleute beeinträchtigt gefühlt hatte, bei denen Aimé von Kindheit auf gedient hatte, wenn dort nicht sogar aus Mitleid aufgezogen worden war. In den Augen von Françoise bedurfte also Madame de Villeparisis der Verzeihung dafür, daß sie adlig war. Doch besteht – wenigstens in Frankreich – gerade darin das Talent und die einzige Beschäftigung großer Herren und Damen. Françoise, die der Neigung aller Dienstboten folgte, über die Beziehungen ihrer Herrschaft zu anderen Personen ständig fragmentarische Beobachtungen anzustellen und daraus oft irrige Folgerungen zu ziehen – wie es die Menschen im allgemeinen in bezug auf das Leben der Tiere tun –, fand bei jeder Gelegenheit, man habe es uns gegenüber »an etwas fehlen lassen«, ein Schluß, zu dem sie übrigens ebensosehr ihre ungemeine Liebe zu uns als auch das Vergnügen verführte, das sie darin fand, uns etwas Unangenehmes zu sagen. Da sie nun aber so, daß jeder Irrtum ausgeschlossen war, die unermüdliche Zuvorkommenheit von Madame de Villeparisis uns und auch ihr selbst gegenüber feststellen mußte, sah Françoise ihr nach, daß sie Marquise war, und da sie nie aufgehört hatte, ihr dafür Dank zu wissen, zog sie sie schließlich allen anderen Personen unserer Bekanntschaft vor. Allerdings befleißigte sich auch keine von allen so unaufhörlich, gegen uns liebenswürdig zu sein. Jedesmal wenn meine Großmutter sich für ein Buch interessiert hatte, das Madame de Villeparisis las, oder die Früchte gelobt hatte, die jene von einer Freundin geschickt bekommen hatte, kam eine Stunde später ihr Diener zu uns herauf und brachte uns das Buch oder die Früchte. Wenn wir sie aber dann das nächste Mal sahen, begnügte sie sich als Antwort auf unseren Dank damit, eine Entschuldigung für ihr Geschenk in irgendeinem besonderen Nützlichkeitsmoment zu suchen: »Es ist kein Meisterwerk, aber die Zeitungen kommen so spät, da braucht man etwas zum Lesen« oder: »Es ist immer besser, hier an der See Obst zu haben, zu dem man Vertrauen haben kann.«

»Mir scheint, Sie essen niemals Austern«, sagte Madame de Villeparisis zu uns (und bestärkte dadurch noch meinen damaligen Ekel, denn das lebendige Fleisch der Austern widerte mich noch mehr an, als mir die schleimigen Quallen den Strand von Balbec verleideten), »sie sind köstlich an diesem Küstenstrich! Ach übrigens, ich werde meiner Jungfer sagen, sie soll Ihre Briefe mit meinen zusammen abholen. Wie? Ihre Tochter schreibt Ihnen jeden Tag? Aber was können Sie sich da nur zu sagen haben!« Meine Großmutter schwieg, doch es ist anzunehmen, daß sie es aus Entrüstung tat – sie, die doch meiner Mutter immer wieder die Worte der Madame de Sévigné in Erinnerung rief: »Sobald ich einen Brief bekommen habe, möchte ich auf der Stelle einen weiteren haben, ich kann nicht atmen ohne sie. Wenige Leute sind es wert, mich darin zu verstehen.« Und ich fürchtete schon, sie werde die sich daraus ergebende Folgerung auf Madame de Villeparisis anwenden: »Ich suche mir die heraus, die dieser kleinen Zahl angehören, und meide die übrigen.«[1] Sie begnügte sich aber mit Lobsprüchen über das Obst, das Madame de Villeparisis uns am Vortag hatte bringen lassen. Die Früchte waren allerdings so schön, daß der Hoteldirektor, obwohl er wegen seiner verschmähten Obstschüsseln eifersüchtig war, zu mir gesagt hatte: »Ich bin wie Sie mehr von Obst besessen als von irgendeiner anderen Nachspeise.« Meine Großmutter sagte ihrer Freundin, sie habe ihre Gabe um so mehr geschätzt, als das Obst im Hotel meist abscheulich sei. »Ich kann nicht«, fügte sie hinzu, »wie Madame de Sévigné sagen, wir müßten, wenn wir durchaus Verlangen nach schlechten Früchten hätten, sie erst aus Paris kommen lassen.«[2] – »Ach ja, Sie lesen ja Madame de Sévigné. Ich habe Sie vom ersten Tag an mit ihren Briefen gesehen« (sie vergaß dabei, daß sie meine Großmutter ja nie im Hotel gesehen hatte, bevor sie sich mit ihr in der bewußten Tür traf). »Finden Sie diese unaufhörliche Sorge um ihre Tochter nicht etwas übertrieben, sie spricht doch zuviel davon, als daß es ganz aufrichtig sein könnte. Sie ist darin nicht natürlich.« Meine Großmutter fand jedes weitere Wort zuviel, und um nicht über Dinge, die ihr am Herzen lagen, mit jemandem sprechen zu müssen, der nichts davon verstand, verdeckte sie mit ihrer Handtasche die Memoiren der Madame de Beausergent.

Wenn Madame de Villeparisis Françoise in dem (von dieser »Mittag« genannten) Augenblick traf, da diese mit einer schönen Haube geschmückt und von allgemeiner Hochachtung umgeben »in den Kuriersaal zum Essen« ging, hielt sie sie einen Augenblick fest, um sie über unser Ergehen zu befragen. Françoise überbrachte uns dann die Worte der Marquise: »Sie hat gesagt: Sagen Sie ihnen von mir aus guten Tag«, wobei sie die Stimme von Madame de Villeparisis nachahmte, deren Rede sie genau wiederzugeben glaubte, obwohl sie sie nicht weniger entstellte als Plato die Ausführungen des Sokrates oder der hl. Johannes den Wortlaut der Reden Jesu. Françoise war natürlich von so viel Aufmerksamkeit sehr gerührt. Es mochte freilich sein, daß sie meiner Großmutter nicht glaubte, sondern eher annahm, diese entstelle die Wahrheit zugunsten der Klassensolidarität – die Reichen hielten ja immer zusammen –, wenn sie versicherte, Madame de Villeparisis sei früher bezaubernd gewesen. Allerdings waren davon nur noch sehr schwache Spuren zu erkennen, aus denen nur jemand mit mehr künstlerischem Blick, als Françoise ihn besaß, die zerstörte Schönheit wieder hätte zusammensetzen können. Denn um zu begreifen, in welchem Maße eine alte Frau hübsch gewesen sein kann, muß man jeden Zug nicht nur betrachten, sondern auch übersetzen.

»Ich muß doch einmal daran denken, sie zu fragen, ob ich mich täusche oder ob sie nicht irgendwie mit den Guermantes verwandt ist«, sagte meine Großmutter und entfachte dadurch in mir ein Gefühl der Empörung. Wie hätte ich an eine gemeinsame ursprüngliche Verbindung zwischen zwei Namen glauben können, von denen der eine durch die niedere, schändliche Pforte der Erfahrung, der andere aber durch das goldene Tor der Phantasie in mein Bewußtsein getreten war?

Seit ein paar Tagen sah man in einer prunkvollen

Equipage die hochgewachsene, rothaarige, schöne, mit einer etwas kräftigen Nase ausgestattete Prinzessin von Luxemburg[1] vorbeifahren, die für ein paar Wochen zur Sommerfrische in der Gegend weilte. Ihre Kalesche hatte vor dem Hotel gehalten, ihr Diener war hereingekommen, hatte mit dem Direktor gesprochen, war zum Wagen zurückgekehrt und hatte herrliche Früchte hereingetragen (die in einem einzigen Korb wie die Bucht von Balbec verschiedene Jahreszeiten vereinten), mit einer Karte dabei: »Die Prinzessin von Luxemburg«, auf der ein paar mit Bleistift geschriebene Worte standen. Welchem fürstlichen Gast, der hier inkognito weilte, mochten diese Früchte, meergrüne Pflaumen, die mit ihrer schimmernden Wölbung der Rundheit des Meeres in diesem Augenblick glichen, durchscheinende Trauben, die an ihren holzigen Stielen hingen wie ein klarer Tag im Herbst, Birnen von himmlischem Ultramarin, zugedacht sein? Denn die Prinzessin hatte ja wohl nicht der Freundin meiner Großmutter einen Besuch machen wollen. Am folgenden Abend jedoch schickte uns Madame de Villeparisis die frische, goldene Traube sowie Pflaumen und Birnen, die wir gleichfalls wiedererkannten, obwohl die Pflaumen wie das Meer zur Stunde unseres Abendessens malvenfarben geschillert und über dem Ultramarin der Birnen ein paar rosige Wolkengebilde gelegen hatten. Ein paar Tage darauf begegneten wir Madame de Villeparisis, als wir gerade aus dem Symphoniekonzert kamen, das allmorgendlich am Strand stattfand. Überzeugt, daß die Werke, die ich dort hörte (das Vorspiel zu *Lohengrin*, die Ouvertüre zu *Tannhäuser* und anderes), die höchsten Wahrheiten ausdrückten, versuchte ich mich mit all meinen Kräften bis zu ihnen zu erheben, das Beste, das Tiefste, was in mir war, zum Verständnis dieser Wahrheiten aus mir herauszuholen und ihnen entgegenzubringen.

Bei dieser Gelegenheit nun, als wir aus dem Konzert kommend den Weg zum Hotel einschlugen, waren wir, meine Großmutter und ich, einen Augenblick auf der Strandpromenade stehengeblieben, um ein paar Worte mit Madame de Villeparisis zu wechseln, die uns mitteilte, sie habe im Hotel für uns Croque-monsieur sowie Œufs à la crème[1] bestellt; da nun sah ich von weitem die Prinzessin von Luxemburg auf uns zukommen, leicht auf ihren Sonnenschirm gestützt, was ihrer großen, prachtvollen Erscheinung eine leichte Neigung gab und damit jene arabeskenhafte Linie, die so sehr erstrebt wurde von den Frauen, die unter dem Kaiserreich schön gewesen waren und noch jetzt mit hängenden Schultern und etwas hochgezogenen Rücken, mit leicht geknickter Hüfte und durchgedrückten Knien es so gut verstanden, ihren Körper wie ein Seidentuch gleichsam um eine unbiegsame, schräg durch ihn hindurchlaufende Achse schweben zu lassen. Sie ging jeden Morgen aus, um einen Spaziergang ungefähr zu der Stunde zu machen, als alles schon wieder nach dem Bad zum Mittagessen heimkehrte, und da sie erst um halb zwei speiste, suchte sie ihre Villa erst lange nachdem die Badegäste die menschenleere, glühendheiße Strandpromenade verlassen hatten, wieder auf. Madame de Villeparisis stellte meine Großmutter vor und wollte auch mich vorstellen, mußte aber nach meinem Namen fragen, den sie nicht mehr wußte. Sie hatte ihn vielleicht niemals gekannt oder mindestens schon seit Jahren vergessen, an wen meine Großmutter ihre Tochter damals verheiratet hatte. Der Name schien lebhaften Eindruck auf Madame de Villeparisis zu machen. Inzwischen hatte die Prinzessin von Luxemburg uns die Hand gereicht, und von Zeit zu Zeit wandte sie sich, während sie ihre Unterhaltung mit der Marquise fortsetzte, zu uns um, um meiner Großmutter und mir freundliche Blicke zuzuwerfen, die jenen embryonalen Kuß enthielten, den man mit einem Lächeln einem Kleinkind mit seiner Bonne zuwirft. Sie hatte sogar in ihrem Eifer, nicht so zu wirken, als throne sie in einer über der unseren liegenden Sphäre, zweifellos die Distanz falsch berechnet, denn infolge einer falschen Einstellung tränkten sich ihre Blicke mit derartiger Güte, daß ich den Augenblick kommen sah, da sie uns streicheln würde wie zwei nette Tiere, die im Jardin d'Acclimatation durch ein Gitter ihr den Kopf hinstreckten. Auf der Stelle übrigens nahm diese Vorstellung von Tieren und dem Bois de Boulogne festere Gestalt in mir an. Es war die Zeit, da die Strandpromenade von Händlern überflutet wird, die mit viel Geschrei Kuchen, Bonbons und Brötchen anbieten. Da die Prinzessin nicht wußte, wie sie uns ihr Wohlwollen bezeigen sollte, hielt sie den ersten besten an, der vorüberkam; er hatte nur noch ein kleines Roggenbrot von der Art, wie man sie zum Entenfüttern benützt. Die Prinzessin nahm es und sagte: »Das ist für Ihre Großmama«, reichte es aber mir und setzte mit einem feinen Lächeln hinzu: »Sie dürfen es ihr selbst geben«, wobei sie offenbar dachte, meine Freude werde vollkommener sein, wenn kein Mittler mehr zwischen mir und den Tieren blieb. Andere Händler kamen herbei, sie füllte meine Taschen mit allem, was sie bei sich hatten, verschnürten Päckchen, gerollten Oblaten, Babas und Zuckerstangen. »Das essen Sie und geben auch Ihrer Großmutter davon ab«, sagte sie und ließ die Händler von dem kleinen, in roten Atlas gekleideten Neger bezahlen, der sie überallhin begleitete und den das ganze Strandpublikum bestaunte. Dann verabschiedete sie sich von Madame de Villeparisis und reichte auch uns die Hand, um uns ganz wie ihre Freundin als gute Bekannte zu behandeln, sich also zu uns herabzulassen. Diesmal aber wies sie uns offenbar in der Stufenleiter der Lebewesen eine minder niedrige Stellung zu, denn die Prinzessin gab meiner Großmutter mit den Mitteln eines zärtlichen, mütterlichen Lächelns, das man an einen Jungen wendet, dem man »Auf Wiedersehen« sagt wie einem Erwachsenen, zu verstehen, daß sie selbst nicht mehr sei als wir. Durch einen wunderbaren Fortschritt der Evolution war meine Großmutter keine Ente oder Antilope mehr, sondern bereits das geworden, was Madame Swann als »baby« bezeichnet hätte. Als die Prinzessin sich schließlich von uns allen dreien verabschiedet hatte, nahm sie ihren Spaziergang auf der besonnten Strandpromenade wieder auf, indem sie wie eine Schlange um einen Stab ihre prächtig geschwungene Gestalt sich an dem weißen, blaubedruckten Sonnenschirm entlangwinden ließ, den Madame de Luxembourg geschlossen in der Hand trug. Sie war meine erste Hoheit, denn die Prinzessin Mathilde war ihrem Auftreten nach gar nicht hoheitsmäßig. Die zweite sollte mich, wie man später sehen wird, nicht weniger durch ihre Leutseligkeit in Erstaunen setzen. Eine Form der Liebenswürdigkeit der Großen, die eine durch Wohlwollen bestimmte Mittlerstellung zwischen Souveränen und Bürgern einnehmen, wurde mir am folgenden Tag enthüllt, als Madame de Villeparisis zu uns sagte: »Sie hat Sie beide reizend gefunden. Sie besitzt ein gutes Urteilsvermögen und viel Herz. Sie ist sicher nicht wie so viele Potentaten und Hoheiten, sie hat wahren Wert.« Und mit überzeugter Miene sowie entzückt darüber, daß sie uns etwas Derartiges sagen konnte, setzte Madame de Villeparisis hinzu: »Ich glaube, sie würde sich freuen, Sie wiederzusehen.«

Doch sagte sie an diesem gleichen Morgen, nachdem die Prinzessin von Luxemburg uns verlassen hatte, noch etwas anderes zu mir, was mir größeren Eindruck machte und mit bloßer Liebenswürdigkeit nichts zu tun hatte.

»Sind Sie der Sohn des Ministerialdirektors?« fragte sie. »Ihr Vater muß ein bezaubernder Mensch sein. Er macht ja im Augenblick eine recht schöne Reise.«

Ein paar Tage vorher hatten wir brieflich von Mama erfahren, daß mein Vater und sein Reisegefährte Monsieur de Norpois ihr Gepäck verloren hätten.

»Es hat sich wiedergefunden, oder vielmehr ist es nie wirklich verloren gegangen, so war's«, sagte Madame de Villeparisis, die, ohne daß wir begriffen, wie das möglich war, über die Einzelheiten dieser Reise weit besser informiert schien als wir.[1] »Ich glaube, Ihr Vater wird seine Rückkehr schon auf nächste Woche vorverlegen und darauf verzichten, auch noch nach Algeciras zu gehen. Aber er hat Lust, einen Tag länger auf Toledo zu verwenden, denn er ist ein Bewunderer eines Schülers von Tizian, dessen Namen ich vergessen habe und dessen Bilder man offenbar nur dort richtig sehen kann.«[2]

Ich aber fragte mich, durch welchen Zufall in dem teilnahmslosen Fernrohr, durch das Madame de Villeparisis aus erheblicher Distanz das summarische, winzige und vage Treiben der Menge all der ihr bekannten Leute betrachtete, dort, wo sie es auf meinen Vater richtete, ein ganz erstaunlich stark vergrößerndes Stück Glas eingeschoben war, das sie alle angenehmen Züge an ihm, die Zufälle, die ihn zur Rückkehr zwangen, die Zollschwierigkeiten an der Grenze oder seine Neigung für El Greco mit so großer Plastizität und den genauesten Details sehen ließ und ihr – indem es für sie den optischen Maßstab veränderte – diesen einzigen Menschen derart groß inmitten der anderen, ganz kleinen vor Augen stellte wie jener Jupiter, dem Gustave Moreau, als er ihn neben einer schwachen Sterblichen darstellte, übermenschliche Ausmaße gegeben hat.[3]

Meine Großmutter verabschiedete sich von Madame de Villeparisis, damit wir einen Augenblick länger vor dem Hotel die frische Luft genießen könnten, bis man uns von drinnen her durch die Fensterscheibe ein Zeichen gab, unser Mittagessen sei aufgetragen. Wir hörten tumultuarischen Lärm. Es war die junge Geliebte des Königs der Wilden; sie hatte ihr Bad genommen und kehrte zum Mittagessen heim.

»Das ist wirklich eine Pest; man möchte am liebsten Frankreich verlassen!« rief der Anwaltskammervorsitzende, der in diesem Augenblick vorbeikam, wütend aus.

Die Frau des Notars hingegen schaute der falschen Souveränin mit weit aufgerissenen Augen nach.

»Ich kann Ihnen gar nicht sagen, wie Madame Blandais mir auf die Nerven fällt, wenn sie diese Leute so anstarrt«, bemerkte der Anwaltskammervorsitzende zu dem Gerichtspräsidenten. »Ich könnte sie ohrfeigen. Auf diese Weise fühlt sich solch Pack ja auch noch wichtig genommen, und sie wollen ja gerade, daß man sich mit ihnen beschäftigt. Sagen Sie doch ihrem Mann, er möge sie darauf aufmerksam machen, wie lächerlich das ist; ich gehe mit den Leuten nicht mehr aus, wenn sie sich, wie es scheint, um solche Karnevalsfiguren kümmern.«

Das Auftreten der Prinzessin von Luxemburg, deren Equipage an dem Tag, als sie Früchte brachte, vor dem Hotel angehalten hatte, war natürlich der Damengruppe, das heißt den Frauen des Notars, des Anwaltskammervorsitzenden und des Gerichtspräsidenten, nicht entgangen, zumal sie schon seit einiger Zeit begierig auf die Enthüllung warteten, ob diese Madame de Villeparisis, die mit besonderer Aufmerksamkeit behandelt wurde – alle diese Damen hätten brennend gern gesehen, es geschehe zu Unrecht –, eine wirkliche Marquise und nicht eine Abenteurerin sei. Wenn Madame de Villeparisis die Halle durchschritt, hob die Frau des Gerichtspräsidenten, die überall Irreguläre witterte, die Nase von ihrer Handarbeit und sah ihr mit einer Miene nach, über die ihre Freundinnen sich einfach totlachen wollten.

»Also ich, müssen Sie wissen«, teilte sie voller Genugtuung mit, »nehme immer erst einmal das Schlimmste an. Ich glaube keiner Frau, daß sie verheiratet ist, bis sie mir nicht ihre Geburts- und Heiratsurkunde vorgewiesen hat. Im übrigen haben Sie nur keine Angst, ich gehe der Sache schon nach.«

Täglich fanden die Damen sich lachend bei ihr ein:

»Wir kommen, um zu hören, was es Neues gibt.«

Am Abend nach dem Besuch der Prinzessin von Luxemburg legte die Frau des Gerichtspräsidenten den Finger auf den Mund.

»Heute ist es soweit.«

»Oh, diese Madame Poncin! Sie ist doch wirklich einzig . . . aber sagen Sie, Liebe, was gibt es denn?«

»Es gibt«, antwortete sie, »daß eine Frau mit gelben Haaren, einem Kilo Rouge auf dem Gesicht und einem Wagen, der auf eine Meile im Umkreis nach einem bestimmten Gewerbe riecht und wie ihn nur diese Damen haben, heute gekommen ist, um unsere sogenannte Marquise zu besuchen.«

»Auweia! Pardauz! Was habe ich gesagt? Da sehen wir es ja! Aber sicher ist das die Dame, die uns auffiel, Sie wissen doch, Herr Anwaltskammervorsitzender; wir fanden, sie mache keine gute Figur, aber wir wußten nicht, daß sie zu der Marquise wollte. Eine Dame mit einem Neger, nicht wahr?«

»Ganz recht.«

»Oh, erzählen Sie. Den Namen wissen Sie nicht?«

»Doch, ich täuschte ein Versehen vor und habe die Karte genommen, sie hat ›Prinzessin von Luxemburg‹ als Decknamen gewählt! Da sehen Sie, wie recht ich mit meinem Mißtrauen hatte! Wirklich angenehm ist das, hier auf so engem Raum mit einer Art von Baronin d'Ange[1] zusammenzuwohnen.« Der Vorsitzende der Anwaltskammer zitierte zu dem Gerichtspräsidenten gewendet Mathurin Régnier und seine *Macette*.[2]

Man darf übrigens nicht glauben, es handle sich hier um ein vorübergehendes Mißverständnis, wie es im zweiten Akt eines Vaudevilles entsteht, um im letzten glücklich aufgeklärt zu werden. Die Prinzessin von Luxemburg, eine Nichte des Königs von England und des Kaisers von Österreich, und Madame de Villeparisis wirkten immer, wenn die erstere ihre Freundin zu einer Spazierfahrt mit ihrem Wagen abholen kam, wie zwei jener zweifelhaften Personen von der Art, wie man sie sich in Badeorten nur schwer vom Leib halten kann. Dreiviertel der Herren des Faubourg Saint-Germain gelten in den Augen eines großen Teils des Bürgertums für verkommene Subjekte (was sie im übrigen als Individuen zuweilen auch sind), die infolgedessen von niemandem empfangen werden. Das Bürgertum denkt darin zu moralisch, denn ihre Makel würden in keiner Weise hindern, daß sie dort bereitwilligst empfangen würden, wo es selbst niemals verkehren wird. Sie aber leben so unbedingt in der Vorstellung, das Bürgertum sei sich darüber klar, daß sie mit zur Schau getragener Schlichtheit von sich selber reden und die erwiesenermaßen »Gestrandeten« unter ihren Freunden ruhig anschwärzen, was wesentlich zu dem Mißverständnis beiträgt. Wenn durch Zufall ein Mann der großen Welt zum einfachen Bürgertum in Beziehung steht, weil er infolge seines enormen Reichtums Präsident einer der bedeutendsten Finanzgesellschaften ist, möchten diese Leute, die endlich einen Adligen unter sich sehen, der es verdienen würde, dem Großbürgertum anzugehören, die Hand dafür ins Feuer legen, daß er mit dem Marquis nicht verkehrt, den sie als ruinierten Spieler für um so vereinsamter halten, je liebenswürdiger er sich zeigt. Sie lassen sich auch nicht einmal bekehren, wenn der Herzog, Aufsichtsratsvorsitzender der gigantischen Gesellschaft, seinem Sohn die Tochter des verschuldeten Marquis, dessen Name jedoch einer der ältesten Frankreichs ist, zur Ehe gibt – ebenso wie ein Souverän seinen Sohn eher die Tochter eines entthronten Königs heiraten läßt als die eines in Amt und Würden befindlichen Staatspräsidenten. Das bedeutet, daß diese beiden Welten voneinander eine nur ebenso nebelhafte Vorstellung haben wie die Bewohner des einen Ufers der Bucht von Balbec vom gegenüberliegenden Ufer: von Rivebelle aus kann man Marcouville l'Orgueilleuse gerade noch sehen; selbst das aber ist noch trügerisch, denn man meint, man werde auch von Marcouville aus gesehen, während von dort aus in Wirklichkeit der Glanz von Rivebelle zum größten Teil unsichtbar bleibt.

Als der Arzt aus Balbec, konsultiert wegen eines Fieberanfalls, den ich gehabt hatte, feststellte, daß ich nicht den ganzen Tag bei großer Hitze am Strand in der Sonne verbringen dürfe, und zu meinem Gebrauch ein paar Rezepte ausgestellt hatte, nahm meine Großmutter die Rezepte mit jenem Anschein von Ehrfurcht entgegen, in dem ich sofort ihren festen Entschluß erkannte, keines davon ausführen zu lassen; im hygienischen Bereich aber beherzigte sie seinen Ratschlag und nahm das Anerbieten von Madame de Villeparisis an, gemeinsame Spazierfahrten mit ihr in ihrem Wagen zu machen.[1] Bis zur Stunde der Mittagsmahlzeit lief ich zwischen meinem Zimmer und dem meiner Großmutter hin und her.[2] Das ihre ging nicht wie das meine unmittelbar aufs Meer, sondern öffnete sich nach drei Seiten hin: auf einen Teil der Strandpromenade, auf einen Hof und landeinwärts; auch möbliert war es anders als meines; es standen Sessel darin, deren mit Metallfäden und rosa Blumen bestickte Bezüge den angenehm frischen Duft auszuhauchen schienen, der einem beim Eintritt entgegenkam. Und zu dieser Stunde, da sich Sonnenstrahlen aus verschiedenen Richtungen und gleichsam verschiedenen Stunden in den Zimmerecken brachen, neben einen Reflex, der von der Brandung herrührte, auf die Kommode einen Fronleichnamaltar setzten, der bunt wie die Blumen am Weg war, an die Wand die gefalteten, warm zitternden Flügel einer Helligkeit hefteten, als ob sie gleich wieder fortflattern wollte, ein Viereck des provinziellen Teppichs aufheizten wie ein Bad unter dem kleinen Hoffenster, das die Sonne wie mit Weinlaubgehängen bekränzte, den Reiz und die Komplexität der Möbelausstattung mehrten, indem sie die blumige Seide der Sessel abzublättern und ihre Posamente loszulösen schienen, glich das Zimmer, das ich kurz durchschritt, bevor ich mich für die Ausfahrt umkleidete, einem Prisma, das die Farben des von außen her einfallenden Lichtes zerlegte, oder einem Bienenstock, in dem die Säfte des Tages, die ich kosten sollte, noch verteilt und zerstreut, doch berauschend und sichtbar vorhanden waren, oder einem Garten der Hoffnung, der im zitternden Weben der silbrigen Strahlen und rosigen Blütenblätter verschwamm. Vor allem anderen aber hatte ich meine Vorhänge schon ungeduldig aufgezogen, um zu wissen, was für ein Meer sich heute wie eine Nereide am Saum des Strandes spielend erging. Denn keines dieser Meere blieb länger als einen Tag. Am nächsten schon war ein anderes da, das manchmal dem vorigen glich. Nie aber habe ich zweimal dasselbe gesehen.

Es gab solche von so erlesener Schönheit, daß bei ihrem Anblick die Überraschung meine Freude noch steigerte. Womit war es verdient, daß an dem einen Morgen, nicht aber an einem anderen das spaltbreit geöffnete

Fenster meinem bewundernden Blick die Nymphe Glaukonome zeigte, wie sie in träger, weich atmender Schönheit die Transparenz des von milchigen Nebeln durchzogenen Smaragdes besaß, durch den ich die stofflichen Elemente heranfluten sah, die ihm seine Farbe verliehen? Sie gab sich dem Spiel der Sonne mit einem Lächeln hin, das noch weicher wurde durch einen unsichtbaren Dunst, der, nichts anderes als der leere Raum über ihren durchsichtig schimmernden Konturen, sie gleich einer Göttin aus einem Marmorblock, dessen Reste der Künstler nicht wegschlagen mag, nur desto gesammelter und berückender uns vor Augen treten läßt. So lud sie uns denn, in ihrer einzigartigen Tönung, zu der Spazierfahrt auf den holprigen Straßen des Festlandes ein, von wo aus wir, untergebracht in der Kalesche von Madame de Villeparisis, den ganzen Tag und ohne sie je anzufassen die Kühle ihres weichen Wogens erblicken würden.[1]

Madame de Villeparisis ließ immer frühzeitig anspannen, damit wir Zeit hätten, bis nach Saint-Mars-le-Vêtu oder bis zu den Klippen von Quetteholme oder einem anderen Aussichtspunkt vorzudringen, der für ein langsames Gefährt ziemlich entfernt war und dessen Besuch einen Tagesausflug bedeutete. In meiner Freude auf die lange Wagenfahrt trällerte ich irgendeine jüngst gehörte Melodie und lief ungeduldig auf und ab, bis Madame de Villeparisis fertig wäre. War es ein Sonntag, so stand ihr Wagen nicht als einziger vor dem Hotel; mehrere Mietdroschken warteten nicht nur auf die Personen, die zu Madame de Cambremer nach deren Schloß Féterne eingeladen waren, sondern auch auf die, die, anstatt wie gestrafte Kinder daheim zu bleiben, lieber erklärten, der Sonntag in Balbec sei einfach tödlich langweilig, und gleich nach dem Mittagessen sich in ein benachbartes Seebad flüchteten oder ein Ausflugsziel aufsuchten; und oft, wenn man Madame Blandais fragte, ob sie bei den Cambremers gewesen sei, antwortete sie mit großer Bestimmtheit: »Nein, wir waren am Wasserfall von Le Bec«, als sei dies der einzige Grund, weshalb sie den Tag nicht in Féterne verbracht habe. Und der Vorsitzende der Anwaltskammer erbarmte sich dann und meinte:

»Da beneide ich Sie; ich hätte gern mit Ihnen getauscht, sicher ist das viel interressanter.«

Neben den Wagen vor dem Portalvorbau, unter dem ich wartete, stand eingepflanzt wie ein Bäumchen von seltener Art ein junger Chasseur, der nicht weniger durch die besondere Harmonie seines schimmernden Haars als durch die pflanzenhafte Zartheit seiner Epidermis in die Augen fiel. Drinnen, in der Halle, die dem Narthex oder der Katechumenenkirche romanischer Basiliken entsprach und die von den nicht im Hotel wohnenden Personen betreten werden durfte, arbeiteten die Kameraden des den »Außendienst« versehenden Grooms nicht viel mehr als er, führten aber wenigstens dann und wann ein paar Bewegungen aus. Wahrscheinlich mußten sie am Morgen beim Reinigen helfen. Am Nachmittag jedoch spielten sie einfach die Rolle von Choristen, die, auch wenn sie nichts zu tun haben, zur Verstärkung der Komparserie auf der Bühne bleiben. Der Generaldirektor, derjenige, der mir solche Furcht einflößte, plante, ihre Zahl im folgenden Jahr beträchtlich zu vermehren, denn »große Dinge« schwebten ihm vor. Sein Beschluß aber ging dem Direktor des Hotels entschieden gegen den Strich, fand er doch, daß diese Kinder nichts als »Maulaffen« seien, womit er sagen wollte, sie ständen nur im Weg und »hielten Maulaffen feil«. Jedenfalls füllten sie zwischen Mittag- und Abendessen, zwischen dem Ab- und Wiederauftreten der Hotelgäste die Lücken der Handlung ähnlich wie die Schülerinnen der Madame de Maintenon aus, die in der

Gewandung junger Israeliten stets dann ein Zwischenspiel zum besten geben, wenn Esther oder Joad von der Bühne verschwinden.[1] Der Chasseur draußen jedoch mit den subtilen Farbnuancen und der schlanken, grazilen Gestalt, in dessen Nähe ich darauf wartete, daß die Marquise herunterkäme, verharrte in seiner Unbeweglichkeit, in die sich Schwermut mischte, denn seine älteren Brüder hatten dem Hotel zugunsten glanzvollerer Karrieren wieder den Rücken gekehrt, und nun fühlte er sich vereinsamt auf dem Boden der Fremde. Endlich erschien Madame de Villeparisis. Sich um den Wagen zu kümmern und ihr beim Einsteigen behilflich zu sein hätte vielleicht zu den Funktionen dieses Chasseurs gehört. Doch er wußte, daß ein Gast, der seine eigenen Leute mitbringt, sich von ihnen bedienen läßt und gemeinhin im Hotel wenig Trinkgeld gibt und daß der Adel des einstigen Faubourg Saint-Germain es damit ebenso hält. Madame de Villeparisis nun gehörte beiden Kategorien an. Der baumartige Chasseur zog daraus den Schluß, daß er von der Marquise nichts zu erwarten habe; während er den Diener und die Zofe der Dame bei ihrer Installierung im Wagen behilflich sein ließ, stand er in pflanzenhafter Unbeweglichkeit da und hing wehmutsvoll seinen Träumen von dem beneidenswerten Los seiner Brüder nach.

Wir fuhren an; es ging am Bahnhof vorbei, und dann, nach einer Weile, bogen wir in einen ländlichen Weg ein, der mir – von der Abzweigung, wo er zwischen bezaubernden Obstgärten begann, bis zur beidseits von Äckern gesäumten Kurve, wo wir ihn verließen – bald ebenso vertraut wurde wie jener von Combray. Auf den Feldern tauchten vereinzelt Apfelbäume auf, die freilich ihre Blüten verloren hatten und nur noch Büschel von griffelbesetzten Fruchtknoten trugen, aber dennoch genügten, um mir ein Gefühl der Beglückung zu geben, denn ich erkannte an ihnen die unvergleichlichen Blätter, über deren Fläche wie über den Teppich einer für ein nun freilich verrauschtes Hochzeitsfest errichteten Estrade noch eben die weiße Seidenschleppe der zart errötenden Blüten hinweggeglitten war.

Wie oft habe ich in Paris im Mai des folgenden Jahres mir einen Apfelblütenzweig im Blumenladen gekauft und dann die ganze Nacht vor seinen Blüten gesessen, in denen die gleiche rahmige Substanz aufquoll, wie sie auch die Blattknospen mit ihrem Schaum überzog, und zwischen deren weißen Krönchen man hätte meinen können, der Händler habe – aus Freigebigkeit gegen mich oder aus erfinderischer Freude an sinnreichen Kontrasten – auf jeder Seite eine zusätzliche, passende rosa Blütenknospe hinzugefügt; ich schaute sie an, ließ sie unter der Lampe posieren – so lange, daß ich oft noch mit ihnen beschäftigt war, wenn schon die Morgenröte sie mit dem rosigen Hauch versah, den sie im selben Augenblick in Balbec haben mochten – und suchte sie kraft meiner Phantasie wieder an jenen Weg zurückzuversetzen, sie zu vervielfältigen, in dem vorbereiteten Rahmen auf die gerüstete Leinwand jener Obstgärten aufzutragen, an deren Zeichnung ich mich so gut erinnerte und die ich so gern hätte wiedersehen mögen, was eines Tages auch geschah, zu jenem Zeitpunkt, da der Frühling mit der entzückenden Raffiniertheit des Genies seine Farben auf ihren Kanevas stickt.

Bevor ich in den Wagen stieg, hatte ich mir die Meereslandschaft ausgemalt[1], die ich sehen würde und unter »strahlender Sonne«[2] anzutreffen hoffte, die ich aber in Balbec selbst immer nur bruchstücksweise zwischen allzu vielen Enklaven des Alltäglichen erblickte, wie sie mein Traum nicht zuließ, all den Badegästen nämlich, Kabinen und Vergnügungsjachten. Wenn dann aber der Wagen von Madame de Villeparisis auf einem Hügel nahe der Küste angekommen war und ich das Meer zwischen den Blättern der Bäume aufschimmern sah, gewiß, dann verschwanden aus so weiter Entfernung jene Einzelheiten aus der heutigen Zeit, die es gleichsam aus Natur und Geschichte herausgehoben hatten, und beim Anblick seiner Fluten konnte ich mich nun dem Gedanken ganz hingeben, daß sie die gleichen seien, die Leconte de Lisle uns in seiner *Orestie* beschreibt, wo »gleich einem Raubvogelzug im Morgenrot« die langhaarigen Krieger des Hellas der Heldenzeit »mit hunderttausend Rudern die tönende Flut durchschifften«.[1] Andererseits war ich dem Meer nicht mehr nah genug, es kam mir nicht lebendig vor, sondern lag da wie erstarrt, ich fühlte keine Kraft mehr unter seinen Farben, die zwischen den Blättern wie auf einem Bild aufgetragen waren; es erschien dort ebenso substanzlos wie der Himmel, nur dunkler getönt als er.

Da Madame de Villeparisis bemerkt hatte, daß ich Kirchen liebte, versprach sie mir, wir würden die eine oder die andere aufsuchen, besonders die von Carqueville, »die ganz von altem Efeu verdeckt ist«[2], setzte sie mit einer Handbewegung hinzu, die die abwesende Fassade mit unsichtbarem, zartem Laubwerk kennerhaft zu umhüllen schien. Madame de Villeparisis fand oft gleichzeitig mit solch einer knapp veranschaulichenden Geste auch das treffende Wort, um den Zauber und die Eigenart eines Bauwerks zu verdeutlichen, wobei sie alle Fachausdrücke vermied, aber dennoch nicht verhehlen konnte, daß sie die Dinge sehr genau kannte, von denen sie sprach. Sie schien sich förmlich damit entschuldigen zu wollen, daß es eben doch, da eines der Schlösser ihres Vaters, in dem sie aufgewachsen war, in einer Gegend lag, wo es Kirchen im gleichen Stil wie die von Balbec gab, geradezu eine Schande gewesen wäre, wenn sie nicht Geschmack an der Baukunst bekommen hätte, zumal jenes Schloß eines der schönsten Denkmäler der Renaissancearchitektur sei. Da es aber auch ein regelrechtes Museum darstellte, außerdem Chopin und Liszt dort musiziert und Lamartine seine Gedichte vorgelesen, alle bekannten Künstler eines ganzen Jahrhunderts dort im Familienalbum Gedanken niedergelegt, Melodien aufgezeichnet und Skizzen hinterlassen hatten, führte Madame de Villeparisis aus natürlicher Grazie, guter Erziehung, echter Bescheidenheit oder Mangel an philosophischem Geist nur diese rein materielle Grundlage für ihre Kenntnis aller Künste an und tat am Ende so, als betrachte sie Malerei, Musik, Literatur und Philosophie als Apanage eines unter aristokratischen Lebensformen in einem berühmten, unter Schutz stehenden Baudenkmal aufgewachsenen jungen Mädchens. Man hätte meinen können, es gebe für sie keine anderen als ererbte Gemälde. Sie freute sich, daß meiner Großmutter ein Kollier gefiel, das sie trug und das im Ausschnitt ihres Kleides zu sehen war. Dies Schmuckstück war bereits auf dem Porträt einer von Tizian gemalten Ahnfrau von ihr zu sehen, das immer in Familienbesitz geblieben war. So war man wenigstens sicher, daß es ein echter Tizian sei. Von Bildern, die irgendein Krösus irgendwo käuflich erworben hatte, wollte sie nichts wissen; sie war von vornherein überzeugt, sie seien falsch, und hatte keine Lust, sie auch nur anzuschauen. Wir wußten, daß sie selbst Blumenaquarelle malte, und meine Großmutter, die diese hatte rühmen hören, fragte sie danach. Madame de Villeparisis brachte aus Bescheidenheit das Gespräch sogleich auf andere Dinge, doch ohne mehr Staunen oder Vergnügen zu bekunden als eine hinlänglich bekannte Künstlerin, der man mit Komplimenten im Grunde nichts Neues sagt. Sie begnügte sich mit der Bemerkung, es sei ein reizender Zeitvertreib, weil, wenn auch die mit dem Pinsel hergestellten Blumen nichts Besonderes seien, doch der Vorgang des Malens einen veranlasse, in der Gesellschaft natürlicher Blumen zu leben, an deren Schönheit man, zumal wenn man sie, um sie nachzubilden, von nahem betrachte, sich niemals sattsehen könne. Doch in Balbec beurlaubte sich Madame de Villeparisis von dieser Tätigkeit, um ihre Augen zu schonen.

Wir beide, meine Großmutter und ich, stellten mit Verwunderung fest, um wieviel »liberaler« sie war als größtenteils die Bourgeoisie. Sie wunderte sich, daß man sich über die Austreibung der Jesuiten aufregen könne, denn dergleichen, meinte sie, sei immer vorgekommen, selbst zu Zeiten der Monarchie und in Spanien sogar. Sie nahm die Republik in Schutz, deren Antiklerikalismus sie nur in gewissem Umfang verwarf: »Ich würde es genauso arg finden, wenn man mich hindern wollte, zur Heiligen Messe zu gehen, sofern ich Lust dazu hätte, als wenn man mich zwänge hinzugehen, falls ich nicht möchte«, und verstieg sich sogar zu Äußerungen wie: »Oh! Dieser Adel von heute, was ist schon daran!« oder: »Ein Mensch, der nicht arbeitet, taugt nichts«, vielleicht nur, weil sie sich bewußt war, wie reizvoll, wie amüsant und wie denkwürdig sie aus ihrem Mund wirkten.

Wenn wir in dieser Weise oft fortschrittliche Meinungen – die freilich nicht bis zum Sozialismus gingen, der das rote Tuch für Madame de Villeparisis war – mit Freimut von einer jener Personen äußern hörten, bei denen wir in unserer gewissenhaften und schüchternen unparteiischen Art konservative Überzeugungen keineswegs verurteilt hätten, so waren meine Großmutter und ich nicht weit davon entfernt, unsere angenehme Reisegefährtin als Maß und Muster der Wahrheit schlechthin anzusehen. Wir glaubten ihr aufs Wort, wenn sie ihr Urteil über die Tizians in ihrer Familie, die Kolonnade des heimischen Schlosses oder das Unterhaltungstalent des Königs Louis-Philippe abgab. Doch ähnlich den Gelehrten, die uns in bewunderndes Staunen versetzen, wenn wir sie auf ägyptische Malerei oder etruskische Inschriften zu sprechen bringen, und die doch andererseits so banale Äußerungen über moderne Werke vorbringen, daß wir uns fragen, ob wir nicht die Bedeutung der Wissenschaften überschätzen, in denen sie zu Hause sind, da dort die gleiche Mittelmäßigkeit, mit der sie doch auch an jene herangegangen sein müssen, nicht so zutage tritt wie in ihren einfältigen Aufsätzen über Baudelaire, quittierte Madame de Villeparisis, sobald ich nach Chateaubriand, nach Balzac oder Victor Hugo fragte – alles Größen, die einst bei ihren Eltern verkehrt und die sie wenigstens flüchtig dort auch gesehen hatte – mit Lächeln meine Bewunderung, berichtete über sie pikante Einzelheiten, wie sie es eben über große Herren oder Politiker getan hatte, und urteilte streng über diese Schriftsteller, gerade weil sie es an jener Bescheidenheit, jenem Zurückstellen der eigenen Person, jener Kunst des Maßes hatten fehlen lassen, die sich mit einem einzigen treffenden Hinweis begnügt und nicht insistiert, die mehr als alles die Lächerlichkeit der Emphase scheut; an jenem stets richtigen Verhalten, an den Tugenden der Mäßigung im Urteil und der Schlichtheit, die – wie man sie gelehrt hatte – zu wahrhaft großen Naturen gehören; man sah deutlich, daß sie nicht zögerte, ihnen Männer vorzuziehen, die vielleicht tatsächlich wegen der genannten Eigenschaften vor einem Balzac, einem Victor Hugo, einem Vigny im Salon, in der Akademie, im Ministerrat etwas voraus hatten, Männer wie Molé, Fontanes, Vitrolles, Bersot, Pasquier, Lebrun, Salvandy oder Daru.[1]

»Es ist wie mit den Romanen von Stendhal, für die Sie eine so große Bewunderung zu hegen schienen. Sie würden ihn in größtes Erstaunen versetzt haben, wenn Sie in diesem Ton zu ihm gesprochen hätten. Mein Vater, der ihn bei Monsieur Mérimée[1] traf – und der war wenigstens ein Mann von Talent –, hat mir oft erzählt, Beyle (so hieß er eigentlich) sei unaussprechlich vulgär gewesen, wenn auch geistreich im Tischgespräch, und er habe sich auf seine Bücher nichts eingebildet. Mit welchem Achselzucken er auf das übertriebene Lob Monsieur de Balzacs[2] geantwortet hat, wissen Sie ja selbst. Darin wenigstens war er ein Mann von Welt.« Sie besaß von allen diesen großen Männern Autographen und schien, auf die persönlichen Beziehungen ihrer Familie pochend, zu meinen, daß ihr Urteil über sie richtiger sei als das der jungen Leute, die, wie ich, sie nicht mehr selbst kennengelernt hatten.

»Ich glaube, ich kann da ein Wörtchen mitreden, denn sie alle verkehrten bei meinem Vater; und wie Monsieur Sainte-Beuve, der ein sehr geistvoller Mann war, immer sagte, man muß denen Glauben schenken, die sie von nahem gesehen haben und sich so über ihr Verdienst ein genaueres Urteil bilden konnten.«

Manchmal, wenn der Wagen eine ansteigende Straße zwischen bestellten Feldern erklomm, sah man am Weg hier und da ein paar zögernde Kornblumen auftauchen, die ganz denen in Combray glichen und dadurch die Äkker wirklicher werden ließen, ihnen eine Echtheitsgarantie hinzufügten, wie das kostbare Blümchen, mit dem gewisse alte Meister ihre Bilder signierten. Bald trugen uns unsere Pferde von ihnen fort, doch ein paar Schritte weiter trafen wir eine andere an, die in Erwartung unseres Kommens ihren blauen Stern aus dem Gras reckte; manche stellten sich keck an den Straßenrand; da war es ein richtiger Sternennebel, den meine fernen Erinnerungen und diese so zutraulich nahen Blumen bildeten.

Wir fuhren wieder den Hügel hinab; da kam uns dann – zu Fuß, auf dem Fahrrad, auf einem Karren, im Wagen – immer wieder eines jener Geschöpfe entgegen, die wie natürliche Blüten eines so schönen Tags und doch nicht wie Blumen der Felder sind, denn jede birgt in sich etwas, was in der anderen nicht ist und uns daran hindert, mit nur ihresgleichen jenes Verlangen zu stillen, das sie selbst in uns erstehen läßt: irgendein Landmädchen, das seine Kuh vor sich hertreibt oder auf einem Bauernwagen halbsitzend gelagert ist, die Tochter eines Ladenbesitzers, die einen Spaziergang macht, die elegante junge Dame im Landauer auf dem Rücksitz den Eltern gegenüber. Gewiß hatte Bloch mir eine neue Ära eröffnet und die Bedeutung des Lebens für mich verwandelt an jenem Tag, da er mir sagte, daß die Träume, die ich auf meinen einsamen Wegen nach Méséglise in mir trug, wenn ich mich sehnte, ein Landmädchen in die Arme zu schließen, alles andere als ein Hirngespinst seien, dem keine außerhalb von mir existierende Wirklichkeit entspreche, sondern daß alle Mädchen, die man antreffe, ob die ländlichen oder die jungen Fräulein aus der Stadt, durchaus bereitwillig seien, solche Wünsche zu erhören. Und wenn ich auch jetzt, wo ich leidend war und niemals allein ausging, sie nicht würde besitzen können, war ich dennoch glücklich wie ein im Gefängnis oder Hospital auf die Welt gekommenes Kind, das lange Zeit gemeint hat, der menschliche Organismus vertrage nur trockenes Brot oder Medikamente, und das dann plötzlich erfährt, Pfirsiche, Aprikosen, Trauben seien nicht nur eine Zierde der Landschaft, sondern köstliche und bekömmliche Nahrungsmittel. Selbst wenn sein Gefängniswärter oder Krankenpfleger ihm nicht erlauben sollte, diese schönen Früchte zu pflücken, scheint ihm die Welt doch schon besser eingerichtet und das Dasein milder. Denn ein Verlangen kommt uns schöner vor, wir geben uns ihm mit größerem Vertrauen hin, wenn wir wissen, daß die Wirklichkeit um uns her ihm nicht entgegensteht, auch wenn wir es für uns selbst nicht verwirklichen können. Wir malen uns dann mit größerer Freude ein Leben aus, in dem, wenn wir einen Augenblick das kleine, zufällige und besondere Hindernis übersehen, das uns persönlich im Wege steht, wir uns eine Erfüllung recht wohl vorstellen können. Was nun die schönen Mädchen anbelangt, die vorübergingen, so war ich von dem Augenblick an, da ich wußte, es sei möglich, ihre Wangen zu küssen, von Neugier auf ihre Seele erfüllt. Die Welt kam mir von da an interessanter vor.

Der Wagen von Madame de Villeparisis fuhr schnell. Ich hatte kaum Zeit, das Mädchen zu sehen, das uns entgegenkam; und doch – denn die Schönheit der menschlichen Wesen ist nicht wie die der Dinge, wir spüren vielmehr genau, daß sie der Zauber einzigartiger, bewußter und willensbegabter Geschöpfe ist –, sobald ihr individuelles Sein, eine nur geahnte Seele, ein mir unbekannter Wille, in einem auf wunderbare Weise verkleinerten und doch vollständigen Abbild auf dem Grund ihres zerstreuten Blicks erschien, fühlte ich in mir – eine geheimnisvolle Entsprechung des für den Blütenstempel bereits vorgerichteten Pollens – in embryohafter, ebenso winziger Form den Wunsch entstehen, das Mädchen nicht vorübergehen zu lassen, ohne daß ihr Bewußtsein meine Person in sich aufnähme, ohne daß ich ihre Wünsche hinderte, einem anderen zuzustreben, ohne daß ich mich in ihren Träumen eingenistet und an ihr Herz gerührt hätte. Unser Wagen entfernte sich inzwischen wieder, das schöne Mädchen blieb hinter uns zurück, und da sie von mir keine der Vorstellungen besaß, aus denen eine Person sich zusammensetzt, hatten mich ihre Augen, die mich noch kaum erblickt, auch schon wieder vergessen. Lag es daran, daß ich sie nur flüchtig gesehen hatte, daß sie mir so schön erschienen war? Vielleicht. Schon die Unmöglichkeit, bei einer Frau zu verweilen, die drohende Gefahr, ihr nie wieder zu begegnen, verleihen ihr plötzlich denselben Reiz, den ein Land in unseren Augen durch Krankheit oder Armut bekommt, die es uns unmöglich machen, es aufzusuchen, oder die letzten überschatteten Tage, die uns zu leben bleiben, durch den Kampf, in dem wir zweifellos unterliegen werden. So müßte, wäre nicht die Gewohnheit dafür ein Hindernis, das Leben denen köstlich erscheinen, die täglich vom Tode bedroht sind – allen Menschen demnach. Auch ist der Schwung der Phantasie, vom Verlangen nach dem beflügelt, was wir nicht haben können, noch nicht durch ein vollkommenes Erfassen der Wirklichkeit eingeengt, wenn es sich um solche Begegnungen handelt, bei denen denn auch die Reize der Vorübergehenden im allgemeinen im direkten Verhältnis zu der Schnelligkeit ihres Entschwindens stehen. Wenn es dunkelt und der Wagen rasch fährt, gibt es in Land und Stadt keinen weiblichen Torso, verstümmelt wie ein antikes Marmorbild durch unser rasches Vorüberfahren und die ihn verschlingende Dämmerung, der nicht an jedem Kreuzweg im Feld oder aus der Tiefe jedes kleinen Ladens Pfeile der Schönheit in unser Herz entsendet, jener Schönheit, von der man manchmal versucht ist zu vermuten, sie sei in dieser Welt überhaupt nichts anderes als das Komplement, das einer fragmentarisch geschauten flüchtig Vorübereilenden durch unsere von unerfüllter Sehnsucht überreizte Phantasie jeweils hinzugesetzt wird.[1]

Hätte ich aussteigen und mit dem Mädchen sprechen können, das unseren Weg kreuzte, so hätte mir vielleicht ein kleiner Schönheitsfehler ihrer Haut, den ich vom Wagen aus nicht hatte sehen können, alle Illusionen geraubt. (Und dann wäre mir tatsächlich jedes Bemühen, in ihr Leben einzudringen, mit einem Mal unmöglich erschienen. Denn die Schönheit besteht in der Folge von Hypothesen, die durch die Häßlichkeit verengt werden, so daß der schon sichtbar gewordene Weg ins Unbekannte versperrt wird.) Vielleicht hätte ein einziges von ihr ausgesprochenes Wort oder ein Lächeln mir einen Schlüssel, einen unerwarteten Kode geliefert, um den Ausdruck ihres Gesichts und ihrer Haltung zu lesen, die auf der Stelle banal geworden wären. Es mag sein, denn ich bin niemals im Leben so begehrenswerten Mädchen begegnet wie an den Tagen, da ich mich in Gesellschaft irgendeiner gewichtigen Persönlichkeit befand, die ich trotz aller Vorwände, die ich ersann, nicht verlassen konnte: ein paar Jahre nach diesem ersten Sommer in Balbec machte ich in Paris eine Wagenfahrt mit einem Freund meines Vaters, und als ich eine Frau bemerkte, die mit eiligen Schritten durch die Dunkelheit ging, dachte ich, wie sinnlos es doch sei, aus bloßen Schicklichkeitsgründen meinen Teil an Glück in dem einzigen Leben, das uns zweifellos beschieden war, einfach daranzugeben, und, ohne ein Wort der Entschuldigung abspringend, machte ich mich auf die Suche nach der Unbekannten, verlor sie an der Kreuzung zweier Straßen, fand sie in einer dritten wieder und stand endlich völlig außer Atem unter einer Straßenlaterne vor der alten Madame Verdurin, der ich überall aus dem Weg ging und die freudig überrascht in die Worte ausbrach: »Oh! Wie liebenswürdig von Ihnen, daß Sie so gelaufen sind, nur um mir guten Tag zu sagen.«

In diesem Jahr in Balbec erklärte ich bei solchen Begegnungen meiner Großmutter und Madame de Villeparisis mit aller Bestimmtheit, wegen eines heftigen Kopfwehs sei es besser für mich, zu Fuß allein nach Hause zu gehen. Sie wollten mich absolut nicht aussteigen lassen. Und ich fügte dann das schöne Mädchen (das namenlos und beweglich und deshalb so viel schwerer wiederzufinden war als irgendein Monument) zur Sammlung aller jener hinzu, die ich so gern einmal von nahem gesehen hätte. Eine allerdings erblickte ich zu wiederholten Malen und dazu noch unter Bedingungen, die mich glauben ließen, ich könne sie nach Belieben kennenlernen. Es war ein Milchmädchen, das von einem Bauernhof eine Extralieferung Rahm ins Hotel brachte. Ich war der Meinung, auch sie habe mich erkannt, und tatsächlich schaute sie mich mit einer Aufmerksamkeit an, die vielleicht auf ihr Erstaunen über die ihr von mir gezollte zurückzuführen war. Am folgenden Mittag nun – es war ein Tag, an dem ich den ganzen Morgen im Bett liegenblieb – brachte mir Françoise, als sie die Vorhänge aufziehen kam, einen Brief, der für mich im Hotel abgegeben worden war. Ich kannte niemanden in Balbec. Ich zweifelte keinen Augenblick, es werde ein Brief des Milchmädchens sein. Ach, er war nur von Bergotte, der mich auf der Durchreise anzutreffen versucht, doch auf die Auskunft hin, ich schliefe gerade, ein paar reizende Worte für mich zurückgelassen hatte; der Liftboy hatte sie in einen Umschlag gesteckt, den ich von dem Milchmädchen beschriftet wähnte. Ich war grenzenlos enttäuscht, und der Gedanke, es sei schwieriger und schmeichelhafter, einen Brief von Bergotte zu bekommen, tröstete mich nicht darüber, daß dieser nicht von dem Milchmädchen war. Auch dieses Mädchen bekam ich so wenig wieder zu Gesicht wie jene, die ich von Madame de Villeparisis' Wagen aus kurz gesehen hatte. Der Anblick und der Verlust aller dieser Wesen verstärkten den Zustand der Aufregung, in dem ich lebte, und ich ahnte jetzt, wieviel Weisheit in der Haltung der Philosophen liegt, die uns zur Beschränkung unserer Wünsche raten (wenn sie allerdings überhaupt dabei von dem Verlangen nach anderen Wesen reden, denn nur dieses kann uns solche Beängstigung schaffen, da es sich auf ein Unbekanntes mit eigenem Bewußtsein bezieht. Die Vermutung, die Philosophie könne dabei den Wunsch nach Reichtum im Auge haben, wäre gar zu absurd). Dennoch neigte ich dazu, diese Weisheit in Frage zu stellen, denn ich sagte mir, daß ja solche Begegnungen mich eine Welt noch schöner finden ließen, die in dieser Weise auf allen ländlichen Straßen gleichzeitig einzigartige und doch gewöhnliche Blumen aufsprießen läßt, flüchtige Schätze eines Tages, Extrageschenke einer Fahrt, deren zufallsbedingte Umstände allein, die sich vielleicht nicht jedesmal wiederholen würden, mich daran gehindert hatten, mich jener zu erfreuen; es waren Gaben, die mich einen neuen Geschmack am Dasein finden ließen.

Aber vielleicht begann ich bereits mit der Hoffnung, ich könne einmal, wenn ich freier mir selbst überlassen sei, auf anderen Wegen ähnliche Mädchen finden, den gänzlich individuellen Wunsch zu verfälschen, in der Nähe einer Frau zu leben, die man hübsch gefunden hat, und schon durch die bloße Annahme, er lasse sich künstlich hervorrufen, erkannte ich wohl insgeheim seinen trügerischen Charakter an.

An dem Tag[1], da Madame de Villeparisis uns nach Carqueville mitnahm, zu der unter Efeu verborgenen Kirche, von der sie gesprochen hatte und die, auf einer Anhöhe erbaut, das Dorf und den hindurchfließenden Wasserlauf beherrschte, über den noch immer die mittelalterliche kleine Brücke führte, dachte meine Großmutter, ich wäre vielleicht froh, wenn ich dieses Bauwerk allein betrachten könnte, und schlug ihrer Freundin vor, mit ihr in der Konditorei am Platz, den man deutlich sah und der unter seiner goldfarbenen Patina nur wie ein weiterer Teil eines durch und durch antiken Gegenstandes wirkte, den Nachmittagstee einzunehmen. Es wurde ausgemacht, daß ich sie dort treffen sollte. Um in dem grünen Block aus Laubwerk, vor dem sie mich stehenließen, eine Kirche zu erkennen, mußte man sich schon anstrengen; und tatsächlich, wie es Schülern geht, die den Sinn eines Satzes vollkommener begreifen, wenn man sie durch Übersetzen aus der Fremdsprache oder aus der Muttersprache in eine andere dazu zwingt, ihn der Formen zu entkleiden, an die sie zu sehr gewöhnt sind, mußte ich mir jetzt unaufhörlich wieder den Begriff der Kirche, den ich sonst beim Anblick von eindeutig kennzeichnenden Glockentürmen gar nicht zu bemühen brauchte, wieder vor Augen halten, um nicht an der einen Stelle zu vergessen, daß hier die Bogenform eines Efeutuffs durch ein Spitzbogenfenster gegeben und dort das Vordrängen der Blätter durch ein Relief am Kapitell zustande gekommen war. Doch dann erhob sich ein leichter Wind und ließ das wandelbare Portal erbeben, über das sich nun wie ein dahingleitender Lichtschimmer zitternde Wogen ausbreiteten; die Blätter glichen einer Brandung; und erschauernd schwemmte die pflanzliche Fassade die welligen, umschmeichelten und fliehenden Pfeiler mit sich fort.[1]

Als ich die Kirche verließ, sah ich vor der alten Brücke Dorfmädchen stehen, die, sicher des Sonntags wegen in ihren besten Kleidern, den Burschen, die vorübergingen, neckende Worte zuriefen.[2] Weniger gut gekleidet als die übrigen, aber ihnen gleichwohl, wie es schien, durch eine geheime Macht überlegen – denn sie antwortete kaum auf das, was jene zu ihr sagten –, ernster und eigenwilliger saß eine Große halb auf dem Brückengeländer und ließ die Beine hängen; vor ihr stand ein kleiner Eimer mit Fischen, die sie offenbar gerade gefangen hatte. Ihre Haut war sonnengebräunt, ihre Augen sanft, hatten aber dabei einen Blick, der über alles, was sie umgab, hinwegzusehen schien; ihre kleine Nase war von feiner, bezaubernder Form. Meine Blicke ruhten auf ihrer Haut, und meine Lippen konnten beinahe glauben, sie seien meinen Augen gefolgt. Doch nicht nur ihren Körper hätte ich anrühren mögen, sondern auch die Person, die in ihm wohnte und mit der es nur eine Form des Anrührens geben konnte, die darin bestand, ihre Aufmerksamkeit zu erregen, und nur eine Art, in sie einzudringen, nämlich die, in ihr einen Gedanken zu wekken.

Das Innere des schönen Fischermädchens war mir offenbar noch verschlossen, ich zweifelte, ob ich in ihr Bewußtsein eingedrungen sei, selbst nachdem ich bemerkt hatte, wie mein Bild sich flüchtig im Spiegel ihrer Augen abzeichnete mit einem Brechungseffekt, der mir genauso fremd blieb, als wäre ich in das Blickfeld einer Hirschkuh geraten. Doch ebenso, wie es mir nicht genügt haben würde, wenn meine Lippen von den ihren Lust empfangen hätten, sondern nur, wenn auch ich sie ihr hätte schenken können, so wollte ich, daß die Vorstellung von mir, die in dieses Wesen eindringen und dort haften bleiben würde, mir nicht nur seine Aufmerksamkeit, sondern auch seine Bewunderung, ja sein Verlangen eintrüge und es zwingen möchte, die Erinnerung an mich bis zu dem Tag zu bewahren, da ich sie wieder träfe. Doch schon sah ich ein paar Schritte entfernt den Platz, auf dem der Wagen von Madame de Villeparisis mich erwarten sollte. Ich hatte nur einen Augenblick Zeit; schon fühlte ich, wie die Mädchen über mein Zögern zu lachen begannen. Ich hatte in der Tasche fünf Francs. Ich zog sie heraus, und bevor ich dem schönen Mädchen auseinandersetzte, was ich ihr auftragen wollte, hielt ich, um mehr Aussicht auf Gehör zu haben, das Geldstück eine Sekunde in Blickhöhe vor sie hin:

»Sie scheinen aus diesem Dorf zu sein«, sagte ich zu dem Fischermädchen. »Würden Sie da so gut sein, eine kleine Besorgung für mich zu erledigen? Sie müßten bis zu der Konditorei gehen, die da auf einem Platz sein soll, ich weiß nicht genau wo, es muß vor der Tür ein Wagen auf mich warten. Passen Sie auf... Damit es auch sicher stimmt, fragen Sie, ob es der Wagen der Marquise von Villeparisis ist. Sie werden ihn übrigens leicht erkennen, es sind zwei Pferde davor.«

Ich wollte, daß sie gerade das erführe, um von mir eine große Meinung zu bekommen. Als ich aber die Worte »Marquise« und »zwei Pferde« ausgesprochen hatte, kam plötzlich eine große Befriedigung über mich. Ich spürte, daß das Fischermädchen sich an mich erinnern würde, und mit der Angst, ich würde sie nicht wiederfinden können, schwand auch schon in mir der Wunsch, sie überhaupt später noch einmal zu sehen. Es war, als hätte ich ihre Person mit unsichtbaren Lippen berührt und als hätte ich ihr gefallen. Diese gewaltsame Eroberung ihres Geistes aber, diese unkörperliche Inbesitznahme hatte ihr von ihrem Geheimnis ebensoviel genommen, wie physisches Besitzen es tut.

Wir[1] fuhren nach Hudimesnil hinab; plötzlich fühlte ich mich von jenem tiefen Glück erfüllt, das ich seit den Zeiten in Combray nicht mehr oft erlebt hatte, einem Glück ganz ähnlich dem, das mir unter anderem die Kirchtürme von Martinville schenkten. Doch erreichte es diesmal seine Vollendung nicht. Etwas abseits von der wellenförmig über einen Hügel führenden Landstraße, der wir folgten, hatte ich eben drei Bäume erblickt, die offenbar den Eingang bildeten zu einer überwölbten Allee und deren Form sich in einer Weise abzeichnete, wie ich sie nicht zum erstenmal sah; es gelang mir nicht zu erkennen, von welchem Ort sie sich losgelöst haben mochten, doch hatte ich das Gefühl, er sei mir von früher her vertraut; nachdem mein Geist in dieser Weise einen Augenblick lang zwischen irgendeinem entlegenen Jahr und dem gegenwärtigen Augenblick hin und her gestrauchelt war, geriet die Umgebung von Balbec rings um mich her ins Schwanken, und ich fragte mich, ob diese Spazierfahrt nicht das Werk meiner Einbildung sei, Balbec ein Ort, den ich niemals anders denn in der Phantasie aufgesucht, Madame de Villeparisis eine Gestalt aus einem Roman und die drei alten Bäume aber die Wirklichkeit, in die man zurückkehrt, wenn man die Augen von dem Buch hebt, in dem man gelesen hat und in dem eine Gegend beschrieben wird, in die man sich am Ende tatsächlich versetzt meinte.

Ich schaute die drei Bäume an, ich sah sie deutlich vor mir, doch mein Geist spürte, daß sie etwas verdeckten, worüber er keine Macht besaß, so wenig wie über Gegenstände, die zu weit entfernt sind, als daß man sie mit gerecktem Arm und ausgestreckten Fingerspitzen anders als nur einen Augenblick an der Oberfläche streifen kann, ohne sie doch zu greifen. Man ruht dann eine kurze Weile aus, um den Arm noch weiter auszustrecken und noch weiter reichen zu können. Doch damit mein Geist in dieser Weise sich hätte sammeln und ausholen können, hätte ich allein sein müssen. Wie gern hätte ich mich wieder auf die Seite geschlagen wie früher auf den Spaziergängen in Richtung Guermantes, wenn ich mich von meinen Eltern absonderte! Ich dachte sogar, ich hätte es tun müssen. Ich erkannte jenes ganz besondere Glücksgefühl wieder, das zwar dem Geist eine gewisse Denkarbeit abverlangt, neben dem aber die Annehmlichkeiten bequemer Unbekümmertheit, die einen darauf verzichten lassen, höchst mittelmäßig erscheinen. Dieses Glücksgefühl, dessen Gegenstand ich nur erahnte, den ich selbst erst erschaffen mußte, erlebte ich nur selten, doch jedesmal kam es mir dann so vor, als ob alles, was in der Zwischenzeit geschehen war, bedeutungslos sei und ich, würde ich mich allein seiner Wirklichkeit verschreiben, endlich ein wahres Leben beginnen könne. Ich hielt für einen Augenblick die Hand vor die Augen, um sie schließen zu können, ohne daß Madame de Villeparisis es sähe. Ich ließ einen Augenblick lang von allen Gedanken ab, dann sammelte ich sie jedoch um so mehr, faßte sie fest zusammen und entsandte sie machtvoll nach der Richtung der Bäume oder vielmehr nach jener Richtung in meinem Inneren, an deren Ende ich die Bäume in mir sah. Von neuem erfühlte ich hinter ihnen den gleichen bekannten Gegenstand, der aber doch undeutlich blieb und den ich nicht in mir heraufführen konnte. Inzwischen sah ich alle drei entsprechend der Vorwärtsbewegung des Wagens immer näher kommen. Wo hatte ich sie schon angeschaut? Um Combray herum gab es keinen Ort, wo sich in dieser Weise eine Allee auftat. Das Landschaftsbild, das sie wachriefen, hatte auch in der ländlichen Gegend Deutschlands keinen Platz, die ich einmal mit meiner Großmutter aufgesucht hatte, um dort eine Kur zu machen. Mußte ich vielleicht annehmen, sie kämen aus so fernen Jahren meines Lebens herauf, daß die sie umgebende Landschaft in meiner Erinnerung schon völlig ausgelöscht war und daß sie, wie jene Seiten, die man mit tiefer Bewegung in einem Werk wiederfindet, von dem man meint, man habe es nie gelesen, allein noch von allen Dingen aus dem vergessenen Buch meiner frühesten Kindheit nicht untergegangen waren? Gehörten sie vielleicht eher nur jenen Traumlandschaften an, die immer die gleichen sind, wenigstens für mich, denn ihr seltsames Aussehen war bei mir nur die im Schlaf sich vollziehende Objektivierung meines Bemühens vom Vortag, sei es in das Geheimnis eines Ortes einzudringen, unter dessen Äußerem ich es zu ahnen meinte, wie es mir so oft in der Gegend von Guermantes widerfahren war, oder zu versuchen, es von neuem in eine Stätte hineinzutragen, die ich so gern hatte sehen wollen und die mir von dem Tag an, da ich sie wirklich kannte, ganz trivial vorgekommen war, wie zum Beispiel Balbec? Oder waren sie nur ein erst jüngst erstandenes Bild aus einem Traum der letzten Nacht, aber schon so verblaßt, daß es von weither zu mir gekommen schien? Oder hatte ich sie niemals gesehen, und verbargen sie hinter sich wie gewisse Bäume oder Grasbüschel, die ich in der Gegend von Guermantes gesehen hatte, einen Sinn, der so dunkel, so schwer zu erfassen war wie eine ferne Vergangenheit, so daß ich in ihrer Aufforderung, einem Gedanken in alle Tiefe zu folgen, eine Erinnerung sah, die ich wiedererkennen sollte? Oder aber bargen sie überhaupt keine Gedanken in sich, und nur eine Ermüdung meines Sehvermögens ließ sie mich doppelt sehen in der Zeit, so wie man manchmal Dinge im Raume doppelt sieht? Ich wußte es nicht. Indessen kamen sie auf mich zu, mythische Erscheinung vielleicht, ein Reigen von Hexen, von Nornen, die mir ihr Orakel verkünden wollten. Ich neigte eher dazu, sie für Erscheinungen aus der Vergangenheit zu halten, teure Kindheitsgefährten, entschwundene Freunde, die gemeinsame Erinnerungen wachrufen wollten. Wie Schatten schienen sie mich zu bitten, ich möchte sie mit mir nehmen, dem Dasein wiedergeben. In ihren kindlichen, leidenschaftlich bewegten Gebärden erkannte ich die ohnmächtige Trauer eines geliebten Wesens wieder, das den Gebrauch der Sprache verloren hat, das fühlt, es werde uns nicht sagen können, was es ausdrücken will und was wir nicht zu erraten vermögen. Bald darauf ließ sie der Wagen an einer Biegung des Weges hinter sich zurück. Er entführte mich, fort von dem, was allein ich für wahr hielt, was allein mich glücklich gemacht hätte; er glich meinem Leben.

Ich sah die Bäume entschwinden, sie streckten verzweifelt die Arme aus, ganz als wollten sie sagen: Was du heute von uns nicht erfährst, wirst du niemals erfahren. Wenn du uns auf den Grund dieses Weges zurücksinken läßt, aus dem wir uns bis zu dir haben heraufheben wollen, wird ein ganzer Teil deiner selbst, den wir dir bringen konnten, für immer verloren sein. Und tatsächlich, wenn ich auch künftighin wieder auf diese Art von Glücksgefühl und angstvoller Unruhe stieß, der ich hier ein weiteres Mal begegnet war, und wenn ich eines Abends – zu spät, aber nun für immer – mich ihr fest verschwor, so habe ich doch niemals erfahren, was diese Bäume mir hatten zutragen wollen oder wo ich sie früher schon einmal gesehen hatte. Und als ich nach der Wendung des Wagens ihnen den Rücken kehrte und sie nicht mehr sah, war ich, während Madame de Villeparisis mich fragte, weshalb ich so nachdenklich sei, von Trauer erfüllt wie nach dem Verlust eines Freundes, als sei ich mir selber gestorben, als habe ich einen Toten verleugnet, einen Gott nicht erkannt.

Wir mußten an die Heimfahrt denken. Madame de Villeparisis, die ein gewisses Naturgefühl besaß, kälter als das meiner Großmutter, aber doch so, daß sie auch außerhalb von Museen oder aristokratischen Wohnsitzen die einfache, majestätische Schönheit gewisser ehrwürdiger Dinge erkannte, hieß den Kutscher die alte Straße nach Balbec nehmen, die wenig befahren wurde, aber mit alten Ulmen bestanden war, die wir alle bewunderten.

Nachdem wir diese alte Straße nun einmal kannten, kehrten wir wohl auch zur Abwechslung, sofern wir sie nicht schon beim Hinweg benutzt hatten, auf einer anderen zurück, die durch die Wälder von Chantereine und von Canteloup führte. Die Unsichtbarkeit der zahllosen Vögel, die dicht neben uns in den Bäumen einander Antwort gaben, verschaffte uns das gleiche Gefühl der Ruhe, wie man es bei geschlossenen Augen hat. An meinen Klappsitz gefesselt wie Prometheus an seinen Fels, hörte ich meine Okeaniden an.[1] Und wenn ich zufällig einen der Vögel von einem Blatt unter das andere schlüpfen sah, bestand für mich so wenig Beziehung zwischen ihm und dem Gesang, daß ich dessen Ursache nicht in dem huschenden, aufgeschreckten, blicklosen kleinen Körper zu erkennen glaubte.

Die Straße stieg, wie viele andere dieser Art, die man in Frankreich trifft, ziemlich steil an, um dann in sanftem Fall wieder abwärts zu führen. In jenem Augenblick entdeckte ich an ihr keinen besonderen Reiz, ich war nur zufrieden, daß es nun wieder nach Hause ging. Doch in der Folge wurde sie für mich zu einem Freudenquell, da sie in meinem Gedächtnis eine Art von erstem Teilstück bildete, an das sich alle ähnlichen Straßen, auf die ich später im Laufe einer Spazierfahrt oder Reise geriet, augenblicklich und lückenlos anschließen und dank ihrer Hilfe unmittelbar die Verbindung mit meinem Herzen schaffen würden. Denn sobald die Kutsche oder das Automobil in eine dieser Straßen einlenkte, die wie eine Fortsetzung derjenigen aussahen, durch die ich mit Madame de Villeparisis gefahren war, sollte das, worauf mein gegenwärtiges Bewußtsein sich dann stützte wie auf eine ganz junge Vergangenheit (alle dazwischenliegenden Jahre waren wie weggefegt), die Summe der Eindrücke sein, die ich an diesen Spätnachmittagen dort, auf den Spazierfahrten in der Nähe von Balbec, gehabt hatte, als das Laub so gut duftete, Nebel aufstieg und man hinter dem nächsten Dorf zwischen den Bäumen die Abendröte sah, als sei sie nur der nächste, im Wald gelegene, ferne Ort, den man vor der Nacht nicht mehr erreichen würde. Diese Eindrücke sollten sich mit denen, die ich nunmehr in einer anderen Gegend auf einer ähnlichen Straße empfand, umspielt von allen den sonstigen Regungen des freien Atmens, der Neugier, der Trägheit, des Appetits, der Fröhlichkeit, die ihnen gemeinsam waren unter Ausschluß aller anderen, verbinden und sich verstärken, sollten die gefüllte Intensität einer eigenen Art von Lust und sogar einer bestimmten Form des Lebens erhalten, die ich übrigens selten Gelegenheit hatte wieder aufzunehmen, bei der aber dann durch die Rückschau in der Zeit inmitten der materiell wahrgenommenen immer ein guter Teil nur erinnerter, nur gedachter, nicht greifbarer Wirklichkeit hineinspielte, die mir in den Gegenden, die ich durchfuhr, über den ästhetischen Eindruck hinaus ein flüchtiges, aber überschwengliches Verlangen eingab, dort von nun an für immer zu leben. Wie oft ist es mir, nur weil ich im Augenblick den Duft eines Blattes verspürte, Madame de Villeparisis auf einem Klappsitz gegenüber zu sein, der Prinzessin von Luxemburg zu begegnen, die ihr von ihrem Wagen aus einen Gruß zuwinkte, ins Grand-Hôtel zum Abendessen zurückzukehren als eine der unaussprechlichen Formen des Glücks erschienen, die weder Gegenwart noch Zukunft uns wiederschenken können und die man nur einmal auf Erden durchlebt!

Oft war es dunkel, bevor wir heimgekehrt waren.[1] Schüchtern zitierte ich Madame de Villeparisis, während ich auf den Mond am Himmel wies, einen schönen Ausspruch von Chateaubriand, von Vigny oder von Victor Hugo: »Uralter Schwermut Ahnen strömt von ihm aus« oder »beträrnt wie Artemis an ihrer Brunnen Rande« oder »Brautnächtig war das Dunkel, hehr und feierlich«.[2]

»Finden Sie das etwa schön?« fragte sie mich, »›genial‹, wie Sie sagen? Ich muß Ihnen gestehen, ich bin immer ganz erstaunt, wie ernst man jetzt Dinge nimmt, die die Freunde dieser Herren, obwohl sie ihren Verdiensten gebührende Anerkennung zollten, als erste belächelten. Damals ging man noch nicht so verschwenderisch mit der Bezeichnung Genie um wie heute, wo es ein Schriftsteller schon als Beleidigung auffaßt, wenn man ihm sagt, er habe nur Talent. Sie zitieren mir einen pompösen Satz von Monsieur de Chateaubriand über den Mondschein. Sie werden sehen, daß ich meine Gründe habe, mich dem etwas zu verschließen. Monsieur de Chateaubriand kam sehr oft zu meinem Vater zu Besuch. Er war übrigens angenehm, wenn man allein mit ihm war, dann war er natürlich und amüsant, waren aber andere Leute zugegen, posierte er und wurde lächerlich; in Gegenwart meines Vaters stellte er die Behauptung auf, er habe dem König sein Rücktrittsgesuch an den Kopf geworfen und das Konklave gelenkt, wobei er ganz vergaß, daß mein Vater von ihm selbst damit betraut worden war, den König anzuflehen, er möge ihn wieder nehmen, und von ihm über die Wahl des Papstes die unsinnigsten Prognosen hatte anhören müssen. Von diesem berühmten Konklave mußte man Monsieur de Blacas erzählen lassen, das war freilich ein anderer Mann als Monsieur de Chateaubriand.[1] Was nun die Phrasen dieses Herrn über den Mondschein betrifft, so waren sie bei uns zu Hause ganz einfach eine Art Pflichtübung geworden. Wann immer draußen vor dem Schloß der Mondschein auf den Wegen lag und ein neuer Gast anwesend war, riet man diesem, nach dem Diner mit Monsieur de Chateaubriand ein wenig ins Freie zu gehen. Wenn sie dann wiederkamen, nahm mein Vater den Gast unweigerlich auf die Seite: ›Nun, ist Monsieur de Chateaubriand recht gesprächig gewesen?‹ – ›O ja.‹ – ›Hat er vom Mondschein geredet?‹ – ›Ja. Woher wissen Sie ...‹ – ›Warten Sie, hat er nicht gesagt ...‹, und dann zitierte er den Satz. ›Ja aber, woher in aller Welt ...?‹ – ›Und er hat auch vom Mondschein in der römischen

Campagna gesprochen.‹ – ›Sie sind ein Hexenmeister.‹ Mein Vater war kein Hexenmeister, aber Monsieur de Chateaubriand begnügte sich damit, immer das gleiche fertig zubereitete Stückchen aufzutischen.«

Beim Namen Vigny lachte sie.

»Das ist der, der immer sagte: ›Ich bin Graf Alfred de Vigny.‹ Man ist Graf oder nicht, darauf kommt es gar nicht an.«

Vielleicht fand sie dann selbst, daß es immerhin nicht ohne Bedeutung sei, denn sie setzte hinzu:

»Erstens bin ich gar nicht sicher, daß er es überhaupt war, jedenfalls dann nur einer aus sehr kleinem Hause, dieser Herr, der in seinen Gedichten von seiner ›Helmzier des Edelmanns‹ gesprochen hat. Sehr geschmackvoll wirklich und für den Leser höchst interessant! Das ist so wie wenn Musset, ein schlichter Pariser Bürger, pathetisch sagt: ›Der goldene Sperber auf meinem Helm.‹ Niemals wird ein wirklicher Edelmann solche Dinge äußern. Musset hatte wenigstens als Dichter Talent. Abgesehen von *Cinq-Mars* habe ich dagegen niemals eine Zeile von Monsieur de Vigny lesen können, das Buch fällt mir vor Langeweile wieder aus der Hand. Monsieur Molé, der all den Geist und Takt besaß, an dem Monsieur de Vigny es fehlen ließ, hat ihn schön zugerichtet, als er ihn in die Akademie aufnahm. Wie, Sie kennen seine Begrüßungsrede nicht? Sie ist ein Meisterwerk an Bosheit und offener Ironie.«[1]

Balzac, den sie mit Staunen von ihren Neffen so sehr bewundert sah, warf sie vor, er habe sich angemaßt, eine Gesellschaft zu schildern, in der er nicht empfangen wurde, und tausend Unwahrscheinlichkeiten über sie berichtet. Was Victor Hugo anbelangt, sagte sie uns, daß Monsieur de Bouillon, ihr Vater, der Freunde unter den jungen Romantikern besaß, dank ihnen bei der Premiere von *Hernani* dabeigewesen sei, doch nicht bis zum

Schluß ausgeharrt habe, so lächerlich habe er die Verse dieses begabten, aber exaltierten Schriftstellers gefunden, der den Titel eines großen Dichters nur aufgrund eines Kuhhandels erhalten habe, als Belohnung für seine berechnende Nachsicht gegenüber den gefährlichen Irrlehren der Sozialisten.

Wir sahen nun schon das Hotel, seine am ersten Abend bei der Ankunft so feindselig strahlenden Lichter, die jetzt etwas Schützendes, Sanftes, Heimkehrkündendes hatten. Als der Wagen vor dem Eingang hielt, scharten sich auf den Stufen in naiver Dienstfertigkeit der Portier, die Grooms, der Liftboy, wegen unserer späten Rückkehr bereits in unbestimmte Besorgnis versetzt, die nunmehr zu vertrauten Gestalten geworden waren, zu jenen Wesen gehörig, die so oft im Laufe unseres Lebens wechseln wie wir selbst, in denen wir jedoch, sobald sie eine Zeitlang zum Spiegel unserer Gewohnheiten geworden sind, die tröstliche Gewißheit finden, uns treulich und freundschaftlich reflektiert zu sehen. Sie sind uns lieber als Freunde, die wir lange nicht gesehen haben, denn sie enthalten mehr von dem, was wir im Augenblick sind. Nur der tagsüber der Sonne ausgesetzte »Chasseur« war wegen der Abendkühle hereingenommen und in Wolle gehüllt worden, wodurch er, im Verein mit seinem geradezu pathetisch orangefarbenen Haar und der eigenartigen rosa Blütenhaftigkeit seiner Wangen, mitten in der verglasten Halle an ein Treibhausgewächs erinnerte, das man vor Frostgefahr schützt. Von sehr viel mehr dienenden Geistern als nötig betreut, stiegen wir aus dem Wagen, unsere Helfer aber hatten nun einmal die Bedeutung des Vorgangs erkannt und sahen es als Ehrensache an, dabei mitzuwirken. Ich hatte einen Riesenhunger. Daher ging ich dann oft, um den Augenblick des Abendessens nicht noch zu verzögern, nicht erst in mein Zimmer hinauf, das schließlich doch wirklich so sehr das meine geworden war, daß ein Wiedersehen mit den langen violetten Vorhängen und den niederen Bücherregalen für mich bedeutete, daß ich mit dem Ich allein war, dessen Bild mir die Dinge wie die Menschen vermitteln; zusammen warteten wir in der Halle, bis der Oberkellner uns sagte, es sei angerichtet für uns. Dies war dann noch einmal eine Gelegenheit, Madame de Villeparisis zuzuhören.

»Wir nehmen wirklich Ihre Liebenswürdigkeit zu sehr in Anspruch«, sagte meine Großmutter.

»Aber wieso denn, ich bin entzückt, es macht mir doch soviel Freude«, antwortete ihre Freundin mit einem gewinnenden Lächeln und indem sie ihre Worte in einer Weise, die im Widerspruch zu ihrer sonstigen Schlichtheit stand, melodisch ausklingen ließ.

Tatsächlich war sie in solchen Augenblicken nicht natürlich, sie erinnerte sich ihrer Erziehung, jener aristokratischen Art, mit der eine große Dame bürgerlichen Leuten zeigen soll, daß sie sehr gern mit ihnen zusammen und frei von Standesdünkel ist. Und der einzige Mangel wahrer Höflichkeit von ihrer Seite bestand tatsächlich im Übermaß ihrer Höflichkeiten; denn darin erkannte man die Routine der Dame aus dem Faubourg Saint-Germain, die, da sie in einer gewissen Sorte von Bürgerlichen immer schon die Unzufriedenen sieht, die sie eines Tages an ihnen haben wird, eifrig jede Gelegenheit benutzt, wo es nur möglich ist, im Rechnungsbuch ihrer Liebenswürdigkeit ihnen gegenüber einen Kredit vorzutragen, der ihr bei nächster Gelegenheit gestattet, auf die Debetseite das Diner oder den »Rout« zu schreiben, zu denen sie sie nicht einladen wird. Da der Geist ihrer Kaste sie in früherer Zeit ein für allemal geprägt hatte und sie nicht gewahr wurde, daß Gegebenheiten und Personen diesmal ganz andere waren und sie uns auch in Paris gern würde sehen wollen, trieb so jener Geist Madame de Villeparisis dazu, uns mit fieberhaftem Eifer, als sei die ihr für Liebenswürdigkeiten zugemessene Zeit nur kurz, während wir in Balbec waren, so häufig wie irgend möglich Rosen und Melonen zu schicken, Bücher zu leihen, uns zu Wagenfahrten einzuladen und mit herzlichen Reden zu überschütten. Dadurch aber sind – wie der blendende Glanz der Küste, die vielfarbigen Strahlungen und der Tiefseeschimmer der Räume, ja sogar die Reitstunden, durch die die Söhne von Handeltreibenden wie Alexander der Große zur Gottheit erhoben wurden – die täglichen Liebenswürdigkeiten, die Madame de Villeparisis uns erwies, zugleich mit der augenblicksbedingten sommerlichen Leichtigkeit, mit der meine Großmutter sie entgegennahm, in meiner Erinnerung als charakteristische Züge des Badelebens eingegraben geblieben.

»Geben Sie doch Ihre Mäntel ab, daß man sie in Ihre Zimmer bringe«.

Meine Großmutter reichte sie dem Direktor, und angesichts seiner Freundlichkeit mir gegenüber tat es mir leid, daß er offenbar unter diesem Mangel an Zartgefühl litt.

»Ich glaube, wir haben den Herrn verletzt«, meinte die Marquise. »Er hält sich wahrscheinlich für zu vornehm, Ihre Schals zu nehmen. Das erinnert mich daran, wie einmal, als ich noch ein kleines Mädchen war, der Herzog von Nemours zu meinem Vater, der im obersten Stockwerk des Palais Bouillon wohnte, mit einem großen Packen von Briefen und Zeitschriften hereinkam. Ich sehe heute noch den Herzog in seinem blauen Frack unter der Tür stehen, die mit sehr hübschen Holzschnitzereien verziert war, ich glaube, Bagard[1] hat solches Zeug gemacht, Sie wissen schon, solche ganz feinen und so biegsamen Rundstäbchen, daß der Kunsttischler manchmal kleine Schälchen, Blumen und gleichsam

Bänder, mit denen man einen Strauß zusammenhält, daraus geformt hat. ›Da schauen Sie, Cyrus‹, sagte er zu meinem Vater, ›was Ihr Portier mir für Sie mitgegeben hat. Er sagte mir: Wo Sie doch zum Herrn Grafen gehen, lohnt es sich ja nicht, daß ich auch noch hinaufsteige, aber geben Sie gut acht, daß die Schnur nicht reißt.‹ So, nun da Sie Ihre Sachen abgegeben haben, kommen Sie und setzen Sie sich dorthin«, sagte sie zu meiner Großmutter und nahm sie bei der Hand.

»Oh! Wenn es Ihnen nichts ausmacht, möchte ich den Sessel da lieber nicht! Er ist zu klein für zwei, aber zu groß für mich allein, ich würde mich unbehaglich fühlen.«

»Das erinnert mich – denn es war genauso einer – an einen Fauteuil, den ich lange hatte, aber schließlich nicht behalten konnte, weil meine Mutter ihn von der unglücklichen Herzogin von Praslin[1] hatte. Meine Mutter war zwar die schlichteste Person von der Welt, aber sie hatte noch Ideen aus einer anderen Zeit, die schon ich nicht mehr recht verstand; sie wollte sich zunächst Madame de Praslin nicht vorstellen lassen, weil sie nur eine geborene Mademoiselle Sebastiani war, während diese fand, es sei, da sie ja Herzogin war, nicht an ihr, sich vorstellen zu lassen. Tatsächlich aber«, setzte Madame de Villeparisis, vergessend, daß sie selbst für diese Art von Nuancen kein Verständnis besaß, hinzu, »hätte dieser Anspruch sich allenfalls vertreten lassen, wenn sie nur Madame de Choiseul gewesen wäre. Die Choiseul sind das Vornehmste, was es gibt, sie stammen von einer Schwester des Königs Ludwig des Dicken ab und haben in Bassigny souverän geherrscht. Ich gebe zu, daß wir als Familie bessere Verbindungen eingegangen sind und mehr Ruhm erworben haben, aber an Alter kommen beide Häuser fast auf das gleiche heraus. Aus diesen Fragen des Vorrangs ergaben sich dann komische Zufälle, wie zum Beispiel ein Mittagessen, das mehr als eine Stunde zu spät serviert wurde, weil eine dieser Damen so lange brauchte, bis sie einwilligte, vorgestellt zu werden. Sie waren dann trotz allem intime Freundinnen geworden, und sie hatte meiner Mutter einen Sessel ganz in der Art von diesem hier geschenkt, in dem, wie Sie jetzt eben, niemand sitzen wollte. Eines Tages hörte meine Mutter einen Wagen im Hofe vorfahren. Sie fragte einen jungen Diener, wer es sei. ›Die Frau Herzogin von La Rochefoucauld, Frau Gräfin.‹ – ›Gut, ich empfange sie.‹ Eine Viertelstunde später ist noch immer niemand da: ›Nun, und die Herzogin von La Rochefoucauld? Wo bleibt sie denn eigentlich?‹ – ›Sie ist auf der Treppe und verschnauft, Frau Gräfin‹, antwortete der Diener, der erst kurz vorher vom Land gekommen war, wo meine Mutter klugerweise ihre Leute auswählte. Oft waren sie ihr schon vom ersten Lebenstag an bekannt. Auf diese Weise hat man immer rechtschaffenes Personal. Einen besseren Luxus gibt es nicht. Tatsächlich stieg die Herzogin mit größter Schwierigkeit Treppen, sie war so unförmig dick, daß meine Mutter, als sie zu ihr ins Zimmer trat, einen Augenblick in Verlegenheit war, wo sie sie placieren könne. In diesem Moment fiel ihr das Möbelstück der Madame de Praslin ins Auge. ›Aber bitte, setzen Sie sich doch‹, sagte meine Mutter und schob es ihr hin. Die Herzogin hatte gerade darin Platz. Trotz dieser Körperfülle war sie recht angenehm geblieben. ›Sie macht noch immer einen starken Eindruck, wo sie auch ins Zimmer tritt!‹ bemerkte einer unserer Freunde. ›Sie hinterläßt ihn vor allem, wenn sie wieder geht‹, antwortete meine Mutter, die ungenierter redete, als heute statthaft wäre. Bei Madame de La Rochefoucauld selbst, die als erste darüber lachte, nahm man kein Blatt vor den Mund und scherzte ganz unbefangen über ihre gewaltigen Ausmaße. ›Sind Sie allein?‹ fragte den

Herzog von La Rochefoucauld einmal meine Mutter, die der Herzogin einen Besuch machen wollte und, an der Tür von deren Gatten empfangen, Madame de La Rochefoucauld nicht sah, die im Hintergrund in einer Nische saß. ›Madame de La Rochefoucauld ist nicht da? Ich sehe sie jedenfalls nicht.‹ – ›Wie liebenswürdig Sie sind!‹ gab der Herzog zur Antwort, der zwar ein so schlechtes Urteilsvermögen besaß, wie ich es sonst kaum angetroffen habe, aber doch einen gewissen Mutterwitz.«

Als ich nach dem Abendessen mit meiner Großmutter wieder zu uns hinaufgegangen war, sagte ich zu ihr, vielleicht seien die Vorzüge, die uns an Madame de Villeparisis derart entzückten – Takt, Feinheit, Diskretion, vornehme Unaufdringlichkeit –, gar nichts so besonders Wertvolles, da diejenigen, die diese Eigenschaften im höchsten Maße besaßen, nur Persönlichkeiten seien wie Molé oder Loménie[1], und wenn ihr Fehlen vielleicht auch den alltäglichen Umgang weniger angenehm gestalte, so habe es gewisse Leute nicht daran gehindert, Chateaubriand, Vigny, Hugo oder Balzac zu werden, eingebildete Menschen ohne Urteilsvermögen, über die man leicht spotten konnte, wie über Bloch ... Beim Namen Bloch aber erhob meine Großmutter Einspruch. Sie rühmte mir Madame de Villeparisis. So wie man immer sagt, daß in der Liebe die Neigungen im Interesse der Arterhaltung gelenkt seien und daß dicke Männer, damit das aus einer Verbindung hervorgehende Kind eine möglichst normale Konstitution mit auf die Welt bringe, sich zu dünnen Frauen hingezogen fühlen, die dünnen aber zu dicken, so waren unbewußt auch die Erfordernisse meines von Nervosität, krankhafter Neigung zur Traurigkeit und Einsamkeit bedrohten Glücks im Spiel, wenn meine Großmutter den ersten Rang allen Eigenschaften des ruhigen Wägens und Urteilens zuerkannte, Vorzügen, die nicht Madame de Villeparisis persönlich eigentümlich waren, wohl aber einer Gesellschaft, in der ich Zerstreuung und Beruhigung finden könnte, einer Gesellschaft gleich der, in der man den Geist eines Doudan[1] hat blühen sehen, eines Monsieur de Rémusat[2], ganz zu schweigen von einer Beausergent oder einem Joubert[3], einer Sévigné, einen Geist jedenfalls, der mehr Glück und mehr Würde in das Leben trägt als die diesem entgegengesetzten Formen der Verfeinerung, die einen Baudelaire, einen Poe, Verlaine, Rimbaud in Leiden und öffentliche Mißachtung geführt haben, wie meine Großmutter sie für ihren Enkel nicht wollte. Ich fiel ihr ins Wort, um sie zu küssen, und fragte sie dann, ob sie diesen oder jenen Satz bemerkt habe, den Madame de Villeparisis gesagt hatte und aus dem hervorgehe, daß sie größeren Wert auf ihre hohe Geburt legte, als sie zugeben wolle. In dieser Form unterbreitete ich meiner Großmutter jeweils meine Eindrücke, denn welches Maß an Achtung ich jemandem schuldete, wußte ich immer nur, nachdem sie es mir klargemacht hatte. Jeden Abend legte ich ihr meine skizzenhaften Eindrücke von all den menschlichen Wesen vor, die es eigentlich gar nicht für mich gab, denn sie waren ja nicht sie. Einmal machte ich die Bemerkung: »Ohne dich könnte ich nicht leben.« – »Sag nur das nicht«, antwortete sie in besorgtem Ton. »Wir müssen festeren Mut fassen. Was sollte denn sonst aus dir werden, wenn ich einmal verreise? Ich hoffe im Gegenteil, daß du dann sehr vernünftig und sehr glücklich sein wirst.« – »Ich könnte vernünftig sein, wenn es für ein paar Tage wäre, würde aber die Stunden zählen.« – »Aber wenn ich auf Monate verreise . . .« (bei der bloßen Vorstellung schon verkrampfte sich mein Herz) »auf Jahre . . . auf . . .«

Wir schwiegen beide. Wir wagten einander nicht anzusehen. Dennoch war mir ihre Angst noch schmerzlicher als die meine. Ich trat darum ans Fenster und sagte mit deutlicher Stimme und abgewandtem Blick zu ihr:

»Du weißt, wie sehr ich zu Gewohnheiten neige. In den ersten Tagen, die ich fern von den mir liebsten Menschen verleben muß, fühle ich mich unglücklich. Dann liebe ich sie zwar immer noch ebenso, aber gewöhne mich, und das Leben wird ruhig und angenehm; ich würde es dann auch ertragen, Monate und Jahre von ihnen getrennt zu sein ...«

Ich mußte schweigen und unverwandt aus dem Fenster sehen. Meine Großmutter ging einen Augenblick aus dem Zimmer. Doch am folgenden Tag fing ich von Philosophie zu reden an, in möglichst beiläufigem Ton, aber doch so, daß meine Großmutter auf meine Worte achtgeben mußte; ich sagte, es sei doch merkwürdig, daß nach dem letzten Stand der Wissenschaft der Materialismus offenbar erledigt und das Wahrscheinlichste noch immer das ewige Leben der Seelen und ihre künftige Wiedervereinigung sei.

Madame de Villeparisis machte uns im voraus darauf aufmerksam, daß sie uns bald nicht mehr so oft werde sehen können. Ein junger Neffe von ihr, der sich auf Saumur[1] vorbereitete und zur Zeit ganz in der Nähe, in Doncières, in Garnison sei, sollte bei ihr ein paar Urlaubswochen verbringen, und ihm werde sie viel von ihrer Zeit widmen müssen. Auf unseren Ausflugsfahrten hatte sie uns gegenüber rühmend seine große Klugheit erwähnt, vor allem sein gutes Herz; schon stellte ich mir vor, er würde von Sympathie für mich erfüllt, ich würde sein bevorzugter Freund sein, und als vor seinem Eintreffen noch seine Tante meiner Großmutter zu verstehen gab, er sei unglücklicherweise einer üblen Person in die Hände gefallen, auf die er ganz versessen sei und die ihn nicht loslassen wolle, dachte ich, überzeugt, daß eine solche Art von Liebe schicksalhaft mit Geisteskrankheit, Verbrechen und Selbstmord enden müsse, an die kurze Zeit, die unserer Freundschaft vergönnt sein würde, einer Freundschaft, die in meinem Herzen doch schon so groß geworden war, bevor ich ihn überhaupt kannte, und ich beweinte sie bereits wie auch das viele Unglück, das ihn erwartete, ganz als handle es sich um ein geliebtes Wesen, von dem man uns mitgeteilt habe, es sei schwer krank und seine Tage seien gezählt.

An einem sehr heißen Nachmittag hielt ich mich im Speisesaal des Hotels auf, den man der Sonne wegen halb verdunkelt hatte, indem man die Vorhänge vorgezogen hatte, die das Licht von draußen gelb färbte und durch deren Zwischenräume man das blaue Meer blitzen sah, als ich im mittleren Durchgang, der vom Strand zur Straße führte, einen jungen Mann, groß, schlank, mit freiem Hals, stolz erhobenem Haupt und durchdringendem Blick einherkommen sah, dessen Haut so hell war und dessen Haare so golden schimmerten, als hätten sie alle Strahlen der Sonne in sich aufgesogen.[1] In weiche, fast weiße Stoffe gekleidet, wie ich nie glaubte, daß ein Mann sie tragen könne, deren leichte Beschaffenheit nicht weniger als die Kühle des Speisesaals die Vorstellung von Hitze und schönem Wetter draußen weckten, schritt er schnell dahin. Seine Augen, aus deren einem ständig das Monokel glitt, hatten die Farbe des Meeres. Jeder schaute im Vorübergehen neugierig auf ihn hin; man wußte, daß der junge Marquis von Saint-Loup-en-Bray[2] berühmt war wegen seiner Eleganz. Alle Zeitungen hatten den Anzug beschrieben, in dem er vor kurzem dem jungen Herzog von Uzès[3] bei einem Duell als Sekundant zur Seite gestanden hatte. Es schien, als müsse die ganz besondere Beschaffenheit seines Haars, seiner Augen, seiner Haut, seiner ganzen Erscheinung, dank deren er inmitten einer Menschenmenge aufgefallen wäre wie eine kostbare Ader azurblau schimmernden, leuchtenden Opals, die in gröberen Stoff eingesprengt ist, auch einem Leben entsprechen, das ganz anders als das der anderen Menschen wäre. Als noch vor der Liaison, über die Madame de Villeparisis geklagt hatte, die hübschesten Frauen der großen Welt ihn sich streitig machten, hatte infolgedessen seine Anwesenheit in einem Seebad zum Beispiel an der Seite der berühmten Schönheit, der er gerade den Hof machte, sie nicht nur in den Vordergrund des Interesses gerückt, sondern alle Blicke so gut wie auf sie auch auf ihn gelenkt. Wegen seines »Schicks«, seiner »salonlöwenhaften« Impertinenz, wegen seiner ungewöhnlichen Schönheit zumal fanden manche etwas Weibisches an ihm, ohne es ihm jedoch zum Vorwurf zu machen, denn es war bekannt, wie männlich er war und daß er Frauen leidenschaftlich liebte. Er war jener Neffe von Madame de Villeparisis, von dem sie gesprochen hatte. Ich war entzückt bei dem Gedanken, ein paar Wochen lang die Bekanntschaft mit ihm pflegen zu dürfen, und wiegte mich in der Gewißheit, er werde mir seine Neigung zuwenden. Er durchmaß schnell das Hotel in seiner ganzen Breite, wobei er seinem Monokel nachzulaufen schien, das wie ein Schmetterling vor ihm herflatterte. Er kam vom Strand, und das Meer, das die großen Fenster der Halle bis zur Hälfte erfüllte, diente ihm als Hintergrund, vor dem er sich in voller Figur abhob, wie auf gewissen Porträts, mit denen die Maler unter Verzicht auf die leiseste Fälschung der Wirklichkeit, nur durch die Wahl einer geeigneten Umrahmung für ihr Modell – Polorasen, Golfplatz, Rennbahn, Deck einer Segeljacht –, ein modernes Gegenstück zu den Gemälden geben wollen, auf denen die Maler der Frührenaissance ein menschliches Antlitz im Vordergrund vor einer Landschaft zeigen. Ein mit zwei Pferden bespannter Wagen erwartete ihn vor der Tür; während sein Monokel auf der besonnten Straße weitertanzte, ergriff der Neffe der Madame de Villeparisis mit der Eleganz und Meisterschaft, die ein großer Pianist an den einfachsten Stellen geltend zu machen weiß, bei denen man es für unmöglich gehalten hätte, er könne sich einem zweitrangigen Interpreten überlegen zeigen, die Zügel, die der Kutscher ihm in die Hände gab, setzte sich neben ihn und ließ, während er einen Brief öffnete, den der Direktor ihm überreicht hatte, sein Gespann losfahren.

Wie groß war meine Enttäuschung in den folgenden Tagen, als ich jedesmal, wenn ich ihn im Hotel oder draußen im Freien traf – immer hocherhobenen Hauptes und ständig die Bewegungen seiner Glieder um sein tanzendes, flüchtiges Monokel gruppierend, das für sie den Schwerpunkt zu bilden schien –, feststellte, daß er sich uns nicht zu nähern beabsichtigte, und sogar sehen mußte, daß er uns nicht grüßte, trotz unzweifelhafter Kenntnis der Tatsache, daß wir mit seiner Tante befreundet waren! Der Liebenswürdigkeit gedenkend, die Madame de Villeparisis und vorher Monsieur de Norpois mir gegenüber an den Tag gelegt hatten, meinte ich, daß sie am Ende eben nicht im Ernst Adlige seien und daß ein Geheimartikel in dem Kodex, nach dem die Aristokratie sich richtet, vielleicht Frauen und gewissen Diplomaten erlaubt, ihn in ihren Beziehungen mit Bürgerlichen außer acht zu lassen und aus Gründen, in die ich keinen Einblick hatte, auf jenen Standesdünkel zu verzichten, den ein junger Marquis hingegen unerbittlich zu zeigen hat. Mein Verstand hätte mir das Gegenteil sagen müssen. Doch das Charakteristische an dem lächerlichen Alter, in dem ich mich befand – ein keineswegs undankbares, ein sehr fruchtbares Alter –, ist eben, daß man den Verstand nicht befragt und daß einem die beiläufigsten Eigenheiten der Menschen unverbrüchlich zu ihrem Wesen zu gehören scheinen. Ganz von Ungeheuern und Göttern umringt, kennt man fast keine Ruhe. Man führt in diesen Jahren beinahe keine Geste aus, die man nicht nachher gern zurücknehmen möchte. Man sollte aber statt dessen gerade bedauern, daß man die Spontaneität nicht mehr besitzt, die sie uns ausführen ließ. Später sieht man die Dinge auf eine praktischere Art in vollkommener Übereinstimmung mit der übrigen Gesellschaft, die Jugend aber ist die einzige Zeit, in der man etwas lernt.

Die Anmaßung, die ich bei Monsieur de Saint-Loup erriet, und alles, was sie an ihm innewohnender Härte barg, fand sich durch seine Haltung jedesmal bestätigt, wenn er an uns vorbeiging, den Körper unbeugsam gestrafft, mit hochgetragenem Haupt und unerschütterlichem, ja mehr noch, auch mit unerbittlichem Blick; es gebrach ihm völlig an jener vagen Achtung, die wir den Rechten anderer Geschöpfe entgegenzubringen pflegen, selbst wenn sie nicht dazu noch unsere Tante kennen, und die bewirkte, daß ich mich vor einer alten Dame nicht genauso wie vor einem Laternenpfahl verhielt. Seine eisigen Allüren waren von den bezaubernden Briefen, die ich noch vor wenigen Tagen mit dem Ausdruck seiner Sympathie von ihm zu erhalten träumte, ebensoweit entfernt wie die Begeisterungsstürme bei der Kammer und im Publikum, die ein Phantast in seiner Vorstellung mit einer unvergeßlichen Rede entfesselt, von der bescheidenen, ruhmlosen Situation, in der er sich, nachdem seine Stimme verhallt und die erträumten Beifallskundgebungen verrauscht sind, als der arme Tor wiederfindet, der er vorher war. Als Madame de Villeparisis, zweifellos im Bemühen, den schlechten Eindruck auszulöschen, den diese so augenfällige Enthüllung einer hochmütigen und bösen Gemütsart auf uns gemacht haben mußte, wiederum von der unerschöpflichen Güte ihres Großneffen (er war der

Sohn einer ihrer Nichten und etwas älter als ich) zu reden begann, war ich von bewunderndem Staunen darüber erfüllt, wie man in der Gesellschaft unter Nichtachtung der Wahrheit Eigenschaften des Herzens denen leiht, die an einer Verdorrung dieses Organs leiden, mögen sie sich auch gegen die glanzvollen Erscheinungen ihres eigenen Milieus ganz liebenswürdig erweisen. Madame de Villeparisis führte selbst, wenn auch indirekt, eine Bestätigung dieser für mich bereits feststehenden wesenhaften Züge im Charakter ihres Neffen herbei, als ich eines Tages beide auf einem Weg traf, der so schmal war, daß sie uns wohl oder übel miteinander bekanntmachen mußte. Er schien gar nicht zu hören, daß man ihm einen Namen nannte, kein Muskel in seinem Gesicht bewegte sich; seine Augen, in denen sich auch nicht der leiseste Funke menschlichen Fühlens regte, zeigten in ihrer Ungerührtheit, in der vollkommenen Leere des Blicks eine Übersteigerung, ohne die sie sich in nichts von leblosen Spiegeln unterschieden hätten. Dann, während er diese stahlharten Augen auf mich heftete, als wolle er sich ein genaues Bild von mir machen, bevor er meinen Gruß erwiderte, schnellte er mit einem plötzlichen Ruck, der eher einem Muskelreflex als einem Willensakt zu entspringen schien und zwischen ihm und mir den größtmöglichen Zwischenraum schuf, zurück, streckte seinen Arm in ganzer Länge vor und reichte mir gleichsam von ferne die Hand. Ich glaubte, es handle sich mindestens um ein Duell, als er sich am folgenden Tag mit der Karte bei mir anmeldete. Doch er sprach nur von Literatur und erklärte mir nach einer langen Unterhaltung, er habe die größte Lust, mich täglich mehrere Stunden zu sehen. Während dieses Besuches hatte er nicht nur ein leidenschaftliches Interesse für die Dinge des Geistes an den Tag gelegt, sondern mir auch eine Sympathie bezeigt, die in keinem Verhältnis zu dem

Gruß vom Vortag stand. Nachdem ich festgestellt hatte, daß er die Begrüßung jedesmal in der gleichen Weise vollzog, wenn ihm jemand vorgestellt wurde, kam ich zu der Einsicht, daß es sich dabei einfach um eine mondäne Gepflogenheit handelte, die ein gewisser Teil seiner Familie angenommen und der gemäß seine Mutter, die auf seine untadelige Erziehung den größten Wert legte, seinen Körper dressiert hatte; er führte diese Art von Grußbezeigungen aus, ohne ihnen größere Beachtung zu zollen als seinen schönen Kleidern oder seinen schönen Haaren; es war dies eine Sache, der jene tiefe Bedeutung, die ich ihr anfänglich zugeschrieben hatte, völlig abging, etwas rein Erlerntes vielmehr wie die weitere Gepflogenheit von ihm, sich auf der Stelle auch den Eltern eines Menschen, den er kannte, vorstellen zu lassen: eine Gepflogenheit, die bei ihm so instinktiv geworden war, daß er, als er mich am Tag nach unserer ersten Begegnung wieder traf, grußlos auf mich zustürzte und mich ersuchte, ihn mit meiner Großmutter, die gerade bei mir war, bekanntzumachen, noch dazu mit so fieberhafter Eile, als beruhe diese Bitte auf einem Instinkt der Selbstverteidigung, wie er einer unwillkürlichen Abwehrbewegung vor einem Schlag oder dem Schließen der Augen vor einem überflutenden Schwall kochenden Wassers zugrunde liegt, ohne dessen vorbeugenden Schutz man in der nächsten Sekunde schon aufs höchste gefährdet wäre.

Nachdem die ersten Riten zur Vertreibung der bösen Geister einmal hinter uns lagen, sah ich, so wie eine zänkische Fee ihre bisherige Erscheinung ablegt und sich mit zauberhafter Anmut schmückt, diesen verächtlich dreinschauenden Menschen zu dem liebenswertesten und zuvorkommendsten jungen Mann werden, dem ich je begegnet war. Gut, sagte ich mir, ich habe mich schon einmal über ihn getäuscht, ich bin das Opfer eines Trugbilds gewesen, habe es aber dann nur durchschaut, um einem zweiten anheimzufallen, denn offenbar ist er ein adelsstolzer großer Herr, der das gerade verbergen will. Tatsächlich sollte die bezaubernde Wohlerzogenheit und gewinnende Art Saint-Loups ihn mir nach kurzer Zeit als ein anderes, aber doch von dem in meiner Phantasie entstandenen ganz verschiedenes Wesen erscheinen lassen.

Dieser junge Mann, der wie ein herablassender Aristokrat und überlegener Sportsmann wirkte, war von Achtung und Neugier nur für die Dinge des Geistes erfüllt, besonders für jene modernistischen Erscheinungsformen von Literatur und Kunst, die seiner Tante so lächerlich schienen; andererseits war er auch für das eingenommen, was sie als sozialistische Demagogie bezeichnete, war gegenüber seiner Kaste von tiefster Geringschätzung erfüllt und verbrachte Stunden mit dem Studium von Nietzsche und Proudhon.[1] Er war einer jener zu rascher Bewunderung entflammten »Intellektuellen«[2], die ganz in einem Buch aufgehen und sich nur für große Gedanken interessieren. Das ging sogar so weit, daß bei Saint-Loup das Zutagetreten dieser sehr abstrakten und meinen gewohnten Beschäftigungen so fernen Tendenz mir zwar rührend erschien, mich aber auch ein wenig langweilte. Ich darf sagen, daß ich, nachdem ich erfahren hatte, wer sein Vater gewesen war, an Tagen, wo ich bei der Lektüre von Memoiren überall auf Anekdoten über den berühmten Grafen von Marsantes gestoßen war, in dem sich die ganz besondere Eleganz einer nun schon entlegenen Epoche verkörperte, noch träumerischen Geistes und von dem brennenden Verlangen erfüllt, Näheres über das Leben zu erfahren, das Monsieur de Marsantes geführt hatte, wütend war, daß Robert de Saint-Loup sich nicht damit begnügte, der Sohn seines Vaters zu sein, und anstatt mich in den etwas verblichenen Roman der Existenz dieses Mannes einführen zu können, sich bis zum Verehrer Nietzsches und Proudhons erhoben hatte. Sein Vater hätte mein Bedauern nicht geteilt. Er war selbst ein gescheiter Mann, der über die Grenzen seines mondänen Daseins hinaussah. Er hatte kaum Zeit gehabt, seinen Sohn kennenzulernen, hatte aber gewünscht, daß dieser mehr taugen möge als er. Und ich kann mir gut vorstellen, daß er ihn im Gegensatz zur übrigen Familie bewundert und sich darüber gefreut hätte, daß jener das, was seine eigenen dürftigen Zerstreuungen waren, zugunsten strenger geistiger Zucht aufgegeben hatte, und daß er mit der Bescheidenheit des geistvollen Grandseigneurs insgeheim die Lieblingsautoren seines Sohnes gelesen hätte, um ermessen zu können, wie weit Robert über ihn hinausgewachsen war.

Es lag im übrigen der betrübliche Sachverhalt vor, daß zwar Monsieur de Marsantes mit seinem aufgeschlossenen Geist einen von ihm so sehr verschiedenen Sohn zu schätzen gewußt hätte, Robert de Saint-Loup selbst jedoch, da er zu denen gehörte, die glauben, das Verdienst sei an bestimmte Kunst- und Lebensformen gebunden, ein zwar zärtliches, aber auch ein wenig mit Herablassung gemischtes Andenken an einen Vater bewahrte, der sich sein Leben lang mit Jagden und Rennen beschäftigt, bei Wagner gegähnt und für Offenbach sich begeistert hatte. Saint-Loup war nicht klug genug, um zu begreifen, daß der intellektuelle Rang eines Menschen nichts mit einer bestimmten ästhetischen Formel zu tun hat, und hegte für die »Intellektualität« von Monsieur de Marsantes etwa die gleiche Art von Verachtung, wie sie für Boieldieu oder Labiche ein Sohn von Boieldieu oder Labiche gehegt hätte[1], der seinerseits Adept der radikalsten Formen symbolistischer Dichtung und komplizieretester Musik gewesen wäre. »Ich habe meinen Vater nur sehr wenig gekannt«, pflegte Robert zu sagen. »Es scheint, daß er ein trefflicher Mann gewesen ist. Sein Mißgeschick bestand darin, daß er in diese klägliche Epoche hineingeboren war. Im Faubourg Saint-Germain auf die Welt gekommen und dann auch noch in die Ära der *Belle-Hélène*[1] geraten zu sein muß für jede Existenz eine Katastrophe bedeuten. Als kleinbürgerlicher Fanatiker des »Rings« wäre vielleicht etwas ganz anderes aus ihm geworden. Es wird mir sogar erzählt, er habe die Literatur geliebt. Aber das kann ja gar keiner wissen, denn was er unter Literatur verstand, besteht aus Werken, die heute kein Mensch mehr liest.« Wenn ich Saint-Loup meinerseits etwas gar zu ernsthaft fand, begriff er wiederum nicht, daß ich es so wenig war. Da er alle Dinge nur nach dem Maß an Geist bewertete, das sie in sich bargen, und den phantasiebeflügelnden Zauber, den gewisse Dinge mir schenkten, die er oberflächlich fand, nicht begriff, staunte er, daß ich – dem er sich so sehr unterlegen glaubte – mich dafür zu interessieren vermochte.

Gleich in den ersten Tagen hatte Saint-Loup meine Großmutter für sich erobert, nicht nur durch die unaufhörliche Freundlichkeit, die er nicht müde wurde uns zu erweisen, sondern auch durch die natürliche Art, die er dabei, wie in allen Dingen, an den Tag legte. Natürlichkeit aber – wahrscheinlich, weil sie hinter den Künsten des Menschen die Natur durchblicken läßt – war die Eigenschaft, die meine Großmutter jeder anderen vorzog, sowohl in den Gärten, in denen sie nicht gern so regelmäßig angelegte Beete wie in Combray sah, wie auch in der Küche, wo sie allzu stark »garnierte« Speisen, bei denen man kaum noch erkennt, woraus sie eigentlich bestehen, verabscheute, oder auch im Vortrag eines Musikstücks auf dem Klavier, den sie nicht zu gekünstelt und routiniert haben wollte, so daß sie selbst bei den falschen Tönen Rubinsteins[2], wenn er danebengriff, besondere Nachsicht übte. Diese Natürlichkeit stellte sie mit Entzücken sogar in Saint-Loups Kleidung fest, deren gefällige Eleganz nichts »Geschniegeltes« und »Gebügeltes« hatte und die weder streng noch steifleinen war. Erst recht schätzte sie an diesem reichen jungen Mann seine lässige, freie Art, von Luxus umgeben zu leben, ohne daß er »nach Geld roch« und ohne sich damit wichtig zu machen; sie fand den Reiz dieser Natürlichkeit sogar in dem Unvermögen, das Saint-Loup geblieben war – während es sich gewöhnlich mit der Kindheit zur gleichen Zeit wie gewisse physiologische Eigentümlichkeiten dieses Lebensalters verliert –, seine Regungen auf seinem Gesicht nicht erkennen zu lassen. Wurde ihm etwas zuteil, was er sich wünschte, worauf er aber gleichwohl nicht gerechnet hatte, und sei es auch nur ein liebenswürdiges Wort, strahlte ein so jähes, heftiges, sich aufschwingendes und überströmendes Glück von ihm aus, daß er es nicht bei sich behalten und verbergen konnte; unwiderstehlich verzog ihm die Freude das Gesicht zur Grimasse; durch die überfeine Haut seiner Wangen schimmerte eine lebhafte Röte hindurch, in seinen Augen spiegelten sich Verlegenheit und Freude; meine Großmutter war denn auch ungemein empfänglich für diese liebreizende Kundgebung des Freimuts und der Unschuld, die im übrigen bei Saint-Loup zu der Zeit wenigstens, da ich seine Bekanntschaft machte, nicht täuschte. Ich habe aber jemand anderen gekannt – und es gibt viele solcher Leute –, bei dem die physiologische Aufrichtigkeit dieses flüchtigen Rotwerdens keineswegs die moralische Doppelzüngigkeit ausgeschlossen hat; oft beweist diese Röte nur, mit welcher Lebhaftigkeit – so stark, daß sie davor die Waffen strekken und sich offen dazu bekennen müssen – gewisse Naturen, die zu den gemeinsten Betrügereien imstande sind, Lustgefühle empfinden. Am bezaubferndsten aber fand meine Großmutter die Natürlichkeit Saint-Loups in der völlig unkomplizierten Art, in der er seine Sympathie für mich bekundete, für die er Worte fand, wie sie selbst, sagte sie, nicht treffendere und zärtlichere hätte ausdenken, Worte, für die »Sévigné und Beausergent« hätten zeichnen können; er scheute sich nicht, über meine Fehler zu scherzen – er hatte sie mit einem Scharfblick erkannt, der meine Großmutter amüsierte –, aber doch nur so, wie sie selbst es getan hätte, auf eine liebevolle Art und verbunden mit fast übertriebener Bewunderung meiner guten Seiten, die er mit einem Überschwang rühmte, der nichts von der kühlen Reserve hatte, durch die im allgemeinen junge Leute seines Alters sich ein Ansehen geben zu müssen glauben. Auch zeigte er in seinem Bemühen, jedem geringsten Unbehagen bei mir zuvorzukommen, mir Decken über die Beine zu legen, sobald es kühler wurde, und ohne daß ich es merkte, es ohne darüber zu sprechen so einzurichten, daß er abends länger bei mir blieb, wenn ich ihm traurig oder mißgestimmt vorkam – eine Aufmerksamkeit, die meine Großmutter vom gesundheitlichen Standpunkt aus, unter dem etwas mehr Abhärtung erwünscht gewesen wäre, beinahe zu weitgehend, als Beweis inniger Zuneigung jedoch um so rührender fand.

Es war sehr bald zwischen ihm und mir eine ausgemachte Sache, daß wir Freunde fürs Leben geworden seien, und er sagte »unsere Freundschaft«, als spreche er von etwas Wichtigem und Kostbarem, das außerhalb von uns selbst existierte und das er bald – wobei er von den Gefühlen für seine Geliebte absah – als das schönste Glück seines Lebens bezeichnete. Seine Worte weckten in mir eine Art von Kummer, und ich war in Verlegenheit, wie ich sie beantworten sollte, denn weder das Beisammensein mit ihm noch unsere Gespräche – zweifellos wäre es mit jedem anderen genau das gleiche gewesen – verschafften mir irgend etwas von dem Glück, das ich nur zu empfinden vermochte, wenn ich ohne Gefährten war. War ich allein, so fühlte ich manchmal aus den Tiefen meines Inneren einen jener Eindrücke aufsteigen, die mir ein köstliches Wohlgefühl gaben. Sobald ich mich aber in Gesellschaft eines anderen befand, sobald ich zu einem Freund sprach, vollzog mein Geist eine Wendung und lenkte seine Gedanken nunmehr auf jenen anderen und nicht mehr auf mich; wenn sie aber in dieser Richtung verliefen, verschafften sie mir nicht die geringste Freude. Wenn ich dann Saint-Loup verlassen hatte, brachte ich mit Hilfe von Worten eine gewisse Ordnung in die verworrenen Minuten, die ich mit ihm verlebt hatte; ich sagte mir, daß ich einen guten Freund besäße, daß ein guter Freund eine Seltenheit sei, erfuhr aber an mir, von schwer zu erringenden Gütern umgeben, das genaue Gegenteil von dem Glück, das meinem Wesen gemäß war, nämlich aus mir selbst etwas herauf und ans Licht zu ziehen, was in halbem Dunkel in mir verborgen lag. Wenn ich mich zwei oder drei Stunden mit Robert de Saint-Loup unterhalten und er bewundert hatte, was ich zu ihm sagte, stellte ich mit einer Mischung aus Reue, Bedauern und Müdigkeit fest, wieviel besser es gewesen wäre, allein zu bleiben und mich endlich zu einer Arbeit zu rüsten. Andererseits sagte ich mir, daß man klug nicht nur für sich selber ist, daß auch die Größten das Verlangen nach Anerkennung hatten, daß ich nicht Stunden als verloren betrachten dürfe, in denen ich im Geiste meines Freundes eine hohe Meinung von mir hatte entstehen lassen; ich überredete mich leicht, daß ich darüber glücklich sein müsse, und wünschte mir um so lebhafter, dieses Glück nicht zu verlieren, als ich es niemals verspürt hatte. Man fürchtet mehr als für alle anderen Formen des Glücks den Verlust jener Schicksalsgaben, die uns immer fremd geblieben sind, weil unser Herz sich ihrer nicht bemächtigt hat. Ich fühlte mich imstande, die Tugenden der Freundschaft besser zu üben als viele andere (weil ich immer das Wohl meiner Freunde vor den persönlichen Nutzen stellen würde, der für andere eine Rolle spielt, bei mir jedoch nicht zählte), nicht aber dazu, das Glück durch ein Gefühl kennenzulernen, das, anstatt die zwischen meiner Seele und der der anderen bestehenden Unterschiede – wie es sie zwischen den Seelen von uns allen gibt – zu betonen, diese zu verwischen strebt. Dafür aber entdeckte ich zuweilen in Saint-Loup ein Wesen allgemeineren Charakters, nämlich den »Adligen«, der wie ein Geist im Inneren seine Glieder lenkte, seine Gebärden und Handlungen entscheidend dirigierte; dann, in solchen Augenblicken, war ich in seiner Nähe allein wie angesichts einer Landschaft, deren Harmonie ich erfaßt hätte. Er war nur noch ein Gegenstand, den mein Nachsinnen zu ergründen suchte. Wenn ich immer wieder auf jenes frühere, jahrhundertealte Wesen, das in ihm wohnte, traf, jenen Aristokraten, der Robert gerade nicht sein wollte, empfand ich eine lebhafte Freude, die jedoch meinem Geist, nicht meinen Freundschaftsgefühlen entsprang. In der psychischen und physischen Beweglichkeit, die seinen Freundlichkeiten so große Anmut verlieh, in der gefälligen Art, mit der er meiner Großmutter einen Platz in seinem Wagen anbot und ihr einsteigen half, in der Geschicklichkeit, mit der er, wenn er fürchtete, es könne zu kalt für mich sein, vom Kutschbock sprang, um mir seinen eigenen Mantel um die Schulter zu legen, erkannte ich nicht nur die ererbte Gelenkigkeit der großen Jäger wieder, wie die Ahnen dieses jungen Mannes, der nur auf intellektuelle Werte ausging, sie Generationen hindurch gewesen waren, oder auch deren Geringschätzung des Reichtums, die, in ihm mit einem gewissen Behagen daran einzig deshalb gemischt, weil er dank ihm seine Freunde um so glanzvoller feiern konnte, für ihn die Veranlassung war, ihnen seinen Luxus gar so achtlos zu Füßen zu legen; vor allem aber erkannte ich darin die Gewißheit oder die Illusion, die jene großen Herren in sich genährt hatten, »mehr als andere« zu sein, und aufgrund deren sie Saint-Loup nicht das Verlangen hatten überliefern können, nach außen hin sichtbar zu machen, daß man »ebensoviel wie die anderen« ist, jene Furcht, zu liebenswürdig zu sein, die ihm so völlig abging, die durch so viel plumpe Unbeholfenheit die aufrichtigsten Freundschaftsbezeugungen eines Plebejers verunziert. Manchmal machte ich mir selber Vorwürfe, daß ich in dieser Weise gern meinen Freund wie ein Kunstwerk betrachtete, wobei das Zusammenspiel aller Teile seines Wesens, harmonisch abgestimmt durch eine allgemeine Idee, von der sie wie an Fäden gelenkt wurden, ihm selber unbewußt war und infolgedessen seinen rein persönlichen Vorzügen, den persönlichen geistigen und moralischen Werten auf die es ihm ausschließlich ankam, nichts hinzufügte.

Und doch waren sie in gewisser Weise deren Voraussetzung. Gerade weil er ein Adliger war, hatten jene geistige Betätigung und jene Hinneigung zum Sozialismus, die ihn dazu bewogen, die Gesellschaft anmaßender, schlechtgekleideter Studenten zu suchen, bei ihm etwas Reines und Selbstloses, was sie bei diesen nicht besaßen. Da er sich als Erben einer unwissenden, egoistischen Kaste sah, trachtete er aufrichtig danach, daß sie ihm seine aristokratische Herkunft vergeben möchten, während diese umgekehrt für jene eine Verlockung bedeutete, um derentwillen sie seinen Umgang suchten, wenngleich sie ihm gegenüber Kälte und sogar Unverfrorenheit zur Schau trugen. Auf diese Weise kam er dazu, Leuten Avancen zu machen, bei denen meine Eltern als treue Anhänger der Soziologie von Combray gar nicht verstanden hätten, daß er sich nicht von ihnen abwendete. Eines Tages[1], als wir am Strand im Sand saßen, hörten wir beide, Saint-Loup und ich, aus dem mit Tuch bespannten Strandhäuschen, an das wir uns lehnten, Verwünschungen gegen die Judeninvasion ausstoßen, von der Balbec heimgesucht sei. »Man kann keine zwei Schritte gehen«, hörte man jemand sagen, »ohne daß man auf welche stößt. Ich bin nicht grundsätzlich gegen das Judentum eingenommen, doch hier herrscht ein Überangebot. Auf Schritt und Tritt hört man etwas wie: ›Nu hör Apraham, hab ich den Jakop gesein.‹ Man denkt, man sei in der Rue d'Aboukir.«[2] Der Mann, der in dieser Weise gegen Israel eiferte, trat endlich aus dem Häuschen; wir schauten auf und sahen den Antisemiten. Es war mein Kamerad Bloch. Saint-Loup bat mich auf der Stelle, eben diesen Bloch daran zu erinnern, daß er ihn beim Concours général[3] getroffen habe, wo Bloch den Ehrenpreis erhalten hatte, dann später noch einmal in einer Volkshochschule.[4]

Ich lächelte höchstens zuweilen, wenn ich bei Robert die Erziehung der Jesuiten an der Befangenheit feststellte, die eine Folge seiner Besorgnis war, jemanden zu kränken, und die jedesmal bei ihm spürbar wurde, wenn einer seiner Intellektuellenfreunde in gesellschaftlicher Hinsicht einen Lapsus beging oder sich lächerlich machte, Dinge, die Saint-Loup weiter gar nicht wichtig nahm, über die aber, wie er wußte, jener andere sicher errötet wäre, hätte er sie bemerkt. So nun errötete Robert, als wäre er der Schuldige, zum Beispiel an jenem Tag, da Bloch ihm einen Besuch im Hotel mit dem Zusatz vorschlug:

»Da es mir ganz unmöglich ist, in dem Talmischick solcher Karawansereien zu warten, und die spielenden Zigeuner mir Übelkeit verursachen würden, sagen Sie doch bitte dem ›Leiftboy‹, er möge sie zum Schweigen bringen und Sie sofort von meinem Kommen benachrichtigen.«

Ich persönlich legte auf Blochs Besuche im Hotel keinen großen Wert. Er war in Balbec nicht allein, sondern unglückseligerweise mit seinen Schwestern, die dort ihrerseits wieder viele Verwandte und Freunde trafen. Die jüdische Kolonie aber war eher malerisch als angenehm. Es war in Balbec wie in gewissen Ländern, Rußland oder Rumänien zum Beispiel, wo die jüdische Bevölkerung, wie man in Erdkundebüchern liest, weniger begünstigt und schlechter assimiliert ist als etwa in Paris. Stets beieinander, mit keinem anderen Element durchsetzt, bildeten die Kusinen und die Oheime Blochs oder ihre Glaubensgenossen männlichen und weiblichen Geschlechts, wenn sie sich zum Kasino begaben – die einen in Richtung »Ball«, die anderen zum Bakkarat abzweigend – einen in sich homogenen Zug, der sich unverkennbar von den Leuten abhob, die zuschauten, wie sie vorübergingen, und die die Israeliten jedes Jahr wieder vorfanden, ohne je mit ihnen einen Gruß zu tauschen, ob es sich nun um den Kreis der Cambremer, den Clan des Gerichtspräsidenten, um die wohlhabende Bourgeoisie oder das Kleinbürgertum bis hinab zu gewissen einfachen Getreidehändlern aus Paris handelte, deren Töchter, schön, stolz, spöttisch lächelnd und französisch wie die Statuen an der Kathedrale von Reims, sich um keinen Preis unter diese Horde schlecht erzogener Mädels hätten mischen mögen, die die Anpassung an die »Strandmode« so weit trieben, daß sie immer aussahen, als kämen sie gerade vom Krabbenfischen oder wären gerade am Tangotanzen. Die Männer aber erinnerten ungeachtet des Glanzes ihrer Smokings und ihrer Lackschuhe durch ihren übertrieben ausgeprägten Typus an die sogenannten »einfühlsamen« Versuche, bei denen gewisse Maler, wenn sie Szenen aus dem Evangelium oder aus *Tausendundeiner Nacht* zu illustrieren haben, im Gedanken an das Land, in dem die Handlung sich zuträgt, dem heiligen Petrus oder Ali Baba das Gesicht des größten »Bakkaratfanatikers« von Balbec geben. Bloch stellte mir seine Schwestern vor, denen er selbst mit der größten Derbheit über den Mund fuhr, die aber ihrerseits noch über die schwächsten Ausfälle ihres Bruders, der offenbar der Gegenstand ihrer Bewunderung und ihr Idol war, lauthals lachten. Es ist also wahrscheinlich, daß dieses Milieu wie jedes andere – vielleicht mehr als jedes andere – viele erfreuliche Seiten, Vorzüge und Tugenden besaß. Doch um sie gewahr zu werden, hätte man tiefer eindringen müssen. Dagegen aber stand, daß diese Gesellschaft keineswegs anziehend wirkte, selbst sich dessen bewußt war und in dieser Tatsache einen Beweis von Antisemitismus zu erkennen glaubte, gegen den sie in festgefügter, geschlossener Phalanx, in die übrigens niemand einzubrechen gedachte, zusammenhielt.

Die Sache mit dem »Leift« setzte mich übrigens um so weniger in Erstaunen, als Bloch einige Tage zuvor im Anschluß an die Frage, weshalb ich in Balbec sei (daß er selbst dort weilte, kam ihm offenbar ganz natürlich vor), von mir wissen wollte, ob es vielleicht in der Hoffnung sei, dort »schöne Bekanntschaften« zu machen, und auf meine Entgegnung, ich habe mir mit dieser Reise einen langgehegten Wunsch erfüllt, der freilich nicht ganz so stark in mir sei wie der, Venedig zu besuchen, geantwortet hatte: »Ja, ja, natürlich! Um dort mit schönen Damen Sorbet zu trinken, während man so tut, als sei man in die *Stones of Veneice* vertieft, in das Werk von Lord John Ruskin, diesem finsteren Schwätzer und ärgsten Salbader, den es auf Erden gibt.«[1] Bloch glaubte also offenbar nicht nur, in England seien alle männlichen Einwohner Lords, sondern auch, der Vokal *i* werde dort durchweg wie *ei* ausgesprochen. Was nun Saint-Loup betraf, so fand er diesen Aussprachefehler um so geringfügiger, als er darin in erster Linie einen Mangel an jener Weltläufigkeit sah, die mein neuer Freund im gleichen Maß verachtete, wie er selbst sie besaß. Doch die Befürchtung, Bloch könne eines Tages erfahren, daß es »Venice« heißt und daß Ruskin nicht Lord war, und daraufhin nachträglich meinen, er habe sich vor Saint-Loup lächerlich gemacht, führte dazu, daß dieser ein Schuldgefühl hatte, als habe er es an der Nachsicht fehlen lassen, die er gleichwohl in so überreichlichem Maß besaß, und daß die Röte, die angesichts seines Irrtums eines Tages zweifellos Blochs Wangen färben würde, einstweilen im voraus und in Verkehrung der Dinge auf Saint-Loups Antlitz erschien. Denn er war überzeugt, daß Bloch seinem Irrtum mehr Wichtigkeit beimessen werde als er. Was übrigens dieser kurz darauf auch bewies, als er mich eines Tages »Lift« sagen hörte und mir ins Wort fiel: »So, es heißt also ›Lift‹?« In kühlem, hochmütigem Ton setzte er hinzu: »Das ist übrigens gar nicht so wichtig.« Einem Reflex gleich wird dieser Satz – er ist derselbe bei allen Menschen, die Eigenliebe besitzen – unter den schwerwiegendsten Umständen genausogut wie unter den harmlosesten vorgebracht; und er bezeichnet dann genauso wie in unserem Fall, daß die in Frage stehende Sache demjenigen, der sie als gar nicht wichtig hinstellt, äußerst wichtig erscheint; es handelt sich manchmal um einen Satz voller Tragik, um die Worte, die sich als erste – und wie herzzerreißend sind sie dann – auf den Lippen jedes einigermaßen stolz veranlagten Menschen einstellen, dem man durch die Verweigerung einer Gefälligkeit die letzte Hoffnung geraubt hat, an die er sich noch klammerte: »Gut, gut, das ist gar nicht so wichtig, ich finde schon einen anderen Weg«, wobei dieser andere Weg, auf den angewiesen zu sein so gar nicht wichtig ist, manchmal der Selbstmord ist.

Dann äußerte Bloch allerlei Liebenswürdigkeiten mir gegenüber. Er hatte offenbar Lust, ausgesprochen freundlich zu mir zu sein. Dennoch fragte er mich: »Dieser de Saint-Loup-en-Bray übrigens, suchst du seinen Umgang aus der Neigung heraus, dich dem Adel zu nähern – einem sehr zweitrangigen Adel in diesem Fall, aber du bist ja noch immer naiv; offenbar hast du im Augenblick einen ganz hübschen Anfall von Snobismus. Sag ehrlich, bist du ein Snob? Ja,nicht wahr?« Das lag nicht etwa daran, daß seine Absicht, liebenswürdig zu sein, sich plötzlich gewandelt hätte. Doch was man ziemlich inkorrekt als »schlechte Erziehung« bezeichnet, war sein Fehler, ein Defekt also, der ihm selber entging und von dem er erst recht nicht meinte, daß andere sich daran stießen. Innerhalb des Menschengeschlechts ist die Häufigkeit der bei allen gleichmäßig auftretenden Tugenden nicht merkwürdiger als die Vielfalt der Fehler des einzelnen Individuums. Sicherlich ist nicht der gesunde Menschenverstand die »verbreitetste Sache von der Welt«[1], sondern die Güte. In den fernsten, entlegensten Winkeln sieht man sie mit Staunen von selber aufsprießen wie in einem abgelegenen Tal eine Mohnblüte, die allen anderen auf der Welt ähnlich ist, die sie doch niemals sah, und nichts kennt als den Wind, der zuweilen ihr einsames, rotes Käppchen erzittern läßt. Selbst wenn diese Güte, durch Eigennutz lahmgelegt, nicht eigentlich ausgeübt wird, besteht sie gleichwohl, und jedesmal, wenn kein egoistischer Beweggrund in dieser Beziehung hindernd wirkt, zum Beispiel bei der Lektüre eines Romans oder einer Zeitung, entfaltet, belebt sie sich selbst im Herzen desjenigen, der, im wirklichen Leben ein Mörder, in seiner Eigenschaft als Leser des Feuilletonromans liebevoll zu dem Schwachen, Gerechten, Verfolgten sich neigt. Doch die Vielfalt der Fehler ist nicht minder staunenswert als die Ähnlichkeit der Tugenden. Auch die vollkommenste Person hat einen bestimmten Fehler, an dem man Anstoß nimmt, ja der einen sogar zum Zorn reizen kann. Die eine verfügt über eine wunderbare Intelligenz, sieht alles von höherer Warte, sagt nie Böses über jemanden, vergißt aber die wichtigsten Briefe einzuwerfen, nachdem sie einen selbst gedrängt hat, sie ihr anzuvertrauen, und bringt einen um eine Begegnung von entscheidender Bedeutung, ohne sich zu entschuldigen, vielmehr lächelnd, weil sie ihren Stolz darein setzt, niemals zu wissen, wie spät es ist. Ein anderer ist so fein, so sanft, so zartfühlend in allen Dingen, daß er uns über unser Wesen immer nur das sagt, was geeignet ist, uns glücklich zu machen, aber man spürt ganz genau, daß er etwas verschweigt und in seinem Herzen begräbt, andere Ansichten nämlich, die dort bitter werden, und sein Vergnügen, uns zu sehen, ist zugleich so groß, daß wir eher vor Müdigkeit umfallen könnten, als daß er von uns ließe. Ein dritter ist aufrichtiger, treibt die Ehrlichkeit aber so weit, daß er einen, wenn man den nicht erfolgten Besuch bei ihm mit Unwohlsein entschuldigt hat, wissen läßt, man sei auf dem Weg zum Theater gesehen worden und habe recht gesund gewirkt oder er habe von unserer Verwendung für ihn nicht in vollem Umfang Gebrauch machen können – übrigens hätten ihm drei andere Personen die gleiche angeboten –, so daß er uns eigentlich kaum verpflichtet zu sein glaubt. Bei diesen beiden Gelegenheiten hätte der vorher geschilderte Freund so getan, als wisse er nichts von unserem Theaterbesuch, und auch so, als sei er in Unkenntnis darüber, daß andere ihm denselben Dienst hätten erweisen können. Der letzterwähnte Freund hingegen hat das Bedürfnis zu wiederholen oder aufzudecken, was einem am unangenehmsten zu hören ist; er selbst aber ist von seinem eigenen Freimut entzückt und erklärt mit Nachdruck: »Ich bin nun einmal so.« Andere wiederum reizen uns durch ihre übertriebene Neugier oder durch einen so völligen Mangel daran, daß man ihnen die aufregendsten Ereignisse erzählen kann, ohne daß sie wissen, wovon man überhaupt spricht; noch wieder andere brauchen Monate, um uns auf einen Brief zu antworten, wenn dieser sich auf uns selbst und nicht auf sie bezieht, oder kommen nicht, wenn sie gesagt haben, sie wollten uns ein Anliegen vortragen, so daß wir selbst, um sie nur ja nicht zu verfehlen, uns nicht aus dem Haus wagen; sie aber lassen uns Wochen warten, weil sie von uns eine Antwort, die ihr Brief auch gar nicht erforderte, nicht erhalten haben und nun angeblich glauben, sie hätten uns erzürnt. Dann gibt es noch solche, die sich nur nach ihren eigenen Wünschen richten und nicht nach unseren fragen, reden, ohne daß wir nur ein Wörtchen einwerfen können, wenn sie gerade gut aufgelegt sind und Lust haben, uns zu sehen, wenn wir auch noch so dringende Arbeiten zu erledigen haben; wenn sie aber unter dem Wetter leiden oder schlechter Laune sind, kann man kein Wort aus ihnen herausziehen, sie setzen unseren Bemühungen eine schlaffe Indolenz entgegen und geben sich nicht mehr Mühe, auf das, was wir sagen, eine Antwort zu geben – und wäre es eine einsilbige –, als wenn sie taub wären. Jeder unserer Freunde hat in dieser Weise seine Fehler, so daß man, um ihn auch weiterhin zu lieben, notgedrungen den Versuch machen muß, darüber hinwegzusehen – indem man an seine Begabung, seine Güte, seine freundschaftlichen Gefühle denkt – oder wenigstens so zu tun, als wären sie nicht vorhanden, wozu man all seinen guten Willen braucht. Unglücklicherweise wird unser zähes Bemühen, die Untugend unseres Freundes nicht zu bemerken, noch von dem seinen übertroffen, sich ihr aufgrund seiner Verblendung oder derjenigen, die er bei den anderen voraussetzt, aufs unbefangenste hinzugeben. Denn er sieht sie nicht oder nimmt an, daß man sie nicht sieht. Da die Gefahr zu mißfallen vor allem auf der Schwierigkeit beruht, richtig einzuschätzen, was unbemerkt bleibt und was nicht, sollte man wenigstens aus Klugheit nie von sich selber sprechen, weil man bei diesem Thema ganz gewiß sein kann, daß die Ansicht der anderen und unsere eigene nie übereinstimmen werden. Wenn man ebenso große Überraschungen wie beim Besuch eines Hauses von ganz durchschnittlichem Aussehen, dessen Inneres mit Schätzen, Einbruchswerkzeugen und Leichen angefüllt ist, bei der Entdeckung des wahren Lebens der anderen erlebt – der wirklichen Welt unter der scheinbaren Welt –, so wird man nicht weniger überrascht sein, wenn man an Stelle des Bildes, das man sich von sich selbst nach den Äußerungen gemacht hatte, die andere uns gegenüber tun, nunmehr an Hand dessen, was sie über uns in unserer Abwesenheit sagen, die ganz andere Vorstellung kennenlernt, die sie von uns hegen. Auf diese Weise können wir jedesmal, wenn wir von uns gesprochen haben, sicher sein, daß unsere harmlosen und vorsichtigen Bemerkungen, die mit einem Anschein von Höflichkeit und heuchlerischer Billigung zur Kenntnis genommen wurden, zu den bittersten oder ausgelassensten, auf alle Fälle für uns wenig schmeichelhaften Kommentaren Anlaß gegeben haben. Im besten Fall laufen wir Gefahr, Ärgernis zu erregen durch die Kluft zwischen unserer Vorstellung von uns und unseren Worten, eine Kluft, die im allgemeinen die Reden, die man über sich selber führt, ebenso lächerlich macht wie der Singsang vorgeblicher Musikfreunde, die das Bedürfnis verspüren, eine Lieblingsmelodie vor sich hinzusummen, wobei sie die Unzulänglichkeit ihres formlosen Gebrumms durch eine energische Mimik und einen Ausdruck von Bewunderung kompensieren, der durch das, was wir hören, keineswegs gerechtfertigt ist. Neben der schlechten Gewohnheit, von sich selbst und seinen Untugenden zu sprechen, muß auch noch die damit eng zusammengehörige erwähnt werden, die darin besteht, bei anderen die Fehler aufzuzeigen, die genau denen entsprechen, die man selber hat. Von solchen Mängeln aber spricht man dann immerzu, denn es ist dies gleichsam eine abgewandelte Art, von sich selber zu reden, bei der zu der Lust des Sichselbstabsolvierens die des Bekennens tritt. Im übrigen scheint es so, als stelle unsere Aufmerksamkeit, die gern möglichst viel bei dem verweilt, was uns charakterisiert, dies eben auch mehr als alles sonst bei anderen Leuten fest. Ein Kurzsichtiger sagt von einem anderen: Er sieht beinahe nichts; ein Schwindsüchtiger hegt Zweifel über die pulmonale Unversehrtheit des Allergesündesten; wer sich nicht wäscht, spricht nur von den Bädern, die die anderen nicht nehmen; ein mit schlechtem Geruch Behafteter findet, daß man nicht gut riecht; ein betrogener Ehemann sieht überall betrogene Ehemänner, eine leichtlebige Frau stets nur leichtlebige Frauen und ein Snob nur Snobs. Dazu kommt noch, daß jedes Laster ebenso wie jeder Beruf seine Spezialkenntnisse erfordert und ausbildet, die man gern zur Schau trägt. Der Invertierte macht andere Invertierte ausfindig, der in die Gesellschaft eingeführte Maßschneider hat, noch ehe man ein Wort mit ihm geredet hat, den Stoff des Anzugs abgeschätzt, den man trägt, und die Finger zucken ihm vor Verlangen, die Qualität zu befühlen; und wenn wir nach einem Gespräch von ein paar Minuten einen Odontologen nach seiner wahren Meinung über uns befragen würden, gäbe er uns die Zahl unserer schlechten Zähne an. Nichts kommt ihm selber wichtiger und uns, die wir die seinen bemerkt haben, lächerlicher vor. Und nicht nur, wenn wir von uns sprechen, halten wir die anderen für blind, sondern wir handeln auch, als ob sie es wirklich wären. Jeder von uns hat seinen speziellen Gott, der ihm seinen Fehler verbirgt oder dessen Unsichtbarkeit verspricht, ebenso wie er Augen und Nase der Leute, die sich nicht waschen, vor den unsaubern Rändern, die ihre Ohren tragen, oder dem Schweißgeruch aus ihren Achselhöhlen verschließt und ihnen einredet, sie könnten diese Mängel sorglos in der Welt, die nichts bemerken werde, spazierenführen. Wer falsche Perlen trägt oder solche verschenkt, meint, man werde sie für echte halten. Bloch war unerzogen, neuropathisch, ein Snob und außerdem fühlte er, da er einer wenig angesehenen Familie entstammte, als lebe er auf dem Meeresgrund, über sich den unermeßlichen Druck, mit dem nicht nur die Christen der Oberfläche auf ihm lasteten, sondern auch die stufenweise übereinandergelagerten höheren jüdischen Kasten, von denen jede die unmittelbar unter ihr stehende mit Geringschätzung behandelte. Um sich von einer jüdischen Familie zur anderen an die freie Luft emporzuarbeiten, hätte es für Bloch einer Spanne von mehreren Jahrtausenden bedurft. Besser war es, sich auf einem anderen Weg einen Durchbruch zu verschaffen.

Als Bloch mir gegenüber den Anfall von Snobismus erwähnte, den ich offenbar erlitten hatte, und mich aufforderte einzugestehen, ich sei ein Snob, hätte ich ihm antworten können: Wäre ich einer, würde ich mit dir nicht verkehren. So sagte ich nur, er sei nicht sehr nett zu mir. Er wollte sich darauf entschuldigen, freilich nach Art schlecht erzogener Menschen, die nur allzu glücklich sind, ihre eigenen Worte, wenn sie schon auf sie zurückkommen müssen, wenigstens noch zu verschärfen. »Vergib mir«, sagte er nun jedesmal, wenn er mich traf, »ich habe dir Kummer bereitet, ich habe dich gequält, ich war böse aus purem Vergnügen daran. Und dennoch – ein so besonderes Tier ist der Mensch im allgemeinen und dein Freund im besonderen – kannst du dir gar nicht vorstellen, welche freundschaftlichen Gefühle ich, der ich dich so grausam necke, trotz allem für dich hege. Oft, wenn ich an dich denke, bin ich zu Tränen gerührt.« Und er ließ ein Schluchzen vernehmen.

Was mich bei Bloch noch mehr in Erstaunen versetzte als seine schlechten Umgangsformen, war das völlig ungleiche Niveau seiner Unterhaltung. Dieser in allen Dingen so wählerische Junge, der von den angesehensten Schriftstellern der Zeit zu sagen pflegte: »Das ist ein ganz finsterer Idiot, ein vollendeter Dummkopf«, erzählte manchmal maßlos erheitert Geschichten, die keineswegs komisch waren, und zitierte als »wirklich beachtlich« irgendeinen völlig belanglosen Menschen. Diese Art, den Geist, den Wert eines Menschen, das Interesse, das er verdiente, mit zweierlei Maßen zu messen, erstaunte mich immer wieder bis zu dem Tag, da ich die Bekanntschaft von Bloch senior machte.

Ich hatte nicht geglaubt, daß wir jemals diese Ehre haben würden, denn Bloch junior hatte von mir zu Saint-Loup ziemlich schlecht gesprochen und ebenso von Saint-Loup zu mir. Zu Robert hatte er insbesondere gesagt, ich sei (immer noch) ein abscheulicher Snob. »Doch, doch, ich weiß, er ist ganz hingerissen, daß er Monsieur LLLLegrandin! kennt«, sagte er. Diese Art, ein Wort hervorzuheben, war bei Bloch das Zeichen gleichzeitig von Ironie und Literatur. Saint-Loup, der den Namen Legrandin nie gehört hatte, wunderte sich: »Wer ist das denn?« – »Oh, jemand ›sehr Feines‹«, antwortete Bloch lachend und indem er seine Hände fröstelnd in seine Rocktaschen versenkte, überzeugt, das malerische Schauspiel eines ganz außergewöhnlichen Provinzedelmanns zu genießen, der die von Barbey d'Aurevilly[1] geschilderten gänzlich in den Schatten stellte. Er tröstete sich über sein Unvermögen, Legrandin zu beschreiben, indem er ihm mehrere *l* gab und seinen Namen genießerisch schlürfte wie einen im tiefsten Kellerwinkel aufbewahrten Wein. Doch diese ganz subjektiven Freuden blieben den anderen verborgen. Einerseits redete er zwar zu Saint-Loup schlecht von mir, sagte aber andererseits nicht weniger Ungünstiges über ihn zu mir. Wir hatten beide gleich am nächsten Tag diese Nachrede in allen Einzelheiten zu Ohren bekommen, nicht daß wir sie einander unmittelbar wiederholt hätten, denn das wäre uns sehr anstößig erschienen; Bloch jedoch kam dies derart natürlich und beinahe unvermeidlich vor, daß er in seiner Unruhe und der sicheren Annahme, er sage jedem von uns beiden nur, was wir doch baldigst erführen, diesem Austausch zuvorkam, indem er Saint-Loup auf die Seite nahm und ihm gestand, er habe unfreundlich von ihm gesprochen, und zwar mit Absicht so, daß er es wieder erführe, und schwur ihm »bei Zeus dem Kroniden, dem Hüter der Eide«[1], er liebe ihn und sei bereit, für ihn sein Leben hinzugeben, wobei er sich eine Träne aus dem Augenwinkel wischte. Am gleichen Tag richtete er es so ein, daß er mich allein sehen konnte, legte mir ebenfalls ein Geständnis ab und erklärte mir, er habe nur zu meinem Besten gehandelt, denn er sei der Meinung, daß eine gewisse Art von mondänen Beziehungen für mich verderblich und ich selbst »viel zu gut dafür« sei. Dann ergriff er mit der Rührung eines Betrunkenen meine Hand – sein Rausch war dabei rein nervöser Natur – und sagte: »Glaube mir, und möge die nachtschwarze Ker mich auf der Stelle belangen und mir die Pforte des Hades auftun, die den Menschen verhaßt ist, wenn ich nicht gestern, als ich an dich und an Combray dachte, an meine unendliche Liebe zu dir, an gewisse Nachmittage während des Schulunterrichts, an die du gar nicht mehr denkst, die ganze Nacht durch geschluchzt habe. Ja, die ganze Nacht, ich schwöre es dir, und ach, ich weiß, denn ich kenne die Seelen der Menschen, daß du mir nicht glauben wirst.« Ich glaubte tatsächlich diesen Worten nicht, die ich soeben erst beim Reden erfunden wußte, und sein Schwur »bei der Ker« gab der Sache kein größeres Gewicht, denn der Griechenkult war bei Bloch nur rein literarisch zu werten. Sobald er übrigens selbst über eine unwahre Begebenheit gerührt war und wünschte, auch die anderen darüber gerührt zu sehen, sagte er: »Ich schwöre es dir«, mehr noch aus hysterischer Lust am Lügen als eigentlich von dem Wunsch beseelt, andere glauben zu machen, daß er die Wahrheit sage. Ich glaubte seinen Worten zwar nicht, war ihm aber nicht böse, denn ich hatte von meiner Mutter und meiner Großmutter die Eigenschaft geerbt, unfähig zum Groll zu sein, selbst Menschen gegenüber, die weit schuldiger waren, und nie über jemand den Stab zu brechen.

Bloch war übrigens kein eigentlich schlechter Junge, er konnte sehr nette Seiten haben. Und seitdem die Rasse von Combray, jene Rasse, der so absolut makellose Wesen wie meine Großmutter und meine Mutter entstammten, nun fast erloschen scheint und ich nur die Wahl zwischen ehrlichen, fühllosen und loyalen Rohlingen habe, bei denen schon der Ton der Stimme verrät, daß sie sich nicht im geringsten um unser Leben scheren, und einer anderen Sorte von Leuten, die, solange sie bei uns weilen, uns verstehen und lieben und bis zu Tränen gerührt sind, dafür aber ein paar Stunden später grausam über uns scherzen, dann aber wiederum ebenso verständnisvoll, so reizend, so völlig im Einklang mit uns zurückkommen, glaube ich, daß mir, wenn auch nicht der moralische Wert, so doch die Gesellschaft der letzteren lieber ist.

»Du kannst dir nicht vorstellen, mit welchem Schmerz

ich an dich denke«, sagte Bloch. »Im Grunde ist das ein eher jüdischer Zug an mir«, fügte er ironisch und mit zusammengekniffenen Lidern hinzu, als handle es sich darum, eine mikroskopische Dosis »jüdischen Bluts« richtig zu bestimmen – so wie es einer der großen Herren Frankreichs hätte sagen können (es aber nicht gesagt hätte), der unter seinen durchwegs christlichen Ahnen dennoch einen Samuel Bernard[1] oder noch früher die Hl. Jungfrau geführt hätte, von der, wie behauptet wird, die Lévy abstammen –, »das durchschlägt«, und er fügte hinzu: »Ich bin, wie du siehst, durchaus bereit, den übrigens sehr geringfügigen Anteil meiner jüdischen Herkunft an meinem Gefühlsleben anzuerkennen.« Er sprach diesen Satz aus, weil es ihm zugleich geistreich und mutig schien, die Wahrheit über seine Rasse zu sagen, eine Wahrheit, die er bei der gleichen Gelegenheit beträchtlich abzuschwächen verstand, so wie der Geizige, wenn er sich entschließt, seine Schulden zu zahlen, nur die Hälfte davon abzutragen über sich bringt. Diese Art von Schwindel, bei dem man zwar die Kühnheit besitzt, die Wahrheit einzugestehen, aber doch nur, indem man sie großenteils mit Lügen versetzt, die sie verfälschen, ist verbreiteter als man denkt, und selbst bei denjenigen, die ihn gewöhnlich nicht praktizieren, sind gewisse kritische Phasen im Leben, besonders wenn eine Liebesbeziehung im Spiel ist, der Anlaß, ihn gleichwohl zu betreiben.

Alle diese vertraulichen Schmähreden Blochs – zu Saint-Loup auf mich, zu mir auf Saint-Loup – endeten mit einer Einladung zum Abendessen. Ich bin nicht ganz sicher, ob er nicht zunächst den Versuch gemacht hatte, Saint-Loup allein zu bekommen. Der Wahrscheinlichkeit nach muß ein solcher Versuch vermutet werden, doch war er nicht von Erfolg gekrönt, denn eines Tages trat Bloch mit folgenden Worten vor mich und Saint-

Loup: »Teurer Meister und Sie, vom Ares geliebter Reitersmann, de Saint-Loup-en-Bray, der Rossebezähmer, da ich euch nun begegnet am Strande der wogendröhnenden Amphitrite, bei den Zelten der Meniers[1] mit den hurtigen Schiffen, wollen Sie beide einen Tag dieser Woche zu meinem weithin berühmten Vater mit dem untadeligen Herzen zum Abendessen kommen?« Er richtete diese Einladung an uns, weil er den Wunsch hatte, sich enger mit Saint-Loup anzufreunden, damit dieser ihn, so hoffte er, in aristokratische Kreise einführen möchte. Hätte ich selbst und zu meinen Gunsten diesen Wunsch geäußert, er wäre Bloch als Ausdruck des widerwärtigsten Snobismus erschienen und hätte gut zu der Meinung gepaßt, die er über eine ganze Seite meines Wesens hegte, die er – bislang wenigstens – nicht als die hervorstechendste ansah; bei sich selbst aber hielt er den gleichen Wunsch für den Beweis einer schönen geistigen Neugier, in der sich das Verlangen bekundete, soziale Regionen aufzusuchen, in denen er vielleicht etwas antreffen konnte, was in literarischer Hinsicht für ihn von Nutzen wäre. Als der alte Bloch von seinem Sohn erfuhr, er werde einen seiner Freunde zum Abendessen mitbringen, wobei dieser mit einer Art von sarkastischer Befriedigung Titel und Namen ausgesprochen hatte: »Der Marquis von Saint-Loup-en-Bray«, war er stark beeindruckt gewesen. »Der Marquis von Saint-Loup-en-Bray! Alle Wetter!« hatte er ausgerufen, unter Verwendung des Kraftausdrucks, der bei ihm das Zeichen höchster sozialer Ehrerbietung war. Auf seinen Sohn aber, dem es gelang, sich solche Beziehungen zu schaffen, warf er einen bewundernden Blick, der besagte: Er ist doch wirklich erstaunlich. Ist dieses Phänomen mein Sohn?, einen Blick, der meinem Kameraden ebensoviel Vergnügen bereitete wie eine Erhöhung seines Monatswechsels um fünfzig Francs. Denn Bloch fühlte sich zu Hause nicht wohl; er litt darunter, daß sein Vater ihn auf der schiefen Bahn sah, weil er ihm in der Bewunderung von Leconte de Lisle, Heredia und anderen »Bohémiens« aufzugehen schien.[1] Beziehungen aber zu einem Saint-Loup-en-Bray, dessen Vater Präsident der Suezkanal-Gesellschaft gewesen war (Alle Wetter!), waren ein »unbestreitbarer« Erfolg. Um so größer war sein Bedauern, daß er aus Furcht, es könne beschädigt werden, das Stereoskop[2] zu Hause gelassen hatte. Nur der alte Bloch verstand die Kunst oder besaß das Recht, dieses Instrument zu bedienen. Er machte übrigens bewußt nur selten Gebrauch davon, einzig an Galaabenden, bei denen zusätzliche männliche Lohndiener ihres Amtes walteten. So bedeuteten denn diese Veranstaltungen mit Stereoskop in den Augen der Anwesenden eine Auszeichnung, ein Privileg und verliehen dem Hausherrn ein Prestige, wie nur das Talent es schafft, ein Prestige, das nicht größer hätte sein können, wären die vorgezeigten Ansichten von Monsieur Bloch in Person aufgenommen und der Apparat von ihm erfunden worden. »Waren Sie gestern nicht bei Salomon eingeladen?« fragte man in der Familie. »Nein, ich gehörte nicht zu den Auserwählten! Was war denn los?« – »Nun, alles groß aufgezogen, das Stereoskop und der ganze Klimbim.« – »Ah, das Stereoskop, das tut mir allerdings leid, denn offenbar ist Salomon bei der Vorführung großartig.« – »Was willst du«, sagte der alte Bloch zu seinem Sohn, »man muß ihm nicht alles auf einmal bieten, so bleibt immer noch was.« Wohl hatte er in seiner väterlichen Liebe und um das Herz seines Sohnes zu rühren daran gedacht, das Instrument eigens kommen zu lassen. Doch das war aus Zeitgründen »technisch nicht möglich«; so hatte man wenigstens geglaubt; tatsächlich aber wurde die Einladung verschoben, denn Saint-Loup mußte zu Hause bleiben wegen eines Onkels, der vorhatte, auf achtundvierzig Stunden zu Madame de Villeparisis zu Besuch zu kommen. Da dieser Onkel aufgrund seiner Leidenschaft für körperliche Übungen, vor allem für lange Wanderungen, von dem Schloß, wo er den Sommer verbrachte, den Weg großenteils (mit Übernachtungen auf Bauernhöfen) zu Fuß machen wollte, war der Zeitpunkt seiner Ankunft in Balbec ziemlich unbestimmt. So wagte Saint-Loup kaum sich wegzurühren und trug mir sogar auf, nach Incarville, wo sich das nächste Telegraphenbüro befand, die Depesche zu bringen, die mein Freund täglich seiner Geliebten schickte. Der Onkel, der erwartet wurde, trug den Vornamen Palamède; er hatte ihn von seinen Ahnen, den Fürsten von Sizilien, geerbt. Später dann, wenn ich bei meiner Lektüre von historischen Werken jenen Eigennamen bei irgendeinem Podestà oder Kirchenfürsten antraf, wo er wie eine schöne Renaissancemedaille wirkte – es hieß sogar, er sei antiken Ursprungs –, die immer in der Familie geblieben und von einem Nachkommen dem nächsten, vom Kabinett des Vatikans bis auf den Onkel meines Feundes als Vermächtnis weitergegeben worden war, empfand ich das Vergnügen, das jenen vorbehalten ist, die zwar nicht das Geld haben, sich eine Münzensammlung oder eine Pinakothek anzulegen, dafür aber alte Namen sammeln (Ortsnamen, die dokumentarisch und pittoresk sind wie eine alte Weltkarte, wie ein Stich aus der Vogelschau, ein altes Firmenschild oder eine Sammlung von Weistümern, Taufnamen, bei denen in den schönen französischen Wortausgängen noch ein Versagen der Zunge, die ethnisch bedingte Vulgarität des Tonfalls, die fehlerhafte Aussprache hörbar wird und nachklingt, durch die unsere Altvorderen lateinischen und germanischen Wörtern nachhaltige Verstümmelungen beibrachten, die später die erhabenen Gesetzgeberinnen der Grammatiken wurden) und sich schließlich mit diesem zusammengetragenen Material aus alten Klängen selber Konzerte geben nach Art derjenigen, die eine Gambe oder Viola d'amore erwerben, damit sie die Musik von ehedem auf alten Instrumenten spielen können. Saint-Loup erzählte mir, daß selbst in den geschlossensten Adelskreisen sein Onkel Palamède als besonders schwer erreichbar, anmaßend und ahnenstolz gelte; mit der Frau seines Bruders und einigen anderen auserwählten Personen bilde er den sogenannten »Phönix-Club«. Selbst dort noch sei er wegen seiner hochfahrenden Äußerungen derart gefürchtet, daß früher sogar Leute, die seine Bekanntschaft auf dem Weg über seinen eigenen Bruder hatten machen wollen, von diesem abgewiesen wurden. »Nein, bitten Sie mich nicht, daß ich Sie meinem Bruder Palamède vorstelle. Auch wenn wir alle, meine Frau und ich, uns dafür verwendeten, würde doch nichts daraus. Oder aber Sie würden Gefahr laufen, ihn in wenig liebenswürdiger Laune anzutreffen, und das möchte ich nicht.« Im Jockey-Club hatten er und einige Freunde zweihundert Mitglieder namhaft gemacht, die sie sich niemals vorstellen zu lassen gedachten. Beim Grafen von Paris hatte er wegen seiner Eleganz und seines Hochmuts den Spitznamen »Prince«.

Saint-Loup erzählte mir auch manches aus der jetzt weit zurückliegenden Jugend seines Onkels. Er brachte damals alle Tage Frauen in seine Junggesellenwohnung, die er mit zwei Freunden teilte, beide schön wie er, weshalb man sie »die drei Grazien« nannte.

»Eines Tages hatte einer der heute im Faubourg Saint-Germain ›höchststehenden Männer‹, wie Balzac sagen würde, der aber in einer ersten ziemlich üblen Periode seltsamen Neigungen huldigte, meinen Onkel gebeten, ihm in dieser Junggesellenwohnung einen Besuch abstatten zu dürfen. Kaum angekommen, machte er dort aber nicht den Frauen, sondern meinem Onkel Palamède eine Liebeserklärung. Mein Onkel tat, als verstehe er nicht, nahm aber unter einem Vorwand seine beiden Freunde beiseite; sie kamen zurück, ergriffen den Schuldigen, zogen ihn nackt aus, prügelten ihn bis aufs Blut und jagten ihn bei einer Kälte von zehn Grad unter Null mit Fußtritten vor die Tür, wo er halbtot aufgefunden wurde, so daß eine gerichtliche Untersuchung bereits im Gange war, als der Unglückliche sie noch mit größter Mühe niederschlagen konnte.[1] Mein Onkel würde sich heute für eine so grausame Exekution nicht mehr hergeben; du kannst dir gar nicht vorstellen, wie viele Leute aus dem Volk er, der unter Weltleuten so hochmütig ist, im Lauf der Zeit ins Herz geschlossen hat und nachhaltig protegiert, ganz gefaßt darauf übrigens, mit Undank belohnt zu werden. Einmal ist es ein Hotelbediensteter, den er irgendwo angetroffen hat und in Paris unterbringt, dann ein Bauernsohn, den er ein Handwerk lernen läßt. Das ist gerade die nette Seite bei ihm, im Gegensatz zu seiner mondänen Seite.« Saint-Loup gehörte nämlich zu jener Art von jungen Leuten aus der guten Gesellschaft, die auf Höhen leben, wo solche Aussprüche sprießen wie: »Was so nett an ihm ist ... diese gewisse nette Seite, die er hat ...«, Aussprüche, die eine recht kostbare Saat darstellen, aus der sich schnell eine gewisse Sicht der Dinge entwickelt, bei der man sich selbst für nichts erachtet und das »Volk« für alles, also gerade das Gegenteil vom Hochmut der Plebejer. »Offenbar kann man sich heute gar nicht mehr vorstellen, wie bestimmend, wie tonangebend er in seiner Jugend für die ganze Gesellschaft war. Er selbst tat dabei nur, was ihm bei jeder Gelegenheit das angenehmste, das bequemste war; auf der Stelle aber wurde es von den Snobs nachgemacht. Hatte er im Theater Durst bekommen und sich etwas zu trinken in die Loge bestellt, waren in der folgenden Woche die kleinen Salons hinter jeder einzelnen mit Erfrischungen versehen. In einem regnerischen Sommer hatte er einen harmlosen Anfall von Rheumatismus und daraufhin einen leichten, aber warmen Mantel aus Vikuniawolle, wie man sie für Reisedecken verwendet, unter Beibehaltung der blauen und orangefarbenen Streifen anfertigen lassen.[1] Die großen Schneider wurden daraufhin alsbald von ihren Kunden überrannt, die alle langhaarige blaue Überzieher mit Fransen haben wollten. Wenn er aus irgendeinem Grund einem Diner in dem Schloß, in dem er gerade weilte, jede Steifheit nehmen wollte und, um diese Nuance zu betonen, keinen Frack mitgebracht, sondern sich im Nachmittagsjackett an den Tisch gesetzt hatte, wurde es Mode, auf dem Lande im Tagesanzug zu speisen. Ob er zum Kuchenessen anstatt eines Löffels eine Gabel benutzte oder ein selbsterfundenes Eßgerät, das er für seinen persönlichen Gebrauch bei einem Goldschmied hatte herstellen lassen, oder auch seine Finger, es war von dem Augenblick an nicht mehr erlaubt, anderes zu verwenden. Einmal hatte er Lust gehabt, bestimmte Beethoven-Quartette (denn bei allen seinen Bizarrerien ist er keineswegs dumm, sogar recht begabt) wieder zu hören und zu diesem Zweck allwöchentlich Künstler kommen lassen, die sie ihm und seinen Freunden vorspielten.[2] Sofort wurde es in jenem Jahr große Mode, einen kleinen Kreis von Gästen einzuladen und mit ihnen Kammermusik zu hören. Ich glaube übrigens, er hat sich im Leben nichts entgehen lassen. Schön wie er war, hat er bestimmt Frauen gehabt, so viele er wollte! Ich könnte allerdings auch nicht genau sagen, welche es gewesen sind, denn er ist äußerst diskret. Doch ich weiß, daß er meine arme Tante weidlich betrogen hat, was aber nicht hinderte, daß er ganz reizend zu ihr war und sie ihn anbetete; er hat sie jahrelang beweint. Wenn er in Paris ist, besucht er noch heute fast jeden Tag ihr Grab.«

Als ich am Tag nach diesen Erzählungen Saint-Loups über den (übrigens vergeblich) erwarteten Onkel auf dem Nachhauseweg zum Hotel am Kasino vorbeikam, hatte ich das Gefühl, jemand, der nicht weit von mir entfernt war, hefte seinen Blick auf mich. Ich wandte den Kopf und bemerkte einen großen, ziemlich beleibten Mann von etwa vierzig Jahren mit einem schwarzen Schnurrbart; während er mit einem Stöckchen nervös auf seine Hosen schlug, waren seine vor Aufmerksamkeit geweiteten Augen auf mich gerichtet. Momentweise ließ er daraus in alle Richtungen Blicke von äußerster Aktivität hervorschießen, wie es gegenüber jemandem, den er nicht kennt, nur einer tut, in dem diese Person aus welchen Gründen auch immer Gedanken weckt, die einem anderen nicht kommen würden – beispielsweise ein Irrer oder ein Spion. Er warf mir einen letzten gleichzeitig kühnen und doch von Vorsicht gelenkten, raschen und tiefen Blick zu; es war gleichsam ein letzter Schuß, den man abfeuert, ehe man flieht; dann, nachdem er sich nach allen Seiten umgeblickt hatte, nahm er mit einemmal eine zerstreute, hochmütige Miene an und wandte sich mit einer schroffen Drehung seines ganzen Körpers einem Plakat zu, in dessen Lektüre er sich vertiefte, während er eine Melodie vor sich hinsummte und eine Moosrose zurechtrückte, die er im Knopfloch trug.[1] Er nahm aus der Tasche ein Notizbuch, in dem er sich den Titel des angekündigten Schauspiels zu notieren schien, zog zwei- oder dreimal seine Uhr, rückte den runden schwarzen Strohhut tiefer in die Augen, wobei er gleichzeitig die Hand als Augenschirm an die Krempe hielt, als spähe er nach jemand aus, der nicht kommen sollte, machte eine Geste des Unwillens, wie man sie macht, wenn man zum Ausdruck bringen will, man habe genug gewartet, jedoch nie, wenn man wirklich wartet, schob dann den Hut zurück, so daß man eine kurzgeschnittene Bürstenfrisur darunter hervorschauen sah, an die sich jedoch auf jeder Seite ziemlich lange, gewellte »Taubenflügel« anschlossen, und schnaubte laut wie Leute, denen es zwar nicht wirklich zu warm ist, die aber das Bedürfnis verspüren, so zu tun als ob. Mir kam der Gedanke an einen Hoteldieb, der meine Großmutter und mich vielleicht schon die vorhergehenden Tage beobachtet hatte und der nun, während er seinen Einbruch vorbereitete, erkennen mußte, daß er von mir beim Ausspionieren erwischt worden war; um mich irrezuführen, versuchte er vielleicht durch seine veränderte Haltung nur Zerstreutheit und Uninteressiertheit zum Ausdruck zu bringen, tat dies aber auf eine so herausfordernd übertreibende Art, daß er mindestens ebensosehr wie die Zerstreuung meines möglichen Argwohns den Zweck im Auge zu haben schien, sich für eine Demütigung zu rächen, die ich ihm ohne mein Wissen zugefügt hätte, und mir den Gedanken nahezulegen, wenn auch nicht gerade, er habe mich nicht gesehen, so doch, ich sei ein zu bedeutungsloses Objekt, als daß ich seine Aufmerksamkeit auf mich ziehen könnte. Er drückte den Rücken in einer Art von Trotzhaltung durch, preßte die Lippen zusammen, drehte die Schnurrbartenden auf und gab seinem Blick etwas Gleichgültiges, Hartes, ja beinahe Verletzendes. Jedenfalls erreichte er durch sein sonderbares Gebaren, daß ich ihn bald für einen Gauner, bald für einen Geistesgestörten hielt. Dabei war sein außergewöhnlich gepflegter Anzug viel würdiger und schlichter als die Kleidung aller Badegäste, die ich in Balbec sah, und auch tröstlich für meinen Rock, den die banale, blendende Weiße ihrer Strandanzüge allzuoft gedemütigt hatte. Doch da kam meine Großmutter mir entgegen, wir machten zusammen einen kleinen Spaziergang; eine Stunde später wartete ich auf sie vor dem Hotel, in das sie einen Augenblick gegangen war, als ich Madame de Villeparisis mit Robert de Saint-Loup und dem Unbekannten, der mich vor dem Kasino so scharf ins Auge gefaßt hatte, heraustreten sah. Blitzschnell ging sein Blick durch mich hindurch, genau wie im Augenblick unserer ersten Begegnung, und kehrte dann, als habe er mich gar nicht bemerkt, auf einen etwas tiefer vor ihm liegenden Punkt zurück, stumpf wie der ausdruckslose Blick, der vorgibt, außen nichts zu sehen, und innen nichts zu sehen vermag, der Blick, der einzig die Zufriedenheit widerspiegelt, sich von Wimpern umgeben zu fühlen, die er mit seiner beseligten Rundung weitet, der fromme Demutsblick gewisser Heuchler, der eingebildete Blick, den manche Dummköpfe haben. Ich sah, daß er sich umgezogen hatte. Der Anzug, den er jetzt trug, war noch dunkler als der vorige; sicher ist eben die wahre Eleganz von Schlichtheit weniger weit entfernt, als die falsche es ist; in der Wahl dieser Kleidung lag jedoch auch etwas anderes: wenn man genauer hinsah, spürte man, daß die Farbe nicht deshalb völlig darin fehlte, weil der Träger sie aus mangelndem Gefühl für ihren Reiz daraus verbannt hatte, sondern eher, weil er sie sich aus irgendeinem Grund untersagte. Die Enthaltsamkeit, von der diese Kleidung zeugte, schien mehr aus der Befolgung einer Diät als aus einem Fehlen von Eßlust hervorgegangen zu sein. Ein dunkelgrüner Faden im Gewebe des Hosenstoffs war dennoch auf das Streifenmuster der Strümpfe mit einem Raffinement abgestimmt, das deutlich eine sonst überall bezähmte Neigung verriet, der dieses einzige Zugeständnis aus Duldung gemacht zu sein schien, während ein roter Tupfen auf der Krawatte unmerklich blieb wie eine Freiheit, die man sich nicht zu nehmen wagt.

»Wie geht es Ihnen? Erlauben Sie, daß ich Ihnen meinen Neffen, den Baron von Guermantes, vorstelle«, sagte

Madame de Villeparisis zu mir, während der Unbekannte, ohne mich anzublicken, ein kaum verständliches: »Erfreut« murmelte, auf das er sofort ein Räuspern folgen ließ, um seiner Liebenswürdigkeit etwas nur Gezwungenes zu geben; den kleinen Finger, Zeigefinger und Daumen krümmend, hielt er mir darauf den Mittelfinger und den unberingten Ringfinger hin, die ich unter dem Handschuh aus schwedischem Leder drückte; dann wandte er sich, ohne mir noch einen Blick zu schenken, wieder Madame de Villeparisis zu.

»Mein Gott, wo habe ich denn meine Gedanken«, sagte diese, »da spreche ich von dir als dem Baron von Guermantes. Ich stelle Ihnen vielmehr den Baron von Charlus vor. Nun«, fuhr sie fort, »schließlich ist das Versehen nicht schlimm, du bist ja doch auch ein Guermantes.«

Indessen war auch meine Großmutter dazugekommen, und wir gingen zusammen des Wegs. Saint-Loups Onkel würdigte mich nicht nur keines Wortes, sondern auch nicht einmal eines Blicks. Wenn er Unbekannte musterte (während dieses kurzen Spaziergangs ließ er zwei- oder dreimal seinen schrecklichen, durchbohrenden Blick sondengleich in unbedeutende Vorübergehende niedrigsten Standes eindringen), schaute er andererseits, nach mir selbst zu urteilen, keinen Augenblick Personen an, die er kannte – so wie ein Mitglied der Geheimpolizei mit besonderem Auftrag persönliche Freunde in seine berufliche Überwachung nicht mit einbezieht. Ich ließ meine Großmutter, Madame de Villeparisis und ihn sich weiter unterhalten und blieb mit Saint-Loup ein paar Schritte zurück und sagte zu ihm:

»Habe ich recht gehört? Madame de Villeparisis hat zu Ihrem Onkel gesagt, er sei ein Guermantes?«

»Aber ja, natürlich, er heißt Palamède de Guermantes.«

»Sind das dieselben Guermantes, die ein Schloß in der Nähe von Combray haben und behaupten, von Genoveva von Brabant abzustammen?«

»Aber gewiß. Mein Onkel, der in allem Heraldischen Bescheid weiß wie nur irgendeiner, würde Ihnen antworten, daß unser ›Ruf‹, unser Schlachtruf, der später ›Passavant‹ lautete, zunächst ›Combraysis‹ war«, sagte er lachend, damit es nicht so aussähe, als bilde er sich auf das Vorrecht eines Schlachtrufs, das nur die beinahe souveränen Häuser, nämlich die großen Anführer eigener Heere, hatten, etwas ein. »Sein Bruder ist der derzeitige Besitzer des Schlosses Guermantes.«

So rückte sie also in die nächste Nähe der Guermantes, jene Madame de Villeparisis, die für mich so lange nur die Dame gewesen war, die mir einmal, als ich klein war, eine von einem Entchen gehaltene Pralinenschachtel geschenkt hatte und damals von der Gegend von Guermantes noch entfernter war, als wäre sie in der Gegend von Méséglise eingeschlossen gewesen; damals war sie in meinen Augen weniger glanzvoll, weniger bedeutend als der Optiker von Combray, jetzt aber machte sie eine jener phantastischen Haussen durch, die zusammen mit den ebensowenig vorausgesehenen Kursverlusten anderer Dinge, die wir besitzen, in unsere Jugend und in die Teile unseres Lebens, in denen noch ein wenig Jugend fortbesteht, Veränderungen hineintragen, die ebenso zahlreich sind wie die Metamorphosen Ovids.

»Stehen nicht in dem Schloß die Büsten aller ehemaligen Herren von Guermantes?«

»Ja, ein prächtiges Spektakel«, bemerkte ironisch Saint-Loup. »Unter uns gesagt, finde ich das alles etwas abgeschmackt. Es gibt aber auch anderes in Guermantes, das interessanter ist, nämlich ein rührend schönes Porträt meiner Tante, von Carrière[1] gemalt. Schön wie ein Whistler oder ein Velasquez«, fügte Saint-Loup hinzu, der in seinem Neophyteneifer nicht immer das richtige Maß für die Größe hatte. »Es gibt auch sehr eindrucksvolle Bilder dort von Gustave Moreau. Meine Tante ist die Nichte Ihrer Bekannten, der Madame de Villeparisis, sie ist von ihr erzogen worden und hat dann ihren Vetter geheiratet, der ebenfalls ein Neffe meiner Tante Villeparisis ist, den derzeitigen Herzog von Guermantes.«

»Und wer ist nun Ihr Onkel?«

»Er führt den Titel eines Baron von Charlus. An sich hätte mein Onkel Palamède nach dem Tod meines Großonkels den Titel eines Fürsten des Laumes annehmen müssen, den sein Bruder innehatte, bevor er Herzog von Guermantes wurde, denn in dieser Familie wechseln sie den Namen wie ihr Hemd. Doch mein Onkel hat über das alles seine höchst eigenen Ideen. Und da er findet, es werde jetzt ein solcher Mißbrauch mit italienischen Herzogs- und spanischen Grandentiteln usw. getrieben, hat er, obwohl er die Wahl zwischen vier oder fünf fürstlichen Titeln gehabt hätte, den eines Barons von Charlus beibehalten, aus Protest gleichsam und einer trügerischen Bescheidenheit, in der sehr viel Hochmut liegt. ›Heute‹, sagte er, ›wo jeder sich Prinz oder Fürst nennt, braucht man ja geradezu ein Unterscheidungsmerkmal; ich werde mir einen hohen Titel zulegen, wenn ich inkognito reisen will.‹ Nach seiner Behauptung gibt es keinen älteren Namen als den der Barone von Charlus; um zu beweisen, daß seine Baronie älter als die der Montmorency ist, die fälschlicherweise für sich in Anspruch nehmen, die ältesten Barone Frankreichs zu sein, während sie es nur in der Île-de-France waren, wo sie ihre Lehnsherrschaft hatten, wird mein Onkel Ihnen stundenlange Erklärungen liefern, und zwar mit dem größten Vergnügen, denn, wiewohl sehr gescheit, sehr begabt, findet er, daß dies ein höchst anregendes Gesprächsthema ist«, setzte Saint-Loup mit einem Lächeln hinzu. »Da ich jedoch nicht bin wie er, werden Sie mich nicht dazu bringen, von Genealogie zu sprechen; ich kenne nichts Langweiligeres, nichts Überholteres, wirklich, das Leben ist zu kurz!«

Ich erkannte jetzt in dem harten Blick, der mich vor kurzem vor dem Kasino veranlaßt hatte, mich umzuwenden, denjenigen wieder, den ich in Tansonville auf mir hatte ruhen fühlen in dem Moment, als Madame Swann Gilberte gerufen hatte.

»Unter den zahllosen Geliebten, die Sie Ihrem Onkel, Monsieur de Charlus, nachsagten, war da nicht auch Madame Swann?«

»O nein! Er ist eng befreundet mit Swann und hat ihn immer nach Kräften unterstützt. Aber nie hat jemand behauptet, er sei der Liebhaber von Madame Swann. Sie würden überall auf große Verwunderung stoßen, wenn man annehmen müßte, Sie glaubten es.«

Ich wagte ihm nicht zu antworten, daß dies in Combray noch weit mehr der Fall gewesen wäre, hätte man angenommen, ich glaubte es nicht.

Meine Großmutter war von Monsieur de Charlus entzückt. Zweifellos legte er allen Fragen der Geburt und der gesellschaftlichen Stellung ungewöhnlich viel Wichtigkeit bei, und meine Großmutter hatte es bemerkt, doch ohne jene Strenge, bei der meist geheimer Neid und eine Art von Gereiztheit darüber eine Rolle spielen, daß ein anderer Vorteile genießt, die man auch gern hätte, doch nicht haben kann. Da aber meine Großmutter, zufrieden mit ihrem Geschick und frei von Sehnsucht nach einem Leben in einer glanzvolleren Gesellschaft, nur ihre Klugheit anwendete, um die Schattenseiten von Monsieur de Charlus zu beurteilen, sprach sie von Saint-Loups Onkel mit jener unbefangenen, heiteren und fast sympathisierenden Freundlichkeit, mit der wir den Gegenstand unserer objektiven Beobachtung für das Vergnügen belohnen, das sie uns verschafft, zumal in diesem Fall der Gegenstand eine Figur war, deren wenn auch vielleicht nicht rechtmäßige, so doch wenigstens pittoreske Prätentionen sie in ihren Augen stark aus der Menge der Personen heraushob, denen sie sonst Gelegenheit hatte zu begegnen. Vor allem aber hatte meine Großmutter ihm aufgrund seiner Klugheit und Feinfühligkeit, die, wie man ahnen konnte, Monsieur de Charlus im Gegensatz zu so vielen mondänen Größen, über die Saint-Loup sich mokierte, in hohem Maße besaß, seine aristokratische Voreingenommenheit so leichthin verziehen. Diese freilich hatte der Onkel nicht wie der Neffe höheren Werten zum Opfer gebracht. Monsieur de Charlus hatte die beiden vielmehr harmonisch aufeinander abgestimmt. Da er als Nachkomme der Herzöge von Nemours und Fürsten von Lamballe Archive, Möbel, Wandteppiche sowie im Auftrag seiner Ahnen von Raffael, von Velasquez, von Boucher[1] gemalte Porträts besaß, konnte er mit Recht sagen, er »besuche« ein Museum und eine unvergleichliche Bibliothek, wenn er nur seine Familienandenken einer Besichtigung unterzog, und so wies er dem ganzen aristokratischen Erbe gerade jenen Rang zu, von dem sein Neffe es abgesetzt hatte. Vielleicht wollte er auch – weniger zu Ideologien neigend als Saint-Loup, nicht so leicht mit Worten zu begnügen, ein realistischer Kenner der Menschen – nicht ohne weiteres ein wesentliches Element des Vorrangs unter ihnen aus den Händen geben, das auf der einen Seite seiner Phantasie ideelle Genüsse schenkte und auf der anderen auch seiner auf nützliche Zwecke gerichteten Tätigkeit ein mächtiger Helfer sein konnte. Die Diskussion bleibt offen zwischen den Menschen dieser Art und jenen anderen, die einer höheren Forderung ihres Inneren folgend solche Vorteile opfern, um nur ihr Ideal zu verwirklichen, gleich Malern oder Schriftstellern, die auf ihre Virtuosität verzichten, kunstbegabten Völkern, die sich auf die neue Zeit einstellen, Kriegervölkern, die die Initiative zu einer allgemeinen Abrüstung ergreifen, oder absoluten Regierungen, die demokratisch werden und harte Gesetze abschaffen, sehr häufig, ohne für ihr edles Bemühen in der Wirklichkeit einen Lohn zu erhalten; denn die einen büßen ihr Talent, die anderen ihre jahrhundertealte Vorherrschaft ein; der Pazifismus führt zuweilen zu neuen Kriegen und Nachsicht zu erhöhter Kriminalität. Wenn Saint-Loups Streben nach Aufrichtigkeit und Emanzipation von seinen Ursprüngen an sich als sehr edel gelten mußte, so konnte man, gemessen am äußeren Erfolg, sich nur beglückwünschen, daß Monsieur de Charlus gänzlich frei davon war; er hatte zum Beispiel einen großen Teil der wundervollen Holzschnitzereien des ehemaligen Palais der Guermantes in seine Wohnung übernommen, anstatt sie wie sein Neffe gegen ein Art-Nouveau-Mobiliar und Bilder von Lebourg[1] oder Guillaumin[2] einzutauschen. Das änderte freilich nichts daran, daß Charlus' Ideal in einer künstlichen Konstruktion bestand und, wenn dieses Beiwort für den Begriff des Ideals überhaupt erlaubt ist, ebensosehr gesellschaftlich wie künstlerisch bedingt war. Einige Frauen von großer Schönheit und ungewöhnlicher Bildung, deren Ahnfrauen zweihundert Jahre früher Trägerinnen des Glanzes und der Eleganz des Ancien régime gewesen waren, fand er so exquisit, daß er einzig an ihrer Gesellschaft Vergnügen zu finden vermochte, und zweifellos zollte er ihnen aufrichtige Bewunderung; zahllose historische und künstlerische Erinnerungen, die mit ihren Namen verknüpft waren, spielten jedoch eine große Rolle dabei, so wie die Vorliebe für das Altertum das große Vergnügen erklärt, das ein Gebildeter bei der Lektüre einer Horazischen Ode verspürt, die vielleicht weniger wertvoll ist als ein Gedicht unserer Tage, das diesen Liebhaber am Ende kalt lassen würde. Jede einzelne dieser Frauen war neben einer hübschen Frau aus bürgerlichen Kreisen für Charlus dasselbe wie gegenüber einem zeitgenössischen Gemälde, das eine Landstraße oder eine Hochzeitsfeier darstellt, jene alten Bilder, deren Geschichte man kennt, seitdem ein Papst oder König sie in Auftrag gaben, und von denen man genau weiß, wie sie von einer Person auf die andere übergegangen sind, wobei ihr Verweilen bei der einen oder anderen aufgrund einer Schenkung, eines Kaufs, eines Raubs oder einer Erbschaft an irgendeine Begebenheit gemahnt oder zumindest an eine eheliche Verbindung von historischem Interesse erinnert, jedenfalls Kenntnisse aktiviert, die wir erworben haben, wodurch diese Kunstschätze einen neuen Nützlichkeitswert erhalten, da sie unseren Besitzerstolz auf unser Gedächtnis und unsere Gelehrsamkeit ausdehnen. Monsieur de Charlus beglückwünschte sich, daß ein dem seinen analoges Vorurteil diese großen Damen daran hinderte, mit weniger blaublütigen Frauen umzugehen, und sie sich seiner verehrenden Bewunderung in der vollen Unversehrtheit ihres unverfälschten Adels darboten wie gewisse Fassaden des achtzehnten Jahrhunderts mit ihren Pilastern aus rosa Marmor, an denen die neuen Zeiten nichts geändert haben.

Monsieur de Charlus pries den wahren *Adel* des Geistes und Herzens jener Frauen, wobei er sich auf ein Wortspiel stützte, durch dessen Zwielichtigkeit er sich selbst täuschen ließ; es wohnte darin von vornherein die Verlogenheit solcher Bastardkonzeptionen, einer zweifelhaften Vermengung der Begriffe von Aristokratie, hoher Gesinnung und Kunst, dann auch jene Verlokkung, die für Wesen wie meine Großmutter gefährlich war, da sie das gröbere, aber im Grunde unbedenklichere Vorurteil eines Adligen, der nur auf die Ahnentafel und auf sonst nichts schaut, als überaus lächerlich empfunden hätte, aber wehrlos war, sobald sich etwas unter dem Mantel geistiger Überlegenheit ihr vor Augen stellte, so daß sie die Fürsten vor allen anderen Menschen beneidenswert fand, weil sie einen La Bruyère, einen Fénelon als Erzieher haben konnten.[1]

Vor dem Grand-Hôtel trennten die drei Guermantes sich von uns; sie gingen zum Mittagessen zur Prinzessin von Luxemburg. In dem Augenblick, als meine Großmutter sich von Madame de Villeparisis und Saint-Loup verabschiedete, trat Monsieur de Charlus, der bislang das Wort nicht an mich gerichtet hatte, ein paar Schritte zurück, so daß er neben mir stand: »Ich werde heute abend nach dem Diner den Tee bei meiner Tante Villeparisis einnehmen«, sagte er zu mir. »Ich hoffe, Sie werden mir das Vergnügen machen, mit Ihrer Frau Großmutter gleichfalls dort zu erscheinen.« Dann schloß er sich wieder der Marquise an.

Obwohl Sonntag war, standen nicht mehr Mietwagen vor dem Hotel als zu Anfang der Saison. Die Frau des Notars zumal fand den Aufwand doch eigentlich reichlich groß, jedesmal eine Droschke zu mieten, um nicht zu den Cambremers zu fahren; so begnügte sie sich damit, auf ihrem Zimmer zu bleiben.

»Madame Blandais ist doch nicht krank?« fragte man den Notar, »wir haben sie heute den ganzen Tag nicht gesehen.«

»Sie klagt über Kopfweh, die Hitze, wissen Sie, der Gewitterdruck. Bei ihr genügt schon die geringste Kleinigkeit; aber ich denke doch, heute abend wird sie wieder erscheinen. Ich habe ihr geraten, zum Essen herunterzukommen. Es kann ihr nur gut tun.«

Ich hatte angenommen, Monsieur de Charlus habe, als er uns in dieser Form zu seiner Tante einlud – daß er sie davon in Kenntnis gesetzt hatte, bezweifelte ich nicht –, die Unhöflichkeit wiedergutmachen wollen, die er mir gegenüber während des Morgenspaziergangs an den Tag gelegt hatte. Als ich dann aber am Abend im Salon von Madame de Villeparisis deren Neffen begrüßen wollte, mochte ich noch so unermüdlich um ihn herumstreichen, er erzählte weiter mit schriller Stimme eine etwas abträgliche Geschichte über einen seiner Verwandten, so daß es mir nicht gelang, seinem Blick zu begegnen; ich entschloß mich also, ihm ziemlich laut guten Tag zu wünschen, damit er von meiner Anwesenheit Kenntnis nähme, kam jedoch zu der Überzeugung, er habe sie sehr wohl bemerkt; denn noch bevor ein Wort aus meinem Mund gedrungen war, sah ich ihn, während ich mich verbeugte, seine zwei Finger ausstrecken, damit ich sie drücken könne, ohne daß er die Augen zu mir gewendet oder seine Rede unterbrochen hätte. Er hatte mich offenbar gesehen, ohne es sich anmerken zu lassen, und ich stellte nun fest, daß seine Augen, die niemals auf seinem Gesprächspartner ruhten, unaufhörlich nach allen Richtungen umherschweiften wie die eines aufgescheuchten Tieres oder jener Straßenhändler, die, während sie ihre verbotenen Artikel anpreisend zur Schau stellen, ohne dabei den Kopf zu wenden, die verschiedenen Himmelsrichtungen absuchen, aus denen die Polizei kommen kann. Ich war indessen etwas erstaunt, daß Madame de Villeparisis zwar erfreut schien, uns zu sehen, uns aber gleichwohl offenbar nicht erwartet hatte, und wunderte mich noch mehr, als Monsieur de Charlus zu meiner Großmutter sagte: »Ah! Das war eine sehr gute Idee von Ihnen, heute abend zu kommen, reizend, reizend, nicht wahr, verehrte Tante?« Sicher hatte er ihr Erstaunen bei unserem Kommen bemerkt und gedachte nun als Mann, der gewohnt war, die Richtung zu weisen und den Ton anzugeben, diese Verwunderung in Freude zu verwandeln, indem er hervorhob, er selbst sei entzückt, und damit gleichsam zu bestimmen, welche Gefühle über unser Erscheinen am Platze seien. Er verrechnete sich auch nicht, denn Madame de Villeparisis, die auf ihren Neffen große Rücksicht nahm und wußte, wie heikel er war, schien auf einmal an meiner Großmutter ganz neue Vorzüge zu entdecken und wurde nicht müde, sie mit allergrößter Zuvorkommenheit zu behandeln. Ich aber konnte nicht begreifen, daß Monsieur de Charlus seine kurze, aber deutlich beabsichtigte und vorsätzlich ausgesprochene Einladung von heute morgen vergessen haben sollte und jetzt als eine »gute Idee« meiner Großmutter bezeichnete, was doch nur seinem eigenen Kopf entsprungen war. In einem Hang zu genauen Klarstellungen, den ich bis in ein Alter hinein beibehalten habe, in dem ich dann endlich begriff, daß man nicht auf dem Weg direkter Befragung eines Menschen die Wahrheit über seine Absicht erfährt und daß die Gefahr eines wahrscheinlich unbemerkt bleibenden Mißverständnisses geringer ist als die naiven Insistierens, wandte ich mich an Monsieur de Charlus: »Aber, Monsieur, erinnern Sie sich denn nicht? Sie selbst haben mich doch darum gebeten, daß wir heute abend kommen?« Kein Laut und keine Bewegung verrieten, daß Monsieur de Charlus meine Frage gehört hatte. Bei dieser Feststellung wiederholte ich sie wie die Diplomaten oder junge Menschen bei einer Kontroverse, wenn sie einen unermüdlichen, aber zwecklosen guten Willen daransetzen, vom Gegner Aufklärung zu erhalten, die jener nicht zu geben fest entschlossen ist. Monsieur de Charlus würdigte mich auch jetzt keiner Antwort. Doch meinte ich um seine Lippen das Lächeln derjenigen spielen zu sehen, die von sehr hoch oben her über den Charakter und die Erziehung der anderen sich endgültig ihre Meinung bilden.

Da er jede Erklärung ablehnte, versuchte ich selbst eine zu finden, brachte es aber nur dazu, zwischen mehreren zu schwanken, von denen keine die richtige sein konnte. Vielleicht erinnerte er sich nicht, oder ich hatte falsch verstanden, was er mir am Morgen gesagt hatte ... Wahrscheinlicher war, daß er aus Hochmut nicht zugeben wollte, er habe Leute heranzuziehen gesucht, auf die er im Grunde herabsah, und nun ihnen die Initiative ihres Kommens zuzuschieben suchte. Wenn er aber auf uns herabsah, warum hatte er dann Wert darauf gelegt, daß wir kämen, oder vielmehr, daß meine Großmutter käme, denn von uns beiden richtete er an diesem Abend das Wort nur an sie, an mich aber kein einziges Mal. Während er höchst angeregt mit ihr und Madame de Villeparisis plauderte, hatte er nur, gleichsam hinter ihnen wie im Fond einer Loge versteckt, sekundenlang den prüfenden Blick seiner durchdringenden Augen auf mein Gesicht geheftet, und zwar so ernsthaft und völlig in Anspruch genommen, als entziffere er ein schwer lesbares Manuskript.

Ohne diese Augen wäre das Gesicht von Monsieur de Charlus zweifellos dem vieler anderer schöner Männer ähnlich gewesen. Und als Saint-Loup später einmal, als er von anderen Angehörigen des Hauses Guermantes sprach, bemerkte: »Nun ja, dies unverkennbar Rassige wie mein Onkel Palamède, der wirklich ein Grandseigneur bis in die Fingerspitzen ist, haben die allerdings nicht«, und mir damit bestätigte, daß Rasse und aristokratische Vornehmheit nichts Geheimnisvolles und keine unbekannten Faktoren sind, sondern aus Elementen bestehen, die ich mühelos und nicht sonderlich davon beeindruckt hatte erkennen können, fühlte ich, wie eine meiner Illusionen schwand. Doch dieses Gesicht, dem eine leichte Puderschicht etwas Maskenhaftes gab, blieb nicht so hermetisch verschlossen, wie Monsieur de Charlus gern gewollt hätte, denn seine Augen waren wie eine Mauerspalte, eine Schießscharte, die er als einzige nicht hatte schließen können und aus der man – je nach dem Standort, den man ihm gegenüber einnahm – jäh in das Strahlungsfeld irgendeines im Inneren verborgenen Mechanismus geriet, der nicht geheuer schien, nicht einmal für den, der ihn, ohne ihn gänzlich kontrollieren zu können, im Zustand eines labilen, ständig zusammenbrechenden Gleichgewichts in sich trug; und der stets auf der Lauer liegende, beunruhigte Blick dieser Augen weckte im Verein mit der Müdigkeit, die sich um sie herum in tiefen Ringen diesem noch so sorgfältig komponierten und arrangierten Antlitz aufprägte, den Gedanken an irgendein Inkognito, an die Verkleidung eines in Gefahr befindlichen Mächtigen oder auch nur eines gefährlichen, doch tragisch umwitterten Individuums. Ich hätte gern dieses Geheimnis erraten, das andere Männer nicht in sich trugen und das den Blick von Monsieur de Charlus so rätselvoll hatte erscheinen lassen, als ich ihn am Morgen beim Kasino sah. Doch in Anbetracht alles dessen, was ich jetzt über seine Verwandtschaft wußte, konnte ich nicht mehr glauben, daß dieser Blick der eines Diebes sei, noch nach dem, was ich aus der Art seiner Unterhaltung entnahm, der eines Irren. Wenn er mir gegenüber so kühl blieb, während er zu meiner Großmutter so überaus liebenswürdig war, lag das vielleicht nicht an einer persönlichen Abneigung, denn auf eine ganz allgemeine Art konnte er, so milde er über Frauen urteilte, von deren Fehlern er gewöhnlich mit großer Nachsicht sprach, auf Männer, speziell junge, einen förmlichen Haß von einer Heftigkeit äußern, wie ihn gewisse Weiberfeinde gegen Frauen hegen. Zwei oder drei Elegants, weichliche Jünglinge, die zur Familie oder zum Freundeskreis von Saint-Loup gehörten und die dieser zufällig erwähnte, bezeichnete Monsieur de Charlus mit einem beinahe grimmigen Ausdruck, der sich weit von seiner gewöhnlichen Kühle entfernte, als »kleine Canaillen«. Ich merkte allmählich, daß er den jungen Männern von heute vor allem ihre Verweichlichung nachtrug.[1] »Sie sind wahrhaftige Weiber«, äußerte er wegwerfend über sie. Doch welche Art des Lebens hätte nicht verweichlicht wirken müssen neben dem, das er selbst von einem Mann verlangte und das ihm niemals kraftvoll und männlich genug war? (Er selbst sprang nach seinen Fußwanderungen, nach stundenlangen Läufen noch glühend erhitzt, in einen eisigen Fluß.) Er gestand einem Mann auch nicht das Tragen eines einzigen Ringes zu. Doch diese Voreingenommenheit für männliche Haltung hinderte ihn nicht, die erlesenste Empfindungsfähigkeit an den Tag zu legen. Als Madame de Villeparisis ihn bat, meiner Großmutter ein Schloß zu beschreiben, in dem Madame de Sévigné gewohnt hatte, und hinzusetzte, sie finde, dieser Verzweiflung über die Trennung von jener langweiligen Madame de Grignan hafte etwas Literarisches an, meinte er:

»Im Gegenteil, nichts scheint mir aufrichtiger. Es war dies übrigens eine Zeit, in der solche Gefühle großes Verständnis fanden. Der Einwohner von Monomotapa bei La Fontaine[2], der zu seinem Freunde eilt, weil er ihn im Traum ein wenig traurig gefunden hat, die Taube, die in der Abwesenheit des Gefährten das größte aller Übel sieht, scheinen Ihnen, liebe Tante, vielleicht ebenso übertrieben wie die Gefühle der Madame de Sévigné, wenn sie den Augenblick nicht erwarten kann, da sie mit ihrer Tochter allein sein wird. Die Worte sind so schön, die sie beim Abschied sagt: ›Diese Trennung bereitet mir einen Schmerz in der Seele, den ich fühle, als sei er ein körperlicher Schmerz. Während der Abwesenheit seiner

Lieben ist man großzügig mit den Stunden. Man eilt voraus in die Zeit, nach der man sich sehnt.‹«[1] Meine Großmutter war entzückt, von diesen Briefen in genau der Weise sprechen zu hören, wie sie selbst es getan hätte. Andererseits war sie erstaunt, daß ein Mann sie so gut verstehen konnte. Monsieur de Charlus erkannte sie ein geradezu weibliches Zartgefühl zu, die Empfänglichkeit einer Frau. Später, als wir allein waren und von ihm sprachen, kamen wir beide darin überein, daß er den tiefgehenden Einfluß einer Frau, seiner Mutter oder später vielleicht einer Tochter, sofern er eine habe, an sich erfahren haben mußte. Einer Geliebten, sagte ich mir im Gedanken an die nachhaltige Wirkung, die mir auf Saint-Loup die seine auszuüben schien, denn auf diesem Weg hatte ich einen Eindruck davon bekommen, in welchem Maße die Frauen auf Männer, mit denen sie leben, verfeinernd wirken.

»Wenn sie dann mit ihrer Tochter zusammen war, hatte sie ihr wahrscheinlich überhaupt nichts zu sagen«, meinte Madame de Villeparisis.

»Doch, und wären es nur Dinge gewesen, die ›so leicht sind, daß nur wir beide sie bemerken‹.[2] Und auf alle Fälle war sie dann doch eben in ihrer Nähe. Wie La Bruyère uns gesagt hat, kommt es nur darauf an: ›Wenn man mit den Menschen zusammen ist, die man liebt, ist es ganz gleich, ob man mit ihnen spricht oder nicht.‹[3] Er hat recht; es ist das einzige Glück«, setzte Monsieur de Charlus mit melancholischer Stimme hinzu; »dieses Glück aber – das Leben ist nun einmal schlecht eingerichtet – kann man nur selten genießen; Madame de Sévigné war alles in allem weniger zu bedauern als viele andere. Sie hat einen großen Teil ihres Lebens in Gesellschaft dessen, was sie liebte, verbracht.«

»Du vergißt, daß es sich nicht um Liebe handelte, sondern um ihre Tochter.«

»Es kommt im Leben nicht darauf an, was man liebt«, erklärte er in kompetentem, entschiedenem und fast schneidendem Ton, »sondern nur darauf, daß man liebt. Was Madame de Sévigné für ihre Tochter empfand, hat mehr Anspruch darauf, jener Leidenschaft verglichen zu werden, die Racine uns in *Andromaque* oder *Phèdre* beschreibt, als die banalen Beziehungen des jungen Sévigné zu seinen Mätressen. Ebenso die Liebe so manches Mystikers zu seinem Gott. Daß wir die Grenzen des Liebesbegriffs so eng zu ziehen gewöhnt sind, ist nur aus unserer Unkenntnis des Lebens zu erklären.«

»Du hast für *Andromaque* und *Phèdre* etwas übrig?« fragte Saint-Loup seinen Onkel in leicht abschätzigem Ton.

»Es steckt mehr Wahrheit in einer Tragödie Racines als in allen Dramen von Monsieur Victor Hugo«, antwortete de Charlus.

»Diese mondänen Gestalten sind doch etwas Entsetzliches«, flüsterte Saint-Loup mir ins Ohr. »Racine Victor Hugo vorzuziehen ist immerhin enorm!« Er war ernstlich verstört durch die Äußerung seines Onkels, und nur die Genugtuung, Ausdrücke wie »immerhin« und vor allem »enorm« zu verwenden, bot ihm einigen Trost.

In jenen Betrachtungen über die Trauer, die darin besteht, fern von dem zu leben, was man liebt (Betrachtungen, die meine Großmutter veranlaßten, zu mir zu sagen, der Neffe von Madame de Villeparisis besitze doch ein ganz anderes Verständnis für gewisse Werke als seine Tante, vor allem aber sei eben auch etwas an ihm, was ihn völlig von anderen Pariser Lebemännern unterscheide), kehrte Monsieur de Charlus nicht nur eine Feinheit des Empfindens hervor, wie man es in der Tat sehr selten bei Männern antrifft; auch seine Stimme schwang sich – darin gewissen Altstimmen vergleichbar, deren Mittellage nicht genügend ausgebildet ist und die beinahe wie ein Duett zwischen einem jungen Mann und einer Frau klingen –, wenn er solche zartsinnigen Gedanken ausdrückte, zu höheren Tönen empor und bekam ein ganz unerwartet weiches Timbre, in dem Chöre von Bräuten oder Schwestern ihre Zärtlichkeit auszuströmen schienen. Doch diese Brut junger Mädchen, die Monsieur de Charlus mit seinem Abscheu vor jedem weibischen Zug sicher mit tiefer Bekümmernis in seiner Stimme beheimatet gewußt hätte, brachte dort noch mehr zuwege, als nur gefühlvolle Weisen variierend wiederzugeben. Oft, während Monsieur de Charlus plauderte, hörte man ihr helles, kühlperlendes Gelächter, gleich jenem von Internatsschülerinnen oder koketter Mädchen, mit spitzzüngiger, schelmischer Lust über andere spotten.

Er erzählte, daß einer der früheren Wohnsitze seiner Familie, in dem Marie-Antoinette genächtigt habe und dessen Park von Le Nôtre gestaltet worden sei[1], jetzt der reichen Bankiersfamilie Israël gehöre, die ihn erworben habe. »Israël, diesen Namen tragen die Leute, obwohl er mir ja eigentlich mehr eine Stammesbezeichnung oder ein ethnischer Begriff als ein Familienname zu sein scheint. Schwer zu sagen; vielleicht haben Personen dieser Gattung keine Namen und werden nur mit dem der Gemeinschaft, der sie angehören, bezeichnet. Aber das tut nichts zur Sache! Einst der Sitz der Guermantes und nun Besitz der Israëls!!!« rief er entrüstet aus. »Dabei fällt mir das Zimmer im Schloß von Blois ein, das mir der Aufseher mit den Worten zeigte: ›Hier verrichtete einst Maria Stuart ihr Gebet; jetzt tue ich da meine Besen hinstellen.‹ Natürlich will ich von jenen entwürdigten Räumen nichts mehr wissen, genauso wenig wie von meiner Kusine Clara de Chimay, die ihren Mann verlassen hat.[2] Doch bewahre ich die Photographie des

Schlosses in noch intaktem Zustand auf, wie auch die der Fürstin zur Zeit, als ihre großen Augen noch für niemand einen Blick hatten als für meinen Cousin. Die Photographie erlangt ein wenig von jener Würde, die ihr sonst fehlt, wenn sie nicht mehr eine Reproduktion des Wirklichen ist und uns Dinge zeigt, die nicht mehr existieren. Ich kann Ihnen eine davon geben, da diese Art von Architektur Sie offenbar interessiert«, setzte er zu meiner Großmutter gewandt hinzu. In diesem Moment bemerkte er, daß das bestickte Tuch in seiner Brusttasche mit seinem farbigen Rand hervorschaute, und ließ es rasch ganz darin verschwinden mit der erschreckten Miene einer schamhaften, aber nicht unschuldigen Frau, die Reize verbirgt, die sie aufgrund übertriebener Skrupel für ärgerniserregend hält. »Stellen Sie sich vor«, fuhr er fort, »daß diese Leute als erstes den Park von Le Nôtre zerstört haben, was genauso verbrecherisch ist, wie wenn man ein Gemälde von Poussin in Stücke reißt. Dafür allein müßten diese Israëls ins Gefängnis wandern. Allerdings«, setzte er lächelnd nach kurzem Schweigen hinzu, »gibt es sicherlich viele andere Dinge, weshalb sie dort hingehören! Jedenfalls können Sie sich ausmalen, wie zu dieser Architektur ein englischer Garten paßt!«

»Aber das Haus ist doch im gleichen Stil gebaut wie das Petit Trianon«, warf Madame de Villeparisis ein, »und auch vor dem hat Marie-Antoinette einen englischen Park angelegt.«[1]

»Der aber trotzdem die Fassade von Gabriel verschandelt«, antwortete Monsieur de Charlus. »Natürlich wäre es nun schon wieder Barbarei, den Hameau zu zerstören. Aber wie auch der Zeitgeist heute urteilen mag, ich bezweifle doch, daß man einer Laune von Madame Israël das gleiche Prestige zuerkennen kann wie dem Andenken der Königin.«

Indessen hatte meine Großmutter mir durch ein Zeichen zu verstehen gegeben, ich solle jetzt schlafen gehen, ungeachtet des Einspruchs von Saint-Loup, der zu meiner großen Beschämung vor Monsieur de Charlus die Traurigkeit erwähnt hatte, die mich so oft des Abends vor dem Einschlafen befiel und die sein Onkel sicherlich wenig männlich fand. Ich zögerte noch ein paar Minuten, ging aber dann und war überaus erstaunt, als ich kurz darauf ein Klopfen an meiner Zimmertür und auf meine Frage, wer da sei, die Stimme von Monsieur de Charlus vernahm, der in sprödem Ton sagte:

»Hier ist Charlus. Darf ich eintreten, Monsieur? Monsieur«, fuhr er dann im selben Ton fort, nachdem er die Tür hinter sich geschlossen hatte, »mein Neffe sagte eben, Sie seien immer vor dem Einschlafen ein wenig bedrückt, und außerdem erzählte er mir, Sie bewunderten die Bücher Bergottes. Da ich eines im Koffer habe, das Sie wahrscheinlich noch nicht kennen, bringe ich es Ihnen, um Ihnen über die Augenblicke hinwegzuhelfen, da Sie sich nicht glücklich fühlen.«

Ich dankte Monsieur de Charlus gerührt und sagte ihm, ich hätte im Gegenteil gefürchtet, daß das, was Saint-Loup über mein Unbehagen bei Einbruch der Nacht gesagt habe, mich in seinen Augen noch einfältiger habe erscheinen lassen, als ich ohnehin sei.

»Aber nicht doch«, antwortete er in sanfterem Ton. »Sie besitzen vielleicht keinerlei persönliches Verdienst; wie wenige haben es! Aber für eine Zeit noch haben Sie jedenfalls Ihre Jugend, und von ihr geht immer ein Zauber aus. Im übrigen besteht die größte Dummheit darin, Gefühle lächerlich oder blamabel zu finden, die man selbst nicht hat. Ich liebe die Nacht, und Sie sagen mir, daß es Ihnen davor graut; ich liebe den Duft der Rosen, habe aber einen Freund, der Fieber davon bekommt. Glauben Sie, ich achte ihn darum geringer als mich selbst? Ich bemühe mich, alles zu verstehen, und hüte mich, etwas zu verdammen. Alles in allem dürfen Sie sich nicht allzusehr beklagen; ich will nicht behaupten, diese Anwandlungen seien nicht unangenehm, ich weiß nur zu gut, daß man an Dingen kranken kann, die andere nicht verstehen. Aber wenigstens haben Sie Ihre Gefühle liebender Zuneigung ganz vortrefflich bei Ihrer Großmutter untergebracht. Sie sind ja so oft mit ihr zusammen. Und dann ist das auch eine erlaubte Form von Zärtlichkeit, ich meine eine Zärtlichkeit, die erwidert wird. Es gibt so viele andere, von denen das nicht gilt!«

Er ging in meinem Zimmer auf und ab, betrachtete hier einen Gegenstand und hob dort einen anderen auf. Ich hatte den Eindruck, er wolle mir eine Eröffnung machen, finde aber nicht die rechten Worte dafür.

»Ich habe noch einen anderen Band Bergotte, ich werde ihn holen lassen«, setzte er hinzu und läutete. Nach einer Weile kam ein Groom. »Holen Sie mir den Oberkellner. Er ist der einzige, der einen Auftrag intelligent ausführen kann«, erklärte Monsieur de Charlus sehr von oben herab. »Monsieur Aimé, Herr Baron?« fragte der Groom. »Wie er heißt, weiß ich nicht, aber ja, möglich, ich glaube, ich habe gehört, daß er Aimé gerufen wird. Aber machen Sie schnell, ich habe keine Zeit.« – »Er ist sicher gleich hier, Herr Baron, ich habe ihn eben noch unten gesehen«, antwortete der Groom, um zu zeigen, wie gut er auf dem laufenden sei. Eine Weile verstrich. Dann kam der Groom zurück. »Herr Baron, Monsieur Aimé ist schon schlafen gegangen. Aber ich kann den Auftrag sehr gut ausführen.« – »Nein, sagen Sie ihm nur, er soll sich wieder erheben.« – »Herr Baron, das geht nicht, er schläft nicht hier.« – »Gut, dann lassen Sie uns in Ruhe.« – »Aber, Monsieur«, sagte ich, als der Groom gegangen war, »Sie sind wirklich zu liebenswürdig, an einem Band Bergotte habe ich doch genug.« – »Das scheint mir eigentlich auch.« Monsieur de Charlus setzte sich darauf von neuem in Bewegung. Einige Minuten vergingen, dann, nach kurzem Zaudern, machte er auf dem Absatz kehrt, warf mir ein messerscharfes »Gute Nacht, Monsieur« zu und verschwand. Nach all den erhabenen Gefühlen, die ich ihn an jenem Abend hatte äußern hören, bereitete er mir am folgenden Morgen, dem Tag seiner Abreise, eine beträchtliche Überraschung: in dem Augenblick nämlich, als ich am Strand gerade mein Bad nehmen wollte, kam er auf mich zu, um mir zu sagen, meine Großmutter wolle mich gleich, wenn ich aus dem Wasser zurück sei, bei sich sehen, und setzte dann, während er mich plump vertraulich in den Hals zwickte, mit einem vulgären Lachen hinzu:

»Aber dieser kleine Schlingel pfeift ja auf seine alte Großmama, nicht wahr?»

»Monsieur, ich liebe und verehre sie!«

»Monsieur«, sagte er einen Schritt zurücktretend mit plötzlich eisiger Miene, »Sie sind noch jung und sollten die Gelegenheit nutzen, zwei Dinge zu lernen: erstens sollten Sie sich enthalten, Gefühle zu äußern, die zu natürlich sind, um nicht als selbstverständlich zu gelten; zweitens sollten Sie nicht so hitzig auf Dinge reagieren, die man Ihnen sagt und deren Sinn Sie noch gar nicht begriffen haben. Hätten Sie diese Vorsicht nicht soeben versäumt, so würden Sie vermieden haben, wie ein Tauber ins Blaue hinein daraufloszureden und dadurch eine weitere Lächerlichkeit zu der hinzuzufügen, die darin besteht, mit gestickten Ankern auf dem Badeanzug herumzulaufen. Ich habe Ihnen ein Buch von Bergotte geliehen, das ich dringend brauche. Lassen Sie es mir in einer Stunde durch den Oberkellner mit dem lachhaften und zu Unrecht getragenen Vornamen bringen, den Oberkellner, der, wie ich wohl vermuten darf, um diese

Zeit nicht schläft. Sie erinnern mich noch daran, daß ich gestern etwas voreilig über den Zauber der Jugend zu Ihnen gesprochen habe; ich hätte Ihnen einen besseren Dienst damit erwiesen, hätte ich Sie auf das Ungestüm, die Plan- und Verständnislosigkeit dieses Alters aufmerksam gemacht. Ich hoffe, Monsieur, diese kleine Dusche wird Ihnen nicht minder gut tun als Ihr Bad. Aber stehen Sie doch nicht wie angewurzelt da, Sie könnten sich erkälten. Ich empfehle mich.«

Sicher taten ihm hinterher seine Worte leid, denn einige Zeit später erhielt ich – in einem Maroquineinband, auf dessen Vorderseite eine Kupferplatte in Halbrelief einen Stengel Vergißmeinnicht zeigte – das Buch, das er mir geliehen und das ich nicht durch Aimé, der, wie sich herausstellte, »Ausgang« hatte, sondern durch den Liftboy an ihn hatte zurückgehen lassen.

Als Monsieur de Charlus abgereist war, konnten Robert und ich endlich zu Bloch zum Abendessen gehen. Im Verlauf dieser kleinen Festlichkeit wurde ich mir darüber klar, daß die Geschichten, die unser Kamerad allzuleicht amüsant fand, zu denen gehörten, die der alte Bloch erzählte, und daß der »wirklich bemerkenswerte Mann« immer einer seiner Freunde war, der ihm in diesem Licht erschien. Es gibt eben eine Anzahl Leute, die man in der Kindheit bewundert: einen Vater, der die übrige Familie an Einfällen übertrifft, einen Lehrer, der in unseren Augen von der Metaphysik, die er lehrt, einen Abglanz erhält, einen Kameraden, der in seiner Entwicklung schon weiter fortgeschritten ist als wir (in meinem Fall Bloch) und der den Musset von »L'espoir en Dieu«[1] bereits ablehnt, während wir ihn noch lieben, aber, sobald auch wir beim guten Leconte oder Claudel angekommen sind, nur noch von Mussetschen Versen schwärmt wie:

À Saint-Blaise, à la Zuecca
Vous étiez, vous étiez bien aise . . .

San Biasio! Zuecca!
Wie schön, wie schön war's da

oder gern Fragmente zitiert wie:

Padoue est un fort bel endroit
Où de très grands docteurs en droit . . .
Mais j'aime mieux la polenta . . .
. . . Passe dans son domino noir
La Toppatelle.

Padua ist ein äußerst schöner Ort,
Ganz große Doctores in Jura haben dort . . .
Doch lieber mag ich Polenta . . .
. . . In ihrem schwarzen Domino zieht vorbei
Die Toppatella.

und von allen »Nuits« nichts gelten läßt außer:

Au Havre, devant l'Atlantique,
À Venise, à l'affreux Lido,
Où vient sur l'herbe d'un tombeau
Mourir la pâle Adriatique.[1]

In Le Havre vor dem Atlantik,
In Venedig, auf dem schrecklichen Lido,
Wo auf dem Gras eines Grabs
Die blasse Adria erstirbt.

Nun aber behält und zitiert man von jemandem, den man aufrichtig bewundert, in eben dieser Bewunderung sehr minderwertige Dinge, die man unvoreingenommen mit Strenge verurteilen würde, ebenso wie ein Schriftsteller in einem Roman unter dem Vorwand der Authentizität »Aussprüche« oder Personen anführt, die im lebendigen Ganzen nur totes Gewicht, einen nur mittelmäßigen Teil darstellen. Die Porträts, die Saint-Simon geschaffen hat, ohne sich vermutlich dabei selbst große Bewunderung zu zollen, sind diese Bewunderung dennoch wert, doch die Einfälle, die er von geistreichen Leuten seiner Bekanntschaft als besonders gelungen zitiert, haben ihr Mittelmaß bewahrt oder sind für uns unverständlich geworden. Er hätte als eigene Erfindung verschmäht, was er als Bemerkung der Madame Cornuel[1] oder Ludwigs XIV. besonders fein getroffen findet – ein Phänomen, das man auch noch bei vielen anderen nachweisen und unterschiedlich interpretieren könnte; hier möge die eine genügen: nämlich daß man im Zustand des »Beobachters« auf einem weit niedrigeren Niveau bleibt, als wenn man schöpferisch tätig ist.

Mein Freund Bloch trug also gleichsam in sich eingesprengt einen alten Bloch, der seinem Sohn vierzig Jahre nachhinkte, geistlose Anekdoten erzählte und ebensosehr im Inneren meines Freundes darüber lachte, wie es der äußere, wirkliche Bloch senior tat, denn zu den Heiterkeitsausbrüchen des letzteren, zwischen denen er die Pointe zwei- oder dreimal wiederholte, damit dem Publikum auch ja keine Feinheit entginge, gesellte sich jeweils das laute Lachen, mit dem der junge die Geschichten des alten unweigerlich zu begrüßen pflegte. So kam es, daß Bloch junior, nachdem er eben noch die gescheitesten Dinge gesagt hatte, seinen Tribut an das Familienerbe entrichtete und uns zum dreißigsten Mal ein paar der Bonmots erzählte, die Bloch senior (gleichzeitig mit seinem Gehrock) bei den feierlichen Gelegenheiten hervorholte, wo Bloch junior jemand ins Haus brachte, dem zu Ehren so viel Aufwand sich lohnte: einen seiner Lehrer, einen Klassenkameraden, der alle Preise einheimste, oder an diesem bewußten Abend eben Saint-Loup und mich. Zum Beispiel: »Ein namhafter Militärschriftsteller, der einwandfrei logisch deduziert und an der Hand von Beweismaterial dargelegt hatte, daß aus unabweislichen Gründen im Russisch-Japanischen Krieg die Japaner geschlagen und die Russen siegreich sein würden«[1] oder: »Ein hervorragender Mann, der in politischen Kreisen als großer Finanzmann und in Finanzkreisen als großer Politiker gilt ...« Diese Geschichten wechselten ab mit einer des Barons Rothschild und einer von Sir Rufus Israël, deren Person jeweils auf eine Weise eingeführt wurde, aus der man hätte annehmen können, Monsieur Bloch sei mit beiden persönlich bekannt.

Ich selbst ließ mich durch die Art und Weise täuschen, wie Vater Bloch von Bergotte sprach, und nahm an, dieser sei ein alter Freund von ihm. Alle berühmten Leute aber kannte Monsieur Bloch nur, »ohne mit ihnen bekannt zu sein«, deshalb etwa, weil er sie im Theater oder auf den Boulevards von weitem gesehen hatte. Er bildete sich im übrigen ein, seine eigene Erscheinung, sein Name, seine Persönlichkeit seien jenen nicht unbekannt und sie müßten bei seinem Anblick oft eine flüchtige Neigung unterdrücken, ihn zu grüßen. Wenn Leute aus der besseren Gesellschaft große Geister im Original kennen, da sie sie ja bei sich empfangen, verstehen sie sie deshalb nicht besser. Hat man aber auch nur kurze Zeit in der besseren Gesellschaft gelebt, so läßt einen die dort herrschende Torheit nur allzusehr wünschen, in bescheideneren, vermutlich aber intelligenteren Milieus zu leben, in denen man diese Größen nur kennt, »ohne mit ihnen bekannt zu sein«. Ich sollte das gerade bei einem Gespräch über Bergotte begreifen lernen. Monsieur Bloch war nicht der einzige, der bei sich zu Hause Erfolg hatte. Mein Kamerad hatte sogar bei seinen Schwestern noch größeren, indem er sie unaufhörlich in mürrischem Ton anfuhr, während er mit dem Kopf tief über den Teller gebeugt dasaß; sie lachten Tränen darüber. Außerdem hatten sie die Sprache ihres Bruders angenommen und beherrschten sie so vollkommen, als wäre sie für Leute von einiger Intelligenz absolut verpflichtend und die einzige in Frage kommende. Als wir ankamen, sagte die älteste Schwester zu einer der jüngeren: »Geh, künd es dem weisen Vater und der untadeligen Mutter.« – »Hündinnen«, sagte Bloch, »ich stelle euch hier Saint-Loup, den Reitersmann mit den hurtigen Wurfspeeren vor, der für ein paar Tage aus Doncières, dem rossenährenden, mit den Häusern aus schön geglättetem Marmor, herübergekommen ist.« Da er ebenso vulgär wie literarisch gebildet war, schloß er seine Rede gewöhnlich mit einem weniger homerischen Satz: »Hört mal, macht doch euren Peplos mit den schönen Agraffen etwas mehr zu, was soll denn der ganze Klimbim? Schließlich ist das ja nicht mein Vater!«[1] Und die Demoiselles Bloch wollten sich vor Lachen ausschütten. Ich sagte ihrem Bruder, wie viele Freuden er mir dadurch verschafft hätte, daß er mir seinerzeit die Lektüre Bergottes empfahl, dessen Bücher ich vergötterte.

Der alte Bloch, der Bergotte nur von ferne und das Leben Bergottes nur aus Publikumsgeschwätz kannte, hatte auf genauso indirektem Weg nur mit Hilfe einer pseudoliterarischen Kritik von seinen Werken Kenntnis genommen. Er lebte in einer Welt der Halbheiten, in der man ins Leere hineingrüßt und aufgrund falscher Informationen sich eine Meinung bildet. Ungenauigkeit oder Inkompetenz mindern jedoch die Selbstsicherheit nicht, eher im Gegenteil. Denn das ist ja das wohltätige Wunder der Eigenliebe, daß die Menschen, denen glänzende Verbindungen und tiefe Kenntnisse, über die natürlich nur wenige verfügen können, abgehen, sich dennoch für bevorzugt halten, denn die Sicht, die man von den verschiedenen sozialen Stufen aus hat, bringt es mit sich, daß jeder den von ihm gerade eingenommenen Rang für den besten hält, so daß er auf die Größten als auf schlecht Weggekommene, Minderbegünstigte, Armselige herabsieht, von ihnen spricht und sie verleumdet, ohne sie zu kennen, sie verurteilt und verachtet, ohne sie zu verstehen. In den Fällen aber, bei denen die Vervielfältigung der schwachen persönlichen Vorzüge durch die Eigenliebe nicht ausreichen würde, um jedem die ihm großzügiger als anderen zugeteilte Dosis an Glück zu garantieren, die er braucht, gibt es den Ausweg des Neides, der den Unterschied verringern hilft. Allerdings muß man, wenn der Neid sich in verächtlichen Bemerkungen Luft macht, ein »Ich will nicht mit ihm bekanntgemacht werden« durch ein »Ich habe keine Möglichkeit, mit ihm bekanntgemacht zu werden« übersetzen. Das ist der verstandesmäßige Sinn. Der gefühlsmäßige Sinn aber ist: »Ich will nicht mit ihm bekanntgemacht werden.« Man weiß, daß es nicht wahr ist, sagt es aber doch nicht nur, um anderen Sand in die Augen zu streuen, sondern weil man so fühlt, und das genügt, um die Distanz zu überbrücken, das heißt: es genügt zum Glück.

Da der egozentrische Gesichtspunkt jedem Menschen auf diese Weise gestattet, die Welt so zu sehen, als falle sie unterhalb von ihm stufenweise ab, während er oben als König thront, leistete Monsieur Bloch sich den Luxus, gnadenlos zu sein, wenn er des Morgens seine Schokolade trank und dabei die Unterschrift Bergottes unter einem Artikel der noch kaum entfalteten Zeitung entdeckte; er gewährte dem Autor dann verächtlich eine karg bemessene Audienz, gab sein Urteil ab und gestattete sich das komfortable Vergnügen, jeweils zwischen zwei Schlucken des glühendheißen Getränks zu äußern:

»Dieser Bergotte ist unlesbar geworden. Dem Schafskopf fällt wirklich gar nichts mehr ein. Es ist um die Zeitung abzubestellen. Was für bombastische Sätze! Welcher Schwulst!« Und er nahm sich ein weiteres Butterbrot.

Die Illusion von Wichtigkeit, die den alten Bloch umgab, erstreckte sich übrigens noch etwas über seinen eigenen Vorstellungsbereich hinaus. Zunächst betrachteten seine Kinder ihn als anderen überlegen. Kinder haben immer eine Neigung, ihre Eltern entweder übertrieben herabzusetzen oder zu bewundern, und für einen guten Sohn ist der Vater immer der beste aller Väter, ganz abgesehen von allen objektiven Gründen, ihn zu bewundern. Im Fall des alten Bloch aber fehlten diese durchaus nicht, denn er war gebildet, gewandt und herzlich gegenüber den Seinen. In der engeren Familie ging man um so lieber mit ihm um, als im Gegensatz zur »Gesellschaft«, in der die Menschen nach einem übrigens absurden Maßstab und nach falschen, aber feststehenden Regeln beurteilt werden, nämlich aufgrund eines Vergleiches mit allen anderen eleganten Erscheinungen dieser Kreise, in der Abgeschiedenheit des bürgerlichen Lebens Diners und Familiensoireen sich um Personen drehen, die man für angenehm im Umgang und für geistreich erklärt, obwohl sie in einem rein gesellschaftlich bestimmten Milieu sich nicht zwei Tage halten würden. Schließlich werden in jenen Kreisen die künstlichen Größenordnungen der Aristokratie, die hier nicht gelten, durch sogar noch verrücktere Vorstellungen von Distinktion ersetzt. So wurde Monsieur Bloch in der Familie und noch bei Verwandten ziemlich entfernten Grades wegen einer angeblichen Ähnlichkeit in seiner Art, den Schnurrbart zu tragen, und im Nasenansatz als ein »zweiter Herzog von Aumale« bezeichnet. (Und ist nicht auch in der Welt der Clubdiener einer, der die Mütze schief aufsetzt und einen sehr engen Livreerock trägt, so daß er wie ein ausländischer Offizier auszusehen meint, für seine Kameraden eine Art von Persönlichkeit?)

Die Ähnlichkeit war äußerst vage, aber sie spielte allmählich die Rolle einer Titulatur. Man fragte zurück: »Bloch? Welcher? Der Herzog von Aumale?«[1] wie man gesagt haben würde: »Die Prinzessin Murat? Welche? Die Königin (von Neapel)?«[2] Eine Anzahl anderer unbedeutender Züge verliehen ihm vollends in der Verwandtschaft eine Art Distinktion. Da er denn doch nicht so weit ging, einen eigenen Wagen anzuschaffen, mietete Monsieur Bloch von Zeit zu Zeit einen offenen Mylord mit zwei Pferden von einem Fuhrunternehmer und ließ sich, nachlässig im Fond gelagert, durch den Bois de Boulogne fahren, wobei er zwei Finger an die Schläfe legte, zwei weitere unter das Kinn, und wenn die Leute, die ihn nicht kannten, ihn auch daraufhin für einen »Angeber« hielten, war man in der Familie überzeugt, daß in Dingen des persönlichen Schicks von Onkel Salomon auch ein Gramont-Caderousse[3] noch etwas lernen könne. Er gehörte zu den Leuten, die, wenn sie sterben, aufgrund der Tatsache, daß sie mit dem Chefredakteur des *Radical*[4] am gleichen Tisch in einem Boulevard-Restaurant gespeist haben, in dieser Zeitung unter der Rubrik »Aus der Gesellschaft« als eine »den Parisern wohlbekannte Erscheinung« bezeichnet werden. Monsieur Bloch bemerkte Saint-Loup und mir gegenüber, Bergotte wisse sehr wohl, weshalb er, Bloch, ihn nicht grüße, und sobald er ihm im Theater oder im Club begegne, weiche er seinen Blicken aus. Saint-Loup errötete, denn er überlegte sich, daß dieser Club bestimmt nicht der Jockey-Club sein könne, dessen Präsident sein Vater gewesen war. Andererseits mußte es ein verhältnismäßig exklusiver Club sein, denn Monsieur Bloch hatte gesagt, Bergotte würde dort heute nicht mehr aufgenommen werden. So fragte denn Saint-Loup, in der Befürchtung, er könne »den Gegner unterschätzen«, ob dieser Club vielleicht der Cercle de la rue Royale sei, der zwar in der Familie Saint-Loups als »deklassierend« galt, von dem er aber wußte, daß er einige Juden unter seinen Mitgliedern zählte. »Nein«, gab gleichzeitig stolz und verschämt Monsieur Bloch etwas gedehnt zurück, »es ist ein kleiner, aber weit angenehmerer Club, der Cercle des Ganaches.[1] Die Leute werden dort sehr streng beurteilt.« – »Ist nicht Sir Rufus Israël dort Präsident?« fragte der junge Bloch, um seinem Vater Gelegenheit zu einer verzeihlichen Lüge zu geben und ohne Ahnung davon, daß dieser Finanzmann in den Augen Saint-Loups nicht das gleiche Prestige besaß wie in den seinigen. Tatsächlich war nicht Sir Rufus Israël, sondern einer seiner Angestellten Mitglied dieses Clubs. Da dieser sich aber mit seinem Chef sehr gut stand, hatte er immer Karten des großen Finanzmanns zur Verfügung und konnte auch Monsieur Bloch eine geben, wenn dieser auf einer Strecke reiste, die einer der von Sir Rufus Israël mitverwalteten Gesellschaft gehörte, was Bloch senior jeweils zu der Bemerkung veranlaßte: »Ich gehe eben beim Club vorbei, um mir eine Empfehlung von Sir Rufus zu holen.« Die Karte erlaubte ihm dann, dem Zugpersonal gegenüber großartig aufzutreten. Die Demoiselles Bloch interessierten sich aber stärker für Bergotte und kamen auf ihn zurück, anstatt dem Thema der »Ganaches« weiter nachzugehen; die jüngste fragte ihren Bruder in todernstem Ton, denn sie glaubte, es gebe auf der Welt keine anderen Ausdrücke, um Leute von Genie zu bezeichnen, als die von ihm verwendeten: »Ist das wirklich ein so erstaunlicher Bursche, dieser Bergotte? Gehört er zur Kategorie der großen Kanonen wie Villiers oder Catulle?«[2] – »Ich habe ihn verschiedene Male bei Premieren getroffen«, bemerkte Monsieur Nissim Bernard. »Er ist linkisch, eine Art Schlemihl.« Diese Anspielung auf die Erzählung von Chamisso war nicht weiter schlimm, aber die Bezeichnung »Schlemihl« gehörte zu jenem halb deutschen, halb jiddischen Dialekt, für dessen Verwendung im Privatleben Monsieur Bloch zwar schwärmte, den er aber vulgär und unangebracht fand, sobald man sich in der Gesellschaft von Fremden befand. Deshalb warf er einen strengen Blick auf seinen Onkel. »Er hat Talent«, sagte Bloch. »Aha!« machte seine Schwester achtungsvoll, als wolle sie damit ausdrücken, daß unter diesen Umständen meine Ansicht freilich entschuldbar sei. »Alle Schriftsteller haben Talent«, warf der alte Bloch verächtlich hin. »Es scheint sogar«, fuhr sein Sohn mit erhobener Gabel und ironisch-diabolisch zusammengekniffenen Lidern fort, »daß er sich um einen Sitz in der Académie bewirbt.« – »Was nicht noch! Dafür reicht es bei ihm aber denn doch nicht aus«, machte Vater Bloch seinem Unwillen Luft, denn offenbar teilte er nicht die Verachtung seines Sohnes und seiner Töchter für die Académie. »Er hat nicht das Format.« – »Außerdem ist die Académie ein Salon, und Bergotte hat überhaupt keine Beziehungen«, erklärte der Erbonkel von Madame Bloch, ein harmloser, sanftmütiger Mensch, dessen Name Bernard an sich wahrscheinlich schon die diagnostischen Fähigkeiten meines Großvaters auf den Plan gerufen hätte, jedoch in Anbetracht eines Gesichts, das aus dem Palast des Darius zu stammen und von Madame Dieulafoy[1] wiederhergestellt zu sein schien, noch unzureichend gewirkt haben würde, hätte nicht, von einem Kunstliebhaber gewählt, der offenbar dieser Gestalt aus dem alten Susa eine orientalische Krönung geben wollte, der Vorname Nissim ihn mit den Flügelschlägen eines menschenköpfigen Stiers von Khorsabad[2] umrauscht. Doch Monsieur

Bloch ließ nicht nach, seinen Onkel zu kränken, sei es, daß die wehrlose Gutmütigkeit seines Prügelknaben ihn reizte, sei es, daß er, weil die Villa, die er bewohnte, von Monsieur Nissim Bernard bezahlt wurde, gerade als Nutznießer zeigen wollte, er habe seine Unabhängigkeit gewahrt und trachte nicht danach, durch Schmeicheleien sich der Erbschaft des Geldsacks zu versichern. Dieser wiederum fühlte sich besonders dadurch verletzt, daß er vor dem Diener so grob behandelt wurde. Er murmelte einen unverständlichen Satz, von dem man nur die Worte vernahm: »Und das vor die Meschores!« Meschores bezeichnet in der Bibel den Diener des Herrn. Wenn sie unter sich waren, benutzten die Blochs den Ausdruck, um die Dienstboten zu bezeichnen, und amüsierten sich immer, weil die Gewißheit, weder von Christen noch vom Personal selbst verstanden zu werden, Monsieur Nissim Bernard und Monsieur Bloch in ihrem doppelten Eigenbewußtsein als »Herren« und als »Juden« schmeichelte. Dieser letztere Grund zur Genugtuung aber wurde zu einem des Mißvergnügens, wenn Besuch zugegen war. Dann fand Monsieur Bloch, daß sein Onkel, wenn er von »Meschores« sprach, allzusehr seine östliche Herkunft betone, ebenso wie eine Kokotte, die ihre Freundinnen mit ehrbaren Leuten zusammen einlädt, ärgerlich wird, wenn jene auf ihr Gewerbe anspielen oder unpassende Ausdrücke gebrauchen. Weit entfernt also, sich durch die Bitte seines Onkels irgendwie in seinem Verhalten beirren zu lassen, geriet Monsieur Bloch vollends außer sich und konnte sich kaum noch halten. Er ließ keine Gelegenheit mehr aus, um den unglücklichen Onkel zu beleidigen. »Natürlich, wenn sich die Gelegenheit bietet, irgendein dummes bourgeoises Vorurteil zu äußern, lassen Sie sie sich nicht entgehen. Dabei wären Sie der erste, der bei ihm katzbuckeln würde, wenn er hier wäre«, rief Monsieur Bloch, während Monsieur Nissim Bernard traurig König Sargons geringelten Bart über den Teller neigte. Seitdem mein Kamerad den seinen wachsen ließ, der ebenso kraus und blauschwarz war, glich er seinem Großonkel sehr. »Wie, Sie sind der Sohn des Marquis von Marsantes? Ich habe ihn sehr gut gekannt«, sagte Monsieur Nissim Bernard zu Saint-Loup. Ich glaubte, er meine damit »gekannt« in dem Sinne, wie der Vater von Bloch Bergotte »kannte«, das heißt vom Sehen. Doch er setzte hinzu: »Ihr Vater war ein guter Freund von mir.« Bloch war indessen hochrot geworden, sein Vater blickte äußerst peinlich berührt darein, die Demoiselles Bloch prusteten vor Lachen. Bei Monsieur Nissim Bernard nämlich hatte die Neigung zur Großsprecherei, die bei Blochs Vater und seinen Kindern sich in gewissen Grenzen hielt, die Gewohnheit ständigen Lügens erzeugt. Zum Beispiel ließ sich Monsieur Nissim Bernard auf der Reise im Hotel, wie auch Bloch senior es hätte tun können, alle seine Zeitungen von seinem Bedienten mitten während des Mittagessens, wenn alle Gäste versammelt waren, in den Speisesaal bringen, nur damit jeder sah, daß er mit Kammerdiener reise. Doch sagte er auch – was sein Neffe niemals getan hätte – zu den Leuten, deren Bekanntschaft er im Hotel machte, er sei Senator. Er mochte noch so genau wissen, daß die Betreffenden eines Tages diese Titelanmaßung feststellen würden, er konnte im gegebenen Augenblick dem Drang nicht widerstehen, sich damit zu schmücken. Monsieur Bloch litt sehr unter den Lügen seines Onkels und allen unangenehmen Folgen, die ihm daraus erwuchsen. »Geben Sie gar nicht auf ihn acht, er ist ein elender Aufschneider«, sagte er halblaut zu Saint-Loup, der sich daraufhin nur um so mehr für ihn interessierte, da ihn alles fesselte, was die Psychologie des Lügners betraf. »Lügenhafter noch als der Ithaker Odysseus, den

Athene gleichwohl den größten Lügner unter den Menschen nannte«, rundete Bloch, unser Kamerad, das Bild vollends ab. »Nein, also so etwas!« rief Monsieur Nissim Bernard. »Wenn ich gewußt hätte, daß ich hier mit dem Sohn meines Freundes speisen würde! In Paris habe ich in meinem Haus eine Photographie Ihres Vaters und zahllose Briefe von ihm. Er sagte immer ›Onkel‹ zu mir, niemand weiß weshalb. Er war ein bezaubernder Mensch mit funkelndem Witz. Ich erinnere mich an ein gemeinsames Abendessen bei mir in Nizza, es waren außer ihm noch dabei Sardou, Labiche, Augier ...« – »Molière, Racine, Corneille«, setzte Blochs Vater ironisch hinzu, während sein Sohn die Liste noch vervollständigte: »Plautus, Menander, Kalidasa.«[1] Verletzt hielt Nissim Bernard in seiner Erzählung inne, und unter asketischem Verzicht auf ein großes Vergnügen schwieg er bis zum Ende des Mahls.

»Saint-Loup mit dem ehernen Helme, nehmen Sie noch ein wenig von dieser Ente mit den fetttriefenden Schenkeln, auf welche der hochberühmte Geflügelopferer zahllose Spenden roten Weines ergoß.«

Gewöhnlich, wenn Monsieur Bloch zu Ehren eines besonders ausgezeichneten Kameraden seines Sohnes die Geschichten von Sir Rufus Israël und anderen aus dem tiefsten Kellerwinkel hervorgeholt hatte, zog er sich in dem Gefühl, seinen Sohn bis zu Tränen gerührt zu haben, zurück, um sich nicht in den Augen des »Lausejungen« zu »prostituieren«. Lag aber ein ganz einzigartiger Anlaß vor, etwa als sein Sohn die Agrégation erlangt hatte, fügte Monsieur Bloch der gewohnheitsmäßig aufgetischten Serie von Geschichtchen eine ironische Betrachtung hinzu, die er sich sonst eher für seine persönlichen Freunde aufsparte und die Bloch junior mit großem Stolz seinen eigenen Freunden zugute kommen sah: »Die Regierung hat etwas Unverzeihliches getan.

Sie hat Monsieur Coquelin[1] nicht befragt! Monsieur Coquelin hat zu verstehen gegeben, er sei empört« (Monsieur Bloch setzte seine Ehre darein, sich reaktionär und ablehnend gegen Theaterleute zu geben).

Aber die Schwestern Blochs und ihr Bruder erröteten vor Freude bis über die Ohren, als ihr Vater, um sich den beiden »Labadensern«[2] seines Sohnes von der Seite wahrhaft königlicher Gastfreundschaft zu zeigen, den Auftrag gab, den Champagner zu bringen, und die Mitteilung einfließen ließ, er habe, um uns »etwas zu bieten«, drei Sperrsitze für die Aufführung genommen, die eine auf komische Opern spezialisierte Truppe an diesem Abend im Kasino gab. Er bedauerte, daß er keine Loge bekommen habe. Sie seien bereits alle verkauft gewesen. Im übrigen habe er häufig die Erfahrung gemacht, daß die Orchestersitze besser seien. Nun war zwar der Fehler des Sohnes, den er den anderen verborgen glaubte, seine Ungehobeltheit, der des Vaters aber der Geiz. Daher ließ er denn auch unter dem Namen Champagner uns einen kleinen Mousseux aus einer Karaffe einschenken und unter der Bezeichnung Sperrsitze um die Hälfte billigere Parkettplätze für uns reservieren, von der Gottheit seines Lasters geradezu mystisch davon überzeugt, man werde weder bei Tisch noch im Theater (wo alle Logen unbesetzt waren) den Unterschied bemerken. Nachdem Blochs Vater uns unsere Lippen aus den flachen Schalen hatte netzen lassen, die sein Sohn mit der Bezeichnung »tiefgründige Kratere« ausschmückte, durften wir ein Gemälde bewundern, an dem er so sehr hing, daß er es stets nach Balbec mitnahm. Er erklärte uns, es sei ein Rubens. Saint-Loup fragte naiv, ob es signiert sei. Errötend erklärte Monsieur Bloch, er habe die Signatur des Rahmens wegen abschneiden lassen, was gar keine Bedeutung habe, da er es ja nicht zu verkaufen gedenke. Dann verabschiedete er uns rasch, um sich in das *Journal officiel*[1] zu vertiefen, dessen Nummern überall im Haus herumlagen und dessen Lektüre ihm, wie er sich ausdrückte, durch seine »parlamentarische Tätigkeit« zur Pflicht gemacht sei; über die eigentliche Natur dieser Tätigkeit klärte er uns jedoch nicht auf. »Ich werde einen Schal nehmen«, bemerkte Bloch zu uns, »denn Zephir und Boreas jagen um die Wette über das fischreiche Meer, und wenn es nach dem Schauspiel etwas später wird, kehren wir erst wieder nach Hause zurück, wenn die rosenfingrige Eos am Horizont erscheint. Apropos«, fragte er Saint-Loup, als wir draußen waren (und ich hörte es mit Beben, denn ich ahnte schnell, daß Monsieur de Charlus der Gegenstand von Blochs ironischer Rede sein werde), »wer war denn diese prächtige Vogelscheuche im dunklen Anzug, mit der ich Sie vorgestern morgen am Strande promenieren sah?« – »Das war mein Onkel«, gab Saint-Loup einigermaßen kühl zurück. Leider war ein solcher Fauxpas weit davon entfernt, Bloch als etwas zu erscheinen, was man besser vermiede. »Mein Kompliment«, sagte er und konnte sich dabei vor Lachen kaum halten, »das hätte ich mir denken können, er hat vorzüglichen Schick und eine unbezahlbare, höchstklassige Trottelvisage.« – »Sie täuschen sich vollkommen, er ist sogar ungewöhnlich gescheit«, erwiderte Saint-Loup voller Zorn. »Schade, das nimmt ihm etwas von seiner Vollkommenheit. Ich würde ihn übrigens riesig gern kennenlernen, denn ich bin gewiß, daß ich über diese Art von Figuren ganz tolle Dinger würde schreiben können. Diese da ist zum Totlachen, wenn man sie so vorbeigehen sieht. Doch würde ich an dieser Visage, die ich, nehmen Sie es mir nicht übel, eine gute Weile lang einfach zum Kugeln fand, das Karikaturistische stärker zurücktreten lassen, da es einem Künstler, der vor allem auf die plastische Schönheit seiner Sätze bedacht ist, im

Grunde nichts zu sagen hat, und das Gewicht vor allem auf das Aristokratische an Ihrem Onkel legen, das alles in allem einen Bombeneffekt erzielt und dessen großer Stil, wenn die erste Heiterkeitsanwandlung sich gelegt hat, in die Augen springt. Aber«, fuhr er dann, diesmal zu mir gewandt fort, »es gibt da noch etwas, das einem ganz anderen Ideenkreis angehört, ich wollte dich etwas fragen, aber jedesmal, wenn wir zusammen sind, macht ein unsterblicher Gott, glückseliger Bewohner des Olympos, es mich völlig vergessen; gleichwohl hätte mir eine Auskunft von dir äußerst nützlich sein können und kann es auch fürderhin sein. Wer ist die schöne Person, mit der ich dich im Jardin d'Acclimatation getroffen habe und die von einem Herrn, der mir vom Sehen bekannt schien, und einem Mädchen mit langen Haaren begleitet war?« Ich hatte ja die Erfahrung gemacht, daß Madame Swann sich an Blochs Namen nicht erinnerte, denn sie hatte mir einen anderen genannt und von meinem Kameraden als von jemandem gesprochen, der einem Ministerium zugeteilt sei; es war mir aber bisher nicht eingefallen, mich zu erkundigen, ob er dort arbeite. Wie aber konnte Bloch, von dem sie gesagt hatte, er habe sich ihr vorstellen lassen, ihren Namen nicht kennen? Ich war so erstaunt, daß ich nicht gleich Antwort gab. »Jedenfalls beglückwünsche ich dich«, sagte er zu mir, »du hast sicherlich mit ihr deine Zeit nicht verloren. Ich selbst war ihr ein paar Tage vorher im Vorortzug begegnet. Auch ich kam mit ihr schnell ›zum Zug‹, sie hat deinem untertänigen Diener ihre Gunst geschenkt, ich habe nie so nette Minuten verbracht, und wir wollten gerade ein Wiedersehen verabreden, als jemand, der sie kannte, die Geschmacklosigkeit beging, auf der vorletzten Station noch zu uns in den Wagen zu steigen.« Mein Schweigen gefiel Bloch offenbar nicht. »Ich hoffte«, sagte er, »durch dich in den Besitz ihrer

Adresse zu kommen und so bei ihr ein paarmal in der Woche die Freuden des von den Göttern geliebten Eros zu genießen, doch insistiere ich nicht, da du den Verschwiegenen spielst einer Person zuliebe, die ein Gewerbe aus diesen Dingen macht und sich mir dreimal hintereinander, und zwar auf die raffinierteste Art, zwischen Paris und dem Point-du-Jour[1] hingegeben hat. Aber ich werde sie schon eines Abends wiederfinden.«

Ich machte Bloch kurz nach diesem Abendessen einen Besuch, den er erwiderte, doch ich war nicht zu Hause; er aber wurde, als er nach mir fragte, von Françoise bemerkt, die ihn, obwohl er damals in Combray bei uns gewesen war, zufällig bisher nie gesehen hatte. So wußte sie nur, es sei einer von »den Herren«, die ich kannte, dagewesen und habe nach mir gefragt, sie wisse aber nicht »zu welchem Behuf«; er sei gekleidet gewesen wie alle anderen Leute auch und habe ihr keinen besonderen Eindruck gemacht. Nun wußte ich zwar längst, daß gewisse soziale Vorurteile, die Françoise hegte, mir immer rätselhaft bleiben würden, da sie zum Teil wohl auf einer Verwechslung von Wörtern und Namen beruhten, die sie irgendwo aufgeschnappt und ein für allemal mißverstanden hatte, konnte es aber doch nicht lassen, obwohl ich es doch längst aufgegeben hatte, in solchen Fällen etwas verstehen zu wollen, Versuche anzustellen – vergebliche übrigens –, um ausfindig zu machen, was der Name Bloch für Françoise Unerhörtes bedeuten mochte. Denn kaum hatte ich ihr gesagt, der junge Mann, den sie gesehen habe, sei Monsieur Bloch gewesen, als sie vor Verwunderung und Enttäuschung ein paar Schritte rückwärts trat. »Was Sie nicht sagen, das ist Monsieur Bloch?« rief sie mit so verstörter Miene aus, als müsse eine derart wunderbare Persönlichkeit über ein Aussehen verfügen, das »bekanntmachte«, daß man sich in Gegenwart eines der Großen der Erde befand, und so etwa wie jemand der Meinung Ausdruck gibt, eine historische Persönlichkeit rechtfertige nicht durchaus ihren Ruf, wiederholte sie in einem Ton nachhaltiger Betroffenheit, in der man für kommende Zeiten den Keim einer alle Dinge erfassenden Skepsis ahnte: »Nein so etwas, das also ist Monsieur Bloch! Wirklich, man hätte es nicht gemeint, wenn man ihn so sieht.« Sie schien mir sogar deswegen zu grollen, ganz als hätte ich ihr gegenüber diesen Bloch jemals »aufgebauscht«. Doch hatte sie die Gewogenheit, gleich hinzuzusetzen: »Nun, ich muß sagen, wenn das auch Monsieur Bloch ist, der junge Herr darf ruhig glauben, daß er ebensogut aussieht wie der.«

Bald darauf erlebte sie Saint-Loups wegen, den sie verehrte, eine ganz andersgeartete und weniger lang anhaltende Enttäuschung: sie erfuhr, daß er Republikaner sei. Obwohl sie beispielsweise von der Königin von Portugal mit jener Respektlosigkeit, die allerdings beim Volk gerade das Zeichen der größten Ehrerbietung ist, sagte: »Amélie, die Schwester von Philippe«[1], war Françoise Royalistin. Vor allem aber schien ihr ein Marquis, ein Marquis, der sie bezaubert hatte und der sich nun als Anhänger der Republik erwies, nicht mehr echt. Sie bekundete darüber die gleiche schlechte Laune, als hätte ich ihr ein Kästchen geschenkt, das sie für Gold gehalten, für das sie mir schon überschwenglich gedankt und von dem ihr aber später ein Juwelier gesagt hätte, es sei nur Doublé. Sie entzog Saint-Loup auf der Stelle ihre Hochschätzung, schenkte sie ihm jedoch nach kurzer Zeit von neuem, nachdem sie sich zurechtgelegt hatte, er könne ja doch als Marquis von Saint-Loup nicht eigentlich Republikaner sein, sondern nur aus Eigennutz so tun, denn bei dieser Regierung, die man jetzt habe, werfe das sicher viel ab. Seit diesem Tag hörte ihre Kälte gegen ihn wie auch ihr vorwurfsvolles Wesen mir gegenüber mit einem Schlag auf. Wenn sie nun von Saint-Loup sprach, sagte sie: »So ein Heuchler«, aber mit einem breiten, gutartigen Lächeln, durch das sie zu verstehen gab, daß sie ihn wieder »achte« wie am ersten Tag und ihm verziehen habe.

Nun waren aber die Aufrichtigkeit und Selbstlosigkeit Saint-Loups über jeden Zweifel erhaben, und gerade diese große moralische Integrität, die nicht in einem egoistischen Trieb wie der Liebe ihr Genüge finden konnte, aber andererseits in ihm nicht auf jene zum Beispiel für mich bestehende Unmöglichkeit traf, seine geistige Nahrung anderswo als in sich selbst zu finden, befähigte ihn so wahrhaft zur Freundschaft, wie ich dazu unfähig war.

Nicht weniger täuschte sich Françoise über Saint-Loup, als sie sagte, es scheine ja auf den ersten Blick, als ob er das Volk nicht verachte, aber es sei nicht wahr, da brauche man ihn nur anzuschauen, wenn er böse auf seinen Kutscher sei. Tatsächlich war es mehrfach vorgekommen, daß Robert diesen mit einer gewissen Rauheit schalt, die bei ihm weniger einem Gefühl für die Verschiedenheit der Klassen als dem der zwischen ihnen bestehenden Gleichheit entsprang. »Aber warum«, antwortete er mir auf meine Vorwürfe, er habe diesen Kutscher etwas reichlich unfreundlich behandelt, »sollte ich besonders höflich mit ihm reden? Ist er nicht dasselbe wie ich? Steht er mir nicht ebensonahe wie ein Onkel oder Vetter von mir? Sie tun so, als müßte ich ihn rücksichtsvoll behandeln, also als Untergebenen! Sie sprechen wie ein Aristokrat«, setzte er in abfälligem Ton hinzu.

Tatsächlich war, wenn überhaupt eine, die Aristokratie die Klasse, der er mit Voreingenommenheit und parteiischem Sinn gegenüberstand; das ging so weit, daß er ebensoviel Mühe hatte, an die Überlegenheit eines Mannes aus diesen Kreisen zu glauben, wie es ihm leichtfiel, die eines Proletariers für gegeben zu halten. Als ich ihm von der Prinzessin von Luxemburg erzählte, die ich in Gesellschaft seiner Tante getroffen hatte, sagte er nur:

»Eine Ziege wie alle ihresgleichen. Übrigens ist sie so etwas wie eine Kusine von mir.«

Da er ein Vorurteil gegen Menschen hegte, die in der mondänen Welt verkehrten, ging er selbst wenig in Gesellschaft, und die geringschätzige oder gar feindselige Haltung, die er dort annahm, vermehrte bei allen seinen nächsten Verwandten noch den Kummer über seine Verbindung mit »einer vom Theater«, eine Verbindung, von der sie behaupteten, sie sei verderblich für ihn und habe unter anderem auch in ihm jenen Geist der Verunglimpfung und des Widerspruchs entwickelt, ihn »aus dem Gleis gebracht«, und schließlich werde er sich noch vollkommen »deklassieren«. Daher äußerte sich denn auch eine Menge leichtlebiger junger Männer aus dem Faubourg Saint-Germain rücksichtslos über Roberts Geliebte. »Dirnen gehen ihrem Gewerbe nach«, sagten sie, »sie sind nicht besser und nicht schlechter als alle anderen; aber die da, nein! Ihr verzeihen wir nicht! Sie hat zuviel Unheil bei jemandem angerichtet, den wir gerne mögen.« Gewiß, er war nicht der erste mit einem Klotz am Bein. Die anderen jedoch amüsierten sich standesgemäß und behielten auch weiterhin die Ansichten ihrer Klasse über Politik, über alle anderen Dinge bei. Er aber, so fanden die Seinen, habe jetzt »etwas Bitteres«. Sie machten sich nicht klar, daß viele junge Männer der besseren Gesellschaft, die sonst geistig ungeformt, primitiv in ihren Freundschaftsgefühlen, ohne Zartheit und Geschmack ihr Leben führen würden, häufig in ihrer Geliebten den wahren Lehrmeister finden und daß Verbindungen dieser Art die einzige Seelenschule sind, in der sie die Weihen einer höheren moralischen Kultur empfangen und den Wert eines nicht zweckgebundenen Wissens schätzen lernen. Selbst im niederen Volk (das im Hinblick auf die Roheit des Gefühlslebens so oft der großen Welt ganz ähnlich ist) bringt die Frau, da sie sensibler, feinsinniger und stärker der Muße zugetan ist, gewissen Formen des Zartgefühls größeres Interesse und manchen Schönheiten der Empfindung und der Kunst weit höhere Achtung entgegen und stellt sie, selbst wenn sie sie nicht versteht, über die Dinge, die dem Mann das Erstrebenswerteste scheinen: Stellung und Geld. Ob es sich nun aber wie bei Saint-Loup um die Geliebte eines jungen Mitglieds der eleganten Clubs oder eines jungen Arbeiters handelt (die Elektromonteure beispielsweise vertreten heute die wahre Ritterschaft), ihr Liebhaber hegt für sie zuviel Bewunderung und Respekt, als daß er diese nicht auch auf das ausdehnte, was sie selbst bewundert und respektiert; seine Wertskala wird dadurch vollkommen umgekehrt. Ihrem Geschlecht entsprechend ist sie schwach, sie leidet an unerklärlichen nervösen Störungen, für die der kräftige junge Mann, wenn er ihnen bei einem Mann oder einer anderen Frau, einer etwa, deren Neffe oder Vetter er ist, begegnete, nur ein Lächeln hätte. Die Frau aber, die er liebt, kann er nicht leiden sehen. Der junge Adlige, der wie Saint-Loup eine Geliebte hat, nimmt die Gewohnheit an, wenn er mit ihr in ein Restaurant essen geht, die Baldriantropfen in der Tasche bei sich zu führen, die sie brauchen könnte, und mit Nachdruck und ohne Ironie dem Kellner einzuschärfen, er möge darauf achten, die Türen leise zu schließen und kein feuchtes Moos für die Tischdekoration zu verwenden, damit seiner Freundin ein Unbehagen erspart bleibt, von dem er nie befallen wird und das für ihn eine geheimnisvolle Welt darstellt, an deren Wirklichkeit sie ihn zu glauben gelehrt hat, ein Unbehagen, um dessentwillen er sie jetzt bedauert, ohne daß er es zuvor kennenlernen müßte, und für das er dann schließlich sogar Verständnis hat, wenn andere es empfinden. Die Geliebte Saint-Loups hatte ihm – wie die ersten Mönche des Mittelalters der Christenheit – Mitleid mit Tieren beigebracht, denn sie war eine leidenschaftliche Tierfreundin und verreiste niemals ohne ihren Hund, ihre Kanarienvögel und ihre Papageien. Saint-Loup wachte dann mütterlich über deren Wohl und lehnte alle Menschen, die nicht freundlich zu Tieren waren, als Rohlinge ab. Eine Schauspielerin nun andererseits oder eine sogenannte Schauspielerin wie die, die mit ihm zusammenlebte – mochte sie intelligent sein oder nicht, worüber ich nichts wußte –, hatte ihn, indem sie ihm die Unterhaltung der Damen der Gesellschaft langweilig und die Verpflichtung, einer Abendeinladung zu folgen, als eine Tortur erscheinen ließ, vor dem Snobismus bewahrt und ihn von seiner Oberflächlichkeit geheilt. Wenn dank der Rolle, die sie in seinem Leben spielte, gesellschaftliche Beziehungen einen geringeren Raum im Dasein des jungen Liebhabers einnahmen, hatte die Geliebte ihn – während, wenn er einfach ein junger Salonlöwe gewesen wäre, Eitelkeit oder Eigennutz seine Freundschaften ebensosehr geprägt wie eine gewisse Derbheit deren Charakter äußerlich gekennzeichnet hätte – andererseits gelehrt, Adel und Delikatesse in ihnen zu betätigen. Da sie mit weiblichem Instinkt bei Männern gewisse Gefühlseigenschaften hochschätzte, die ihr Liebhaber vielleicht verkannt oder sogar verlacht hätte, fand sie immer sehr schnell unter den Freunden Saint-Loups denjenigen heraus, der für ihn wahre Zuneigung hegte, und bevorzugte ihn. Sie wußte dann in der Weise auf ihn einzuwirken, daß er für diesen Dankbarkeit empfand und sie ihm auch zeigte, auf die Dinge achtgab, die ihm Vergnügen machten, auf jene auch, die ihm beschwerlich waren. Bald fing Saint-Loup, ohne daß sie ihn noch darauf aufmerksam machen mußte, von sich aus an, diese Dinge zu bedenken; so schloß er in Balbec, wo sie sich gar nicht befand, mir zu Gefallen, also für jemand, den sie nie gesehen und von dem er ihr möglicherweise in seinen Briefen nicht einmal erzählt hatte, das Fenster des Wagens, in dem ich mit ihm saß, oder trug Blumen aus dem Zimmer, die mir Kopfweh machten, und wenn er beim Aufbrechen gleichzeitig mehreren Personen Lebewohl sagen mußte, richtete er es so ein, daß er sich von den anderen schon etwas früher verabschiedete, so daß er mit mir allein zurückblieb und auf diese Weise einen Unterschied zwischen mir und den übrigen machte, mich anders behandelte als sie. Seine Geliebte hatte seinen Geist dem Unsichtbaren geöffnet, sie hatte einen ernsteren Zug in sein Leben gebracht, die Zartheit seines Herzens erschlossen, doch entging das alles den Seinen, die unter Tränen immer wiederholten: »Dieses Frauenzimmer bringt ihn noch um, und in der Zwischenzeit bringt sie ihn um seine Ehre.« Allerdings hatte er all das Gute, was sie ihm geben konnte, schließlich bis zur Neige ausgeschöpft; jetzt war sie für ihn nur noch der Quell unaufhörlicher Leiden, denn sie mochte ihn nicht mehr sehen und machte ihm das Leben zur Qual. Eines schönen Tages hatte sie angefangen, ihn dumm und lächerlich zu finden, weil die Freunde, die sie in den Kreisen junger Schriftsteller und Schauspieler besaß, ihr versichert hatten, daß er dumm und lächerlich sei; sie wiederholte nun ihrerseits alles, was jene gesagt hatten, mit der Leidenschaftlichkeit und Ausschließlichkeit, die man an den Tag legt, wenn man von außen her übernommene Meinungen oder Verhaltensweisen, von denen man vorher überhaupt nichts wußte, sich zu eigen macht. Gern behauptete sie, wie jene Theaterleute es taten, daß zwischen ihr und Saint-Loup ein unüberbrückbarer Abgrund klaffe, weil er geradezu einer anderen Rasse angehöre; denn sie sei eine Intellektuelle, er aber, trotz allen gegenteiligen Beteuerungen, seiner Herkunft nach ein Feind der Intelligenz. Diese Ansicht kam ihr höchst tiefsinnig vor, und in den beiläufigsten Äußerungen, den unbedeutendsten Gebärden ihres Liebhabers suchte sie nach einer Bestätigung dafür. Als die gleichen Freunde ihr auch noch überzeugend darlegten, sie zerstöre in einer so wenig für sie geeigneten Gesellschaft ihre, wie sie sagten, durchaus begründeten beruflichen Hoffnungen und ihr Freund werde auf sie abfärben, das Zusammenleben mit ihm ihre künstlerische Zukunft gefährden, trat zu ihrer Geringschätzung noch ein Haß auf Saint-Loup, als wolle er sie unbedingt mit einer tödlichen Krankheit infizieren. Sie sah ihn so wenig wie möglich, schob aber den Zeitpunkt eines endgültigen Bruchs noch hinaus, wobei mir ein solcher auch wenig wahrscheinlich schien. Saint-Loup brachte für sie derartige Opfer, daß sie, sofern sie nicht hinreißend war (allerdings hatte er mir nie eine Photographie von ihr zeigen wollen, sagte vielmehr immer: »Erstens ist sie keine Schönheit, und zweitens wirkt sie schlecht auf Photographien, ich habe auch nur Momentaufnahmen von ihr, die ich selbst mit meiner Kodak[1] gemacht habe und die einen ganz falschen Eindruck geben würden«), schwerlich einen zweiten Mann finden könnte, der zu Ähnlichem bereit gewesen wäre. Mir kam nicht in den Sinn, daß eine gewisse Besessenheit, sich einen Namen zu machen, selbst wenn man kein Talent hat, und die der eigenen Person wenn auch ganz privat entgegengebrachte Hochachtung von irgendwie imponierenden Persönlichkeiten sogar für eine kleine Kokotte entscheidendere Beweggründe sein können (es war dies übrigens bei Saint-Loups Geliebter vielleicht gar nicht der Fall) als die Freude am Geldgewinn. Saint-Loup, der, ohne recht zu verstehen, was in seiner Geliebten vorging, sie weder in ihren ungerechten Vorwürfen noch ihren Schwüren ewiger Liebe für ganz aufrichtig hielt, hatte doch öfter das Gefühl, sie werde mit ihm brechen, sobald es ihr möglich wäre, und mit dem Instinkt des Liebenden in ihm, der offenbar weitblickender war als seine sonstige Natur, hatte er ihr gegenüber eine praktische Klugheit walten lassen – die bei ihm nicht im Widerspruch stand zu der Stärke, ja der Blindheit seiner leidenschaftlichen Gefühle – und es abgelehnt, ihr ein Kapital zur Verfügung zu stellen, vielmehr zwar enorme Summen aufgenommen, damit es ihr nie an etwas fehle, ihr die Beträge jedoch immer nur von Tag zu Tag in die Hand gegeben. Sicher aber würde sie, falls sie wirklich ernsthaft daran dachte, ihn einmal zu verlassen, den Zeitpunkt abwarten, wo sie »ihre Schäfchen im trockenen« hätte, was in Anbetracht der Summen, die Saint-Loup ihr gab, zwar nur kurze Zeit in Anspruch nehmen würde, aber doch vorläufig noch eine Verlängerung des Glücks – oder Unglücks – meines Freundes bedeutete.

Diese dramatische Periode ihrer Liaison – die jetzt in ihre kritische, für Saint-Loup am meisten quälende Phase eingetreten war, denn sie hatte ihm untersagt, in Paris zu bleiben, wo seine Gegenwart sie aufs äußerste reizte, und ihn gezwungen, seinen Urlaub in Balbec, nahe bei seiner Garnison, zu verleben – hatte eines Abends bei einer Tante Saint-Loups ihren Anfang genommen; er hatte erreicht, daß er seine Freundin zu ihr mitbringen und diese vor zahlreichen Geladenen Fragmente aus einem symbolistischen Drama rezitieren durfte, in dem sie auf einer avantgardistischen Bühne mitgewirkt und für das sie ihm die gleiche Begeisterung eingeflößt hatte, wie sie selbst sie hegte.

Doch als sie mit einem großen Lilienstengel in der Hand und in einem der »Ancilla Domini«[1] nachgebildeten Kostüm, das sie Robert als eine einmalige »künstlerische Vision« hingestellt hatte, vor diesem Parterre von eleganten Männern und Herzoginnen erschien, wurde sie mit einem Lächeln begrüßt, das durch den psalmodierenden Tonfall, die Ausgefallenheit gewisser Worte und ihre häufige Wiederholung sich in zunächst unterdrücktes, dann aber so unwiderstehlich ausbrechendes Gelächter verwandelte, daß die arme Rezitatorin nicht hatte weitersprechen können. Tags darauf war die Tante Saint-Loups einhellig getadelt worden, daß sie eine so groteske Künstlerin in ihrem Haus habe auftreten lassen. Ein sehr bekannter Träger eines Herzogstitels verhehlte ihr nicht, daß sie es sich nur selbst zuzuschreiben habe, wenn man sie kritisiere:

»Zum Teufel auch, solche Nummern sollte man uns wirklich nicht zumuten! Hätte die Person noch Talent, aber keine Spur. Alles was recht ist, Paris ist nicht so dumm, wie man es hinstellt. Die Gesellschaft besteht nicht nur aus lauter Eseln. Dies kleine Fräulein hat offenbar geglaubt, sie könne Paris verblüffen. Aber so leicht verblüfft man Paris nicht. Es gibt denn doch noch Dinge, die man hier bei uns nicht schluckt.«

Die Künstlerin selbst aber hatte im Hinausgehen zu Saint-Loup gesagt: »Was für dumme Puten, was für rotznäsige Frauenzimmer und Flegel sind denn das, zu denen du mich da gebracht hast? Ich will dir nur sagen, unter den Männern war keiner, der nicht versucht hat, mir zuzuzwinkern und unter dem Tisch zu füßeln, und nur weil ich nicht darauf eingegangen bin, haben sie sich nachher gerächt.«

Solche Reden hatten Roberts Antipathie gegen die Menschen seiner Kreise in ein viel tieferes und schmerzlicheres Grauen verwandelt, das sich vor allem gegen diejenigen richtete, die es am wenigsten verdienten, nämlich ihm treu zugetane Verwandte, die als Abgesandte der Familie Saint-Loups Freundin zu überreden versuchten, mit ihm zu brechen, ein Schritt, den diese ihm gleichfalls als von nicht erhörter Liebe zu ihr inspiriert hinstellte. Obwohl Robert sofort den Verkehr mit ihnen allen abgebrochen hatte, meinte er doch, daß, wenn er fern von seiner Freundin weile, die Betreffenden oder andere seine Abwesenheit benutzen würden, um es von neuem bei ihr zu versuchen, und vielleicht ihre Gunst errungen hatten. Und wenn er von Lebemännern sprach, die ihre Freunde betrügen, Frauen zu verführen und in Stundenhotels zu locken versuchen, war sein Antlitz voller Leiden und Haß.

»Ich würde sie mit weniger schlechtem Gewissen umbringen als einen Hund, denn der ist wenigstens ein liebes, aufrichtiges, treues Tier. Solche Menschen verdienen viel eher das Schafott als die Unglücklichen, die aus Armut und durch die Grausamkeit der Reichen zu Verbrechern werden.«

Den größten Teil seiner Zeit verbrachte er damit, seiner Geliebten Briefe und Telegramme zu schicken. Jedesmal wenn sie aus der Ferne – sie hinderte ihn auch weiterhin, nach Paris zu kommen – einen Vorwand für einen Streit mit ihm fand, erriet ich es sofort aus seinen verstörten Zügen. Da seine Geliebte ihm nie sagte, was sie ihm eigentlich vorwarf, kam er auf die Vermutung, daß sie, da sie sich darüber ausschwieg, es am Ende selbst nicht recht wisse und seiner einfach überdrüssig sei; gleichwohl aber hätte er gern eine Aussprache herbeigeführt und schrieb ihr daraufhin: »Sag mir, worin ich Unrecht tue. Ich bin ganz bereit, meine Schuld einzusehen«, wobei der Kummer, den er selbst empfand, ihn zur Überzeugung brachte, er habe sich falsch benommen.

Sie aber ließ ihn endlos auf ihre Antwort warten, die im übrigen immer völlig ungereimt war. So sah ich meist Saint-Loup mit leeren Händen und fast immer mit gramdurchfurchter Stirn von der Post zurückkommen, wo er als einziger im ganzen Hotel, abgesehen von Françoise, Briefe abholte und aufgab: er aus der Ungeduld des Liebenden heraus, sie aus tiefem Mißtrauen gegen die Hausbedienten. (Die Telegramme nötigten ihn jeweils zu einem noch viel weiteren Weg.)

Als einige Tage nach dem Abendessen bei Blochs meine Großmutter mir mit erwartungsfroher Miene erzählte, Saint-Loup habe sie gefragt, ob er sie nicht vor seiner Abreise aus Balbec photographieren dürfe, und ich sah, daß sie hierfür ihre schönste Toilette angelegt hatte und nur noch zwischen den verschiedenen Kopfbedeckungen schwankte, fühlte ich mich durch diese von ihrer Seite so ganz unerwartete Kinderei unangenehm berührt. Das ging sogar so weit, daß ich mich fragte, ob ich mich bisher über meine Großmutter nicht getäuscht, ob ich ihr nicht einen zu hohen Rang zugewiesen habe, ob sie wirklich über alles, was ihre Person betraf, so erhaben sei, wie ich immer gemeint hatte, ob sie nicht etwa das, was ich ihr nie zugetraut hätte, besitze: Koketterie.

Leider ließ ich mir diese Unzufriedenheit über die geplante Sitzung für eine Aufnahme und besonders über die Genugtuung, die meine Großmutter zu empfinden schien, so sehr anmerken, daß Françoise darauf aufmerksam wurde und diese unverzüglich, wenn auch ohne Absicht, noch vermehrte, indem sie mir eine sentimentale und gerührte Rede hielt, in die ich nicht einstimmen mochte.

»Oh! Monsieur, die arme liebe Madame! Wo sie doch so glücklich ist, daß jemand sie ›abnehmen‹ will, und sogar den Hut aufsetzt, den ihr ihre alte Françoise mit eigenen Händen so nett zurechtgemacht hat. Man muß ihr doch ihre Freude lassen, Monsieur.«

Ich redete mir ein, es sei nicht grausam, mich über die Gefühlsduselei von Françoise lustig zu machen, indem ich mir vor Augen hielt, daß auch meine Mutter und Großmutter, die doch in allen Dingen meine Vorbilder waren, es ja häufig täten. Doch als meine Großmutter sah, daß ich verstimmt schien, sagte sie zu mir, wenn dies Vorhaben mich verdrieße, verzichte sie darauf. Ich wollte das nicht und versicherte, ich sähe darin nichts, was man beanstanden könne, und ließ sie sich schön machen, glaubte aber einen Beweis von Scharfsinn und Geisteskraft zu geben, indem ich ein paar ironische und kränkende Worte fallen ließ, die das Vergnügen, das ihr dies Photographiertwerden zu bereiten schien, im wesentlichen aufheben sollten, so daß ich zwar den Galahut an meiner Großmutter ansehen mußte, aber doch den Erfolg zu verzeichnen hatte, daß von ihrem Antlitz jener freudige Ausdruck verschwunden war, der mich hätte glücklich stimmen müssen, statt dessen aber – wie es nur allzuoft geschieht, solange diejenigen, die wir am meisten lieben, noch am Leben sind – mir eher als die aufreizende Bekundung eines verkleinernden, abträglichen Zuges denn als eine köstliche Form des Glücks erschien, das ich ihr ja im Grunde so gern verschaffen wollte. Meine schlechte Laune rührte vor allem daher, daß seit einer Woche meine Großmutter mich eher zu meiden schien und daß ich sie weder bei Tage noch am Abend einen Augenblick richtig für mich hatte haben können. Wenn ich am Nachmittag ins Hotel zurückkehrte, um ein Weilchen mit ihr allein zu sein, hieß es, sie sei nicht da; oder aber sie schloß sich mit Françoise zu endlosen Beratungen ein, die ich nicht stören durfte. Und wenn ich den Abend außerhalb des Hauses mit Saint-Loup verbracht hatte und während der Heimfahrt an den Augenblick dachte, da ich sie wiedersehen und küssen könnte, mochte ich noch so lange warten, daß sie endlich ihre paar kleinen Schläge gegen die Zwischenwand täte, um mir zu sagen, ich könne herüberkommen und ihr gute Nacht sagen, ich hörte und hörte nichts; schließlich ging ich zu Bett und war ihr etwas böse, daß sie mich mit einer an ihr ganz ungewohnten Gleichgültigkeit einer Freude beraubte, auf die ich so fest gerechnet hatte; mit einem wie in meiner Kinderzeit klopfenden Herzen lauschte ich noch lange auf die stummbleibende Stimme der Wand und schlief unter Tränen ein.

*

An diesem Tag wie an den vorhergehenden hatte Saint-Loup nach Doncières gehen müssen, wo bis zu dem Zeitpunkt, zu dem er endgültig dorthin zurückkehren mußte, seine Anwesenheit jetzt bis zum späten Nachmittag täglich erforderlich sein würde. Ich bedauerte, daß er nicht in Balbec war. Ich hatte ein paar junge Frauen aus dem Wagen steigen und den Weg teils zum Tanz im Kasino, teils zur Eiskonditorei nehmen sehen, Frauen, die mir von ferne bezaubernd erschienen waren. Ich befand mich in einer jener Perioden der Jugend, die, nicht von einer speziellen Liebe beherrscht, allem offenstehen und in denen man überall – wie ein Liebhaber die Frau, die er liebt – die Schönheit ersehnt, überall nach ihr trachtet, sie überall erblickt. Wenn auch nur ein einziger wirklicher Zug – das wenige, was man an einer von ferne oder von hinten gesehenen Frau unterscheidet – in uns die Idee von Schönheit wachzurufen vermag, glauben wir schon, die Schönheit selbst erkannt zu haben; mit klopfendem Herzen beschleunigen wir den Schritt und werden immer halb und halb überzeugt bleiben, daß sie es diesmal war, sofern jene Frau verschwunden bleibt: nur wenn wir sie wieder einholen, werden wir unseren Irrtum gewahr.

Da sich mein Gesundheitszustand ständig verschlechterte, war ich außerdem versucht, schon die einfachsten Vergnügungen zu überschätzen, gerade weil sie mir so schwer zugänglich waren. Überall glaubte ich elegante Frauen zu sehen, weil ich am Strand zu müde, im Kasino oder in einer Konditorei aber zu schüchtern war, mich ihnen ernstlich zu nähern. Dennoch hätte ich für den Fall, daß ich bald sterben sollte, doch gar zu gern gewußt, wie in Wirklichkeit, aus der Nähe betrachtet, die hübschesten jungen Mädchen beschaffen seien, die das Leben für uns zur Verfügung hält, auch wenn ein anderer als ich oder sogar niemand von diesem Angebot hätte Gebrauch machen können (ich machte mir tatsächlich nicht klar, daß meiner Neugier ein Besitzbedürfnis zugrunde lag). Mit Saint-Loup zusammen hätte ich den Tanzsaal zu betreten gewagt. Da ich aber allein war, blieb ich einfach in Erwartung des Augenblicks, bis ich wieder mit meiner Großmutter zusammen sein könnte, vor dem Grand-Hôtel stehen, als ich – fast noch am äußersten Ende der Strandpromenade, von wo aus sie sich wie ein merkwürdiger einheitlicher Farbfleck auf mich zu bewegten – fünf oder sechs kleine Mädchen[1] sah, die in Aussehen und Auftreten so vollkommen anders waren als alles, was man sonst in Balbec sah, als es eine eben gelandete Schar von Möwen unbekannter Herkunft hätte sein können, die nun am Strand gemessenen Schrittes – während die Nachzügler flatternd die anderen einholen – einherpromenieren, wobei ihr Ziel den Badegästen, die von ihnen scheinbar gar nicht wahrgenommen werden, ebenso verborgen bleibt, wie es für ihren Vogelgeist klar vorgegeben ist.

Eine dieser Unbekannten schob mit einer Hand ihr Fahrrad vor sich her; zwei andere waren mit Golfschlägern ausgerüstet; ihre Aufmachung aber unterschied sich völlig von der der anderen jungen Mädchen in Balbec, von denen einzelne wohl dem Sport huldigten, ohne jedoch dafür eine Spezialkleidung anzulegen.[1]

Es war die Stunde, da Damen und Herren täglich ihren Spaziergang auf der Strandpromenade machten, dem unerbittlichen Blitzen des Stiellorgnons ausgesetzt, das, als hätten sie irgendeinen Makel an sich, den sie in den kleinsten Einzelheiten zu untersuchen vorhabe, die Frau des Gerichtspräsidenten auf sie richtete, die stolz vor dem Musikpavillon inmitten jener gefürchteten Stuhlreihe thronte: dort, wo jene anderen selbst gleich darauf, aus Schauspielern nunmehr zu Kritikern geworden, sich niederlassen würden, um ihrerseits die Vorübergehenden zu beurteilen. Alle diese Leute, die die Strandpromenade entlanggingen, schlingerten, als befänden sie sich an Deck eines Schiffes (denn sie konnten ihre Beine nicht heben, ohne gleichzeitig die Arme zu bewegen, die Augen zu verdrehen, die Schultern zurechtzuschieben, durch einen ausgleichenden Ruck der entgegengesetzten Seite der auf der anderen vollführten Übung zu entsprechen und im Gesicht vor Anstrengung rot zu werden), und taten, um den Anschein zu erwekken, als kümmerten sie sich gar nicht um die anderen, obwohl sie insgeheim achtgaben, nicht an sie anzustoßen, ganz so, als ob sie die Personen, die an ihnen vorübergingen oder ihnen entgegenkamen, überhaupt nicht sähen; tatsächlich aber rannten sie dennoch gerade gegeneinander an oder blieben aneinander hängen, weil sie beiderseits der Gegenstand solcher unter dem Anschein der Nichtbeachtung versteckten Aufmerksamkeit gewesen waren; Liebe zu – und infolgedessen Furcht vor – der Masse ist eine der mächtigsten Triebkräfte der Menschen, sei es, daß sie den anderen gefallen, sie verblüffen oder aber ihnen zeigen wollen, daß sie sie verachten. Bei einem einsam lebenden Menschen liegt der vollständigen und bis ans Lebensende dauernden Abschließung oft eine fehlgeleitete Liebe zur Masse zugrunde, eine Liebe, die so sehr jedes andere Gefühl überwiegt, daß er, da er beim Ein- und Ausgehen nicht die Bewunderung der Concierge, der Passanten, des vor der Tür wartenden Kutschers zu erringen vermag, es vorzieht, gar nicht mehr von ihnen gesehen zu werden, und jedwede Tätigkeit aufgibt, durch die ein Ausgehen erforderlich würde.

Inmitten all dieser Leute, von denen einige einem Gedanken nachhingen, dessen Wirken in ihrem Inneren sie dann durch ruckartige Gebärden und umherirrende Blicke verrieten, die ebensowenig Harmonie in sich trugen wie die schwankende Umsicht ihrer Nachbarn, schritten die Mädchen, die ich bemerkt hatte, mit der Beherrschung aller Gesten, die ein vollkommen durchtrainierter Körper und aufrichtige Mißachtung gegenüber der übrigen Menschheit verleihen, unbeirrt und locker geradeaus, wobei sie genau die Bewegungen ausführten, die sie ausführen wollten, in voller Unabhängigkeit aller ihrer Glieder voneinander und jener Unbewegtheit von Rumpf, Kopf und Armen, die gute Walzertänzerinnen auszeichnet. Sie waren von mir nicht mehr weit entfernt. Obwohl jede einen ureigenen Typ darstellte, waren sie alle schön; doch hatte ich in Wirklichkeit alle erst seit so kurzem wahrgenommen und es noch so wenig gewagt, sie fest ins Auge zu fassen, daß ich noch keine in ihrer Individualität von den anderen unterschied. Abgesehen von einer, die sich durch ihre gerade Nase, ihre brünette Hautfarbe von den anderen abhob wie in irgendeinem Renaissancegemälde einer der Heiligen Drei Könige von arabischem Typ, waren sie mir bislang nur entweder durch ein unbeirrt und eigensinnig lachendes Augenpaar oder (eine andere) durch

Wangen bekannt, deren rosiger Teint eine Kupfertönung angenommen hatte, die an Geranien erinnerte, und selbst diese Einzelzüge hatte ich noch nicht unauflöslich einem bestimmten dieser jungen Mädchen mehr als einem anderen angeheftet; und wenn ich (nach der Reihenfolge, in der sich dieses Zusammenspiel vor mir entfaltete, das so wunderbar war, weil die verschiedenartigsten Aspekte hier dicht nebeneinanderlagen und alle Farbenfolgen zusammenklangen, dennoch verworren freilich wie eine Musik, in der ich im Augenblick des Vorüberrauschens nicht die einzelnen Themen erkennen konnte, da ich sie wohl wahrnahm, jedoch auf der Stelle wieder vergaß) ein weißes Oval, schwarze Augen, grüne Augen auftauchen sah, wußte ich nicht, ob es die gleichen waren, auf deren Zauber ich kurz zuvor schon einmal gestoßen war, und konnte sie nicht diesem oder jenem Mädchen zuordnen, das ich etwa aus den anderen ausgesondert und herauserkannt hätte. Die Tatsache, daß dem von mir wahrgenommenen Bild deutliche Abgrenzungen, die ich freilich bald darauf herstellen würde, zwischen den einzelnen Erscheinungen noch fehlten, breitete über die Gruppe etwas harmonisch Gleitendes, ein fortwährendes Fluktuieren einer schwebenden, allen gemeinsamen, stets in Bewegung befindlichen Schönheit.

Vielleicht war es nicht nur eine zufällige Fügung des Lebens, daß alle diese Freundinnen, die sich da zueinandergesellt hatten, so schön waren; vielleicht hatten sich diese Mädchen (deren Gebaren schon ihre kühne, oberflächliche, harte Natur enthüllte), übermäßig empfindlich gegen alles Häßliche und Lächerliche, unfähig, einer Anziehung geistiger oder seelischer Art nachzugeben, in der Schar gleichaltriger Kameradinnen aufgrund eines gemeinsamen Widerwillens gegen alle die zusammengefunden, bei denen eine nachdenkliche und gefühlsbetonte Veranlagung sich in Schüchternheit, Befangenheit und Ungeschick, kurz durch etwas verriet, was sie wahrscheinlich eine »unsympathische Art« nannten, und diese Geschöpfe von sich ferngehalten, während sie sich im Gegenteil mit anderen anfreundeten, zu denen sie sich durch eine gewisse Mischung aus Anmut, Geschicklichkeit und körperlicher Eleganz hingezogen fühlten, in deren Gestalt allein sie sich den natürlichen Freimut einer anziehenden Wesensart und die Aussicht auf angenehme Stunden, die man miteinander verbringen würde, vorstellen konnten. Vielleicht befand sich auch die Klasse, der sie angehörten und die ich nicht genau hätte bestimmen können, an jenem Punkt ihrer Entwicklung, wo, sei es aufgrund zunehmenden Reichtums und größerer Muße, sei es dank den neuen Sportgewohnheiten, die selbst in gewisse bescheidenere Kreise eingedrungen waren, und einer Körperkultur, zu der sich noch nicht die des Geistes hinzugesellt hatte, eine soziale Schicht – wie die harmonischen und fruchtbaren Schulen der Bildhauerkunst, die noch keine gewundenen Ausdrucksformen suchen – ganz von selbst eine Fülle schöner Körper hervorbringt, Körper mit schönen Beinen, schönen Hüften und gesunden, ausgeruhten Gesichtern, mit einem Einschlag auch von Wendigkeit und List. Und waren diese hier nicht edel in sich ruhende Muster menschlicher Schönheit, die ich vor dem Hintergrund des Meeres wie besonnte Bildwerke an den Gestaden Griechenlands vor mir hatte?

Genauso, als wären sie innerhalb ihrer Schar, die wie ein leuchtender Komet über die Strandpromenade dahinzog, übereingekommen, daß die umgebende Menge aus Wesen einer anderen Rasse bestehe, die nicht einmal durch ihr Leiden in ihnen ein Gefühl der Solidarität hätte hervorrufen können, schienen sie sie überhaupt nicht zu sehen; sie zwangen die Personen, die stehengeblieben waren, sich vor ihnen zu teilen wie vor einer Maschine, die, einmal in Gang gesetzt, nicht erwarten läßt, daß sie den Fußgängern aus dem Wege geht, und begnügten sich höchstens damit, wenn irgendein alter Herr, dessen Existenz sie ignorierten und mit dem sie nichts zu tun haben wollten, mit furchtsamen oder wütenden, jedenfalls aber überstürzten und lächerlichen Gebärden geflüchtet war, einander lachend anzuschauen. Sie legten allem gegenüber, was nicht zu ihrer Gruppe gehörte, keine affektierte Verachtung an den Tag, ihre aufrichtige war ihnen genug. Doch konnten sie kein Hindernis sehen, ohne es zum puren Vergnügen – mit Anlauf oder aus dem Stand – zu nehmen, weil in ihnen jene Fülle, jenes Übermaß an Jugend war, das man unbedingt ausgeben muß, selbst wenn man traurig ist oder krank, wobei man mehr den Notwendigkeiten des Lebensalters gehorcht als der zufälligen Stimmung des Tages, so daß man nie eine Gelegenheit ausläßt, mit größtem Eifer zu springen oder zu gleiten, indem man sein langsames Dahinschreiten – wie Chopin es noch mit der schwermütigsten Passage tut – unterbricht und kleine anmutige Abstecher darin einstreut, in denen Laune sich mit Virtuosität vermischt. Die Gattin eines alten Bankiers hatte, nachdem sie zwischen verschiedenen Aufstellungsmöglichkeiten geschwankt hatte, für ihren Mann einen Sitzplatz auf seinem Faltstuhl da gewählt, wo er mit dem Gesicht zur Strandpromenade vor Wind und Sonne durch den Musikpavillon geschützt war. Nachdem sie ihn dort wohl geborgen sah, hatte sie ihn verlassen, um ihm eine Zeitung zu kaufen, aus der sie ihm zu seiner Zerstreuung etwas vorlesen wollte; diese kleinen Abwesenheiten, während deren sie ihn allein ließ, dehnte sie niemals über fünf Minuten aus, die ihm dennoch sehr lang vorkamen, doch legte sie sie ziemlich häufig ein, damit ihr alter Ehegefährte, dem sie ihre Fürsorge gleichzeitig zukommen ließ und verbarg, den Eindruck habe, er sei noch imstande zu leben wie die anderen und brauche keine Obhut. Das Podium der Musiker bildete über seinem Kopf ein natürliches, verlockendes Sprungbrett, auf dem ohne zu zögern die Älteste der kleinen Schar ihren Anlauf nahm; dann sprang sie über den erschrockenen Alten hinweg, wobei sie seine Strandmütze mit ihren gewandten Füßen berührte – zum großen Ergötzen der anderen Mädchen, besonders zweier grüner Augen in einem Puppengesicht, die einen Ausdruck von Heiterkeit und Bewunderung für diese Tat widerspiegelten, einen Ausdruck, in dem ich einen Anflug von Schüchternheit zu bemerken glaubte, einer gleichsam schamhaften und doch vorwitzigen Schüchternheit, die die anderen nicht zeigten. »Der alte Knabe kann einem leid tun; der kratzt sicher bald ab«, bemerkte eines der Mädchen mit rauher Stimme und in halb ironischem Ton. Sie gingen noch ein paar Schritte weiter, blieben dann plötzlich für einen Augenblick stehen, ohne darauf achtzugeben, daß sie den Spaziergängern dadurch den Weg versperrten: ein kompaktes, ungewöhnliches und zwitscherndes Konglomerat von unregelmäßiger Formung, gleichsam eine Zusammenkunft von Vögeln, die sich zum Abflug sammeln; dann nahmen sie ihren langsamen Gang längs der Strandpromenade – vor dem Hintergrund des Meeres – wieder auf.[1]

Jetzt waren ihre bezaubernden Züge nicht mehr unklar und durcheinandergemischt. Ich hatte sie entwirrt und dann wieder in richtiger Anordnung (an Stelle des Namens, den ich ja nicht kannte) jeder einzelnen – um die Große herum, die über den alten Bankier gesprungen war – zugeteilt; der Kleinen, deren runde, rosige Wangen sich vor dem Meer abzeichneten samt ihren grünen Augen; der mit dem dunklen Teint und der geraden

Nase, die sich so deutlich von der Schar der übrigen unterschied; einer anderen, deren Gesicht weiß wie ein Ei war, aus dem die kleine Nase in einem winzigen Haken heraussprang wie ein Kükenschnabel, ein Gesicht, wie manche sehr junge Männer es haben; wieder einer andren, hochgewachsenen mit einer Pelerine (in der sie so armselig aussah, ganz im Gegensatz zu ihrem eleganten Auftreten, daß die Erklärung nahelag, das junge Mädchen müsse so hochgestellte Eltern haben, daß diese sich über die Meinung der Badegäste von Balbec völlig erhaben fühlten und keinen Wert auf eine in der Kleidung sich äußernde Eleganz ihrer Kinder legten, so daß es ihnen völlig gleichgültig war, wenn diese auf der Promenade in einem Aufzug erschienen, der kleinen Leuten allzu bescheiden vorgekommen wäre); einem Mädchen mit blitzenden, lachenden Augen und vollen, mattschimmernden Wangen unter einer tief in die Stirn gesetzten schwarzen Polomütze, das ein Fahrrad mit dermaßen nachlässigem Wiegen der Hüften vor sich herschob und, gerade als ich vorbeiging, mit lauter Stimme einen solchen Straßenjargon verwendete (ich hörte indessen den ärgerlichen Ausdruck »sein eigenes Leben leben« heraus), daß ich die Hypothese, die ich aufgrund der bewußten Pelerine aufgestellt hatte, wieder fallenließ und eher zu dem Schluß kam, alle diese Mädchen gehörten eher zur Bevölkerung des Velodroms und seien vermutlich die sehr jungen Geliebten der dortigen Radrennfahrer. Jedenfalls spielte bei keiner meiner Vermutungen die Idee, sie könnten tugendhafte junge Mädchen sein, eine Rolle. Schon im ersten Moment hatte ich – infolge der Art, wie sie lachend einander anschauten, und des reichlich freimütigen Blicks derjenigen mit den mattschimmernden Wangen – begriffen, daß sie es nicht waren. Im übrigen hatte meine Großmutter immer mit einer zu ängstlichen Sorge über mich gewacht, als daß ich nicht hätte glauben müssen, die Dinge, die man nicht tun dürfe, hingen alle in sich zusammen, und daß Mädchen, die es an Achtung vor dem Alter fehlen ließen, auch keine Bedenken haben würden, wenn es um verlockendere Vergnügungen gehe als um die, über einen Achtzigjährigen im Sprung hinwegzusetzen.

Obwohl sie sich nunmehr als einzelne Personen abzeichneten, entstand durch den Dialog, den ihre Blicke miteinander führten, jene von Anmaßung und Kameradschaftsgeist beseelten Blicke, in denen sich ständig bald Anteilnahme, bald herausfordernde Gleichgültigkeit entzündete, wie jedes der jungen Mädchen sie ausstrahlte, je nachdem ob es sich um ihre Freundinnen oder um die Vorübergehenden handelte, und auch durch das Bewußtsein, miteinander so eng vertraut zu sein, daß man sich immer gemeinsam auf den Weg machte und sich von allen anderen absonderte, zwischen ihren selbständigen und getrennten Körpern, während sie sich langsam vorwärtsbewegten, eine unsichtbare Verbindung, harmonisch jedoch wie eine gleichförmige, warmgetönte Schattenzone, wie eine einzige Atmosphäre; denn sie wurden dadurch zu einem in seinen Teilen ebenso homogenen Ganzen, wie dieses von der Menge verschieden war, in der ihr Zug gemächlich einherschritt.

Während ich dicht an der Brünetten mit den vollen Wangen vorüberging, die das Rad vor sich herschob, begegnete ich ihrem lachenden Seitenblick, der aus den Tiefen der unmenschlichen Welt hervordrang, in der das Leben dieses kleinen Völkchens beschlossen lag, aus einer unzugänglichen, unbekannten Welt, in der die Vorstellung von dem, was ich war, gewiß weder jemals Eingang noch einen Platz würde finden können. Hatte mich das junge Mädchen mit der so tief über die Augen gezogenen Polomütze, da sie doch ganz mit dem beschäftigt war, was ihre Gefährtinnen sagten, überhaupt in der Sekunde gesehen, als der schwarze Strahl ihrer Augen mich traf? Wenn sie mich aber gesehen hatte, was mochte ich in ihren Augen gewesen sein? Von welchem Universum aus nahm sie mich wahr? Es wäre für mich ebenso schwer zu sagen gewesen, wie es unmöglich ist, aus Eigenheiten eines Nachbargestirns, die man im Teleskop erkennt, den Schluß zu ziehen, daß dort Menschen wohnen, daß sie uns sehen, und sich vorzustellen, welche Gedanken dieser Anblick in ihnen weckt.

Würden wir denken, die Augen eines solchen Mädchens seien nichts als ein blitzendes Rund aus Glimmer, wären wir nicht begierig, ihr Leben zu kennen und es mit uns zu verbinden. Doch wir spüren eben, daß das, was in dieser reflektierenden Scheibe aufleuchtet, nicht nur auf ihrer materiellen Zusammensetzung beruht; daß darin vielmehr, wenn auch uns unbekannt, die schwarzen Schatten der Gedanken erscheinen, die dieses Wesen sich über die Leute und die Stätten macht, die es kennt – die Rasenfläche der Reitbahnen, den Sand der Wege, auf die feld- oder waldeinwärts pedaletretend diese kleine Peri[1], verführerischer für mich als die des persischen Paradieses, mich hätte mitnehmen können –, die Schatten auch des Hauses, in das sie zurückkehren wird, der Pläne, die sie hegt oder die die anderen mit ihr haben; vor allem aber, daß sie selbst es ist mit ihren Sehnsüchten, ihren Sympathien, ihren Abneigungen, ihrem unaufhörlich dunkel sich bekundenden Willen. Ich wußte, daß ich diese junge Radfahrerin nicht würde besitzen können, wenn ich nicht auch das besäße, was in ihren Augen lag. Ihr ganzes Leben folglich flößte mir Verlangen ein, ein schmerzliches Verlangen zwar, weil ich spürte, es sei unerfüllbar, und doch ein berauschendes, weil das, was mein Leben gewesen war, auf einmal aufgehört hatte, mein ganzes Leben zu sein, vielmehr nur noch ein kleiner Teil des vor mir liegenden Raumes war, den zu umfassen ich brennend wünschte, der aus dem Leben dieser Mädchen bestand und jene Fortsetzung und vielleicht sogar Mehrung des eigenen Ichs verhieß, in der das Glück besteht. Daß es zwischen uns keine gemeinsame Gewohnheit – wie auch keinen gemeinsamen Gedanken – gab, mußte es mir zweifellos schwerer machen, mich mit ihnen anzufreunden und ihnen zu gefallen. Vielleicht aber folgte auch gerade dank dieser Verschiedenheit, dank dem Bewußtsein, daß in der Zusammensetzung der Natur und der Handlungen dieser Mädchen kein einziges Element enthalten war, das ich kannte oder besaß, in mir auf die Sättigung der Durst – gleich dem, von dem ein dürstendes Erdreich brennt – nach einem Leben, das meine Seele, gerade weil sie bislang davon keinen Tropfen zu kosten bekommen hatte, um so gieriger in langen Zügen bis zu völligem Getränktsein in sich aufsaugen würde.

Ich hatte die Radfahrerin mit den blitzenden Augen so lange angeschaut, daß sie es bemerkt zu haben schien und zu der größten ihrer Gefährtinnen etwas sagte, was ich nicht verstand, worüber diese jedoch lachte. Eigentlich war die Brünette gar nicht die, die mir am besten gefiel, gerade weil sie brünett war und weil (seit jenem Tag, da ich von dem kleinen Pfad in Tansonville aus Gilberte gesehen hatte) ein rotblondes junges Mädchen mit goldgetönter Haut für mich das unerreichbare Ideal geblieben war. Hatte ich jedoch nicht Gilberte selbst vor allem geliebt, weil sie mir im Nimbus ihrer Freundschaft mit Bergotte und in der Aureole der gemeinsamen Kathedralenbesuche mit ihm erschienen war? Konnte ich mich nicht in der gleichen Weise daran freuen, daß diese Brünette mich angeschaut hatte (was mich hoffen ließ, daß es leichter sei, zunächst mit ihr in Beziehung zu treten), denn sie würde mich dann mit den anderen bekannt machen, mit der Erbarmungslosen, die über den alten Mann im Sprung hinweggesetzt war, der Grausamen, die gesagt hatte: »Der alte Knabe kann einem leid tun«, kurz, nacheinander mit allen, deren unzertrennliche Gefährtin zu sein sie zudem den Vorzug besaß? Und doch, die Vorstellung, ich könnte eines Tages der Freund des einen oder anderen dieser jungen Mädchen werden, diese Augen, deren unbekannte Blicke mich manchmal trafen, wenn sie gedankenlos über mich hinspielten wie ein Sonnenreflex auf einer Mauer, könnten jemals infolge einer ans Wunderbare grenzenden Alchimie in ihre unaussprechlichen Parzellen eine Idee von meinem Vorhandensein eindringen lassen, ja etwas wie Freundschaft für meine Person, ich selbst könnte eines Tages meinen Platz unter ihnen haben in dieser Prozession, die sie am Meeresufer vollführten – diese Vorstellung schien mir einen so unlöslichen Widerspruch in sich selbst zu enthalten, als wenn ich vor einem antiken Fries oder einem Fresko, auf dem ein Festzug dargestellt war, auf den Gedanken käme, ich, der Zuschauer, könne, von jenen Gestalten geliebt, unter den göttlich Dahinschreitenden einen Platz einnehmen.

War die Verwirklichung des Glücks, diese jungen Mädchen kennenzulernen, also unmöglich? Sicherlich wäre es nicht das erste dieser Art gewesen, auf das ich verzichtet hätte. Ich brauchte nur an die vielen Unbekannten zu denken, die ich allein schon in Balbec, wenn mich der Wagen rasch an ihnen vorübertrug, hatte aufgeben müssen. Und selbst noch, daß diese kleine Schar, die so edel wirkte, als sei sie aus griechischen Jungfrauen zusammengesetzt, mir solche Freude schenkte, erklärte sich daraus, daß ihre Gruppe etwas von der flüchtigen Erscheinung solcher Vorübergehenden auf der Landstraße hatte. Diese Flüchtigkeit von Wesen, die wir nicht kennen und die uns zwingen, aus unserem gewohnten Leben herauszutreten, in dem die Makel der uns bekannten Frauen schließlich zutage treten, führt uns in jenen Zustand des Verfolgens hinein, in dem es für die Phantasie keine Grenzen mehr gibt. Entledigen wir aber unsere Freuden der Phantasie, so reduzieren wir sie auf sich selbst und damit auf ein Nichts. Wären mir diese jungen Mädchen von einer der Kupplerinnen – die ich, wie man gesehen hat, an sich nicht verachtete – angeboten worden, das heißt herausgenommen aus ihrem Element, das ihnen solch schillernden Farbenreichtum und so unbestimmte Umrisse gab, hätten sie mich weit minder entzückt. Geweckt durch die Ungewißheit, ihr Ziel zu erreichen, muß die Phantasie sich einen Zweck schaffen, der jenen anderen uns verbirgt, und dadurch, daß sie an die Stelle des sinnlichen Genusses die Vorstellung setzt, wir drängen in ein Leben ein, uns hindern, diesen Genuß als solchen zu erkennen, seinen wirklichen Geschmack zu kosten und auf seine tatsächliche Bedeutung zu beschränken. Zwischen uns und dem Fisch, der, sähen wir ihn erstmals, wenn er auf dem Tisch aufgetragen wird, nicht die tausend Listen und Schliche zu lohnen schiene, die zu seinem Fang erforderlich sind, muß das leichte Wellenspiel liegen, über das, ohne daß wir noch genau wissen, was wir damit anfangen wollen, ein glänzender Leib, eine undeutliche Form flitzt, an den Nachmittagen, da wir angelten, inmitten der Bewegtheit durchsichtiger, flüssiger Bläue.

Diesen jungen Mädchen kam auch die Verschiebung der sozialen Verhältnisse zugute, die für das Badeleben am Meer so charakteristisch ist. Alle Vorteile, die in unserer gewohnten Umgebung uns in jeder Richtung gleichsam eine Elle hinzusetzen, werden hier unsichtbar, ja sind in der Tat vollkommen abgeschafft; dafür schreiten dann Wesen, denen man fälschlich solche Vorteile zuschreibt, nur noch mit dieser künstlich aufgesetzten Größe versehen einher. Dadurch war es sehr leicht möglich, daß Unbekannte, in diesem Fall die jungen Mädchen, in meinen Augen enormes Ansehen bekamen, hingegen unmöglich, meinen eigenen möglichen Rang ihnen gegenüber herauszustellen.

Wenn nun aber der Vorbeizug der kleinen Schar für sich genommen nur ein Ausschnitt aus der Flucht unzähliger vorüberziehender Erscheinungen war, die mich immer in Erregung versetzt hatte, so wurde diese Flucht doch hier zu einer so langsamen Fortbewegung, daß sie an Stillstand grenzte. Doch gerade die Tatsache, daß bei einem so langsamen Abrollen der Bilder die nicht mehr im Sturm enteilenden, sondern in aller Ruhe und Deutlichkeit sich präsentierenden Gesichter mir immer noch schön erschienen, hinderte mich zu glauben – wie ich es so oft getan hatte, wenn der Wagen von Madame de Villeparisis mich hinwegtrug –, daß, aus der Nähe betrachtet, sobald ich einen Augenblick haltgemacht hätte, irgendwelche Einzelheiten (eine pockennarbige Haut, ein Mangel in der Zeichnung der Nasenflügel, ein gedankenleerer Blick, ein grimassierendes Lächeln oder eine häßliche Figur) im Gesicht und am Körper der Frau an die Stelle jener getreten wären, die ich mir wahrscheinlich nur eingebildet hatte; denn die hübsche Linie eines Körpers oder die Ahnung von einem frischen Teint hatten genügt, damit ich in gutem Glauben irgendeine zauberhafte Schulter, einen berückenden Blick selbst dazu erfand, die ich als Erinnerung oder Vorurteil immer in mir trug, wobei freilich solches rasche Entziffern eines menschlichen Wesens uns den gleichen Irrtümern aussetzt wie eine zu schnelle Lektüre, bei der man aufgrund einer einzigen Silbe, ohne daß man sich die Mühe nimmt, auch die anderen zu identifizieren, an die Stelle des dastehenden Wortes aus dem Gedächtnis ein ganz anderes setzt. So konnte es diesmal nicht sein. Ich hatte mir ihre Gesichter genau angeschaut; von jedem hatte ich, wenn auch nicht alle Ansichten und nur selten ein Frontalbild, so doch zwei oder drei hinreichend unterschiedliche Aspekte gesehen, um die Berichtigung oder auch die Bestätigung und die »Probe« der verschiedenen Vermutungen von Linien und Farben, wie sie der erste Anblick vorzubringen wagt, durchführen zu können und um in ihnen durch die wechselnde Folge des Ausdrucks hindurch etwas unveränderbar Faktisches zu erblicken. Ich konnte mir denn auch mit Sicherheit sagen, daß es weder in Paris noch in Balbec unter den vorübergehenden Frauen, die meinen Blick gefesselt hatten, auch bei den günstigsten Hypothesen über ihre Beschaffenheit, sogar wenn ich mich mit ihnen dort hätte unterhalten können, niemals solche gegeben hatte, deren Erscheinen und Entschwinden, ohne daß ich sie hätte kennenlernen können, in mir größeres Bedauern hinterlassen hätten, als diese es tun würden, und keine, die mir die Vorstellung gegeben hätten, die Freundschaft mit ihnen könne ein derartiger Glücksrausch sein. Weder unter den Schauspielerinnen, den Bauernmädchen noch den Töchtern aus Klosterschulen hatte ich etwas so Schönes erblickt, etwas, das so sehr mit Unbekanntem versetzt, so unschätzbar wertvoll und allem Ermessen nach so völlig unerreichbar war. Sie boten ein so köstliches und vollkommenes Bild von unbekanntem, doch möglichem Glück im Leben, daß ich fast aus rein gedanklichen Gründen verzweifelt war, nicht unter einmaligen Bedingungen, die jeden möglichen Irrtum ausschlossen, die Erfahrung dessen machen zu können, was uns die Schönheit an Geheimnisvollem zu enthüllen hat, die Schönheit, nach der man verlangt und über deren ewige Unerreichbarkeit man sich dennoch tröstet, indem man – was Swann (vor Odette) immer verschmäht hatte – Freuden bei Frauen sucht, die man nicht eigentlich begehrte, so daß man stirbt, ohne jemals erlebt zu haben, wie dies andere Glücksgefühl beschaffen gewesen war. Zweifellos war es möglich, daß es in Wirklichkeit gar kein unbekanntes Glücksgefühl war, daß in der Nähe sein Geheimnis zerstob, daß es nur auf eine Projektion, eine Fata Morgana des Begehrens herauskam. In diesem Fall aber konnte ich nur die Unentrinnbarkeit eines Naturgesetzes dafür verantwortlich machen – das, wenn es sich auf diese jungen Geschöpfe anwenden ließ, eben auf alle paßte – und nicht irgendeinen Makel an dem betreffenden Objekt. Denn hier handelte es sich um dasjenige, was ich unter allen ausgewählt hätte, wobei ich mit der Genugtuung eines Botanikers feststellen konnte, es werde kaum möglich sein, noch seltenere Arten als diese jungen Blüten aufzutreiben, die in diesem Augenblick vor mir die Horizontlinie des Meeres mit ihrer luftigen Hecke unterbrachen: gleichsam – als Schmuckstück eines Gartens auf der Klippe – ein Boskett aus Pennsylvaniarosen[1], zwischen denen hindurch die ganze, von einem Dampfer durchmessene Bahn des Meeres zu sehen ist, und er gleitet so langsam auf der horizontalen, blauen, von einem Stiel zum anderen führenden Linie dahin, daß ein träger Schmetterling, der noch zögernd im Kelch der Blüte hängt, über die der Schiffsrumpf sich schon längst hinausgeschoben hat, mit seinem Abflug ruhig warten und dabei sicher sein kann, vor dem Dampfer anzukommen, bis nur noch ein winziger Streifen Azur dessen Bug von dem ersten Blütenblatt der Blume trennt, der er entgegenfährt.[2]

Ich kehrte zurück, da ich mit Robert zum Abendessen in Rivebelle verabredet war und meine Großmutter wünschte, ich solle mich an solchen Abenden vor dem Aufbruch eine Stunde auf mein Bett legen, eine Siesta, die ich auf ärztliches Geheiß bald auch auf alle anderen Abende ausdehnen mußte.

Übrigens war es gar nicht nötig, für die Rückkehr die Strandpromenade zu verlassen und durch die Halle, also von der Rückseite her das Hotel zu betreten. Aufgrund einer Verschiebung, die mit der unserer Samstage in Combray Ähnlichkeit hatte, wo wir immer eine Stunde früher zu Mittag aßen, waren die Tage jetzt im Hochsommer so lang geworden, daß die Sonne noch hoch am Himmel stand, ganz als handle es sich erst um die Teestunde, wenn im Grand-Hôtel von Balbec der Tisch bereits für das Abendessen gedeckt wurde. Daher blieben denn auch die großen ebenerdigen, auf die Promenade führenden Schiebefenster geöffnet. Ich brauchte nur einen schmalen Holzrahmen zu übersteigen und befand mich im Speisesaal, den ich durchschritt, um zum Aufzug zu gelangen.

Im Vorbeigehen warf ich dem Direktor in seinem Büro ein Lächeln zu und empfing ohne den leisesten Anflug von Abneigung ebenfalls eines von ihm; seitdem ich in Balbec war, hatte meine verstehende Aufmerksamkeit sein Gesicht gleichsam mit konservierenden Mitteln behandelt und allmählich verwandelt, als handle es sich um ein naturhistorisches Präparat. Seine Züge waren mir ganz geläufig geworden, von einem wenig interessanten, doch leicht entzifferbaren Sinn erfüllt wie eine Schrift, die man liest; sie glichen nun nicht mehr jenen bizarren, unausstehlichen Charakteren, die sein Gesicht mir an jenem ersten Tag gezeigt hatte, als ich eine Person vor mir sah, die jetzt vergessen oder, falls ich sie mir in Erinnerung rufen konnte, kaum wiederzuerkennen und schwerlich mit der unbedeutenden, höflichen Persönlichkeit zu identifizieren war, von der sie nur die häßliche und rasch hingeworfene Karikatur darstellte. Ohne die Schüchternheit und Traurigkeit jenes

Ankunftsabends schellte ich jetzt nach dem Liftboy, der, während ich mich neben ihm im Aufzug in die Höhe erhob, wenn dieser wie ein beweglicher Thorax an einer Wirbelsäule nach oben zu gleiten schien, nicht mehr schweigsam war, sondern mich gern und häufig wissen ließ: »Es sind nicht mehr so viele Leute da wie vor vier Wochen. Jetzt fangen bald die Abreisen an, die Tage werden kürzer.« Er sagte das nicht, weil es stimmte, sondern weil er angesichts der Tatsache, daß ein Posten in einer wärmeren Region der Küste auf ihn wartete, gern gesehen hätte, daß wir so bald wie möglich alle abreisten, damit das Hotel schließen und er, bevor er seine neue Stelle »wiederantreten« würde, noch ein paar freie Tage genießen könne. »Neu« und »wieder« waren übrigens keine sich widersprechenden Ausdrücke, denn der Liftboy verwendete die Zusammensetzung mit »wieder« anstelle der gewöhnlichen, einfachen Verbformen.[1] Als einziges erstaunte mich, daß er sich herabließ, von einer »Stelle« zu sprechen, denn er gehörte jenem modernen Proletariat an, das aus der Sprache jede Spur des alten Dienstbarkeitssystems am liebsten auslöschen möchte. Im übrigen ließ er mich gleich darauf wissen, daß er in der »Position«, in die er »wiedereintreten« würde, eine hübschere »Uniform« und bessere »Bezüge« haben werde; die Wörter »Livree« und »Lohn« schienen ihm veraltet und unpassend. Da aber paradoxerweise bei den »Herrschaften« das alte Vokabular trotz allem den Begriff der Ungleichheit der Klassen überlebt hat, verstand ich nie so recht, wovon der Liftboy eigentlich sprach. Das einzige, was mich interessierte, war also, ob meine Großmutter im Hotel sei oder nicht. Meiner Frage zuvorkommend, teilte der Liftboy mir mit: »Die Dame ist eben aus Ihrem Zimmer gekommen.« Ich fiel jedesmal darauf herein und glaubte, daß es sich um meine Großmutter handle. »Nein, ich meine die Dame, die, glaube ich, bei Ihnen angestellt ist.« Da im alten bürgerlichen Sprachgebrauch, den man freilich außer Kraft setzen müßte, eine Köchin nicht als Angestellte bezeichnet wird, dachte ich einen Augenblick: Er täuscht sich, wir haben doch keine Fabrik und keine Angestellten. Da fiel mir mit einem Mal ein, daß die Bezeichnung »Angestellter« oder »Angestellte«, wie das Tragen eines Schnurrbärtchens für Kaffeehauskellner, eine Befriedigung der Eigenliebe bei den Bedienten darstellt, und daß die Dame, die soeben das Zimmer verlassen hatte, Françoise sei (die wahrscheinlich einen Besuch in der Kaffeeküche machte oder dem Zimmermädchen der belgischen Dame beim Nähen zusah); besagte Befriedigung aber genügte dem Liftboy noch nicht, denn von seiner eigenen Klasse sprach er gerührt als von »dem Arbeiter« oder »dem kleinen Mann« mit dem gleichen Singular, wie Racine ihn verwendet, wenn er »Der Arme ...«[1] sagt. Gewöhnlich aber, denn mein schüchterner Eifer vom ersten Tag lag nun schon sehr weit hinter mir, sprach ich nicht mehr mit dem Liftboy. Ihm konnte es nun widerfahren, daß er ohne Antwort blieb auf dieser kurzen Fahrt, in der er vertikal das Hotel durchschiffte, das jetzt leer dalag wie ein Spielzeughaus und rings um uns von Etage zu Etage seine verzweigten Korridore aussandte, in deren Tiefen das Licht in samtiger Dichte lagerte und in sich abstufender Intensität die Verbindungstüren und die Stufen der Innentreppen schmaler erscheinen ließ, wenn es sie in jenes Bernsteingold tauchte, das, unstofflich und geheimnisvoll, jenem Dämmerlicht gleicht, aus dem Rembrandt zuweilen einen Fenstersims oder einen Brunnenschwengel herausschneidet.[2] In jedem Stockwerk kündete ein goldener Lichtreflex auf dem Teppich die Abendsonne und die Toilettenfenster an.[3]

Ich fragte mich, ob die jungen Mädchen, die ich vorhin gesehen hatte, wohl in Balbec wohnten und wer sie sein mochten. Wenn sich das Verlangen in dieser Weise auf einen kleinen Menschenstamm richtet, den es selektiert, wird alles, was sich darauf beziehen kann, zum Anlaß von Erregung und schließlich von Wunschträumen. Auf der Strandpromenade hatte ich eine Dame sagen hören: »Das ist eine Freundin der kleinen Simonet«[1], und zwar mit der selbstsicheren Miene genauen Unterrichtetseins, mit der jemand erklärt: »Das ist der unzertrennliche Kamerad des kleinen La Rochefoucauld.« Sofort aber hatte sich auf dem Gesicht der nun informierten Person eine neugierige Bereitschaft gezeigt, diejenige näher anzuschauen, die den Vorzug genoß, die »Freundin der kleinen Simonet« zu sein. Es schien sich hier um ein Vorrecht zu handeln, das nicht jedem beschieden war. Die Aristokratie ist nämlich etwas Relatives, und es gibt billige kleine Lokale, in denen der Sohn eines Möbelhändlers tonangebend ist und über einen Hofstaat verfügt wie ein junger Prinz von Wales. Ich habe seither oft versucht, mich daran zu erinnern, welchen Klang damals am Strand der Name Simonet in meinen Ohren hatte; er war für mich noch unscharf umrissen, nicht nur in seiner Form, die ich nicht deutlich wahrgenommen hatte, sondern auch in seiner Bedeutung, in seinem Bezug auf diese oder vielleicht auf eine andere Person[2]; jedenfalls haftete ihm jenes Unbestimmte und ganz Neue an, das danach für uns so aufregend wird, wenn dieser Name, dessen Lettern sich jeden Augenblick tiefer in uns einprägen, weil wir unaufhörlich darauf bezogen sind, dann schließlich (bei der »kleinen Simonet« sollte es für mich erst viele Jahre später eintreten) die erste Vokabel wird, die wir (im Moment des Erwachens oder auch nach einer Ohnmacht) wiederfinden, bevor wir uns noch der Stunde bewußt werden oder des Ortes, an dem wir sind, fast noch vor dem Wort »Ich«, als sei das Wesen, das dieser Name benennt, in höherem Maße wir als wir selber und als sei – nach ein paar Sekunden von Unbewußtheit – die vor jeder anderen endende Waffenruhe nur der Moment, in dem man an jenes Wesen nicht gedacht hat. Ich weiß nicht, weshalb ich mir am ersten Tag schon sagte, der Name Simonet müsse der eines der jungen Mädchen sein; ich hörte jedenfalls von da an nicht mehr auf, mich zu fragen, wie ich die Bekanntschaft der Familie Simonet machen könne, und zwar durch Leute, die in ihren Augen mehr wären als sie selbst – was nicht schwer sein konnte, wenn die Mädchen nur kleine Dirnen aus dem Volk waren –, damit die Simonets nicht abschätzig über mich urteilten. Denn man kann nicht vollkommen kennenlernen, nicht völlig sich unterwerfen, was einen verachtet, solange man diese Verachtung nicht hat besiegen können. Jedesmal aber, wenn das Bild so verschiedener Frauen in uns eindringt, haben wir, sofern nicht Vergessen oder damit konkurrierende andere Bilder es wieder ausschalten, keine Ruhe, bis wir diese Fremden in etwas umgewandelt haben, was uns gleicht, da unsere Seele in dieser Hinsicht mit eben derselben Art von aktiver Reaktion begabt ist wie unser physischer Organismus, der keinen Fremdkörper in sein Inneres läßt, ohne daß er sofort alles in Bewegung setzt, um das Eingedrungene zu verdauen und zu assimilieren. Die kleine Simonet mußte die Hübscheste von allen sein, außerdem die, die meiner Meinung nach meine Geliebte hätte werden können, denn sie war die einzige, die zwei- oder dreimal mit halb zurückgewandtem Kopf von meinem gebannten Blick Kenntnis genommen zu haben schien. Ich fragte den Liftboy, ob er in Balbec eine Familie Simonet kenne. Da er nicht gern zugeben wollte, daß er nicht alles wußte, antwortete er, er glaube, er habe schon einmal über diesen Namen reden hören. Im obersten Stock angekommen, bat ich ihn, mir die letzten Fremdenlisten bringen zu lassen.

Ich verließ den Aufzug[1], doch anstatt in mein Zimmer zu gehen, begab ich mich tiefer in den Korridor hinein, denn der Etagendiener hatte gerade, obwohl er sonst den Durchzug fürchtete, das Fenster am Ende des Ganges aufgemacht, das nicht auf das Meer, sondern auf Hügel und Tal ging, sie aber niemals erkennen ließ, denn seine Milchglasscheiben waren gewöhnlich geschlossen. Ich verweilte kurz an dieser Station und verrichtete meine Andacht vor der »Aussicht«, die ich nun endlich einmal auch noch jenseits des Hügels vor mir sah, an dessen Fuß das Hotel lag und auf dem in einer gewissen Entfernung nur ein einziges Haus hingesetzt war, dem die Perspektive und die abendliche Beleuchtung seine Umrißlinien beließen, außerdem aber eine köstliche Ziselierung und das Aussehen eines mit Samt ausgeschlagenen Kästchens gaben, als sei es eine jener Miniaturarchitekturen, ein Tempelchen oder eine kleine Kapelle aus Goldschmiedearbeit und Email, die als Reliquiare dienen und nur an seltenen Feiertagen der Verehrung der Gläubigen dargeboten werden. Doch diese kurze Anbetung hatte bereits zu lange gedauert, denn der Etagendiener, der in einer Hand ein Schlüsselbund hielt und mich mit der anderen grüßte, indem er sie an seine Küsterkappe legte, ohne diese jedoch zu lüften, da er die reine, frische Abendluft fürchtete, kam und klappte die beiden Flügel des Fensters wie die eines Altarschreins zu und entzog damit das Miniaturbauwerk und die Reliquie aus Gold meiner Anbetung.[2] Ich trat in mein Zimmer.[3] Mit der fortschreitenden Jahreszeit wandelte sich das Bild, das ich dort in meinem Fenster vorfand. Zu Beginn herrschte jeweils noch hellichter Tag, und es war nur bei schlechtem Wetter dunkel; dann zeichnete in dem seegrünen Glas, das von rund sich wölbenden Wogen anzuschwellen schien, zwischen den Eisenstreben der Scheiben, wie in die Bleifassung eines Kirchenfensters eingelassen, das Meer über der im Hintergrund sich hinziehenden Felslinie der Bucht seine ausgefransten Dreiecke ab, gefiedert von unbeweglichem Schaum, der so fein gemalt war wie eine Feder oder ein Flaum von Pisanello, und mit dem unveränderlichen, rahmigweißen Email fixiert, mit dem auf Gallégläsern eine Schneedecke dargestellt wird.[1]

Bald wurden die Tage kürzer, und in dem Augenblick, da ich das Zimmer betrat, neigte sich der violette Himmel, der von der Sonne wie von einer starren, geometrischen, nur für kurze Zeit sichtbaren und flammenden Gestalt stigmatisiert schien (wie in der Darstellung eines Wunderzeichens, einer mystischen Erscheinung), im Scharnier des Horizonts wie ein religiöses Bildwerk über dem Hauptaltar dem Meer zu[2], während die verschiedenen Teile des Sonnenuntergangs, die in den Spiegeln der niedrigen Bücherschränke aus Mahagoniholz entlang den Zimmerwänden ausgestellt waren und die ich im Geiste mit dem wunderbaren Bildwerk verband, von dem sie losgelöst waren, mir wie jene mannigfaltigen Szenen vorkamen, mit denen irgendein alter Meister einst für eine Brüderschaft einen Schrein ausgeschmückt hat, dessen voneinander getrennte Teile einer neben dem anderen in einem Museumssaal zur Schau gestellt werden und nur durch die Phantasie des Betrachters an ihren Platz in der Predella des Retabels zurückversetzt werden.[3] Ein paar Wochen später war, wenn ich abends heraufkam, die Sonne schon untergegangen. Ähnlich jenem, den ich in Combray über dem Kalvarienberg sah, wenn ich vom Spaziergang zurückkehrte und mich anschickte, vor dem Abendessen in die Küche zu gehen, war es nun ein roter Himmelsstreifen über dem Meer, kompakt und glattgeschnitten wie

Fleischgelée, und bald darauf war es – über dem schon kalt und blau wie eine Seebarbe daliegenden Meer – der Himmel von demselben Rosa wie einer der Lachse, die wir uns alsbald in Rivebelle würden servieren lassen, der in mir das freudige Gefühl erweckte, das ich etwas später beim Umkleiden für die Ausfahrt zum Abendessen empfinden würde.[1] Über der See, ganz nah am Strand, suchten – einander übersteigend und immer breiter gestaffelt – Schwaden sich zu erheben, von pechschwarzer Färbung, doch auch glänzend und fest wie Achat und von sichtbarer Schwere, denn die obersten neigten sich bis über den Schwerpunkt auf den verformten Stielen derjenigen hinaus, die ihnen so lange als Stütze gedient hatten, und schienen das schon bis zur halben Höhe des Himmels reichende Gerüst mit sich reißen und ins Meer stürzen zu wollen.[2] Der Anblick eines Schiffes, das sich wie ein Reisender in der Nacht entfernte, versetzte mich in dieselbe Stimmung, wie ich sie damals in der Eisenbahn gehabt hatte, als ich mich von der Notwendigkeit des Schlafes und dem Eingeschlossensein in ein Zimmer erlöst fühlte. In diesem hier fühlte ich mich ja auch nicht eingesperrt, da ich es in einer Stunde verlassen und mich in den Wagen setzen würde. Ich warf mich auf mein Bett, und als befände ich mich in der Koje eines der Schiffe, die ich ganz in meiner Nähe erblickte und die man in der Nacht mit Staunen weitergleiten sähe wie dunkel gewordene, schweigende Schwäne, die jedoch nicht schlafen, war ich allseits von den Bildern des Meeres umgeben.

Doch sehr oft waren es eben tatsächlich nur Bilder; ich vergaß, daß unter ihrer Farbe die traurige Leere des Strandes gähnte, über den der ruhelose Abendwind dahinstrich, wie ich ihn mit solcher Beängstigung bei meiner Ankunft in Balbec gespürt hatte; auch in meinem Zimmer war ich, ganz mit den jungen Mädchen beschäftigt, die ich hatte vorübergehen sehen, nicht mehr in einer genügend ruhigen und interesselosen Verfassung, daß in mir wirklich tiefe Eindrücke von Schönheit hätten entstehen können. Die Erwartung des Abendessens in Rivebelle versetzte mich in eine noch frivolere Stimmung, und meine Gedanken, die in solchen Augenblicken nur die Oberfläche meines Körpers bewohnten, den ich gleich darauf bekleiden würde, um den weiblichen Blicken, denen ich mich sehr bald in dem hellbeleuchteten Restaurant aussetzen würde, möglichst angenehm zu sein, waren gänzlich außerstande, Tiefe hinter der Farbe der Dinge zu sehen. Und wenn unter meinen Fenstern der unermüdliche, sanftgleitende Flug der Segler und Schwalben nicht wie ein Springbrunnen aufgestiegen wäre, wie ein lebendiges Feuerwerk, dessen Sprühen das reglose weiße Band langer, horizontaler Fahrspuren zusammenhielt – ohne das bezaubernde Wunder dieser lokalen Naturerscheinung, das die Ansichten, die ich vor Augen hatte, der Wirklichkeit verhaftete –, hätte ich meinen können, jene seien nur eine jeden Tag erneuerte Auswahl von Gemälden, die an dem Ort, an dem ich mich befand, auf willkürliche Weise und ohne eigentlichen Zusammenhang mit ihm, gezeigt würde. Das eine Mal war es eine Ausstellung japanischer Holzschnitte[1]: eine winzige Einbuchtung stellte die Sonne dar; sie war rot und rund wie der Mond; daneben sah eine gelbe Wolke aus wie ein See, vor dem sich schwarze Schwerter wie die Bäume seines Ufers abzeichneten; ein Querstrich von zartem Rosa, wie ich es seit meinem ersten Farbkasten nicht mehr gesehen hatte, schwoll an wie ein Fluß, an dessen beiden Ufern Boote auf dem Sand zu warten schienen, daß man sie wieder ins Wasser schob. Mit dem achtlosen, gelangweilten und frivolen Blick eines Kunstliebhabers oder einer Frau, die zwischen zwei Anstandsvisiten in eine

Galerie hineinschaut, sagte ich mir dann: Merkwürdig dieser Sonnenuntergang heute, so ganz anders als sonst; doch habe ich solche zarten, solche erstaunlichen Töne auch schon früher gesehen.[1] Ein größeres Vergnügen bereiteten mir die Abende, an denen ein vom Horizont aufgesaugtes, verflüssigtes Schiff so genau dieselbe Farbe wie er angenommen hatte, wie in einem impressionistischen Bild, daß es auch aus demselben Stoff wie er zu bestehen schien, ganz als habe man einfach Rumpf und Takelwerk als hauchdünnes Filigran aus dem dunstigen Himmelsblau herausgeschnitten. Manchmal füllte das Meer beinahe mein ganzes Fenster aus; durch einen Streifen Himmel gleichsam aufgestockt, war es an seinem oberen Rand nur durch eine Linie eingefaßt, die vom gleichen Blau war wie das Meer, weshalb ich glaubte, sie gehöre noch zum Meer und ihre andersartige Farbe sei lediglich einem Lichteffekt zu verdanken. An einem anderen Tag war das Meer nur im unteren Teil des Fensters gemalt, dessen ganze übrige Partie von so vielen in horizontalen Lagen ineinandergeschobenen Wolken ausgefüllt war, daß die Fensterscheiben aussahen, als enthielten sie aus einer besonderen Absicht des Künstlers heraus oder weil dies nun einmal seine Spezialität war, eine »Wolkenstudie«, während die Glasscheiben der Wandregale ähnliche Wolken, aber an einer anderen Stelle des Horizonts sowie in andersfarbigen Schattierungen zeigten und damit wie die bei gewissen zeitgenössischen Meistern beliebte Wiederholung des gleichen Motivs zu verschiedenen Tagesstunden wirkten, die nun in der Unbewegtheit der bildenden Kunst alle gleichzeitig im gleichen Raum in Pastell ausgeführt unter Glas betrachtet werden konnten.[2] Und manchmal war dem gleichförmig grauen Meer und Himmel höchst kunstvoll ein zartes Rosa hinzugesetzt, während ein kleiner Schmetterling, der unten am Fenster eingeschlafen war, mit seinen Flügeln unter dieser »Harmonie in Grau und Rosa« in Whistlers Manier die Lieblingssignatur des Meisters von Chelsea anzubringen schien.[1] Dann schwand auch das Rosa dahin, es gab nichts mehr zu sehen. Ich stand einen Augenblick auf, und bevor ich mich wieder ausstreckte, schloß ich die großen Vorhänge. Über ihnen gewahrte ich von meinem Bett aus noch einen übriggebliebenen hellen Streifen, der allmählich verblaßte und schmaler wurde, doch ohne Trauer und Wehmut ließ ich über den Vorhängen jene Stunde sterben, zu der ich gewöhnlich bei Tisch saß, denn ich wußte, daß dies ein Tag von anderer Prägung war, länger als andere, so wie die Tage am Pol, die die Nacht nur einige Minuten unterbricht; ich wußte, daß dieser Dämmerung in glanzvoller Metamorphose das strahlende Licht des Restaurants von Rivebelle entspringen würde wie ein aus der Puppe schlüpfender Schmetterling. Ich sagte mir: Es ist Zeit, reckte meine Glieder auf dem Bett, stand auf, beendete meine Toilette; und ich fand einen Reiz an diesen nutzlosen Augenblicken, die alle materielle Last von sich abgestreift hatten und in denen ich, während die anderen unten zu Abend aßen, die in der trägen Ruhe dieses sinkenden Tages aufgespeicherten Kräfte nur dazu benutzte, mich abzutrocknen, den Smoking anzuziehen, die Krawatte zu binden, kurz, alle die Bewegungen auszuführen, die schon ganz von der Vorfreude bestimmt wurden, eine Frau wiederzusehen, die ich das vorige Mal in Rivebelle erblickt hatte, eine Frau, die mich anzuschauen schien und vielleicht den Tisch nur einen Augenblick in der Hoffnung verlassen hatte, daß ich ihr folgen werde; mit Vergnügen legte ich mir alle diese äußeren Reize zu, um mich frisch und wohl aufgelegt, frei, ohne Sorge einem neuen Leben zu weihen, in dem ich mich mit meiner Unsicherheit ganz auf die Ruhe Saint-Loups verlassen und unter den Gattungen der Naturgeschichte und den Produkten, die hier aus allen Ländern zusammenkamen, die auswählen würde, die in den ungewohnten, von meinem Freund prompt bestellten Gerichten meine Eßlust oder meine Phantasie zu reizen vermocht hätten.

Ganz am Schluß kamen dann die Tage, an denen ich nicht mehr von der Strandpromenade direkt in den Speisesaal gehen konnte, da die hohen Fenster jetzt geschlossen blieben, denn draußen war es dunkel, und der Schwarm der Armen und Neugierigen, die der strahlende, für sie unerreichbare Glanz angezogen hatte, hing wie im rauhen Wind erstarrte Trauben an den schimmernden, glatten Wänden dieses Bienenhauses aus Glas.

Es klopfte; Aimé hatte es sich nicht nehmen lassen, mir selbst die letzten Fremdenlisten zu bringen.[1]

Bevor er sich zurückzog, legte er Wert darauf, mir mitzuteilen, daß Dreyfus unbedingt schuldig sei. »Es wird sich alles klar herausstellen«, setzte er hinzu, »nicht mehr in diesem Jahr, aber im nächsten bestimmt; ein Herr hat es mir gesagt, der sehr gute Beziehungen zum Generalstab hat.«[2] Ich fragte ihn, ob man sich denn nicht entschließen werde, alles gleich noch vor Ablauf des Jahres aufzudecken. »Er aber hat seine Zigarrette hingelegt«, fuhr Aimé fort, indem er mir die Szene mit dem leichten Kopf- und Zeigefingerschütteln vorspielte, durch das der Hotelgast zu verstehen gegeben hatte, man dürfe nicht zu viel auf einmal verlangen. »›Nicht in diesem Jahr, Aimé‹, hat er gesagt und mir dabei die Hand auf die Schulter gelegt, ›das ist nicht möglich, aber zu Ostern, ja!‹« Aimé schlug mir leicht auf die Schulter und bemerkte dazu: »Sie sehen, ich mache Ihnen genau vor, wie er es gesagt hat«, sei es, daß er durch den vertraulichen Umgang mit einer bedeutenden Persönlichkeit sich geschmeichelt fühlte, oder meinte, ich werde bei völliger Kenntnis des Sachverhalts den Wert dieses Arguments und unseren Grund zu neuer Hoffnung mehr zu schätzen wissen.

Nicht ohne ein stockendes Gefühl im Herzen traf ich bereits auf der ersten Seite der Fremdenliste auf den Eintrag »Simonet und Familie«. Ich hegte in mir alte Phantastereien aus der Zeit meiner Kindheit, in denen die zärtlichen Gefühle meines Herzens, das sie zwar empfand, sich aber nicht von ihnen unterschied, mir alle von einem Wesen kamen, das von mir so verschieden wie nur möglich war. Dieses Wesen ließ ich noch einmal vor mir in Gedanken entstehen unter Verwendung des Namens Simonet und in Erinnerung an die Harmonie, die unter jenen jungen Körpern geherrscht hatte, die ich am Strand in einer der Antike oder eines Giotto würdigen sportlichen Prozession hatte einherschreiten sehen.[1] Ich war nicht sicher, welches der jungen Mädchen Mademoiselle Simonet war und ob überhaupt eine von ihnen so hieß, doch ich wußte, daß Mademoiselle Simonet mich liebte und ich versuchen würde, sie durch Saint-Loups Vermittlung kennenzulernen. Unglücklicherweise mußte er, da er nur unter dieser Bedingung eine Verlängerung seines Urlaubs hatte erwirken können, alle Tage nach Doncières zurückkehren; doch um ihn dazu zu bringen, daß er auf seine militärischen Verpflichtungen keine Rücksicht nahm, hatte ich mehr noch als auf seine freundschaftlichen Gefühle für mich auf jene selbe menschenkundliche Neugier zählen zu können geglaubt, die ich so oft – auch wenn ich die Person, von der man sprach, gar nicht gesehen hatte, beispielsweise nur, weil ich hatte sagen hören, der Obsthändler habe eine so hübsche Kassiererin – an den Tag gelegt hatte, wenn es sich darum handelte, eine neue Spezies der weiblichen Schönheit kennenzulernen. Diese Neugier hatte ich jedoch zu Unrecht bei Saint-Loup durch meine Reden über die bewußten jungen Mädchen zu erregen gehofft. Denn sie war bei ihm auf lange Zeit völlig paralysiert durch seine Liebe zu der Schauspielerin, deren Liebhaber er war. Und selbst wenn er sie bis zu einem gewissen Grade doch noch empfunden hätte, würde er sie unterdrückt haben aufgrund einer Art abergläubischer Überzeugung, von seiner eigenen Treue hänge die seiner Geliebten ab. Ohne daß er mir also versprochen hatte, sich aktiv für mich bei jenen jungen Mädchen einzusetzen, fuhren wir zum Diner nach Rivebelle.

In der ersten Zeit war die Sonne, wenn wir ankamen, gerade untergegangen, doch es war noch hell; im Garten des Restaurants, dessen Lichter noch nicht angezündet waren, legte sich die Hitze des Tages und lagerte sich wie auf dem Grund eines Gefäßes, an dessen Wänden das durchscheinende Gallert der Luft so stoffhaft wirkte, daß ein großes Rosenspalier an der dunklen Mauer, die es rosa äderte, wie Einschlüsse in einem Onyx aussah. Bald aber war es dann schon Nacht, wenn wir aus dem Wagen stiegen, oft sogar schon, wenn wir aus Balbec wegfuhren, zumal wenn wir bei schlechtem Wetter, in der Hoffnung, der Sturm werde sich legen, erst spät hatten anspannen lassen. An jenen Tagen aber hörte ich ohne Trauer das Geräusch des Windes; ich wußte, es bedeutete nicht, daß ich meine Pläne aufgeben und in meinem Zimmer bleiben müsse, ich wußte, daß in dem großen Speisesaal, den wir bei den Klängen der Zigeunermusik betreten würden, die unzähligen Lampen mit Leichtigkeit über Finsternis und Kälte triumphierten, wenn sie ihnen mit ihren großen goldenen Kauter zu Leibe rückten, und fröhlich stieg ich an der Seite Saint-Loups in das Coupé[1], das im strömenden Regen auf uns wartete. Seit einiger Zeit hatten mir Bergottes Worte, er sei entgegen meiner Behauptung überzeugt, daß ich vor allem für die Freuden des Geistes bestimmt sei, eine gewisse Hoffnung auf eine künftige Leistung zurückgegeben, die jeden Tag von neuem durch die Unlust zuschanden gemacht wurde, mit der ich mich an den Schreibtisch setzte, um eine kritische Studie oder einen Roman zu beginnen. Wer weiß, sagte ich mir, vielleicht ist das Vergnügen, mit dem man etwas verfaßt hat, doch nicht der unfehlbare Maßstab für den Wert eines schönen Textes; vielleicht stellt es nur einen nebensächlichen Zustand dar, der sehr oft noch hinzukommt, dessen Fehlen aber nicht notwendigerweise ein schlechtes Licht auf die Arbeit wirft. Vielleicht gibt es Meisterwerke, die unter Gähnen zustande gekommen sind. Meine Großmutter beschwichtigte meine Zweifel mit den Worten, ich werde gut und freudig arbeiten, sobald ich mich wohl befände. Da unser Arzt aber vorsichtigerweise auf die großen Gefahren aufmerksam gemacht hatte, die mein Gesundheitszustand in sich berge, und mir mehrere Vorschriften für mein gesundheitliches Verhalten mitgegeben hatte, um jede Komplikation zu vermeiden, stellte ich alle Vergnügungen jenem einen Zweck nach, den ich für unendlich viel wichtiger hielt als sie, nämlich kräftig genug zu werden, um das Werk zu schaffen, das ich vielleicht in mir trug, und so übte ich, seitdem ich in Balbec war, eine gewissenhafte ständige Kontrolle über mich selber aus. Man hätte mich nicht dazu bringen können, die Tasse Kaffee anzurühren, die mir den Nachtschlaf geraubt hätte, den ich so nötig brauchte, um am folgenden Tag nicht müde zu sein. Sobald wir aber in Rivebelle ankamen, trat infolge der Erregung durch ein neues Vergnügen und den Einfluß der andersgearteten Region, in die das Außergewöhnliche uns entführt, nachdem wir einmal den tagelang geduldig gesponnenen Faden, der uns zur Weisheit leiten sollte, haben abreißen lassen – als werde es niemals mehr ein Morgen geben noch höhere Zwecke, die man verwirklichen will –, der genau funktionierende Mechanismus einer hygienischen Vorsorge, die zum Schutz dieser Zwecke erfunden war, außer Kraft. Während ein Diener mir meinen Paletot abnahm, sagte Saint-Loup zu mir:

»Werden Sie auch nicht frieren? Sie würden ihn vielleicht doch besser bei sich behalten, es ist nicht sehr warm.«

Ich antwortete: »Nein, nein« und fühlte vielleicht die Kälte auch tatsächlich nicht; jedenfalls aber wußte ich von der Angst, krank zu werden, von der Notwendigkeit, nicht zu sterben, der Wichtigkeit meiner Arbeit nichts mehr. Ich gab also meinen Paletot ab; wir traten in den Speisesaal unter den Klängen einer kriegerischen Marschmusik, die die Zigeuner spielten, und gingen durch die Reihen gedeckter Tische wie auf einer bequem vor uns sich öffnenden Via triumphalis, und obwohl wir fühlten, wie die Rhythmen des Orchesters, das uns solche militärische Ehren und eine so unverdiente Ehrung bereitete, unseren Körper mit freudiger Glut durchdrangen, verbargen wir unsere Gefühle unter einer ernsten, eisigen Miene und einer lässigen Art des Schreitens, um nicht den gewissen schneidigen Chansonetten zu gleichen, die zum Absingen eines schlüpfrigen Couplets auf eine kriegerische Melodie in der martialischen Haltung eines siegreichen Generals auf die Bühne stürzen.

Von diesem Augenblick an war ich ein neuer Mensch, nicht mehr der Enkel meiner Großmutter – ich würde mich vielmehr ihrer erst wieder erinnern, wenn ich das Lokal verließ –, sondern für Augenblicke Bruder jener Kellner, die unsere Bestellungen auszuführen kamen.

Das Quantum Bier und erst recht Champagner, das ich in Balbec nicht einmal im Lauf einer Woche zu konsumieren gedachte, dort wo gleichwohl mein ruhiges, klares Bewußtsein mir den Geschmack dieser beiden

Getränke als etwas höchst Schätzenswertes, aber doch Entbehrliches erscheinen ließ, nahm ich jetzt im Lauf einer einzigen Stunde zu mir, nicht ohne auch noch ein paar Tropfen Portwein hinzuzufügen, obwohl ich aus Zerstreutheit auf seinen Geschmack gar nicht achtete; dem Geiger aber, der gerade zur Tafel aufgespielt hatte, spendete ich die beiden Louisdors, die ich mir vier Wochen lang für eine Anschaffung aufgespart hatte, an die ich nicht mehr dachte. Manche der zwischen den Tischen losgelassenen Kellner jagten, eine flache Schüssel auf der emporgehaltenen Hand, förmlich an uns vorbei; es schien der Zweck dieser Art von sportlichen Läufen zu sein, sie nicht fallen zu lassen. Und tatsächlich kamen die Schokoladensoufflés an ihrem Bestimmungsort an, ohne umzustürzen, die gedämpften Äpfel lagen trotz des Galopps, bei dem sie hätten herunterrollen müssen, noch wie am Ausgangspunkt schön um den Lammbraten angeordnet da. Ich bemerkte einen Servierkellner, der, sehr groß, mit einem prächtigen Gefieder aus schwarzen Haaren am Kopf, das Gesicht von einer Farbe, die eher an gewisse Vogelarten als an die menschliche Spezies gemahnte, unaufhörlich und scheinbar ziellos von einem Ende des Speisesaals zum anderen lief und an einen jener »Aras« erinnerte, wie sie die großen Vogelgehege der zoologischen Gärten mit ihrem leuchtenden Kolorit und ihrer unverständlichen Hast beleben. Bald jedoch ordnete sich dieses Schauspiel, für meine Blicke wenigstens, zu einem edleren und ruhigeren System. Die schwindelerregende Emsigkeit wurde zu stiller Harmonie. Ich betrachtete die runden Tische, deren unübersehbare Menge sich durch die Restaurationsräume zog, als ebenso viele Planeten, wie sie auf allegorischen Bildern aus alter Zeit erscheinen. Eine unwiderstehliche Anziehungskraft bestand übrigens zwischen diesen verschiedenen Gestirnen, und an jedem der Tische hatten die Speisenden Augen nur für die, an denen sie nicht saßen, mit Ausnahme höchstens eines reichen Gastgebers, dem es gelungen war, einen berühmten Schriftsteller an den seinen zu ziehen, und der nun kraft einer Art von Tischrücken unbedeutende Äußerungen aus diesem herauszulocken trachtete, über die die Damen sich vor Staunen nicht zu lassen vermochten. Die Harmonie zwischen diesen gedeckten Sternen ließ gleichwohl ein unentwegtes Kreisen der zahllosen dienenden Trabanten zu, die, da sie nicht saßen, sondern standen, in einer höheren Sphäre ihre Bahnen zogen. Offenbar liefen sie, um die Hors d'œuvres herbeizuschaffen, den Wein zu wechseln und weitere Gläser zu bringen. Doch trotz dieser speziellen Gründe ließ ihr ewiges Kommen und Gehen zwischen den runden Tischen endlich doch die Gesetzmäßigkeit dieser schwindelerregenden und doch geordneten Bahnen erkennen. Hinter einem mächtigen Blumenarrangement thronend, saßen zwei grauenerregende Kassiererinnen über endlosen Zahlenkolonnen wie zwei Hexen, die nach astrologischen Berechnungen die Revolutionen vorauszusehen suchten, die dann und wann an diesem nach einem mittelalterlichen Stand der Wissenschaft konzipierten Himmelsgewölbe sich vollziehen mochten.

All die anderen Gäste taten mir ein bißchen leid, denn ich ahnte, daß für sie diese runden Tische keine Planeten waren und daß sie sich nicht in den Dingen einen Ausschnitt freizuhalten wußten, mit dessen Hilfe man sich über ihr gewöhnliches Aussehen hinwegsetzt und Analogien erkennt. Sie dachten daran, daß sie mit dieser oder jener Person zu Abend äßen, daß sie das so und so teuer zu stehen komme und daß es am nächsten Abend wieder das gleiche sein würde. Dem Ablauf eines Zuges von jungen Bedienten aber, die, wahrscheinlich weil sie im Augenblick nichts Dringendes zu tun hatten, in der Art einer Prozession mit Brotkörben in den Händen vorüberwallten, standen sie absolut verständnislos gegenüber. Einige Bediente, zu jung noch und abgestumpft durch die Dachteln, die die Oberkellner ihnen im Vorbeigehen gaben, richteten melancholisch ihre Blicke auf einen fernen Traum und trösteten sich nur, wenn ein Gast aus dem Hotel in Balbec, in dem sie vorher gearbeitet hatten, sie wiedererkannte, das Wort an sie richtete und sie persönlich aufforderte, den Champagner hinauszutragen, da er nicht trinkbar sei, was sie mit Stolz erfüllte.

Ich hörte das ferne Grollen meiner Nerven, in denen ich ganz unabhängig von den umgebenden Objekten, die es mir hätten vermitteln können, bei jeder leichten Veränderung der Körperhaltung oder der Richtung meiner Aufmerksamkeit ein Wohlbehagen verspürte, so wie ein leichter Druck auf das geschlossene Auge eine Farbempfindung auslöst. Ich hatte schon viel Portwein getrunken, verlangte jedoch noch mehr, und zwar weniger im Hinblick auf das, das ich mir von weiteren Gläsern versprach, als vielmehr aufgrund jenes Behagens, das die vorangegangenen Gläser verursacht hatten. Ich ließ die Musik mein Vergnügen zu jeder einzelnen Note führen, wo es sich dann bereitwillig niederließ. Wenn jenes Restaurant in Rivebelle – darin jenen chemischen Industrien ähnlich, die Stoffe in großen Mengen herstellen, die sich in der Natur nur zufällig und nur selten finden – zu einem gleichen Zeitpunkt mehr Frauen, in denen sich für mich Glücksperspektiven eröffneten, unter seinem Dach barg, als mich der Zufall der Spazierfahrten oder der Reisen in einem ganzen Jahr hätte antreffen lassen, war die Musik, die wir hörten – für die kleine Besetzung hergerichtete Walzer, Teile aus deutschen Operetten, Chansons aus Tingeltangeln, die alle für mich neu waren –, in sich selbst wie eine Vergnügungsstätte, die über der anderen in den Lüften zu liegen schien und noch berauschender war. Denn jede ihrer Weisen, ein Wesen für sich wie eine Frau, sparte nicht, wie eine solche es getan hätte, für den bevorzugten Einen ihr Geheimnis verborgener Wollust auf: sie bot es mir, sie lockte mich, trat mit kapriziöser oder kecker Gebärde vor mich hin, sie streifte, ja streichelte mich, als sei ich mit einemmal verführerischer, mächtiger oder reicher geworden; wohl entdeckte ich in diesen Klängen etwas Grausames; jedes zweckfreie Schönheitsgefühl, jeder Schimmer von Verstehen war ihnen nämlich fremd; für sie gibt es nur sinnliche Lust. So sind sie denn in seinem Unglück für den Eifersüchtigen, dem sie diese Lust – die Lust, die die geliebte Frau mit einem anderen kostet – als das einzige vor Augen führen, was auf der Welt für diejenige existiert, von der er ganz erfüllt ist, die unerbittlichste, auswegloseste Hölle. Und während ich halblaut die Töne jener Melodie vor mich hinsummte und ihr den Kuß, mit dem sie mich berührt hatte, gleichsam wiedergab, wurde die ganz besondere Wollust, die sie mich kosten ließ, mir so lieb, daß ich meine Eltern verlassen hätte, um diesem Klang in jene einzigartige Welt zu folgen, die er im Unsichtbaren aus einem Liniengefüge errichtete, in dem Wehmut mit Feuer sich wechselnd verband. Obwohl ein Vergnügen dieser Art dem Wesen, zu dem es hinzutritt, nicht eigentlich einen höheren Wert verleiht – denn nur von ihm selber wird es erlebt – und obwohl, wenn wir in unserem Leben einer Frau, die uns bemerkt, mißfallen haben, sie nicht wissen konnte, ob wir in jenem Augenblick solcher nur uns bewußten inneren Beglückung teilhaftig waren oder nicht, so daß sie also ihr Urteil über uns in nichts geändert hätte, fühlte ich mich mächtiger, beinahe unwiderstehlich. Meine Liebe kam mir nicht mehr wie etwas vor, das unerwünscht sein, zum Lachen reizen könnte, sondern schien mir die rührende Schönheit und Verführungsgabe dieser Musik zu haben, die ihrerseits ein mit Sympathie erfüllter Raum war, in dem ich die Frau, die ich liebte, getroffen hätte und wir uns mit einemmal sehr nahe gekommen wären.

Das Restaurant wurde nicht nur von Halbweltdamen besucht, sondern auch von den Angehörigen der eleganten Oberschicht, die dort gegen fünf Uhr ihren Tee tranken oder große Abendgesellschaften gaben. Der Tee wurde in einer langen schmalen Glasgalerie serviert, die auf der Gartenseite einen Durchgang vom Vestibül zum Speisesaal bildete; vom Garten war sie, abgesehen von ein paar steinernen Säulen, nur durch hier und da geöffnete Glaswände getrennt. Außer häufigem Durchzug ergab sich daraus ein jäher, zwischendurch wieder aussetzender Einfall von Sonnenstrahlen und damit ein so grelles, unruhig flimmerndes Licht, daß man die Teetrinkerinnen fast nicht erkennen konnte; wenn sie dann an den je zwei und zwei aufgestellten Tischen saßen, die die ganze Länge des engen Durchgangs ausfüllten, und bei jeder Bewegung, die sie beim Teetrinken oder einer gegenseitigen Begrüßung machten, in allen Farben schillerten, sah das Ganze dann wie ein Behältnis aus, eine Reuse, in der der Fischer die glitzernden Fische untergebracht hat, die er gefangen hat und die nun, wenn sie sich halb aus dem Wasser heben und der Lichtschein sie trifft, in wechselndem Farbenspiel vor den Blicken der Beschauer gleißen.

Einige Stunden später, während des Abendessens, das natürlich im Speisesaal eingenommen wurde, zündete man die Lampen an, obwohl es draußen noch hell war, so daß im Garten neben den in noch lichter Dämmerung liegenden Pavillons, die aussahen wie die bleichen Trugbilder der Abenddämmerung, die Laubengänge, deren meergrünes Blattwerk von den letzten Strahlen der Sonne illuminiert wurde, von dem beleuchteten Raum aus, in dem man speiste, auf der anderen Seite der Scheiben nicht mehr, wie man hätte meinen sollen, jenen Damen vergleichbar schienen, die am Spätnachmittag in dem bläulich-goldenen Durchgang wie in einem feuchten, funkelnden Netz ihren Tee getrunken hatten, sondern wie die Vegetation eines riesigen, von übernatürlichem Licht erhellten blaßgrünen Aquariums wirkten. Man stand von den Tischen auf, und nachdem die Gäste während der Mahlzeit, wiewohl sie ihre Zeit damit verbrachten, die am Nebentisch Sitzenden zu mustern, zu erkennen, sich ihre Namen nennen zu lassen, doch in vollkommener Kohäsion ihrer eigenen Tafelrunde verhaftet geblieben waren, verlor nun die Anziehungskraft, dank der sie für einen Abend um ihren Gastgeber kreisten, in dem Augenblick ihre Macht über sie, als sie sich zum Einnehmen des Nachtischmokkas in denselben Durchgang begaben, in dem auch der Tee serviert worden war; oft kam es vor, daß im Augenblick des Hinübergehens irgendeine solche wandelnde Tafelrunde eines oder mehrere ihrer Teilchen verlor, da die Anziehungskraft einer rivalisierenden Tafelrunde so stark auf diese eingewirkt hatte, daß sie sich für einen Augenblick von der ihren lösten, wo sie sofort durch andere Herren oder Damen ersetzt wurden, die ihre Freunde begrüßen kamen, ehe sie sich mit den Worten: »Ich muß jetzt wieder zu Monsieur X, ich bin heute abend sein Gast« zu ihren Leuten zurückbegaben. Man hatte für einen Augenblick den Eindruck, zwei separate Sträuße hätten einige ihrer Blumen ausgewechselt. Dann leerte sich auch die Galerie. Oft blieb es noch nach dem Abendessen so hell, daß dieser Durchgang nicht beleuchtet wurde, und unter den Bäumen, die sich draußen, auf der anderen Seite der Glasfenster, herniederneigten, sah er dann aus wie eine waldesdunkle Gartenallee. Manchmal verweilte dort in der Dämmerung noch eine Dame, die im Speisesaal diniert hatte. Als ich ihn eines Abends auf dem Weg zum Ausgang zu durchschritt, sah ich dort inmitten einer Gruppe von Unbekannten die schöne Prinzessin von Luxemburg sitzen. Ich lüftete den Hut, ohne stehenzubleiben. Sie erkannte mich und neigte lächelnd den Kopf; weit oberhalb dieses Grußes, doch der Bewegung folgend, klangen melodisch ein paar an mich gerichtete Worte auf, offenbar ein ausgesponnenes Gutenabendsagen, nicht damit ich stehenbliebe, sondern nur um den Gruß zu vervollständigen, um daraus eine Begrüßung in Worten zu machen. Doch die Worte blieben so undeutlich, und der Klang, der allein mein Ohr berührte, verhallte so sanft und schien mir so voller Musik, als hebe im dunklen Astwerk der Bäume eine Nachtigall zu singen an. Wenn zufällig einmal Saint-Loup, um den Abend in der Gesellschaft einer Schar von Freunden, die wir getroffen hatten, zu beschließen, entschied, man begebe sich noch in das Kasino eines benachbarten Seebads, und mich, weil er mit ihnen zusammen fuhr, allein in einem Wagen unterbrachte, forderte ich den Kutscher auf, rasch zuzufahren, damit die Augenblicke schneller vergingen, in denen ich ohne fremde Hilfe – das heißt ohne mich aus jener Passivität wieder herauslösen zu müssen, in die ich wie in ein mich treibendes Räderwerk geraten war – meinem Empfindungsleben jene ständigen Wandlungen selbst bieten müßte, die ich seit meiner Ankunft in Rivebelle einzig von den anderen empfing. Ein etwaiger Zusammenstoß mit einem aus der entgegengesetzten Richtung kommenden Wagen auf einem der schmalen Wege, die nur für ein Gefährt Platz boten und auf denen tiefstes Dunkel herrschte, die Unsicherheit des an der Küste oft eingebrochenen Terrains, die Nähe der senkrecht ins Meer abfallenden Klippen, alles das fand in mir nicht den kleinen Kraftaufwand vor, der nötig gewesen wäre, damit die Vorstellung der Gefahr und die Furcht davor in mein Bewußtsein drang. So wenig nämlich das Verlangen nach Ruhm, vielmehr die Gewöhnung an zähen Fleiß es ist, die uns gestattet, ein Werk hervorzubringen, so wenig verhilft uns die Beschwingtheit des gegenwärtigen Augenblicks – vielmehr tun es die vernünftigen, in der Vergangenheit angestellten Überlegungen – dazu, uns die Zukunft zu sichern. Wenn ich nun aber schon bei meiner Ankunft in Rivebelle die Krücken verstandesmäßigen Argumentierens und der Selbstkontrolle von mir geworfen hatte, die uns in unserer Schwäche helfen, den rechten Weg einzuhalten, und einer Art moralischer Ataxie zum Opfer gefallen war, hatte der Alkohol, der meine Nerven in außergewöhnlicher Weise anspannte, den gegenwärtigen Minuten einen Wert, einen Zauber verliehen, deren Wirkung nicht die war, mich geeigneter oder auch nur entschlossener zu machen, mich schützend vor sie zu stellen; denn da meine übersteigerte Stimmung sie mir tausendmal köstlicher als mein ganzes übriges Leben erscheinen ließ, löste sie sie gleichzeitig völlig davon ab; ich war in die Gegenwart eingeschlossen wie Helden oder Berauschte; im Augenblick völlig ausgelöscht, warf meine Vergangenheit nicht länger mehr jenen Schatten ihrer selbst vor mich hin, den wir Zukunft nennen; da ich den Zweck meines Lebens nicht länger in der Verwirklichung der Träume jener Vergangenheit, sondern in der Beseligung der gegenwärtigen Minute sah, ging mein Blick über sie nicht hinaus. Infolgedessen geschah es, daß ich aufgrund eines nur scheinbaren Widerspruchs gerade in dem Moment, da ich ein einzigartiges Glücksgefühl in mir verspürte, da ich fühlte, mein Leben könne herrlich sein, da es also in meinen Augen besonders wertvoll hätte sein müssen, alle Sorgen von mir warf, die es mir so lange bereitet hatte, und es ohne Zögern dem Risiko eines jederzeit möglichen Unglücks aussetzte. Ich tat dabei im übrigen nichts anderes, als auf einen einzigen Abend die ganze Sorglosigkeit zu konzentrieren, die sich bei anderen Menschen in verwässerter Form auf das ganze Dasein verteilt, in dem sie täglich ohne Not das Wagnis einer Seereise, eines Fluges in einem Aeroplan oder einer Spazierfahrt im Automobil auf sich nehmen, wo doch zu Hause ein Wesen auf sie wartet, das durch ihren Tod völlig vernichtet würde, oder von ihrem zerbrechlichen Hirn allein das baldige Zustandekommen des Buches abhängt, das für sie der einzige Daseinsgrund ist. Ebenso war es in dem Restaurant von Rivebelle an den Abenden, an denen wir dort blieben; wäre dann jemand mit der Absicht, mich umzubringen, gekommen, so hätte ich, da ich alles nur noch in unwirklicher Ferne sah: meine Großmutter, meine künftige Existenz, die Bücher, die ich schreiben wollte, da ich ganz dem Duft der Frau am Nebentisch, der Höflichkeit der Oberkellner, der Melodienführung des Walzers, der eben gespielt wurde, hingegeben war, an das Bewußtsein des Augenblicks geheftet ohne Erstreckung über ihn hinaus und ohne anderen Zweck, als mich von ihm nicht zu lösen, hätte ich, sage ich, im Angesicht dieser Stunde mich töten, mich ohne Widerstand niedermachen lassen, reglos wie eine Biene, die vom Tabak betäubt den Instinkt verloren hat, den Vorrat ihrer angehäuften Mühen und die Hoffnung ihres Stocks zu erhalten.

Ich muß übrigens sagen, daß die Bedeutungslosigkeit, zu der die ernstesten Dinge durch den Kontrast zu der Heftigkeit meiner Exaltation heruntersanken, sich schließlich sogar auf Mademoiselle Simonet und ihre Freundinnen erstreckte. Ihre Bekanntschaft zu machen kam mir jetzt als ein leichtes, aber gleichgültiges Unterfangen vor, denn meine einzige gegenwärtige Empfindung hatte dank der ungewöhnlichen Macht, die sie über mich besaß, dank der Freude auch, die ihre geringsten Abwandlungen und selbst ihr schlichtes Weiterbestehen in mir weckten, ausschließlich Wichtigkeit für mich; alles übrige, Eltern, Arbeit, Vergnügungen, die jungen Mädchen von Balbec, wog dagegen nicht mehr als eine Schaumflocke in dem Sturm, der sie nicht zur Ruhe kommen läßt, und existierte nur noch in bezug auf diese innere Macht; der Rausch verwirklicht für ein paar Stunden den subjektiven Idealismus, den reinen Phänomenalismus: alles ist nur Schein und existiert nur als Funktion unseres erhabenen Selbst. Im übrigen ist nicht gesagt, daß eine wahrhafte Liebe, sofern wir eine haben, in einem solchen Zustand nicht fortbestehen kann. Wir aber fühlen, ebenso wie es in einer neuen Umgebung sein würde, daß unter einem unbekannten Druck die Ausmaße dieses Gefühls sich verwandelt haben, so daß wir nicht mehr in der Lage sind, es noch als die gleiche Größe zu betrachten. Dieselbe Liebe finden wir zwar wieder, aber an einer anderen Stelle, wo ihr Gewicht für uns leichter geworden ist, befriedet in der Empfindung des Augenblicks und uns selbst genügend, denn um das, was nicht unserer Gegenwart angehört, kümmern wir uns nicht. Leider verändert der Faktor, der auf die Werte diese Wirkung hat, sie nur für diese Stunde der Trunkenheit. Die Personen, die uns nicht mehr wichtig schienen und die wir wie Seifenblasen mit unserem Hauch bewegten, werden morgen wieder ihr volles Gewicht erlangen, und von neuem werden wir uns der Arbeit widmen müssen, die uns nichts mehr bedeutete. Und was noch schlimmer ist: diese Mathematik von morgen, die gleiche wie die von gestern, deren Problemstellungen uns unweigerlich wieder zu schaffen machen werden, ist zugleich auch die, die uns selbst in jenen

Stunden – außer in unseren eigenen Augen – regiert. Wenn sich in unserer Nähe eine tugendhafte oder uns abweisende Frau befindet, so scheint uns diese am Vortag noch so schwierige Angelegenheit – nämlich die Frage, wie wir ihr gefallen könnten – jetzt millionenfach leichter, ohne es in Wirklichkeit auch nur im geringsten geworden zu sein, denn nur in unseren Augen, unseren inneren Augen, haben wir eine Wandlung durchgemacht. Die Frau aber ist noch ebenso streng gegen uns, wenn wir uns ihr gegenüber eine Freiheit herausnehmen, wie wir es am nächsten Tag mit uns selber sind, weil wir dem Chasseur hundert Francs gegeben haben, und zwar aus ganz dem gleichen Grund, der für uns nur erst verspätet wirksam wird: das Fehlen der Trunkenheit.

Ich kannte keine der Frauen in Rivebelle, die mir alle, weil sie zu einem Teil meines Rausches geworden waren, so wie der Widerschein einen Teil des Spiegels ausmacht, tausendmal schöner erschienen als die immer weniger existierende Mademoiselle Simonet. Eine junge Blonde, die allein mit trauriger Miene dasaß, einen mit Feldblumen garnierten Strohhut auf dem Kopf, sah mich einen Augenblick mit träumerischer Miene an und kam mir durchaus sympathisch vor. Dann kam eine andere, schließlich eine dritte, endlich eine Dunkle mit warmleuchtendem Teint. Fast alle waren, wenn auch nicht mir, so doch Saint-Loup bekannt.

Bevor er die Bekanntschaft seiner gegenwärtigen Geliebten gemacht hatte, bewegte er sich so sehr in der verhältnismäßig begrenzten Lebewelt, daß unter den Frauen, die an diesen Abenden hier in Rivebelle dinierten – viele zufällig, die einen, da sie an die See gereist waren, um ihren Liebhaber zu treffen, die anderen, um dort einen zu finden –, sich kaum eine befand, die er nicht daher kannte, daß sie mit ihm oder einem seiner

Freunde wenigstens eine Nacht verbracht hatte. Er grüßte sie nicht, wenn sie sich in Begleitung eines Mannes befanden, und sie selbst widmeten ihm zwar mehr Aufmerksamkeit als jedem anderen, weil seine allgemein bekannte Gleichgültigkeit gegenüber jeder Frau, die nicht seine Schauspielerin war, ihm in den Augen der hier anwesenden Frauen ein besonderes Prestige verlieh, taten aber gleichwohl, als kannten sie ihn nicht. Die eine flüsterte dann: »Das ist der kleine Saint-Loup. Er scheint noch immer an diesem Frauenzimmer zu hängen. Die große Liebe offenbar. Was für ein hübscher Junge! Ich finde ihn fabelhaft, riesig schick! Manche Frauen haben wirklich ein unverschämtes Glück. Schick in jeder Hinsicht. Ich habe ihn gekannt, als ich noch mit d'Orléans liiert war. Sie waren unsere zwei Unzertrennlichen. Damals trieb er es noch toll! Aber jetzt ist nichts mehr los mit ihm, er geht ihr nicht durch. Ja, die kann wirklich von Glück sagen. Dabei frage ich mich, was er an ihr finden mag. Irgendwo muß er doch einfältig sein. Sie hat Füße wie Schleppkähne, einen Bart wie eine Amerikanerin und schmutzige Unterwäsche! Ich glaube, nicht mal ein kleines Fabrikmädchen würde so was anziehen wollen. Schauen Sie sich nur mal seine Augen an, durchs Feuer könnte man für einen solchen Mann gehen. Halt, sei mal still, jetzt hat er mich wiedererkannt, er lacht, oh! er kannte mich damals gut. Er weiß genau, wer ich bin.« Zwischen diesen Frauen und ihm konstatierte ich ein stilles Einvernehmen. Ich hoffte, er würde mich ihnen vorstellen, ich könne sie um ein Stelldichein bitten und sie würden es mir gewähren, auch wenn es mir nicht möglich gewesen wäre, davon Gebrauch zu machen. Denn ohne das würde ihren Gesichtern in meiner Erinnerung immer jener Teil fehlen – als sei er hinter einem Schleier verborgen geblieben –, der bei allen Frauen verschieden ist und den wir uns bei einer jeden nur vorstellen können, wenn wir ihn bei ihr gesehen haben, etwas, was einzig in dem Blick sichtbar wird, den sie uns zusendet, wenn sie unserem Verlangen entgegenkommt und verspricht, es zu befriedigen. Und dennoch waren ihre Gesichter auch so, ohne diese Vervollständigung, für mich viel mehr als dasjenige von Frauen, von denen ich gewußt hätte, daß sie tugendhaft seien, und sie schienen mir nicht wie ihres platt, ohne Tiefe, ohne Facetten, ohne Substanz zu sein. Zweifellos waren diese Gesichter nicht die gleichen für mich wie für Saint-Loup, der unter der für ihn durchsichtigen Gleichgültigkeit der unbewegten Züge, die ein angebliches Nichterkennen ausdrückten, oder unter der Alltäglichkeit eines Grußes, wie man ihn auch an jeden anderen gerichtet hätte, in der Erinnerung ein Bild auftauchen sah: zwischen aufgelöstem Haar ein in Verzückung geöffneter Mund und halbgeschlossene Augen, ein verborgenes Bild, gleich jenen, über die Maler, um das Gros der Betrachter zu täuschen, ein züchtiges Leintuch breiten. Sicher nun blieben andererseits für mich, der ich fühlte, daß nichts von mir in das Bewußtsein irgendeiner dieser Frauen eingedrungen war und sie dort auf unbekannten Wegen ihres Lebens begleiten würde, diese Gesichter verschlossen. Doch schon zu wissen, daß sie sich überhaupt auftun konnten, genügte mir, um in ihnen etwas zu sehen, was sie für mich nicht gehabt hätten, wären sie nur schöne Medaillen und nicht Medaillons, die in sich Liebesandenken bargen. Was Robert betraf, der nur mit Mühe auf seinem Stuhl stillsitzen konnte und unter dem Lächeln des Höflings das Verlangen verbarg, als Krieger zu handeln, so wurde ich mir, wenn ich ihn genau anschaute, darüber klar, wie sehr das energische Knochengefüge seines dreieckigen Gesichts das seiner Väter war und mehr zu einem leidenschaftlichen Bogenschützen paßte als zu einem zarten Liebhaber der schönen Künste.

Unter der feinen Haut zeigte sich der kühne Bau, die feudale Architektur. Sein Kopf erinnerte an jene Türme alter Ritterburgen, deren sinnlos gewordene Zinnen zwar äußerlich sichtbar bleiben, im Inneren aber zu einer Bibliothek umgebaut worden sind.[1]

Als wir nach Balbec zurückfuhren, wiederholte ich mit Bezug auf eine der Unbekannten, der Saint-Loup mich vorgestellt hatte, kehrreimartig unaufhörlich, ohne eine Sekunde innezuhalten und fast ohne es zu merken: »Was für eine entzückende Frau!« Sicherlich wurden mir diese Worte mehr von meiner Nervenverfassung als von einem Urteil, das Bestand haben sollte, eingegeben. Dennoch, wären tausend Francs in meiner Tasche und die Juweliergeschäfte um jene Zeit noch geöffnet gewesen, hätte ich der Unbekannten einen Ring gekauft. Wenn sich die Stunden unseres Lebens in dieser Art auf allzu verschiedenen Ebenen abspielen, ergibt es sich, daß wir zuviel von uns selbst an alle möglichen Personen verwenden, die uns am nächsten Tag gar nicht mehr interessant scheinen. Doch fühlt man sich dann verantwortlich für das, was man ihnen am Vortag gesagt hat, und will seinem Versprechen Ehre machen.

Da ich an solchen Abenden erst spät nach Hause kam, suchte ich mit Vergnügen das nun nicht mehr feindselige Zimmer und mein Bett auf, das am Tag meiner Ankunft mir wie eine für alle Zeiten unmögliche Lagerstatt vorgekommen war und auf dem meine so matten Glieder jetzt Hilfe suchten; nacheinander versuchten Schenkel, Hüften und Schultern sich ganz in die Bettücher einzuschmiegen, die die Matratze umhüllten, als wolle meine Müdigkeit einem Bildhauer gleich einen Abguß des ganzen menschlichen Körpers anfertigen. Doch ich fand keinen Schlaf, ich fühlte den Morgen nahen; Ruhe und gute Gesundheit hatten mich verlassen. Überreizt wie ich war, schien mir auch, ich würde sie nie mehr finden.

Ich hätte lange schlafen müssen, um sie zurückzuerlangen. Hätte ich aber auch einschlummern können, wäre ich doch zwei Stunden später durch das Symphoniekonzert geweckt worden. Plötzlich schlief ich ein, ich fiel in jenen tiefen Schlaf, in dem sich für uns eine Rückkehr in die Jugend vollzieht, ein erneuter Ablauf der vergangenen Jahre, der Gefühle, die uns abhanden gekommen sind, eine Entstofflichung und Wanderung der Seelen, ein Wiedererscheinen der Toten, Trugbilder des Wahnsinns, ein Zurücktauchen in die elementarsten Reiche der Natur (denn man sagt zwar, daß wir oft im Traum Tiere erblicken, vergißt dabei aber, daß wir dann selbst fast immer rein tierhafte Wesen sind, denen jene Vernunft abgeht, die auf die Dinge das Licht der Gewißheit wirft; im Traum nun sehen wir das Schauspiel des Lebens lediglich als eine ungewisse, jeden Augenblick in Vergessen sinkende Vision, da die eben noch bestehende Wirklichkeit sofort von der nächsten abgelöst wird, wie eine Projektion der Laterna magica von der folgenden, sobald man das Glas gewechselt hat), alle jene Mysterien, von denen wir meinen, sie seien uns nicht bekannt, obwohl wir tatsächlich beinahe jede Nacht ebenso in sie eingeweiht werden wie in jenes andere große Mysterium von Untergang und Auferstehung. Die durch das schwere Abendessen in Rivebelle noch ruheloser gestaltete wechselweise und irrlichternde Erhellung ins Dunkel gesunkener Zonen meiner Vergangenheit schuf mich zu einem Wesen um, dem es das höchste Glück bedeutet hätte, Legrandin zu begegnen, mit dem ich mich im Traum eben unterhalten hatte.

Dann wurde mir selbst mein eigenes Dasein völlig durch eine neue Dekoration verborgen, die etwa jener glich, die ganz nahe der Bühnenrampe aufgestellt wird und vor der, während im Hintergrund die Kulissen ausgewechselt werden, die Schauspieler ein Zwischenspiel aufführen. Das Stück, in dem ich selbst mitwirkte, war im Geschmack orientalischer Erzählungen abgefaßt; ich wußte darin nichts mehr von meiner Vergangenheit noch überhaupt von mir selbst, gerade weil die flüchtig aufgebaute Dekoration mir so nahe war; ich spielte nur die Rolle einer Person, der eine Bastonade und verschiedene andere Züchtigungen zuteil wurden eines Vergehens wegen, über das ich mir nicht klar war, das aber in zu reichlichem Genuß von Portwein bestand. Plötzlich wachte ich auf und stellte fest, daß mir dank einem langen Schlaf das Symphoniekonzert völlig entgangen war. Es war schon Nachmittag; ich las es von meiner Taschenuhr ab, nach einigen vergeblichen und von mehrfachem Zurücksinken auf mein Kopfkissen unterbrochenen Bemühungen, mich aufzurichten, wobei es sich um jenes Zurücksinken handelte, wie es dem Schlaf und auch anderen Formen des Rausches folgt, ob nun der Wein sie verursacht oder eine Rekonvaleszenz; zudem war ich mir schon, bevor ich auf die Uhr geschaut hatte, darüber klar, daß die Mittagsstunde vorüber war. Gestern abend war ich nur noch ein völlig ausgeleertes, gewichtsloses Wesen und konnte (wie man gelegen haben muß, um sich zum Sitzen aufzurichten, und geschlafen haben muß, um zum Schweigen imstande zu sein) nicht aufhören, mich zu bewegen und zu reden, hatte keinerlei Zusammenhalt, war schwerpunktlos hinausgeschleudert worden und hatte das Gefühl, ich könne meine düstere Bahn fortsetzen bis zum Mond. Wenn nun aber im Schlaf meine Augen die Zeit nicht hatten sehen können, hatte doch mein Leib es verstanden, sie zu berechnen; er hatte sie nicht auf einem oberflächlich vorgestellten Zifferblatt ermessen, sondern an einem immer erneuten Abwägen meiner sich wiederherstellenden Kräfte, die er wie eine gewaltige Turmuhr Zahn für Zahn aus meinem Gehirn in die Tiefe meines übrigen Körpers hatte hinabsinken lassen, wo sie jetzt bis über meine Knie hinaus den unberührten Überfluß ihres Vorrats aufgestapelt hatten. Wenn es stimmt, daß das Meer unser ursprüngliches Element gewesen ist und wir unser Blut durch Eintauchen in Wasser wiederbeleben müssen, so gilt gleiches für das Vergessen, das geistige Nichts; man scheint damit für einige Stunden aus der Zeit völlig herauszutreten; doch die Kräfte, die sich in dieser Zeit angesammelt haben, ohne ausgegeben worden zu sein, messen sie durch ihre Menge ebensogenau wie die Gewichte der Uhr oder die rinnenden Sandhügelchen in einem Stundenglas. Man verläßt übrigens einen solchen Schlaf nicht leichter als ein langes Wachsein, so sehr haben alle Dinge die Tendenz zur Dauer, und wenn es wahr ist, daß gewisse Narkotika uns einschläfern, so ist ein langer Schlaf ein noch stärkeres Narkotikum, nach dessen Gebrauch es einem schwerfällt, wieder aufzuwachen. Wie ein Seemann, der sehr wohl die Stelle an der Kaimauer sieht, an der er sein Boot festmachen kann, das aber noch vom Sturm geschaukelt wird, hatte ich zwar die Idee, nach der Uhr zu sehen und mich zu erheben, doch mein Leib sank jeden Augenblick in den Schlaf zurück; die Landung war schwierig, und bevor ich mich aufrichten konnte, um nach meiner Uhr zu greifen und die Stunde, die sie zeigte, mit derjenigen zu vergleichen, die mir durch die aufgehäufte Fülle kundgetan wurde, von der meine zerschlagenen Beine wußten, sank ich noch zwei- oder dreimal auf mein Kissen zurück.

Endlich erkannte ich klar: zwei Uhr nachmittags! Ich schellte, im gleichen Augenblick aber kehrte ich zurück in einen Schlaf, der diesmal unendlich viel länger sein mußte, wenn ich nach der Ausgeruhtheit und dem Gefühl einer unendlich langen, inzwischen vergangenen Nacht urteilte, das ich beim Erwachen in mir fand. Da dieses aber durch das Eintreten von Françoise zustande gekommen war, das seinerseits erst auf mein Klingelzeichen erfolgte, hatte dieser neue Schlaf, der meiner Meinung nach so viel länger gedauert haben mußte als der andere und mir solch großes Wohlgefühl und Vergessen verschafft hatte, nur eine halbe Minute gewährt.

Meine Großmutter erschien in meiner Zimmertür, und ich stellte ihr einige Fragen über die Familie Legrandin.

Wenn ich sage, ich hätte Ruhe und Gesundheit wiedergefunden, so genügt das eigentlich nicht, denn mehr als bloße Entfernung hatte sie am Tag vorher von mir getrennt; ich hatte die ganze Nacht gegen eine Gegenströmung anzukämpfen gehabt, dann aber befand ich mich nicht nur in ihrer Nähe, sie waren in mir wieder eingekehrt. An bestimmten, noch etwas schmerzenden Stellen meines leeren Kopfes, der eines Tages aus seinem zerbrochenen Gefüge meine Gedanken für immer würde entweichen lassen, hatten diese noch einmal ihren Platz eingenommen und jenes Dasein wiedererlangt, von dem sie bislang leider so wenig Gebrauch gemacht hatten.

Einmal mehr war ich der Unmöglichkeit einzuschlafen, dem Weltuntergang, dem Kataklysmus meiner Nervenkrisen entronnen. Ich fürchtete nun alles das gar nicht mehr, was mich am Vorabend noch bedrohte, als ich den Schlaf nicht fand. Ein neues Leben tat sich vor mir auf; ohne eine einzige Bewegung zu machen, denn ich war noch zerschlagen, obwohl bereits wohlaufgelegt, genoß ich meine Müdigkeit mit Behagen; sie hatte mir die Knochen meiner Beine und Arme auseinandergerissen und zerbrochen; doch jetzt fühlte ich diese vor mir versammelt, bereit, sich wieder zu vereinen und sich sogleich zu erheben, wenn ich wie der mythische Architekt meinen Gesang anstimmte.[1]

Plötzlich dachte ich an die junge Blonde mit der traurigen Miene zurück, die ich in Rivebelle gesehen und die mich einen Augenblick lang angeschaut hatte. Im Laufe des Abends waren mir viele andere reizvoll erschienen, jetzt tauchte nur sie aus den Tiefen meiner Erinnerung empor. Es schien mir, als habe sie mich bemerkt, ich war darauf gefaßt, daß einer der Kellner in Rivebelle mir eine Botschaft von ihr bringen werde. Saint-Loup kannte sie nicht und meinte, sie sei eine anständige Frau. Es würde sehr schwierig sein, sie zu sehen, jedenfalls sie dauernd zu sehen. Doch ich war zu allem bereit, ich dachte nur noch an sie. Die Philosophie spricht oft im Hinblick auf unser Handeln von Freiheit und Zwang. Vielleicht gibt es nichts, was sich in uns zwangsläufiger abspielt – dank einer Auftriebskraft, die sich während des Geschehens selbst noch nicht entfalten kann – als dieses Auftauchen – wenn unser Geist einmal zur Ruhe gekommen ist – einer Erinnerung, die die unterdrükkende Kraft der Ablenkung bis dahin den anderen gleichgestellt hatte und die jetzt hervorquillt, weil sie, ohne daß wir es wußten, mehr Reiz enthielt als die anderen, einen Reiz, den wir erst vierundzwanzig Stunden später wahrnehmen. Vielleicht gibt es aber auch nichts, was aus freieren Stücken geschieht, denn es wirkt noch keine Spur von Gewohnheit mit, jener Manie des Geistes, die bedingt, daß in der Liebe meist ausschließlich das Bild eines bestimmten Menschen wieder auflebt.

Dieser Tag folgte gerade auf den, an dem ich vor dem Hintergrund des Meeres den schönen Zug der jungen Mädchen hatte vorbeigehen sehen. Ich befragte über sie verschiedene Hotelgäste, die jedes Jahr nach Balbec kamen. Sie konnten mir keine Auskunft erteilen. Später erklärte mir eine Photographie, weshalb. Wer nämlich hätte jetzt, da sie kaum, aber dennoch schon spürbar, einem Alter entwachsen waren, in dem man sich vollkommen wandelt, in ihnen die noch ganz amorphe, wiewohl bereits köstliche, jedenfalls noch ganz kindliche Masse kleiner Mädchen wiedererkannt, die man nur wenige Jahre zuvor im Kreise um ein Strandzelt herum im Sand sitzen sah als ein lichtes, unbestimmtes Sternbild, in dem man zwei Augen, die stärker als die anderen blitzten, ein schelmisches Gesicht, einen blonden Kopf nur herauskannte, um diese Eindrücke schnell wieder in einem undeutlichen, milchstraßenähnlichen Sternennebel versinken zu sehen.

Sicherlich war damals, in jenen noch gar nicht fernliegenden Jahren, nicht wie am Tag zuvor, als ich sie zum erstenmal vor mir sah, die Sicht der Gruppe unscharf in den Konturen gewesen, sondern die Gruppe selbst. Damals befanden sich die noch allzu jungen Kinder erst in jenem elementaren Formungszustand, in dem die Persönlichkeit noch nicht auf das einzelne Gesicht sein unterscheidendes Siegel setzt. Wie jene primitivsten Organismen, in denen das Individuum kaum für sich selbst existiert – es besteht eher im Polyparium als in den einzelnen Polypen, aus denen dieses zusammengesetzt ist –, blieben sie eng aneinandergedrängt. Manchmal stieß die eine ihre Nachbarin um, und dann lief eine nicht zu bändigende Heiterkeit, die scheinbar einzige Bekundung persönlichen Lebens, durch alle gleichzeitig hindurch, verwischte diese undeutlichen, verzerrten Gesichter und verschmolz sie in der Gallerte eines einzigen glitzernden und zitternden Klumpens. Auf einer alten Photographie von ihnen, die sie mir später einmal schenkten und die ich aufbewahrt habe, zählt die Gruppe kleiner Kinder schon gleich viele Figurantinnen wie später der Zug junger Frauen; man spürt, daß sie bereits damals am Strand als ein Fleck besonderer Art die Blicke auf sich gezogen haben mußten, kann sie aber im einzelnen darin nur durch eine verstandesmäßige Rekonstruktion erkennen, indem man nämlich allen möglicherweise in der Jugend eingetretenen Veränderungen so weit wie möglich Rechnung trägt: Verwandlungen, die während der Jugend bis zu dem Augenblick eintreten, in dem diese neu geschaffenen Formen Besitz von einer anderen Individualität ergreifen, die auch wieder zu identifizieren ist und bei der das schöne Antlitz wegen des gleichzeitigen Vorhandenseins einer großen Gestalt und gelockter Haare dann einige Chancen hat, früher einmal jene hutzelige Schrumpelgrimasse aus dem Photographiealbum gewesen zu sein; da aber die Entfernung, die die physischen Eigentümlichkeiten eines jeden dieser jungen Mädchen in kurzer Zeit zurückgelegt hatten, diese Eigentümlichkeiten zu einem sehr zweifelhaften Kriterium machte, andererseits aber das ihnen Gemeinsame, gleichsam kollektiv Eigentümliche damals schon sehr ausgeprägt war, kam es zuweilen vor, daß sogar ihre besten Freundinnen auf dieser Photographie sie miteinander verwechselten, so daß der Zweifel schließlich nur durch ein bestimmtes Zubehör der Kleidung behoben werden konnte, das die eine von ihnen, unter Ausschluß aller anderen, sicher war getragen zu haben. Auch nach jenen Tagen, die so ganz anders waren als der, an dem ich sie auf der Strandpromenade erblickt hatte, so anders und doch noch so nah, überließen sie sich immer noch einem tollen Gelächter, wie ich es am Vortag hatte feststellen können, doch es war jetzt nicht mehr das brüsk ein- und aussetzende, fast automatische der Kindheit, das heißt eine krampfartig ausgelöste Entladung, die früher alle Augenblicke diese Köpfe hatte untertauchen lassen wie die Elritzenschwärme in der Vivonne, die sich zerstreuten und verschwanden, um gleich darauf in fester Gruppe wieder zu erscheinen; ihre Mienen waren jetzt beherrscht, ihre Augen zielbewußt, und es hatte tags zuvor schon der Unentschiedenheit und der Zittrigkeit meines ersten Wahrnehmens bedurft, um, wie es die frühere Heiterkeit und die alte Photographie getan hatten, die heute individualisierten und aus ihrer Einheit gelösten Sporaden der bleichen Madrepore unterschiedslos zu verschmelzen.

Gewiß hatte ich mir schon oft bei der Begegnung mit hübschen jungen Mädchen vorgenommen, sie wiederzusehen. Gewöhnlich tauchen sie nicht ein zweites Mal auf; im übrigen würde das Gedächtnis, das ihr Vorhandensein schnell vergißt, nur mit Mühe ihre Züge wiederfinden; unsere Augen würden sie vielleicht nicht wiedererkennen, und schon haben wir andere junge Mädchen vorbeigehen sehen, denen wir ebenfalls nicht wiederbegegnen werden. Andere Male aber, und so sollte es sich mit der unbefangenen kleinen Schar ergeben, führt der Zufall sie uns beharrlich von neuem über den Weg. Er scheint uns dann etwas Schönes zu sein, denn wir erkennen in ihm gleichsam einen Ansatz zur Ordnung, einen Versuch zur Gestaltung unseres Lebens; durch sein Wirken wird für uns die Treue zu Bildern, für deren Besitz wir später glauben werden von vornherein bestimmt gewesen zu sein und die wir ganz zu Beginn ohne ihn wie viele andere so schnell wieder hätten vergessen können, zu etwas Machbarem, Unumgänglichem und manchmal – nach Unterbrechungen, die uns vielleicht hoffen ließen, wir könnten aufhören, uns zu erinnern – zu etwas Grausamem.

Bald neigte sich der Aufenthalt Saint-Loups seinem Ende zu. Ich hatte die jungen Mädchen am Strand nicht wiedergesehen. Er verbrachte eine zu kurze Zeit des Nachmittags in Balbec, um sich mit ihnen beschäftigen und in meinem Interesse ihre Bekanntschaft machen zu können. Am Abend war er freier, und er führte mich weiterhin häufig nach Rivebelle. Es gibt in solchen Restaurants wie in öffentlichen Parks oder in Eisenbahnzügen oft Leute, die aussehen wie alle anderen, deren Name uns aber in Erstaunen setzt, wenn wir zufällig einmal danach fragen und entdecken, daß der ganz unauffällige Herr kein Geringerer als jener Minister oder Herzog ist, von dem wir so oft haben sprechen hören. Schon zwei- oder dreimal hatten Saint-Loup und ich in dem Restaurant in Rivebelle, wenn die meisten Leute bereits gingen, gesehen, wie sich ein Mann von großer Gestalt, mit kräftiger Muskulatur, regelmäßigen Zügen und graumeliertem Bart an einen Tisch setzte, jedoch darauf bedacht blieb, daß sein nachdenklicher Blick ins Leere ging. Eines Abends fragten wir den Wirt, wer dieser unbekannte, einsame, späte Abendgast sei. »Wie? Sie kannten den berühmten Maler Elstir nicht?« fragte er zurück. Swann hatte seinen Namen einmal in meiner Gegenwart genannt, ich hatte vergessen, bei welcher Gelegenheit; doch das Fehlen einer Erinnerung begünstigt oft wie das eines Satzgliedes bei der Lektüre nicht die Unsicherheit, sondern die Entstehung einer übereilten Gewißheit. »Das ist ein Freund von Swann, ein sehr bekannter, sehr bedeutender Künstler«, sagte ich zu Saint-Loup. Sogleich überlief Saint-Loup und mich wie ein Schauer der Gedanke, daß Elstir ein großer Künstler sei, ein berühmter Mann, dann aber auch, daß er, der uns den übrigen Abendgästen gleichsetzen mochte, von der Aufregung gar nichts ahnte, in die uns die Vorstellung seiner Begabung versetzte. Sicherlich wäre uns die Idee, er wisse von unserer Bewunderung nichts und auch nichts von unserer Bekanntschaft mit Swann, weniger unangenehm gewesen, hätten wir uns nicht in einem Seebad aufgehalten. Wir waren aber dem Alter noch nicht entwachsen, in dem die Begeisterung sich offen kundtun muß, und lebten in einer Sphäre, in der das Inkognito schwer zu ertragen ist; so schrieben wir denn einen mit unseren Namen unterzeichneten Brief, in dem wir Elstir enthüllten, daß die beiden ein paar Schritte von ihm entfernt sitzenden Mitgäste zwei leidenschaftliche Verehrer seiner Kunst und beide ebenfalls Freunde seines großen Freundes Swann seien, und ihn gleichzeitig baten, ihm unsere Aufwartung machen zu dürfen. Ein Kellner übernahm es, dem berühmten Mann diese Botschaft zu überbringen.

Berühmt war nun Elstir zu jenem Zeitpunkt noch nicht ganz so sehr, wie der Wirt des Restaurants es behauptete und wie er es übrigens wenige Jahre darauf auch wirklich war. Doch er hatte als einer der ersten in diesem Gasthaus logiert, als es noch bloß eine Art Bauernhof war, und eine ganze Kolonie von Künstlern dorthin gezogen (die übrigens alle anderswohin ausgewandert waren, seitdem der Bauernhof, wo man im Freien unter einem schlichten Schutzverdeck speiste, zu einem Mittelpunkt des eleganten Lebens geworden war; Elstir selbst war in diesem Augenblick nach Rivebelle nur zurückgekehrt, weil seine Frau verreist war, mit der er nicht weit entfernt von dort wohnte). Ein großer Künstler aber ruft, selbst wenn er noch nicht völlig anerkannt ist, notwendigerweise einige Phänomene der Bewunderung hervor, wie der Gastwirt solche in den Fragen mehr als einer durchreisenden Engländerin hatte feststellen können, die begierig gewesen war, Einzelheiten über Elstirs Lebensführung zu erfahren, oder in der Zahl der Briefe, die dieser aus dem Ausland bekam. Dann hatte der Wirt auch noch bemerkt, daß Elstir bei der Arbeit nicht gern gestört werden wollte, daß er sich des Nachts erhob, um bei Mondschein ein junges Modell nackt am Meeresufer für sich sitzen zu lassen, und hatte sich gesagt, daß so vieles Mühen gewiß nicht umsonst sein könne noch die Bewunderung der Touristen völlig gegenstandslos, als er dann auch noch in einem Bild von Elstir ein hölzernes Kreuz wiedererkannte, das am Eingang von Rivebelle stand. »Tatsächlich, das ist es«, hatte er staunend wieder und wieder gesagt. »Alle vier Teile sind da! Ah! Der gibt sich aber auch eine Heidenmühe!«

Und er war sich nicht einig, ob nicht ein kleiner »Sonnenaufgang über dem Meer«, den Elstir ihm geschenkt hatte, ein Vermögen wert sei.

Wir sahen ihn unseren Brief lesen, in die Tasche stekken, wir sahen ihn weiteressen, seine Sachen verlangen und sich zum Gehen wenden, und waren derart sicher, er sei von unserem Verhalten unangenehm berührt, daß wir jetzt gewollt hätten (genauso, wie wir es vorher gefürchtet hatten), wir könnten gehen, ohne von ihm weiter bemerkt zu werden. Nicht einen Augenblick dachten wir an das, was uns eigentlich das Wichtigste hätte scheinen müssen, nämlich daß unsere Begeisterung für Elstir, an deren Aufrichtigkeit wir keinen Zweifel zugelassen und zu deren Gunsten wir tatsächlich als Zeugnis unseren vor Erwartung stockenden Atem hätten anführen können, unser Verlangen, was auch immer an Schwierigem und Heroischem zu vollbringen für den großen Mann, eigentlich keine Bewunderung war, wie wir uns einbildeten, denn wir hatten ja noch niemals etwas von Elstir gesehen; unser Gefühl mochte die leere Vorstellung von einem »großen Künstler« zum Gegenstand haben, nicht aber ein Werk, das uns unbekannt war. Es konnte sich höchstens um eine leerlaufende Bewunderung handeln, um den nervlichen Rahmen, das Gefühlsgerüst einer inhaltslosen Bewunderung, das heißt um etwas, das ebenso untrennbar mit der Kindheit verbunden ist wie gewisse innere Organe, die beim Erwachsenen nicht mehr vorhanden sind; wir waren noch Kinder. Elstir indessen war schon beinahe an der Tür, als er einen Bogen machte und zu uns zurückkam. Ich wurde von einem köstlichen Schrecken erfaßt, wie ich ihn ein paar Jahre darauf nicht mehr hätte erleben können, weil mit dem Älterwerden die Fähigkeit abnimmt, so merkwürdige Gelegenheiten herbeizuführen und Eindrücke solcher Art wahrzunehmen, und gleichzeitig der gewohnheitsmäßige Umgang in der Gesellschaft uns jeden Gedanken daran vergessen läßt.[1]

Unter den wenigen Worten, die Elstir zu uns sagte, nachdem er sich an unseren Tisch gesetzt hatte, war keines, das sich auf meine mehrmaligen Äußerungen zu Swann bezog. Ich begann zu glauben, daß er ihn gar nicht kenne. Dennoch forderte er mich auf, ihn in seinem Atelier in Balbec zu besuchen, eine Einladung, die er an Saint-Loup nicht richtete und die ich – eine Empfehlung von Swann, falls Elstir bekannt mit ihm war, hätte das vielleicht nicht vermocht, denn selbstlose Gefühle spielen im Leben der Menschen eine größere Rolle, als man meint – ein paar Bemerkungen verdankte, aus denen er entnehmen mußte, daß ich ein Verehrer der Künste sei. Er war mir gegenüber von einer Liebenswürdigkeit, die so hoch über der Saint-Loups wie die von diesem über den Freundlichkeiten eines Kleinbürgers stand. Neben der Liebenswürdigkeit eines großen Künstlers wirkt die eines großen Herrn, mag sie auch noch so bezaubernd sein, gespielt oder simuliert. Saint-Loup wollte gefallen, Elstir suchte zu geben, sich selbst zu geben. Alles, was er besaß, Gedanken, Werke und alles übrige, das er viel geringer veranschlagte, hätte er mit Freuden demjenigen dargebracht, der ihn verstanden hätte. Doch mangels erträglicher Gesellschaft lebte er völlig zurückgezogen und war so menschenscheu, daß ihm diese Haltung von den mondänen Kreisen als Pose und schlechte Erziehung, von den Behörden als Widerspruchsgeist, von seinen Nachbarn als Verrücktheit und von seiner Familie als Egoismus und Hochmut ausgelegt wurde.

Sicher hatte er in den ersten Zeiten gerade in seiner Einsamkeit mit Vergnügen daran gedacht, er würde durch das Medium seiner Werke aus der Entfernung denjenigen, die ihn verkannt oder beleidigt hatten, eine höhere Meinung von sich vermitteln. Vielleicht lebte er damals nicht aus Gleichgültigkeit allein, sondern aus Liebe zu den anderen, und wie ich auf Gilberte verzichtet hatte, um ihr eines Tages wieder von neuem unter liebenswerteren Farben zu erscheinen, bestimmte er sein Werk ganz gewissen Leuten, sah es als eine Rückkehr zu ihnen an, durch die sie ihn, ohne ihn wiederzusehen, dennoch lieben, ihn bewundern, sich über ihn unterhalten würden; ein Verzicht ist nicht immer von Anfang an absolut, wenn wir uns noch mit unserer alten Seele darüber schlüssig werden, noch ehe er uns rückwirkend beeinflußt hat, mag es sich nun um den Verzicht eines Kranken, eines Mönchs, eines Künstlers oder eines Helden handeln. Doch während er vielleicht für bestimmte Personen hatte produzieren wollen, so hatte er doch im Produzieren für sich selbst gelebt, fern von der Gesellschaft, gegen die er gleichgültig geworden war; die Praxis der Einsamkeit hatte bewirkt, daß er diese nun liebte, wie es mit allem Großen geschieht, das wir anfangs fürchteten, weil wir es mit Kleinerem unvereinbar wußten, auf das wir Wert legten, das es uns aber nicht eigentlich wegnimmt; vielmehr löst es uns davon ab. Bevor wir jenes Große kennen, ist unsere größte Sorge, wie wir es mit gewissen Vergnügungen in Einklang bringen können, die keine Vergnügungen mehr sind, sobald wir es kennengelernt haben.

Elstir hielt sich nicht lange im Gespräch mit uns auf. Ich nahm mir vor, an einem der folgenden zwei oder drei Tage sein Atelier zu besuchen, doch am Tag nach diesem Abend, als ich meine Großmutter bis ans Ende der Strandpromenade zu den Falaisen von Canapville[1] begleitet hatte, begegneten wir auf dem Rückweg an der Ecke einer der kleinen Straßen, die im rechten Winkel zum Strand verlaufen, einem jungen Mädchen, das mit gesenktem Kopf wie ein widerwillig in den Stall zurückkehrendes Tier, ihre Golfschläger in der Hand, vor einer gebieterischen Person herschritt, wahrscheinlich ihrer »Miss« oder der einer ihrer Freundinnen; diese selbst glich Hogarths Porträt von Jeffries[1] mit ihrem Gesicht, das so stark gerötet war, als sei ihr Lieblingsgetränk eher Gin als Tee, und der Verlängerung eines ergrauenden, aber keineswegs dünnen Schnurrbarts durch ein restliches Endchen Priem. Das Mädchen, das vor ihr herging, sah aus wie diejenige der kleinen Schar, die unter der schwarzen Polomütze ein so unbewegliches Gesicht mit runden Wangen und lustigen Augen gehabt hatte. Diese hier, die jetzt heimkehrte, trug ebenfalls eine schwarze Polomütze, schien mir freilich hübscher als die andere, die Profillinie gerader, die Nasenflügel länger und fülliger. Dann war mir die andere als ein stolzes, blasses Mädchen in Erinnerung, diese aber wirkte wie ein zur Ruhe gezwungenes Kind mit frischem, rosigem Teint. Doch schob sie wie jene ein Rad vor sich her und trug wie sie Handschuhe aus Rentierleder, so daß ich daraus schloß, die Unterschiede ergäben sich vielleicht nur aus meinem jeweiligen Standort und den Umständen, denn es war wenig wahrscheinlich, daß in Balbec ein zweites junges Mädchen existierte mit einem alles in allem so ähnlichen Gesicht, in dessen Aufmachung die gleichen Besonderheiten zusammentrafen. Sie warf einen raschen Blick in meine Richtung; wenn ich an den folgenden Tagen die kleine Schar am Strand wiedersah und selbst später noch, als ich alle jungen Mädchen, die ihr angehörten, bereits kannte, war ich nie ganz sicher, daß eine von ihnen – nicht einmal die, die jener am meisten glich, das Mädchen mit dem Fahrrad – wirklich diejenige sei, die ich an jenem Abend am Ende des Strandes an der Straßenecke erblickt hatte und die kaum, aber eben doch ein wenig anders aussah als jene, die mir im Zug der jungen Mädchen aufgefallen war.[1]

Von diesem Nachmittag an war ich, der ich an den vorhergehenden Tagen vor allem an die Große gedacht hatte, nun in erster Linie wieder an der mit den Golfschlägern interessiert, die meiner Meinung nach vermutlich Mademoiselle Simonet war. Von den anderen umgeben, blieb sie häufig stehen und zwang ihre Freundinnen, die viel auf sie zu geben schienen, ebenfalls dazu. So, im Gehen innehaltend, mit blitzenden Augen unter der Polomütze, sehe ich sie noch jetzt als Silhouette auf der Bildwand des im Hintergrund liegenden Meeres, von mir durch eine durchsichtige ätherblaue Schicht – die seit damals verflossene Zeit – getrennt, ein erstes Bild, zart und leicht in meiner Erinnerung, ersehnt, überallhin verfolgt, dann vergessen, dann wiedergefunden, ein Gesicht, das ich oft seither in die Vergangenheit zurückprojiziert habe, um mir von einem jungen Mädchen, das in meinem Zimmer war, sagen zu können: Das ist sie!

Doch hätte ich vielleicht damals noch die mit dem geranienfarbenen Teint und den grünen Augen am liebsten kennengelernt. Welche im übrigen auch an einem bestimmten Tag diejenige sein mochte, die ich am liebsten sah, die anderen genügten, mich innerlich aufzuwühlen; auch wenn sich mein Verlangen bald auf die eine, bald auf die andere richtete, verband es sie immer noch – wie in dem verschwommenen Bild, das ich am ersten Tag wahrgenommen hatte – zu einer Einheit und machte aus ihnen eine kleine, von einem gemeinsamen Leben beseelte Welt für sich, die sie auch sicher bilden wollten; ich wäre, wenn ich der Freund irgendeiner von ihnen wurde – wie ein hochkultivierter Heide oder ein gewissenhafter Christ bei den Barbaren –, in eine verjüngende Gesellschaft eingedrungen, in der Gesundheit, Unbewußtheit, Lust und Grausamkeit, Unintellektualität und Freude herrschten.

Meine Großmutter, der ich von meiner Begegnung mit Elstir erzählt hatte und die sich auf den geistigen Gewinn freute, den ich aus seiner Freundschaft ziehen werde, fand es unverständlich und wenig nett, daß ich ihm noch keinen Besuch abgestattet hatte. Doch ich dachte nur an die kleine Schar, und in Ungewißheit darüber, zu welcher Stunde die jungen Mädchen auf der Promenade erscheinen würden, hatte ich nicht den Mut, mich von ihr zu entfernen. Meine Großmutter wunderte sich außerdem über meine Eleganz, denn ich hatte mich plötzlich an gewisse Anzüge erinnert, die ich unten im Reisekoffer hatte liegenlassen. Nun zog ich täglich einen anderen an und hatte sogar nach Paris geschrieben, um mir neue Hüte und neue Krawatten schicken zu lassen.

Zu den Annehmlichkeiten des Lebens in einem Seebad wie Balbec tritt noch ein großer Reiz, wenn das Gesicht eines hübschen Mädchens, einer Muschelhändlerin, einer Kuchen- oder Blumenverkäuferin, in unsere Gedanken mit lebendigen Farben eingezeichnet, täglich vom frühen Morgen an für uns das Ziel eines jeden der müßigen, lichtdurchfluteten Tage bildet, die man am Strand verbringt. Sie sind dann gerade aus diesem Grund, wiewohl untätig, rege wie Arbeitstage, auf einen Augenblick in der nahen Zukunft ausgerichtet, von ihm magnetisch angezogen, leicht über den Boden gehoben auf ihn zuschwebend, jenen Augenblick nämlich, da man beim Kauf eines Sandtörtchens oder von Rosen oder Ammonshörnern sich daran erfreuen wird, auf einem weiblichen Antlitz Farben zu sehen, die ebenso unverfälscht aufgetragen sind wie auf einer Blume.

Doch mit diesen kleinen Verkäuferinnen kann man erstens sprechen, was uns erspart, uns künstlich ein Bild von jenen Seiten an ihnen zu machen, die die einfache optische Wahrnehmung nicht erkennen läßt, ihr Leben zu rekonstruieren und, als ständen wir einem Porträt gegenüber, uns eine übertriebene Vorstellung von seinem Zauber zu machen; zweitens und vor allem aber kann man, eben weil man mit ihnen spricht, von ihnen erfahren, wo und zu welchen Stunden sie anzutreffen sind. So erging es mir mit den jungen Mädchen der kleinen Schar freilich nicht. Da ihre Gewohnheiten mir ganz unbekannt waren, suchte ich, wenn ich sie an gewissen Tagen nicht gesehen hatte und über den Grund ihres Fernbleibens nichts wußte, zu ermitteln, ob ein System darin sei, ob man sie etwa nur jeden zweiten Tag sehen könne oder nur bei bestimmtem Wetter oder ob es Tage gab, an denen sie niemals erschienen. Ich malte mir, die Zukunft vorwegnehmend, aus, wie ich, einmal ihr Freund geworden, sagen würde: »Ja, waren Sie denn an jenem Tag nicht da?« – »Nein, natürlich nicht, es war ja ein Samstag, und samstags kommen wir niemals, weil ...« Wenn es wenigstens so gewesen wäre, daß man einfach gewußt hätte, man brauche sich am traurigen Samstag gar nicht erst zu bemühen, man könne den Strand nach allen Richtungen durchmessen, unter dem Vorwand, ein Eclair verzehren zu wollen, sich vor der Auslage des Konditors niederlassen, den Kuriositätenladen aufsuchen, die Stunde des Bades, das Konzert, die Flut, den Sonnenuntergang, die Nacht abwarten und doch sicher sein, die ersehnte Schar nirgendwo zu erblicken. Doch der Schicksalstag wiederholte sich vielleicht nicht jede Woche. Vielleicht war es nicht unbedingt immer ein Samstag. Vielleicht hatten bestimmte atmosphärische Verhältnisse Einfluß darauf, oder sie hatten nicht das geringste damit zu tun. Wieviel geduldige, aber keineswegs heiter gelassene Beobachtung muß man auf die scheinbar unregelmäßigen Bahnen solcher unbekannten Welten verwenden, bis man sicher sein kann, daß man sich von einem zufälligen Zusammentreffen nicht hat täuschen lassen, daß die Berechnungen stimmen, bis man endlich die um den Preis grausamer Erfahrungen erlernten Gesetzmäßigkeiten dieser Astronomie der Leidenschaft beherrscht! Da ich mich erinnerte, sie an dem gleichen Wochentag wie heute nicht gesehen zu haben, sagte ich mir, sie würden gewiß nicht kommen, es sei ganz zwecklos, am Strand zu bleiben. Gerade dann aber sah ich sie. Umgekehrt aber traf es sich für einen Tag, der nach meiner Berechnung der Gesetze, die die Wiederkehr dieser Konstellation bestimmten, ein Glückstag hätte sein müssen, daß sie nicht erschienen. Zu dieser ersten Ungewißheit aber, ob sie an gewissen Tagen auftauchen würden oder nicht, trat noch eine schwerwiegendere hinzu, nämlich die, ob ich sie überhaupt wiedersehen würde, denn letztlich wußte ich nicht, ob sie nicht nach Amerika verreisten oder nach Paris zurückkehrten. Das genügte, daß ich sie zu lieben begann. Man kann wohl Neigung für eine Person empfinden. Um aber jene Niedergeschlagenheit auszulösen, jenes Gefühl des Unwiederbringlichen, jene Beängstigung, die der Liebe vorausgeht, braucht es – und diese ist damit vielleicht mehr als irgendeine Person das wahre Objekt, das die Leidenschaft angstvoll so zu erfassen sucht – die Gefahr der strikten Unmöglichkeit. So waren schon jene Einflüsse am Werk, die sich bei vielen einander folgenden Liebeserlebnissen wiederholen (im übrigen auch, dann aber freilich eher im Großstadtleben, irgendwelchen Arbeiterinnen zuliebe entstehen können, deren freie Tage man nicht kennt und über deren Nichterscheinen am Fabriktor man sich entsetzt) oder jedenfalls immer wieder im Verlauf der meinen auftauchen sollten. Vielleicht sind sie mit der Liebe unzertrennlich verbunden; vielleicht tritt alles, was die Besonderheit der ersten Liebe ausgemacht hat, zu den folgenden hinzu, kraft der Erinnerung, durch Suggestion, Gewohnheit, und gibt in den nacheinander abrollenden Perioden unseres Lebens seinen verschiedenen Aspekten dennoch einen allgemeinen Charakter.

Ich nahm alle Vorwände wahr, um zu den Stunden an den Strand zu gehen, da ich hoffen konnte, sie anzutreffen. Als ich sie einmal während unserer Tischzeit dort gesehen hatte, erschien ich nur noch verspätet zum Mittagessen, weil ich auf der Strandpromenade endlos wartete, daß sie vorbeikämen; die kurze Zeit hindurch, die ich am Eßtisch sitzend verbrachte, befragten meine Blicke das Blau der Scheiben; vor dem Dessert schon stand ich wieder auf, um sie nicht zu verfehlen, falls sie zu einer anderen Stunde als sonst spazierengingen, und war gereizt gegen meine Großmutter, die mich unbewußt quälte, indem sie mich über die Stunde hinaus, die mir günstig schien, bei sich festhielt. Indem ich meinen Stuhl schräg stellte, versuchte ich ein größeres Stück Horizont zu überblicken; wenn ich durch Zufall irgendeines der Mädchen sah, war es, da sie ja alle an der gleichen besonderen Wesenssubstanz teilhatten, als sähe ich in einer beweglichen, diabolischen Halluzination ein wenig von dem feindlichen, so leidenschaftlich begehrten Traumbild vor mich hinprojiziert, das einen Augenblick zuvor – dort aber in ständiger Unbeweglichkeit verharrend – einzig in meinem Hirn beheimatet gewesen war.

Da ich sie alle liebte, liebte ich keine von ihnen, und doch bildete die mögliche Begegnung mit ihnen innerhalb meines Tages das einzig köstliche Element, das einzige, das in mir jene Hoffnungen entstehen ließ, die mich dazu gebracht hätten, alle Hindernisse zu durchbrechen, Hoffnungen, die oft von Wutanfällen gefolgt wurden, wenn ich sie dennoch nicht gesehen hatte. Zu diesem Zeitpunkt trat sogar meine Großmutter völlig hinter den jungen Mädchen zurück; eine Reise wäre mir verlockend erschienen, wenn sie mich an einen Ort geführt hätte, wo diese sich befinden mußten. Mit ihnen war mein Denken aufs angenehmste verhaftet, wenn ich mit anderem beschäftigt zu sein glaubte oder auch mit nichts. Wenn ich aber selbst unbewußt an sie dachte, so waren sie – noch unbewußter – für mich das blaue Auf- und Niederwogen des Meeres, die Silhouette eines Zuges vor dem Meereshintergrund. Das Meer vor allem hoffte ich wiederzufinden, wenn ich in eine Stadt ginge, wo sie wären. Selbst eine noch so ausschließliche Liebe zu einer Person ist immer Liebe zu etwas anderem.

Meine Großmutter bezeigte mir, weil ich mich jetzt so außerordentlich für Golfspiel und Tennis interessierte und mir die Gelegenheit entgehen ließ, einen Künstler, von dem sie wußte, daß er einer der größten sei, arbeiten zu sehen und sich äußern zu hören, eine Verachtung, die mir aus einer gewissen Enge des Denkens zu kommen schien. Ich hatte früher in den Anlagen der Champs-Élysées geahnt und mir seither erst recht klargemacht, daß wir, wenn wir in eine Frau verliebt sind, einfach einen Zustand unserer Seele in sie hineinprojizieren und daß infolgedessen nicht der Wert der Frau, sondern die Intensität des Zustands von Bedeutung ist; und daß ferner die Seelenbewegungen, die uns ein unbedeutendes junges Mädchen verschafft, uns erlauben können, tiefere Bezirke unseres Inneren in unser Bewußtsein heraufzuführen, persönlichere, entlegenere, wesentlichere Regionen, als das Vergnügen der Unterhaltung mit einem bedeutenden Mann oder selbst die bewundernde Betrachtung seiner Werke uns zu erschließen vermöchte.

Am Ende mußte ich mich meiner Großmutter beugen, wenn auch mit um so größerem Mißbehagen, als Elstir ziemlich weit von der Strandpromenade entfernt in einer der neuesten Avenuen von Balbec wohnte. Die Hitze des Tages nötigte mich, die Straßenbahn zu benutzen, die durch die Rue de la Plage fuhr, und um mir vorstellen zu können, ich sei im alten kymrischen Reich, in der Heimat König Markes vielleicht oder an der Stelle, wo einst der Wald von Bronzeliande stand, gab ich mir Mühe, über den Talmiluxus der Bauten hinwegzusehen, die mir vor Augen kamen und unter denen die Villa Elstirs vielleicht die prunkvoll häßlichste war; er hatte sie dennoch gemietet, weil unter allen in Balbec vorhandenen nur sie die Einrichtung eines geräumigen Ateliers gestattete.[1]

Mit abgewendetem Blick durchquerte ich auch den Garten mit Rasenplatz – der in verkleinerter Form genau dem irgendeines Kleinbürgers in einem der Vororte von Paris entsprach –, mit Statuette eines galanten Gärtners, Glaskugeln, in denen man sich spiegeln konnte, Begonienbeeten als Einfassung und kleiner Laube, in der Schaukelstühle neben einem Eisentisch standen. Doch nach dem Empfang durch diese von städtischer Häßlichkeit geprägten Dinge gab ich auf die schokoladebraun gestrichenen, mit einer Hohlkehle verzierten Fußleisten nicht mehr acht, sobald ich das Atelier betreten hatte; ich fühlte mich vollkommen glücklich, denn angesichts all der Studien, die mich hier umgaben, wurde mir die Möglichkeit bewußt, mich zu einer an Freuden fruchtbaren poetischen Erkenntnis von vielerlei Formen zu erheben, die ich bislang aus der Gesamtschau der Wirklichkeit nicht ausgesondert hatte. Elstirs Atelier kam mir wie das Laboratorium einer Art neuer Weltenschöpfung vor, wo er aus dem Chaos all der Dinge, die wir sehen, indem er diese auf verschiedene rechteckige

Leinwandstücke bannte, die hier kreuz und quer herumstanden, einmal eine Meereswoge, die sich wütend mit lila Schaum im Sande brach, ein andermal einen jungen Mann im weißen Rock, der an der Reling eines Bootes lehnte, herausgegriffen hatte. Der Rock des jungen Mannes und die sprühende Woge bezogen eine neue Würde aus der Tatsache, daß sie weiterexistierten, wiewohl ihnen nun gerade das fehlte, was als ihr Wesen galt, denn die Woge konnte nicht mehr netzen, der Rock niemanden mehr kleiden.

Im Augenblick meines Eintretens war der Schöpfer damit beschäftigt, mit dem Pinsel in der Hand die Form der untergehenden Sonne zu vollenden.

Fast alle Läden waren geschlossen, das Atelier war ziemlich kühl, und abgesehen von einer Stelle, wo das helle Tageslicht sein leuchtendes flüchtiges Muster der Wand aufdrückte, dunkel; nur ein kleines rechteckiges, von Geißblatt umrahmtes Fenster stand offen, das über ein Blumenbeet hinweg auf eine Straße blickte; deshalb war die Atmosphäre im größten Teil des Ateliers dämmerig, eine durchsichtige, kompakte Masse, die jedoch an den Bruchstellen, wo das Licht sie einfaßte, feucht glänzte wie ein Block aus Bergkristall, dessen eine Seite bereits behauen und poliert ist und hier und dort spiegelhell irisiert. Während Elstir auf meine Bitte weitermalte, ging ich in diesem Helldunkel umher und blieb bald vor diesem, bald vor jenem Bild stehen.

Die größte Zahl derer, die mich umgaben, waren nicht, was ich am liebsten von ihm gesehen hätte, nämlich Bilder, die seiner ersten und zweiten Periode entstammten – wie eine auf dem Tisch im Salon des Grand-Hôtels herumliegende englische Kunstzeitschrift sagte –, der mythologischen Periode und der von Japan beeinflußten[1], die alle beide, wie es hieß, ganz ausgezeichnet in der Sammlung der Madame de Guermantes vertreten seien. Natürlich standen jetzt in seinem Atelier fast nur hier in Balbec gemalte Seestücke. Sie verhalfen mir jedoch zur Erkenntnis, daß ihr Reiz in einer Art Metamorphose der dargestellten Dinge bestand, entsprechend derjenigen, die man in der Poesie als Metapher[1] bezeichnet, und wenn Gottvater die Dinge schuf, indem er sie benannte, so schuf Elstir sie von neuem, indem er ihnen ihren Namen entzog oder ihnen einen anderen gab. Die Namen, mit denen die Dinge bezeichnet werden, entsprechen immer verstandesmäßigen Begriffen, die unseren wahren Eindrücken fernstehen und uns zwingen, von ihnen all das fortzulassen, was sich nicht auf diese Begriffe bezieht.

Manchmal, wenn ich im Hotel in Balbec an meinem Fenster hinausschaute, während Françoise die Decken fortnahm, die das Licht abwehren sollten, oder abends, während ich den Augenblick erwartete, da ich mit Saint-Loup losfahren würde, war es vorgekommen, daß ich aufgrund eines Lichteffekts einen dunkleren Teil des Meeres für eine ferne Küste hielt oder voller Freude eine blaue, verfließende Zone betrachtete, ohne zu wissen, ob sie noch Meer oder schon Himmel war. Sehr schnell stellte mein Verstand dann zwischen den Elementen die Trennung wieder her, die mein Sinneseindruck ausgeschaltet hatte. So geschah es mir in Paris in meinem Zimmer, daß ich einen Streit mitanhörte, der bis zu wütendem Toben ging, solange ich das Geräusch nicht auf seine Ursache zurückgeführt hatte – beispielsweise das Rollen eines nahenden Wagens – und nun die schrillen, mißtönenden Stimmen daraus wieder ausschied, die mein Gehör wirklich wahrgenommen hatte, die aber, wie mein Verstand wußte, nicht von Rädern herrühren konnten. Doch gerade aus den seltenen Augenblicken, in denen man die Natur, wie sie ist, poetisch erlebt, bestand das Werk Elstirs. Eine seiner häufigsten Metaphern in den Seestücken, die er zur Zeit um sich hatte, bestand nun gerade darin, daß er in einer vergleichenden Annäherung von Erde und Meer jede Grenzlinie zwischen ihnen verschwinden ließ. Dieses stillschweigend und unermüdlich in ein und demselben Bild wiederholte Vergleichen führte jene vielgestaltige, machtvolle Einheit herbei, auf der, ohne daß es ihnen immer deutlich bewußt wurde, die Begeisterung gewisser Kunstliebhaber für die Malerei Elstirs beruhte.[1]

Für eine Metapher dieser Art hatte zum Beispiel Elstir – auf einem Bild, das den Hafen von Carquethuit[2] darstellte, ein Werk, das eben erst vor wenigen Tagen vollendet worden war und das ich lange betrachtete – den Geist des Beschauers vorbereitet, indem er für das Städtchen nur maritime Ausdrucksmittel verwendete, für das Meer aber nur architekturale. Sei es nun, daß die Häuser einen Teil des Hafens verdeckten, eine Dockanlage oder vielleicht das Meer selbst, das, wie es in der Gegend von Balbec häufig der Fall ist, in tiefen Buchten in das Land eindringt, jedenfalls wurden auf der anderen Seite der vorgeschobenen Landzunge, auf der die Stadt gebaut war, die Dächer (wie von Schornsteinen oder Türmen) von Masten überragt, die aus den dazugehörigen Schiffen etwas gleichsam Städtisches, Erdgegründetes machten, ein Eindruck, den andere Schiffe noch verstärkten, die längs der Reede lagen, aber in so gedrängten Reihen, daß die Männer dort von einem Schiff zum anderen sich unterhielten, ohne daß man die trennende Wasserrinne erkennen konnte, und daß diese Fischerflottille weniger dem Meere zugehörig wirkte als zum Beispiel die Kirchen von Criquebec, die in der Ferne, allseits von Wasser umgeben, weil man sie ohne die Stadt sah, von Sonne und Wellenschaum überstäubt, aus den Fluten aufzusteigen schienen, aus Alabaster oder aus Schaum geblasen und in den Gürtel eines schillernden Regenbogens eingewebt als ein unwirkliches, mystisches Bild. Im Vordergrund des Strandes hatte der Maler die Augen daran gewöhnt, keine feste Grenze, keine unbedingte Scheidelinie zwischen Land und Meer zu erkennen. Männer, die Boote ins Meer schoben, schienen ebensogut auf der Flut wie auf dem Sand zu laufen, der, von Feuchtigkeit durchzogen, bereits die Bootswände spiegelte, als ob er Wasser sei. Die Brandungslinie verlief nicht gleichmäßig, sondern entsprechend den Formungen der Küste, die durch die Perspektive noch zerklüfteter schien, so daß ein Schiff auf hoher See halb verborgen hinter den Außenwerken des Arsenals mitten in der Stadt zu schwimmen schien; Frauen, die zwischen den Klippen beim Krabbenfang waren, sahen aus, da sie von Wasser umgeben waren und da im Vergleich zu der kreisförmigen Schranke der Felsen der Strand (an den beiden dem Land zu gelegenen Seiten) so tief lag wie das Meer, als befänden sie sich in einer von Booten und Wellen überwölbten Grotte, die offen und doch sicher beschützt inmitten der durch ein Wunder zerteilten Wogen lag. Schon als Ganzes vermittelte das Bild jenen Eindruck der Häfen, wo das Meer ins Land hineinreicht und das Land schon maritim, die Bevölkerung aber amphibisch geworden ist, doch die Macht des maritimen Elements brach sich auch in jedem seiner Teile Bahn; und nahe bei den Felsen, am Eingang des Hafendamms, wo das Meer kräftiger brandete, merkte man an dem Bemühen der Seeleute und der schrägen Stellung der Fischerboote – die im spitzen Winkel vor der ruhigen Vertikale der Speicher, der Kirche und der Häuser der Stadt lagen, die die einen vom Fischfang heimkehrend betraten, die anderen gerade zu diesem Zweck verließen –, daß sie von der Brandung so heftig geschüttelt wurden wie von einem feurigen, ungestümen Tier, das sie im Aufbäumen, wären sie nicht so geschickt gewesen, zu Boden geworfen hätte. Eine Schar von Ausflüglern verließ den Hafen in einem Boot, das wie ein Karren durchgerüttelt wurde; ein fröhlicher, aber doch achtsamer Matrose lenkte es gleichsam wie an Zügeln, gab auf das heftig klatschende Segel acht, und jeder hielt sich vernünftig an seinem Platz, um das Gewicht nicht zu sehr auf eine Seite zu legen, so daß das Fahrzeug etwa kenterte, und so nun trotteten sie wie durch besonnte Felder in schattigere Lagen hinein, hügelauf, hügelab. Es war ein herrlicher Morgen trotz des Gewitters, das im Abziehen war, und man spürte auch noch, welch machtvollem Druck das schöne Gleichgewicht der unbeweglich daliegenden Boote standzuhalten hatte, während sie Sonne und Kühle in jenen Teilen genossen, wo das Meer so still war, daß die Reflexe fast mehr Festigkeit und Wirklichkeit zu besitzen schienen als die durch einen Effekt des Sonnenlichts in Dunst sich auflösenden Schiffsrümpfe, die sich perspektivisch übereinanderschoben. Eigentlich wirkten sie sogar kaum wie verschiedene Teile ein und desselben Meeres, denn unter diesen Teilen gab es ebenso große Unterschiede wie zwischen einem beliebigen von ihnen und der aus den Fluten aufsteigenden Kirche oder den Schiffen hinter der Stadt. Erst der Verstand machte dann ein einziges Element aus dem, was hier schwarz und noch im düsteren Wetterschein, etwas weiter hin so blau und so blank wie der Himmel war, dort wiederum gleißend von Sonne, Dunst und Gischt, so kompakt, so erdhaft von Häusern erfaßt, daß man an eine Steinchaussee oder ein Schneefeld dachte, auf dem man mit erschrockenem Staunen ein Schiff scheinbar auf dem Trockenen einen steilen Abhang nehmen sah wie ein Wagen, der von Nässe triefend aus einer Furt auftaucht; wenn man aber gleich darauf auf der oberen, ungleichmäßigen Fläche dieses festen Plateaus schwankende Schiffe sah, begriff man, daß es sich bei aller Ungleichheit der verschiedenen Aspekte immer noch um das gleiche, identische Meer handelte.

Obwohl man mit Recht behauptet, daß es in der Kunst keinen Fortschritt, keine Entdeckungen gibt, sondern nur in den Wissenschaften, und daß jeder Künstler ganz für sich und aus einem ganz individuellen Impuls heraus von vorn anfangen muß, wobei ihm die Bemühungen der anderen weder helfen noch ihn hemmen können, muß man doch zugeben, daß in dem Maße, wie die Kunst gewisse Gesetze zur Geltung bringt – und sobald Technik und Industrie diese auch allgemein zugänglich gemacht haben –, die ältere Kunst rückblickend etwas von ihrer Originalität verliert. Seit Elstirs Anfängen haben wir das, was man »erstaunliche« Photographien von Landschaften und Städten nennt, kennengelernt. Wenn man genau festzustellen versucht, was die Liebhaber in solchem Falle mit diesem Beiwort belegen, wird man sehen, daß es sich gewöhnlich auf ein neuartiges Bild einer an sich bekannten Sache bezieht, ein Bild, das sich von den gewohnten unterscheidet, neuartig, aber dennoch wahr ist und uns gerade deshalb doppelt fasziniert, weil es uns in Staunen versetzt, aus unserem gewohnten Geleise wirft und uns gleichzeitig dank der Erinnerung an einen früheren Eindruck in unser Inneres führt. Irgendeine dieser »wundervollen« Photographien wird vielleicht ein Gesetz der Perspektive veranschaulichen und uns eine Kathedrale, die wir gewöhnlich inmitten einer Stadt sehen, nun im Gegenteil von einem Blickpunkt aus zeigen, von dem aus sie dreißigmal höher wirkt als die Häuser und gleichsam unmittelbar über einem Fluß thront, von dem sie in Wirklichkeit ein gutes Stück entfernt liegt. Das Bestreben Elstirs, die Dinge nicht so darzustellen, wie sie seinem Wissen, sondern jenen optischen Täuschungen entsprechend waren, aus denen unsere erste Wahrnehmung besteht[1], hatte ihn dazu geführt, gewisse Gesetze der Perspektive zur Geltung zu bringen, die damals noch mehr überraschten, denn die Kunst hat sie uns zuerst offenbart. Ein Fluß mit seinen Windungen, eine Bucht zwischen dicht an sie heranreichenden Steilküsten sahen aus, als bildeten sie inmitten einer Ebene oder in den Bergen einen nach allen Seiten hin geschlossenen See. Auf einer an einem glühendheißen Sommertag gemalten Ansicht von Balbec schien eine schmale Meerenge, in Mauern von rosa Granit eingeschlossen, nicht das Meer zu sein, das erst weiter draußen begann. Daß es sich immer noch um das Meer handelte, war nur durch die Möwen angedeutet, die, die feuchte Flut witternd, über der Stelle kreisten, die für den Beschauer aussah, als sei sie Stein. Auch noch andere Gesetze ließen sich aus diesem Bild ableiten, wie sie zum Beispiel am Fuß der mächtigen Klippen die winzige Anmut der weißen Segel offenbarte, die auf dem blauen Spiegel wie schlafende Schmetterlinge wirkten, oder gewisse Kontraste, die sich zwischen der Tiefe der Schatten und der blassen Weiße des Lichts ergaben.[2] Diese Schattenspiele, die die Photographie gleichfalls zu einer banalen Sache gemacht hat, hatten Elstir so lebhaft interessiert, daß er sich früher darin gefiel, reine Spiegelungen zu malen, in denen etwa ein von einem Turm gekröntes Schloß auch nach unten zu in einen solchen auszulaufen schien, so daß es wie ein Rundbau in der Vertikale wirkte, sei es, daß die außerordentliche Klarheit eines Schönwettertages dem im Wasser widergespiegelten Schatten die Härte und den Glanz von Stein verlieh, sei es, daß die Morgennebel den Stein in einen Dunst auflösten, der keine größere Dichtigkeit als der flutende Schatten besaß. Ebenso begann über dem Meer hinter einem Waldstreifen ein zweites Meer, das, rosig überhaucht vom Schein der untergehenden Sonne, in

Wahrheit der Himmel war. Das Licht, das gleichsam neue feste Körper erfand, schob die Bootswand, auf die es traf, hinter eine andere im Schatten liegende zurück und ordnete wie Stufen einer kristallenen Treppe die rein materiell betrachtet ebene, durch die morgendliche Beleuchtung des Meeres aber gebrochene Oberfläche an. Ein Fluß, der unter den Brücken einer Stadt hindurchgleitet, war von einem Blickpunkt aus so erfaßt, daß er zerstückelt schien, hier als See gebreitet, dort zu einem winzigen Wasserlauf zusammengezogen, an anderen Stellen durch einen dazwischengeschobenen waldgekrönten Hügel, auf dem der Stadtbewohner am Abend die kühle Abendluft genießt, völlig überdeckt; selbst der rhythmische Aufbau dieser durcheinandergewirbelten Stadt war gesichert nur durch die unbeugsame Vertikale der Glockentürme, die aber nicht aufstiegen, sondern eher an einem Lot ausgerichtet dem Gesetz der Schwere folgend von oben heruntersanken und den Takt angaben wie bei einem Triumphmarsch und unter sich die verworrenere Masse der im Nebel sich staffelnden Häuser längs des zerbrochenen und auseinandergetrennten Flusses festzuhalten schienen. Auf der Klippe oder auf den Bergen unterlag (da die ersten Werke Elstirs aus der Epoche stammten, in der man Landschaften durch Staffagefiguren gefälliger machte) auch noch der Weg, dieser halb menschliche Teil der Natur, wie der Strom und das Meer dem zeitweiligen Verschwinden durch die Perspektive. Ob nun ein bergiger Grat oder der Gischt eines Wasserfalls oder das Meer daran hinderte, den Weg in seiner Ganzheit zu überschauen, wie sie dem Wanderer sichtbar ist, nicht aber uns, jedenfalls schien die in diesen Einsamkeiten verlorene kleine menschliche Gestalt in altmodischer Kleidung oft stockenden Fußes vor einem Abgrund zu stehen, der Pfad, dem sie folgte, endete hier, doch dreihundert Meter höher sah man dann in den

Tannenwäldern mit gerührtem Blick und beruhigtem Herzen die schmale weiße Spur seines den Reisenden einladenden Sandes, dessen dazwischenliegende, den Wasserfall oder die Bucht umgehende Windungen ein Berghang unseren Blicken entzogen hatte.

Elstirs Bemühen, sich angesichts der Wirklichkeit von allen verstandesmäßigen Begriffen freizumachen, war um so bewundernswerter, als dieser Mann, der, bevor er malte, erst alles Wissen von sich streifte, aus Redlichkeit alles zu vergessen suchte – denn was man weiß, gehört nicht einem selbst –, an sich äußerst intelligent und hochgebildet war. Als ich ihm meine Enttäuschung angesichts der Kirche von Balbec gestand, sagte er: »Wie, dieses Portal hat Sie enttäuscht? Das ist doch die schönste Bilderbibel, die das Volk je lesen konnte.[1] Diese Heilige Jungfrau und all die Bas-Reliefs, die ihr Leben schildern, sind der zarteste und inspirierteste Ausdruck jenes langen Gedichts von Anbetung und Lobpreisung, das vom Mittelalter zum Ruhme der Gottesmutter immer weiter ausgesponnen wurde. Wenn Sie wüßten, über welche Eingebungen von Feingefühl, welche tiefen Gedanken, welche köstliche Poesie – ganz abgesehen von der ungemein gewissenhaften Genauigkeit in der Abbildung der heiligen Geschichte – dieser alte Steinmetz in sich getragen hat! Die Idee, daß die Engel den Leib der Heiligen Jungfrau, der zu heilig ist, als daß sie ihn unmittelbar zu berühren wagten, in einem großen Schleier tragen« (ich sagte ihm, daß das gleiche Thema in Saint-André-des-Champs behandelt sei; er hatte Photographien des dortigen Portals gesehen, machte mich aber darauf aufmerksam, daß die eilende Geschäftigkeit der kleinen Bauern, die alle zugleich um die Heilige Jungfrau herlaufen, etwas anderes sei als der Ernst der beiden großen, in ihrer Schlankheit und Süße fast italienisch wirkenden Engel); »der Engel, der die

Seele der Gottesmutter hinwegträgt, um sie mit dem Leib zu vereinigen; in der Begegnung der Heiligen Jungfrau mit Elisabeth die Gebärde dieser letzteren, mit der sie den Leib Mariens berührt und staunt, daß er schon mütterlich gewölbt ist; und der in einem Verband getragene Arm der Hebamme, die, ohne sich durch Berührung zu vergewissern, an die unbefleckte Empfängnis nicht hatte glauben wollen; und der Gürtel, den Maria dem heiligen Thomas zugeworfen hat, um ihn von ihrer Auferstehung zu überzeugen; der Schleier auch, den sie sich von der Brust reißt, um die Blöße ihres Sohnes damit zu verhüllen, auf dessen einer Seite die Kirche das Blut, den Trank der Eucharistie einsammelt, während auf der anderen die Synagoge, deren Herrschaft zu Ende gegangen ist, mit verbundenen Augen dasteht, ihr halb abgebrochenes Zepter in der Hand, und mit der Krone, die ihr vom Haupte fällt, auch die Tafeln des alten Bundes in den Staub sinken läßt; dann der Gatte, der, als er zur Stunde des Jüngsten Gerichts seiner jungen Frau aus dem Grabe hilft, ihre Hand, auf sein eigenes Herz legt, um sie zu beruhigen und ihr zu beweisen, daß es wirklich schlägt – ist das nicht prima als Einfall, gar nicht schlecht getroffen? Und der Engel, der Sonne und Mond vom Himmel abnimmt, die nun überflüssig geworden sind, da ja geschrieben steht, das Licht des Kreuzes werde siebenmal heller leuchten als das der Gestirne; und der, der die Hand ins Wasser taucht, um zu sehen, ob es auch warm genug für das Bad des Jesuskindes ist; und jener, der aus den Wolken tritt, um der Heiligen Jungfrau ihre Krone aufs Haupt zu setzen; und alle, die sich oben aus dem Himmel neigen zwischen den Altanen des himmlischen Jerusalem und die Arme vor Grauen oder vor Freude heben beim Anblick der Qualen der Bösen und des Glücks der Erwählten! Denn hier haben Sie alle Himmelskreise vor sich, ein gigantisches theologisches und symbolisches Gedicht. Einfach irre, göttlich, tausendfach großartiger als alles, was man in Italien sehen kann, wo übrigens dieses Tympanon buchstäblich kopiert worden ist von Steinmetzen, die weit weniger genial waren. Denn verstehen Sie, das alles ist eine Frage des Genies. Es hat niemals eine Epoche gegeben, in der jedermann genial ist, das ist alles Geschwätz, so etwas wäre ja unerhörter als das Goldene Zeitalter. Der Kerl, der diese Fassade da gemacht hat, glauben Sie mir, war ebenso stark, er hatte ebenso tiefe Ideen wie die heutigen Künstler, die Sie am meisten bewundern.[1] Ich würde ihnen das zeigen, wenn wir einmal zusammen hingingen. Es gibt ein paar Stellen aus der Liturgie von Mariä Himmelfahrt, die mit einer Feinheit wiedergegeben sind, die sogar ein Redon nicht erreicht hat.«[2]

Diese große Himmelsvision, von der er da sprach, das ungeheure theologische Gedicht, das, wie ich begriff, dort niedergeschrieben stand, war nicht das, was meine gleichwohl von Verlangen erfüllten Augen, als ich vor der Fassade stand, dort gesehen hatten. Ich sagte etwas über die großen Heiligenfiguren, die, auf Stelzen stehend, eine Art Triumphstraße bildeten.

»Sie fängt bei Beginn der Zeiten an, um bei Jesus Christus zu enden«, sagte er. »Auf der einen Seite sehen wir seine Ahnen nach dem Geiste, auf der anderen die Könige von Juda, seine Ahnen nach dem Fleisch. Alle Zeitalter sind da. Hätten Sie besser hingeschaut, würden Sie nach dem, was Sie für bloße Stelzen halten, die darauf Einhergehenden benennen können. Denn unter den Füßen Mose hätten Sie das Goldene Kalb erkannt, unter denen Abrahams den Widder, unter denen Josephs den Bösen, der das Weib des Potiphar berät.«

Ich sagte ihm auch, daß ich ein fast persisches Bauwerk anzutreffen gemeint hatte und daß auch hierin vielleicht ein Grund für meine Enttäuschung lag. »Nicht doch«, sagte er, »denn daran ist bestimmt etwas Wahres. Gewisse Teile der Kirche sind ganz orientalisch; eines der Kapitelle stellt so akkurat ein persisches Motiv dar, daß das Fortbestehen orientalischer Traditionen als Erklärung nicht ausreicht. Der Steinmetz hat offenbar irgendeinen Behälter als Vorlage benutzt, den Seeleute mitgebracht haben.« Und tatsächlich sollte er mir später die Photographie eines Kapitells zeigen, auf dem ich ganz chinesisch wirkende Drachen sah, die einander verschlangen, in Balbec aber war dieses Detail mir in der Gesamtheit des Bauwerks entgangen, das nicht dem entsprach, was bei den Worten »eine fast persische Kirche« mir vorgeschwebt hatte.

Die geistigen Freuden, die dieses Atelier mir bot, hinderten mich nicht, auch die uns fast unbemerkt umgebenden Dinge auf mich wirken zu lassen, die laue Wärme unter den Abschrägungen, das funkelnde Halbdunkel des Raums und zuletzt, vor dem geißblattumrahmten Fenster auf der ganz ländlichen Straße, die zähe Trockenheit der sonnenverbrannten Erde, die nur dank der Transparenz der Ferne und dem Schatten der Bäume unter leichten Schleiern lag. Vielleicht trug das unbewußte Wohlgefühl dieses Sommertages noch wie ein Zustrom von außen zu der Freude bei, die mir der »Hafen von Carquethuit« gab.

Ich hatte geglaubt, Elstir sei bescheiden, mußte aber einsehen, daß ich mich getäuscht hatte, denn ich bemerkte, wie ein Ausdruck von Trauer sich über seine Züge breitete, als ich in einer Dankesäußerung das Wort »Ruhm« gebrauchte. Menschen, die glauben, daß ihre Werke Bestand hätten – und das war bei Elstir der Fall –, nehmen die Gewohnheit an, sie in einer Epoche zu sehen, da sie selbst zu Staub zerfallen sind. Indem er sie aber in dieser Weise an das Nichts zu denken zwingt, stimmt der Gedanke an den Ruhm sie traurig, da er von dem an den Tod nicht zu trennen ist. Ich wechselte das Thema, um die Wolke stolzer Schwermut wieder zu zerstreuen, die ich, ohne es zu wollen, auf Elstirs Stirn heraufbeschworen hatte. »Es war mir geraten worden«, sagte ich im Gedanken an das Gespräch mit Legrandin in Combray, über das ich gern seine Meinung gehört hätte, »nicht in die Bretagne zu gehen, weil ein solcher Aufenthalt für einen ohnehin zum Träumen neigenden Geist unzuträglich sei.« – »Nicht doch«, antwortete Elstir, »wenn jemand zum Träumen neigt, darf man ihn nicht daran hindern oder ihm nur zeitweilig erlauben wollen, dieser Neigung zu folgen. Solange Sie Ihren Geist von seinen Träumereien abzulenken versuchen, wird er nicht fertig damit; Sie werden dann der Spielball von tausend Phantomen sein, deren Natur Sie nicht kennen. Wenig Traum ist gefährlich; was davon heilt, ist aber nicht weniger Traum, sondern mehr Traum: der ganze Traum. Man muß seine Träume ganz kennen, wenn man nicht mehr daran kranken will; es gibt eine gewisse Trennung zwischen Traum und Leben, die sich oft so gut bewährt, daß ich mich frage, ob man sie nicht auf gut Glück hin vorbeugend durchführen sollte, so wie gewisse Chirurgen behaupten, man müsse, um die Möglichkeit einer späteren Blinddarmentzündung auszuschalten, allen Kindern den Blinddarm herausnehmen.«

Elstir und ich waren jetzt durch das ganze Atelier hindurch bis an das rückwärtige Fenster gegangen, das über den Garten hinweg auf eine schmale Querstraße blickte, die beinahe nur ein kleiner ländlicher Weg war. Wir waren dort hingetreten, um die kühlere Luft des Spätnachmittags einzuatmen. Ich glaubte mich den jungen Mädchen der kleinen Schar sehr fern; unter ausdrücklichem Verzicht auf die Hoffnung, sie zu sehen, hatte ich ja der

Bitte meiner Großmutter nachgegeben und den Weg zu Elstir gemacht. Denn wo das weilt, was man sucht, weiß man nicht, und häufig meidet man lange den Ort, wohin aus anderen Gründen einen alles zu ziehen versucht; wir aber ahnen nicht, daß wir gerade dort das Wesen, an das wir denken, würden antreffen können. Ich schaute gedankenlos auf den Feldweg, der ganz nahe außen am Atelier vorbeiführte, aber nicht mehr zu Elstirs Grundstück gehörte. Plötzlich tauchte dort, mit raschen Schritten näher kommend, die junge Radfahrerin der kleinen Schar mit der tief über das schwarze Haar gezogenen Polomütze, den vollen Wangen, den munteren, etwas forschend verweilenden Blicken auf [1]; und auf diesem von süßen Versprechungen märchenhaft angefüllten Wunderweg sah ich sie unter den Bäumen Elstir einen lächelnden Freundesgruß zusenden: ein Regenbogen, der unsere arme Erdenwelt für mich mit Sphären verband, die ich bis dahin für unerreichbar gehalten hatte. Sie kam sogar dicht heran, ohne eigentlich stehenzubleiben, um dem Maler die Hand zu reichen, wobei ich einen kleinen Schönheitsfleck an ihrem Kinn bemerkte. »Sie kennen die junge Dame?« fragte ich Elstir, und mir wurde klar, daß er mich ja ihr vorstellen, sie zu sich einladen könne. Damit war auch schon dieses friedliche Atelier mit dem ländlichen Horizont von noch mehr Herrlichkeit erfüllt, wie wenn in einem Haus, in dem es einem Kind ohnehin schon besonders gut gefällt, ihm nun auch noch mitgeteilt wird, daß aus jener schenkenden Güte heraus, mit der schöne Dinge und großherzige Naturen das, was sie geben, noch unendlich steigern möchten, zu seinem Vergnügen ein großartiger Imbiß vorbereitet wird. Elstir sagte mir, sie heiße Albertine Simonet, und nannte mir auch die Namen ihrer Freundinnen, nachdem ich sie ihm so genau beschrieben hatte, daß kein Zweifel mehr blieb. Über ihre soziale

Stellung hatte ich mich getäuscht, allerdings nicht so, wie ich es sonst in Balbec tat. Meist hielt ich Söhne von Ladenbesitzern, die Reitsport trieben, für junge Prinzen. Diesmal hatte ich Mädchen aus den Kreisen einer sehr wohlhabenden Bourgeoisie, aus der Sphäre der Industrie und des Geschäftslebens, irrtümlich in ein zweideutiges Milieu versetzt. Jene Kreise waren an sich die, die mich am wenigsten interessierten, da sie für mich das Geheimnisvolle weder des Volkes noch einer Gesellschaftsschicht wie der der Guermantes besaßen. Und wenn ihnen nicht vor meinen geblendeten Augen durch die strahlende Leere des Strandlebens eine vorgängige Faszination verliehen worden wäre, die ihnen erhalten bleiben sollte, wäre ich vielleicht mit der Idee nicht fertig geworden, sie seien die Töchter reicher Kaufleute. Ich konnte nur staunen, welch eine wunderbare Werkstatt unerhört reichhaltiger und vielseitiger Bildhauerkunst das französische Bürgertum doch war. Was für überraschende Typen, welche guterfundene Charakterisierung des Gesichts, welche Entschiedenheit, Frische, Unverbrauchtheit der Züge stand ihr doch zu Gebote! Die geizigen alten Bürgersleute, die diese Dianen und Nymphen hervorgebracht hatten, schienen mir die größten aller Bildhauer zu sein. Bevor ich noch Zeit gefunden hatte, mir der sozialen Metamorphose dieser jungen Mädchen bewußt zu werden, hatte schon – so sehr bekommt die Entdeckung eines Irrtums, eine Veränderung in der Vorstellung, die wir von einer Person haben, den Charakter einer blitzschnell sich vollziehenden chemischen Reaktion – hinter den so gassenjungenhaften Gesichtern dieser jungen Mädchen, die ich für die Geliebten von Radrennfahrern oder Preisboxern gehalten hatte, der Gedanke Platz gegriffen, daß sie sehr wohl mit der Familie irgendeines Notars unserer Bekanntschaft in Beziehung stehen könnten. Ich hatte keine rechte Idee davon, wer Albertine Simonet eigentlich sei. Sie wußte ganz gewiß nicht, was sie eines Tages für mich bedeuten würde. Selbst wenn ich den Namen Simonet, den ich am Strand bereits hatte nennen hören, hätte schreiben sollen, würde ich ihm bestimmt zwei *n* gegeben haben, ohne zu ahnen, welchen Wert die Familie gerade darauf legte, sich nur mit einem zu schreiben. Je tiefer man im sozialen Stufengefüge hinuntersteigt, desto mehr trifft man auf einen solchen an Nichtigkeiten sich klammernden Snobismus, Nichtigkeiten, die freilich an sich vielleicht nicht bedeutungsloser sind als die Differenzierungen der Aristokratie, aber da sie undurchsichtiger und in jedem Einzelfall wieder ganz anders geartet sind, noch mehr befremden. Vielleicht hatte es Simonnets gegeben, die schlechte Geschäfte gemacht hatten oder noch Schlimmeres. Jedenfalls hatten die Simonets sich immer wieder wie über eine Verleumdung ereifert, wenn jemand sie mit zwei *n* schrieb. Sie waren vielleicht ebenso stolz darauf, die einzigen Simonets mit einem *n* anstelle von zweien zu sein, wie es die Montmorencys auf ihren Anspruch waren, die ersten Barone Frankreichs zu sein.[1] Ich fragte Elstir, ob die jungen Mädchen in Balbec wohnten; für einige von ihnen bejahte er es. Die Villa, in der die eine lebte, lag denn auch gerade am äußersten Ende des Strandes, da, wo die Falaisen von Canapville begannen. Da dieses junge Mädchen sehr eng mit Albertine Simonet befreundet war, nahm ich erst recht an, daß sie es war, der ich mit meiner Großmutter begegnet war. Gewiß gab es so viele Straßen, die auf den Strand gingen, wo sie einen ganz gleichen Winkel bildeten, daß ich nicht genau hätte sagen können, welche die in Frage kommende war. Man möchte sich ganz genau an etwas erinnern, nur haftet eben schon im Augenblick selbst dem optischen Eindruck etwas Getrübtes an. Dennoch war es praktisch genommen sicher, daß Albertine und das junge Mädchen, das damals zu seiner Freundin auf Besuch ging, ein und dieselbe waren. Trotzdem: während die zahllosen Bilder der brünetten Golfspielerin, die ich später in mich aufgenommen habe, bei aller Verschiedenheit sich gleichwohl gewissermaßen decken (weil ich weiß, daß sie alle ihr zugehören) und ich mir beim schrittweisen Zurückverfolgen meiner Erinnerungen im Schutz dieser Identität und wie über einen inneren Verbindungsweg alle diese Eindrücke wieder vornehmen kann, ohne das Bewußtsein der Einheit der Person zu verlieren, muß ich, wenn ich bis zu dem jungen Mädchen zurückgehen will, auf das ich an jenem Tag mit meiner Großmutter gestoßen bin, mich erst wieder nach draußen begeben. Ich bin überzeugt, daß ich dann Albertine wiederfinde, die gleiche wie die, die so oft inmitten ihrer Freundinnen beim Spazierengehen stehenblieb und sich vor dem Horizont des Meeres abzeichnete; doch alle diese Bilder bleiben getrennt von jenem anderen, weil ich ihm nicht rückblickend eine Identität verleihen kann, die es für mich in dem Augenblick nicht hatte, als es in mein Blickfeld trat; was auch die Wahrscheinlichkeitsrechnung mir darüber versichern mag, das junge Mädchen mit den vollen Wangen, das mir so kühn in die Augen blickte an der Ecke, wo die kleine Straße auf den Strand stößt, und von dem ich glaubte, ich könne vielleicht ihre Liebe erlangen, habe ich im wahren Sinn des Wortes wiedersehen niemals wiedergesehen.

Spielte wohl auch mein Schwanken zwischen den verschiedenen jungen Mädchen der kleinen Schar, die immer etwas von dem kollektiven Reiz behielten, der mich zu Beginn erregt hatte, unter den Gründen dafür eine Rolle, daß ich viel später, selbst in der Zeit meiner größten – meiner zweiten – Liebe zu Albertine, immer wieder ganz kurz in bestimmten Abständen eine gewisse

Freiheit zurückgewann, sie auch nicht zu lieben? Weil meine Liebe zwischen all ihren Freundinnen umhergeirrt war, bevor sie sich endgültig für sie entschied, blieb zwischen meiner Liebe und Albertines Bild gelegentlich ein gewisses »Spiel«, das ihr gestattete, wie eine schlecht regulierte Beleuchtung sich auf andere zu richten, bevor sie sich wiederum mit ihr beschäftigte; die Beziehung zwischen dem Leiden meines Herzens und der Erinnerung an Albertine schien mir nicht zwingend zu sein, ich hätte es vielleicht dem Bild einer anderen Person ebenfalls zuordnen können. Das erlaubte mir, blitzartig für einen Augenblick die Wirklichkeit auszulöschen, nicht nur die äußere Wirklichkeit, wie bei meiner Liebe zu Gilberte (in der ich einen Zustand meines Inneren erkannt hatte, in dem ich aus mir selbst allein die Besonderheit, den speziellen Charakter des Wesens zog, das ich liebte, alles, was es für mein Glück unentbehrlich machte), sondern sogar die innere, ganz subjektive Wirklichkeit.

»Es vergeht kein Tag, da nicht die eine oder andere von ihnen bei meinem Atelier vorbeikommt und mir einen kurzen Besuch macht«, sagte Elstir zu mir, dessen Bemerkung mich durch die Idee zur Verzweiflung brachte, daß ich, hätte ich ihn gleich besucht, als meine Großmutter mich dazu aufgefordert hatte, wahrscheinlich seit langem schon die Bekanntschaft Albertines hätte machen können.

Sie war jetzt verschwunden; vom Atelier aus sah man sie nicht mehr. Ich dachte, sie habe sich zu ihren Freundinnen auf die Promenade begeben. Hätte ich dort mit Elstir sein können, hätte ich ihre Bekanntschaft gemacht. Ich erfand tausend Vorwände, damit er einwilligte, mit mir einen kleinen Spaziergang am Strand entlang zu machen. Ich war nun innerlich nicht mehr so ruhig wie vor dem Auftauchen des jungen Mädchens im

Rahmen des kleinen Fensters, das mir vorher mit seiner Geißblattgirlande so reizend erschienen war und nun so leer vorkam. Elstir bereitete mir eine mit Qualen gemischte Freude, als er mir sagte, er werde gern ein paar Schritte mit mir machen, müsse aber zuvor das Bild vollenden, an dem er gerade arbeitete. Es waren Blumen, aber nicht die, deren Bild ich mir lieber von ihm hätte anfertigen lassen als das irgendeiner Person, um aus der Enthüllung durch sein Genie zu erfahren, was ich bei ihrem Anblick so oft vergeblich gesucht hatte: Weißdorn, rosablühender Dorn, Kornblumen, Blüten des Apfelbaums. Während Elstir malte, sprach er von Botanik, doch ich hörte kaum hin; er genügte mir jetzt nicht mehr an sich selbst, er war nur noch der unerläßliche Mittler zwischen mir und den jungen Mädchen; das Prestige, das ihm vor wenigen Augenblicken noch seine Begabung verlieh, erschien mir nur noch in dem Maße wichtig, als es mir bei der kleinen Schar zugute kommen konnte, der ich durch ihn vorgestellt würde.

Ungeduldig den Augenblick erwartend, da er seine Arbeit beendet hätte, ging ich auf und ab; hier und da griff ich, um sie anzuschauen, nach einer der Studien, von denen viele, nach der Wand zugekehrt, hintereinander standen. So fiel mir auch ein Aquarell[1] in die Hand, das aus einer viel früheren Lebensepoche Elstirs stammen mußte und in mir jene besondere Art von Entzükken weckte, das manche Werke uns nicht nur durch die wundervolle Ausführung bereiten, sondern auch durch einen so eigenartigen und anziehenden Gegenstand, daß wir ihm einen Teil des Zaubers zuschreiben, als habe der Maler ihn, den er stofflich bereits in der Natur verwirklicht vorgefunden hatte, nur zu entdecken, zu beobachten und wiederzugeben brauchen. Daß es solche Gegenstände geben mag, die auch ohne die Interpretation durch den Maler schön sind, befriedigt einen eingeborenen Materialismus in uns, den unsere Vernunft bekämpft, und bildet für die Abstraktionen der Ästhetik eine Art Gegengewicht. Es war – dieses Aquarell – das Porträt einer jungen Frau, die nicht eigentlich hübsch war, aber von originellem Typ; sie trug eine Kopfbedekkung, die aussah wie ein mit einem kirschroten Seidenband umwundener Melonenhut; in der einen ihrer mit fingerlosen Handschuhen bekleideten Hände hielt sie eine brennende Zigarette, während sie mit der anderen bis zur Kniehöhe eine Art von großem Gartenhut hob, einen einfachen Sonnenschutz aus Stroh. Neben ihr auf dem Tisch stand eine kleine Blumenvase mit Rosen. Oft, und so war es hier, rührt die Eigenart solcher Werke hauptsächlich davon, daß sie unter besonderen Bedingungen entstanden sind, die wir nicht auf der Stelle als solche erkennen können, etwa wenn der seltsame Aufzug eines weiblichen Modells ein Kostüm für einen Maskenball, oder aber der rote Mantel, den ein Greis trägt, als habe er ihn nur einer Laune des Malers zuliebe angelegt, seine Robe als Professor, als Ratsherr oder der Kardinalspurpur ist. Der zweideutige Charakter des Wesens, dessen Porträt ich vor Augen hatte, erklärte sich, ohne daß ich es begriff, daraus, daß es eine junge Schauspielerin aus früheren Jahren, halb als Mann verkleidet, darstellte. Ihre Melone jedoch, unter der die bauschigen, aber kurzgeschnittenen Haare sichtbar blieben, und der aufschlaglose Samtrock über einem weißen Plastron machten mich unsicher in bezug auf die Zeit dieser Mode und das Geschlecht des Modells, so daß ich nicht genau wußte, was ich vor mir sah, außer jedenfalls das farblich hellste aller je gemalten Bilder. Mein Vergnügen daran wurde einzig durch die Befürchtung gestört, daß Elstir mich durch die Verspätung um eine Begegnung mit den jungen Mädchen brächte, denn die Sonne stand schon tief, und ihr Licht fiel schräg durch das kleine Fenster ein. Kein Detail in diesem Aquarell war einfach als Tatsache konstatiert und wegen seiner bestimmten Rolle in der kleinen Szene gemalt, das Kostüm, weil die Frau bekleidet sein mußte, die Vase wegen der Blumen, die sie enthielt. Das um seiner selbst willen liebevoll behandelte Glas der Vase sah aus, als umgebe es das Wasser, in das die Stengel der Nelken eintauchten, mit einem Stoff, der ebenso durchsichtig, beinahe ebenso flüssig wie es selber war; die Kleidung umhüllte die Frau mit einer Materie, die eine unabhängige und doch freundschaftlich verbindende Anmut besaß, ganz als könnten Werke der Kunstfertigkeit es an Anmut mit den Wunderwerken der Natur aufnehmen, als seien sie ebenso zart, so köstlich für die Berührung mit dem Blick, so frisch getönt wie ein Katzenfell, eine Nelkenblüte oder eine Taubenfeder. Die Weiße des fein gekörnten Plastrons, dessen loses Gefältel kleine maiblumenartige Glöckchen bildete, war von den hellen Lichtreflexen des Zimmers überschimmert, die, sternenförmig und spitz aufgesetzt, in ihrer feinen Nuancierung ihrerseits wie in den Wäschestoff eingewobene Blumengewinde wirkten. Der glänzende, wie Perlmutt schillernde Samt des Rocks sodann – hier und dort gesträubt, fellartig und rissig erscheinend – erinnerte an die gekräuselten Nelken in der Vase. Vor allem jedoch spürte man, daß Elstir, ganz unbekümmert um die mögliche Indezenz dieser Verkleidung für eine junge Schauspielerin, der das Talent, mit dem sie ihre Rolle spielen würde, sicher weniger wichtig war als die irritierende Anziehungskraft, die sie für die blasierten oder verderbten Blicke gewisser Zuschauer haben würde, gerade diese Vieldeutigkeit als ein ästhetisches Element, das betont zu werden verdiene, erfaßt und denn auch tatsächlich mit allen Mitteln unterstrichen hatte. Wenn man die Linien des Gesichts verfolgte, schien es, als sei das Geschlecht der dargestellten Person schon halb bereit, sich als das eines etwas bubenhaften Mädchens zu enthüllen, dann aber schwand der Eindruck wieder, kehrte zurück, legte nun jedoch eher die Vorstellung von einem träumerischen, effeminierten und verderbten Epheben nahe, entzog sich, wurde ungreifbar. Ein Zug von sinnierender Trauer im Blick bildete gerade durch den Kontrast zu all jenem der Welt des leichten Lebens und des Theaters zugehörigen Beiwerk das durchaus nicht am wenigsten aufregende Element. Man dachte sich im übrigen, daß es künstlich zustande gekommen sei und daß das junge Wesen, das sich in einem so herausfordernden Kostüm zur Liebe anzubieten schien, es wahrscheinlich pikant gefunden hatte, dem noch den romantischen Ausdruck eines verborgenen Gefühls oder uneingestandenen Schmerzes hinzuzusetzen. Unter dem Bildnis stand: »*Miss Sacripant*, Oktober 1872.«[1] Ich konnte meine Bewunderung nicht verhehlen. »Oh, das ist nichts weiter, nur eine jugendliche Farbskizze, es handelte sich um ein Kostüm für eine Revue im Théâtre des Variétés.[2] All das liegt weit zurück.« – »Und was ist aus dem Modell geworden?« Ein durch meine Worte hervorgerufener Ausdruck der Betroffenheit ging auf Elstirs Gesicht der gleichgültigen und zerstreuten Miene voraus, die eine Sekunde später sich darauf ausbreitete. »Geben Sie schnell das Ding her«, sagte er zu mir, »ich höre meine Frau kommen, und obwohl die junge Person mit der Melone, wie ich Ihnen versichern kann, in meinem Leben keine Rolle gespielt hat, ist es doch nicht nötig, daß dieses Aquarell ihr vor Augen kommt. Ich habe es nur als ein amüsantes Dokument über das Theater jener Epoche aufbewahrt.« Bevor er das Aquarell hinter sich versteckte, warf Elstir, der es vielleicht seit langem nicht mehr gesehen hatte, einen aufmerksamen Blick darauf. »Ich sollte davon nur den Kopf behalten«, murmelte er, »der untere Teil ist wirklich zu schlecht, die Hände anfängerhaft.« Ich verwünschte Madame Elstirs Erscheinen, das uns nun noch länger aufhalten würde. Auf dem Fenstersims lag jetzt nur mehr ein rosiger Widerschein. Unser Ausgang würde ganz zwecklos sein. Es bestand keine Hoffnung mehr, die jungen Mädchen zu treffen; damit wurde unwichtig, ob Madame Elstir uns bald oder später verließe. Im übrigen blieb sie nicht lange. Ich fand sie sehr langweilig; sie hätte schön sein können, wäre sie zwanzig Jahre alt gewesen und hätte einen Ochsen durch die Campagna geführt; doch ihr schwarzes Haar wurde weiß; sie war gewöhnlich, ohne einfach zu sein, denn sie hielt eine gewisse Feierlichkeit des Auftretens und eine majestätische Haltung für Erfordernisse ihrer statuenhaften Schönheit, der übrigens das Alter bereits jede Verführungskraft genommen hatte. Sie war sehr schlicht gekleidet. Man war gerührt und zugleich erstaunt, wenn Elstir bei jeder Gelegenheit mit sanftem, verehrungsvollem Stimmklang die Worte sagte, deren bloßes Aussprechen ihn mit Rührung und Ehrfurcht zu erfüllen schien: »Ma belle Gabrielle!«[1] Später, als ich die mythologische Malerei Elstirs kannte, wurde Madame Elstir auch in meinen Augen schön. Ich stellte fest, daß Elstir einem bestimmten in wenigen Linien, in gewissen Arabesken, die in seinem Werk unaufhörlich wiederkehrten, dargestellten Idealtyp, einem bestimmten Kanon tatsächlich einen fast göttlichen Charakter zuerkannt hatte, da er seine ganze Zeit, alles geistige Bemühen, dessen er fähig war, mit einem Wort sein Leben daran gewendet hatte, diese Linien immer besser zu erkennen und genauer wiederzugeben. Was dieser Idealtyp Elstir einflößte, war wirklich ein so ernster, ein so gebieterischer Kult, daß er sich darin niemals genug tun konnte; er war zum innersten Teil seiner selbst geworden, und Elstir hatte ihn daher auch niemals in Ruhe betrachten und sich daran berauschen können bis zu dem Tag, da er ihm außerhalb seiner selbst verwirklicht in der Gestalt einer Frau begegnete, in der Gestalt derjenigen, die später Madame Elstir geworden war, in der er ihn nun – wie es nur in dem, was nicht wir selber sind, möglich ist – vorfinden konnte: verdienstvoll, rührend, göttlich. Welche Erholung für ihn, seine Lippen auf dies Schöne zu drücken, das er bis dahin so mühevoll aus sich selbst ziehen mußte, das sich nun aber, geheimnisvoll Leib und Fleisch geworden, zu immer neuer heilspendender Kommunion ihm bot! Elstir befand sich zu jener Zeit nicht mehr in der ersten Jugend, in der man nur von der Macht des Gedankens die Verwirklichung seines Ideals erwartet. Er näherte sich dem Alter, in dem man auf die körperliche Befriedigung als Antrieb für die Kraft des Geistes zählt, in dem Ermüdung des Geistes uns zum Materialismus und nachlassende Tatkraft zu vermehrter Beeinflußbarkeit durch passiv empfangene Eindrücke neigen läßt: Phänomene, die uns nach und nach für die Einsicht zugänglich machen, daß es vielleicht tatsächlich gewisse privilegierte Körper, Techniken, Rhythmen gibt, die so natürlich unserem Ideal entgegenkommen, daß wir selbst ohne Genie, durch bloße Wiedergabe der Bewegung einer Schulter, der Spannung eines Halses ein Meisterwerk hervorbringen könnten; es ist das Alter, in dem wir gern die Schönheit mit den Blicken streicheln, außerhalb von uns, in unserer Nähe, auf einem Wandteppich, auf einer schönen Handzeichnung von Tizian, die wir bei einem Antiquitätenhändler aufgetrieben haben, oder einer Geliebten, die ebenso schön ist wie die Zeichnung von Tizian. Als ich das begriffen hatte, konnte ich Madame Elstir nicht mehr ohne Vergnügen betrachten, und ihr Körper verlor in meinen Augen etwas von seiner Schwere, denn ich erfüllte ihn mit einer Idee: der, daß sie ein immaterielles Geschöpf, ein Porträt Elstirs sei. Sie war das für mich und zweifellos auch für ihn.[1] Die Gegebenheiten des Lebens zählen für den Künstler nicht, sie sind ihm nur eine Gelegenheit, sein Genie zu entfalten. Wenn man nebeneinander die von Elstir gemalten zehn Porträts verschiedener Personen sieht, merkt man, daß es in erster Linie Elstirs sind. Erst nach jener aufsteigenden, das Leben überdeckenden Flut des Genies, wenn das Gehirn ermüdet, verliert sich das Gleichgewicht allmählich, und wie ein Strom, der nach dem Einbruch einer großen Flutwelle seinen normalen Lauf wieder aufnimmt, gewinnt das Leben von neuem die Oberhand. Solange aber die erste Periode andauerte, stellte der Künstler allmählich das Gesetz, die Formel seiner unbewußten Gabe heraus. Er weiß, wenn er ein Romanschriftsteller ist, welche Situationen, und wenn er Maler ist, welche Landschaften ihm den Stoff liefern, der an sich ganz unwichtig, aber doch für seine Tätigkeit so nötig wie ein Laboratorium oder eine Werkstatt ist. Er weiß, daß er seine Meisterwerke mit gedämpften Lichteffekten, mit Gewissensbissen, die einen Fehltritt unter anderen Aspekten erscheinen lassen, oder mit Frauen schafft, die statuengleich unter Bäumen oder halb in einem Gewässer plaziert sind.[2] Der Tag wird kommen, an dem er infolge der Abnutzung seines Hirns, angesichts dieser stofflichen Voraussetzungen, die sein Genie sich zunutze machte, nicht mehr die Kraft für die geistige Anstrengung, aus der allein das Werk entstehen kann, aufbringen, gleichwohl aber fortfahren wird, diese Voraussetzungen zu suchen, und glücklich ist, in ihrer Nähe zu leben, wegen der Steigerung seines geistigen Seins, die ihn zur Arbeit antreibt und durch jene Voraussetzungen zustande kommt; zugleich aber, weil er ihnen mit einer Art von abergläubischer Scheu gegenübersteht, als seien sie anderen überlegen, als sei in ihnen bereits das Kunstwerk zum guten Teil und gleichsam schon ausgeführt enthalten, geht er dann nicht mehr weiter als bis zu dem Aufsuchen und der verehrenden Betrachtung solcher Modelle. Er wird endlos mit reuigen Verbrechern sprechen, deren Gewissensbisse und seelische Gesundung das Thema seiner früheren Romane waren; er wird sich ein Landhaus in einer Gegend kaufen, wo das Licht durch Nebel gemildert wird; er wird lange Stunden hindurch badenden Frauen zusehen oder schöne Stoffe sammeln. Und so stellte die Schönheit des Lebens – ein Begriff, der eigentlich gar nichts besagt, ein Stadium, das vor der Kunst liegt und in dem ich Swann hatte verharren sehen – das dar, worauf aus Gründen nachlassender Schöpferkraft, einer Vergötterung der Formen, die jene einst begünstigt hatten, des Verlangens nach geringstmöglicher Anstrengung von einem gewissen Tage an Elstir nach und nach sich zurückziehen sollte.

Endlich hatte er an seinen Blumen den letzten Pinselstrich getan; ich verlor noch einen Augenblick damit, sie anzuschauen; es war kein Verdienst dabei, denn ich wußte ja, daß die jungen Mädchen nicht mehr am Strand sein würden; doch selbst wenn ich gewußt hätte, sie seien noch dort und ich würde sie wegen dieser Versäumnis von ein paar Minuten verfehlen, hätte ich doch das Bild angesehen, denn ich hätte mir gesagt, daß Elstir sich mehr für seine Blumen interessierte als für meine Begegnung mit den jungen Mädchen. Die Natur meiner Großmutter, eine Natur, die meinem vollendeten Egoismus ganz entgegengesetzt war, spiegelte sich eben doch in der meinigen. In einer Lage, in der irgendein mir gleichgültiger Mensch, dem ich stets Anhänglichkeit oder Achtung nur vorgetäuscht hatte, vor einer geringfügigen Unannehmlichkeit stände, während ich selber ernstlich gefährdet wäre, hätte ich nicht anders tun können als seinen Verdruß wichtig nehmen und beklagen, die für mich bestehende Gefahr aber als belanglos hinstellen in der Meinung, daß dies die Proportion sei, in der die Dinge dem anderen erscheinen müßten. Um genau zu sein, geht das sogar noch weiter, denn es handelt sich nicht nur darum, daß ich über die eigene Gefährdung mich nicht beklage, sondern daß ich sie sogar freiwillig auf mich nehme, anderen jedoch die sie betreffende, auch wenn ich selbst mich dadurch um so mehr exponiere, umgekehrt zu ersparen versuche. Das geht auf mehrere Gründe zurück, die mir durchaus nicht zur Ehre gereichen. Der eine besteht darin, daß ich, wenn ich auch bei kühlem Nachdenken glaubte, besonders am Leben zu hängen, doch jedesmal, wenn ich mich im Laufe meines Daseins von seelischen Problemen bedrückt oder auch nur von einer nervösen Unruhe befallen fühlte, die manchmal so kindisch war, daß ich nicht wagen würde, hier davon zu sprechen, dann aber ein unvorhergesehener Zufall die Möglichkeit eines gewaltsamen Todes für mich heraufführte, diese neue Sorge mit den anderen verglichen mir so unbedeutend schien, daß ich ihr fast mit einem Gefühl der Erleichterung, ja der Heiterkeit ins Auge sah. So habe ich, wiewohl der am wenigsten tapfere Mensch der Welt, das kennengelernt, was vernunftmäßig betrachtet meiner Natur vollkommen fremd und unbegreiflich ist, nämlich den Rausch der Gefahr. Doch selbst wenn ich mich in dem Augenblick, da mich eine Gefahr – sogar eine wirklich tödliche – beträfe, in einem vollkommen ruhigen und glücklichen Gemütszustand befände, könnte ich, wenn ich mit einer anderen Person zusammen wäre, nicht anders als ihr einen geschützten Platz verschaffen und mich selbst an den gefährdeten stellen. Als eine hinlänglich große Zahl von Erfahrungen mich gelehrt hatte, daß ich immer und sogar mit Freuden so handelte, entdeckte ich zu meiner großen Beschämung den Grund: ich war, entgegen dem, was ich immer geglaubt und behauptet hatte, der Meinung der anderen gegenüber sehr empfindlich. Diese Art von uneingestandener Eigenliebe hat gleichwohl mit Eitelkeit oder Stolz nichts zu tun. Denn was diese beiden Regungen befriedigt, würde mir kein Vergnügen machen, und ich habe mich dementsprechend auch stets davon ferngehalten. Was aber die Leute betrifft, denen gegenüber es mir am vollkommensten gelungen ist, die kleinen Vorzüge zu verhehlen, die ihnen eine weniger geringschätzige Meinung von mir hätten vermitteln können, habe ich mir doch nie das Vergnügen versagt, ihnen zu zeigen, daß ich größere Anstrengungen mache, den Tod von ihrem Weg fernzuhalten als von meinem. Da mein Beweggrund in diesem Fall Eigenliebe und nicht Tugend ist, finde ich es sehr natürlich, daß bei jeder Gelegenheit die anderen anders handeln. Ich bin weit entfernt, sie deswegen zu tadeln, was ich vielleicht täte, wenn ich mich von einem Pflichtgefühl hätte leiten lassen, das ich für sie als ebenso bindend ansehen würde wie für mich. Ich finde sie im Gegenteil sehr weise darin, daß sie ihr Leben schonen, wiewohl ich selbst das meine unwillkürlich stets hintanstelle, was mir besonders töricht und unrecht scheint, seitdem ich festzustellen glaubte, daß das Dasein vieler Leute, vor die ich mich stelle, wenn eine Bombe losgeht, weniger wertvoll ist. Übrigens waren am Tag meines Besuchs bei Elstir die Zeiten noch fern, da ich mir über diesen Wertunterschied klarwerden sollte, und zudem handelte es sich um keine Gefahr, sondern ganz einfach – und dies war bereits ein Vorzeichen meiner verderblichen Eigenliebe – nur darum, daß ich nicht so tun wollte, als liege mir an dem Vergnügen, das ich so glühend wünschte, mehr als an Elstirs Arbeit an seinem Aquarell, die er noch nicht beendet hatte. Endlich war sie es. Und als wir ins Freie kamen, stellte ich fest – so lang waren die Tage in jener Jahreszeit –, daß es weniger spät war, als ich meinte; wir gingen auf die Promenade. Wie viele Listen wandte ich auf, um Elstir an der Stelle festzuhalten, wo, wie ich glaubte, die jungen Mädchen noch vorbeikommen könnten! Ich wies ihn auf die Falaisen zu unserer Seite hin und brachte ihn unaufhörlich wieder auf sie zu sprechen, damit er die Stunde vergäße und noch ein Weilchen bliebe. Ich hatte das Gefühl, wir würden mehr Aussicht haben, den Weg der kleinen Schar zu kreuzen, wenn wir bis zum äußersten Ende des Strandes gingen. »Ich möchte so gern mit Ihnen zusammen diese Falaisen ein bißchen aus der Nähe betrachten«, sagte ich zu Elstir, da ich bemerkt hatte, daß eines der jungen Mädchen häufig nach dieser Seite zu wegging. »Auf dem Weg aber erzählen Sie mir von Carquethuit. Oh, ich würde gern nach Carquethuit gehen!« fügte ich hinzu, ohne daran zu denken, daß das grundlegend Neue, das sich so machtvoll in Elstirs »Hafen von Carquethuit« bekundete, vielleicht weit mehr durch die Sehweise des Malers zustande kam als etwa aufgrund einer besonderen Eigentümlichkeit jener Küstenpartie. »Seit ich das Bild gesehen habe, ist diese Gegend neben der Pointe du Raz, zu der es übrigens von hier eine ganze Reise wäre, vielleicht das, was ich am liebsten kennenlernen würde.« – »Und sogar wenn es nicht näher wäre, würde ich Ihnen am Ende mehr zu Carquethuit raten«, antwortete Elstir. »Die Pointe du Raz ist ganz wunderbar, aber schließlich ist sie auch nur eine Variante der normannisch-bretonischen Küstenlandschaft, die Sie bereits kennen. Carquethuit ist etwas ganz anderes mit seinen Felsen über dem flachen Strand. Ich kenne in Frankreich nichts dem Vergleichbares, eher schon manche Ansichten von Florida.[1] Es ist sehr merkwürdig und zudem auch außergewöhnlich unberührt. Es liegt zwischen Clitourps und Nehomme, und Sie wissen, wie vollkommen öde dieser Landstrich ist; die Küstenlinie aber ist dort wirklich zauberhaft. Hier ist sie wie überall, aber ich kann Ihnen gar nicht sagen, welche Anmut und Weichheit sie dort an sich hat.«

Es wurde Abend; wir mußten heim; ich geleitete Elstir ein Stück zu seinem Haus zurück, als plötzlich, wie Mephisto vor Faust, am Ende der Straße gleich einer unwirklichen, diabolischen Konkretisierung einer meiner eigenen entgegengesetzten Wesensart, jener fast barbarischen, grausamen Vitalität, die meiner Schwäche, meiner übermäßigen Schmerzempfänglichkeit und meinem Intellektualismus so ganz fehlte, ein paar Tupfen jener unverwechselbaren Essenz, ein paar Sporaden aus der Zoophytenschar junger Mädchen auftauchten, die aussahen, als bemerkten sie mich nicht, obwohl sie sicher gerade über mich ironische Bemerkungen austauschten. Da ich voraussah, wie unvermeidlich es jetzt zu einer Begegnung zwischen ihnen und mir kommen und daß Elstir mich rufen werde, wandte ich mich wie ein Badender um, der die Welle über sich hinwegfluten lassen will; ich blieb stehen und ließ meinen berühmten Begleiter weitergehen, während ich in gebeugter Stellung, so, als interessierte ich mich plötzlich lebhaft für ihren Inhalt, vor der Auslage des Antiquitätenhändlers haltmachte, an der wir in diesem Augenblick vorüberkamen; es war mir ganz recht, daß es aussah, als könne ich sehr wohl an etwas anderes denken als an die jungen Mädchen, und ich ahnte schon dunkel, daß ich, wenn Elstir mich riefe, um mich vorzustellen, mit jenem fragenden Blick, der weniger Erstaunen als den Wunsch verrät, nach außen erstaunt zu wirken – ein so schlechter Schauspieler ist ein jeder von uns oder ein so guter Physiognomiker unser Gegenüber –, ganz als wolle ich fragen: Meinen Sie mich? sogar noch mit dem Finger auf meine Brust weisen und dann schnell mit in Gehorsam und Gefügigkeit geneigtem Kopf herbeieilen werde, in meiner Miene mühsam den Verdruß verbergend, der Betrachtung der alten Fayencen entrissen zu sein, um Personen vorgestellt zu werden, an deren Bekanntschaft mir gar nichts lag. Inzwischen vertiefte ich mich in den Anblick des Schaufensters in der Erwartung des Augenblicks, da mein Name, von Elstir gerufen, mich treffen würde gleich einem erwarteten, ungefährlichen Geschoß. Die Gewißheit, den jungen Mädchen vorgestellt zu werden, hatte zum Ergebnis, daß ich Gleichgültigkeit gegen sie nicht nur heuchelte, sondern empfand. Seitdem das Vergnügen, sie kennenzulernen, unvermeidbar war, schrumpfte es in sich zusammen, wurde geringer und kleiner als das einer Unterhaltung mit Saint-Loup, eines Abendessens mit meiner Großmutter oder jener Ausfahrten in die Umgebung, die ich wahrscheinlich infolge der Bekanntschaft mit Mädchen, die wohl wenig Sinn für Sehenswürdigkeiten hatten, leider würde vernachlässigen müssen. Im übrigen verminderte sich das Vergnügen, das mir bevorstand, nicht nur durch seine unausweichliche Nähe, sondern auch durch das Ungeordnete seiner Verwirklichung. Gesetze, die ebenso exakt sind wie die der Hydrostatik, bestimmen die Anordnung der Bilder, die wir in einer bestimmten Reihenfolge aneinanderreihen, bis das plötzliche Eintreten der Ereignisse diese Ordnung über den Haufen wirft. Elstir würde mich rufen. Nicht so aber hatte ich mir unzählige Male am Strand, in meinem Zimmer, das Bekanntwerden mit diesen Mädchen vorgestellt. Was jetzt stattfinden sollte, war ein anderes Ereignis, auf das ich nicht vorbereitet war. Ich erkannte darin weder mein Verlangen wieder noch seinen Gegenstand; ich bedauerte jetzt fast, mit Elstir ausgegangen zu sein. Besonders aber erklärte sich das Zusammenschrumpfen der Freude, die ich vorher zu empfinden geglaubt hatte, durch die Sicherheit, daß nichts sie mir noch würde rauben können. Dementsprechend aber erlangte sie in gleichsam elastischem Zurückschnellen ihren früheren Umfang zurück, sobald der Druck der Gewißheit wich, als ich mich nämlich entschloß, doch einmal den Kopf zu wenden, und Elstir ein paar Schritte von mir entfernt bei den Mädchen stehen, sich aber gerade von ihnen verabschieden sah. Das Gesicht derjenigen, die ihm am nächsten stand, hatte in seiner breiten, von ihren Blicken erhellten Form das Aussehen eines Kuchens, auf dem ein wenig Himmel schimmerte. Selbst in ruhendem Zustand ging von ihren Augen ein Eindruck von Beweglichkeit aus, so wie an gewissen stürmischen Tagen die Luft, obwohl unsichtbar, doch die Eile verrät, mit der sie über den Hintergrund des azurnen Himmels gleitet. Einen Augenblick lang trafen ihre Blicke die meinigen, so wie an Gewittertagen jagende Wolken auf eine Gefährtin stoßen, die weniger Eile hat, sie streifen, berühren und weiter ihres Weges ziehen. Sie kennen sich aber nicht und wallen immer ferner voneinander fort. So ruhten unsere Blicke einen Augenblick ineinander, und keiner wußte, was das Firmament vor ihm an Versprechungen und Drohungen für die Zukunft enthielt. Erst in der Sekunde, als ihr Blick gerade an dem meinen vorbeizog, ohne seine Geschwindigkeit zu vermindern, verschleierte er sich leicht. So verschwindet in einer hellen Nacht der im Wind vorwärtseilende Mond hinter einer Wolke, verhüllt einen Augenblick seinen Glanz und strahlt dann gleich aufs neue. Schon hatte Elstir sich aber von den jungen Mädchen getrennt, ohne mich zu rufen. Sie verschwanden in einer Nebenstraße, und er schloß sich mir wieder an. Alles war fehlgeschlagen.

Ich habe gesagt, daß Albertine mir an jenem Tag nicht als die gleiche erschienen war wie an den vorhergehenden und daß sie mir überhaupt jedesmal anders erscheinen sollte. Doch ich spürte in diesem Augenblick, daß bestimmte Veränderungen in Aussehen, Bedeutung und Größe eines Menschen auch von der Wandelbarkeit gewisser zwischen diesem Wesen und uns bestehenden Gegebenheiten abhängen können. Eine, die in dieser Hinsicht eine der bedeutendsten Rollen spielt, ist die innere Überzeugung (an jenem Abend hatte die Überzeugung, dann die verlorene Überzeugung, ich würde sie kennenlernen, Albertine innerhalb von wenigen Sekunden zunächst fast bedeutungslos, dann überaus kostbar in meinen Augen gemacht; ein paar Jahre später führte die Überzeugung, dann die entschwundene Überzeugung, Albertine sei mir treu, ähnliche Wandlungen herbei).

Gewiß hatte ich in Combray schon je nach der Tageszeit, je nachdem ob der eine oder andere der beiden Modi für mich eintrat, von denen damals jeder einen Teil meines Empfindens beherrschte, den Kummer, nicht bei meiner Mutter zu sein, schwinden oder zunehmen sehen; er war so unmerklich, so schwach den ganzen Nachmittag hindurch wie das Licht des Mondes, solange die Sonne scheint, doch wenn die Nacht gekommen war, beherrschte er ganz allein an Stelle der rasch verwischten, eben noch wachen Erinnerungen meine verängstigte Seele. An jenem Tag aber, als ich Elstir die jungen Mädchen verlassen sah, ohne daß er mich gerufen hatte, machte ich die Erfahrung, daß die jeweils sich wandelnde Wichtigkeit, die eine Freude oder ein Kummer in unseren Augen hat, nicht unbedingt eine Folge des Wechsels zwischen zwei Stimmungen sein muß, sondern einer Verschiebung innerhalb unserer unsichtbaren Überzeugungen entspricht, die uns zum Beispiel den Tod gleichgültig erscheinen lassen, weil sie über ihn ein Licht von Unwirklichkeit gießen und uns so gestatten, für wichtig zu halten, daß wir uns zu einer musikalischen Abendunterhaltung begeben: einer Soiree, die doch jeden Reiz verlöre, wenn die Überzeugung, die diesen Abend mit mildem Licht umspielt, bei einer Ankündigung, die Guillotine warte auf uns, im Nu dahinschwinden würde; diese Rolle der Überzeugungen war zwar einem Teil meines Ichs bekannt, nämlich meinem Willen, doch sein Wissen ist umsonst, solange sie Verstand und Gefühl weiterhin unbekannt ist; diese sind durchaus gutgläubig, wenn sie meinen, wir hätten Lust, eine Geliebte zu verlassen, von der einzig unser Wille sich bewußt ist, daß wir ihr verhaftet sind. Das kommt daher, daß ihre Sicht durch die Überzeugung getrübt wird, wir würden binnen kurzem wieder bei ihr sein. Wenn aber diese Überzeugung sich dann wieder in Nichts auflöst, wenn Verstand und Gefühl erfahren müssen, daß die Geliebte für immer fort ist, verlieren sie jedes Maß und sind wie von Sinnen, das geringste Vergnügen erscheint ihnen dann nachträglich unendlich groß.

Wandlung einer Überzeugung, Nichtigkeit der Liebe auch, die präexistent und schweifend, einfach an dem Bild einer bestimmten Frau haftenbleibt, weil diese Frau für sie fast unmöglich zu erreichen ist. Von da an denkt man weniger an die Frau, die man sich nur schwer vorzustellen vermöchte, als an die Mittel, wie man sie kennenlernen kann. Es entwickelt sich ein langer Prozeß von Ängsten, der genügt, unsere Liebe auf diejenige zu fixieren, die das noch kaum erkannte Objekt unseres Gefühls ist. Die Liebe wird unermeßlich groß, wir aber denken nicht daran, einen wie geringen Platz die wirkliche Frau darin einnimmt. Und wenn wir, so wie es mir ergangen war, als ich Elstir bei den jungen Mädchen stehenbleiben sah, auf einmal aufhören, unruhig zu sein, jene Angst zu empfinden, die unsere Liebe ausgemacht hat, scheint sie mit einem Schlag wesenlos zu werden, sobald die Beute, an deren Wert wir nicht genügend dachten, uns zugefallen ist. Was kannte ich von Albertine? Eine oder zwei vor das Meer gestellte Profilansichten, die bestimmt weniger schön waren als die der Frauen von Veronese, die ich nach rein ästhetischen Gesichtspunkten ihnen hätte vorziehen müssen. Konnte ich aber andere haben als solche Gesichtspunkte, wo ich doch, nachdem die Beängstigung von mir gewichen war, nur diese stummen Profile wiederfand und nichts außer ihnen besaß? Seitdem ich Albertine gesehen hatte, hatte ich täglich tausend Betrachtungen über sie angestellt, ich hatte mit dem, was ich als »sie« bezeichnete, einen langen inneren Dialog geführt, in dem ich sie fragen, antworten, denken, handeln ließ, und in der unendlichen Serie der vorgestellten Albertinen, die in mir stündlich aufeinanderfolgten, kam die wirkliche Albertine, die ich am Strande erblickt hatte, nur am Anfang vor, so wie die Schauspielerin, die eine Rolle kreiert hat, die »Erstbesetzung«, im Verlauf einer langen Reihe von Aufführungen nur in den allerersten auftritt. Diese Albertine war kaum mehr als eine Silhouette, alles, was dazugekommen war, hatte ich selbst erfunden; so sehr haben in der Liebe die Dinge, die wir selber hinzutun – sogar unter einem rein quantitativen Gesichtspunkt –, das Übergewicht über diejenigen, die das geliebte Wesen uns zukommen läßt. Dies trifft sogar für durchaus echte Liebesbeziehungen zu. Es gibt solche, die nicht nur für ihr Entstehen, sondern auch für ihr Bestehen äußerst wenig brauchen, selbst wenn die körperliche Erfüllung bereits stattgefunden hat. Ein ehemaliger Zeichenlehrer meiner Großmutter hatte von irgendeiner obskuren Geliebten eine Tochter. Die Mutter starb kurz nach der Geburt, und der Zeichenlehrer trauerte ihr so sehr nach, daß er sie nicht lange überlebte. In seinen letzten Lebensmonaten kamen meine Großmutter und ein paar andere Damen aus Combray, die ihrem Lehrer gegenüber niemals auch nur eine Anspielung auf jene Frau gemacht hatten, mit der er übrigens auch nie offiziell zusammengelebt und nur wenig Umgang gehabt hatte, auf den Gedanken, die Zukunft des kleinen Mädchens sicherzustellen, indem sie sich zusammentaten und ihm eine Rente aussetzten. Meine Großmutter hatte den Vorschlag gemacht, doch manche ihrer Freundinnen ließen sich recht bitten; lohnte es sich um dieses kleine Mädchen so sehr, war sie überhaupt die Tochter dessen, der sich für ihren Vater hielt? Bei solchen Frauen, wie die Mutter eine war, weiß man das ja nie. Endlich entschlossen sie sich doch. Die Kleine kam und bedankte sich. Sie war häßlich und dem alten Zeichenlehrer auf eine Weise ähnlich, die jeden Zweifel ausschloß; da ihr Haar ihre einzige Schönheit war, sagte eine der Damen zu dem Vater, der sie begleitete: »Was für schönes Haar sie doch hat.« Und in dem Gedanken, daß, da die Sünderin ja nicht mehr am Leben sei und der Lehrer auch schon mit einem Fuß im Grabe stehe, ein Wort über diese Vergangenheit, die man immer stillschweigend ignoriert hatte, keine Folgen mehr haben könne, setzte meine Großmutter hinzu: »Sie muß das doch geerbt haben. Hatte die Mutter der Kleinen denn auch so schönes Haar?« – »Ich weiß nicht«, gab der Vater in aller Unschuld zur Antwort. »Ich habe sie nie ohne Hut gesehen.«

Ich mußte wieder zu Elstir zurück. Dabei erblickte ich mich in einem Spiegel. Zu all dem Unglück, daß ich nicht mit den Mädchen bekannt gemacht worden war, mußte ich nun auch noch feststellen, daß meine Krawatte vollkommen schief saß und unter meinem Hut meine langen Haare hervorschauten, was mir sehr schlecht stand; immerhin war es ein glücklicher Zufall, daß sie mich, selbst in diesem Aufzug, mit Elstir getroffen hatten und mich nicht einfach vergessen konnten; ein anderer bestand darin, daß ich an diesem Tag auf den Rat meiner Großmutter hin meine hübsche Weste angezogen hatte, die ich um ein Haar im letzten Augenblick noch mit einer anderen, abscheulichen ausgetauscht hätte, und meinen schönsten Spazierstock bei mir führte; denn da ein Ereignis, das wir uns wünschen, sich zwar niemals so zuträgt, wie wir gedacht haben, weil vorteilhafte Voraussetzungen fehlen, auf die wir gerechnet hatten, dafür aber andere, unerhoffte sich einstellen, gleicht sich das Ganze wieder aus; wir haben auch so sehr das Schlimmste gefürchtet, daß wir dann schließlich alles in allem dem Zufall für seine Fügung eher dankbar sind. »Ich hätte so gern ihre Bekanntschaft gemacht«, sagte ich zu Elstir, als ich wieder bei ihm war. »Weshalb bleiben Sie denn meilenweit zurück?« Dies waren jedenfalls seine Worte; sie drückten wahrscheinlich seine Gedanken nicht aus, denn wenn er den Wunsch gehabt hätte, den meinen zu erfüllen, wäre es für ihn leicht gewesen, mich herbeizurufen, vielleicht aber hatte er irgendwann derartige Phrasen gehört, wie sie ja bei gewöhnlichen Leuten gebräuchlich sind, wenn sie sich falsch benommen haben; denn sogar große Männer sind in gewissen Dingen den gewöhnlichen ähnlich und schöpfen alltägliche Entschuldigungen aus dem gleichen Vorrat wie jene, so wie sie das tägliche Brot beim gleichen Bäcker holen; vielleicht aber sind auch solche Redensarten, die gleichsam umgekehrt gelesen werden müssen, da ihr wörtlicher Text das Gegenteil der Wahrheit aussagt, die notwendige Wirkung, das graphische Negativ eines Reflexes. »Sie hatten es eilig.« Ich selbst war der Meinung, daß sie ihn vor allem daran gehindert hatten, jemanden herbeizurufen, der ihnen wenig sympathisch war; sonst hätte er es sicher getan, nach all den Fragen, die ich ihm über sie gestellt, und dem offenkundigen Interesse, das ich für sie an den Tag gelegt hatte. »Ich habe Ihnen von Carquethuit erzählt«, sagte er, bevor ich ihn unter seiner Haustür verließ. »Ich habe eine kleine Skizze gemacht, auf der man die Konturen der Küste besser erkennt. Das Bild ist zwar nicht allzu schlecht, doch es ist etwas anderes. Wenn Sie erlauben, möchte ich Ihnen zur Erinnerung an unsere Bekanntschaft meine Skizze schenken«, setzte er hinzu, denn wenn uns Leute vorenthalten, was wir uns wünschen, schenken sie uns gern etwas anderes.

»Ich hätte sehr gern«, sagte ich, »wenn Sie eine besitzen, eine Photographie von dem kleinen Porträt der Miss Sacripant. Was bedeutet der Name eigentlich?« – »Das war eine Rolle, die damals das Modell in einer dummen kleinen Operette spielte.« – »Verstehen Sie mich recht, ich kenne die Dargestellte nicht, Sie scheinen das Gegenteil anzunehmen.« Elstir schwieg einen Augenblick. »Es ist doch nicht etwa Madame Swann, bevor sie verheiratet war?« fragte ich mit jenem unvermittelten Rühren an die Wahrheit, das alles in allem recht selten vorkommt, doch hinterher ausreicht, um das Theorem der Vorahnungen zu stützen, wenn man sorgfältig all die Irrtümer vergißt, die es entkräften würden. Elstir antwortete mir nicht. Tatsächlich stellte das Bild Odette de Crécy dar.[1] Sie hatte es aus vielen Gründen, von denen einige nur allzu offen zutage liegen, nicht behalten wollen. Es gab freilich auch noch andere. Das Porträt war vor jener Zeit gemalt, da Odette durch Disziplinierung ihrer Züge aus ihrem Gesicht und ihrer Gestalt jene Kreation gemacht hatte, die durch Jahre hindurch in den Hauptlinien von ihren Friseuren, ihren Schneidern und von ihr selbst – in ihrer Art, sich zu halten, zu sprechen, zu lächeln, die Hände, den Blick zu gebrauchen, zu denken – sorgfältig beachtet werden mußte. Es bedurfte der Verderbtheit eines längst erhörten Liebhabers, damit Swann den zahllosen Photographien jener Odette in Nevarietur-Ausgabe, die jetzt seine hinreißende Frau war, die kleine Photographie in seinem Zimmer vorzog, auf der man eine magere, eher unschöne junge Person mit bauschigem Haar und angespannten Zügen sah, die einen mit Stiefmütterchen garnierten Strohhut trug.

Selbst wenn das Porträt nicht wie Swanns Lieblingsphotographie vor der Systematisierung der Züge Odettes in Richtung auf einen neuen, majestätischen und bezaubernden Typus entstanden wäre, sondern erst hinterher, hätte doch Elstirs Sehweise genügt, um diesen Typ wieder in Unordnung zu bringen. Das künstlerische Genie wirkt sich in der Art jener sehr hohen Temperaturen aus, die Atomverbindungen auflösen und deren Bestandteile in einer völlig anderen Ordnung zu einem neuen Typus zusammenfügen können. Die ganze künstliche Harmonie, die eine Frau ihren Zügen aufgezwungen hat und deren Weiterbestehen sie täglich, bevor sie ausgeht, im Spiegel überwacht, wobei sie der Neigung des Hutes, der Anordnung des Haars, der Munterkeit des Blicks die Aufgabe zuweist, immer wieder den gleichen Effekt zu erzielen, löst der Blick des großen Malers sekundenschnell in ihre Bestandteile auf; sein Auge nimmt an ihrer Stelle in den Zügen der Frau eine Umgruppierung vor, die schließlich einem bestimmten weiblichen oder künstlerischen Ideal entspricht, das er in sich trägt. Ebenso kommt es vor, daß von einem bestimmten Alter an das Auge des großen Forschers überall die Elemente entdeckt, die er für das Herstellen von Beziehungen braucht, die allein ihn interessieren. Wie jene Arbeiter und Spieler, die keine Umstände machen, sondern sich mit dem begnügen, was ihnen in die Hände fällt, könnten auch sie von allem und jedem sagen: Das reicht aus. So hatte eine Kusine der Prinzessin von Luxemburg, eine höchst selbstbewußte Schönheit, die damals für diese zu ihrer Zeit aufkommende Kunstauffassung schwärmte, den größten der naturalistischen Maler gebeten, ihr Porträt zu malen. Sogleich hatte das Auge des Künstlers auch schon gefunden, was es überall suchte. So sah man denn auf dem Bild an Stelle der großen Dame eine Art Laufmädchen und hinter ihr eine riesige, etwas schiefe violette Dekoration, die an die Place Pigalle erinnerte.[1] Auch wenn es so weit nicht kommt, wird doch das von einem großen Künstler gemalte Bildnis einer Frau keineswegs darauf angelegt sein, gewissen Ansprüchen der Dargestellten Rechnung zu tragen – wie etwa jenen, denen zuliebe sie, wenn sie zu altern beginnt, sich in einer Art von Schulmädchenkleid photographieren läßt, in dem ihre noch jugendlich gebliebene Figur derart vorteilhaft zur Geltung kommt, daß sie wie die Schwester oder sogar die Tochter ihrer Tochter aussieht, wozu diese nötigenfalls entsprechend »aufgemacht« neben ihr steht –, sondern wird im Gegenteil alle nachteiligen Züge hervorheben, die sie selbst sorgfältig zu verstekken sucht, die aber, wie beispielsweise ein gelblicher oder sogar grünlicher Teint, ihn erst recht zur Wiedergabe reizen, weil sie »Charakter« haben; diese genügen aber dann, um dem gewöhnlichen Betrachter alle Illusionen zu rauben und das Idealbild zu zertrümmern, dessen Gerüst die Frau so stolz aufrechthielt und das ihrer einzigartigen, unverrückbaren Erscheinung einen Platz ganz außerhalb, ja oberhalb der übrigen Menschheit sicherte. Von ihrer Höhe herabgestürzt, des Typus entkleidet, in dessen Schutz sie unverletzlich thronte, ist sie nun nur noch eine beliebige Frau, an deren Überlegenheit wir keineswegs mehr glauben. In diesem Typus aber hatte für uns so sehr nicht nur die Schönheit einer

Odette, sondern auch ihre Persönlichkeit, ihre Identität bestanden, daß wir vor dem Porträt, in dem sie so gar nichts mehr davon hat, am liebsten nicht nur ausrufen möchten: »Wie häßlich sieht sie hier aus!«, sondern auch: »Wie unähnlich ist das Bild!« Wir haben Mühe zu glauben, daß sie es wirklich ist. Wir erkennen sie nicht wieder. Und doch spüren wir, daß wir dieses Wesen dort schon gesehen haben. Freilich ist es nicht Odette; das Gesicht dieses Wesens, sein Körper, sein Aussehen sind uns wohlbekannt. Sie rufen uns nicht die bestimmte Frau, die sich niemals so hielt, deren übliche Pose niemals eine so seltsame und provozierende Arabeske zeichnet, wohl aber andere Frauen in die Erinnerung zurück, alle jene, die Elstir gemalt und die er stets, wie ganz verschieden sie auch sein mögen, gern in dieser Weise frontal gesehen dargestellt hat, mit dem gestreckten Fuß, der unter dem Rock vorschaut, dem großen runden Hut, der, mit der Hand in Höhe des Knies gehalten, das er gleichzeitig bedeckt, in einer gewissen Symmetrie der runden Scheibe des Gesichts entspricht. Schließlich aber zerpflückt ein solches Meisterporträt nicht nur den Typus einer Frau, so wie ihre Koketterie und ihre egoistische Auffassung der Schönheit ihn umschrieben haben, sondern macht, wenn es alt ist, das Original auch älter, und zwar nicht nur in der Weise einer Photographie, die es etwa in altmodischer Aufmachung zeigt. Auf einem Porträt trägt nicht nur die Art, wie eine Frau gekleidet war, sondern auch der Stil, in dem der Künstler malte, den Stempel der Zeit. Dieser Stil, Elstirs erster Stil, kam für Odette einer Geburtsurkunde gleich, die denkbar belastend war, weil sie dadurch nicht nur wie durch die Photographien aus jener Epoche zu einer jüngeren Zeitgenossin der damals bekannten Kokotten gestempelt wurde, sondern weil er das Porträt als ebenso alt auswies wie jene, die Manet oder Whistler nach so vielen entschwundenen Modellen gemalt haben, die schon vergessen oder in die Geschichte eingegangen sind.

Zu solchen stillschweigenden Erwägungen, die ich an Elstirs Seite anstellte, während ich ihn nach Hause zurückbegleitete, veranlaßte mich meine Entdeckung hinsichtlich der Identität seines Modells, als diese erste Entdeckung mich eine zweite machen ließ, die, noch verwirrender für mich, die Identität des Künstlers selbst betraf. Er hatte Odette de Crécy porträtiert. Wäre es möglich, daß dieser geniale Mensch, dieser Weise, Einsiedler, Philosoph mit der wunderbaren Redegabe, der überlegen über den Dingen stand, jener lächerliche, widerwärtige Maler war, den die Verdurins seinerzeit protegierten? Ich fragte ihn, ob er sie gekannt habe, ob sie ihn vielleicht damals mit dem Beinamen Biche[1] belegt hätten. Er bejahte beides ohne Verlegenheit, als handle es sich um einen bereits entlegenen Teil seiner Existenz und als ahne er von der außergewöhnlichen Enttäuschung nichts, die er mir bereitete, doch als er die Augen hob, las er sie auf meinem Gesicht. Das seine nahm einen Ausdruck von Unzufriedenheit an. Da wir nun schon beinahe bei seiner Wohnung angekommen waren, hätte ein weniger an Geist und Herzensgüte herausragender Mensch mich vielleicht einfach etwas kühl verabschiedet und dann ein Wiedersehen vermieden. Nicht so Elstir; als wahrer Meister – und daß er ein solcher im wahrsten Sinne des Wortes war, bildete vom rein schöpferischen Gesichtspunkt aus vielleicht seinen einzigen Fehler, denn um ganz und gar in der Wahrheit des geistigen Seins aufgehen zu können, muß ein Künstler allein bleiben und nicht das Geringste von sich auch nur an Schüler verschwenden – suchte er aus jeder ihn oder andere betreffenden Begebenheit zur besseren Belehrung der jüngeren Menschen den Teil an Wahrheit herauszustellen, den sie enthielt. Anstatt Worte zu gebrauchen, bei denen seine Eigenliebe auf ihre Rechnung gekommen wäre, wählte er lieber solche, die mich belehren konnten. »Kein Mensch ist so weise«, sagte er zu mir, »daß er nicht in irgendeiner Phase seiner Jugend Dinge gesagt oder sogar ein Leben geführt hätte, an die er nur ungern erinnert wird und die er am liebsten rückgängig machen würde. Er muß das jedoch nicht unbedingt bedauern, weil nur sicher sein kann, daß er – soweit wie möglich – ein Weiser geworden ist, wer durch alle Inkarnationen der Lächerlichkeit oder Schändlichkeit hindurchgegangen ist, die vor jener letzten Inkarnation liegen müssen. Ich weiß, daß manche jungen Leute, Söhne und Enkel hervorragender Männer, durch ihre Erzieher vom ersten Schultag an zum Adel des Geistes und zu moralischer Haltung angehalten werden. Sie haben vielleicht im Leben später nichts zu bereuen, sie könnten alles, was sie gesagt und getan, nachträglich veröffentlichen und unterschreiben, doch sind sie armselige Geister, kraftlose Ableger von Doktrinären, deren Weisheit negativ und unfruchtbar bleibt. Man kann die Weisheit nicht fertig übernehmen, man muß sie selbst entdecken auf einem Weg, den keiner für uns gehen und niemand uns ersparen kann, denn sie besteht in einer bestimmten Sicht der Dinge. Ein Leben, das Sie bewundern, eine Haltung, die Ihnen vornehm erscheint, sind nicht vom Vater oder vom Erzieher arrangiert, es sind ihnen vielmehr Anfänge vorausgegangen, die ganz anders geartet, nämlich von allem beeinflußt sind, was an Bösem oder Banalem in ihrer Umgebung vorhanden war. Sie stellen einen Kampf und einen Sieg dar. Ich weiß, daß das Bild dessen, was wir in einer früheren Periode gewesen sind, nicht mehr wiederzuerkennen und in jedem Fall unerfreulich ist. Verleugnen aber sollten wir es nicht, denn es legt Zeugnis davon ab, daß wir wirklich gelebt haben, daß wir gemäß den Gesetzen des Lebens und des Geistes aus den gemeinen Elementen des Lebens, aus dem Leben der Ateliers und der Künstlercliquen, wenn wir Maler sind, etwas gewonnen haben, was darüber hinausragt.« Wir waren vor seiner Tür angelangt. Ich war enttäuscht, daß ich die jungen Mädchen nicht kennengelernt hatte. Allerdings würde es jetzt eine Gelegenheit geben, ihnen im Leben wiederzubegegnen; sie zogen jetzt nicht mehr nur vor einem Horizont vorbei, an dem sie, wie ich hatte glauben können, nie wieder erscheinen würden. Sie waren nicht mehr von jenem mächtigen Wirbel umbraust, der sie von mir trennte und der im Grunde nur ein Symbol des ewig ruhelos bewegten, drängenden, von Ängsten genährten Verlangens war, das sie durch ihre Unerreichbarkeit, ihr vielleicht endgültiges Sichentziehen in mir weckten. Mein Verlangen nach ihnen konnte ich nun zur Ruhe bringen und in Reserve halten: neben so vielen anderen Wünschen, deren Verwirklichung ich aufschob, sobald ich wußte, daß sie möglich war. Ich trennte mich von Elstir und war wieder allein. Da sah ich auf einmal, ungeachtet meiner Enttäuschung, im Geiste all die Zufälle vor mir, die ich nicht für möglich gehalten hätte: daß Elstir gerade mit den jungen Mädchen so gut bekannt war, daß sie, die am Morgen noch für mich bloße Bilder mit dem Meer als Hintergrund gewesen waren, mich gesehen hatten, noch dazu als nahen Bekannten eines großen Malers, der jetzt von meinem Wunsch, sie kennenzulernen, wußte und ihn zweifellos unterstützen würde. All dies hatte mir Freude bereitet, doch meine Freude war mir verborgen geblieben gleich jenen Besuchern, die ruhig abwarten und sich erst bemerkbar machen, wenn die anderen wieder gegangen und wir allein sind. Dann wird uns ihre Anwesenheit offenbar, wir können ihnen sagen: Ich stehe zu Ihrer Verfügung, und leihen ihnen unser Ohr. Manchmal sind zwischen dem Augenblick, in dem solche Freuden bei uns eingetreten sind, und dem, da wir selbst in uns Einkehr halten, so viele Stunden vergangen, wir haben in der Zwischenzeit so viele Menschen gesehen, daß wir fürchten, die Freuden hätten nicht auf uns gewartet. Sie sind jedoch geduldig, sie ermatten nicht, und sobald die anderen gegangen sind, treten sie vor uns hin. Manchmal sind wir dann so ermüdet, daß es uns scheint, als hätte unser versagendes Denken nicht mehr genügend Kraft, um derartige Erinnerungen und Eindrücke festzuhalten, für die unser fragiles Ich die einzige Wohnstatt, der einzige Ort der Verwirklichung ist. Das aber würden wir bedauern, denn das Dasein hat eigentlich nur an jenen Tagen Sinn, wo der Staub der Realitäten magischen Sand mit sich führt, wo irgendein banaler Vorfall etwas romanhaft Bedeutungsvolles bekommt. Ein ganzes Vorgebirge der unerreichbaren Welt schiebt sich dann, in traumhaftes Licht getaucht, in unser Leben hinein, in dem wir wie einer, der eben erwacht, die Gestalten vor uns sehen, von denen wir mit so leidenschaftlicher Intensität geträumt haben, daß wir glaubten, nur im Traum könnten wir ihnen begegnen.

Die Beschwichtigung, die mir durch die Wahrscheinlichkeit widerfuhr, ich würde jetzt mit den jungen Mädchen nach Wunsch Bekanntschaft machen können, gewann um so größeren Wert für mich, als ich mich in den nächsten Tagen ihrer Beobachtung nicht hätte widmen können, da diese durch die Abreisevorbereitungen Saint-Loups in Anspruch genommen waren. Meine Großmutter wünschte, meinem Freund ihre Dankbarkeit für die vielen Freundlichkeiten zu bezeigen, die er uns beiden erwiesen hatte. Ich sagte ihr, er sei ein großer Bewunderer Proudhons, und legte ihr den Gedanken nahe, die zahlreichen Originalbriefe des Philosophen kommen zu lassen, die sie erworben hatte; Saint-Loup kam ins Hotel, wo sie am Vorabend seines Aufbruchs eingetroffen waren, um sie anzusehen. Er las sie mit leidenschaftlicher Aufmerksamkeit durch, wobei er jedes Blatt mit größter Ehrfurcht behandelte und sich die Sätze einzuprägen versuchte; dann stand er auf und entschuldigte sich bei meiner Großmutter, daß er so lange geblieben sei, bekam aber folgendes zur Antwort:

»Aber nicht doch, nehmen Sie sie mit, sie gehören Ihnen; ich habe sie kommen lassen, um sie Ihnen zu schenken.«

Er wurde von einer Freude erfüllt, die ihn überwältigte wie ein Körperzustand, der uns unwillkürlich packt; er wurde scharlachrot im Gesicht wie ein gescholtenes Kind, und meine Großmutter war viel tiefer von seinen – übrigens erfolglosen – Bemühungen berührt, seiner Freude Herr zu werden, die ihn so heftig durchfuhr, als von allen Dankesworten, die er hätte hersagen können. Er aber, der glaubte, seine Dankbarkeit nur unzureichend ausgedrückt zu haben, bat mich noch am folgenden Tag vom Abteilfenster der lokalen Kleinbahn aus, die ihn in seine Garnison bringen sollte, deswegen um Entschuldigung. Diese Garnison war gar nicht weit entfernt. Er hatte daran gedacht, sich, wie er es häufig tat, wenn er am Abend zurückfahren mußte und es sich nicht um eine endgültige Abreise handelte, im Wagen dorthin zu begeben. Doch er hatte diesmal seine zahlreichen Gepäckstücke im Zug verstauen müssen und fand es daraufhin einfacher, ihn auch selbst zu benutzen, entsprechend dem Rat des Hoteldirektors, der auf Befragen geantwortet hatte: ob Wagen oder Eisenbahn, das sei »einigermaßen äquivok«. Er wollte damit ausdrücken, es sei äquivalent (etwa das also, was Françoise mit der Wendung »das macht überhaupt keinen anderen Unterschied« ausgedrückt hätte). »Gut«, hatte Saint-Loup sich entschieden, »ich werde also mit der ›Blindschleiche‹ fahren.« Wäre ich nicht müde gewesen, hätte ich auch einsteigen und meinen Freund nach Doncières begleiten mögen; so versprach ich ihm wenigstens, während wir auf dem Bahnhof von Balbec standen – also die ganze Zeit, die der Heizer des kleinen Zuges damit verbrachte, auf verspätete, ihm befreundete Leute zu warten, ohne die er nicht abfahren wollte, und verschiedene Erfrischungen zu sich zu nehmen –, ihn wöchentlich mehrmals zu besuchen. Da Bloch ebenfalls am Bahnhof erschienen war – sehr zum Mißvergnügen Saint-Loups – und mit anhörte, daß dieser mich bat, zum Mittagessen, zum Abendessen oder auch über Nacht nach Doncières zu kommen, sagte Saint-Loup zu ihm schließlich in äußerst kühlem Ton, der die erzwungene Liebenswürdigkeit der Einladung weitgehend aufheben und Bloch daran hindern sollte, diese ernst zu nehmen: »Wenn Sie je einen Nachmittag in Doncières verbringen, an dem ich gerade dienstfrei habe, fragen Sie in der Kaserne nach mir, aber ich bin fast nie frei.« Vielleicht fürchtete Robert auch, ich würde allein nicht kommen, und wollte in der Annahme, daß ich am Ende mit Bloch mehr befreundet sei, als ich sagte, mir die Möglichkeit geben, einen Antreiber zu der Fahrt und Reisebegleiter zu haben.

Ich fürchtete, sein Ton und diese gewisse Art, jemand einzuladen, indem man ihm gleichzeitig rät, keinesfalls zu kommen, könnten Bloch verstimmt haben, und fand, Saint-Loup hätte sich besser seine Worte gespart. Doch ich hatte mich getäuscht, denn nach Abfahrt des Zuges warf Bloch, solange wir den gleichen Weg hatten, also bis zur Kreuzung der beiden Straßen, die wir getrennt verfolgten – ich zu meinem Hotel, er zu der Blochschen Villa – immer wieder die Frage auf, an welchem Tag wir nach Doncières fahren würden, denn

»nachdem Saint-Loup so außerordentlich liebenswürdig zu ihm gewesen« sei, wäre es doch »von seiner Seite äußerst unhöflich«, seiner Einladung nicht zu folgen. Ich war froh, daß er nicht – oder doch mit so geringem Mißvergnügen, daß er tun wollte, als sei es ihm ganz entgangen – wahrgenommen hatte, in welchem so gar nicht dringenden, kaum eben noch höflichen Ton die Einladung ausgesprochen worden war. Allerdings hätte ich Bloch gern die Lächerlichkeit erspart, nun auf der Stelle nach Doncières zu fahren. Doch wagte ich nicht, ihm einen Rat zu geben, der ihm nur hätte mißfallen können, weil er ihm klargemacht hätte, Saint-Loup sei weniger drängend gewesen als er, Bloch, aufdringlich. Das war er nur in allzu hohem Maß, und obwohl alle Fehler, die er in dieser Richtung beging, durch bemerkenswerte Vorzüge aufgewogen wurden, die andere, zurückhaltendere Naturen wiederum nicht besaßen, trieb er doch die Taktlosigkeit so weit, daß es verstimmend wirkte. Die Woche durfte, wenn es nach ihm ging, nicht verstreichen, ohne daß wir nach Doncières fuhren (er sagte »wir«, denn ich glaube, er verließ sich etwas auf meine Anwesenheit, um die seine zu entschuldigen). Den ganzen Weg lang, vor der zwischen Bäumen verloren dastehenden Turnhalle, am Tennisplatz, vor dem Gemeindeamt, beim Muschelhändler, hielt er mich an und beschwor mich, einen Tag zu bestimmen, und als ich es nicht tat, ließ er mich ärgerlich mit den Worten stehen: »Nun, wie Sie wollen, mein Herr! Ich jedenfalls muß anstandshalber fahren, da ich eingeladen bin.«

Saint-Loup fürchtete so sehr, meiner Großmutter nicht genügend gedankt zu haben, daß er mich noch einmal bat, es für ihn zu tun, und zwar in einem Brief, den ich am übernächsten Tag aus der Stadt von ihm erhielt, in der er in Garnison lag und die auf dem Briefumschlag mit ihrem von der Post daraufgestempelten Namen selbst zu mir zu eilen schien, um mir zu sagen, in ihren Mauern, in der Kavalleriekaserne Louis XVI, denke er an mich. Das Blatt trug das Wappen der Marsantes: ich erkannte darin einen Löwen über einer Pairskrone.

»Nach einer Fahrt, die«, so schrieb er mir, »gut verlaufen ist bei der Lektüre eines Buches, das ich am Bahnhof kaufte und das einen gewissen Arvède Barine[1] zum Autor hat (er ist Russe, vermute ich, und schreibt für einen Ausländer auffallend gut, aber sagen Sie mir Ihre Meinung darüber, Sie kennen ihn gewiß, Sie Born der Weisheit, der Sie ja alles gelesen haben), bin ich nun wieder in das rauhe Leben hier zurückgekehrt, in dem ich mich recht wie ein Verbannter fühle und wo mir alles abgeht, was ich in Balbec zurückgelassen habe, in dieses Leben, das in nichts mehr an unsere freundschaftliche Zuneigung erinnert und das kein Zauber des Geistigen mehr umwebt, ein Leben, dessen Umstände Sie gewiß verachten würden, das aber trotzdem nicht reizlos ist. Alles scheint mir anders geworden, seit ich in Urlaub gegangen bin, denn in der Zwischenzeit hat ja eine besonders wichtige Ära meines Lebens, die unserer Freundschaft, begonnen. Ich hoffe, daß sie niemals enden wird. Ich habe von ihr und von Ihnen nur zu einer einzigen Person gesprochen, nämlich zu meiner Freundin, die sich als Überraschung ausgedacht hatte, hier eine Stunde mit mir zu verbringen. Sie würde Sie sehr gern kennenlernen, und ich glaube auch, Sie würden sich mit ihr gut verstehen, da auch sie sich sehr für alles Literarische interessiert. Sonst habe ich mich, um an unsere Gespräche zurückzudenken, um jene Stunden wieder durchleben zu können, die ich niemals vergessen werde, von meinen Kameraden völlig zurückgezogen, die an sich nette Jungen sind, aber ganz außerstande, so etwas zu verstehen. Am liebsten hätte ich die Erinnerung an die mit Ihnen verbrachte Zeit an diesem ersten Tag ganz für mich genossen, ohne Ihnen zu schreiben. Aber dann fürchtete ich, Ihr erlesener Geist und übersensibles Herz könnten befremdet sein, wenn Sie keinen Brief bekämen, wofern Sie überhaupt geruhen, Ihre Gedanken bis zu dem rauhen Reitersmann schweifen zu lassen, der Ihnen noch manches aufgeben wird, bis er weniger ungehobelt, kultivierter und Ihrer würdiger ist.«

Im Grunde glich dieser Brief in seiner liebevollen Form denen, die ich, bevor ich Saint-Loup kannte, von ihm zu bekommen mir ausgemalt hatte in jenen Träumereien, aus denen die Kälte seiner ersten Begrüßung mich herausgerissen hatte, als sie mich mit einer eisigen Wirklichkeit konfrontierte, die freilich nicht andauern sollte. Nachdem ich den einen Brief empfangen hatte, erkannte ich jetzt, wenn zur Zeit des Mittagessens die Post gebracht wurde, jeden von ihm gleich heraus, denn er hatte immer jenes zweite Gesicht, das ein Wesen uns zukehrt, wenn es abwesend ist, und in dessen Zügen (den Schriftzügen nämlich) wir sicher mit gutem Grund eine individuelle Seele ebenso deutlich erkennen wie in der Nasenlinie oder dem Tonfall der Stimme.

Ich blieb jetzt gern noch bei Tisch sitzen, während schon abgetragen wurde, und wenn es sich nicht gerade um einen Zeitpunkt handelte, zu dem die jungen Mädchen der kleinen Schar vorbeikommen konnten, wandte ich meine Blicke nicht mehr ausschließlich der Seeseite zu. Seitdem ich Elstirs Aquarelle gesehen hatte, suchte ich deren Gegenstände in der Wirklichkeit wiederzufinden und liebte sie wie etwas Poetisches: die unterbrochene Gebärde der noch kreuz und quer umherliegenden Messer, die gebauschte Form einer nicht zusammengelegten Serviette, in die die Sonne ein Stückchen gelben Samt einwebt, das halbgeleerte Glas, das dadurch um so besser den edlen Kelch seiner Umrißlinien zeigt, und auf dem Grunde seiner durchsichtigen Substanz, die nur wie eine Verdichtung des Tageslichts wirkt, eine dunkle, aber von Lichtreflexen flimmernde Neige Wein, die Verschiebung der Größenordnungen, die Umwandlung der Flüssigkeiten durch den Beleuchtungseinfall, die Verwandlung der Pflaumen, die in der nur noch halbvollen Obstschale von grünen in blaue und von blauen in goldene Töne übergehen, die Promenade der abgenutzten Stühle, die zweimal am Tag sich um einen Tisch versammeln, der festlich gedeckt ist wie ein Altar, auf dem die Riten der Schlemmerei zelebriert werden sollen und wo in den Austernschalen ein paar Tropfen lustrierenden Wassers zurückgeblieben sind wie in winzigen steinernen Weihwasserbecken; ich versuchte die Schönheit dort zu erkennen, wo ich sie mir niemals vorgestellt hatte, in den gebräuchlichsten Dingen, jenem inneren Leben, das auf »Stilleben« dargestellt wird.[1]

Als ich ein paar Tage nach Saint-Loups Abreise Elstir dazu gebracht hatte, eine kleine Nachmittagsgesellschaft zu veranstalten, bei der ich Albertine treffen sollte, tat es mir leid, daß ich die momentane Frische und Eleganz, die beim Verlassen des Hotels an mir festzustellen war (dank einer ausgedehnteren Ruhe und der besonderen, meiner Toilette gewidmeten Aufmerksamkeit), nicht (ebenso wie den Kredit, der mir durch Elstir zuteil wurde) für die Eroberung einer anderen, interessanteren Person aufsparte, daß ich vielmehr alles dies für das bloße Vergnügen, Albertines Bekanntschaft zu machen, aufwenden sollte. Mein Verstand stellte mir dieses Vergnügen als ziemlich mittelmäßig hin, seitdem es mir sicher war. Doch der Wille in mir teilte diese Illusion nicht einen Augenblick, der Wille, jener beharrliche, unentwegte Diener unserer einander ablösenden Persönlichkeiten; im Dunkel verborgen, unbeachtet, aber unablässig treu, wirkt er unberührt von den Wandlungen unseres Ichs unermüdlich daran, daß diesem nie fehlt, was es braucht. Während in dem Augenblick, da eine langersehnte Reise Gestalt annehmen soll, Verstand und Gefühl sich zu fragen beginnen, ob das Unternehmen wirklich die Mühe lohnt, läßt der Wille, der weiß, daß diese müßigen Herren die Reise sofort wieder ganz wundervoll fänden, wenn sie nicht statthaben könnte, die beiden noch vor dem Bahnhof darüber diskutieren und allerlei Hemmungen haben; er selber beschäftigt sich damit, die Fahrkarten zu besorgen und uns rechtzeitig zur Abfahrt ins Eisenbahnabteil zu setzen. Er ist ebenso unbeugsam wie Verstand und Gefühl veränderlich sind, da er aber schweigsam ist und seine Gründe nicht angibt, scheint er fast nicht dazusein; die anderen Teile unseres Ichs folgen seiner festen Entschlossenheit, doch ohne es zu merken, während sie deutlich vor sich nur ihre Unentschiedenheit sehen. Mein Verstand und mein Gefühl fingen also über den Wert des Vergnügens einer Bekanntschaft mit Albertine zu diskutieren an, während ich im Spiegel eitle und flüchtige, der Verschönerung dienende Dinge betrachtete, die die beiden gern für eine andere Gelegenheit unberührt aufgespart hätten. Mein Wille aber ließ den Augenblick des Aufbruchs nicht verstreichen und gab dem Kutscher zielbewußt Elstirs Adresse an. Mein Verstand und mein Gefühl konnten nun, da die Würfel gefallen waren, in Muße finden, es sei schade. Hätte mein Wille eine andere Adresse angegeben, wären sie zutiefst enttäuscht gewesen.

Als ich bei Elstir etwas später ankam, glaubte ich zunächst, Mademoiselle Simonet sei gar nicht im Atelier. Ich sah wohl ein junges Mädchen in einem Seidenkleid dasitzen, ohne Hut, doch ich erkannte weder ihr üppiges Haar noch Nase, noch Teint und fand überhaupt in ihr die Wesenheit nicht wieder, die ich aus einer jungen Radfahrerin mir gewonnen hatte, die mit einer Polomütze auf dem Kopf am Meer entlanggefahren war. Und doch war es Albertine. Aber selbst als ich es wußte, kümmerte ich mich nicht um sie. Wenn man noch jung ist und in einen mondänen Kreis tritt, stirbt man zunächst sich selber ab, man wird ein anderer Mensch; denn jeder Salon ist eine neue Welt, in der man unter dem Gesetz einer veränderten geistigen Perspektive seine Aufmerksamkeit mit einer Kraft, als würden sie immer für uns ihre Wichtigkeit behalten, auf Personen, Tänze, Kartenspiele richtet, an die man am nächsten Tag schon nicht mehr denken wird. Da ich, um zu einer Unterhaltung mit Albertine zu gelangen, einem Weg folgen mußte, den ich mir nicht selbst vorgezeichnet hatte, einen Weg, der zunächst bei Elstir haltmachte, dann zu anderen Gruppen von Eingeladenen führte, denen mein Name genannt wurde, dann am Büfett vorbei, wo mir Erdbeertörtchen angeboten wurden, die ich auch aß, während ich unbeweglich eine Musik anhörte, die soeben einsetzte, wies ich diesen verschiedenen Episoden die gleiche Wichtigkeit zu wie dem Akt, mit dem ich Mademoiselle Simonet vorgestellt werden würde, wobei dieses Vorgestelltwerden nur mehr ein Vorgang unter vielen anderen schien und ich völlig vergessen hatte, daß er noch ein paar Minuten zuvor der einzige Zweck meines Kommens gewesen war. Geht es nicht übrigens genauso im tätigen Leben mit dem wahren Glück und Unglück, das uns betrifft? Inmitten anderer Personen erhalten wir von der, die wir lieben, die beglückende oder tödliche Antwort, auf die wir seit einem Jahr warteten. Wir aber müssen fortfahren zu plaudern, die Ideen fügen sich eine an die andere und bilden eine Schicht, deren Oberfläche von der viel tiefer liegenden, aber nur einen schmalen Raum einnehmenden Erinnerung daran, daß für uns das

Unglück begonnen hat, höchstens von Zeit zu Zeit leise bewegt wird. Handelt es sich aber nicht um Unglück, sondern um Glück, so erinnern wir uns möglicherweise erst Jahre später, daß das größte Ereignis in unserem Gefühlsleben sich vollzogen hat, ohne daß wir Zeit gehabt hätten, ihm größere Aufmerksamkeit zu widmen, ja kaum, uns seiner bewußt zu werden, weil es beispielsweise in eine mondäne Zusammenkunft fiel, zu der wir doch nur in Erwartung dieses Ereignisses uns begeben hatten.

In dem Augenblick, als Elstir mich zu kommen bat, damit er mich Albertine vorstellen könne, die etwas weiter entfernt saß, aß ich zunächst mein Mokkaeclair auf und fragte interessiert einen alten Herrn, dessen Bekanntschaft ich gemacht und dem ich geglaubt hatte, die Rose schenken zu dürfen, die er in meinem Knopfloch bewundert hatte, nach Einzelheiten über gewisse Volksfeste in der Normandie. Das soll nicht heißen, daß die dann erfolgte Vorstellung mir keine Freude bereitet hätte und nicht in meinen Augen von einem gewissen Ernst begleitet gewesen wäre. Was die Freude anlangte, so erfuhr ich sie an mir natürlich erst etwas später, als ich schon im Hotel, allein und wieder ich selbst geworden war. Es ist mit solchen Freuden wie mit Photographien. Was man in Gegenwart der Geliebten aufnimmt, ist nur ein Negativ, man entwickelt es später, wenn man zu Hause ist und wieder über die Dunkelkammer im Inneren verfügt, deren Eingang, solange man andere Menschen sieht, »vernagelt« ist.

Das Wissen um meine Freude wurde zwar auf diese Weise für mich um ein paar Stunden hinausgeschoben, doch kam mir die Bedeutung des Vorstellungsaktes sofort zum Bewußtsein. Mögen wir uns auch im Augenblick eines solchen Bekanntwerdens noch so sehr plötzlich als Inhaber eines uns zuteil gewordenen »Bons« für künftige Freuden fühlen, hinter dem wir seit Wochen hergelaufen sind, so werden wir uns doch auch bewußt, daß seine Aushändigung an uns nicht nur quälenden Bemühungen – was uns freilich mit Genugtuung erfüllen müßte – ein Ende bereitet, sondern auch dem Bestehen eines gewissen Wesens, das unsere Phantasie abgewandelt und unsere angstvolle Befürchtung, wir möchten es niemals kennenlernen, bedeutend vergrößert hatte. In dem Augenblick, da unser Name aus dem Mund des Vorstellenden hervorgeht, besonders sofern er, wie jetzt durch Elstir, von schmeichelhaften Kommentaren begleitet ist – diesem weihevollen Augenblick, der demjenigen gleicht, da ein Geist in einem Märchenspiel eine Person in eine andere verwandelt –, entschwindet uns diejenige, der wir uns nähern wollten; wie sollte sie auch sie selbst bleiben, da – kraft der Aufmerksamkeit, die die Unbekannte auf unseren Namen und unsere Person verwenden muß – in den noch gestern ins Unendliche gerichteten Augen (denen, wie wir glaubten, die unsrigen, umherirrend, schweifend, verzweifelnd, nach allen Richtungen gleitend, niemals begegnen könnten) der bewußte Blick, der für uns nicht zu ermittelnde Gedanke, den wir darin suchten, auf wunderbare Weise und doch ganz einfach durch unser eigenes Bild ersetzt worden ist, das da, wie auf den Grund eines lächelnden Spiegels, aufgemalt erscheint? Wenn unser eigenes Verkörpertwerden in dem, was uns ganz und gar von uns verschieden schien, die Person, der wir vorgestellt worden sind, mehr als alles zu verändern vermag, bleibt die Gestalt dieser Person doch immer noch ziemlich verschwommen, und wir können uns fragen, ob sie ein Gott, ein Tisch oder ein Tiegel sein wird.[1] Doch ebenso geschickt wie jene Zeroplastiker, die in fünf Minuten vor unseren Augen eine Büste entstehen lassen, werden die paar Worte, die die Unbekannte uns sagt, diese Gestalt genauer umreißen und ihr etwas Endgültiges geben, das alle Hypothesen ausschließt, deren Spielball unser Verlangen und unsere Einbildungskraft noch am Vortag waren. Gewiß war Albertine für mich schon vor dieser Nachmittagseinladung nicht mehr so ganz das reine Phantom, würdig, uns unser ganzes Leben lang heimzusuchen, wie es eine Vorübergehende bleiben wird, von der wir gar nichts wissen und die wir kaum richtig gesehen haben. Ihre Verwandtschaft mit Madame Bontemps hatte jene wunderbaren Hypothesen bereits eingeschränkt, indem sie eine der Richtungen verlegte, nach der diese sich hätten weiter ausbreiten können. In dem Maße, wie ich dem jungen Mädchen näherkam und sie besser kennenlernte, vollzog sich die Bekanntschaft mit ihr durch einen Subtraktionsprozeß, denn jeder einzelne der durch Phantasie und Verlangen bestimmten Teile ihres Wesens wurde durch eine Kenntnis ersetzt, die unendlich viel weniger wert war, eine Kenntnis, zu der allerdings im Bereich des Lebens etwas hinzukam: eine Art Äquivalent dessen, was Finanzgesellschaften nach Einlösung der Stammaktien ausgeben und was man Genußschein nennt. Ihr Name, ihre Verwandtschaft waren die ersten Schranken für meine Vermutungen. Die Liebenswürdigkeit, die sie entfaltete, während ich von ganz nahem nunmehr den kleinen Schönheitsfleck auf der Wange unterhalb des Auges wiederfinden konnte, war eine weitere Beschränkung; endlich fiel mir noch ihr Gebrauch des Adverbs »vollkommen« an Stelle von »ganz« auf, als sie nämlich von zwei verschiedenen Personen sagte, die eine sei »vollkommen verrückt, aber doch sehr nett« und von jemand anderem, er sei ein »vollkommen gewöhnlicher, vollkommen langweiliger Mensch«. So wenig erfreulich nun auch dieser Gebrauch des Wortes »vollkommen« sein mag, bezeichnet er doch einen gewissen Grad von Zivilisiertheit und Kultur, deren ich die radfahrende Bacchantin, die orgiastische Muse des Golfspiels nicht für fähig gehalten hätte. Das hindert im übrigen auch nicht, daß Albertine nach dieser ersten Verwandlung noch mehrmals für mich eine andere werden sollte. Die Vorzüge und Fehler, die ein Mensch zuvorderst auf seinem Gesicht zur Schau trägt, ordnen sich zu einem ganz anderen Gebilde, wenn wir ihn von einer neuen Seite her ansehen – so wie in einer Stadt die auf einer Linie verteilten Bauwerke von einem anderen Blickpunkt aus staffelförmig nach der Tiefe angeordnet sind und sich in ihren Größenverhältnissen zueinander verschieben. Zunächst einmal fand ich, daß Albertine aus der Nähe gesehen eher befangen wirkte als erbarmungslos; sie schien mir eher wohlanständig als ungezogen, nach solchen Äußerungen zu schließen wie »sie führt sich schlecht auf, sie führt sich ziemlich komisch auf«, mit denen sie alle jungen Mädchen bedachte, die ich vor ihr erwähnte; endlich war jetzt auch noch der Teil ihres Gesichts, der unwillkürlich die Blicke auf sich zog, eine gerötete Schläfe, die nicht sehr schön aussah, und nicht mehr jener seltsame Blick, an den ich bis dahin so oft zurückgedacht hatte. Indessen war dies nur ein zweiter Eindruck, und sicher gab es noch andere, die ich nacheinander würde verarbeiten müssen. So könnte man nur, nachdem man nicht ohne tastende Versuche solche anfänglichen optischen Irrtümer erkannt hat, zu einer genauen Kenntnis eines Wesens gelangen, wenn diese Kenntnis überhaupt möglich wäre. Doch sie ist es nicht; denn während das Bild, das wir von ihnen haben, sich allmählich berichtigt, wandelt sich auch das Wesen, das kein bewegungsloser Punkt in unserem Objektiv ist; wir glauben es wieder einzufangen, und schon verschiebt es sich wieder; wenn wir es endlich klarer zu sehen meinen, ist uns nur gelungen, die alten Bilder, die wir von ihm in uns aufgenommen hatten, deutlicher wahrzunehmen; doch sie stellen jenes Wesen nicht mehr dar.

Dennoch ist trotz der unvermeidlichen Enttäuschungen, die er uns bringen wird, ein solcher Schritt in der Richtung auf das, was man nur halb erschaut hat, aber sich in aller Muße zunächst einmal hat vorstellen können, der einzige, der zuträglich für die Sinne ist und deren Hunger wach erhält. Von welcher trüben Langeweile muß das Leben der Menschen erfüllt sein, die aus Trägheit oder Schüchternheit sich unmittelbar im Wagen zu Freunden begeben, die sie kennenlernten, ohne zuvor von ihnen geträumt zu haben, und niemals auf der Fahrt bei dem zu verweilen wagen, was sie sich eigentlich wünschen!

Ich kehrte in Gedanken an die Nachmittagseinladung nach Hause zurück, sah vor mir das Mokkaeclair, das ich erst aufgegessen hatte, bevor ich mich von Elstir zu Albertine führen ließ, die Rose, die ich dem alten Herrn geschenkt hatte, all die ohne unser Wissen von den Umständen ausgewählten Dinge, die für uns mit ihrer einmaligen und zufälligen Konstellation das Bild einer ersten Begegnung bestimmen. Dieses Bild glaubte ich dann aber von einem ganz anderen, weit von mir entfernten Blickpunkt aus zu betrachten, als mir klar wurde, daß es nicht nur für mich existiert hatte. Als ich nämlich einige Monate später mit Albertine über den ersten Tag unserer Bekanntschaft sprach, rief sie mir zu meinem großen Erstaunen das Mokkaeclair in Erinnerung, auch die Blume, die ich verschenkt hatte, kurz alles, von dem ich glaubte, es sei, ich kann nicht einmal sagen wichtig nur für mich, sondern überhaupt nur von mir bemerkt worden, wovon ich aber jetzt in der Vorstellungswelt Albertines eine Abschrift, eine Fassung entdeckte, deren Vorhandensein ich nicht vermutet hatte. Schon an jenem ersten Tag, als ich auf dem Heimweg das Erinnerungsbild betrachtete, das ich in mir trug, erkannte ich, welch ein Taschenspielertrick hier kunstgerecht ausgeführt worden war und wie ich mich einen Augenblick lang mit einer Person unterhalten hatte, die, ohne daß sie das geringste von jener hatte, der ich so lange am Meeresstrand folgte, mit gauklerhafter Fingerfertigkeit dieser untergeschoben war. Ich hätte es übrigens von vornherein erraten können, denn das junge Mädchen vom Strand war ja von mir gefertigt worden. Da ich sie aber in meinen Gesprächen mit Elstir nun einmal mit Albertine identifiziert hatte, fühlte ich trotzdem die moralische Verpflichtung, die einer nur vorgestellten Albertine gemachten Liebesversprechungen nunmehr gegenüber der anderen zu erfüllen. Wie einer, der sich durch Stellvertretung verlobt und sich danach verpflichtet fühlt, den vertretenden Teil zu ehelichen. Wenn übrigens, wenigstens einstweilen, aus meinem Leben eine Beängstigung entschwunden war, zu deren Beschwichtigung bereits die wohlanständigen Manieren, der Ausdruck »vollkommen« und die entzündete Stelle an der Schläfe genügt hatten, so weckte diese Erinnerung doch in mir eine andere Art von Verlangen, das, wiewohl sanft und keineswegs quälend, gleich einem geschwisterlichen Gefühl, auf die Dauer doch ebenso gefährlich werden konnte, indem es mich unentwegt wünschen ließ, diese neue Person zu küssen, deren korrekte Umgangsformen, Schüchternheit und unerwartete Umgänglichkeit den nutzlosen Lauf meiner Phantasie hemmten, dafür aber einer gerührten Dankbarkeit Raum gaben. Da außerdem die Erinnerung sogleich beginnt, Aufnahmen herzustellen, die unabhängig voneinander bestehen, und jede Verbindung, jede fortschreitende Ordnung zwischen den vorgestellten Szenen zu verhindern weiß, hebt innerhalb der

Sammlung, die sie uns vorlegt, die letzte nicht notwendigerweise die vorhergehenden auf. Gegenüber der unbedeutenden und rührenden Albertine, mit der ich gesprochen hatte, sah ich die geheimnisvolle vor dem Meer als Hintergrund. Beide waren jetzt Erinnerungen, das heißt Bilder, von denen mir das eine nicht wahrer schien als das andere. Um aber das Kapitel dieser ersten Vorstellung abzuschließen: als ich den kleinen Schönheitsfleck auf der Wange unter dem Auge suchte, erinnerte ich mich daran, daß ich bei Elstir am Fenster, als Albertine gegangen war, diesen Fleck auf ihrem Kinn gesehen hatte. Ich war mir eben bei ihrem Anblick des Vorhandenseins eines solchen Schönheitsflecks bewußt, doch meine umherirrende Erinnerung siedelte ihn auf Albertines Gesicht einmal an dieser und einmal an jener Stelle an.

Wie enttäuscht ich auch war, in Mademoiselle Simonet ein von allen mir bekannten so wenig sich unterscheidendes Mädchen gefunden zu haben, sagte ich mir doch – ebenso wie meine Enttäuschung über die Kirche von Balbec meinen Wunsch nicht beeinträchtigte, nach Quimperlé, Pont-Aven oder nach Venedig zu gehen –, daß ich durch Albertine wenigstens, wenn sie schon selbst meinen Erwartungen nicht entsprach, ihre Freundinnen, die kleine Schar, kennenlernen könnte.

Ich glaubte erst, es werde mir nicht gelingen. Da sie ebenso wie ich noch sehr lange in Balbec bleiben würde, hatte ich gefunden, das Beste sei, sich nicht um eine Begegnung mit ihr zu bemühen, sondern ruhig abzuwarten, bis die Gelegenheit sich bot. Doch wenn diese sich alle Tage ergäbe, stand sehr zu befürchten, daß Albertine sich damit begnügen würde, von fern meinen Gruß zu erwidern, der in diesem Fall, täglich während der ganzen Saison wiederholt, mich nicht würde weiterbringen können.

Kurz darauf wurde ich eines Morgens, als es geregnet hatte und beinahe kalt war, auf der Strandpromenade von einem jungen Mädchen mit Barett und Muff angesprochen, das so anders aussah als diejenige, die ich bei Elstirs kleiner Gesellschaft getroffen hatte, daß es für den Geist eine fast unerfüllbare Zumutung schien, ein und dieselbe Person in ihr zu erkennen; es gelang mir zwar, aber erst nach einer Sekunde überraschten Staunens, das, glaube ich, Albertine nicht entging. Da ich mich andererseits in diesem Augenblick der »guten Manieren« erinnerte, die mir so aufgefallen waren, setzten mich jetzt umgekehrt der rüde Ton und ihr ganzes, der »kleinen Schar« angepaßtes Gehaben in Erstaunen. Zudem war die Schläfe nicht mehr der zentrale und beruhigende Blickpunkt in ihrem Gesicht, entweder weil ich mich auf ihrer anderen Seite befand oder weil das Barett die Stelle bedeckte oder die Entzündung eben nicht chronisch war. »Was für ein Wetter!« sagte sie. »Im Grunde ist das mit dem ewigen Sommer in Balbec doch nur blödes Gerede. Sie tun wohl hier überhaupt gar nichts, wie? Sie lassen sich weder auf dem Golfplatz blicken noch bei den Kasinobällen; reiten tun Sie offenbar auch nicht. Das muß ja furchtbar langweilig für Sie sein! Finden Sie nicht, daß man vollkommen verdummt, wenn man immer am Strand hockt? Aha, Sie räkeln sich gern in der Sonne, was? Sie haben ja Zeit im Überfluß. Na, ich sehe jedenfalls, Sie sind nicht wie ich. Ich schwärme nämlich für alles, was Sport ist! Bei den Sogne-Rennen[1] sind Sie wohl auch nicht gewesen? Wir sind mit der Tramway hingefahren, das verstehe ich ja allerdings, daß diese Schneckenpost Sie nicht reizt! Wir haben zwei Stunden gebraucht! Mit meinem Drahtesel wäre ich dreimal hin- und zurückgekommen.« Ich, der ich Saint-Loup bewundert hatte, als er ganz natürlich die lokale Kleinbahn wegen ihres gewundenen Dahinkriechens als »Blindschleiche« bezeichnet hatte, fühlte mich jetzt durch die Leichtigkeit eingeschüchtert, mit der Albertine von »Tramway« und »Schneckenpost« sprach. Ich spürte ihre Meisterschaft in der Wortwahl auf einem Gebiet, auf dem sie, wie ich fürchtete, meine Unterlegenheit verachtungsvoll feststellen würde. Dabei hatte sich mir der Reichtum an Synonymen, über den die kleine Schar zur Bezeichnung der Kleinbahn verfügte, noch nicht offenbart. Beim Sprechen hielt Albertine den Kopf unbeweglich still, spannte die Nasenflügel und machte einen spitzen Mund. Daraus ergab sich ein schleppender, nasaler Tonfall, bei dem vielleicht eine ererbte provinzielle Gewohnheit, jugendliches, geziertes Nachahmen des britischen Phlegmas, der Unterricht einer Erzieherin aus dem Ausland und eine hypertrophe Schwellung der Nasenschleimhaut eine Rolle spielen mochten. Diese Sprechweise, die sie übrigens bald wieder aufgab, wenn sie die Leute besser kannte und in ihre natürliche Kindlichkeit zurückverfiel, hätte für unerfreulich gelten können. Doch sie war eigentümlich und entzückte mich. Jedesmal, wenn ich sie ein paar Tage lang nicht getroffen hatte, sprach ich mir mit Genuß die Worte: »Sie lassen sich nie auf dem Golfplatz blicken« in dem gleichen näselnden Tonfall, mit dem sie selbst sie gesagt hatte, und in ihrer ganz geraden, den Kopf unbeweglich lassenden Haltung vor. Ich hatte dann das Gefühl, es gebe keinen begehrenswerteren Menschen als sie.

Wir bildeten an diesem Morgen eines jener Paare, mit denen die Strandpromenade hier und da punktiert war, die zusammentrafen, anhielten, gerade lang genug, um ein paar Worte auszutauschen, und dann wieder getrennt nach verschiedenen Richtungen weitergingen. Ich benutzte jene Reglosigkeit, um endgültig zu ermitteln und mir einzuprägen, wo der Schönheitsfleck saß. Ebenso wie ein Thema aus der Sonate von Vinteuil, das mich entzückt hatte und das in meinem Gedächtnis zwischen dem Andante und dem Finale hin und her schwankte bis zu dem Tag, da ich es anhand der Partitur im Scherzo entdecken und ihm in meiner Erinnerung seinen unverrückbaren Platz zuweisen konnte, blieb der kleine Schönheitsfleck, den ich mir abwechselnd auf der Wange und auf dem Kinn vorgestellt hatte, nun für alle Zeiten über der Oberlippe gleich unter der Nase stehen. So begegnen wir auch staunend Versen, die wir auswendig können, in einem Stück, in dem wir sie nicht vermutet hätten.

Als solle vor der Kulisse des Meeres in der unbegrenzten Fülle und Vielheit seiner Formen jenes ganze reiche Schauspiel inszeniert werden, das der schöne Vorbeizug der gleichzeitig golden und rosig strahlenden, von Sonne und Wind gebräunten Jungfrauen darstellte, tauchte in diesem Augenblick die Gruppe von Albertines Freundinnen auf – mit den schönen Beinen, den geschmeidigen Körpern, und doch alle gänzlich voneinander verschieden – und bewegte sich auf einer parallelen, dem Meer etwas näher liegenden Bahn in unserer Richtung. Ich bat Albertine um die Erlaubnis, sie ein Stück zu begleiten. Leider begnügte sie sich damit, ihnen mit der Hand zuzuwinken. »Aber Ihre Freundinnen werden sich beschweren, wenn Sie sie allein lassen«, sagte ich in der Hoffnung, wir würden zusammen ein Stück spazierengehen. Ein junger Mann mit regelmäßigen Zügen trat, zwei Tennisschläger in der Hand, zu uns heran. Es war der Bakkaratspieler, über dessen Leichtsinn die Frau des Gerichtspräsidenten sich nicht beruhigen konnte. Mit kühler, unbewegter Miene, die er wahrscheinlich für das Letzte an Vornehmheit hielt, sagte er Albertine guten Tag. »Kommen Sie vom Golfplatz, Octave?« fragte sie ihn. »Wie ist es gegangen? Waren Sie gut in Form?« –

»Ach, scheußlich, scheußlich«, sagte er, »ich hatte so ein Pech.« – »War Andrée auch da?« – »Ja, sie hat siebenundsiebzig gemacht.«[1] – »Oho, das ist ja ein Rekord.« – »Gestern sind es bei mir zweiundachtzig geworden.« Er war der Sohn eines sehr reichen Industriellen, der eine ziemlich bedeutende Rolle bei der bevorstehenden Weltausstellung[2] spielen sollte. Ich war erstaunt, in welchem Grad sich bei diesem jungen Mann und den anderen sehr wenig zahlreichen männlichen Freunden der jungen Mädchen die Kenntnis alles dessen, was die Kleidung und die Art, sie zu tragen, Zigarren, Bargetränke, Pferde betraf – er war in diese Dinge bis in die kleinsten Details eingeweiht, und mit stolzer Unfehlbarkeit erreichte er in dieser Hinsicht etwas wie die schweigsame Bescheidenheit des großen Gelehrten –, isoliert von allem anderen, ohne die geringste Entsprechung auf dem Gebiet der Kultur des Geistes, entwickelt hatte. Er zögerte keinen Augenblick, wenn es sich darum handelte, ob bei dieser oder jener Gelegenheit ein Smoking oder ein Pyjama angebracht sei, hatte aber keine Ahnung davon, in welchem Fall man ein bestimmtes Wort verwenden kann oder nicht, ja nicht einmal von den einfachsten Regeln der französischen Sprache. Die Diskrepanz zwischen diesen beiden Bereichen der Kultur war offenbar genauso schon bei seinem Vater vorhanden, der als Präsident des Hauseigentümerverbandes von Balbec in einem offenen Brief an die Wähler, den er an allen Mauern anschlagen ließ, die folgende Wendung gebrauchte: »Ich habe den Bürgermeister aufsuchen wollen, um mit ihm davon zu sprechen, doch hat er meine gerechten Beschwerden nicht zu Worte kommen lassen.« Octave heimste im Kasino bei sämtlichen Boston- und Tangowettbewerben Preise ein, woraufhin er, wenn er gewollt hätte, in jenem »Seebadmilieu«, in dem die jungen Mädchen nicht nur im übertragenen Sinn ihren »Tänzer«

heiraten, eine nette Partie hätte machen können. Er zündete sich eine Zigarre an und sagte dabei zu Albertine gewendet: »Sie erlauben doch«, in dem Ton, mit dem jemand die Erlaubnis erbittet, während eines Gespräches noch rasch eine dringende Arbeit erledigen zu dürfen. Denn er mußte immer »etwas zu tun haben«, obwohl er übrigens nie etwas tat. Da völliges Nichtstun aber die gleichen Wirkungen hervorbringt wie übertriebenes Arbeiten, und zwar sowohl auf psychischem wie auf körperlichem Gebiet, hatte die unaufhörliche Abwesenheit jedes geistigen Impulses hinter der Denkerstirn des bewußten Octave den Effekt, ihn trotz seiner nach außen hin zur Schau getragenen Ruhe mit einem völlig unergiebigen Denkbedürfnis zu erfüllen, das ihn des Nachts am Schlaf hinderte, wie es einem überarbeiteten, mit metaphysischen Problemen ringenden Philosophen hätte widerfahren können.

In dem Gedanken, daß ich bei näherer Bekanntschaft mit ihren Freunden die jungen Mädchen häufiger würde sehen können, war ich schon fast im Begriff, mich ihm vorstellen zu lassen. Ich sagte es zu Albertine, sobald er mit den Worten: »Scheußlich, scheußlich, so ein Pech«, sich empfohlen hatte. Ich glaubte, ihr damit nahezulegen, sie solle es doch das nächstemal tun. »Aber hören Sie mal«, rief sie aus, »ich kann Sie doch nicht mit einem Gigolo bekannt machen! Es wimmelt hier nämlich von Gigolos. Aber mit Ihnen könnten solche Leute kein Gespräch führen. Der hier spielt sehr gut Golf, aber das ist auch alles. Soviel weiß ich jedenfalls, Ihr Fall wäre er überhaupt nicht.« – »Ihre Freundinnen werden sich beklagen, wenn Sie sich gar nicht um sie kümmern«, sagte ich noch einmal in der Hoffnung, sie werde mir vorschlagen, mit ihr zusammen zu den anderen zu gehen. »Ach wo, die brauchen mich nicht.« Wir stießen auf Bloch, der mich mit einem wissenden, anzüglichen Lächeln grüßte, dann aber, befangen durch die Gegenwart Albertines, die er nicht kannte oder doch wenigstens »nur vom Sehen« kannte, mit einer steifen, ablehnenden Bewegung den Kopf auf die Brust herabsenkte. »Wer ist denn dieser ungeschliffene Kerl?« fragte mich Albertine. »Ich weiß nicht, weshalb er mich grüßt, er kennt mich doch gar nicht. Ich habe ihn deshalb auch nicht wiedergegrüßt.« Ich hatte keine Zeit, Albertine zu antworten, denn Bloch kam geradenwegs auf mich zu: »Entschuldige, wenn ich störe, aber ich möchte dir doch sagen, daß ich morgen nach Doncières fahre! Ich kann nicht länger warten, ohne unhöflich zu sein. Ich frage mich schon, was de Saint-Loup-en-Bray von mir denken mag. Laß dir also sagen, daß ich jedenfalls den Zug um zwei Uhr benutze; tu du, was du willst.« Ich aber dachte nur noch daran, wie ich Albertine wiedersehen und versuchen könnte, ihre Freundinnen kennenzulernen, und Doncières, wohin sie nicht gingen und von wo ich erst zurückkäme, wenn sie den Strand schon verlassen hatten, kam mir vor wie ein Ort am anderen Ende der Welt. Ich sagte also Bloch, es sei mir unmöglich, zu fahren. »Gut, dann fahre ich eben allein. Ich werde Saint-Loup – um seinem Klerikalismus zu schmeicheln – die törichten Alexandriner des Herrn Arouet vortragen:

Apprends que mon devoir ne dépend pas du sien;
Qu'il y manque, s'il veut; je dois faire le mien.[1]

Auf seinem Sinn der Pflicht darf nicht der meine ruhn;
Genügt er seiner nicht, muß ich doch meine tun.«

»Ich gebe zu, er ist ein ganz hübscher Junge«, sagte Albertine zu mir,»aber ich kann gar nicht sagen, wie widerwärtig er mir ist!«

Ich hatte nie daran gedacht, daß Bloch ein hübscher

Junge sein könnte; er war es in der Tat. Mit seinem etwas stark gebauten Kopf, seiner kräftig gebogenen Nase, seinen äußerst gescheiten Zügen, denen man zugleich ansah, wie überzeugt er von seiner Gescheitheit war, hatte er eigentlich ein angenehmes Gesicht. Daß er jedoch Albertine gefallen könnte, war unmöglich. Das mochte vielleicht mit ihren schlechten Seiten zusammenhängen, mit der Härte, der Fühllosigkeit der kleinen Schar, ihrer Grobheit gegenüber allem, was nicht sie selbst war. Übrigens ließ später, als ich die beiden miteinander bekannt gemacht hatte, Albertines Abneigung nicht nach. Bloch gehörte Kreisen an, in denen zwischen dem Spott, den man mit der feinen Gesellschaft treibt, und dem daneben bestehenden Respekt vor den guten Sitten, wie ihn ein Mann, der »auf sich hält«, haben soll, gewissermaßen ein besonderer Kompromiß geschlossen wird, der sich von den Gepflogenheiten der feinen Gesellschaft unterscheidet und dabei zugleich eine besonders aufreizende Spielart mondänen Auftretens darstellt. Machte man Bloch mit einem anderen Menschen bekannt, so verbeugte er sich mit einer Miene, in der sich skeptisches Grinsen mit übertriebener Hochachtung mischte, und wenn es ein Mann war, sagte er »Ich bin entzückt, mein Herr« mit einer Stimme, der man außer der Ironie über die eben gesprochenen Worte auch das Bewußtsein anhörte, jemandem zu gehören, der kein Rüpel ist. Nachdem er so jeweils die erste Sekunde einem Brauch widmete, den er einhielt und zugleich verspottete (wie er zum Beispiel am 1. Januar sagte: »Ein gutes und glückliches wünsch' ich Ihnen«), setzte er gleich hinterher eine listige, übergescheite Miene auf und brachte irgendwelche »ausgeklügelten Dinge« vor, in denen meist viel Wahrheit steckte, die aber Albertine »auf die Nerven gingen«. Als ich ihr an diesem ersten Tag sagte, er heiße Bloch, bemerkte sie: »Das habe ich mir doch gedacht, daß das ein Itzig ist. Ganz typisch: aufdringlich wie eine Wanze.« Im übrigen sollte Bloch später Albertine auch noch auf andere Weise mißfallen. Wie viele Intellektuelle konnte er einfache Dinge nicht einfach sagen. Er versah sie mit einem preziös gewählten Adjektiv und verallgemeinerte dann. Es verstimmte Albertine, die nicht gern hatte, daß man sich mit ihrem Tun und Lassen beschäftigte, wenn Bloch, als sie sich den Fuß verstaucht hatte und Ruhe halten mußte, erklärte: »Sie ist auf der Chaiselongue, aber dank der Gabe der Ubiquität auch bei allfälligen Golf- und etwaigen Tennispartien anzutreffen.« Das war zwar nur »Literatur«, hätte aber genügt, um Albertine – wegen der ihr möglicherweise daraus erwachsenden Unannehmlichkeiten bei Leuten, denen sie eine Einladung abgesagt hatte, weil sie sich nicht rühren könne – auf das Gesicht und auf die Stimme eines Burschen, der so etwas sagte, allergisch werden zu lassen. Wir trennten uns, Albertine und ich, nachdem wir ausgemacht hatten, uns einmal zu einem gemeinsamen Ausgang zu treffen. Ich hatte mit ihr gesprochen, ohne zu wissen, wohin meine Worte fielen und wie sie aufgenommen würden, ganz als wenn ich Kieselsteine in einen bodenlosen Abgrund geworfen hätte. Daß unsere Reden gewöhnlich von der Person, an die wir uns wenden, mit einem Sinn erfüllt werden, den diese ihrem eigenen Wesen entnimmt und der höchst verschieden von dem ist, den wir selber in diese Worte gelegt haben, ist eine Tatsache, die das tägliche Leben uns unaufhörlich lehrt. Wenn wir uns aber außerdem noch in Gegenwart eines Menschen befinden, dessen Erziehung (wie es für mich bei Albertine der Fall war) uns völlig unbekannt und unvorstellbar ist wie auch seine Neigungen, seine Lektüre, seine Prinzipien, wissen wir nicht, ob unsere Worte etwas in ihm wecken, was ihnen stärker entspricht als im Falle eines Tieres, dem wir trotzdem gewisse Dinge begreiflich machen wollen. So kam es, daß der Versuch, mich mit Albertine anzufreunden, mir wie eine Berührung mit dem schlechthin Unbekannten, ja Unmöglichen erschien, ebenso schwierig wie das Zureiten eines Pferdes, ebenso erholsam wie das Züchten von Bienen oder Rosen.

Ein paar Stunden zuvor hatte ich noch geglaubt, Albertine werde meinen Gruß nur von fern erwidern. Nun hatten wir uns nach Verabredung eines gemeinsamen Ausflugs getrennt. Ich nahm mir vor, Albertine gegenüber bei unserer nächsten Begegnung kecker aufzutreten, und legte mir (jetzt, da ich voll und ganz den Eindruck hatte, daß sie ziemlich leichtfertig sei) im voraus einen Plan zurecht, was ich ihr alles sagen und was alles an Freuden ich mir von ihr erbitten würde. Doch der Geist unterliegt wechselnden Einflüssen ebensosehr wie die Pflanze, wie die Zelle oder wie ein chemisches Element, und das Milieu, in dem er beim Eintauchen eine Änderung erfährt, wird durch die Umstände, durch einen neuen Rahmen gebildet. Anders geworden durch die Tatsache ihrer Gegenwart, sagte ich, als ich dann wieder mit Albertine zusammen war, zu ihr etwas ganz anderes, als ich mir vorgenommen hatte. Dann wieder erinnerte ich mich an die gerötete Schläfe und fragte mich, ob Albertine nicht eine Freundlichkeit höher einschätzen würde, deren Uneigennützigkeit ihr klar würde. Endlich schüchterten mich gewisse Blicke, eine bestimmte Art ihres Lächelns ein. Sie konnten ein Ausfluß leichter Sitten oder auch nur der etwas törichten Heiterkeit eines mutwilligen, doch im Grunde ehrenhaften jungen Mädchens sein. Der gleiche Ausdruck, ob physiognomisch oder sprachlich, ließ verschiedene Deutungen zu; ich zögerte wie ein Schüler bei den Schwierigkeiten einer Übersetzung aus dem Griechischen.

Jenes Mal stießen wir fast sofort auf die Große, Andrée, diejenige, die über den alten Herrn hinweggesprungen war; Albertine mußte mich mit ihr bekannt machen. Ihre Freundin hatte ungewöhnlich helle Augen; es war, als schaute man in einer dunklen Wohnung durch die offene Tür in ein vom Licht der Sonne und vom grünlichen Widerschein des glitzernden Meeres durchtränktes Zimmer.

Fünf Herren kamen vorbei, die ich vom Sehen gut kannte, seitdem ich in Balbec war. Oft hatte ich mich gefragt, wer sie sein mochten. »Das sind keine sehr schicken Leute«, meinte Albertine mit geringschätzigem Lächeln. »Der kleine Alte mit den gelben Handschuhen sieht doch komisch aus, ist doch toll hergerichtet, was? Das ist der Zahnarzt von Balbec, sonst ein ganz ordentlicher Mann; der Dicke ist der Bürgermeister, nicht der ganz kleine Dicke – den müssen Sie auch schon gesehen haben, das ist der Tanzmeister aus dem Kasino, er ist spießig, uns kann er nicht leiden, weil wir zuviel Lärm machen, seine Stühle demolieren und ohne Teppich tanzen wollen, er gibt uns deshalb auch niemals einen Preis, obwohl wir die einzigen sind, die hier tanzen können. Der Zahnarzt ist ein ganz braver Mann, ich hätte ihm guten Tag gesagt, um den Tanzmeister zu ärgern, aber ich konnte nicht, weil Monsieur de Sainte-Croix bei ihnen ist, der dem Senat angehört; er kommt aus einer sehr guten Familie, hat sich aber von den Republikanern kaufen lassen; kein Mensch, der auf sich hält, grüßt ihn noch. Er kennt meinen Onkel, weil der in der Regierung ist, aber meine übrige Familie schaut ihn nicht mehr an. Der Magere mit dem Regenmantel ist der Dirigent des Kurorchesters. Was, den kennen Sie nicht? Er ist einfach göttlich! Haben Sie nicht die *Cavalleria rusticana*[1] gehört? Ach, das finde ich ideal! Heute abend gibt er ein Konzert, aber wir können nicht hingehen, weil es im Rathaussaal ist. Im Kasino machte es nichts, aber im Rathaussaal, aus dem das Kruzifix entfernt worden ist[1] – Andrées Mutter träfe der Schlag, wenn wir dort hingingen. Sie werden mir zwar entgegenhalten, daß ja der Mann meiner Tante in der Regierung ist. Aber was wollen Sie, Tante ist Tante. Ich liebe sie übrigens deshalb noch nicht! Sie hat immer nur den Wunsch gehabt, mich irgendwie loszuwerden. Die Frau, die wirklich wie eine Mutter zu mir gewesen ist und von der das doppelt verdienstvoll war, weil sie ja nicht meine Mutter war, ist eine Freundin, aber die liebe ich dafür auch wie eine Mutter. Ich werde Ihnen gelegentlich eine Photographie von ihr zeigen.« Wir wurden einen Augenblick unterbrochen, denn der Golfchampion und Bakkaratspieler Octave kam und begrüßte uns. Ich glaubte, etwas Gemeinsames zwischen ihm und mir entdeckt zu haben, denn aus dem Gespräch ging hervor, daß er mit den Verdurins verwandt und bei ihnen recht gern gesehen sei. Aber er sprach mit Verachtung von den berühmten Mittwochabenden, bemerkte, Verdurin sei der Gebrauch des Smokings unbekannt und es sei denn doch eher peinlich, wenn man ihm in gewissen Music-Halls begegnete, wo man sich lieber nicht mit »Tag, kleiner Bengel« von einem Herrn begrüßt gesehen hätte, der eine Jacke und eine schwarze Krawatte trug wie ein Provinznotar. Dann ließ Octave uns wieder allein, und bald darauf verabschiedete sich auch Andrée, die vor der kleinen Villa, in der die Ihren wohnten, angekommen war, ohne daß sie auf dem ganzen Spaziergang ein Wort zu mir gesagt hatte. Ich bedauerte ihr Verschwinden um so mehr, als, während ich Albertine gegenüber bemerkte, ihre Freundin verhalte sich ziemlich kühl zu mir, und bei mir selbst die Schwierigkeit, die Albertine mit dem Herstellen einer Verbindung zwischen mir und ihren Freundinnen zu haben schien, mit der Feindseligkeit verglich, auf die bei ihnen Elstir mit der Erfüllung meines Wunsches an jenem ersten Tag gestoßen zu sein schien, zwei junge Mädchen vorüberkamen, die ich grüßte: die Demoiselles d'Ambresac; auch Albertine sagte ihnen guten Tag.

Ich meinte, mein Ansehen bei Albertine werde dadurch gewinnen. Sie waren die Töchter einer Verwandten von Madame de Villeparisis, die auch mit Madame de Luxembourg bekannt war. Monsieur und Madame d'Ambresac, die eine kleine Villa in Balbec besaßen und außerordentlich reich waren, führten ein denkbar einfaches Leben, der Mann trug stets die gleiche Jacke, die Frau ein dunkles Kleid. Alle beide grüßten meine Großmutter jeweils höchst ehrerbietig, doch führte das zu keiner weiteren Annäherung. Die sehr hübschen Töchter zogen sich eleganter an, es war aber eine städtische Eleganz, die an die See nicht recht paßte. Mit ihren langen Kleidern und großen Hüten sahen sie aus, als gehörten sie einer anderen Menschenart an als Albertine. Diese wußte sehr gut, wer die beiden waren. »Ah! Sie kennen die kleinen d'Ambresacs? Na, da kennen Sie aber sehr feine Leute. Übrigens sind sie sehr einfach«, setzte sie hinzu, als ob das ein Widerspruch wäre. »Sie sind sehr nett, aber so wohlerzogen, daß sie nicht ins Kasino dürfen, besonders unseretwegen nicht, weil wir uns schlecht benehmen. Sie gefallen Ihnen? Na, das ist Geschmackssache. Es sind nichts als weiße Gänschen. Das kann seinen Reiz haben. Wenn Sie für weiße Gänschen schwärmen, dann sind Sie dort an der richtigen Adresse. Die scheinen damit gefallen zu können, denn eine von ihnen ist schon verlobt mit einem Marquis de Saint-Loup. Die Jüngere ist sehr traurig darüber, denn sie war in den jungen Mann verliebt. Mich regt schon ihre Art mit spitzem Mund zu sprechen auf. Und außerdem ziehen sie sich so lächerlich an. Sie gehen in seidenen Kleidern zum Golf. In ihrem Alter sind sie schon anspruchsvoller gekleidet als manche älteren Damen, die sich zu kleiden verstehen. Schauen Sie Madame Elstir an, das ist eine elegante Frau.« Ich antwortete, daß Madame Elstir mir sehr einfach in ihrer Kleidung vorgekommen sei. Albertine lachte. »Sie ist tatsächlich sehr einfach angezogen. Aber einfach himmlisch. Und um das zu erreichen, was Sie einfach nennen, gibt sie ein Wahnsinnsgeld aus.« Die Kleider von Madame Elstir wurden von denen gar nicht bemerkt, die keinen sicheren und maßvollen Geschmack in Dingen der Kleidung hatten. Mir selbst ging dieser Geschmack ab. Elstir besaß ihn im höchsten Grade, wenn man Albertine Glauben schenken wollte. Ich hatte weder das geahnt noch daß die eleganten, aber einfachen Dinge, mit denen sein Atelier angefüllt war, Wunderwerke darstellten, die er lange Zeit heiß ersehnt und von einer Versteigerung zur anderen verfolgt hatte – er kannte ihre ganze Geschichte –, bis zu dem Tag, da er genug Geld verdiente, um sie erwerben zu können. Doch darüber konnte Albertine, die ebensowenig davon verstand wie ich, mir weiter nichts erzählen. Dagegen wußte sie in puncto Toilette – durch einen Instinkt der Koketterie und vielleicht auch durch den schmerzlichen Verzicht eines armen jungen Mädchens geleitet, das dann um so uneigennütziger und mit feinem Empfinden bei den Reichen schätzt, was sie selbst als Schmuck nicht besitzen kann – sehr wohl zu berichten, wie raffiniert Elstir in dieser Hinsicht sei: so überempfindlich sogar, daß er geradezu alle Frauen schlecht angezogen fand, daß eine bestimmte Proportion oder eine Nuance für ihn eine ganze Welt bedeuteten und er für seine Frau zu unerhörten Preisen Sonnenschirme, Hüte, Mäntel herstellen ließ, deren Reize er Albertine auseinandergesetzt hatte und die eine Person ohne Geschmack nicht mehr bemerkt hätte, als ich es bis dahin tatsächlich tat. Übrigens hegte

Albertine, die selbst etwas Malerei getrieben hatte, ohne dabei, wie sie selber sagte, irgendeine Begabung dafür zu besitzen, große Bewunderung für Elstir, und dank dem, was er ihr gesagt und gezeigt hatte, verstand sie sich auf Bilder in einem Maße, das zu ihrer Begeisterung für die *Cavalleria rusticana* in krassem Widerspruch stand. In Wirklichkeit nämlich, obwohl man es noch kaum merkte, war sie sehr intelligent, und soweit die Dinge, die sie sagte, dumm waren, lag es weniger an ihr als an ihrem Milieu und ihrem Alter. Elstir hatte auf sie einen ausgezeichneten, aber nur teilweise wirksamen Einfluß gehabt. Die verschiedenen Formen der Intelligenz waren bei Albertine nicht bis zu dem gleichen Grad der Entwicklung gelangt. Ihr Verständnis für Malerei hatte bei ihr fast dasjenige für Kleidung und alle Formen der Eleganz eingeholt, wogegen ihr musikalischer Geschmack dahinter sehr weit zurückgeblieben war.

Es half nicht viel, daß Albertine wußte, wer die Demoiselles d'Ambresac waren, denn da derjenige, der das Größere kann, nicht notwendigerweise auch das Geringere vermag, fand ich sie, nachdem ich diese jungen Mädchen gegrüßt hatte, nicht geneigter als zuvor, mich mit ihren Freundinnen bekannt zu machen. »Es ist sehr nett von Ihnen, daß Sie solches Aufhebens um sie machen. Kümmern Sie sich doch gar nicht um sie. Es ist nichts an ihnen. Was können denn solche Mädels schon für einen Menschen bedeuten, wie Sie einer sind? Andrée ist wenigstens bemerkenswert intelligent. Sie ist ein liebes Mädchen, obwohl vollkommen launenhaft, aber die anderen sind wirklich furchtbar dumm.« Nachdem ich mich von Albertine getrennt hatte, verspürte ich plötzlich großen Kummer, daß mir Saint-Loup nichts von seiner Verlobung gesagt hatte und etwas so Unrechtes tat wie sich zu verheiraten, ohne mit seiner Geliebten gebrochen zu haben. Wenige Tage darauf jedoch wurde ich Andrée vorgestellt, und da sie ziemlich lange mit mir sprach, benutzte ich die Gelegenheit, ihr zu sagen, daß ich sie gern am folgenden Tag sehen würde, doch sie antwortete mir, es sei unmöglich, da sie ihre Mutter bei ziemlich schlechtem Befinden angetroffen habe und sie nicht allein lassen wolle. Zwei Tage später besuchte ich Elstir, und er erzählte mir, daß Andrée eine große Sympathie für mich hege; ich antwortete ihm: »Ich selbst habe viel Sympathie für sie vom ersten Tag an gehabt, ich wollte sie gerne am nächsten Tag wiedersehen, aber sie konnte nicht.« – »Ja, ich weiß, sie hat es mir erzählt«, sagte Elstir, »es tat ihr furchtbar leid, aber sie hatte eine Einladung zu einem Picknick zehn Meilen von hier angenommen, wohin sie im Break[1] fahren sollte, und konnte nicht mehr absagen.« Obwohl diese Lüge, da Andrée mich so wenig kannte, an sich ganz unbedeutend war, hätte ich doch nicht weiter mit einem Menschen umgehen sollen, der dazu fähig war. Denn was die Leute getan haben, tun sie unaufhörlich auch weiterhin. Und wenn man jedes Jahr wieder einen Freund besucht, der das erste Mal sich zu einer Verabredung nicht hat einfinden können oder erkältet war, so wird man ihn das nächste Mal mit einer anderen Erkältung antreffen, die er gerade bekommen hat, man wird ihn bei einer weiteren Begegnung verfehlen, zu der er nicht erschienen ist, und zwar immer aus dem gleichen Grund, an dessen Stelle er verschiedenartige Gründe zu haben glaubt, die aus den gerade gegebenen Umständen folgen.

An einem der Vormittage, die auf denjenigen folgten, als Andrée mir gesagt hatte, sie müsse bei ihrer Mutter bleiben, ging ich ein Stück mit Albertine spazieren, die ich dabei angetroffen hatte, wie sie gerade am Ende einer Schnur ein merkwürdiges Attribut in die Höhe hob, das sie der »Abgötterei« von Giotto[2] ähnlich erscheinen ließ; das Ding heißt übrigens »Diabolo«[3] und ist derart aus der Mode gekommen, daß vor dem Porträt eines jungen Mädchens mit einem solchen Gegenstand künftige Kommentatoren gelehrte Ansichten werden äußern können, nicht anders als darüber, was irgendeine der allegorischen Figuren der Arenakapelle in der Hand halten mag.[1] Kurz darauf kam ihre ärmlich und hartherzig aussehende Freundin, jene, die am ersten Tag mit höhnischem Grinsen gesagt hatte: »Der alte Knabe kann einem leid tun« und damit den alten Herrn meinte, den Andrées leichte Füße gestreift hatten, und fragte Albertine: »Guten Tag, ich störe euch doch nicht?« Sie hatte ihren Hut abgenommen, der ihr offenbar lästig war, und ihre Haare lagen, wie eine bezaubernde unbekannte Spezies aus dem Pflanzenreich mit zartem bis ins einzelne gegliedertem Laub, auf ihrer Stirn. Gereizt vielleicht darüber, daß sie so barhaupt daherkam, antwortete Albertine ihr nicht; sie bewahrte ein eisiges Schweigen, doch die andere blieb trotzdem, wurde aber von Albertine stets in einer gewissen Entfernung von mir gehalten, denn diese richtete es so ein, daß sie jeweils ein paar Augenblicke mit ihr allein war und dann wieder mit mir vorausging, so daß wir die andere hinter uns zurückließen. Ich mußte Albertine schließlich in Gegenwart ihrer Freundin bitten, dieser vorgestellt zu werden. In dem Augenblick aber, als Albertine meinen Namen nannte, sah ich auf dem Gesicht und in den blauen Augen des jungen Mädchens, das mir so grausam vorgekommen war, als es gesagt hatte: »Der alte Knabe kann einem leid tun«, ein herzliches, liebevolles Lächeln flüchtig aufblitzen, außerdem reichte sie mir die Hand. Ihr Haar war golden, aber nicht nur das Haar, denn wenn auch ihre Wangen rosig und ihre Augen blau wirkten, so waren sie doch wie der noch rötliche Morgenhimmel, durch den überall das Gold des Tages schon hindurchzublitzen scheint.

Da ich sofort Feuer fing, sagte ich mir, sie sei eben in der Liebe noch ein scheues Kind, sicher aber eben aus Liebe zu mir trotz Albertines ablehnendem Verhalten doch bei uns geblieben und wohl glücklich, mir schließlich durch ihren guten, lächelnden Blick zu verstehen zu geben, daß sie ebenso sanft mit mir zu sein vorhabe, wie sie schrecklich zu anderen war. Gewiß hatte sie mich am Strand sogar schon bemerkt, als ich sie noch nicht kannte, und seither an mich gedacht; vielleicht hatte sie sich, um sich von mir bewundern zu lassen, über den alten Herrn lustig gemacht und an den folgenden Tagen mißmutig ausgesehen, weil es ihr nicht gelang, meine Bekanntschaft zu machen. Vom Hotel aus hatte ich sie oft bemerkt, wie sie des Abends am Strand spazieren ging. Das tat sie wahrscheinlich in der Hoffnung, mir zu begegnen. Jetzt aber, befangen in der Gegenwart Albertines, wie sie es auch inmitten der kleinen Schar gewesen wäre, heftete sie sich offensichtlich trotz der immer kühler werdenden Haltung ihrer Freundin in der Hoffnung an uns, als letzte zurückzubleiben und mit mir eine Verabredung treffen zu können für einen Augenblick, da es ihr möglich sein würde, ohne Wissen ihrer Familie und ihrer Freundinnen zu entweichen und mich an einer verschwiegenen Stelle zu treffen, vor der Messe oder nach dem Golf. Es war um so schwieriger, sich mit ihr zu verabreden, als Andrée schlecht mit ihr stand und sie gar nicht mochte. »Ich habe lange genug ihre schreckliche Falschheit ausgehalten«, sagte Andrée zu mir, »ihre Kriecherei und die unzähligen Gemeinheiten, die sie mir gegenüber begangen hat. Ich habe alles über mich ergehen lassen wegen der anderen. Aber was sie letzthin gemacht hat, ging denn doch zu weit.« Und sie erzählte mir einen von dem jungen Mädchen in Umlauf gesetzten Klatsch, der tatsächlich geeignet war, Andrée zu schaden.

Doch die Worte, die Gisèles Blick mir für den Augenblick zu verheißen schien, da Albertine uns allein zurückgelassen hätte, konnten mir nicht gesagt werden, weil Albertine, die sich hartnäckig zwischen uns beide drängte, allmählich nur noch ganz kurz und schließlich überhaupt nicht mehr auf die Reden ihrer Freundin Antwort gab und diese schließlich das Feld räumte. Ich machte Albertine Vorwürfe, daß sie so unangenehm gewesen sei. »Das wird sie lehren, etwas taktvoller zu sein. Sie ist keine schlechte Person, aber sie kann einem furchtbar auf die Nerven fallen. Sie braucht ja nicht überall ihre Nase hineinzustecken. Warum heftet sie sich denn derart an unsere Sohlen, wo sie doch niemand darum gebeten hat; es war höchste Zeit, daß ich sie einmal habe abfahren lassen. Übrigens finde ich abscheulich, wie sie ihr Haar trägt, geradezu ordinär.« Ich betrachtete die Wangen Albertines, während sie mit mir sprach, und fragte mich, welchen Duft und Geschmack sie wohl haben mochten: an jenem Tag waren sie nicht von unverfälschter Frische, sondern wie poliert, von gleichförmigem, ins Violette spielendem Rosa, wie gewisse Rosen, die mit einer Wachsschicht überzogen sind. Ich war so leidenschaftlich entzückt von ihnen, wie man es manchmal von einer Blumensorte ist. »Das ist mir nicht aufgefallen«, antwortete ich ihr. »Sie haben sie dabei sehr genau angeschaut, es sah aus, als wollten Sie sie mindestens porträtieren«, antwortete Albertine, ohne sich durch die Tatsache besänftigt zu fühlen, daß ich in diesem Augenblick sie selbst so intensiv anschaute. »Ich glaube dennoch nicht, daß sie Ihnen gefallen würde. Flirten liegt ihr gar nicht. Sie mögen sicher gern junge Mädchen, mit denen man flirten kann. Na, jedenfalls wird sie keine Gelegenheit haben, sich weiter an uns zu heften und sich wegschicken zu lassen, denn sie fährt heute nachmittag nach Paris zurück.« – »Und Ihre anderen Freundinnen reisen auch?« – »Nein, nur sie mit ihrer

Miss, weil sie ihre Prüfungen noch einmal machen muß. Sie muß jetzt büffeln, die Arme. Das ist kein Vergnügen, kann ich Ihnen sagen. Es kommt natürlich vor, daß man ein gutes Thema erwischt. Zufall ist ja alles. Ein Mädchen, mit dem wir befreundet sind, hat dieses gehabt: ›Schildern Sie einen Unfall, den sie mitangesehen haben.‹ Das ist nun wirklich Glück. Aber ich kenne auch eine, die hatte, und noch dazu schriftlich, zu behandeln: ›Mit wem wären Sie lieber befreundet, mit Alceste oder Philinte?‹.[1] Da hätte ich Blut und Wasser geschwitzt! Von allem anderen abgesehen ist das gar keine Frage, die man jungen Mädchen stellen kann. Junge Mädchen sind mit anderen Mädchen befreundet, und man nimmt von ihnen nicht an, daß sie Herren als Freunde haben.« (Dieser Satz, der mir zeigte, wie wenig Aussicht ich hatte, in die kleine Schar aufgenommen zu werden, ließ mich zittern.) »Aber auf alle Fälle, auch wenn die Frage an junge Männer gestellt wird – was soll man denn eigentlich darüber zu sagen finden? Mehrere Familien haben an den *Gaulois*[2] geschrieben und sich darüber beschwert, daß solche schwierigen Fragen gestellt werden. Das Tollste aber ist, daß in einer Sammlung der besten Arbeiten preisgekrönter Schülerinnen das Thema zweimal auf absolut entgegengesetzte Weise behandelt worden ist. Alles hängt eben davon ab, wer prüft. Der eine wollte hören, Philinte sei ein schmeichlerischer und unaufrichtiger Weltmann, der andere, man könne zwar Alceste seine Bewunderung nicht versagen, aber er sei doch zu bitter und jedenfalls als Freund komme viel eher Philinte in Betracht. Wie sollen sich denn da die unglücklichen Schülerinnen auskennen, wenn die Lehrer selbst unter sich nicht einig sind? Und dabei ist das noch gar nichts, es wird jedes Jahr schlimmer. Wenn Gisèle durchkommt, dann bestimmt nur dank einer gehörigen Dosis Vitamin B.«

Ich kehrte ins Hotel zurück, meine Großmutter war nicht da; ich wartete lange auf sie, und als sie endlich kam, beschwor ich sie, sie möge mir doch aufgrund unvorhergesehener Umstände erlauben, einen Ausflug zu machen, der vielleicht achtundvierzig Stunden dauern werde; ich aß mit ihr zu Mittag, bestellte einen Wagen und ließ mich zum Bahnhof bringen. Gisèle würde sicher bei meinem Anblick nicht erstaunt sein; wenn wir erst in Doncières in den Pariser Zug umgestiegen wären, würde es einen Wagen mit Seitengang geben, in dem ich, während die Miss ihr Schläfchen machte, Gisèle in dunkle Ecken ziehen und mit ihr eine Begegnung in Paris verabreden könnte für die Zeit nach meiner Rückkehr, die ich soviel wie möglich beschleunigen wollte. Je nachdem wie sie es wünschte, würde ich sie bis Caen oder Évreux begleiten und mit dem nächsten Zug zurückfahren. Doch was würde sie wohl denken, wenn sie erführe, daß ich lange zwischen ihr und ihren Freundinnen geschwankt, daß ich ebensogut bereit gewesen wäre, mich in Albertine oder das junge Mädchen mit den hellen Augen oder in Rosemonde zu verlieben! Jetzt, da mich eine auf Gegenseitigkeit beruhende Liebe mit Gisèle verbinden sollte, war ich von Reue erfüllt. Ich hätte ihr übrigens völlig wahrheitsgemäß versichern können, daß Albertine mir nicht mehr gefiel. Ich hatte an diesem Morgen gesehen, wie sie wegging und mir fast den Rücken kehrte, um mit Gisèle zu sprechen. Auf ihrem mißmutig geneigten Kopf hatte ihr Haar, das hinten anders geordnet und noch schwärzer war, geglänzt, als wäre sie eben aus dem Wasser gekommen. Ich hatte an ein nasses Huhn denken müssen, und dieses Haar war für mich ein Anlaß gewesen, Albertine mit einer anderen Seele zu bedenken als der, die ich mir vordem hinter ihrem violetten Gesicht und dem geheimnisvollen Blick vorgestellt hatte. Einen Augenblick lang hatte ich nichts als den Hinterkopf mit dem glänzenden Haar bemerkt und sah nun auch weiterhin nur das. Unser Gedächtnis gleicht den Geschäften, die im Schaufenster einmal die eine und einmal die andere Photographie der gleichen Person ausstellen. Gewöhnlich bleibt dann für einige Zeit nur die letzte im Blickfeld der Betrachtung. Während der Kutscher sein Pferd antrieb, hörte ich Worte der Dankbarkeit und Liebe aus dem Mund Gisèles, die alle aus ihrem gutartigen Lächeln und ihrer ausgestreckten Hand hervorgingen: denn in den Epochen meines Lebens, in denen ich nicht verliebt war, es aber gern gewesen wäre, trug ich nicht nur ein körperliches Schönheitsideal in mir, das ich, wie man gesehen hat, in jeder Vorübergehenden wiederzuerkennen glaubte, wenn sie mir nur genügend fernblieb, damit ihre undeutlichen Züge dieser Identifizierung nicht widerstreben konnten, sondern auch noch ein – stets zur Verkörperung bereites – seelisches Phantom der Frau, die sich in mich verlieben und mir in der Liebeskomödie, die ich seit meiner Kindheit fertig im Kopf hatte und in der, wie ich mir einbildete, jedes nette junge Mädchen gern mitgespielt hätte, sofern sie für die Rolle einigermaßen geeignete körperliche Voraussetzungen besaß, das Stichwort geben würde. Welch neuen »Star« auch immer ich berufen mochte, um die Rolle zu kreieren oder neu zu besetzen, Szenarium, Peripetien und sogar der Text des Stückes blieben *ne varietur*.

Ein paar Tage später kannte ich trotz Albertines geringer Bereitwilligkeit, uns bekannt zu machen, die gesamte kleine Schar vom ersten Tag, die noch vollzählig in Balbec war (mit Ausnahme von Gisèle, die ich wegen eines längeren Aufenthalts an einer heruntergelassenen Schranke und einer Fahrplanänderung nicht mehr am Zug hatte treffen können, der bereits fünf Minuten vor meiner Ankunft abgefahren war, und an die ich übrigens auch schon gar nicht mehr dachte), dazu noch zwei oder drei weitere ihrer Freundinnen, die ich auf meinen Wunsch ebenfalls kennenlernte. Da so die Hoffnung auf die Freuden, die ich in der Bekanntschaft eines neuen jungen Mädchens finden würde, mir durch eine andere zuteil wurde, die mich mit ihr bekannt gemacht hatte, war die letzte immer so etwas wie eine Rosensorte, die man aus einer anderen erzielt. Und wenn ich dann in diesem Blumengewinde von einer Blüte zur anderen eilte, führte mich die Freude, wieder eine andere kennenzulernen, auch wieder zu jener, die sie mir vermittelt hatte, mit einer Dankbarkeit zurück, unter die sich ebensoviel Verlangen mischte wie unter meine neue Hoffnung. Bald verbrachte ich alle meine Tage mit den jungen Mädchen.

Ach! auch in der frischesten Blüte kann man bereits die kaum wahrnehmbaren Punkte erkennen, die für den ahnenden Geist das bezeichnen, was durch den Vorgang des Verdorrens oder Fruchttragens der heute noch blühenden Körper, die schon unabänderlich festgelegte, prädestinierte Form des späteren Samenstandes sein wird. Man geht mit Vergnügen den Linien einer Nase nach, die einer kleinen, von morgendlicher Flut köstlich geschwellten Welle gleicht, die unbeweglich und geeignet zum Nachbilden scheint, weil das Meer derart ruhig ist, daß man die Gezeiten nicht wahrnimmt. Die menschlichen Gesichter scheinen sich in dem Augenblick, da man sie anschaut, nicht zu ändern, weil die Umwandlung, die sie erfahren, zu langsam vonstatten geht, als daß wir sie bemerken könnten. Man brauchte aber neben diesen jungen Mädchen nur ihre Mutter oder Tante zu sehen, um die Entfernung abschätzen zu können, die unter Einwirkung der inneren Anziehungskraft eines gemeinhin schrecklichen Typus diese Züge in weniger als dreißig Jahren zurückgelegt haben würden: bis zu jener Stunde, da der Blick kraftlos wird, bis zu dem

Zeitpunkt, da das Gesicht, nun schon ganz unter den Horizont gesunken, keinen Schein von Licht mehr erhält. Ebenso tief eingewurzelt, ebenso unentrinnbar wie jüdischer Patriotismus oder christlicher Atavismus bei denen, die sich frei dünken von allen Banden ihrer Rasse, wohnten – ich wußte es – unter dem rosigen Blütenstand von Albertine, Rosemonde oder Andrée, ihnen selber noch unbekannt und für spätere Gelegenheiten in Reserve gehalten, eine dicke Nase, wulstige Lippen oder eine Körperfülle, die überraschen würden, in Wirklichkeit aber schon in der Kulisse warteten, bereit, auf die Bühne zu treten: unvorhergesehen, schicksalsmäßig, ganz wie etwa diese oder jene Art von Dreyfus-Anhängerschaft, von Klerikalismus, von nationalistischem und von feudalistischem Heldenmut, die der Appell der Umstände aus einer dem Individuum selbst vorausgehenden Natur plötzlich hervorbrechen läßt, einer Natur, dank der es denkt, lebt, sich entwickelt, stärker wird oder stirbt, ohne daß es sie von den speziellen Beweggründen, die es mit ihr verwechselt, unterscheiden könnte. Selbst in geistiger Beziehung hängen wir von den Naturgesetzen weit stärker ab, als wir denken, und unser Geist besitzt von vornherein wie gewisse Kryptogamen oder Grasarten Eigentümlichkeiten, für die wir uns frei zu entscheiden vermeinen. Doch wir erfassen nur die sekundären Ideen, ohne die Grundursache zu bemerken (jüdische Rasse, französische Familie und andere), aus der sie notwendig hervorgegangen sind und die sich zum gegebenen Zeitpunkt in uns manifestiert. Und vielleicht, während die einen uns das Ergebnis einer Überlegung, die anderen die Folge eines Diätfehlers zu sein scheinen, haben wir von unserer Familie, ebenso wie Schmetterlingsblütler eine bestimmte Form ihrer Samen, die Ideen übernommen, von denen wir leben, wie auch die Krankheit, an der wir sterben werden.

Wie auf einer Pflanzung, wo die Blüten zu verschiedener Zeit zu Früchten reifen, hatte ich sie am Strand von Balbec bereits als alte Damen gesehen, als jene vertrockneten Fruchtschoten, jene schwammigen Wurzelknollen, die meine Freundinnen eines Tages sein würden. Doch was tat das? Noch war Blütezeit. Wenn daher Madame de Villeparisis mich zu einer Spazierfahrt einlud, suchte ich nach einer Entschuldigung, weshalb ich nicht mitkommen könne. Besuche bei Elstir machte ich nur, wenn meine neuen Freundinnen mich begleiteten. Ich fand selbst keinen Nachmittag mehr, um nach Doncières zu fahren und Saint-Loup zu besuchen, wie ich ihm versprochen hatte. Gesellschaftliche Veranstaltungen, ernsthafte Gespräche, sogar der Gedankenaustausch mit einem Freund, die an die Stelle meiner Ausgänge mit den jungen Mädchen getreten wären, hätten auf mich die gleiche Wirkung gehabt, als wenn man uns zur Stunde der Mittagsmahlzeit nicht an den Eßtisch führte, sondern aufforderte, ein Album zu betrachten. Gestandene und junge Männer sowie ältere, reifere Frauen, mit denen wir glauben gern zusammenzusein, erscheinen uns lediglich auf einer Fläche ohne Tiefe und ohne Substanz, weil wir von ihnen nur durch die auf sich selbst beschränkte visuelle Wahrnehmung Kenntnis nehmen; auf junge Mädchen jedoch richtet sie sich als Beauftragte der anderen Sinne; diese verstehen es, eine nach der anderen die verschiedenen, duftenden, betastbaren und wohlschmeckenden Eigenschaften zu finden, die sie in dieser Weise sogar ohne Zuhilfenahme der Hände und der Lippen kosten; und dank der Kunst des Transponierens und der Gabe des Synthetisierens, wie das Liebesverlangen sie beherrscht und besitzt, vermögen sie unter der Farbe der Wangen oder der Brust die Wonnen des Berührens, Kostens und verbotener Kontakte entstehen zu lassen und verleihen dadurch diesen Mädchen dieselbe honigartige Konsistenz, die sie hervorbringen, wenn sie in einem Rosengarten Nektar eintragen oder ihre Nahrung in einem Weinberg suchen, dessen Trauben sie mit den Augen verzehren.

Wenn es regnete, verbrachten wir, obwohl das schlechte Wetter Albertine nicht schreckte, denn man sah sie oft in ihrem Gummimantel auf dem Rad durch strömenden Regen fahren, den Tag im Kasino, das an solchen Tagen zu meiden für mich undenkbar gewesen wäre. Ich hegte die größte Verachtung für die Demoiselles d'Ambresac, die es nie betreten hatten. Gern aber half ich meinen Freundinnen, dem Tanzmeister Streiche zu spielen. Wir erhielten gewöhnlich eine Rüge von seiten des Pächters oder der Angestellten, die sich direktoriale Gewalt anmaßten, weil meine Freundinnen – selbst Andrée, die ich deshalb am ersten Tag für ein so mänadenhaftes Geschöpf gehalten hatte, die aber gerade zart, sehr geistig und dieses Jahr auch noch recht leidend war, jedoch trotzdem sich weniger nach ihrem Gesundheitszustand als nach den Impulsen ihres Lebensalters richtete, das sich über alles hinwegsetzt und in Ausgelassenheit Gesunde und Kranke vereint – nicht von der Eingangshalle bis zum Festsaal gehen konnten, ohne mit Anlauf über die Stühle hinwegzusetzen, dann wieder mit um des Gleichgewichts willen graziös nach den Seiten ausgestreckten Armen auf dem Parkett zurückzugleiten und zu singen, alle Künste dabei vereinend in dieser ersten Jugend wie die Poeten der Frühzeit, bei denen die Gattungen der Dichtkunst noch nicht geschieden sind und die in einem epischen Gedicht Ratschläge für den Ackerbau mit theologischen Belehrungen mischen.[1]

Diese Andrée, die mir am ersten Tag als die kühlste von allen erschienen war, erwies sich als unendlich viel zartsinniger, liebevoller, nachdenklicher als Albertine, für die sie die liebevolle Zärtlichkeit einer älteren Schwester hegte. Sie setzte sich im Kasino neben mich und war auch im Gegensatz zu Albertine imstande, auf einen Walzer zu verzichten, oder sogar, wenn ich müde war, nicht ins Kasino zu gehen und dafür ins Hotel zu kommen. Sie drückte ihre freundschaftlichen Gefühle für mich oder für Albertine in Nuancen aus, die ihr sehr verfeinertes Verständnis für die Dinge des Herzens bewiesen, was zum Teil vielleicht auf ihren zarten Gesundheitszustand zurückging. Sie hatte immer ein heiteres Lächeln der Entschuldigung für das kindische Wesen Albertines, die mit naiver Heftigkeit zu erkennen gab, welche unwiderstehliche Verlockung für sie gewisse Vergnügungen bedeuteten, denen sie niemals wie Andrée ein Gespräch mit mir entschieden vorgezogen hätte ... Beim Nahen des Zeitpunkts, da sie zu einer Teegesellschaft auf dem Golfplatz gehen wollten, machte sie sich dafür zurecht, wenn wir in jenem Augenblick zusammen waren, und wandte sich dann an Andrée: »Nun, Andrée, worauf wartest du? Du weißt doch, daß heute dieser Tee auf dem Golfplatz ist.« – »Nein, ich bleibe hier und unterhalte mich mit ihm«, antwortete Andrée, indem sie auf mich wies. »Aber du weißt doch, daß Madame Durieux dich eingeladen hat«, rief Albertine, als könne sich Andrées Absicht, bei mir zu bleiben, einzig aus ihrer Unkenntnis der Tatsache erklären, daß sie eingeladen sei. »Ach Kind, sei nicht so dumm«, antwortete Andrée. Albertine drang nicht weiter in sie, denn sie fürchtete, man könne ihr vorschlagen, ebenfalls zu bleiben. So schüttelte sie nur den Kopf: »Also tu, was du willst«, antwortete sie, so wie man zu einem Kranken sagt, der sich aus Mutwillen immer mehr zugrunde richtet: »Ich springe, denn ich glaube, deine Uhr geht nach«, und raste davon. »Sie ist reizend, aber man hat es nicht leicht mit ihr«, meinte Andrée und sah ihrer Freundin mit einem Lächeln nach, das liebevoll und mißbilligend war. Wenn Albertine in dieser Neigung zu Vergnügungen etwas von der Gilberte der ersten Zeit hatte, so ist es eben so, daß zwischen den Frauen, die wir nacheinander lieben, eine freilich eine gewisse Entwicklung durchmachende Ähnlichkeit besteht, die mit einer Unveränderlichkeit unserer Anlage zusammenhängt, denn diese wählt sie ja aus und geht an allen denen vorbei, die nicht Wesen sind, welche mit uns kontrastieren und uns zugleich entsprechen, das heißt, sich eignen, unseren Sinnen zu genügen und uns Leiden des Herzens zu bereiten. Diese Frauen sind ein Produkt unserer Anlage, ein Bild, eine umgekehrte Projektion, ein »Negativ« unseres eigenen Gefühlslebens. So könnte ein Romanschriftsteller[1] in der Lebensgeschichte seines Helden dessen aufeinanderfolgende Liebeserlebnisse fast genau gleich darstellen und dadurch den Eindruck erwecken, er kopiere nicht etwa bloß sich selbst, sondern er erschaffe Neues, denn in einer künstlichen Neuerung liegt weniger Gestaltungskraft als in einer Wiederholung, aus der sich eine neue Wahrheit ergeben soll. Er sollte außerdem noch im Charakter des Liebenden gewisse Symptome für Variation aufzeigen, wie sie jeweils zutage treten, wenn man in neue Regionen, in andere Breitengrade des Lebens übergeht. Und vielleicht würde er noch eine weitere Wahrheit ausdrükken, wenn er, während er bei allen anderen Personen die Charaktere schildert, der geliebten Frau aber gar keinen gibt. Wir kennen den Charakter der Menschen, die uns gleichgültig sind, wie aber sollten wir von dem etwas wissen, den ein Wesen besitzt, das ganz mit unserem Leben verschmilzt, das wir sehr bald von uns selbst nicht mehr zu trennen vermögen, über dessen Beweggründe wir unaufhörlich angstvolle Vermutungen anstellen, die wir immer wieder von neuem korrigieren müssen? Einer Sphäre entspringend, die jenseits des Verstandesmäßigen liegt, schießt der Schwung unserer Neugier auf die Frau, die wir lieben, über den Charakter dieser Frau hinaus. Selbst wenn wir bei ihm stehenbleiben könnten, wollten wir es wahrscheinlich nicht. Der Gegenstand unseres ruhelosen Forschens ist wesentlicher, als die Besonderheiten dieses Charakters es sind, die nur den kleinen rautenförmigen Teilen der Epidermis gleichen, deren verschiedenartige Kombinationen die blühende Einmaligkeit der Haut bilden. Unsere intuitive Strahlung geht durch die Besonderheiten hindurch, und die Bilder, die sie uns zurückbringt, sind nicht die eines bestimmten Gesichts, sondern zeigen die düster-schmerzliche Allgemeingültigkeit eines Skeletts.

Da Andrée sehr reich war, Albertine aber arm und verwaist, ließ Andrée sie großherzig an ihrem Luxus teilhaben. Ihre Gefühle für Gisèle entsprachen übrigens nicht ganz dem, was ich angenommen hatte. Es traf bald Nachricht von der Examinandin ein, und als Albertine den Brief vorwies, den sie von ihr erhalten hatte und der dazu bestimmt war, der kleinen Schar Gisèles Rückreise und ihre Heimkehr zu schildern, wobei die Schreiberin sich entschuldigte, daß sie zu faul sei, auch gleich noch den anderen zu schreiben, hörte ich überrascht, wie Andrée, die ich tödlich mit ihr zerstritten glaubte, bemerkte: »Ich werde ihr morgen schreiben, denn wenn ich erst einen Brief von ihr abwarte, kann es lange dauern, sie ist ja so schlampig darin.« Dann setzte sie zu mir gewandt hinzu: »Sie würden sie sicher nicht sehr besonders finden, aber sie ist ein nettes Ding, ich habe sie wirklich sehr gern.« Ich schloß daraus, daß das Zerstrittensein bei Andrée nicht lange anhielt.

Wenn wir außer an jenen Regentagen mit den Rädern auf die Falaisen oder ins Land hineinfuhren, suchte ich mich schon eine Stunde vorher schön zu machen und war höchst ungehalten, wenn Françoise mir nicht alles zurechtgelegt hatte.

Nun aber richtete sie sogar in Paris ihre Gestalt, die das Alter etwas zu krümmen begann, wütend zu voller Größe auf, wenn jemand irgend etwas an ihr auszusetzen hatte, sie, die so demutsvoll, so bescheiden und freundlich war, solange man ihrer Eigenliebe schmeichelte. Da diese die Haupttriebkraft ihres Lebens war, standen die Zufriedenheit und gute Laune bei ihr im direkten Verhältnis zur Schwierigkeit der Dinge, die man von ihr verlangte. Was sie in Balbec zu tun hatte, war so leicht, daß sie fast immer Unzufriedenheit zeigte: eine Unzufriedenheit, die plötzlich ins Riesenhafte wuchs und sich noch durch einen ironischen Ausdruck von Stolz verstärkte, wenn ich mich in dem Augenblick, da ich zu meinen Freundinnen wollte, darüber beklagte, mein Hut sei nicht abgebürstet oder meine Krawatten befänden sich nicht an ihrem Platz. Sie, die sich in anderen Fällen noch so viel Mühe machen konnte, um dann zu finden, sie habe eigentlich gar nichts getan, rühmte sich bei der einfachen Vorhaltung, ein Rock sei nicht da, wo er hingehöre, nicht nur, mit welcher Sorgfalt sie alles weggelegt habe, um es nicht »im Staub herumfahren« zu lassen, sondern beklagte sich nach ausdrücklichem Hinweis auf ihre Verdienste, daß das hier in Balbec überhaupt keine Ferien für sie seien; keine zweite fände sich, meinte sie, die ein solches Leben mit uns führen würde. »Das verstehe ich nicht, wie man seine Sachen so herumliegen lassen kann. Sie sollten nur mal sehen, wer sonst sich in diesem Wirr-und-Warr noch zurechtfinden würde. Da kennt sich ja kein Teufel mehr aus.« Oder aber sie begnügte sich damit, eine wahrhaft königliche Miene aufzusetzen, mir flammende Blicke zuzusenden und ein Schweigen zu wahren, das sie allerdings auf der Stelle brach, sowie sie die Tür hinter sich geschlossen hatte und durch den Gang schritt; dieser hallte dann von Reden wider, deren beleidigenden Charakter ich wohl erriet, die aber doch so undeutlich blieben wie die ersten Worte, die Schauspieler unmittelbar vor ihrem Auftritt hinter dem Pfeiler zu sprechen haben. Übrigens zeigte sich Françoise, auch wenn nichts fehlte und sie sonst gut aufgelegt war, jedesmal von ihrer mißliebigsten Seite, wenn ich mich umzog, um mit meinen Freundinnen auszugehen. Denn unter Zugrundelegung von scherzhaften Äußerungen, die ich selber in meinem Bedürfnis, von den Mädchen zu sprechen, ihr gegenüber getan hatte, benahm sie sich, als müsse sie mir enthüllen, was ich, sofern es stimmte – das aber war eben nicht der Fall, denn Françoise hatte mich mißverstanden –, ja besser als sie gewußt hätte. Sie hatte wie alle Leute ihren ganz eigenen Charakter; eine Persönlichkeit gleicht bei keinem Menschen einem geraden Weg, sondern setzt uns durch merkwürdige, aber unvermeidbare Umwege, die andere nicht bemerken und denen wir selber nur mit Unbehagen nachgeben, in Erstaunen. Jedesmal wenn ich bei dem Punkt: »Hut nicht da, wo er hingehört« oder »Name Andrée oder Albertine« anlangte, wurde ich von Françoise gezwungen, gewundenen und sinnlosen Umwegen zu folgen, die mich viel Zeit kosteten. Das gleiche geschah, wenn ich Sandwiches mit Chester und Salat richten und Obsttörtchen einkaufen ließ, um sie zur Stunde des Nachmittagsimbisses mit den jungen Mädchen auf der Falaise zu verzehren; jene hätten ebensogut auch selbst abwechselnd dafür sorgen können, wenn sie nicht so aufs Geld sähen, erklärte Françoise, in ihrer Auffassung gestärkt durch atavistische Züge provinzieller Raffgier und Gewöhnlichkeit, so daß man bei dieser Abneigung hätte meinen können, die aufgeteilte Seele der verewigten Eulalie habe sich, anmutiger als in der Person von Saint-Éloi, in den reizenden Gestalten meiner Freundinnen der kleinen Schar verkörpert. Ich hörte diese Anschuldigungen in dem wütenden Bewußtsein an, daß ich hier vor einem der Kreuzungspunkte stand, an denen der vertraute ländliche Weg, den sonst Françoises Charakter für mich darstellte, wenn auch glücklicherweise nicht für lange Zeit, vollkommen ungangbar wurde. War dann der Rock wiedergefunden und waren die Sandwiches bereit, holte ich Albertine, Andrée, Rosemonde, manchmal auch andere ab, und zu Fuß oder Fahrrad brachen wir auf.

Früher hätte ich es vorgezogen, solche Ausflüge fänden bei schlechtem Wetter statt. Damals wollte ich in Balbec die »kymrische Landschaft« wiederfinden, die schönen Tage aber paßten nicht dazu, sie waren etwas wie ein vulgäres Eindringen des trivialen Sommers der Badegäste in diese antike, von Nebeln verhangene Region. Jetzt aber suchte ich alles mit Leidenschaft auf, was ich einst verschmäht hatte, was ich nicht hatte sehen wollen, nicht nur die Effekte des Sonnenlichts, sondern auch Regatten und Pferderennen, und zwar aus dem gleichen Grund, aus dem ich früher nur stürmisches Meer hatte sehen wollen, nämlich weil beide Aspekte für mich mit ästhetischen Vorstellungen zusammenhingen. Gemeinsam mit meinen Freundinnen hatte ich Elstir mehrmals besucht, und an den Tagen, als die jungen Mädchen da waren, hatte er uns besonders gern rasch hingeworfene Skizzen gezeigt, die hübsche Seglerinnen darstellten, oder auch eine Zeichnung, die er von einer nahe bei Balbec gelegenen Pferderennbahn gemacht hatte.[1] Ich hatte Elstir zunächst schüchtern eingestanden, daß ich zu den Veranstaltungen dort nicht habe gehen wollen. »Sie tun unrecht daran«, sagte er zu mir, »das ist so hübsch und merkwürdig dazu. Da ist zunächst einmal dieses sonderbare Wesen, der Jockey, auf den alle Blicke gerichtet sind und der trübselig und grau in seinem leuchtenden Dreß vor dem Sattelplatz steht, eins mit dem bockenden Pferd, das er immer wieder an den Zügel bekommt; es wäre allein schon interessant, seine professionellen Gesten festzuhalten und den leuchtenden Fleck, den er gleich der Farbe der einzelnen Pferde auf der Rennbahn bildet! Alle Dinge machen eine Verwandlung durch in dieser lichtdurchfluteten Weite der Rennbahn, wo man überrascht wird durch eine Unmenge von Schatten und Reflexen, die man nur dort zu sehen bekommt! Und wie besonders hübsch können die Frauen dort sein! Die Eröffnungsveranstaltung war ungemein reizvoll, es waren höchst elegante Erscheinungen dort in diesem feuchten, holländischen Licht, wo man selbst in der Sonne noch das Aufsteigen der Wasserkühle spürte. Niemals habe ich Frauen im Wagen ankommen oder den Feldstecher an die Augen heben sehen in einer solchen Flut von Licht, die wahrscheinlich durch die Feuchtigkeit des Meeres zustande kommt. Mein Gott, wie gern hätte ich das gemalt; ich war wirklich nach diesen Rennen wie verrückt, von einer wahren Arbeitswut gepackt!« Dann entzündete er sich mehr noch an der Schilderung der Veranstaltungen des Jachtclubs als der Pferderennen, und es ging mir auf, daß Regatten und sportliche Veranstaltungen, bei denen gutangezogene Frauen in dem seegrünen Licht einer maritimen Rennbahn baden, für einen modernen Künstler ebenso interessante Motive abgeben können wie für Veronese oder Carpaccio die Feste, die sie so gern geschildert haben. »Ihr Vergleich stimmt um so genauer«, bemerkte dazu Elstir, »als aufgrund der Lage der Stadt, in der sie wirkten, diese Feste zum Teil ja ebenfalls auf dem Wasser stattfanden. Nur beruhte die Schönheit der Fahrzeuge von damals mehr auf ihrer Wucht und ihrer komplizierten Form. Es gab Turniere auf dem Wasser wie hier, meist wurden sie zu Ehren irgendeiner Gesandtschaft abgehalten, ähnlich wie sie Carpaccio in seiner *Legende der heiligen Ursula*[1] dargestellt hat. Die Schiffe hatten eine kräftige, sozusagen eine architekturale Bauweise und wirkten amphibienhaft, als habe sich hier und da ein kleineres Venedig inmitten des größeren aufgebaut, wenn sie, mit Zugbrücken am Ufer festgemacht, mit karmesinroter Seide und persischen Teppichen belegt und mit den Frauen in kirschrotem Brokat oder grünem Damast an Bord, ganz nahe vor den mit vielfarbigem Marmor eingelegten Balkonen lagen, über die andere Frauen sich zum Schauen niederbeugten in ihren Kleidern mit schwarzen, weißgeschlitzten Ärmeln, die mit Perlenschnüren zusammengehalten und mit Spitzen besetzt waren. Man wußte nicht mehr, wo das Land aufhörte und wo das Wasser begann, was noch Palast war und was bereits Schiff, Karavelle, Galeasse oder der Bucentaurus selbst.« Albertine hörte mit leidenschaftlicher Aufmerksamkeit diesen Toilettebeschreibungen zu, der Schilderung des Luxus, wie Elstir sie uns gab. »Oh! wie gern sähe ich solche Spitzen, wie Sie sie erwähnen, Point de Venise ist besonders hübsch«, rief sie aus; »überhaupt würde ich schrecklich gern nach Venedig fahren!« – »Sie werden vielleicht schon bald«, sagte Elstir zu ihr, »die herrlichen Stoffe betrachten können, die man da unten getragen hat. Man sah sie früher nur noch auf den Bildern der venezianischen Maler oder sonst ganz selten irgendwo in einem Kirchenschatz, ab und zu geriet ein Stück auch einmal auf eine Versteigerung. Doch jetzt heißt es, ein venezianischer Künstler, Fortuny[2], habe das Geheimnis ihrer Herstellung wiederentdeckt und schon in ein paar Jahren würden die Frauen in ebenso herrlichen Brokaten mit orientalischen Mustern wie denjenigen, mit denen Venedig seine Patrizierinnen schmückte, spazierengehen oder noch besser zu Hause bleiben können. Ich weiß nicht einmal, ob ich mich darüber so sehr freuen soll, ob es nicht zu sehr nach einem Anachronismus in der Kleidung aussehen wird für die Frauen von heute, selbst wenn sie bei Regatten darin paradieren, denn, um auf unsere modernen Vergnügungsjachten zurückzukommen, sie sind ganz das Gegenteil von dem, was man zu den Zeiten hatte, als Venedig noch die ›Königin der Adria‹ war. Der größte Reiz einer Jacht, der Möblierung einer Jacht und der dorthin passenden Kleidung liegt in der Einfachheit aller Dinge, die zum Meer gehören, und ich liebe das Meer! Ich gestehe Ihnen, daß ich die heutigen Moden denen der Zeit Veroneses und sogar der Carpaccios vorziehe. Was an unseren Jachten so hübsch ist – ich meine vor allem die mittleren, die großen interessieren mich nicht, das sind schon richtige Schiffe, es ist da wie mit den Hüten, der Reiz liegt immer im richtigen Maß –, ist das Einfache, Einheitliche, Helle, das Grau, das bei bedecktem, ins Blaugraue spielenden Himmel eine sahnige Unschärfe annimmt. Der Raum, in dem man sich aufhält, muß wirken wie ein kleines Café. Mit den Damenkleidern auf einer Jacht ist es ebenso: was hier reizvoll ist, sind leichte, weiße oder einfarbige Kleider aus Leinen, aus Linon, aus Rohseide, aus Drell, die in der Sonne und vor dem blauen Hintergrund des Meeres die geradezu leuchtende Weiße eines Segels bekommen. Es gibt übrigens sehr wenige Frauen, die sich gut anziehen, manche allerdings tun es wirklich ganz fabelhaft. Bei den Rennen erschien Mademoiselle Léa mit kleinem weißem Hut und weißem Sonnenschirm, das sah bezaubernd aus. Ich weiß nicht, was ich darum geben würde, dieses Schirmchen zu haben.« Ich hätte gern gewußt, worin dieser kleine Schirm sich von anderen unterschied, und aus anderen Gründen, nämlich denen der weiblichen Eitelkeit, hätte Albertine es erst recht gern gewußt. Doch wie bei Françoise, die von Soufflés sagte: »Man muß den

Dreh eben heraushaben«, so bestand der Unterschied im Schnitt. »Er war«, sagte Elstir, »ganz klein, ganz rund wie ein chinesisches Schirmchen.« Ich führte die Sonnenschirme verschiedener Damen an, offenbar aber war das alles nicht das Richtige. Elstir fand sie samt und sonders abscheulich. Für ihn, einen Mann von schwer zu befriedigendem, erlesenem Geschmack, machte ein Nichts, das in Wirklichkeit alles bedeutete, einen riesigen Unterschied zwischen dem aus, was drei Viertel aller Frauen trugen und was er schrecklich fand, und einer hübschen Sache, die ihn förmlich entzückte und – ganz im Gegensatz zu mir, der ich jeden Luxus als ertötend für den Geist betrachtete – seinen Künstlerehrgeiz entflammte, »ebenfalls so hübsche Sachen zu machen«. »Da sehen Sie, diese Kleine hier hat sofort verstanden, wie Hut und Sonnenschirm waren«, sagte Elstir und zeigte auf Albertine, deren Augen vor Begehrlichkeit funkelten. »Wie gern wäre ich reich und hätte eine Jacht«, sagte sie zu dem Maler. »Ich würde Sie dann wegen der Inneneinrichtung bestimmt zu Rate ziehen. Was für schöne Reisen würde ich machen! Und wie hübsch müßte es sein, nach Cowes[1] zur Regatta zu fahren! Und ein Automobil! Finden Sie es auch hübsch, was die Frauen jetzt im Automobil tragen?« – »Nein«, antwortete Elstir. »Aber das wird schon noch kommen. Überhaupt gibt es nur wenige Couturiers, ein oder zwei, Callot, der aber noch ein bißchen viel in Spitzen macht, Doucet, Cheruit, manchmal auch Paquin.[2] Die anderen sind schauderhaft.« – »Besteht denn wirklich ein so enormer Unterschied zwischen einer Toilette von Callot und der, die irgendein beliebiger Damenschneider macht?« fragte ich Albertine. »Aber ein enormer, Sie braver Junge«, antwortete sie mir. »Ach, Verzeihung! Nur ist es leider so, daß das, was anderswo dreihundert Francs kostet, bei ihnen auf zweitausend kommt. Aber es sieht sich gar nicht ähnlich, nur für Leute, die wirklich nichts davon verstehen.« – »Ganz recht«, stimmte Elstir bei, »obwohl ich nicht so weit gehen möchte zu sagen, der Unterschied sei so groß wie der zwischen einer Statue der Kathedrale von Reims und einer von der Kirche Saint-Augustin.[1] Apropos Kathedralen[2]«, wandte er sich dann vor allem zu mir, weil sich dies auf ein Gespräch bezog, an dem die Mädchen nicht teilgenommen hatten und das sie auch gar nicht interessiert hätte, »ich verglich Ihnen gegenüber neulich die Kirche von Balbec mit einer mächtigen Klippe, einer riesigen Aufschichtung von Steinen dieser Landschaft hier, aber umgekehrt« – er zeigte mir ein Aquarell – »sehen Sie sich diese Steilküste an (es ist eine Skizze, die ich ganz hier in der Nähe bei Les Creuniers gemacht habe) und sagen Sie selbst, ob nicht diese wuchtig und zugleich fein geschnittenen Felsen an eine Kathedrale erinnern.« Tatsächlich hätte man meinen können, es seien riesige Rundbogen aus rosigem Stein. Da sie an einem glühendheißen Tag gemalt waren, schienen sie jedoch wie zu Staub zermürbt, verflüchtigt durch die Hitze, die das Meer schon halbleer getrunken hatte, so daß es über dem ganzen Bild beinahe im Zustand der Verdunstung zu lagern schien. In dieser Beleuchtung, deren Überhelle die Wirklichkeit fast auflöste, flüchtete diese sich in dunkel-durchsichtige Gebilde, die durch den Kontrast einen Eindruck um so packenderen, unmittelbareren Lebens machten: die Schatten. Nach Kühle dürstend, hatten die meisten die flammende Weite des offenen Meeres verlassen und sich vor der Sonne an den Fuß der Felsen geflüchtet; andere, die langsam auf dem Meer dahergeschwommen kamen wie Delphine, hefteten sich an die Flanken der dahinsegelnden Boote, deren Wandungen auf der fahlen Flut sie mit ihren glänzenden, blauen Leibern erweiterten. Vielleicht lag es an dem

Lechzen nach Kühle, das von ihnen ausging und einem erst recht das Gefühl für die Hitze des Tages gab, jedenfalls bedauerte ich laut und bewegt, Les Creuniers nicht zu kennen. Albertine und Andrée versicherten mir, ich sei gewiß schon hundertmal da gewesen. In diesem Fall aber war das geschehen, ohne daß ich wußte noch ahnte, daß eines Tages dieser Anblick mir einen solchen Durst nach Schönheit einflößen könnte, einer Schönheit, die nicht eigentlich wie die von mir bisher in den Falaisen von Balbec gesuchte die der Natur, sondern eher die der Architektur war. Ausgerechnet ich, der ich doch ausgezogen war, um das Reich der Stürme zu sehen, der ich auf meinen Ausfahrten mit Madame de Villeparisis, wenn wir es oft nur von ferne wie ein zwischen den Bäumen hingemaltes Bild erblickten, das Meer nie wirklich, nie elementar, nie lebendig genug fand – es fehlte der Eindruck emporgeschleuderter Wassermassen – und der ich es bewegungslos nur unter einem winterlichen Grabtuch aus Nebel hätte sehen mögen, ich hätte mir schwerlich vorstellen können, daß ich jetzt von einem Meer träumen würde, das aus einem farb- und substanzlosen weißlichen Dunst bestand. Den Zauber eben dieses Meeres aber hatte Elstir so gut wie die, die in den vor Hitze trägen Booten träumten, bis auf den Grund ausgekostet, so daß es ihm gelungen war, das unmerkliche Zurückfluten des Wassers, den Pulsschlag einer glücklichen Minute[1] wiederzugeben und auf der Leinwand festzuhalten; beim Anblick dieses magischen Porträts war man plötzlich derart in Liebe entflammt, daß man nur noch im Sinn hatte, die Welt zu durcheilen, um den entflohenen Tag in seiner schläfrigen, unendlich flüchtigen Anmut wiederzufinden.

Vor meinen Besuchen bei Elstir, das heißt bevor dank dem Anblick eines seiner Seestücke, auf dem eine junge Frau in einem Linon- oder Barègekleid auf einer Jacht mit amerikanischer Flagge dargestellt war[1], in meiner Einbildungskraft die mentale »Kopie« eines weißen Linonkleides und einer Flagge entstanden war und dort sogleich das unstillbare Verlangen hervorrief, auf der Stelle weiße Linonkleider und Flaggen vor dem Meer zu sehen, als hätte ich dazu noch nie Gelegenheit gehabt, hatte ich mir immer Mühe gegeben, beim Anblick des Meeres aus meinem Gesichtsfeld nicht nur die Badegäste im Vordergrund, sondern auch die Jachten mit den Segeln, die so übermäßig weiß waren wie die Strandanzüge, sowie auch alles sonstige auszuschließen, was in mir die Vorstellung beeinträchtigen konnte, daß ich die unvordenkliche Flut vor mir hatte, die ihr gleiches, rätselvolles Dasein schon vor der Entstehung des Menschengeschlechts geführt hatte; dazu gehörten auch die strahlenden Tage, die dieser nebelumhüllten und sturmgepeitschten Küste in meinen Augen das triviale Aussehen des allerorts herrschenden Sommers verliehen und mir einfach wie eine Pause vorkamen, wie die Entsprechung dessen, was in der Musik ein vor Spielbeginn ausgezählter Takt ist; jetzt aber schien mir das schlechte Wetter ein verhängnisvoller Zwischenfall zu sein, der keinen Platz in einer Welt der Schönheit mehr fand; ich wünschte mir dringend, in der Wirklichkeit wiederzufinden, was mich so sehr begeisterte, und hoffte, das Wetter werde günstig bleiben, damit ich von der Höhe der Falaisen die gleichen blauen Schatten sehen könnte wie auf dem Bild von Elstir.

Unterwegs benutzte ich jetzt meine Hände nicht mehr als Schirm wie in jenen Tagen, da ich die Natur noch als beseelt von einem Leben auffaßte, das älter ist als das Erscheinen des Menschen, etwas, das all den eintönigen Errungenschaften der Industrie entgegensteht, bei deren Anblick ich bislang auf den Weltausstellungen und bei den Modistinnen gegähnt hatte vor Langeweile; so versuchte ich damals, vom Meer nur den Ausschnitt zu sehen, auf dem kein Dampfer zu entdecken war, so daß es für mich das Uraltewige blieb, einem Weltalter angehörig, da es eben erst vom Festland geschieden worden war, oder doch wenigstens so, wie es in den ersten Zeiten Griechenlands gewesen sein mochte, so daß die Verse des »alten Leconte«, die Bloch so teuer waren, wirklich darauf paßten:

Ils sont partis, les rois des nefs éperonnées,
Emmenant sur la mer tempétueuse, hélas!
Les hommes chevelus de l'héroïque Hellas.

Sie zogen dahin, die Könige der gespornten
Schiffe,
und führten hinweg über die stürmische See,
o Schmerz!
die langhaarigen Männer des heldischen Hellas.[1]

Ich konnte die Modistinnen nicht mehr verachten, seitdem Elstir mir gesagt hatte, daß die zarte Gebärde, mit der sie am Ende die Schleifen oder Federn eines fertigen Hutes in einer letzten zärtlichen Liebkosung wieder etwas auflockern, ihn ebensosehr wie die Bewegungen der Jockeys zur Wiedergabe reizte (Albertine hatte das besonders entzückt). Was die Modistinnen anging, so mußte ich allerdings meine Rückkehr nach Paris abwarten, und was die Rennen und Regatten, meine Rückkehr nach Balbec, denn vor dem nächsten Sommer fanden keine mehr statt. Selbst eine Jacht, die Frauen in weißem Linon hinwegführt, war nicht mehr aufzutreiben.

Oft begegneten wir den Schwestern Blochs, die ich grüßen mußte, seitdem ich bei ihrem Vater zum Abendessen gewesen war. Meine Freundinnen kannten sie nicht. »Ich darf mit Israelitinnen nicht verkehren«, sagte

Albertine. Die Art, wie sie das Wort »Israelitinnen« (mit scharfem *s*) aussprach, bewies zur Genüge, auch wenn man den Rest des Satzes nicht gehört hätte, daß Sympathie gegenüber den Angehörigen des auserwählten Volkes nicht das Gefühl war, das die jungen Töchter frommer Familien der Bourgeoisie beseelte; man hätte sie sicher leicht noch glauben machen können, die Juden brächten kleine Christenkinder um. »Außerdem haben sie scheußliche Manieren, Ihre Freundinnen«, meinte Andrée mit einem Lächeln, in dem deutlich ihre Überzeugung lag, daß die Mädchen nicht meine Freundinnen seien. »Wie alles, was mit den zwölf Stämmen zu tun hat«, setzte Albertine noch altklug hinzu. Ehrlich gesagt, machten Blochs Schwestern, zu elegant angezogen und gleichzeitig halb nackt, schmachtend und keck, anspruchsvoll und schmuddelig, keinen hervorragenden Eindruck. Eine ihrer Kusinen, die noch nicht fünfzehn Jahre alt war, versetzte die Kasinobesucher in Empörung durch ihre offen zur Schau getragene Bewunderung für Mademoiselle Léa, die Bloch senior zwar als talentierte Schauspielerin schätzte, von der aber bekannt war, daß ihre Neigungen nicht in erster Linie nach der Seite der Herren gingen.

An manchen Tagen vesperten wir in einem der Bauernhöfe, die gleichzeitig Gaststätten waren. Es gab eine ganze Reihe davon: Des Écorres, Marie-Thérèse, La Croix d'Heuland, Bagatelle, Californie, Marie-Antoinette. Dieser letzte war bei der kleinen Freundinnenschar ganz besonders beliebt.

Manchmal aber stiegen wir auch, anstatt zu einem solchen Bauernhof zu gehen, bis auf die Falaise hinauf, setzten uns oben angekommen ins Gras und packten unsere mitgenommenen Sandwich- und Kuchenpakete aus.[1] Meine Freundinnen zogen die Sandwiches vor und wunderten sich, wenn ich nur einen mit flamboyanten

Zuckerfiguren verzierten Schokoladekuchen oder ein Aprikosentörtchen aß. Mit einem Chester- oder Salatsandwich, unwissenden und neumodischen kulinarischen Erfindungen, wußte ich eben nichts anzufangen. Die Kuchen aber trugen Wissen in sich, die Törtchen waren mitteilsam. Es gab in den ersteren fad-cremige und in den letzteren frisch-fruchtige Geschmacksnuancen, die vieles wußten von Combray, von Gilberte, nicht nur der Gilberte von Combray, sondern auch derjenigen von Paris, bei deren Nachmittagstees ich sie wiedergefunden hatte. Sie erinnerten mich an die Kuchenteller mit den Bildern aus *Tausendundeiner Nacht*, deren »Sujets« meine Tante Léonie derart unterhaltsam fand, wenn Françoise ihr den einen Tag »Aladin und die Wunderlampe«, einen anderen »Das Märchen vom Schlafenden und vom Wachenden« oder »Sindbad der Seefahrer« brachte, wie er sich mit seinen Reichtümern nach Bassora einschifft. Ich hätte sie gern wieder angeschaut, meine Großmutter aber wußte nicht, wo sie geblieben waren, und meinte übrigens auch, es seien ganz ordinäre Teller irgendwoher aus der Gegend. Und trotzdem: im Grau von Combray und der Champagne überhaupt waren ihre Vignetten vielfarbig eingelassen, wie in der schwarzen Kirche die Glasfenster mit den bewegten Edelsteinen, wie im Dämmerlicht meines Zimmers die Projektionen der Laterna magica, wie in der Ansicht des Bahnhofs und der kleinen Nebenlinie die Butterblumen aus Indien und die Flieder aus Persien, wie die Sammlung von chinesischem Porzellan meiner Großtante in ihrer finsteren, altjüngferlichen Provinzbehausung.[1]

Auf der Falaise ausgestreckt, sah ich vor mir nur Wiesen und über ihnen nicht etwa die sieben Himmel der christlichen Physik, sondern nur zwei übereinanderliegende, einen dunkleren – das Meer – und darüber einen von blasserem Ton. Wir vesperten, und wenn ich auch noch irgendein kleines Andenken mitgebracht hatte, das der einen oder anderen meiner Freundinnen gefallen könnte, stieg in ihren durchschimmernden Gesichtern, die sich im Nu röteten, die Freude mit so plötzlicher Heftigkeit auf, daß ihr Mund nicht die Kraft hatte, sie zurückzuhalten und, um sie nicht länger zu unterdrükken, einem Lachanfall freien Lauf ließ. Sie waren alle um mich versammelt; und zwischen ihren Gesichtern, die nur wenig voneinander entfernt waren, zeichnete die trennende Luft azurne Zwischenwege, wie ein Gärtner sie schafft, um genügend Raum zu haben, damit er in seinem Rosengarten selbst umhergehen kann.

Wenn unser mitgebrachter Vorrat erschöpft war, spielten wir Spiele, die ich zuvor langweilig gefunden hätte, manchmal so kindliche wie »Bäumchen, wechsel dich« oder »Wer zuerst lachen muß«, auf die ich aber jetzt um nichts auf der Welt mehr verzichtet hätte; die Morgenröte der Jugend, die auf diesen Gesichtern noch purpurn leuchtete, die mich aber in meinem Alter schon verlassen hatte, ließ in ihrem Licht alles, was vor ihnen lag, erschimmern, und wie auf den zarten Schöpfungen mancher Maler der Frührenaissance hoben die unbedeutendsten Einzelheiten ihres Daseins sich von einem Goldgrund ab. Zumeist verschwammen sogar die Gesichter dieser jungen Mädchen in einem allesumwebenden Morgenrot, aus dem die Züge sich noch nicht deutlich abgelöst hatten. Man sah nichts als den reizvollen Farbton und hätte dahinter nicht das erkennen können, was ein paar Jahre später ein Profil sein würde. Was man heute sah, war noch nicht endgültig ausgeprägt und brauchte noch nichts weiter zu sein als eine gelegentlich hervortretende Ähnlichkeit mit irgendeinem verstorbenen Familienmitglied, dem die Natur diese kleine nachträgliche Ehrung bereitet hatte. Der Augenblick kommt so schnell, da nichts mehr zu erwarten, da der Körper bereits in einer Unbeweglichkeit erstarrt ist, die keine Überraschungen mehr verspricht, da man alle Hoffnung verliert, wenn – an einen sommerlichen Baum mit schon dürren Blättern gemahnend – die noch jungen Gesichter von bereits gelichtetem oder ergrauendem Haar umgeben sind; der strahlende Morgen ist so kurz, daß man am Ende nur mehr jene ganz jungen Mädchen liebt, deren Körpersubstanz noch aufgeht wie ein kostbarer Teig. Sie sind nur erst eine fügsame Materie, die jeden Augenblick ihre Form von einem flüchtigen, sie gerade beherrschenden Eindruck her empfängt. Es kommt einem fast so vor, als wäre jede abwechselnd eine kleine Statuette der Heiterkeit, des jugendlichen Ernstes, der Schelmerei, des Staunens, von einem spontanen, alleserfassenden, aber doch flüchtigen Ausdruck bestimmt. Diese Plastizität verleiht der freundlichen Zuvorkommenheit, die ein junges Mädchen uns erweist, einen so farbigen Reiz. Gewiß darf sie auch bei der Frau nicht fehlen, und eine, der wir nicht gefallen, oder die uns nicht merken läßt, daß wir ihr gefallen, nimmt in unseren Augen eine langweilige Gleichförmigkeit an. Doch auch diese Zuvorkommenheit führt von einem bestimmten Alter an nicht mehr die weichen Wellenbewegungen über ein vom Existenzkampf verhärtetes Gesicht hin, dem dieser für alle Zeiten ein militantes oder ekstatisches Aussehen gegeben hat. Das eine scheint – durch die unaufhörliche Beugung unter den Gehorsam einem Gatten gegenüber – mehr das eines Soldaten als das einer Frau, das andere, das seine Formung von den Opfern her erhalten hat, die eine Mutter täglich für ihre Kinder auf sich nimmt, ein Apostelkopf. Noch ein anderes ist – nach Jahren der Stürme und Prüfungen – das Gesicht eines alten Seebären, und allein die Kleidung verrät das Geschlecht der Frau. Sicher können die Aufmerksamkeiten, die eine Frau für uns hat, sofern wir sie lieben, immer noch neue Reize über die Stunden breiten, die wir mit ihr verbringen. Doch ist sie für uns nicht immer wieder eine andere Frau. Ihre Heiterkeit haftet äußerlich an einem an sich nicht mehr wandlungsfähigen Gesicht. Die Jugend aber liegt diesseits solcher gänzlichen Verfestigung, und daher kommt es, daß man in der Nähe junger Mädchen ein Gefühl der Erfrischung verspürt, wie es einem das Schauspiel unaufhörlich sich wandelnder Formen schenkt, der Formen, die dauernd in einem fließenden Zusammenspiel begriffen sind, das an die unaufhörliche Neuschöpfung der Urelemente der Natur gemahnt, denen man sich beim Anblick des Meeres hingeben kann.

Nicht nur eine mondäne Nachmittagsgesellschaft oder eine Spazierfahrt mit Madame de Villeparisis hätte ich dem »Ringlein-Spiel« oder den »Fragen hinter der Tür« meiner Freundinnen geopfert. Mehrmals ließ Robert de Saint-Loup mir sagen, er habe, da ich ihn doch nicht in Doncières besuchen komme, um einen Urlaub von vierundzwanzig Stunden nachgesucht und werde in Balbec erscheinen. Jedesmal schrieb ich ihm, er möge das doch nicht tun, und entschuldigte mich mit der Behauptung, gerade an jenem Tag müsse ich mit meiner Großmutter einen mir durch Familienrücksichten auferlegten Besuch in der Nachbarschaft machen. Sicherlich hegte er eine schlechte Meinung von mir, wenn er dann durch seine Tante erfuhr, worin diese Verpflichtung bestanden hatte und wer bei mir in diesem Fall die Stelle meiner Großmutter vertrat. Und dennoch hatte ich vielleicht nicht unrecht, wenn ich die Vergnügungen nicht nur des Gesellschaftslebens, sondern auch die der Freundschaft der Freude opferte, mich den ganzen Tag in diesem Garten zu ergehen. Die Wesen, die die Möglichkeit besitzen, für sich zu leben – allerdings sind das eigentlich die Künstler, und ich war seit langem überzeugt, daß aus mir niemals einer werden würde –, haben auch die Verpflichtung dazu; die Freundschaft nun enthebt sie dieser Pflicht und zwingt sie zum Verzicht auf sich selber. Das Gespräch sogar, das die der Freundschaft eigene Ausdrucksweise ist, stellt eine oberflächliche Abschweifung dar, bei der für uns nichts zu gewinnen ist. Wir können ein Leben lang Gespräche führen, ohne etwas anderes zu tun, als die inhaltliche Leere einer Minute unendlich zu wiederholen, während der Gang der Gedanken in der einsamen Arbeit künstlerischen Schaffens sich in Richtung der Tiefe vollzieht als der einzigen Richtung, die uns nicht verschlossen ist und in der wir, mit größerer Mühe freilich, zu einer Wahrheit vorzudringen vermögen. Die Freundschaft ist nicht nur wie das Gespräch ohne positiv fördernden Wert, sondern dazu auch noch verderblich. Denn die Regung von Überdruß, die in Gesellschaft ihres Freundes alle diejenigen unbedingt verspüren müssen, deren Entwicklungsgesetz ganz in ihrem Inneren ruht – Überdruß deswegen nämlich, weil sie ganz an der Oberfläche ihrer Persönlichkeit bleiben müssen, anstatt ihre Entdeckungsreise in die Tiefe fortzusetzen –, heißt die Freundschaft uns wiederum korrigieren, sobald wir von neuem uns allein überlassen sind; sie verlangt von uns, daß wir mit Rührung im Herzen an die Worte zurückdenken, die unser Freund uns gesagt hat, und sie als einen kostbaren Beitrag ansehen, während wir doch nicht wie irgendwelche Bauwerke sind, an die man von außen her Steine herantragen kann, sondern vielmehr wie Bäume, die aus ihrem eigenen Lebenssaft den nächsten Knoten ihres Stammes und das nächste Stockwerk ihrer Laubkrone herausbilden. Ich belog mich selbst, ich unterbrach das Wachstum in der Richtung, in der ich wahrhaft wachsen und glücklich sein konnte, wenn ich mich dazu beglückwünschte, von einem so guten, so gescheiten, so gerngesehenen Menschen wie Saint-Loup geliebt und bewundert zu werden, wenn ich meine Einsicht nicht auf meine eigenen dunklen Eindrücke richtete, die zu entwirren meine Aufgabe gewesen wäre, sondern auf die Worte meines Freundes, an denen ich, indem ich sie mir wieder und wieder vorsprach – oder vielmehr von jenem anderen Ich wiederholen ließ, das in uns lebt und auf das man immer so gern die Last des Denkens abschiebt –, eine Schönheit zu finden mich bemühte, die weit ablag von jener anderen, der ich schweigend nachging, wenn ich wirklich allein war, und die Robert, mir selbst, meinem Leben einen höheren Wert geben würde. In dem Leben, zu dem ein solcher Freund mir verhalf, fühlte ich mich behaglich vor Einsamkeit geschützt, edelmütig verlangend, mich selbst für ihn aufzuopfern, kurz, völlig außerstande, mich selbst zu verwirklichen. Bei diesen jungen Mädchen hingegen empfand ich zwar auch ein egoistisches Glück, doch wenigstens beruhte es nicht auf der Lüge, die uns glauben machen will, daß wir nicht unabänderlich allein sind, und die, wenn wir mit anderen reden, uns an der Einsicht hindert, daß nicht wir mehr die Sprechenden sind, sondern daß wir uns nach dem Bild jener Fremden formen und nicht nach einem Ich, das von dem ihren verschieden ist. Die Worte, die die jungen Mädchen der kleinen Schar mit mir wechselten, waren nicht sehr interessant, im übrigen eher spärlich, auf meiner Seite sogar von langem Schweigen durchsetzt. Das aber hinderte mich nicht, wenn sie zu mir sprachen, beim Zuhören das gleiche Vergnügen zu empfinden wie bei ihrem Anblick und in der Stimme jeder einzelnen von ihnen ein lebendig getöntes Bild zu erkennen. Mit Entzücken hörte ich ihrem Zwitschern zu. Lieben verstärkt die Fähigkeit, zu unterscheiden und zu differenzieren. In einem Wald hört ein

Vogelliebhaber die Stimmen der verschiedenen Vogelarten heraus, die der Laie nicht zu unterscheiden vermag. Der Liebhaber junger Mädchen weiß, daß menschliche Stimmen noch sehr viel variantenreicher sind. Jede besitzt mehr Noten als das klangvollste Instrument. Die Kombinationen, in denen die Stimme sie zusammenfaßt, sind ebenso unerschöpflich wie die unendliche Vielfalt der Persönlichkeiten. Wenn ich mit einer meiner Freundinnen plauderte, bemerkte ich, daß das originale, einmalige Bild ihrer Individualität mir ebensosehr durch die Modulationen ihrer Stimme wie durch die Züge ihres Gesichts mit künstlerischer Feinsinnigkeit vorgezeichnet und mit tyrannischer Gewalt aufgezwungen wurde und daß hier zwei verschiedenartige Schauspiele, jedes auf seiner Ebene, die gleiche besondere Wirklichkeit vermittelten. Gewiß war auch die Linienführung der Stimme genauso wie die des Gesichts noch nicht endgültig festgelegt; die erstere würde noch mutieren und die zweite sich wandeln. Wie Kinder für die Verdauung der Milch eine Drüse besitzen, die bei Erwachsenen nicht mehr vorhanden ist, so gab es in dem Gezwitscher dieser Mädchen Töne, wie sie bei Frauen nicht mehr anzutreffen sind. Und auf diesem noch vielfältigeren Instrument spielten sie mit den Lippen, von der Hingabe und dem Feuereifer der kleinen musizierenden Engel bei Bellini[1] erfüllt, Eigenschaften, die ebenfalls ausschließlich der Jugend vorbehalten sind. Später würden die jungen Mädchen den Akzent enthusiastischen Überzeugtseins verlieren, der den einfachsten Dingen solchen Reiz verlieh, ob nun Albertine in gewichtigem Ton Wortspiele vorbrachte, die die Jüngeren mit Bewunderung aufnahmen, bis endlich das tolle Gelächter bei ihnen mit der unwiderstehlichen Heftigkeit des Niesens ausbrach, oder ob Andrée von ihren Schulaufgaben, die noch kindischer als ihre Spiele waren, mit jugendlichem

Ernst sprach; so klangen ihre Worte vollkommen ungewohnt, wie Gedichtstrophen aus frühester Zeit, als die Poesie sich noch kaum von der Musik unterschied und auf verschiedenen Tonhöhen deklamiert wurde. Trotz allem zeichnete sich in der Stimme einer jeden dieser kleinen Persönlichkeiten schon deutlich eine individuelle Sicht des Lebens ab, eine derart individuelle Sicht, daß es eine falsche Vereinfachung bedeutet hätte, von der einen zu sagen: »Sie nimmt alles mit Humor«, von der anderen: »Sie stellt eine Behauptung nach der anderen auf« oder von der dritten: »Sie hält immer erst einmal inne und wartet ab, was die anderen sagen«. Die Züge unseres Gesichts sind eigentlich nichts anderes als bestimmte, durch Gewohnheit festgewordene Gebärden. Wie der Untergang von Pompeji oder wie die Metamorphose einer Schmetterlingspuppe hat die Natur uns in unseren gewohnten Bewegungen fixiert. In der gleichen Weise enthält der Tonfall unserer Stimme unsere Lebensphilosophie, das, was der betreffende Mensch sich selbst bei jeder Gelegenheit über die Dinge zurechtlegt. Sicherlich gehörten solche Züge nicht ausschließlich diesen Mädchen an. Sie gehörten ihren Eltern. Das Individuum webt in etwas, das allgemeiner ist als es selbst. In dieser Hinsicht geben die Eltern den Kindern nicht nur jene gewohnheitsmäßige Gebärde mit, die sich in den Zügen des Gesichts und der Stimme ausdrückt, sondern auch eine bestimmte Art zu sprechen, gewisse zur Formel gewordene Sätze, die, fast ebenso unbewußt wie ein Tonfall der Stimme, fast ebenso tief verwurzelt wie jene, auf eine Lebensansicht hinweisen. Freilich gibt es gewisse solcher Wendungen, die jungen Mädchen von ihren Eltern nicht vor einem bestimmten Alter preisgegeben werden, meist nicht bevor sie erwachsene Frauen geworden sind. Man spart sie einstweilen noch auf. So konnte, wenn man etwa von den

Bildern eines Freundes von Elstir sprach, Andrée, die noch Zöpfe trug, von dem Ausdruck »Als Mann scheint er bezaubernd zu sein«, dessen sich ihre Mutter und ihre verheiratete Schwester bedienten, noch keinen persönlichen Gebrauch machen. Doch mit der Erlaubnis, zum Palais-Royal[1] zu gehen, würde sich das ergeben. Schon seit ihrer ersten Kommunion sogar pflegte Albertine wie eine Freundin ihrer Tante zu sagen: »Mir wäre das ziemlich fürchterlich.« Man hatte ihr auch die Gewohnheit zum Geschenk gemacht, sich wiederholen zu lassen, was jemand sagte, um auf diese Weise ihr Interesse zu zeigen und ihren Willen, sich darüber selbst eine Meinung zu bilden. Wenn man zu ihr sagte, die Bilder eines Malers seien gut oder sein Haus recht hübsch, fragte sie erst zurück: »So, seine Bilder sind gut? Ja? Das Haus ist hübsch?« Auf noch allgemeinere Art schließlich als das Familienerbe wirkte sich der würzige, von der Herkunftsprovinz auferlegte Stoff aus, aus dem sie ihre Stimmen bezogen und dessen genaue Färbung ihre Intonation annahm. Wenn Andrée ganz schlicht ein ernstes Thema anschlug, so ließen die Saiten ihres stimmlichen Instruments unweigerlich den singenden Klang aus dem Périgord ertönen – in schönster Harmonie übrigens mit der südlichen Reinheit ihrer Züge; und den unausgesetzten Schelmereien Rosemondes antwortete der nördliche Stoff ihres Gesichts und ihrer Stimme, ob sie wollte oder nicht, mit dem Akzent ihrer Heimatprovinz. Zwischen dieser Provinz und der Veranlagung des jungen Mädchens, die die Modulationen bestimmte, nahm ich ein schönes Zwiegespräch wahr. Ein Zwiegespräch, nicht etwa eine Zwietracht. Keine solche vermöchte das Mädchen mit seinem Heimatboden zu entzweien. Die beiden sind ein und dasselbe. Im übrigen macht die Rückwirkung der lokalen Materialien auf den schöpferischen Geist, der sich ihrer bedient und dem sie neue

Frische zutragen, das Werk nicht weniger individuell, und es spiegelt, ob es sich nun um einen Architekten, einen Kunsttischler oder einen Komponisten handelt, mit nicht geringerer Genauigkeit selbst die feinsten Züge der Persönlichkeit des Künstlers wider, wenn dieser genötigt war, mit dem Mühlenkalkstein von Senlis oder dem roten Sandstein von Straßburg zu arbeiten, wenn er die Eigenmaserung der Esche berücksichtigt oder bei der Aufzeichnung seiner Noten den Umfang, die Klangfarbe und die Möglichkeiten von Flöte oder Bratsche bedacht hat.

Ich war mir darüber klar, und dennoch sprachen wir so wenig! Während ich in meinen Worten Madame de Villeparisis oder Saint-Loup gegenüber bei einem Zusammensein mehr Vergnügen geäußert haben würde, als ich tatsächlich empfand, da ich sie jedesmal mit einem Gefühl von Ermüdung verließ, ging, wenn ich inmitten dieser jungen Mädchen lagerte, die Fülle meiner Empfindungen weit über unsere kargen, spärlichen Reden hinaus und überflutete mein Schweigen und meine Unbeweglichkeit mit wahren Wogen von Glück, deren Plätschern sich am Fuß dieser jungen Rosen brach.

Für einen Genesenden, der den ganzen Tag in einem Blumen- oder Obstgarten der Ruhe pflegt, durchzieht der Duft von Blüten und Früchten die tausend Nichtigkeiten seines Farniente nicht gründlicher, als für mich jene Farbe und jener Duft es taten, die meine Blicke auf diesen jungen Mädchen sammelten und deren Süße schließlich mich selber ganz durchwob. So bilden Trauben an der Sonne ihren Zucker. Und so auch schufen jene so einfachen Spiele in ihrem langsamen, ununterbrochenen Lauf in mir, wie es denen geschieht, die nichts anderes tun als am Strand liegen, Salzluft einatmen und sich von der Sonne bräunen lassen, eine Entspannung, ein Lächeln stillen Glücks, ein unbestimmtes Strahlen, das auch meine Augen ergriff.

Manchmal weckte eine nette Aufmerksamkeit der einen oder anderen von ihnen in mir starke Schwingungen, die eine Zeitlang das Verlangen nach den anderen mehr in die Ferne rückten. So hatte Albertine eines Tages gesagt: »Hat eine von euch einen Bleistift mit?« Andrée hatte einen, Rosemonde ein Stück Papier, und dann hatte Albertine gesagt: »Meine Lieben, ich verbiete euch, herzusehen, was ich schreibe.« Nachdem sie kunstvoll jeden Buchstaben einzeln auf das Papier, das auf ihren Knien ruhte, gemalt hatte, hatte sie es mir mit den Worten gegeben: »Geben Sie acht, daß keiner es sieht.« Ich hatte es entfaltet und die von ihr geschriebenen Worte darauf gefunden: »Ich mag Sie sehr gern.«

»Aber anstatt Dummheiten aufzuschreiben«, rief sie dann mit einem von bezwingendem, leidenschaftlichem Ernst erfüllten Blick auf Andrée und Rosemonde, »will ich euch jetzt lieber den Brief zeigen, den ich heute früh von Gisèle bekommen habe.[1] Ich bin ja dumm, ich habe ihn in der Tasche, und wenn ich mir vorstelle, wie sehr er uns nützen kann!« Gisèle hatte sich verpflichtet gefühlt, ihrer Freundin zur Weitergabe an die anderen den Aufsatz zu schicken, den sie zur Erlangung ihres Zeugnisses hatte abfassen müssen. Albertines Befürchtungen wegen der Schwierigkeit der vorgelegten Themen wurde von den beiden, zwischen denen Gisèle zu wählen gehabt hatte, noch übertroffen. Das eine hieß: »Sophokles schreibt aus der Unterwelt an Racine, um ihn über den Mißerfolg von *Athalie* zu trösten«, das andere: »Madame de Sévigné schreibt nach der ersten Aufführung von *Esther* an Madame de La Fayette und spricht ihr ihr Bedauern aus, daß sie nicht dabei war.« Nun hatte Gisèle in einem Anfall von Übereifer, der ihre Prüfer offenbar gerührt hatte, das erste, schwierigere der beiden Themen gewählt und es so hervorragend gut behandelt, daß sie eine Vierzehn und das besondere Lob der Prüfungskommission davongetragen hatte. Sie hätte ein »Sehr gut« bekommen, hätte sie nicht im Spanischen versagt. Der Aufsatz, dessen Abschrift Gisèle an Albertine geschickt hatte, wurde sofort von dieser vorgelesen, weil sie das gleiche Examen vor sich hatte und gern die Meinung Andrées hören wollte, die ihr als die weitaus tüchtigste von ihnen gute Tips geben konnte. »Sie hat wirklich Glück gehabt«, meinte Albertine, »gerade dieses Thema hatte die Lehrerin, bei der sie Französisch hat, schon mit ihr durchgeackert.« Der von Gisèle verfaßte Brief des Sophokles an Racine begann wie folgt: »Mein lieber Freund, verzeihen Sie, daß ich Ihnen schreibe, ohne daß ich die Ehre habe, Ihnen persönlich bekannt zu sein; beweist indessen nicht gerade Ihre Tragödie *Athalie*, wie gründlich Sie sich mit meinen bescheidenen Werken abgegeben haben? Sie haben Verse nicht nur den Helden oder Hauptpersonen des Stücks in den Mund gelegt, sondern auch andere ganz entzückende – erlauben Sie mir, Ihnen dies ohne schmeichlerische Übertreibung zu sagen – für die Chöre verfaßt, die in der griechischen Tragödie sicherlich ganz gut paßten, in Frankreich aber geradezu eine Neuerung sind. Zudem hat hier Ihr Talent, das ohnehin so geschmeidig, so akkurat, so bezaubernd, so fein, so zart sich äußert, eine Kraft erreicht, zu der ich Sie nur beglückwünschen kann. Athalie selbst, Joad, das sind Personen, die auch Ihr Rivale Corneille nicht eindrucksvoller hätte hinstellen können. Die Charaktere sind kraftvoll, die Handlung schlicht und dabei packend. Hier ist einmal eine Tragödie, bei der nicht die Liebe die Triebfeder ist; ich kann Ihnen dafür nur aufrichtig Anerkennung zollen. Die berühmtesten Vorschriften sind nicht immer die richtigsten. Als Beispiel führe ich Ihnen an:

De cette passion la sensible peinture
Est pour aller au cœur la route la plus sûre.[1]

Von dieser Leidenschaft ein treues Bild zu geben,
macht mehr als anderes den Weg zum Herzen eben.

Sie haben bewiesen, daß das religiöse Gefühl, das in Ihren Chören einen so überschwenglichen Ausdruck findet, nicht weniger zu rühren weiß. Das große Publikum vielleicht mag sich täuschen lassen, doch die wahren Kenner werden Ihnen Gerechtigkeit widerfahren lassen. Es war mir ein Herzensbedürfnis, Ihnen meine wärmsten Glückwünsche auszusprechen, denen ich, verehrter Kollege, den Ausdruck meiner aufrichtigen Verehrung hinzufüge.«

Albertines Augen hatten während dieser ganzen Vorlesung in hellem Eifer immer wieder aufgeblitzt. »Man sollte meinen, sie hätte es abgeschrieben«, rief sie, als sie fertig war. »Nie hätte ich Gisèle für fähig gehalten, so etwas hinzulegen. Und diese Verse, die sie da zitiert! Wo hat sie das bloß her?« Albertines Bewunderung nahm noch ebenso wie ihre gespannteste Aufmerksamkeit – allerdings das Objekt wechselnd – zu, während sie Andrée zuhörte und sie fast »mit den Augen aufspießte«, als diese in ihrer Eigenschaft als das größte und am meisten bewanderte Mädchen von Gisèles Aufsatz auf Befragen zunächst mit einer gewissen Ironie sprach, dann aber scheinbar nur ganz beiläufig, jedoch in einer Weise, hinter der sich nur schlecht ein wirklicher Ernst verbarg, dazu überging, auf ihre Art den Aufsatz noch einmal zu schreiben. »Er ist gar nicht übel«, meinte sie zu Albertine gewandt, »aber wenn ich du wäre und das gleiche Thema bekäme, was gar nicht ausgeschlossen ist, denn es wird gern gegeben, machte ich es nicht genauso. Ich denke mir manches anders: Erst einmal hätte ich an Gisèles Stelle nicht einfach losgelegt, sondern mir in aller Ruhe auf einem anderen Blatt meine Gliederung gemacht. Zuerst die Fragestellung und die Exposition des Themas; dann die allgemeinen Ideen, die man zu entwickeln hätte. Schließlich die Würdigung, der Stil und die Schlußfolgerung. Wenn man in dieser Weise von einer gedrängten Übersicht ausgeht, weiß man, woran man sich zu halten hat. Gleich bei der Exposition des Themas, oder, wenn du willst, Titine, da es nun mal ein Brief ist, sobald man zur Sache kommt, hat Gisèle vorbeigehauen. An einen Mann des 17. Jahrhunderts hätte Sophokles nicht schreiben dürfen: ›Mein lieber Freund‹.« – »Sie hätte ihn besser sagen lassen: Mein lieber Racine«, warf Albertine mit größter Lebhaftigkeit ein. »Das wäre viel besser gewesen.« – »Nein«, antwortete Andrée etwas von oben herab, »sie hätte schreiben müssen: ›Sehr geehrter Herr‹. Auch als Schlußformel hätte sie etwas finden müssen wie: ›Gestatten Sie, sehr geehrter Herr (höchstens sehr verehrter Herr), daß ich Ihnen sage, mit welchen Gefühlen außerordentlicher Wertschätzung ich verbleibe als Ihr ganz ergebener Diener.‹ Andererseits behauptet Gisèle, die Chöre in *Athalie* seien eine Neuerung. Sie vergißt aber *Esther* und zwei wenig bekannte Tragödien, die gerade in diesem Jahr der Lehrer durchgenommen hat, so daß man schon mit Sicherheit bestanden hat, wenn man sie zitiert, sie sind sein Steckenpferd: *Les Juives* von Robert Garnier und *Aman* von Montchrestien.« Andrée nannte die beiden Titel nicht ohne ein Gefühl wohlmeinender Überlegenheit, das sich in einem übrigens ganz anmutigen Lächeln kundtat. Albertine hielt es nicht mehr aus: »Andrée, du bist fabelhaft«, rief sie. »Du mußt mir die beiden Titel aufschreiben, ja? Stell dir vor, wenn die Sache drankäme, sogar nur im Mündlichen, würde ich die Stücke sofort erwähnen, und das würde dann einen Rieseneindruck machen.« Jedesmal aber wenn Albertine künftighin Andrée bat, ihr die Titel der beiden Stücke zu sagen, damit sie sich diese notiere, behauptete die gelehrte Freundin, sie wisse sie nicht mehr, und hat sie ihr nie angegeben. »Dann:«, fuhr Andrée mit unmerklicher Herablassung ihren kindischeren Gefährtinnen gegenüber, aber doch froh, sich bewundern zu lassen, und im Grunde eifriger auf ihre Redaktion dieses Aufsatzes bedacht, als sie es sich anmerken lassen wollte, in ihrer Rede fort, »Sophokles in der Unterwelt weiß doch sicher über alles Bescheid. Es ist ihm gewiß bekannt, daß *Athalie* nicht vor einem großen Publikum, sondern nur in Gegenwart des Sonnenkönigs und einiger bevorzugter Hofleute aufgeführt worden ist. Was Gisèle an dieser Stelle über die Wertschätzung durch die wirklichen Kenner bemerkt, ist gar nicht schlecht, könnte aber noch etwas weiter ausgeführt werden. Der unsterblich gewordene Sophokles dürfte sehr wohl die Gabe der Weissagung besitzen und bereits vorauswissen, daß nach Voltaire *Athalie* nicht nur ›das Meisterwerk Racines, sondern des menschlichen Geistes‹ sein wird.« Albertine trank alle diese Worte in sich hinein. Ihre Augen flammten. Mit tiefster Entrüstung wies sie den Vorschlag Rosemondes, man wolle jetzt endlich spielen, zurück. »Schließlich«, bemerkte Andrée noch im gleichen beiläufigen, leichten, etwas spöttischen, aber ziemlich leidenschaftlich überzeugten Ton, »wäre wohl Gisèle, wenn sie erst einmal sorgfältig notiert hätte, welche allgemeinen Gedanken man entwickeln müßte, vielleicht auch auf dasselbe gekommen wie ich und hätte den Unterschied zwischen der religiösen Inspiration der Chöre des Sophokles und der Racines aufgezeigt. Ich hätte Sophokles die Bemerkung machen lassen, daß, wenn die Chöre Racines ebenso wie die der griechischen Tragödie von religiösem Gefühl erfüllt sind, es sich dennoch nicht um die gleichen Götter handelt. Der Joads hat mit dem des Sophokles nichts zu tun. Und das würde dann am Ende der Erörterung zu dem Schluß führen: ›Es macht nichts aus, daß es sich um verschiedene Arten des Glaubens handelt.‹ Sophokles würde nie und nimmer bei diesem Punkt allzusehr verweilen. Er würde fürchten, die Überzeugungen Racines zu verletzen; nur noch ein paar Worte über seine Lehrer von Port-Royal müßte er einflechten und dann seinen jüngeren Rivalen dazu beglückwünschen, daß sein poetisches Genie sich zu solchen Höhen aufgeschwungen hat.«

Albertine war vor Bewunderung und Aufmerksamkeit derart erhitzt, daß ihr der Schweiß in großen Tropfen über die Stirn lief. Andrée aber behielt die heitere Lässigkeit eines weiblichen Dandy bei. »Es wäre auch gar nicht übel«, meinte sie, bevor es nun wieder ans Spielen ging, »ein paar Urteile von berühmten Kritikern anzuführen.« – »Ja«, stimmte Albertine ihr bei, »das ist mir auch schon gesagt worden. Im allgemeinen hält man sich am besten an Sainte-Beuve und Merlet, nicht wahr?« – »Du hast nicht ganz unrecht«, antwortete Andrée, die sich auch diesmal weigerte, trotz der Bitten Albertines, die beiden weiteren Namen aufzuschreiben, »Merlet und Sainte-Beuve sind nicht schlecht. Aber vor allem muß man Deltour und Gasq-Desfossés zitieren.«[1]

Während dieser ganzen Zeit dachte ich an den kleinen Notizzettel, den Albertine mir zugesteckt hatte: »Ich mag Sie sehr gern«, und eine Stunde später, als wir die Wege hinuntergingen, die für meinen Geschmack etwas zu steil nach Balbec hinabführten, sagte ich mir, daß sie es sei, mit der ich meinen Roman haben würde.

Der durch die Gesamtheit der Zeichen, an denen wir gemeinhin erkennen, daß wir verliebt sind, charakterisierte Zustand – Anweisungen, die ich im Hotel gab, mich wegen keines Besuches zu wecken, es handle sich denn um das eine oder andere der jungen Mädchen, Herzklopfen, mit dem ich sie erwartete (welche auch immer in Aussicht stand), mein Zorn an solchen Tagen, wenn ich keinen Friseur zum Rasieren fand und verunziert vor Albertine, Rosemonde oder Andrée erscheinen mußte –, dieser abwechslungsweise in Gedanken an die eine oder an die andere von neuem entstehende Zustand war ohne Zweifel so verschieden von dem, was wir Liebe nennen, wie das menschliche Leben von dem der Zoophyten verschieden ist, bei denen die Existenz, die Individualität möchte man fast sagen, sich auf verschiedene Organismen verteilt. Doch die Naturgeschichte lehrt uns, daß ein solcher tierischer Organismus beobachtet werden kann; und auch unser eigenes Dasein, sofern es schon etwas fortgeschritten ist, gibt ebenso gut über das wirkliche Vorhandensein von vordem uns unbekannten Zuständen Auskunft, durch die wir hindurchgehen müssen, um sie nachher wieder zu verlassen. So war es bei mir mit dem Zustand einer Verliebtheit, die gleichzeitig auf mehrere junge Mädchen verteilt war. Verteilt, oder vielmehr eigentlich ungeteilt, denn meistens war gerade, was so köstlich, von allem übrigen verschieden und im Begriff war, mir so teuer zu werden, daß die Hoffnung, es am nächsten Tag wiederzufinden, die schönste Freude meines Lebens bildete, eben jene Gruppe der jungen Mädchen in ihrer Gesamtheit, so wie sie sich mir an den Nachmittagen auf der Falaise zeigte, während jener winddurchwehten Stunden, da sich auf der Grasfläche die meine Phantasie so erregenden Figuren von Albertine, Rosemonde, Andrée niedergelassen hatten, und zwar ohne daß ich hätte sagen können, welche davon mir diesen Ort so einzig kostbar machte und welche ich am meisten hätte lieben mögen. Zu Beginn einer Liebe wie an ihrem Ende sind wir nicht ausschließlich an den Gegenstand dieser Liebe gebunden; das Verlangen zu lieben, aus dem diese entsteht (und dann die Erinnerung, die uns bleibt), schweift vielmehr in einer Zone noch auswechselbarer Reize umher – es können dies sogar ganz einfach Reize der Natur, des guten Essens oder des angenehmen Wohnens sein –, die so harmonisch miteinander verbunden sind, daß man in keinem von ihnen sich verloren fühlt. Da ich im übrigen den Mädchen gegenüber bisher noch nicht durch Gewöhnung abgestumpft war, besaß ich die Fähigkeit, sie zu sehen, und das bedeutete in diesem Fall, daß mich in ihrer Gegenwart jedesmal von neuem ein tiefes Erstaunen befiel. Sicherlich beruht ein Erstaunen dieser Art zum Teil darauf, daß ein Wesen uns dann eine neue Seite seiner selbst enthüllt; so groß aber ist die Vielfalt eines jeden, so unerschöpflich der Reichtum der Linien seines Gesichts und seiner Körperformen, jener Linien, von denen sich, nachdem wir die Betreffende verlassen haben, infolge der willkürlichen Vereinfachung durch unsere Erinnerung, nur so wenige einstellen, je nachdem unser Gedächtnis diese oder jene auffallende Eigentümlichkeit ausgewählt, ausgesondert und übertrieben hat, daß zum Beispiel aus einer Frau, die uns groß vorgekommen ist, die Studie eines weiblichen Wesens von unproportionierter Länge oder aus einer anderen, die wir als rosig und blond in Erinnerung hatten, eine reine »Harmonie in Gold und Rosa«[1] wird; in dem Augenblick, da diese Frau dann von neuem in unserer Nähe ist, strömen alle anderen vergessenen Eigenschaften, die diese erste wieder ausgleichen, in ihrer verwirrenden Fülle herbei, vermindern die Größe der Gestalt, überfluten die rosigen Töne und setzen an die Stelle dessen, was wir allein zu sehen erwarteten, andere Eigentümlichkeiten, an deren Beobachtung wir uns von der ersten Begegnung her erinnern, so daß wir nicht mehr verstehen, wie wir so wenig auf ihren Anblick haben gefaßt sein können. In unserer Erinnerung sahen wir einen Pfau: wir eilten auf ihn zu und finden eine Pfingstrose vor. Dieses unvermeidliche Erstaunen ist nicht das einzige; denn daneben besteht noch ein anderes, das der Verschiedenheit entspringt, nun aber nicht der Verschiedenheit zwischen den Stilisierungen der Erinnerung und der Wirklichkeit, sondern zwischen dem Wesen, das wir das letzte Mal sahen, und demjenigen, das uns heute unter einem anderen Blickwinkel erscheint und uns einen ganz neuen Aspekt enthüllt. Das menschliche Antlitz ist wirklich wie das jenes Gottes einer östlichen Theogonie eine ganze Traube von Gesichtern, die, auf verschiedenen Ebenen nebeneinandergestellt, nicht auf einmal überblickbar sind.

Zum großen Teil aber rührt unser Erstaunen daher, daß uns das Wesen gerade auch ein identisches Gesicht zukehrt. Wir müßten eine so große Anstrengung machen, alles nachzuschaffen, was von einer Seite, die nicht wir selbst sind, uns zugetragen wird – und wäre es nur der Geschmack einer Frucht –, daß wir, kaum ist ein Eindruck in uns eingedrungen, schon unmerklich den abschüssigen Weg der Erinnerung einschlagen und, ohne dessen gewahr zu werden, in kürzester Zeit weit von dem entfernt sind, was wir empfunden haben. Dergestalt wirkt jede neue Begegnung als eine Art Berichtigung, die uns zu dem zurückführt, was wir schon vorher gesehen haben. Wir erinnerten uns bereits nicht mehr daran, so sehr bedeutet nämlich »ein Wesen sich in Erinnerung rufen« in Wirklichkeit »es vergessen«. Doch solange wir noch zu sehen vermögen, erkennen wir den vergessenen Zug in dem Augenblick wieder, da er wieder vor uns erscheint, wir sind gezwungen, die abgewichene Linie wieder richtig zu führen, und so bestand die unaufhörliche, fruchtbare Überraschung, die für mich diese täglichen Begegnungen mit den schönen jungen

Mädchen am Meeresstrand so erholsam entspannend machte, so gut wie aus Entdeckungen auch aus Erinnerung. Wenn man dem noch die Erregung durch das hinzufügt, was sie für mich waren, nämlich niemals ganz, was ich geglaubt hatte, wodurch die Hoffnung auf das nächste Wiedersehen mit ihnen der vorausgegangenen Hoffnung viel weniger glich als der noch lebendig vibrierenden Erinnerung an unsere letzte Unterhaltung, wird man verstehen, daß jeder Spaziergang mit ihnen meinen Gedanken einen heftigen Antrieb gab, und zwar keineswegs in der Richtung, die ich mir in der Einsamkeit meines Zimmers bei ausgeruhtem Kopf zurechtgelegt hatte. Jene Richtung war vergessen und aufgegeben, wenn ich summend wie ein Bienenkorb von allen Reden, die mich innerlich erregt hatten und die noch in mir nachhallten, wieder nach Hause kam. Jedes Wesen zerfällt, wenn wir es nicht mehr sehen; erscheint es dann das nächste Mal wieder vor uns, findet gleichsam eine Neuschöpfung statt, die verschieden von den früheren, von allen anderen ist. Denn bei diesen Neuschöpfungen gibt es mindestens zwei Varianten. Wenn wir uns an einen energischen Blick, eine kühne Miene erinnern, so werden wir unvermeidlich das nächste Mal von einem beinahe sehnsuchtsvollen, weichen Profil, einer Spur träumerischer Süße überrascht, von Dingen, auf die wir bei unserer vorausgehenden Erinnerung nicht geachtet hatten, ja es sind dies fast die einzigen Züge, die uns diesmal in Erstaunen versetzen oder überhaupt auffallen. Durch die Gegenüberstellung unserer Erinnerung und dieser neuen Wirklichkeit wird unsere Enttäuschung oder Überraschung bestimmt, sie tritt als Korrektur der Wirklichkeit auf und belehrt uns darüber, daß wir uns schlecht erinnert haben. Der das vorige Mal vernachlässigte Aspekt des Gesichts, der aus diesem Grunde für uns nun gerade der packendste ist, der wirklichste, der berichtigendste, wird nun seinerseits zum Gegenstand unserer Träumereien und Erinnerungen. Ein weich gerundetes Profil, ein sanfter, träumerischer Gesichtsausdruck ist nunmehr das, was wir wiederzusehen wünschen. Von neuem wird dann beim nächsten Mal der eigenwillige Ausdruck des kühnen Blicks, der spitzen Nase, der fest zusammengepreßten Lippen, die Abweichung unseres Verlangens von seinem Objekt korrigieren, an das es sich so eng zu halten glaubte. Natürlich betraf dieses treue Festhalten an den ersten rein physischen Eindrücken, die ich jedesmal bei meinen Freundinnen wiederfand, nicht nur ihre Gesichtszüge, denn es hat sich ja gezeigt, daß ich ebenso empfänglich für ihre vielleicht noch erregenderen Stimmen war (die Stimme bietet eben nicht einfach, wie das Gesicht es tut, eine besondere, mit den Sinnen erfaßbare Oberfläche dar; sie gehört zu dem unzugänglichen Abgrund, vor dem uns der Schwindel hoffnungsloser Küsse erfaßt), in denen wie in dem einzigartigen Klang eines kleinen Instruments das ganze Wesen jeder einzelnen lag, das nur ihr eigen war. Durch einen bestimmten Tonfall bezeichnet, erstaunte mich immer wieder die eine oder andere dieser Stimmen durch ihren aufschlußreichen Klang, wenn ich sie wiedererkannte, nachdem ich sie vergessen hatte. So kam es, daß die Berichtigungen, die ich bei jeder neuen Begegnung vornehmen mußte, um wieder zu einer vollkommen angemessenen Auffassung zu gelangen, ebensogut in den Tätigkeitsbereich eines Instrumentenstimmers oder Gesangmeisters wie eines Zeichners gehörten.

Der harmonische Zusammenklang, in dem sich eine Zeitlang durch den Widerstand, den jede einzelne dem Vorherrschen der anderen entgegensetzte, die verschiedenen Gefühlsschwingungen befanden, die die jungen Mädchen in mir erzeugten, wurde schließlich zugunsten Albertines aufgelöst, und zwar an einem Nachmittag, als wir »Ringlein, Ringlein, du mußt wandern« spielten.[1] Es war in einem kleinen Wäldchen auf der Falaise. Zwischen zwei Mädchen stehend, die nicht eigentlich der kleinen Schar angehörten, die aber zur Vergrößerung unseres Kreises hinzugezogen worden waren, hielt ich meine Blicke neidvoll auf einen jungen Mann gerichtet, der Albertines Nachbar war, denn ich sagte mir, daß ich, wenn ich an seiner Stelle wäre, die Hände meiner Freundin in jenen unverhofften Minuten hätte berühren können, die vielleicht nicht wiederkehrten und mich bedeutend weitergebracht haben würden. Schon rein an sich, ohne die zweifellos daraus sich ergebenden Folgen, wäre die Berührung dieser Hände mir ganz köstlich erschienen. Es war dabei nicht so, daß ich nicht schon schönere Hände gesehen hätte als die Albertines. Selbst in der Gruppe ihrer Freundinnen besaßen die schlankeren und feingliedrigeren Andrées eine Art Eigenleben, sie folgten gefügig dem Befehl ihrer jungen Gebieterin und waren doch unabhängig, sie streckten sich oft vor ihr wie edle Windspiele aus, träge, lässig träumend, dann plötzlich eins ihrer Glieder regend, was alles Elstir bewogen hatte, von diesen Händen eine ganze Reihe von Studien zu machen. Auf einem dieser Blätter, wo man Andrée vor einem Feuer sich wärmen sah, zeigten sie in diesem Licht das golden Durchschimmerte von zwei Blättern im Herbst. Die Hände Albertines, die fülliger waren, gaben einen Augenblick nach, dann übten sie einen Widerstand gegen die drückende Hand aus, was eine ganz besondere Empfindung vermittelte. Albertines Händedruck besaß eine sinnliche Süße, die gut zu dem rosigen, ins Malvenfarbene spielenden Hautton ihrer Wangen paßte. Der sanfte Druck schien einem den Weg ins Innere dieses Mädchens nach der Seite ihrer Sinne hin zu eröffnen, ebenso wie die Klangfülle ihres Lachens, das indezent wie Taubengurren oder gewisse

Schreie war. Sie gehörte zu den Frauen, deren Hand zu drücken ein so großes Vergnügen ist, daß man der Kulturentwicklung dafür dankbar ist, das »Shakehands« zu einem erlaubten Akt der Begegnung zwischen jungen Männern und Mädchen gemacht zu haben. Wenn die willkürlich gewählten Formen der Höflichkeit den Händedruck durch eine andere Geste ersetzt hätten, würde ich alle Tage die unberührbaren Hände Albertines mit einer Neugier, den Kontakt mit ihnen zu erleben, betrachtet haben, wie ich sie jetzt auf die sinnliche Beschaffenheit ihrer Wangen verspürte. Doch bei der Vorstellung, ich könne ihre Hände lang in den meinen halten, wenn ich ihr Nachbar beim Ringleinspiel wäre, hatte ich jetzt nicht nur dieses Vergnügen selbst im Sinn; wieviel Geständnisse, Liebeserklärungen, die ich bislang in meiner Schüchternheit für mich behalten hatte, hätte ich gewissen Händedrucken anvertrauen können, und wie leicht wäre es ihr selbst gewesen, mir durch den gleichen Druck zu zeigen, daß sie mich verstanden habe; welch geheimes Einvernehmen hätte das bedeutet, welch einen Beginn der Lust! Meine Liebe konnte in einigen in dieser Weise neben ihr verbrachten Minuten größere Fortschritte machen, als es seit dem Beginn unserer Bekanntschaft möglich gewesen war. In dem Gefühl, daß diese Minuten nicht von Dauer sein konnten, sondern zu Ende gingen, denn wir würden bestimmt nicht ewig bei diesem kleinen Spiel bleiben, und daß es zu spät sei, sobald wir damit aufhörten, hielt es mich nicht mehr an meinem Platz. Ich ließ mir mit Absicht den Ring fortnehmen, und als ich in der Mitte stand und ihn vorbeilaufen sah, tat ich, als ob ich ihn nicht bemerkte, folgte ihm aber mit den Blicken bis zu dem Augenblick, da er in den Händen von Albertines Nachbar sein mußte; sie selber war vor Lachen und in der Erregung des Spiels über und über rosig erglüht. »Hier sind wir gerade in dem ›bois joli‹[1], von dem im Spiel die Rede ist«, sagte Andrée zu mir und wies auf die Bäume ringsum mit einem Lächeln im Blick, das nur für mich bestimmt war und über die anderen Spieler hinwegzugleiten schien, als seien nur wir beide gescheit genug, von außen her über das Spiel eine Bemerkung rein poetischen Charakters zu machen. Sie trieb sogar dieses anmutige Tändeln ihres Geistes so weit, daß sie, ohne eigentlich Lust dazu zu haben, leise vor sich hinsang: »Il a passé par ici, le furet du Bois, Mesdames, il a passé par ici, le furet du Bois joli«, wie die Menschen, die nicht nach Trianon gehen können, ohne dort ein Fest nach Art der Marie-Antoinette zu veranstalten, oder es reizvoll finden, eine bestimmte Melodie in dem Rahmen zu singen, für den sie komponiert worden ist. Ich wäre zweifellos eher betrübt gewesen, an dieser Darbietung keinen Gefallen zu finden, hätte ich Muße gehabt, darüber nachzudenken. Doch mein Geist war anderswo. Spieler und Spielerinnen begannen sich über meine Dummheit zu wundern, daß ich den Ring nicht nahm. Ich sah vor mir Albertine, so schön, so gleichgültig und so fröhlich, noch nicht wissend, daß sie gleich meine Nachbarin werden würde, wenn ich im richtigen Augenblick den Ring mit Hilfe eines Tricks, den sie nicht ahnte und über den sie sich geärgert hätte, in den richtigen Händen festmachte. In der Hitze des Spiels hatten die langen Haare Albertines sich halb gelöst und fielen ihr in gelockten Strähnen über die Wangen, deren Inkarnat unter dem matten Braun noch rosiger schimmerte. »Sie haben die Flechten der Laura Dianti, der Eleonore von Guyenne und ihrer von Chateaubriand so sehr geliebten Nachfahrin.[2] Sie sollten die Haare immer etwas aufgelockert tragen«, sagte ich ihr ins Ohr, um mich ihr damit schon etwas mehr zu nähern. Jetzt war der Ring bei Albertines Nachbar angelangt. Sofort sprang ich auf ihn zu, bog ihm rücksichtslos die Finger auseinander und ergriff den Ring. Er mußte an meinen Platz in der Mitte des Kreises treten, und ich nahm den seinen an Albertines Seite ein. Wenige Minuten zuvor hatte ich den jungen Mann noch beneidet, als ich sah, wie seine leicht über die Schnur gleitenden Hände in jedem Augenblick die Albertines berührten. Jetzt, da die Reihe an mir war, fühlte ich, zu schüchtern, um diesen Kontakt zu suchen, zu aufgeregt, um ihn zu genießen, nichts als meines Herzens raschen, schmerzhaften Schlag. An einem bestimmten Punkt beugte Albertine sich zu mir vor und tat so, mit einer Miene des Einverständnisses auf ihrem vollen rosigen Gesicht, als halte sie den Ring, um den Suchenden zu täuschen und zu verhindern, daß er nach der Seite schaute, wo er sich gerade befand. Ich begriff auf der Stelle, daß sich das Geheimnisvolle in Albertines Blick auf diese List bezog, war aber verwirrt, als ich in ihren Augen das wenn auch nur für die Bedürfnisse des Spiels vorgetäuschte Bild eines Geheimnisses, eines Einverständnisses sah, das zwischen ihr und mir nicht wirklich bestand, von nun an jedoch möglich und für mich jedenfalls von göttlicher Süße schien. Als ich mich noch an diesem Gedanken berauschte, fühlte ich den leichten Druck der Hand Albertines auf der meinigen und ihren streichelnden Finger, der unter den meinen glitt, auch bemerkte ich, daß sie mir gleichzeitig auf eine möglichst unverfängliche Art zuzwinkerte. Mit einem Schlag kristallisierten sich in mir eine Menge bislang verworrener Hoffnungen: Sie nutzt das Spiel, um mir zu zeigen, wie gern sie mich mag, dachte ich auf dem Gipfel der Freude, von dem ich gleich wieder hinunterstürzte, als Albertine wütend zu mir sagte: »Aber so nehmen Sie ihn doch, ich halte ihn Ihnen schon stundenlang hin.« Überwältigt von Kummer ließ ich die Schnur fahren, der Suchende bemerkte den Ring, stürzte sich darauf, und ich mußte wieder in die Mitte treten; verzweifelt blickte ich auf den wilden Ringelreihen um mich her; die Spielerinnen warfen mir spöttische Worte zu, und ich war genötigt, als Antwort darauf zu lachen, während ich wenig Lust dazu spürte und Albertine immer wieder sagte: »Man spielt nicht, wenn man nicht aufpassen will und nichts dabei herauskommt, als daß andere verlieren. An den Tagen, wo wir spielen, wird er nicht wieder eingeladen, Andrée, sonst komme ich nicht mehr.« Andrée, die über Kinderspiele hinaus war und ihr Lied vom »Bois joli« vor sich hinsang, das aus Nachahmungsdrang und ohne Überzeugung auch Rosemonde aufnahm, wollte von Albertines Vorwürfen ablenken und sagte zu mir: »Wir sind nur zwei Schritte von Les Creuniers entfernt, das Sie so gern sehen wollten. Wissen Sie was, ich werde Sie auf einem reizenden Weg hinführen, während diese Verrückten hier weiterspielen, als ob sie achtjährige Kinder wären.« Da Andrée außergewöhnlich nett zu mir war, sagte ich ihr unterwegs alles über Albertine, was mir geeignet schien, um deren Neigung zu gewinnen. Sie antwortete mir, auch sie möge Albertine gern und finde sie sehr nett; dennoch schienen ihr meine Komplimente an die Adresse ihrer Freundin kein Vergnügen zu machen. Plötzlich blieb ich mitten auf dem kleinen Hohlweg stehen, tief im Herzen berührt von einer süßen Kindheitserinnerung: Ich hatte eben an den gezähnten, glänzenden Blättern, die sich vor den Eingang des Pfades schoben, einen leider schon seit Frühlingsende abgeblühten Weißdornbusch erkannt.[1] Um mich webte eine Atmosphäre von ehemaligen Maiandachten, sonntäglichen Nachmittagen, von vergessenem Glauben und vergessenen Irrungen. Ich hätte sie gerne festgehalten. Ich blieb einen Augenblick stehen, und in bezaubernd verständnisvoller Weise ließ Andrée mich eine Weile im Zwiegespräch mit den Blättern des Strauches.[2] Ich fragte diese nach den Blüten, jenen Weißdornblüten, die übermütigen, koketten und zugleich frommen jungen Mädchen so ähnlich sind. »Die jungen Damen sind schon lange fort«, antworteten mir die Blätter. Und sie dachten vielleicht dabei, daß ich, der ich mich als ihr großer Freund ausgab, dafür recht schlecht über ihre Gewohnheiten Bescheid wisse. Ein großer Freund, der sie aber seit vielen Jahren nicht wiedergesehen hatte trotz aller Versprechungen. Und dennoch, wie Gilberte meine erste Liebe zu einem jungen Mädchen gewesen war, waren sie meine erste Liebe zu einer Blume gewesen. »Ja, ich weiß, sie gehen immer gegen Mitte Juni fort«, antwortete ich, »aber es macht mir Vergnügen, die Stätte zu sehen, wo sie hier Wohnung genommen hatten. Sie haben mich in Combray in meinem Zimmer besucht; als ich krank war, hat meine Mutter sie zu mir geführt. Und am Samstagabend trafen wir uns bei der Maiandacht. Gehen sie auch hier dorthin?« – »O natürlich! Man legt den größten Wert auf die jungen Damen in der Kirche von Saint-Denis-du-Désert, der nächsten Pfarrgemeinde.« – »Kann ich sie wiedersehen?« – »Nicht vor Mai nächsten Jahres.« – »Aber sind sie dann auch sicher da?« – »Sie kommen alle Jahre.« – »Ich weiß nur nicht, ob ich die Stelle wiederfinden werde.« – »O doch! Die jungen Damen sind so vergnügt. Sie setzen mit Lachen nur aus, wenn sie ein Kirchenlied singen; Sie entdecken sie bestimmt: gleich am Anfang des Weges spüren Sie dann schon ihren Duft.«

Ich schloß mich Andrée wieder an und begann von neuem, Albertines Lob zu singen. Es schien mir unmöglich, daß sie es ihr etwa nicht wiederholte, ich legte es ihr nahe genug. Dennoch habe ich nie gehört, daß etwas davon zu Albertine gedrungen wäre. Gleichwohl besaß Andrée eine viel größere Einsicht in die Dinge des Herzens und ein feiner ausgebildetes Zartgefühl als jene; den

Blick, das Wort, die Handlungsweise finden, die möglichst wohldurchdacht Vergnügen machen könnten, eine Überlegung verschweigen, die Schmerz hätte zufügen können, das Opfer (mit der Miene, als sei es keins) einer Stunde des Spiels, sogar einer Nachmittagseinladung, eines Gartenfestes zu bringen, um bei einem Freund oder einer Freundin zu bleiben, die gerade traurig waren, und ihnen auf diese Weise zu zeigen, daß sie ihre Gesellschaft bloßen oberflächlichen Vergnügungen vorziehe, waren bei ihr ganz gewöhnliche Äußerungen des Takts. Wenn man sie aber etwas näher kannte, hätte man meinen können, sie sei wie jene heroischen Feiglinge, die keine Furcht haben wollen und deren Bravour deshalb besonders verdienstvoll ist; daß nämlich auf dem Grund ihrer Natur nichts von jener Güte zu finden war, die sie aus moralischer Noblesse, aus Feinfühligkeit und aus dem edlen Willen, sich als gute Freundin zu erweisen, bei jeder Gelegenheit bekundete. Wenn man hörte, wie reizend sie sich bei mir über eine mögliche Zuneigung zwischen Albertine und mir ausließ, schien es, als müsse sie mit allen Kräften tätig sein, um zu ihrer Verwirklichung beizutragen. Doch aus Zufall vielleicht machte sie von all den belanglosen kleinen Möglichkeiten, die ihr zu Gebote standen, um mir zu einer Annäherung an Albertine zu verhelfen, keinerlei Gebrauch, und ich möchte nicht schwören, ob nicht mein Bemühen, von Albertine geliebt zu werden, auf seiten ihrer Freundin, wenn auch nicht gerade geheime Machenschaften mit dem Zweck, dem entgegenzuwirken, so doch einen übrigens ausgezeichnet verhehlten Zorn hervorgerufen hat, den sie aus Zartgefühl vielleicht in sich selbst bekämpfte. Zu den tausend subtilen Äußerungen der Güte, über die Andrée verfügte, wäre Albertine außerstande gewesen, und dennoch war ich der Güte jener ersteren nicht so sicher, wie ich es später der entsprechenden Regung bei der anderen wurde. Andrée, die sich dem überschäumenden Leichtsinn Albertines gegenüber immer zärtlich nachsichtig verhielt, hatte für sie im Umgang stets die Worte und das Lächeln einer Freundin bereit, mehr noch: sie handelte auch danach. Ich habe sie Tag für Tag, um die arme Freundin an ihrem Luxus teilnehmen zu lassen und sie glücklich zu machen, selbstlos mehr Mühe auf sich nehmen sehen, als ein Höfling es tut, der die Gunst seines Souveräns gewinnen will. Sie war reizend mit ihren sanften, wehmütigen und beseelten Wendungen, wenn man in ihrer Gegenwart die Armut Albertines beklagte, und bemühte sich tausendmal mehr um sie als um irgendeine Freundin aus reicher Familie. Wenn aber jemand bemerkte, Albertine sei vielleicht gar nicht so arm, wie es immer hieß, verschleierte eine kaum merkliche Wolke die Stirn und die Augen Andrées; sie schien dann verstimmt. Und wenn man so weit ging zu sagen, daß es vielleicht alles in allem weniger schwer sein werde, sie zu verheiraten, als man immer dachte, widersprach sie mit aller Macht und wiederholte beinahe gereizt: »Doch, leider. Sie wird nicht zu verheiraten sein! Ich weiß es und mache mir viel Kummer deshalb!« Mir selbst gegenüber sagte sie als einzige der jungen Mädchen nie weiter, was etwa Unangenehmes über mich geredet worden war; ja mehr noch: wenn ich selbst es ihr erzählte, tat sie so, als glaube sie es nicht, oder gab dafür eine Erklärung, die die betreffende Rede harmlos erscheinen ließ; die Gesamtheit dieser Eigenschaften ist das, was man mit Takt bezeichnet. Es besitzen ihn die Leute, die, wenn wir zu einem Duell gehen, uns beglückwünschen und hinzufügen, es sei doch gar nicht nötig gewesen, die Forderung anzunehmen, um in unseren Augen den Mut noch größer erscheinen zu lassen, den wir bewiesen haben, ohne dazu gezwungen zu sein. Sie sind das Gegenteil der Leute, die unter denselben

Umständen sagen: »Es war sicher sehr ärgerlich für Sie, sich schlagen zu müssen, andererseits aber durften Sie ja eine solche Beleidigung nicht einfach hinnehmen. Sie konnten wirklich nicht anders.« Doch hat eben alles zwei Seiten. Wenn das Vergnügen oder wenigstens die Gleichgültigkeit, mit der unsere Freunde etwas Kränkendes weitersagen, was über uns geredet worden ist, uns beweist, daß sie in dem Augenblick, da sie zu uns sprechen und spitze Nadeln und Messer in uns versenken, als wäre es in Werg, sich nicht in uns hineinversetzen, so kann andererseits die Kunst, uns immer zu verbergen, was in dem, wie über unsere Handlungsweise gesprochen wird, oder in der Meinung, die diese ihnen selbst eingeflößt hat, uns unangenehm sein könnte, bei der anderen Kategorie von Freunden, den Freunden mit Herzenstakt, eine starke Dosis von Verheimlichung beweisen. Dagegen läßt sich nichts einwenden, wenn diese Freunde tatsächlich nichts Böses denken können und das, was man von uns sagt, sie selbst in dem Maße schmerzt, wie wir darunter leiden würden. Ich nahm an, ohne freilich dessen völlig sicher zu sein, daß dies bei Andrée der Fall war.

Wir waren aus dem Wäldchen hinausgetreten und hatten einen gewundenen, ziemlich einsamen Weg eingeschlagen, auf dem Andrée sich ausgezeichnet zurechtfand. »Da sehen Sie«, sagte sie plötzlich zu mir, »das ist das berühmte Les Creuniers. Und Sie haben noch besonderes Glück, denn Sie sehen es gerade bei der Witterung und in der Beleuchtung, wie Elstir es gemalt hat.« Doch ich war noch zu traurig, bei dem Ringleinspiel von solcher Höhe der Hoffnungen heruntergestürzt zu sein. Nicht ganz mit dem Vergnügen, das ich sonst sicher empfunden hätte, konnte ich daher plötzlich zu meinen Füßen, zwischen die Felsen geschmiegt, wo sie sich vor der Hitze schützten, unter einer dunklen Lasur, so schön, als seien sie von Leonardo gemalt, die Meeresgöttinnen erkennen, die Elstir belauscht und überrascht hatte, die wundervollen Schattengestalten, geschützt und verstohlen, beweglich und schweigend, bereit, beim ersten Anbranden von Licht unter den Stein zu gleiten und sich in einem Loch zu verstecken, aber auch ebensoschnell, wenn die Bedrohung durch den Sonnenstrahl vorübergegangen war, wieder hervorzukommen zum Felsen und zu den Algen, während die Sonne die Falaisen und den farblos gewordenen Ozean zu Staub werden ließ; so schienen sie Klippen und Meer in ihrem Schlummer zu bewahren, als deren unbeweglich schwebende Hüterinnen, wobei sie ihre anschmiegsamen Leiber an die Wasserfläche hefteten, wo der aufmerksame Blick ihrer dunklen Augen funkelte.

Wir gingen wieder zu den anderen Mädchen zurück, um heimzukehren. Ich wußte jetzt, ich liebte Albertine, aber ach! ich legte keinen Wert darauf, es sie wissen zu lassen. Seit den Tagen der Spiele in den Anlagen der Champs-Élysées hatte sich nämlich meine Auffassung von der Liebe gewandelt, wenn auch die Wesen, an die sie sich nacheinander heftete, fast identisch waren. Einerseits schwebte mir das Geständnis, die Erklärung meines zärtlichen Gefühls im Angesicht der Geliebten nicht mehr als eine der wichtigen und unerläßlichen Szenen der Liebe vor; auch schien mir diese selbst nicht mehr eine außerhalb von mir bestehende Wirklichkeit, sondern nur ein subjektives Hochgefühl zu sein. Um diese meine Freude aber zu erhalten, würde, das spürte ich, Albertine um so eher alles, was nötig war, tun, je weniger sie von meinen Empfindungen wußte.

Während des ganzen Heimwegs war das von dem lichten Schimmer der ganzen Mädchengruppe überflutete Bild Albertines nicht das einzige, das mir vor Augen stand. Doch wie der Mond, der nur ein weißes Wölkchen von besonders deutlich umrissener, unveränderlicher Gestalt ist, solange das Tageslicht wirkt, nach dessen Verlöschen erst seine Kraft entfaltet, so stieg, nachdem ich ins Hotel zurückgekehrt war, allein die Erscheinung Albertines in meinem Herzen auf und leuchtete darin. Mein Zimmer war mir auf einmal ganz neu. Gewiß war es schon längst nicht mehr das feindliche Zimmer des Ankunftsabends. Wir wandeln unsere Behausung unaufhörlich um; und in dem Maße, wie die Gewohnheit uns vom Fühlen entbindet, entfernen wir die störenden Momente der Farbe, der Proportion, des Geruchs, in denen unser Unbehagen sich objektivierte. Es war nun auch nicht mehr jenes Zimmer, das dann noch weiterhin stark auf mein Gefühlsleben eingewirkt hatte – freilich nicht mehr, um mich leiden zu machen, sondern um mir Freude zu schenken –, jene Kelter der schönen Tage, wie ein Wasserbecken, das sie bis zu halber Höhe mit spiegelndem, lichtgetränktem Azur erfüllten, über den augenblicksweise, ungreifbar und weiß wie ein Ausfluß der Tageshitze ein flüchtiges, irisierendes Segel dahinzog; auch nicht das rein ästhetische Zimmer der malerischen Abendstunden; es war das Zimmer, in dem ich nun schon so lange lebte, daß ich es nicht mehr sah. Jetzt aber fing ich an, von neuem Augen dafür zu haben, doch diesmal von dem egoistischen Gesichtspunkt der Liebe aus. Ich meinte, der schöne, schräggestellte Spiegel, die eleganten, von Glasscheiben geschützten Bücherregale müßten Albertine, wenn sie mich besuchen käme, für mich einnehmen. An Stelle eines bloßen Durchgangsortes, an dem ich einen Augenblick verbrachte, bevor ich an den Strand oder nach Rivebelle enteilte, wurde mein Zimmer wieder zu etwas, was wirklich und mir lieb war, es erneuerte sich, denn ich betrachtete und bewertete jetzt jedes Möbel darin mit den Augen Albertines.

Ein paar Tage nach der Begebenheit mit dem Ringleinspiel waren wir, da wir uns auf einem Ausflug etwas zu weit entfernt hatten, sehr froh, in Maineville zwei Dogcarts[1] mit je zwei Plätzen aufzutreiben, die uns ermöglichen würden, zum Abendessen wieder zu Hause zu sein; mein schon sehr lebhaft gewordenes Liebesgefühl für Albertine hatte zur Folge, daß ich zuerst Rosemonde und dann Andrée vorschlug, zu mir in den Wagen zu steigen, und nicht ein einziges Mal Albertine; dann aber, während ich immer noch eifrig Andrée und Rosemonde aufforderte, brachte ich sie alle durch sekundäre Erwägungen über Zeit, Weg und Mäntelunterbringung dazu, es gleichsam gegen meinen Willen am praktischsten zu finden, ich nähme Albertine zu mir, in deren Gesellschaft ich mich anscheinend nur wohl oder übel schickte. Da nun zwar die Liebe danach strebt, ein anderes Wesen in einen Bestandteil des Liebenden zu verwandeln, wir uns aber leider keines nur durch Gespräche anzuverwandeln vermögen, mochte Albertine während dieser Heimfahrt noch so nett zu mir sein: als ich sie bei sich zu Hause abgesetzt hatte, ließ sie mich glücklich, aber noch mehr nach ihr lechzend als beim Aufbruch zurück; ich sah die Augenblicke, die wir zusammen verbracht hatten, nur als einen Auftakt an, der, an sich ohne Wichtigkeit, von anderen Augenblicken gefolgt sein würde. Und dennoch besaß er jenen ersten Zauber, der niemals wiederkehrt. Noch hatte ich von Albertine nichts erbeten. Sie mochte sich wohl denken, was ich mir wünschte, konnte aber nicht sicher sein und stellte sich vielleicht vor, ich suchte mit ihr nur eine auf keinen bestimmten Zweck gerichtete Verbindung, in der meine Freundin jenes köstliche Unbestimmte, jenen Reichtum an erwarteten Überraschungen finden mochte, das man das Romantische nennt.

In der folgenden Woche gab ich mir kaum Mühe, Albertine zu sehen. Ich tat, als liege mir mehr an Andrée. Die Liebe setzt ein, und man möchte für die Frau, die man liebt, der Unbekannte bleiben, den sie lieben kann, doch man braucht sie, man muß vielleicht nicht so sehr ihren Körper als ihre Aufmerksamkeit und ihr Herz anrühren. Man läßt in einen Brief eine Bosheit einfließen, die die Gleichgültige dazu zwingt, uns um eine Freundlichkeit zu bitten, und die Liebe zieht aufgrund einer unfehlbar funktionierenden Technik eine Schraube in dem ineinandergreifenden Räderwerk an, von dessen Getriebe erfaßt wir weder nicht mehr lieben noch geliebt werden können. Ich widmete Andrée die Stunden, in denen die anderen zu irgendeiner Nachmittagsveranstaltung gingen, die, wie ich wußte, Andrée mit Vergnügen für mich aufgeben würde, auch wenn es gegen ihre Neigung gewesen wäre, aus Adel des Geistes, um weder bei den anderen noch bei sich selbst den Gedanken zu wecken, daß sie auf ein mehr oder weniger nur gesellschaftliches Vergnügen Wert lege. Ich richtete mich also so ein, daß ich sie jeden Abend völlig für mich hatte, nicht in dem Gedanken, Albertine dadurch eifersüchtig zu machen, sondern um mein Ansehen in ihren Augen dadurch zu erhöhen oder es wenigstens nicht zu verlieren, wenn ich einmal Albertine von meiner ihr und nicht Andrée geltenden Neigung etwas merken lassen würde. Ich erzählte auch Andrée nichts davon aus Angst, sie könne es Albertine weitersagen. Wenn ich von Albertine mit Andrée sprach, gab ich eine Kälte vor, durch die sich Andrée vielleicht weniger täuschen ließ als ich mich durch ihre scheinbare Gutgläubigkeit. Sie tat so, als nehme sie meine Gleichgültigkeit gegen Albertine für bare Münze, wünsche selbst aber eine möglichst enge Beziehung zwischen Albertine und mir. Wahrscheinlich hingegen ist, daß sie weder an das eine glaubte noch das andere ihren Wünschen entsprach.

Während ich ihr sagte, ich mache mir aus ihrer Freundin nicht viel, dachte ich nur an eins, nämlich wie ich wohl eine Beziehung zu Madame Bontemps herstellen könnte, die sich für kurze Zeit in der Nähe von Balbec aufhielt und bei der Albertine demnächst drei Tage verbringen sollte. Natürlich ließ ich Andrée von diesem Wunsch nichts merken, und wenn ich mit ihr von Albertines Familie sprach, so nur mit allen Zeichen größter Unaufmerksamkeit. Die klaren Antworten Andrées schienen meine Aufrichtigkeit nicht in Frage zu stellen. Doch weshalb entschlüpfte ihr an einem jener Tage die Bemerkung: »Ich habe *ausgerechnet* Albertines Tante gesehen«? Freilich hatte sie nicht gesagt: Aus Ihren beiläufig hingeworfenen Äußerungen habe ich entnommen, daß Sie einzig darauf sinnen, wie Sie Albertines Tante begegnen könnten. Und dennoch schien sich auf das Vorhandensein einer solchen Vorstellung in Andrées Geist, die sie freundlicherweise vor mir nicht erörtern wollte, das Wort »ausgerechnet« zu beziehen. Es gehörte zur gleichen Familie wie gewisse Blicke und Gebärden, die zwar nicht logisch, rational und unmittelbar an die Möglichkeit appellieren, daß der Zuhörer uns versteht, dennoch aber in ihrer innersten Bedeutung zu ihm gelangen, genausogut wie die im Telefondraht zu Elektrizität verwandelte menschliche Rede wieder zu Worten und verständlich wird. Um in Andrées Geist die Vorstellung, ich interessierte mich für Madame Bontemps, wieder auszulöschen, sprach ich nicht nur nachlässig, sondern boshaft von ihr; ich sagte, ich sei dieser exaltierten Person früher einmal begegnet und hoffe, es werde so bald nicht wieder vorkommen. Tatsächlich aber war ich auf alle Weise bestrebt, ihr wieder zu begegnen.

Ich versuchte bei Elstir – jedoch mit der Bitte, daß niemand etwas davon erführe – zu erreichen, daß er mich bei ihr erwähnte und mich mit ihr zusammenbrächte. Er versprach mir, die Begegnung zu vermitteln, obwohl mein Wunsch ihn erstaunte, denn er hielt sie für eine verachtenswerte, intrigante und ebenso uninteressante wie an ihrem Vorteil interessierte Person. In dem Gedanken, daß, wenn ich wirklich Madame Bontemps irgendwo träfe, Andrée es früher oder später erfahren würde, glaubte ich, es sei besser, es ihr selbst zu sagen. »Was man am liebsten umgehen möchte, ist oft gerade das, was man plötzlich nicht vermeiden kann«, sagte ich zu ihr. »Nichts kann langweiliger für mich sein, als die Bekanntschaft mit Madame Bontemps zu erneuern, aber ich entgehe dem nicht. Elstir lädt mich mit ihr zusammen ein.« – »Ich habe niemals einen Augenblick daran gezweifelt«, rief Andrée in bitterem Ton aus, während ihr geweiteter und veränderter Blick sich auf irgend etwas Unsichtbares zu heften schien. Diese Worte Andrées drückten, wenn auch auf eine nicht gerade sehr ordnungsgemäße Art, einen Gedanken aus, der kurz zusammengefaßt etwa so lauten würde: Ich weiß, daß Sie Albertine lieben und jede nur erdenkliche Anstrengung machen, mit ihrer Familie in Kontakt zu kommen. Doch bildeten sie nur die formlosen und ergänzungsbedürftigen Fragmente jenes Gedankens, den ich durch mein Daranrühren gegen Andrées Willen bei ihr ausgelöst hatte. Ebenso wie jenes »ausgerechnet« erhielten diese Worte ihren Sinn erst aus zweiter Hand, das heißt, sie gehörten zur Kategorie jener, die (im Gegensatz zu den direkt bejahenden Sätzen) Respekt oder Mißtrauen hervorrufen oder sogar zu Entzweiung führen.

Da Andrée mir nicht geglaubt hatte, als ich ihr sagte, Albertines Familie interessiere mich nicht, nahm sie offenbar an, ich sei in Albertine verliebt. Und wahrscheinlich war sie darüber nicht glücklich.

Gewöhnlich war sie bei meinen Zusammenkünften

mit ihrer Freundin dabei. Doch gab es auch Tage, an denen ich diese allein traf, Tage, die ich fiebernd erwartete, die aber ertraglos vorübergingen, ohne daß jener eine denkwürdige kam, dessen Rolle ich jeweils unverzüglich an den folgenden weitergeben mußte, der sie ebensowenig würde spielen können; so brandeten die Tage wie Berge von Wogen an, und ihre Gipfel wurden von immer neuen abgelöst.

Ungefähr vier Wochen nach jenem Tag, da wir »Ringlein, Ringlein, du mußt wandern« gespielt hatten, hieß es, Albertine werde am folgenden Morgen aufbrechen, um zwei Tage bei Madame Bontemps zu verbringen, jedoch, um den Frühzug zu erreichen, die Nacht vorher im Grand-Hôtel schlafen, von wo aus sie mit dem Omnibus, ohne die Freundinnen, bei denen sie wohnte, zu stören, rechtzeitig für den ersten Zug am Bahnhof sein könne. Ich sprach darüber mit Andrée. »Das kann ich mir absolut nicht vorstellen«, antwortete diese mißvergnügt. »Im übrigen hätten Sie gar nichts davon, denn ich bin sicher, Albertine wird Sie nicht sehen wollen, wenn sie allein im Hotel wohnt. Das wäre nicht sehr stilvoll«, fügte sie unter Anwendung eines Wortes hinzu, das sie seit kurzem besonders gern in dem Sinne von »was man tut« gebrauchte. »Ich sage Ihnen das, weil ich Albertines Ansichten kenne. Denn mir kann es ja ganz egal sein, ob Sie sie sehen oder nicht, nicht wahr?«

Zuerst stieß Octave zu uns, der sich nicht bitten ließ, Andrée genau mitzuteilen, wieviel Löcher er gestern beim Golf gemacht hatte, dann Albertine, die spazierenging und dabei ihr Diabolo handhabte wie eine Nonne ihren Rosenkranz. Dank diesem Spiel konnte sie stundenlang allein sein, ohne sich zu langweilen. Kaum war sie zu uns getreten, als mir auch schon die eigenwillige Spitze ihrer Nase auffiel, die ich aus ihrem Bild ausgelassen hatte, wann immer ich in den letzten Tagen an sie dachte; unter ihrem schwarzen Haar stand die gerade Stirn – und nicht zum erstenmal – zu der unbestimmten Vorstellung, die ich davon zurückbehalten hatte, im Gegensatz, während sie mich durch ihre Weiße förmlich blendete; vom Staub der Erinnerung befreit, erstand Albertine von neuem vor mir. Das Golfspiel gewöhnt an einsame Freuden. Das Diabolospiel vermittelt bestimmt auch eine solche. Doch fuhr Albertine auch, als sie sich uns angeschlossen hatte, mit uns plaudernd in ihrem Spiel fort, ganz wie eine Dame, die in Gegenwart der sie besuchenden Freundinnen ruhig weiterhäkelt. »Madame de Villeparisis, scheint es«, sagte sie zu Octave, »hat sich bei Ihrem Vater beschwert« (und ich hörte hinter diesem »scheint es« einen der klingenden Nachschläge, die Albertine eigentümlich waren; jedesmal, wenn ich feststellen mußte, daß ich sie wieder vergessen hatte, erinnerte ich mich doch gleichzeitig daran, wie hinter ihnen früher schon der entschiedene, sehr französische Gesichtsausdruck Albertines schattenhaft aufgetaucht war. Ich hätte blind sein und dennoch ebensogut gewisse beschwingte, etwas provinzielle Wesenszüge an ihr aus diesen Noten so gut herausspüren können wie an ihrer Nasenspitze. Jene und diese entsprachen sich ganz und gar, sie hätten füreinander eintreten können; ihre Stimme war ganz wie die, die angeblich das Bildtelefon der Zukunft verwirklichen soll: im Klang zeichnete sich deutlich die visuelle Erscheinung ab). »Sie hat übrigens nicht nur an Ihren Vater geschrieben, sondern gleichzeitig auch an den Bürgermeister von Balbec, daß er das Diabolospielen auf der Promenade verbieten soll, sie hat nämlich so ein Ding ins Gesicht bekommen.«

»Ja, ich habe von ihrer Beschwerde gehört. Das ist einfach lächerlich. Es gibt eh zu wenig Zerstreuung hier.«

Andrée mischte sich nicht in die Unterhaltung, sie

kannte – übrigens ebensowenig Albertine und Octave – Madame de Villeparisis nicht. »Ich weiß nicht, weshalb diese Dame daraus so eine Geschichte macht«, meinte sie gleichwohl, »die alte Madame de Cambremer hat auch etwas abbekommen und sich nicht beklagt.« – »Ich werde Ihnen sagen, woher dieser Unterschied kommt«, antwortete Octave mit großem Ernst, während er ein Streichholz anzündete, »meiner Meinung nach besteht er darin, daß Madame de Cambremer von jeher eine Dame von Welt gewesen, Madame de Villeparisis aber nur emporgekommen ist. Spielen Sie heute nachmittag Golf?« Er verließ uns, dasselbe tat Andrée. Ich blieb mit Albertine allein. »Sehen Sie«, sagte sie zu mir, »ich trage jetzt das Haar so, wie Sie es gern mögen, schauen Sie nur meine Tolle an. Alle lachen mich aus, niemand weiß, weshalb ich mich so frisiere. Meine Tante neckt mich sicher auch damit. Aber ich werde auch ihr den wahren Grund nicht sagen.« Ich sah von der Seite die Wangen Albertines, die oft blaß wirkten, aber jetzt von frisch pulsierendem Blut gerötet waren, das durch sie hindurchschimmerte und ihnen die Leuchtkraft gewisser Wintermorgen gab, an denen die von der Sonne beschienenen Steine aussehen wie rosa Granit und gleichsam Freude ausstrahlen. Diejenige, die mir jetzt eben der Anblick von Albertines Wangen schenkte, war genauso stark, doch leitete sie zu einem anderen Wunsch über, der nicht im Spazierengehen, sondern im Küssen sein Ziel hatte. Ich fragte sie, ob ihre Absicht wirklich die sei, von der man mir erzählt hatte. »Ja«, antwortete sie, »ich schlafe heute nacht in Ihrem Hotel, und da ich ein bißchen erkältet bin, werde ich mich sogar schon vor dem Abendessen hinlegen. Sie können mir bei meinem Nachtessen am Bett Gesellschaft leisten, und hinterher können wir irgend etwas spielen, was Sie gern mögen. Es wäre mir ja lieb gewesen, wenn Sie morgen früh zum

Bahnhof kämen, aber das sieht vielleicht komisch aus, nicht gerade vor Andrée, die ist ja zu klug, aber vor den anderen, die sicher auch da sind; das gäbe eine schöne Geschichte, wenn meine Tante es erfährt; aber heute abend können wir gut zusammensein. Davon wird meine Tante ja nichts erfahren. Ich verabschiede mich jetzt von Andrée. Also bis nachher. Kommen Sie recht früh, damit wir viel Zeit für uns haben«, setzte sie lächelnd hinzu. Bei diesen Worten dachte ich noch weiter zurück als nur an die Zeit, da ich Gilberte liebte, an die Zeiten nämlich, da die Liebe für mich eine Wesenheit darstellte, die nicht nur außerhalb von mir bestand, sondern auch tatsächliche Wirklichkeit werden konnte. Während die Gilberte, die ich in den Champs-Élysées-Anlagen sah, eine andere war als die, die ich in mir wiederfand, wenn ich mir selbst überlassen war, erkannte ich mit einemmal in der wirklichen Albertine, derjenigen, die ich alle Tage sah, die ich von bürgerlichen Vorurteilen beherrscht und ihrer Tante gegenüber vollkommen offen glaubte, die Albertine meiner Phantasie: jene Albertine, von der ich mich, als ich noch gar nicht mit ihr bekannt war, heimlich auf der Strandpromenade beobachtet geglaubt hatte und die widerstrebend nach Hause zu gehen schien, als sie feststellte, daß ich mich entfernte.

Ich ging mit meiner Großmutter zum Abendessen und spürte in mir ein Geheimnis, das ihr unbekannt war. So würden auch mit Albertine morgen ihre Freundinnen zusammensein, ohne zu wissen, daß etwas Neues zwischen uns bestand, und wenn Madame Bontemps ihre Nichte auf die Stirn küßte, würde auch sie nicht ahnen, daß ich zwischen ihnen war in Gestalt der neuen Haarfrisur, die den jedermann sonst verborgenen Zweck erfüllte, mir zu gefallen, mir, der ich bis dahin Madame Bontemps so glühend beneidet hatte, weil sie, mit den gleichen Personen verwandt wie ihre Nichte, bei der gleichen Gelegenheit Trauer zu tragen und die gleichen Familienbesuche zu machen verpflichtet war; nun aber bedeutete ich mehr für Albertine als sogar ihre Tante. Bei ihrer Tante, soviel stand fest, würde sie an mich denken. Was würde sich in den nächsten Augenblicken ereignen? Ich hatte keine genaue Vorstellung davon. Jedenfalls erschienen mir das Grand-Hôtel und der Abend nicht mehr leer; sie enthielten mein Glück. Ich schellte nach dem Lift, um mich zu dem Zimmer hinauffahren zu lassen, das Albertine bekommen hatte, es lag nach dem Land zu. Die geringfügigsten Bewegungen, wie zum Beispiel die, mit der ich mich auf der Bank des Fahrstuhls niederließ, waren mir angenehm, weil sie in unmittelbarer Beziehung zu meinem Herzen standen; ich sah in den Seilen, an denen der Apparat sich hob, in den paar Tritten, die ich danach noch ersteigen mußte, nichts als das Getriebe, die Substanz gewordenen Stufen meiner Freude. Ich hatte nur noch zwei oder drei Schritte im Korridor zu machen bis zu der Tür, hinter der der kostbare Stoff dieses rosigen Körpers sich barg – zu dem Zimmer, das, selbst wenn Wunderbares dort vor sich gehen sollte, jene Dauer und für einen uneingeweihten Durchreisenden jenes Aussehen behalten würde, als gleiche es allen anderen, eine Eigenschaft, die die Dinge zu beharrlich verschwiegenen Zeugen, zuverlässigen Vertrauten und unverletzlichen Hütern unserer Freuden macht. Diese wenigen Schritte vom Treppenabsatz bis zum Zimmer Albertines, Schritte, die niemand mehr aufhalten konnte, legte ich mit Entzücken, mit einer Vorsicht zurück, als wandle ich in einem neuen Element und schiebe im Vorwärtsschreiten Glück vor mir her, gleichzeitig aber auch mit einem bis dahin unbekannten Gefühl von Allmacht, als trete ich ein Erbe an, das mir von jeher gehörte. Ich war auch auf einmal überzeugt, daß ich zu Unrecht noch zweifelte, denn sie hatte mir ja gesagt, ich solle kommen, wenn sie zu Bett gegangen sei. Alles war klar, ich bebte vor Freude und hätte Françoise, die mir in den Weg kam, beinahe umgerannt; ich eilte mit blitzenden Augen auf das Zimmer der Freundin zu. Ich fand Albertine im Bett. Ihr weißes Nachthemd, das ihren Hals freiließ, veränderte die Proportionen des Gesichts, das durch Bettruhe, Schnupfen oder Abendessen tiefer gerötet wirkte als sonst; ich dachte an die Farben, die ich ein paar Stunden zuvor auf der Strandpromenade neben mir gesehen hatte und deren Geschmack ich nun endlich kennenlernen würde; über ihre Wangen fiel eine der langen schwarzen Locken des Haares, das sie mir zu Gefallen frei herabhängen ließ. Sie blickte mir lächelnd entgegen. Neben ihr lag im Fensterausschnitt das mondbeschienene Tal. Der Anblick des nackten Halses von Albertine, ihrer hochroten Wangen versetzte mich in einen solchen Rausch (das heißt, verlegte für mich die Wirklichkeit der Welt nicht mehr in die Natur, sondern in jenen reißenden Strom von Empfindungen, die ich kaum meistern konnte), daß durch ebendiesen Anblick das Gleichgewicht zwischen dem unermeßlichen, unzerstörbaren Leben, das mein Wesen durchwogte, und dem im Vergleich dazu so kärglichen Leben des Weltalls gebrochen war. Das Meer, das ich neben dem Tal im Rahmen des Fensters liegen sah, die hochgewölbten Brüste der ersten Falaisen von Maineville, der Himmel, an dem der Mond erst aufstieg, alles schien federleicht für meine zwischen den Lidern geweiteten Augäpfel, die bereit und imstande schienen, ganz andere Lasten, alle Berge der Welt auf ihrer zarten Oberfläche zu tragen. Ihre Wölbung fühlte sich nicht einmal vom Rund des Horizonts genügend ausgefüllt. Was immer jedoch die Natur mir an Leben hätte anbieten können, schien mir merkwürdig dünn, der Atem des Meeres wäre mir kurz vorgekommen im Vergleich zu dem ungeheuren Atemstrom, der meine Brust hob. Ich neigte mich über Albertine, um sie zu küssen. Hätte der Tod mich jetzt ereilt, er wäre mir gleichgültig oder vielmehr unmöglich erschienen, denn das Leben war nicht außerhalb von mir, es war in mir; mit einem Lächeln des Mitleids nur hätte ich einen Philosophen den Gedanken äußern hören, ich werde eines wenn auch noch fernen Tages sterben, die ewigen Kräfte der Natur jedoch würden mich überleben, die Kräfte jener Natur, unter deren göttlichem Schritt ich nur ein Sandkorn sei; noch nach mir werde es diese rund sich wölbenden Falaisen geben, das Meer, den Mondschein und den Himmel! Wie sollte das möglich sein, wie könnte die Welt länger dauern als ich, da ja nicht ich verloren in ihr schwebte, sondern vielmehr sie in mich eingeschlossen war, in mich, den sie bei weitem nicht ausfüllte, in mich, der ich angesichts des für die Anhäufung so vieler anderer Schätze ausreichenden Raumes in mir Himmel, Meer und Falaisen verächtlich in eine Ecke warf. »Hören Sie sofort auf, oder ich schelle«, rief Albertine, als ich mich auf sie stürzen und sie küssen wollte. Ich aber sagte mir, daß nicht umsonst ein junges Mädchen einen jungen Mann heimlich zu sich kommen läßt, so daß ihre Tante nichts davon erfährt, daß im übrigen Keckheit denen zum Erfolg verhilft, die die Situation rasch zu nutzen wissen; in dem Erregungszustand, in dem ich mich befand, trat Albertines rundes Gesicht, das von innen her erhellt schien wie von gedämpftem Licht, so plastisch wie ein rotierendes Feuerrad hervor und kreiste vor meinen Blicken wie die Gestalten Michelangelos, die ein unbeweglicher, schwindelerregender Wirbel fortzureißen scheint.[1] Jetzt würde ich den Duft und den Geschmack dieser unbekannten rosigen Frucht endlich kennenlernen. Ich hörte einen hastig einsetzenden, langanhaltenden, gellenden Ton. Albertine hatte mit aller Kraft geschellt.[2]

Ich hatte geglaubt, meine Liebe zu Albertine gründe sich nicht auf die Hoffnung des körperlichen Besitzens. Als mir jedoch aus der Erfahrung jenes Abends hervorzugehen schien, solches Besitzen sei unmöglich, und ich es nun, nachdem ich am ersten Tag auf der Strandpromenade keineswegs daran gezweifelt hatte, daß Albertine leicht zu haben sei, und danach einige Zwischenhypothesen aufgestellt hatte, für endgültig ausgemacht hielt, sie sei absolut tugendhaft, als sie außerdem bei ihrer Rückkehr von dem Besuch bei ihrer Tante acht Tage darauf kühl zu mir bemerkte: »Ich verzeihe Ihnen, es tut mir sogar leid, daß ich Ihnen Kummer bereitet habe, doch fangen Sie niemals wieder an damit«, da geschah es – im Gegensatz zu dem, was sich ereignete, als Bloch zu mir gesagt hatte, man könne alle Frauen haben, und ganz als hätte ich anstatt eines wirklichen jungen Mädchens eine Wachspuppe gekannt –, daß sich mein Verlangen, in ihr Leben einzudringen, ihr in Gegenden zu folgen, in denen sie ihre Kindheit verbracht hatte, oder von ihr in ein sportliches Leben eingeführt zu werden, nach und nach von ihr löste; meine im Intellekt wurzelnde Neugier darauf, was sie über diese oder jene Dinge denke, überlebte meinen Glauben, ich würde sie küssen können, nicht. Meine Träume beschäftigten sich mit ihr nicht mehr, seitdem sie nicht mehr von der Hoffnung des Besitzenkönnens her, von der ich sie so unabhängig geglaubt hatte, ihre Nahrung erhielten. Von da an fanden sie sich frei – je nach dem Reiz, den ich an jeder einzelnen von ihnen an einem gewissen Tag entdeckt hatte, vor allem aber je nach der Möglichkeit und der Aussicht, die ich vor mir sah, von ihr geliebt zu werden –, diese oder jene der Freundinnen Albertines zum Gegenstand zu wählen, zunächst einmal Andrée. Gleichwohl, hätte Albertine nicht existiert, ich hätte vielleicht nicht das Vergnügen empfunden, das mir jetzt zusehends mehr in den Tagen, die folgten, die Freundlichkeit Andrées bot. Albertine erzählte niemandem etwas von der Abfuhr, die ich mir bei ihr geholt hatte. Sie war eines jener hübschen Mädchen, die schon in frühester Jugend (durch ihre Schönheit, vor allem aber aufgrund einer Anmut und eines Charmes, die etwas Rätselhaftes behalten und ihren Quell vielleicht in Reserven an Lebenskraft haben, an denen von der Natur minder Begünstigte sich laben wollen), immer – in ihrer Familie, inmitten ihrer Freundinnen und in der Gesellschaft – mehr Erfolg hatten als schönere oder reichere Mädchen; sie gehörte zu den Wesen, von denen, schon vor dem Alter der Liebe und erst recht, wenn es gekommen ist, immer mehr erhofft wird, als sie selber sich wünschen und als sie geben können. Schon als Kind war Albertine stets von vier oder fünf kleinen Kameradinnen aufs höchste bewundert worden, unter denen sich Andrée befand, die ihr doch so sehr überlegen war und es auch ganz gut wußte (vielleicht war auch diese ganz unwillkürliche Anziehungskraft Albertines der erste Anlaß zur Entstehung der kleinen Schar gewesen). Diese Anziehungskraft wirkte sich sogar bis in verhältnismäßig glänzende Kreise aus, wo, wenn etwa eine Pavane getanzt werden sollte, Albertine eher zugezogen wurde als ein Mädchen von besserer Herkunft. Die Folge war, daß sie, obwohl ohne einen Sou Mitgift und zu relativ bescheidenen Ansprüchen genötigt und ganz auf Monsieur Bontemps angewiesen, der als Geizkragen galt und sich nur wünschte, sie loszuwerden, dennoch nicht nur zu einzelnen Veranstaltungen, sondern auch als Logierbesuch zu Personen eingeladen wurde, die vielleicht in den Augen Saint-Loups keineswegs für elegant und vornehm gegolten hätten, jedoch für die Mutter Rosemondes oder die Mutter Andrées – sehr reiche Frauen, die aber jene Leute nicht persönlich kannten – etwas Enormes darstellten. So verbrachte Albertine jedes Jahr mehrere Wochen in der Familie eines Vorstandsmitglieds der Banque de France, eines Mannes, der außerdem Präsident des Aufsichtsrats einer großen Eisenbahngesellschaft war. Die Frau dieses Finanzgewaltigen empfing höchst angesehene Persönlichkeiten, hatte aber ihren »Jour« der Mutter Andrées nie bekanntgegeben, woraufhin diese die Dame zwar unhöflich fand, aber deshalb nicht weniger an allem, was sich bei jener abspielte, ein außerordentliches Interesse nahm. Sie trieb daher auch jedes Jahr Andrée wieder an, Albertine in die Villa in Balbec einzuladen, weil es, sagte sie, ein gutes Werk sei, einem Mädchen einen Aufenthalt an der See anzubieten, das selbst nicht die Mittel zum Reisen hatte und um das seine Tante sich kaum bekümmerte; Andrées Mutter wurde dabei wohl kaum durch die Hoffnung bestimmt, daß das Mitglied des Vorstands der Banque de France und seine Frau, wenn sie hörten, wie nett Albertine von ihr und ihrer Tochter behandelt wurde, eine gute Meinung von ihr bekommen würden; noch weniger konnte sie hoffen, daß Albertine, obschon so gutherzig und so geschickt, es erreichen würde, daß sie oder wenigstens Andrée zu den Gardenparties des Finanzmanns eingeladen würde. Jeden Abend aber beim Essen war sie ungeachtet ihrer gleichgültigen und nichtachtenden Miene entzückt, wenn Albertine erzählte, was sich im Schloß während ihres Aufenthaltes dort zugetragen hatte und welche Leute als Gäste dort gewesen seien, Leute, die Andrées Mutter fast alle vom Sehen oder dem Namen nach kannte. Der Gedanke aber, daß sie sie immer nur in dieser Weise das heißt in Wirklichkeit gar nicht, kannte (sie nannte das freilich die Leute »schon immer« kennen), stimmte sie ein klein wenig melancholisch, während sie Albertine mit hochmütig zerstreuter Miene und fast ohne den Mund zu öffnen Fragen über sie stellte, und hätte sie über ihre eigene Situation unsicher und besorgt machen können, wäre sie nicht mit den an den Maître d'hôtel gerichteten Worten: »Sagen Sie dem Küchenchef, die Erbsen sind nicht zart genug«, wieder »auf den Boden der Tatsachen« zurückgekehrt, wo ihre seelische Harmonie rasch wiederhergestellt wurde. Ihr heiterer Gleichmut kehrte dann zurück. Sie war fest entschlossen, Andrée natürlich nur einen Mann von ausgezeichneter Familie heiraten zu lassen, der aber reich genug sein müßte, daß auch sie einen Küchenchef und zwei Kutscher halten könnte. Darin lag das Tatsächliche, die greifbare Wahrheit einer Situation. Daß aber Albertine im Schloß des Vorstandsmitglieds der Banque de France mit dieser oder jener Dame gespeist und daß diese Dame sie sogar für den nächsten Winter eingeladen hatte, gab nichtsdestoweniger dem jungen Mädchen in den Augen der Mutter Andrées eine Art von besonderem Ansehen, das sehr wohl mit Mitleid und sogar einer gewissen durch Armut bedingten Verachtung zu vereinen war, einer Verachtung, die durch den Umstand noch genährt wurde, daß Monsieur Bontemps die Fahne im Stich gelassen und – sogar angeblich irgendwie in den Panamaskandal[1] verwickelt – seinen Frieden mit der republikanischen Regierung gemacht hatte. Das hinderte übrigens Andrées Mutter nicht, der Wahrheit zuliebe den Leuten, die so taten, als glaubten sie, Albertine sei geringerer Herkunft, mit flammender Entrüstung entgegenzutreten. »Wieso, sie ist aus denkbar gutem Hause, das sind doch die Simonets mit nur einem *n*!« Gewiß schien in diesem Milieu, in dem sich das alles zutrug, einem Milieu, in dem das Geld eine so wichtige Rolle spielt und in dem natürliche Eleganz zwar bewirken kann, daß man eingeladen, nicht jedoch daß man geheiratet wird, keine irgendwie in Betracht kommende Partie für Albertine als Folge der Hochschätzung, deren sie sich erfreute, durch die aber doch ihre Armut nicht hinreichend kompensiert wurde, sich ergeben zu können. Doch auch schon an sich, auch ohne den Ertrag einer berechtigtermaßen auf Ehe hinzielenden Hoffnung erregten diese »Erfolge« den Neid gewisser Mütter, die böse, ja wütend waren, daß Albertine bei der Frau des Vorstandsmitglieds der Banque de France »wie Kind im Hause« war, ja auch bei der Mutter Andrées, von der sie sonst kaum etwas wußten. Daher sagten sie denn auch zu Freunden, die sie mit jenen beiden Damen gemeinsam hatten, jene würden sicher empört sein, wenn sie die Wahrheit wüßten, das heißt, was Albertine der einen (und »vice versa«) an intimen Einzelheiten erzählte, in die man ihr unklugerweise bei der anderen Einblick gewährte, tausend kleine Geheimnisse, deren Enthüllung der Betreffenden höchst unangenehm sein müsse. Diese neidischen Frauen sagten das in der Hoffnung, es werde – weitererzählt – dazu führen, Albertine mit ihren Beschützerinnen auseinanderzubringen. Doch hatten derartige Aufträge, wie so häufig, keinen Erfolg. Man sah ihnen zu sehr an, daß sie von Bosheit eingegeben waren, und verachtete daraufhin diejenigen nur um so mehr, die sich dazu hergegeben hatten. Andrées Mutter hatte über Albertine bereits eine zu feste Meinung, um sie noch zu ändern. Sie betrachtete Albertine als ein »unglückliches« Mädchen, das aber eine ausgezeichnete Charakterveranlagung habe; all ihr Denken sei darauf ausgerichtet, anderen Freude zu machen.

Wenn diese Art von Beliebtheit, die Albertine genoß, kein praktisches Ergebnis zu zeitigen schien, hatte sie doch der Freundin Andrées den besonderen Charakter jener Menschen verliehen, deren Umgang immer von anderen gesucht wird und die es nie nötig haben, sich selbst anzubieten (etwas, was sich aus analogen Gründen am anderen Ende der Gesellschaftsskala bei sehr eleganten Frauen findet), eine Besonderheit, die darin besteht, daß man Erfolge nie betont, sondern eher zu verbergen sucht. Albertine sagte niemals von jemandem: »Er möchte mich gern sehen«, sondern sprach von allen mit großer Liebenswürdigkeit und so, als wäre sie selbst ihnen nachgelaufen und habe ihre Freundschaft gesucht. War von einem jungen Mann die Rede, der ihr ein paar Minuten zuvor unter vier Augen die bittersten Vorwürfe gemacht hatte, weil sie ihm ein Rendezvous verweigerte, rühmte sie sich deswegen anderen gegenüber nicht, sie war auch nicht böse auf ihn, sondern sprach sich freundlich über ihn aus: »Er ist ein so netter Junge.« Es war ihr sogar lästig, daß sie derart gefiel, weil es sie in die Lage brachte, Kummer bereiten zu müssen, während sie von Natur aus gern anderen Freude machte. Sie tat das mit solchem Vergnügen, daß sie sich eine Art des Lügens angewöhnt hatte, die sonst von manchen berechnenden Leuten und von Emporkömmlingen praktiziert wird. Diese Art von Unaufrichtigkeit, die im Keim übrigens bei einer ungeheuer großen Zahl von Menschen vorliegt, besteht darin, daß man sich bei einer einzelnen Tat nicht damit begnügt, nur einer einzigen Person Freude zu machen. Wenn zum Beispiel die Tante Albertines wünschte, daß ihre Nichte sie zu einer nicht sehr interessanten Tee-Einladung begleite, so hätte ja Albertine sich mit dem moralischen Profit bescheiden können, ihrer Tante damit ein Vergnügen zu bereiten. Doch wenn die Einladenden sie freundlich empfingen, zog sie vor, ihnen zu sagen, sie habe sich schon lange gewünscht, sie einmal zu besuchen, und habe nun bei dieser Gelegenheit die Erlaubnis ihrer Tante erwirkt. Das genügte ihr noch nicht: an der Veranstaltung nahm auch eine ihrer Freundinnen teil, die großen Kummer hatte. Albertine sagte zu ihr: »Ich wollte dich nicht allein lassen, ich dachte, es täte dir vielleicht gut, wenn ich mich um dich kümmerte. Wenn du willst, gehen wir von hier aus lieber anderswohin, ich tue, was du willst, nur möchte ich dich so gern weniger traurig sehen« (was übrigens auch stimmte). Manchmal kam es vor, daß der fiktive Zweck den wahren zunichte machte. So begab sich Albertine, um für eine ihrer Freundinnen eine Gefälligkeit zu erbitten, zu einer bestimmten Dame. Doch bei dieser gutherzigen und sympathischen Person angekommen, folgte das junge Mädchen unwissentlich jenem Grundsatz der mehrfachen Nutzbarmachung einer einzelnen Handlung und fand es liebenswürdiger, so zu tun, als sei der einzige Zweck ihres Besuchs, die Dame zum bloßen Vergnügen wiederzusehen. Diese war unendlich gerührt, daß Albertine aus purer Freundschaft einen so weiten Weg zurückgelegt habe. Als Albertine die Dame so tief bewegt sah, liebte sie sie nur noch mehr. Nur ereignete sich jetzt folgendes: sie empfand so lebhaft das Vergnügen der Freundschaft, um dessentwillen sie angeblich gekommen war, daß sie fürchtete, die Dame möchte an ihren tatsächlich aufrichtigen freundschaftlichen Gefühlen zweifeln, wenn sie sie um die Gefälligkeit für die Freundin bäte. Die Dame würde glauben, Albertine sei allein deshalb gekommen, was ja stimmte, sie würde daraus jedoch schließen, daß Albertine kein selbstloses Interesse gehabt habe, sie zu sehen, was falsch war. Albertine ging also wieder fort, ohne jene Gefälligkeit erbeten zu haben, so wie Männer, die in der Hoffnung, die Gunst einer Frau zu erlangen, sehr gut zu ihr gewesen sind, ihr aber dann nachher gar keine Liebeserklärung machen, um diesem Gutsein den Charakter des Edelmuts zu erhalten. In anderen Fällen kann man zwar nicht sagen, daß der wahre Zweck zugunsten eines zusätzlichen und nachträglich eingebildeten aufgegeben wurde, doch der erste war dem zweiten derart entgegengesetzt, daß die betreffende Person, die Albertine so sehr durch Bekanntgabe des einen rührte, tief verletzt gewesen wäre, hätte sie den zweiten durchschaut. Im weiteren Verlauf dieser Erzählung wird man sehr viel später diese Art von Widersprüchen besser verstehen lernen. Es sei hier noch an Hand eines Beispiels aus einem ganz anderen Bereich erklärt, wie häufig sie sich in den verschiedensten Situationen des Lebens ergeben. Ein Ehemann hat seine Geliebte in der Stadt untergebracht, in der er in Garnison ist. Seine Frau, die in Paris geblieben und mehr oder weniger mit dem wahren Sachverhalt vertraut ist, fühlt sich unglücklich; sie schreibt ihrem Mann Briefe, aus denen Eifersucht spricht. Seine Geliebte aber sieht sich gezwungen, einen Tag in Paris zu verbringen. Der Ehemann kann ihrer Bitte nicht widerstehen, sie dorthin zu begleiten, und erwirkt einen Urlaub von vierundzwanzig Stunden. Da er aber ein seelenguter Mensch ist und darunter leidet, daß er seiner Frau Kummer macht, begibt er sich zu dieser, sagt ihr unter von Herzen kommenden Tränen, er habe unter dem verstörenden Eindruck ihrer Briefe sich einen Augenblick freigemacht, um sie zu trösten und in die Arme zu schließen. So macht er es möglich, durch ein und dieselbe Reise gleichzeitig seiner Geliebten und seiner Frau einen Beweis seiner Zuneigung zu geben. Wenn aber diese letztere erführe, aus welchem Grund er nach Paris gekommen ist, würde sich ihre Freude zweifellos in tiefen Kummer verwandeln, sofern nicht ein Wiedersehen mit dem Undankbaren sie auf alle Fälle mehr beglückt, als sie unter seinen Lügen leidet. Zu denjenigen, die mir am konsequentesten das Prinzip des mehrfachen Zwecks anzuwenden schienen, gehörte auch Norpois. Er übernahm es zuweilen, zwischen zwei verfeindeten Freunden zu vermitteln, und erreichte dadurch, daß er als der gefälligste aller Menschen galt. Es genügte ihm aber nicht, so zu tun, als erweise er nur demjenigen einen Dienst, der ihn darum gebeten hatte, sondern er stellte auch dem anderen seine Aktion so hin, als sei sie nicht auf eine Bitte des ersteren unternommen, sondern im Interesse des letzteren, wovon er seinen Gesprächspartner um so leichter überzeugte, als dieser durch die Vorstellung von ihm als »dem hilfsbereitesten Menschen der Welt«[1] bereits zu seinen Gunsten voreingenommen war. Um es mit keinem zu verderben, übernahm er also auch – wie man im Musiktheater sagt – den Part der Gegenstimme. In dieser Weise setzte er seinen Einfluß nie einem Risiko aus: durch die von ihm geleisteten Dienste verlor er nicht etwa einen Teil seines Kredits, sondern machte ihn nutzbar. Andererseits vermehrte jede Gefälligkeit, die er ja zweimal zu erweisen schien, noch seinen Ruf, ein hilfsbereiter, und zwar mit Erfolg hilfsbereiter Freund zu sein, dessen Bemühungen kein Schlag ins Wasser, sondern ersprießlich waren, wie die Dankbarkeit von gleich zwei Interessenten bewies. Diese Doppeldeutigkeit im Entgegenkommen war – mit Ausnahmen, wie sie stets innerhalb der menschlichen Natur bestehen – ein wichtiges Element seines Wesens. Oft bediente sich im Ministerium Norpois meines Vaters, der ziemlich naiv war, und ließ ihn dabei glauben, er diene ihm selbst.

Da Albertine mehr gefiel, als sie eigentlich wollte, und ihre Erfolge nicht erst laut zu verkünden brauchte, bewahrte sie Schweigen über die Szene, die sie mit mir an ihrem Bett gehabt hatte; ein häßliches Mädchen hätte Gott und der Welt davon erzählt. Im übrigen blieb mir ihr Verhalten bei dieser Gelegenheit immer noch unverständlich. Was die Hypothese ihrer unbedingten Tugend betraf (dieser hatte ich zunächst die Heftigkeit zugeschrieben, mit der sie es ablehnte, sich von mir küssen und umarmen zu lassen, doch spielte die Hypothese der Tugend keineswegs eine entscheidende Rolle in meiner

Vorstellung von der Gutherzigkeit und inneren Anständigkeit meiner Freundin), so hatte ich mehrfach Gelegenheit, sie zu revidieren. Diese Hypothese stand so ganz und gar im Widerspruch zu der, die ich am ersten Tag beim Anblick Albertines aufgestellt hatte! Ferner waren viele ihrer Handlungsweisen, die alle in Freundlichkeiten mir gegenüber bestanden (einer schmeichelnden, manchmal besorgten, unruhigen, auf meine Vorliebe für Andrée eifersüchtigen Freundlichkeit), dazu angetan, die brüske Gebärde, mit der sie damals, um sich mir zu entziehen, nach der Schelle griff, wesentlich abzuschwächen. Warum mochte sie mich aufgefordert haben, den Abend an ihrem Bett zu verbringen? Warum gebrauchte sie dauernd mir gegenüber die Sprache der Zärtlichkeit? Worauf kann der Wunsch beruhen, einen Freund zu sehen, die Furcht, er möge die Freundin vorziehen, das Verlangen schließlich, ihm Freude zu machen, ihm in romantischer Weise zu verstehen zu geben, niemand werde erfahren, daß er den Abend bei einem verbracht hat, wenn man ihm dann doch ein so schlichtes Vergnügen versagt und es für einen selbst auch kein Vergnügen ist? Ich konnte gleichwohl nicht glauben, daß Albertine so tugendhaft war, und fragte mich schließlich, ob ihrer Empörung nicht Koketterie zugrunde gelegen habe, zum Beispiel das Gefühl, mit einem unangenehmen Geruch behaftet zu sein, der mir hätte mißfallen können, oder Ängstlichkeit, die Vorstellung etwa, die sie in ihrer Unkenntnis über die Eigentümlichkeiten der Liebe haben mochte, mein Zustand nervöser Schwäche könne sich durch einen Kuß auch auf sie übertragen.

Sie war bestimmt tief betrübt, daß sie mir eine Freude hatte versagen müssen, und machte mir einen kleinen goldenen Bleistift zum Geschenk aus jener tugendhaften Perversität heraus, mit der bestimmte Leute, von der

Liebenswürdigkeit eines anderen gerührt, jedoch entschlossen, ihm nicht zu gewähren, was er sich eigentlich wünscht, ihm auf andere Art eine Gunst erweisen: der Kritiker, dessen Artikel dem Romanschriftsteller so sehr schmeicheln würden, lädt diesen statt dessen zum Abendessen ein, die Herzogin läßt sich von dem Snob nicht ins Theater begleiten, stellt ihm ihre Loge jedoch für einen Abend zur Verfügung, an dem sie selbst sie nicht benutzt. So sehr werden diejenigen, die nur das Geringfügigste tun, wo sie auch nichts tun könnten, durch Skrupel dazu bewogen, doch etwas zu tun! Ich sagte Albertine, sie bereite mir mit dem Geschenk des Bleistifts ein großes Vergnügen, nicht ein so großes jedoch, wie sie es an jenem Abend, als sie im Hotel übernachtete, mir mit der Erlaubnis, sie zu küssen, bereitet hätte. »Es hätte mich so glücklich gemacht! Was bedeutete das schon für Sie? Ich bin wirklich erstaunt, daß Sie es mir nicht gestattet haben.« – »Mich erstaunt eher«, sagte sie, »daß Sie es erstaunlich finden. Ich frage mich, was für junge Mädchen Sie wohl außer mir kennen, da mein Verhalten Sie derart gewundert hat.« – »Es tut mir furchtbar leid, daß Sie böse auf mich sind, aber auch jetzt kann ich Ihnen nicht sagen, daß ich finde, ich hätte unrecht gehabt. Meiner Meinung nach sind das Dinge, die an sich gar nichts bedeuten, und ich verstehe nicht, daß ein junges Mädchen, dem es so leicht fällt, Vergnügen zu machen, sich darauf nicht einlassen will. Verstehen Sie mich recht«, fügte ich hinzu, um wenigstens zum Teil ihren moralischen Vorstellungen Genüge zu tun und im Gedanken daran, wie sie und ihre Freundinnen über die Freundin der Schauspielerin Léa hergezogen waren, »ich will nicht behaupten, daß ein junges Mädchen alles tun kann und daß es überhaupt nichts Unmoralisches gibt. Sehen Sie, diese Beziehungen zum Beispiel, von denen Sie neulich sprachen, nämlich die zwischen einer jungen Person, die in Balbec wohnt, und einer Schauspielerin; so etwas finde ich schändlich, so schändlich sogar, daß ich der Meinung bin, nur Feinde des jungen Mädchens können das erfunden haben, und es ist gar nicht wahr. Es kommt mir unwahrscheinlich, ja unmöglich vor. Aber sich küssen zu lassen, und dazu noch von einem Freund, wo Sie doch sagen, ich sei Ihr Freund ...« – »Das sind Sie, aber ich habe andere Freunde vor Ihnen gehabt. Ich habe junge Männer gekannt, die, das kann ich Ihnen versichern, ebensoviel Freundschaft für mich hegten wie Sie. Aber keiner von ihnen hätte so etwas gewagt. Sie wußten, daß sie wenigstens ein paar Ohrfeigen dafür hätten einstecken müssen. Im übrigen dachten sie nicht einmal daran, wir drückten uns herzlich die Hand, ganz freundschaftlich, als gute Kameraden; niemals war die Rede davon, daß man sich küssen könnte, was unserer Freundschaft aber keinen Abbruch tat. Ehrlich, wenn Sie auf meine Freundschaft Wert legen, können Sie noch zufrieden sein! Ich muß Sie wirklich schon recht gern haben, um Ihnen zu verzeihen. Aber ich bin sicher, daß Sie sich nichts aus mir machen. Geben Sie nur zu, daß vielmehr Andrée Ihnen gefällt. Im Grunde haben Sie recht, sie ist viel netter als ich, und sie ist dazu noch entzückend! ... Ah! diese Männer!« Trotz meiner erst so kurz zurückliegenden Enttäuschung wirkten solche freimütigen Worte, während sie mir gleichzeitig große Achtung für Albertine einflößten, äußerst wohltuend auf mich. Vielleicht hatte diese Wirkung später für mich große und quälende Folgen. Denn mit ihr begann sich in mir ein fast brüderliches Gefühl zu bilden, ein geistig-seelischer Kern, der in meiner Liebe zu Albertine immer fortbestehen sollte. Ein solches Gefühl kann die Ursache größter Leiden sein, denn um wirklich durch eine Frau zu leiden, muß man vollkommen an sie geglaubt haben. Für den

Augenblick blieb diese Keimzelle geistig-seelischer Achtung und Freundschaft in meine Seele eingesenkt wie ein Wartestein.[1] Dieser hätte für sich allein genommen nichts gegen mein Glück vermocht, wenn er in diesem Zustand geblieben wäre, ohne anzuwachsen, in völliger Unbeweglichkeit, wie er sie im folgenden Jahr und erst recht während der letzten Wochen meines ersten Aufenthaltes in Balbec bewahrte. Er wohnte in mir wie einer jener Gäste, die man, wäre man klug, aus dem Haus wiese, statt dessen aber doch unbehelligt an ihrem Platz beläßt, so harmlos scheinen sie im Augenblick durch ihre Schwäche und Verlorenheit inmitten einer ihnen fremden Seele.

Meine Träume waren jetzt wieder frei, sich der einen oder anderen Freundin Albertines zuzuwenden, zunächst einmal Andrée, deren Freundschaftsbeweise mich vielleicht weniger beeindruckt hätten, wäre ich nicht sicher gewesen, daß Albertine sie bemerkte. Gewiß hatte mir die Vorliebe, die ich schon lange für Andrée zur Schau getragen hatte – in Gewohnheiten des Gesprächs oder Erklärungen der Zuneigung –, etwas wie den wohlvorbereiteten Rohstoff einer Liebe zu ihr geliefert, der bislang nur ein aufrichtiges Gefühl fehlte, das mein jetzt freigewordenes Herz hätte hineinlegen können. Dafür aber, daß ich Andrée wirklich geliebt hätte, war sie zu intellektuell, zu nervös, zu kränklich, mir zu ähnlich. Erschien Albertine mir jetzt wie entleert, so war Andrée von etwas erfüllt, was ich zu gut kannte. Damals am ersten Tag hatte ich am Strand in ihr die Geliebte eines Rennfahrers gesehen, die selbst berauscht war von der Liebe zum Sport; Andrée aber sagte mir, wenn sie angefangen habe, Sport zu treiben, so sei es einzig auf Anordnung des Arztes geschehen, als Mittel gegen Neurasthenie und Stoffwechselstörungen; ihre schönsten Stunden aber verbringe sie mit der Übersetzung eines Romans von George Eliot.[1] Meine Enttäuschung, die Folge eines ursprünglichen Irrtums über Andrées Natur, hatte tatsächlich keinerlei Bedeutung für mich. Doch der Irrtum war einer von denen, die, wenn sie das Entstehen der Liebe ermöglichen und als Irrtümer erst erkannt werden, sobald jene nicht mehr verändert werden kann, zum Quell der Leiden werden. Diese Irrtümer – die ganz anderer, sogar entgegengesetzter Natur sein können als die meinen in bezug auf Andrée – beruhen oft, wie besonders im Fall Andrées, darauf, daß jemand in hinreichendem Maße Ausdruck und Haltung dessen annimmt, was er nicht ist, was er aber sein möchte, um im ersten Augenblick Illusionen zu schaffen. Zu dem äußeren Augenschein tritt durch ein gewisses Posieren, ein entlehntes Verhalten, durch den Wunsch, sich von guten oder bösen Leuten bewundert zu fühlen, eine Verfälschung der Worte und Gesten hinzu. Es gibt Zynismen und Grausamkeiten, die einer Nachprüfung ihrer Echtheit ebensowenig standhalten wie gewisse Arten der Güte und der Großherzigkeit. Ebenso wie man oft hinter einem für seine Wohltätigkeit bekannten Mann einen eitlen Geizhals erkennen muß, läßt das Prahlen mit dem Laster eine Messalina hinter einem rechtschaffenen Mädchen voll bürgerlicher Vorurteile vermuten. Ich hatte geglaubt, in Andrée eine gesunde und ursprüngliche Natur zu finden, während sie ein Wesen war, das die Gesundheit nur suchte wie vielleicht viele andere auch, in denen sie selbst sie hatte finden wollen, die aber in Wirklichkeit nichts davon besaßen, so wie ein dicker Arthritiker mit rotem Gesicht und in weißem Flanellanzug nicht notwendigerweise ein Herkules sein muß. Nun aber gibt es Umstände, unter denen es nicht gleichgültig ist für das Glück, ob die Person, die man um ihrer scheinbaren Gesundheit willen liebt, in Wirklichkeit eines jener kranken Geschöpfe ist, die ihr gesundes Aussehen nur von anderen beziehen, wie die Planeten ihr Licht entlehnen oder gewisse Körper der Elektrizität nur als Leiter dienen.

Wie dem auch sei: Andrée war doch wie Rosemonde und Gisèle, mehr sogar als sie, eine Freundin Albertines, die ihr Leben teilte und ihre Art sich zu geben so stark angenommen hatte, daß ich am ersten Tag die beiden kaum voneinander unterschied. Zwischen diesen jungen Mädchen, die wie Rosenzweige waren und deren hauptsächlicher Reiz darin bestand, daß sie sich vom Hintergrund des Meeres abhoben, herrschte für mich der gleiche Zustand der Ungeteiltheit wie zu jener Zeit, da ich sie nicht persönlich kannte und da das Erscheinen der einen oder anderen von ihnen mich so stark aufwühlte, weil ich daraus ersah, die kleine Schar sei nicht fern. Jetzt noch schenkte mir der Anblick jeder einzelnen von ihnen ein Vergnügen, bei dem in einem Umfang, den ich nicht genau hätte bestimmen können, die Hoffnung eine Rolle spielte, die anderen ihr später folgen zu sehen, oder selbst wenn sie an jenem Tag nicht kamen, die Möglichkeit, von ihnen zu sprechen, und die Gewißheit, sie würden gleichwohl erfahren, daß ich am Strand gewesen sei.

Nicht nur verzaubert, wie in den ersten Tagen, sondern mit wirklicher Bereitschaft zur Liebe schwankte ich jetzt zwischen ihnen allen hin und her, so sehr stellte eine jede von Natur einen Ersatz für die andere dar. Es wäre nicht das Traurigste für mich gewesen, von derjenigen unter ihnen verlassen zu werden, die ich am meisten liebte; sondern mir wäre sogleich die die Liebste geworden, die mich verlassen hätte, denn das Ganze an Trauer und Träumereien, die ohne festes Ziel zwischen ihnen allen schwebten, hätte ich dann sofort an sie geheftet. In diesem Fall hätte ich außerdem unbewußt auch allen ihren Freundinnen, in deren Augen ich dann bald jedes Ansehen verloren haben würde, in der Person jener einen nachgetrauert, da ich ihnen allen ja eine Art kollektiver Liebe entgegenbrachte, wie der Politiker oder Schauspieler sie für das Publikum hat, über dessen Treulosigkeit er sich nie trösten kann, nachdem es ihm einmal seine Gunst geschenkt hat. Selbst jene Gunst, auf die ich bei Albertine nicht gestoßen war, hoffte ich jetzt plötzlich bei derjenigen zu finden, die mich am Abend mit einem Wort oder Blick verlassen hatte, welche ich zu meinen Gunsten hätte auslegen können, und auf die sich daraufhin für einen Tag mein Verlangen richtete.

Es irrte zwischen ihnen allen mit um so größerer Wollust umher, als auf diesen beweglichen Gesichtern eine relative Fixierung der Züge doch so weit begonnen hatte, daß man, vielleicht noch wandelbar, noch schwebend, ein sich formendes Bild darin erkennen konnte. Den Unterschieden, die zwischen ihnen bestanden, entsprachen wohl nur in sehr geringem Maße Unterschiede in der Länge und Breite der einzelnen Züge, die vielleicht von einem der jungen Mädchen zum anderen, so verschieden sie einem auch vorkommen konnten, beinahe deckungsgleich gewesen wären. Doch unsere Kenntnis von Gesichtern ist nichts Mathematisches. Zunächst beginnt sie nicht damit, daß man Teile abmißt, sondern sie nimmt einen Ausdruck in seiner Gesamtheit zum Ausgangspunkt.[1] Bei Andrée zum Beispiel schien der kluge Blick der sanften Augen unmittelbar zu der schmalen Nase überzuleiten, die fein gezeichnet war wie eine einfache Kurve, welche nur gezogen wäre, damit in einer einzigen Linie sich die Tendenz zur Zartheit ausdrücken könnte, die zuvor auf das Doppellächeln der Zwillingsblicke verteilt gewesen war. Eine ebenso feine Linie zeichnete sich in ihren Haaren ab, weich und tief wie die Spur des Windes, der durch den Sand hindurchstreift. Und hier war sie offenbar ererbt, denn die weißen Haare der Mutter Andrées waren auf die gleiche Art durchwogt, wobei sie sich an einer Stelle bauschten, an einer anderen zusammensanken wie Schnee, der je nach den Unebenheiten des Terrains sich hebt oder senkt. Gewiß, verglichen mit der feinen Zeichnung derjenigen Andrées schien die Nase von Rosemonde breite Oberflächen aufzuweisen wie ein hoher Turm, der auf machtvollem Fundament ruht. Wenn auch der Ausdruck der verschiedenen Gesichter genügt, damit man an ungeheure Unterschiede zwischen dem glaubt, was nur ein unendlich Kleines trennt, und wenn ferner ein unendlich Kleines für sich allein bereits einen eigenen Ausdruck, eine Individualität herausbilden kann, so war es doch nicht nur das unendlich Kleine der Linien und die Eigenart des Ausdrucks, die diese Gesichter so unüberbrückbar schieden. Zwischen denen meiner Freundinnen schuf die Färbung eine viel tiefgreifendere Verschiedenheit, nicht einmal so sehr durch die differenzierte Schönheit der Tönungen, mit denen sie sie bedachte und die so verschiedenartig waren, daß ich angesichts von Rosemonde – die von schwefligem Rosa überflutet schien, auf das noch der grünliche Schimmer der Augen einwirkte – und angesichts von Andrée – deren blasse Wangen von ihrem schwarzen Haar so viel an strenger Vornehmheit empfingen – das gleiche Vergnügen verspürte, als schaute ich abwechselnd eine Geranie am Ufer des besonnten Meeres und eine Kamelie im nächtlichen Dunkel an, als hauptsächlich dadurch, daß die unendlich kleinen Verschiedenheiten der Linien ins Maßlose vergrößert und die Beziehungen der Oberflächen zueinander vollkommen verwandelt wurden durch ebenjenes neue Element der Farbe, das, ebenso wie es Tönungen verteilt, in hohem Maße auch Dimensionen erschafft oder zumindest verändert. Auf diese Weise zogen Gesichter, die vielleicht auf eine ganz ähnliche Art gebaut waren, je nachdem ihnen die Flammen eines roten Haarschopfes eine rosige Tönung oder das weißliche Licht matte Blässe verlieh, sich auseinander oder verbreiterten sich, wurden zu etwas anderem, wie jene Versatzstücke des russischen Balletts, die manchmal bei Tageslicht besehen nichts weiter als eine einfache runde Papierscheibe sind, die aber die Genialität eines Bakst[1] je nach der flammendroten oder mondbleichen Beleuchtung, in die er die Bühnen taucht, wie eine harte Türkisplatte auf der Fassade eines Palastes wirken oder bengalischrosa in einem Garten weich aufschimmern läßt. So messen wir die Gesichter wohl, wenn wir von ihnen Kenntnis nehmen, doch wir tun es als Maler und nicht als Vermessungsbeamte.

Es war mit Albertine wie mit ihren Freundinnen. An manchen Tagen, schmal, mit grauer Gesichtsfarbe, trüber Miene, einem schräg auf den Grund der Augen laufenden durchsichtig-violetten Schein, wie man ihn manchmal unter der Flut des Meeres sieht, wirkte sie traurig wie eine Verbannte. An anderen hielt ihr geglättetes Gesicht auf seiner strahlenden Fläche alle Wünsche meiner Begierde auf und hinderte sie, tiefer einzudringen, außer ich sah sie dann plötzlich von der Seite her; denn ihre Wangen, die obenauf matt getönt waren wie weißes Wachs, schimmerten rosig durch, was einem solche Lust gab, sie zu küssen, an diesen anderen, sich entziehenden Teint heranzugelangen. Zu anderen Malen tränkte das Glück ihre Wangen mit einer so beweglichen Helligkeit, daß die verflüssigte, verschwimmende Haut gleichsam darunterliegende Blicke durchschimmern ließ: sie schien dadurch zwar von anderer Farbe, nicht aber von anderem Stoff als die Augen zu sein; manchmal, wenn man gedankenlos ihr mit braunen Pünktchen übersätes Gesicht betrachtete, in dem nur zwei blauere Flecken schwammen, so sah man gleichsam das Ei eines Distelfinken, oft aber auch einen opalfarbenen, nur an zwei Stellen bearbeiteten und polierten Achat, in dem innerhalb des braunen Steins die durchsichtigen Flügel eines leuchtendblauen Schmetterlings schimmerten: die Augen nämlich, in denen die Körpersubstanz zum Spiegel wird und uns die Illusion gibt, als könne man hier mehr denn an anderen Stellen des Körpers bis zur Seele vordringen. Sehr häufig aber war sie stärker getönt und dadurch lebendiger; zuweilen war in dem sonst weißen Gesicht rosig nur die Nasenspitze, die so fein geformt war wie die einer undurchdringlich blickenden kleinen Katze, die zum Spielen verlockt; manchmal waren ihre Wangen wie poliert, so daß der Blick über ihr rosiges Email hinglitt wie über das einer Miniatur, wobei der halbgeöffnet darübergelegte Deckel ihres schwarzen Haares es noch zarter und geheimnisvoller erscheinen ließ; es kam vor, daß die Farbe der Wangen den ins Violette spielenden rosa Ton von Zyklamen hatte, und manchmal sogar, wenn sie überstark durchblutet oder fiebrig war und dadurch den Eindruck einer kränklichen Veranlagung erweckte, was mein Verlangen auf eine sinnlichere Stufe herabsetzte und ihrem Blick etwas Verderbteres und Krankhafteres verlieh, den düsteren Purpurton gewisser Rosensorten, ein fast schwarzes Rot; jede dieser Albertinen aber war wieder anders wie jeder neue Auftritt einer Tänzerin, bei dem Farbe, Form, Charakter, je nach dem unaufhörlich wechselnden Spiel eines Scheinwerfers, völlig andere sind. Vielleicht nahm ich, weil die Wesen, die ich zu jener Zeit in ihrer Person erschaute, so verschieden waren, später die Gewohnheit an, selbst ein anderer zu werden, je nachdem, an welche Albertine ich dachte: ein Eifersüchtiger, ein Gleichgültiger, ein Genießer, ein Melancholiker, ein von Jähzorn Gepackter – Charaktere, die nicht nur im zufälligen Wiederaufleben der Erinnerung entstanden, sondern auch unter der Wirkung, dank der Mittlerschaft der subjektiven Überzeugung, die mich ein und dieselbe Erinnerung auf verschiedenartige Weise bewerten ließ. Denn immer auf sie mußte ich wieder zurückgreifen, auf jene subjektiven Überzeugungen, die meist unsere Seele unbewußt beherrschen und dennoch für unser Glück entscheidender sind als dieses oder jenes Wesen, das wir vor uns sehen; denn durch jene hindurch sehen wir es ja, sie und nur sie weisen diesem erblickten Wesen seine vorübergehende Bedeutung zu. Genaugenommen müßte ich jedem einzelnen Ich, das künftighin an Albertine gedacht hat, einen von den anderen unterschiedenen, neuen Namen geben; noch mehr aber jeder der Albertinen, die – niemals einander ganz gleich – vor mir erschienen, genau wie das, was ich aus Bequemlichkeit einfach »das Meer« nannte und was in Wirklichkeit viele verschiedene Meere waren, die einander folgten und vor denen Albertine sich wie eine weitere Nymphe abzeichnete. Vor allem aber müßte ich – auf die gleiche Weise, wiewohl zweckmäßiger, wie man in einer Geschichte, die man erzählt, das Wetter schildert, das an dem betreffenden Tag herrschte – immer die Überzeugung benennen, die an diesem oder jenem Tag, wenn ich Albertine sah, meine Empfindungen beherrschte, deren Stimmung wie auch das Aussehen der Menschen oder der Meere ausmachte, abhängig von jenen kaum merklichen Wolkenbildungen, die die Farbe eines jeden Dinges verändern durch ihre Dichte, ihre Beweglichkeit, ihre Verflüchtigung und ihr Entschwinden – ähnlich jenen, die Elstir eines Abends gewaltsam zerteilt hatte, indem er es unterließ, mich den jungen Mädchen vorzustellen, bei denen er stehengeblieben war und deren Bilder mir plötzlich schöner erschienen, als sie sich entfernten –, Wolkenbildungen, die ein paar Tage darauf von neuem entstanden, als ich die Mädchen kennengelernt hatte, ihren Glanz verhüllten und sich häufig zwischen sie und meine Augen schoben, weich verdichtet, sanft gleitend wie der Schleier der Leukothea[1] bei Vergil.

Alle diese Gesichter hatten wohl ihren Sinn für mich stark gewandelt, seitdem die Art, wie man darin lesen mußte, mir bis zu einem gewissen Grad durch ihre Worte deutlich gemacht wurde, Äußerungen, denen ich einen um so größeren Wert beilegen konnte, als ich sie durch meine Fragen in sich abwandelnder Form ganz nach Wunsch hervorrief, so wie ein Experimentator durch Gegenproben seine Hypothesen kontrolliert. Im Grunde ist es ja eine Lösungsart für das Problem des Daseins wie jede andere, wenn wir die Dinge und die Personen, die uns aus der Ferne schön und geheimnisvoll erschienen sind, nahe genug an uns heranrücken, um uns darüber klarzuwerden, daß sie ohne Geheimnis und ohne Schönheit sind; es ist eine der hygienischen Maßnahmen, zwischen denen man wählen kann, eine Maßnahme, die vielleicht nicht sehr empfehlenswert ist, die uns aber jedenfalls das Leben in einer gewissen Ruhe verbringen und auch – insofern sie uns gestattet, nichts zu bereuen, da wir ja überzeugt sein können, das Beste erlangt zu haben, nur daß dieses Beste eben weiter nichts Besonderes war – den Tod ertragen läßt.

Ich hatte in den Tiefen des Bewußtseins dieser Mädchen die Mißachtung der Keuschheit, die Erinnerung an häufige und flüchtige Leidenschaften durch Maximen des Anstands ersetzt, die vielleicht einmal durchbrochen werden könnten, aber doch bisher diese Mädchen, die sie aus einem bürgerlichen Milieu auf den Lebensweg mitbekommen hatten, vor jedem Fehltritt bewahrten. Wenn man sich aber zu Anfang auch nur in kleinen Dingen getäuscht hat, wenn man unter irrigen Voraussetzungen oder aufgrund falscher Erinnerung nach dem

Urheber eines böswilligen Geredes forscht oder sich fragt, wohin ein verlegter Gegenstand geraten sein mag, kann es vorkommen, daß man seinen Irrtum nur entdeckt, um an seine Stelle nicht die Wahrheit, sondern eine andere Täuschung zu setzen. Ich zog hinsichtlich der Sitten der jungen Mädchen und meiner Art, mich ihnen gegenüber zu verhalten, alle Folgerungen aus dem Wort Unschuld, das ich beim vertraulichen Gespräch in ihren Mienen gelesen hatte. Vielleicht aber hatte ich hier bei der übereilten Entzifferung einen Fehler gemacht, und dieses Wort stand dort ebensowenig geschrieben wie der Name Jules Ferry auf dem Programm jener Nachmittagsvorstellung, in der ich die Berma zum erstenmal gesehen hatte, was mich aber nicht gehindert hatte, Norpois gegenüber zu behaupten, Jules Ferry schreibe zweifellos auch Einakter für die Bühne.[1]

Wie sollte auch nicht für eine jede meiner Freundinnen aus der kleinen Schar das letzte Gesicht, das ich an ihr gesehen hatte, das einzige sein, an das ich mich zurückerinnerte, da doch aus unseren Erinnerungen, die sich auf ein Wesen beziehen, der Verstand alles eliminiert, was in unseren alltäglichen Beziehungen nicht von unmittelbarem Nutzen ist (sogar und erst recht, wenn diese Beziehungen eine leichte Färbung von Liebe haben, die, weil sie nie genug bekommt, stets schon im Augenblick lebt, der noch kommen wird)? Er läßt die Kette der vergangenen Tage vorbeigleiten und hält mit Macht nur das letzte Ende fest, das oft aus völlig anderem Metall besteht als die ins Dunkel entglittenen Glieder, und auf unserer Reise durch das Leben hält er für einzig wirklich das Land, in dem wir uns gegenwärtig befinden. Meine ersten, nun schon fernen Eindrücke konnten gegen ihre täglich fortschreitende Deformierung keine Hilfe in meinem Gedächtnis finden; während der langen Stunden, die ich in Gesprächen, beim Picknick oder beim Spiel mit den jungen Mädchen verbrachte, dachte ich nicht einmal mehr daran, daß sie die gleichen unerbittlichen und sinnenfrohen Jungfrauen waren, die ich freskenartig vor dem Meer hatte vorbeiziehen sehen.

Geographen und Archäologen führen uns wohl auf die Insel der Kalypso, sie graben den Palast des Minos aus.[1] Doch Kalypso ist jetzt nur mehr eine Frau und Minos ein König ohne Göttlichkeit. Selbst die Vorzüge und Fehler, die, wie uns die Geschichte lehrt, diesen höchst realen Personen zu eigen gewesen sind, weichen oft stark von denen ab, die wir den Fabelwesen gleichen Namens zugeschrieben hatten. So hatte sich auch die ganze anmutige Meeresmythologie, die ich in den ersten Tagen aufgebaut hatte, in ein Nichts aufgelöst. Es ist indessen nicht ganz gleichgültig, ob es uns zuweilen gelingt, unsere Zeit im vertrauten Umgang mit dem zu verbringen, was wir für unerreichbar hielten und wonach wir verlangten. Im Verkehr mit Menschen, die wir zunächst unangenehm gefunden haben, bleibt immer, selbst inmitten eines künstlich zustande gekommenen Vergnügens an ihrer Gesellschaft, der vergällende Geschmack der Unzulänglichkeiten zurück, die sie jetzt ganz erfolgreich verbergen. In Beziehungen aber, wie ich sie zu Albertine und ihren Freundinnen hatte, hinterläßt die wirkliche Freude, die sie entstehen ließ, einen Duft, den kein Kunstgriff im Treibhaus gezogenen Früchten, Trauben etwa, die nicht in der Sonne gereift sind, jemals zu geben vermag. Die übernatürlichen Geschöpfe, die sie einen Augenblick lang für mich gewesen waren, trugen noch immer, ohne daß ich mir dessen bewußt war, etwas Wunderbares in die banalsten Beziehungen, die ich zu ihnen hatte, bewahrten vielmehr diese Beziehungen davor, jemals banal zu werden. Mein Verlangen hatte so begierig nach der Bedeutung der Augen geforscht, die mich heute kannten und mir lächelnd begegneten, die aber am ersten Tag meine Blicke gekreuzt hatten wie Strahlen aus einer anderen Welt, es hatte überall und genau dosiert Farbe und Duft auf die rosigen Gesichter dieser jungen Mädchen verteilt, die sich oben auf den Falaisen niedergelassen hatten und mir einfach einen Sandwich reichten oder Ratespiele veranstalteten, daß es mir oft am Nachmittag, wenn ich so ausgestreckt dalag, erging wie jenen Malern, die die Größe der Antike im modernen Leben suchen und einer Frau, die sich die Nägel schneidet, den Adel des »Dornausziehers«[1] verleihen oder – wie Rubens – Göttinnen aus den Frauen ihrer Bekanntschaft machen, um eine mythologische Szene zu schaffen, und ich diese rings um mich im Gras gelagerten schönen braunen und blonden Gestalten von so verschiedenartiger Ausprägung anschaute, ohne ihnen vielleicht alle Elemente von Mittelmäßigkeit zu nehmen, mit denen die tägliche Erfahrung sie erfüllt hatte, und dennoch, auch ohne daß ich mich ihrer göttlichen Abstammung wieder entsann, nicht anders als sei ich nun, wie Herakles und Telemach, Gespiele junger Nymphen.

Dann hörten die Kurkonzerte auf, das schlechte Wetter begann, meine Freundinnen verließen Balbec, nicht alle zusammen wie die Schwalben, aber doch sämtlich in der gleichen Woche. Albertine hatte den Anfang gemacht, ganz plötzlich, ohne daß eine ihrer Freundinnen weder damals noch später verstand, weshalb sie so kurz entschlossen nach Paris zurückkehrte, wohin weder Arbeit noch Zerstreuungen sie ernstlich rufen konnten. »Sie hat kein wie und kein was gesagt und ist einfach fort«, brummte Françoise, die im übrigen gern gesehen hätte, wir hätten es auch so gemacht. Sie fand uns unerlaubt anspruchsvoll den Hausangestellten gegenüber, deren Zahl freilich schon bedeutend vermindert war, deren restlicher Bestand aber noch von den wenigen Gästen zurückgehalten wurde, und auch dem Direktor gegenüber, der »hier nur Geld verbrauchte«. Tatsächlich hatte das Hotel, das mit der Schließung nicht mehr lange warten würde, fast alle Gäste abreisen sehen; nie zuvor war es so angenehm zu bewohnen gewesen. Das war zwar die Meinung des Direktors nicht; an der Flucht der Salons vorbei, in denen man fröstelnd saß und an deren Tür kein Groom mehr wachte, durchmaß er der Länge nach die Flure, bekleidet mit einem neuen Gehrock und vom Friseur derartig bearbeitet, daß sein ausdrucksloses Gesicht aus einer Mischung zu bestehen schien, bei der auf einen Teil Fleisch gleich drei Teile Kosmetika kamen, und mit stets neuen Krawatten (solche Formen der Eleganz kosten weniger, als für Heizung und Personal zu sorgen; wer nicht mehr in der Lage ist, einer Wohltätigkeitseinrichtung zehntausend Francs zu spenden, spielt noch mühelos den Wohltäter, indem er dem Telegraphenboten, der ihm eine Depesche bringt, fünf Francs als Trinkgeld gibt). Er sah aus, als inspiziere er das Nichts, als wolle er mit seiner gepflegten äußeren Erscheinung die Misere, die man überall im Hotel verspürte, denn die Saison war nicht gut gewesen, als einen vorübergehenden Zustand hinstellen und als suche er wie der Geist eines Souveräns die Ruinen dessen auf, was einst sein Palast gewesen war. Besonders unzufrieden war er, als die lokale Kleinbahn, weil es nicht mehr genügend Reisende zu befördern gab, bis zum nächsten Frühjahr den Verkehr einstellte. »Was hier fehlt«, sagte der Direktor, »das sind Verkehrsverbände.« Trotz des Defizits, das er zu verbuchen hatte, machte er große Pläne für die folgenden Jahre. Und da er immerhin imstande war, sich schöne Wendungen zu merken, wenn sie sich auf das Hotelgewerbe bezogen und geeignet waren, es zu verherrlichen, erklärte er: »Ich habe nicht genügend Unterstützung durch das Personal gehabt, obwohl ich im Speisesaal ein ausgezeichnetes Team beisammen hatte; das Außenpersonal ließ ein wenig zu wünschen übrig: Sie werden sehen, was für eine Phalanx ich nächstes Jahr aufgebaut haben werde.« Inzwischen nötigte ihn die Einstellung des lokalen Bahnbetriebs, die Post abholen zu lassen und den Gästen einen Wagen zur Verfügung zu stellen. Oft bat ich, mich neben den Kutscher setzen zu dürfen; auf diese Weise machte ich bei jedem Wetter Spazierfahrten wie in dem Winter, den ich in Combray verbracht hatte.

Manchmal jedoch hielt der allzu heftig peitschende Regen uns, meine Großmutter und mich, da das Kasino geschlossen war, wie in einer Schiffskajüte bei schwerer See in den fast völlig leeren Räumen fest, wo dann täglich wie auf einer Überfahrt wieder eine andere der Personen, an denen wir drei Monate lang vorübergegangen waren, ohne sie zu kennen, der Gerichtspräsident aus Rennes, der Anwaltskammervorsitzende aus Caen, eine amerikanische Dame und ihre Töchter, zu uns kamen, eine Unterhaltung begannen und Mittel und Wege zur Verkürzung der Stunden fanden, irgendein Talent hervorholten, die Gesellschaft ein Spiel lehrten, uns einluden, mit ihnen Tee zu trinken oder Musik zu machen oder sie zu einer bestimmten Stunde zu treffen und gemeinsam Zerstreuungen zu ersinnen, in denen das wahre Geheimnis, sich gegenseitig Freude zu machen, liegt; denn dieses besteht am ehesten darin, uns ganz anspruchslos dazu zu verhelfen, daß wir die Zeiten der Langeweile besser bestehen, mit uns also am Ende unseres Aufenthaltes Freundschaften anzuknüpfen, die dann gleich darauf durch ihre kurz nacheinander erfolgende Abreise abgebrochen wurden. Ich machte sogar die Bekanntschaft des reichen jungen Mannes, des einen seiner beiden adligen Freunde und der Schauspielerin, die für ein paar Tage nochmals anwesend war; ihr kleiner Kreis jedoch setzte sich nur mehr aus drei Personen zusammen, da der andere Freund nach Paris zurückgekehrt war. Sie baten mich, mit ihnen in ihrem Restaurant zu Abend zu essen. Sie waren aber, glaube ich, ganz zufrieden, als ich der Einladung nicht folgte. Doch hatten sie sie in sehr liebenswürdiger Form vorgebracht, und obwohl sie eigentlich von dem reichen jungen Mann ausging – die anderen waren nur seine Gäste –, hatte doch die Schauspielerin, da der Freund, der sie begleitete, der Marquis Maurice de Vaudémont, aus sehr großem Hause war, als sie mich fragte, ob ich nicht mitkommen wolle, um mir zu schmeicheln, instinktiv hinzugesetzt:

»Es würde Maurice sehr freuen.«

Und als ich sie alle drei in der Halle traf, war es auch Monsieur de Vaudémont – der reiche junge Mann hielt sich im Hintergrund –, der zu mir sagte:

»Sie würden uns nicht das Vergnügen machen, heute mit uns zu Abend zu essen?«

Alles in allem hatte ich wenig von Balbec gehabt, was in mir erst recht den Wunsch unterhielt, wieder hinzugehen. Es schien mir, ich hätte mich nicht lange genug dort aufgehalten. Das war nicht die Ansicht meiner Freunde, die mir schrieben und anfragten, ob ich eigentlich für immer dort bleiben wolle. Und wenn ich sah, daß es der Name Balbec war, den sie wohl oder übel auf den Briefumschlag schreiben mußten, so wie ja auch mein Fenster anstatt auf ein Feld oder eine Straße auf die Felder des Meeres ging und ich des Nachts sein Wogenrollen vernahm, dem ich vor dem Einschlafen einer Barke gleich meinen Schlaf anvertraute, lebte ich in der Illusion, dieses Zusammenleben mit der See müsse mich unbewußt mit dem Begriff ihres Zaubers durchtränken, so wie man im Schlaf seine Schulaufgaben lernt.

Der Direktor bot mir für das nächste Jahr bessere Zimmer an, doch ich hatte mich jetzt mit dem meinen angefreundet, in das ich eintrat, ohne je den Vetiverduft wieder wahrzunehmen, und dessen Proportionen, einst äußerst hemmend für mein Denken, von ebendiesem Denken schließlich so stark in ihren Einzelheiten aufgenommen wurden, daß ich Entwöhnungsmethoden anwenden mußte, als ich in Paris wieder in meinem alten Zimmer schlief, das ziemlich niedrig war.

Wir hatten Balbec nun wirklich verlassen müssen, Kälte und Nässe wurden zu arg, als daß wir noch länger in einem Hotel ohne Kamine und Heizkörper hätten bleiben können. Ich vergaß übrigens beinahe auf der Stelle diese letzten Wochen. Was ich unverändert immer wieder vor mir sah, wenn ich an Balbec dachte, war die Zeit, in der jeden Morgen während der schönen Jahreszeit, da ich am Nachmittag mit Albertine und ihren Freundinnen ausgehen wollte, meine Großmutter mich auf Anordnung des Arztes zwang, im Dunkel liegen zu bleiben. Der Direktor gab Befehl, daß auf meiner Etage kein Lärm gemacht werden dürfe, und überwachte selbst die Befolgung seiner Anweisungen. Wegen des allzu hellen Tageslichts hielt ich so lange wie möglich die großen violetten Vorhänge geschlossen, die mir am ersten Abend eine derart feindliche Miene gezeigt hatten. Da es aber trotz der Klammern, mit denen Françoise, die sich als einzige darauf verstand, sie wieder zu lösen, diese Vorhänge jeden Abend aneinandersteckte, damit das Licht nicht hindurchdrang, und ungeachtet der Decken, der Tischdecke aus rotem Cretonne und sonstiger zusammengetragener Stoffe, die sie noch zusätzlich anbrachte, niemals gelang, eine wirkliche Abdichtung zu erreichen, herrschte keine vollkommene Dunkelheit, und durch die Vorhänge hindurch zeichnete sich auf dem Teppich ein scharlachrotes Gewirr von Anemonenblättern ab, auf die ich dann für einen Augenblick meine nackten Füße setzen mußte. Auf der dem Fenster gegenüberliegenden Wand, die zum Teil von der Sonne beschienen war, rückte ein vertikal schwebender Goldzylinder langsam vor wie die Feuersäule, die den Kindern Israel in der Wüste vorauszog.[1] Ich legte mich wieder hin; da ich gezwungen war, regungslos, nur in der Phantasie, alle Freuden der Spiele, des Schwimmens, des Wanderns, zu denen der Morgen einlud, gleichzeitig zu genießen, pochte mein Herz vor Freude laut wie eine in vollem Gang befindliche Maschine, die sich aber nicht fortbewegt und ihren Schwung nur in sich selbst kreisend entladen kann.

Ich wußte, daß meine Freundinnen auf der Strandpromenade waren, doch ich sah sie nicht, wie sie vor den vielförmigen Hügelketten des Meeres vorüberzogen, wo ganz im Hintergrund inmitten bläulicher Gipfel wie ein italienisches Städtchen manchmal in einer Wolkenlichtung der kleine Ort Rivebelle, klar im einzelnen von der Sonne nachgezeichnet, erschien. Ich sah meine Freundinnen nicht, erriet aber (während die Rufe der Zeitungsverkäufer, die Françoise als »Journalisten« bezeichnete, die Rufe der Badenden und der spielenden Kinder wie der Schrei von Seevögeln, das sanft sich brechende Geräusch der Wellen skandierend, zu meinem Belvedere aufstiegen) ihre Anwesenheit, ich vernahm ihr Lachen, das wie das der Nereiden von weichem Plätschern umspült an meine Ohren drang. »Wir haben hinaufgeschaut«, sagte dann am Abend Albertine, »ob Sie wohl kommen würden. Ihre Fensterläden waren aber zu, sogar als die Kurmusik spielte.« Um zehn Uhr fand dieses Konzert tatsächlich unter meinen Fenstern statt. Zwischen den Stimmen der Instrumente brach bei hohem Seegang immer wieder in unaufhörlichem Fluß das Geräusch der anrollenden Wellen durch, umwallte den Geigenstrich mit seinen kristallenen Windungen und ließ seinen Schaum über einer immer wieder vom Meer verschlungenen Unterwassermusik aufsprühen. Ich wurde ungeduldig, weil mir meine Sachen noch nicht gebracht worden waren, so daß ich mich hätte anziehen können. Es schlug zwölf, und endlich kam Françoise. Monatelang war in diesem Balbec, nach dem ich mich so sehr gesehnt hatte, weil ich es mir sturmgepeitscht und in Nebeln verloren vorstellte, das schöne Wetter so unbeirrt strahlend gewesen, daß ich, wenn sie das Fenster öffnete, immer mit Sicherheit erwarten konnte, denselben in der Ecke der Außenmauer liegenden Sonnenstreifen von stets gleichem Farbton zu sehen, der weniger wie ein tiefbewegendes Zeichen des Sommers als vielmehr trübselig wie ein Stück starr und künstlich dort eingefügter Lasur wirkte. Und während Françoise die Klammern von den Oberlichtern entfernte, die Stoffe abnahm, die Vorhänge aufzog, gleißte der Sommertag, den sie enthüllte, so tot, so zeitlos wie eine prunkvolle, jahrtausendealte Mumie, die unsere alte Dienerin vorsichtig aus ihren Leinenbinden schälte, bevor sie sie, in ihrem goldenen Gewande einbalsamiert, vor mir aufstrahlen ließ.

ANHANG

NACHWORT DES HERAUSGEBERS

Du côté de chez Swann schließt mit einem nostalgischen Rückblick auf die Zeit, als Madame Swann unter den bewundernden Blicken der Vorübergehenden im Bois de Boulogne promenierte. Daß sich in der Figur Madame Swanns nicht nur eine vergangene Eleganz, sondern eine ganze Epoche, die Belle Époque, verkörpert, wird dem Leser allerdings erst im zweiten, 1919 erschienenen Band der *Recherche* vor Augen geführt. *À l'ombre des jeunes filles en fleurs*, »Im Schatten junger Mädchenblüte«, wie Eva Rechel-Mertens subtil übersetzt hat, ist in zwei Teile gegliedert: »Autour de Mme Swann« (»Im Umkreis von Madame Swann«) und »Noms de pays: Le pays« (»Namen und Orte: Orte«). Während der erste Teil noch ganz zu der mit dem Titel des ersten Bandes bezeichneten Sphäre gehört (Marcel dringt nun in die Welt Swanns ein, zu der er bisher bloß »unterwegs« war), wird im zweiten Teil das Versprechen des Titels eingelöst. Die Blütenmetapher bezieht sich nämlich weniger auf Gilberte oder die exotische Blütenpracht im Umkreis von Madame Swann als auf die Schar der jungen Mädchen, denen Marcel in Balbec begegnet.

Eine erste größere Handlungssequenz der *Jeunes filles* entwickelt im Rahmen eines Tagesablaufes zwei bedeutende Ereignisse im Leben des Romanhelden: Am Nachmittag darf er zum erstenmal ins Theater, wo zwei Akte aus Racines *Phèdre* mit der Berma gegeben werden, und am Abend begegnet er dem Marquis von Norpois, der erstmals bei Marcels Eltern zum Abendessen eingeladen ist. Auch in thematischer Hinsicht sind die Matinee mit der Berma und das Diner mit Norpois auf kunstvolle Weise miteinander verbunden. Die Kunst des Zusammenstellens und des Zusammenfügens (»composer«) durchzieht die ganze Sequenz als Leitmotiv: Zusammenstellen einer Tafelrunde, eines Repertoires, eines Effektenfonds; Zubereiten eines Gerichts; Verfassen eines Textes.

Die Krone gebührt an diesem Tag der Köchin (Françoise wird als »Michelangelo der Küche« bezeichnet), die mit ihrem Bœuf à la gelée vorführt, was ein Meisterwerk ist. Dem Triumph der Köchin steht der Mißerfolg des Romanhelden gegenüber. Weder gelingt es ihm, etwas zu schreiben, was er, wie sein Vater es wünscht, durch Vermittlung von Norpois in der *Revue des Deux Mondes* publizieren könnte, noch vermag er, fixiert auf seine falschen Erwartungen, zu erkennen, was die Kunst der Berma ausmacht. Offensichtlich geht es beim Diner mit Norpois nicht nur um einen gesellschaftlichen Anlaß oder um Kochrezepte, sondern auch um das Problem von Produktion und Rezeption von Kunstwerken. Während Françoise und Marcel als Beispiele für schöpferische Tätigkeit stehen, wird mit der Figur von Norpois der gesellschaftliche Kontext von Kunst ins Spiel gebracht. Norpois' Rolle ist die eines Initiators und eines Kritikers. Seinen Ratschlägen hat es Marcel zu verdanken, daß er die Matinee mit der Berma besuchen und – wichtiger noch – eine literarische Karriere ins Auge fassen darf. Doch unter Literatur versteht Norpois nicht dasselbe wie Marcel. Das vernichtende, im Augenblick aber als Orakel angehörte Urteil des Ex-Diplomaten über Bergotte und über ein frühes Prosastück Marcels, das dem Gast mangels einer aktuelleren Talentprobe vorgelegt wird, macht den literarischen Hoffnungen des Romanhelden ein Ende. In Norpois' überlegener Art, über alles und jedes zu urteilen, verbirgt sich eine Parodie des selbstsicheren Tons der *Revue des Deux Mondes*. Es wird sich später herausstellen, daß sein Urteil nur gerade im kulinarischen Bereich Bestand hat. Die ausführlichen Gespräche über das Haus Swann, in dem Norpois kürzlich zu Gast war, dienen dazu, das Diner mit Norpois mit dem Hauptstrang der Erzählung, nämlich dem am Ende von *Swann* unterbrochenen Bericht von Marcels Liebe zu Gilberte, zu verknüpfen.

Innerhalb des erzählerischen und thematischen Gefüges der *Recherche* ist diese Liebesgeschichte mit ihren aufeinanderfolgenden Phasen von Annäherung und Entfremdung eine Variation der im ersten Band erzählten Liebe Swanns zu Odette. Marcel tritt an die Stelle Swanns, Gilberte (die Tochter) an jene

Odettes (der Mutter). Es erstaunt nicht, daß das Pendel zurückschwingt und Marcel in dem Maße, wie er sich von Gilberte entfernt, tiefer in die Welt von Madame Swann eindringt.

Die Schilderung von Madame Swanns Salon nimmt die mit dem Familienkreis in Combray, dem Kreis der Verdurins und der Soiree bei der Marquise von Saint-Euverte in *Swann* begonnene satirische Analyse der Gesellschaft wieder auf. Jetzt sind die bei den Swanns verkehrenden bürgerlichen Regierungskreise an der Reihe.

Als ergänzendes und korrigierendes Gegenstück zum Abendessen mit Norpois in Marcels Elternhaus folgt ein Mittagessen mit Bergotte im Hause Swann. Bei dieser Gelegenheit trifft Marcel zum erstenmal mit dem seit langer Zeit bewunderten Dichter zusammen. Er sieht sich jedoch nicht dem Bergotte seiner Vorstellung gegenüber, dem sanften Barden mit wallendem weißen Haar, sondern einem jüngeren Mann mit einer krummen Nase und einem schwarzen Spitzbärtchen. Im Gespräch jedoch weicht die anfängliche Enttäuschung, besonders bei Bergottes Ausführungen über die Kunst der Berma; und als Marcel von Bergotte auch noch erfährt, Norpois sei ein Dummkopf, gewinnt er das Vertrauen in die Literatur und in seine eigene Sensibilität zurück. Diese nämlich bleibt ungerührt bei den von Norpois als literarisch hingestellten Themen (»Das Unendlichkeitsgefühl am Westufer des Viktoria-Sees« usw.), belebt sich aber, sobald sie den speziellen Akzent, die persönliche Stimme eines Dichters vernimmt oder von ganz bescheidenen Sinneseindrücken angeregt wird, beispielsweise von blühendem Weißdorn, drei Kirchtürmen im Abendlicht oder, wie es unmittelbar nach dem Diner mit Norpois geschieht, vom feucht-modrigen Geruch in einem Klosetthäuschen. Daß solche Eindrücke aber den speziellen Akzent eines Dichters bestimmen können und er gerade durch sie zum Dichter wird, erfährt Marcel erst in der *Wiedergefundenen Zeit*. Vorläufig werden sie wie alles andere vom Strom der verlorenen Zeit hinweggetragen.

Was die zeitgeschichtliche Situierung dieses Romanteils betrifft, so liegen die darin erwähnten oder angedeuteten Ereignisse etwa in den Jahren zwischen den beiden Weltausstellungen von 1889 und 1900. Mit den Aufzählungen renommierter Restaurants, Confiserien, Modehäuser, Blumengeschäfte usw. kann der erste Romanteil als eine Chronik der Belle Époque gelesen werden. Madame Swanns Salon mit den Chrysanthemen und Schneeballblüten, ihr Wintergarten, ihre Ausfahrten und Spaziergänge, ihre blumigen Roben, ihr blütenförmiger, schattenspendender Sonnenschirm erklären nun nachträglich die Nostalgie, mit der sich der Erzähler am Schluß des ersten Bandes an Madame Swann im Bois erinnert.

Im zweiten Teil des Romans setzt die Erzählung neu ein. Sie überspringt zwei Jahre im Leben Marcels und führt ihn in neue geographische Gegenden und neue soziale Welten. Der im Titel »Namen und Orte« thematisierte Gegensatz zwischen der Magie der Namen und der Gewöhnlichkeit der Orte, zwischen imaginierter und realer Wirklichkeit – man erinnert sich an die Begegnungen mit der Herzogin von Guermantes, mit der Berma oder mit Bergotte – wird nun am Beispiel des lange erträumten Balbec und besonders seiner Kirche dargelegt. Anstelle der Kirche im persischen Stil auf ihrer sturmumwogten Klippe trifft Marcel auf ein graues Bauwerk, das im Lärm der Straßenbahn und im Gestank einer danebenliegenden Kneipe unterzugehen droht. Erst die späteren Ausführungen Elstirs über die Kirche von Balbec werden Marcel – ähnlich wie jene Bergottes über das Spiel der Berma – seine Enttäuschung vergessen lassen und ihm zeigen, worin die Schönheit und die Eigenart dieses Kunstwerks bestehen.

Die einzelnen Szenen, Episoden und Handlungssequenzen folgen dem Rhythmus einer Badesaison und zeigen die zusammengewürfelte Gesellschaft eines Kurortes. In Balbec kreuzen einander Adlige und Bürgerliche, Faubourg Saint-Germain und Provinzadel, jüdische Bankiers aus der Hauptstadt und Magistratspersonen aus den nahen Städten der Normandie, ferner Sportler, Künstler und Intellektuelle. Neben den kürzeren Charakterporträts von Gästen und Angestellten des Hotels stehen die Begegnungen mit drei Angehörigen der Familie der Guermantes (die Marquise von Villeparisis, Robert de Saint-

Loup und der Baron von Charlus) und die Schilderung des jüdischen Milieus im Umkreis der Blochs, die zu größeren Handlungseinheiten ausgebaut sind. Die Spazierfahrten im Wagen von Madame de Villeparisis mit dem Besuch der von Efeu überwucherten Kirche von Carqueville, der Begegnung mit dem Fischermädchen und Marcels Erregung angesichts der drei Bäume von Hudimesnil bilden in ihrer kunstvollen Fügung eine dem Diner mit Norpois vergleichbare Handlungssequenz. Auch bei den Ansichten Madame de Villeparisis' über Literatur fühlt man sich an Norpois erinnert. In die Zukunft hingegen weist die Figur des Barons von Charlus, der mit seinem Gebaren Marcel Rätsel über Rätsel aufgibt. Dem Leser allerdings dürfte es schwerfallen, die Ahnungslosigkeit des Romanhelden zu teilen.

Mit dem Auftauchen der jungen Mädchen auf der Strandpromenade von Balbec erreicht die Handlung endlich den vom Bandtitel angekündigten Punkt. Liest man die *Recherche* als die Geschichte von Marcels Leben und vergleicht man die Spiele mit Gilberte in den Anlagen der Champs-Élysées oder im Hause Swann mit den Ausflügen und Spielen, zu denen Marcel die jungen Mädchen in Balbec begleitet, so wird man die ersteren noch der Welt der Kindheit, die letzteren jener der Adoleszenz zuordnen. Im Übergang von einem Romanteil zum anderen bleibt jedoch ein Grundthema der *Recherche* erhalten. Am Beispiel der jungen Mädchen zeigt Proust ein weiteres Mal, in welchem Maße unsere Kenntnis anderer Menschen auf subjektiven Vorstellungen beruht, wie sehr das Bild, das man sich von einer Person, einem Ort oder einer Sache macht, der Phantasie entspringt. Die Konfrontation mit der Wirklichkeit kann wohl ein anfängliches Phantasiebild zerstören (Madame de Guermantes, Bergotte, die Kirche von Balbec), sie garantiert jedoch keineswegs objektive Erkenntnis. Im Falle der jungen Mädchen ist es überhaupt erst die Begegnung auf der Strandpromenade, die Phantasie und Erkenntnisdrang in Bewegung versetzt. Nachdem Marcel sich anfänglich vorgestellt hat, es wären leichtfertige Mädchen aus dem einfachen Volk, erfährt er später, daß sie aus gutbürgerlichen Kreisen stammen, und nimmt nun an, ihr Lebenswandel sei untadelig.

Dennoch geht das Spiel von Vermutungen, Täuschungen und Enttäuschungen weiter. Albertine erscheint bald als ausschweifende Bacchantin, bald als störrisches Mädchen, bald als wohlerzogene junge Dame. Als sie einmal eine Nacht im Grand-Hôtel verbringt und Marcel auf ihr Zimmer bittet, glaubt er, es handle sich um die Einladung zu einem Stelldichein. Wie er sie aber küssen will, klingelt sie nach dem Personal. Die für Marcel vollkommene Unberechenbarkeit Albertines bildet die Keimzelle der Albertine-Teile der *Recherche*, das heißt von *Die Gefangene* und *Die Flüchtige*, wo Proust die These, es sei unmöglich, jemanden, den man liebt, wirklich zu kennen, zu einer eigentlichen Allegorie des sich entziehenden Sinns ausbaut. Vorläufig aber, gleich nach dem Auftauchen der Schar von jungen Mädchen, stellt sich die Frage »Wer ist Albertine?« in weit bescheidenerer Form, nämlich: »Wer ist die kleine Simonet?« Diesen Namen hat Marcel auf der Strandpromenade aufgeschnappt, und auf ihn fixiert sich sogleich seine Neugier. Im Hotel läßt er sich die neuesten Fremdenlisten bringen, wo tatsächlich der Name Simonet erscheint. Er überträgt den Namen auf das anziehendste der jungen Mädchen, eine Radfahrerin mit schwarzer Polomütze. Später erfährt er von Elstir, der ihn auch mit ihr bekannt macht, sie heiße Albertine Simonet. Daß sich die Simonets im Gegensatz zu allen anderen Simonnets mit nur einem *n* schreiben, wird als eine Art von Snobismus erklärt. Wer jedoch genau hinsieht, erblickt im Namen der kleinen Simonet jenen Monets, des großen Impressionisten, und versteht ihn als einen Hinweis auf das in diesem Romanteil dominierende Thema der Malerei.

Tatsächlich hat sich Proust nirgends so intensiv mit Malerei und mit malerischer Schreibtechnik auseinandergesetzt wie im zweiten Teil der *Jeunes filles*. Die Seestücke aus *Freuden und Tage*, die Stilleben aus dem Essay über Chardin und Rembrandt oder die Landschaften und die Bildbeschreibungen aus dem Kapitel »Ein Kunstsammler. – Monet, Sisley, Corot« in *Jean Santeuil* werden jetzt wieder aufgenommen und zu einer Art Panorama der Malerei sowie einer Demonstration malerischer Schreibtechnik ausgebaut. Es beginnt mit dem Szenarium: Die Küstengegend von Balbec verdankt ihre Ausformung – ihre Klippen, ihre Strände, ihre Ausblicke auf das Meer – nicht nur Prousts Aufenthalten in der Bretagne und der Normandie, sondern auch seiner Kenntnis der zeitgenössischen Malerei. Auch die handelnden Personen scheinen oft einem Bild zu entsteigen: Bei ihrem Auftauchen erinnern die jungen Mädchen an die Strandbilder Boudins, Manets oder Monets, später an Renoir, und gelegentlich posieren sie in der Art einer Tänzerin von Degas; Marcel dagegen, der sich in ihrer Mitte beim Picknick niederläßt, gleicht einem der jungen Männer in Manets *Déjeuner sur l'herbe*. Und wenn er in seinem Hotelzimmer den Abendhimmel über dem Meer betrachtet, nimmt Proust dies zum Anlaß, eine Reihe literarischer Seestücke zu verfassen. Literarische Stilleben dagegen entstehen im Zusammenhang mit den Tafelfreuden im Grand-Hôtel und in Rivebelle.

Das Atelier Elstirs, das seinerseits als Panorama ausgeformt ist, bildet das Zentrum dieses Romanteils. Es ist ein halbdunkler Raum mit einem einzigen offenen Fenster als Lichtquelle, eine Art magische Grotte, in der Elstir seine Kunstwerke erschafft. Wie Bergotte die Literatur und Vinteuil die Musik, so verkörpert Elstir in der *Recherche* die Malerei. Schon im Anlaut seines Namens klingt der Name eines Malers an (Helleu), und ein anderer Malername (Whistler) ist anagrammatisch in »Elstir« eingeschrieben. Auch seine Kunst ist eine eigentliche Zusammenfassung der zeitgenössischen Malerei, von Manets Pastellen zu Moreaus Symbolfiguren, von Turners Landschaften zu Monets Klippen und Stränden, von Degas' Pferderennen zu den Yachtszenen Manets, Monets oder Bonnards. Bei seinem Besuch in Elstirs Atelier betrachtet Marcel zwei Bilder mit besonderer Aufmerksamkeit. In beiden hat Proust – wie in den anderen imaginären Kunstwerken der *Recherche* – wesentliche Aspekte seiner eigenen Kunst bildhaft dargestellt. Beim ersten, einer eben vollendeten Ansicht des Hafens von Carquethuit, geht es wie beim Bœuf à la gelée von Françoise zu Beginn der *Jeunes filles* um die Inbezugsetzung, die Verbindung und schließlich die Verschmelzung verschiedener Bereiche im Raum eines einzigen Kunstwerks. Genauso wie sich im

Kunstwerk der Köchin dank dem langsamen, sorgfältig kontrollierten Kochvorgang der Geschmack des Rindfleischs und derjenige der Karotten verbinden, so entsteht in den Bildern Elstirs die Atmosphäre, die spezielle »Stimmung«, durch eine systematische Vertauschung von Meer und Land, ein Verfahren, das Proust mit der rhetorischen Figur der Metapher erläutert. Beim anderen Bild, einem Aquarell aus Elstirs Frühzeit, liegen die Bezüge zu Prousts Roman weniger auf der stilistischen Ebene als auf derjenigen der Thematik und der Handlung. Es ist das Porträt einer Schauspielerin in Männerkleidung, und es trägt die Inschrift »Miss Sacripant, Oktober 1872«. Seine zarten Töne, die aufreizende Haltung des Modells und der englische Name erinnern an die Episode mit der Dame in Rosa aus *Swann*, und tatsächlich handelt es sich bei der Porträtierten um Odette, bei dem Porträtisten aber (dem jetzigen Elstir) um jenen Monsieur Biche, dem man im kleinen Kreis der Verdurins bereits begegnet ist.

Daß die Malerei gerade an dieser Stelle der *Recherche* in den Vordergrund rückt, ist kein Zufall. Marcels Weg zum Künstlertum folgt einer von der idealistischen Ästhetik geprägten Hierarchie, die von den noch stark an die Materie gebundenen Künsten der Architektur und der Bildhauerei über die Malerei, die Schauspielkunst und die Musik zur Literatur führt. Die Kirche von Combray, das Portal von Saint-André-des-Champs in *Swann* sowie die mit Efeu überwucherte Kirche von Carqueville in den *Jeunes filles* stellen eine erste Stufe in Marcels ästhetischer Erfahrung dar. Der kindlich-magischen, Augustin Thierry und Ruskin verpflichteten Auffassung von mittelalterlicher Kunst, die Marcels Enttäuschung angesichts der Kirche von Balbec zugrunde liegt, stellt Proust das wissenschaftliche Verständnis eines Émile Mâle gegenüber, den er in den Ausführungen Elstirs über dieselbe Kirche zu Wort kommen läßt. In ähnlicher Weise wird im ersten Teil der *Jeunes filles* Marcels Enttäuschung über das Spiel der Berma durch die Worte Bergottes korrigiert. Bevor jedoch im folgenden Band der *Recherche* (*Guermantes*) die Erkenntnis vom Wesen der Schauspielkunst gelebte Erfahrung wird, dringt Marcel dank Elstirs Vermittlung in die Geheimnisse der Malerei ein.

Als Proust im Laufe des Jahres 1912 verschiedenen Verlagen – Fasquelle, La Nouvelle Revue Française, Ollendorff und schließlich Grasset – seinen Roman anbot, bestand dieser aus zwei Bänden, »Le temps perdu« und »Le temps retrouvé«, die unter dem Gesamttitel »Les intermittences du cœur« zusammengefaßt waren. Der erste Band war im Typoskript abgeschlossen; er umfaßte die Teile »Combray«, »Un amour de Swann« und »Nom de pays«, mit einem ersten Aufenthalt in Querqueville, dem späteren Balbec. In diesem Teil war nur von den drei Guermantes, nicht aber von den jungen Mädchen die Rede. Alles übrige, darunter ein Kapitel über einen zweiten Aufenthalt in Querqueville mit dem Titel »À l'ombre des jeunes filles en fleurs«, ein dritter Aufenthalt an der Küste mit den Szenen bei den Verdurins sowie die Schlußkapitel des Romans »L'adoration perpétuelle« und »Le bal de têtes«, existierte vorerst nur in den Entwurfheften. Während der Drucklegung von *Swann* stellte sich heraus, daß der Roman in drei Bände aufgeteilt werden mußte. So entstanden im Sommer 1913 die Bandtitel »Du côté de chez Swann«, »Le côté de Guermantes« und »Le temps retrouvé« sowie der neue Gesamttitel »À la recherche du temps perdu«. Neben der Prousts Schreibgestus innewohnenden Tendenz zur Endlosigkeit haben zwei äußere Ereignisse, ein öffentliches und ein privates, nämlich der Erste Weltkrieg und Prousts dramatische Beziehung zu Alfred Agostinelli, die Fertigstellung des 1913 geplanten Romans verhindert. Grasset hat zwar den zweiten Band der damaligen *Recherche* noch gesetzt, doch legte die Mobilmachung vom 2. August 1914 jede verlegerische Tätigkeit lahm. Erst 1917, nachdem Proust von Grasset zu Gallimard, das heißt zum Verlag der Nouvelle Revue Française, gewechselt hatte, konnte ein weiterer Band in Druck gegeben werden. In der Zwischenzeit hatte sich Prousts Roman jedoch erheblich verändert. Die neu eingeführte Figur Albertines und die neu entstandenen, um Albertine kreisenden Teile der *Recherche* bleiben nicht ohne Folgen für die unmittelbare Fortsetzung von *Swann*, das heißt für den zweiten Band der *Recherche*. Um die Bewegung auf Albertine hin zu beschleunigen, faßt nun Proust die beiden ersten ursprünglich geplanten Aufenthalte in Balbec zu einem einzigen zusammen (Begegnung mit den drei Guermantes, mit den jungen Mädchen und mit Elstir). Andererseits baut er im ersten Teil des Romans die Liebesgeschichte mit Gilberte aus, so daß sich jetzt »À l'ombre des jeunes filles en fleurs« als Bandtitel anbietet. 1918 ist der Band fertig gedruckt, erscheint jedoch erst 1919, beinahe gleichzeitig mit *Pastiches et mélanges* und einer neuen Auflage von *Du côté de chez Swann*.

Mit *À l'ombre des jeunes filles en fleurs* gelingt Proust endlich der Durchbruch. Der Roman erhält den Prix Goncourt. Im Echo auf diese Wahl spielen zwar noch alte Vorurteile gegen den großbürgerlichen Privatier von der Rive droite mit, doch setzt sich nun das Bewußtsein von Prousts außerordentlicher Bedeutung durch.

Die erste deutsche Übersetzung von *À l'ombre des jeunes filles en fleurs* stammt von Walter Benjamin und Franz Hessel, denen nach dem Mißerfolg von Schottlaenders *Weg zu Swann* die Fortsetzung anvertraut wurde. Sie erschien unter dem Titel *Im Schatten der jungen Mädchen* 1927 im Verlag Die Schmiede in Berlin. Die vorliegende Ausgabe folgt der Übersetzung Eva Rechel-Mertens aus dem Jahr 1954. Der Titel »Im Schatten junger Mädchenblüte«, der auf einige Kritik gestoßen war, wurde – mit Überzeugung – beibehalten. Der Text wurde durchgehend revidiert und stellenweise neu gefaßt.

Was den Kommentar betrifft, sind wir in erster Linie Daria Galateria, der Autorin des ersten Kommentars der *Jeunes filles* [24] zu Dank verpflichtet. Weitere wertvolle Hinweise verdanken wir Pierre-Louis Rey [3] und [4] und Danièle Gasiglia-Laster [5].

Zürich, im August 1994

ANMERKUNGEN UND KOMMENTAR

Zahlen in eckigen Klammern weisen auf die entsprechenden Titel der Bibliographie; einfache Seitenangaben beziehen sich auf den vorliegenden Band.

Seite 5: Zum Titel »Im Schatten junger Mädchenblüte«

Marcel Plantevignes, den Proust im Sommer 1908 in Cabourg kennenlernte, beansprucht die Autorschaft des Titels »À l'ombre des jeunes filles en fleurs«. Proust habe ihm scherzend gesagt, schreibt er in seinen Erinnerungen (*Avec Marcel Proust* [36] S. 304): »Sie sind immer von einer Girlande junger Mädchen umgeben.« Plantevignes habe geantwortet: »Man fühlt sich so geborgen im Schutz ihrer vertraulichen Blüte, gleichsam in ihrem beschützenden Schatten.« Daraufhin habe er »Im Schatten junger Mädchenblüte« als Romantitel vorgeschlagen und hinzugefügt: »Das klingt zwar für eine Prosa wie die Ihre etwas allzusehr nach billigem Fortsetzungsroman.« Proust hat es anders gesehen und die Möglichkeit erkannt, in diesem Titel verschiedene intertextuelle Bezugslinien zu einer poetischen Metapher von schillernder, nostalgischer Schönheit zusammenzufassen. Die nun schon ferne Zeit des ausgehenden 19. Jahrhunderts – Symbolismus, Dekadentismus, Fin de siècle – leuchtet noch einmal auf. Wagners Blumenmädchen aus *Parsifal* klingen an, die den Helden von seiner Suche nach dem Graal abzuhalten versuchen, wie die jungen Mädchen Marcel daran hindern, sich seinem Werk zu widmen. Ebenso bedeutsam ist der Bezug auf Baudelaires »vierges en fleurs« aus »Lesbos«, einem der nach Ansicht der Staatsanwaltschaft die öffentliche Moral verletzenden und deshalb verbotenen Gedichte der *Fleurs du mal*, oder jener auf Nervals »filles du feu«, die Proust im Carnet de 1908 mehrmals erwähnt. Man denkt auch an Monets *Femmes au jardin* (Musée d'Orsay) und die unzähligen blühenden Mädchen Renoirs.

Seite 7: Zum Titel »Im Umkreis von Madame Swann«
In der Originalausgabe erscheint der Text als kompakte, nur durch Sternchen gegliederte Einheit. Die Angabe der Teile und die Zwischentitel erscheinen lediglich am Schluß des Bandes im Inhaltsverzeichnis. Sie lauten für den ersten Teil: »ERSTER TEIL: IM UMKREIS VON MADAME SWANN – Wege und Wandlungen der Charaktere. – Der Marquis von Norpois. – Bergotte. – Wie ich vorübergehend meine Begegnungen mit Gilberte einstelle; erste, flüchtige Skizze des Kummers wegen einer Trennung und des unregelmäßigen Fortschreitens des Vergessens.« In Analogie zum ersten Band und in Anlehnung an die neueren französischen Ausgaben übernehmen wir Angaben und Titel der Teile, verzichten jedoch auf die nähere Spezifizierung des Inhalts.

1 Für die Figur des Marquis von Norpois wurden verschiedene Modelle vorgeschlagen; eines davon, der Diplomat Camille Barrère, der häufig im Hause Proust verkehrte, fühlte sich entsprechend gekränkt, als er sich wiederzuerkennen glaubte. Anne Henry erkennt in Norpois eine Inkarnation der *Revue des Deux Mondes*. Sie glaubt, Proust habe bei der Ausarbeitung von Norpois' Tiraden (während des Ersten Weltkrieges) auf die in der *Revue* erschienenen politischen Artikel von Francis Charmes aus den neunziger Jahren zurückgegriffen. Vgl. *Proust romancier*, Paris, Flammarion, 1983. Seither hat Antoine Compagnon nachgewiesen, daß Proust die aktuellen Berichte über das Kriegsgeschehen und über die politische Lage als Vorlage benützte. Zu der folgenden Erzählsequenz des Diners mit Norpois vgl. Keller, *Proust lesen* [28].

Seite 12:

1 Im vorangehenden Text werden folgende Ereignisse erwähnt: der Deutsch-Französische Krieg von 1870/71; der 16. Mai 1877, an dem der monarchistisch gesinnte Staatspräsident Mac-Mahon den republikanischen Ministerpräsidenten Jules Simon absetzte und den legitimistischen Herzog von Broglie mit der Bildung der neuen Regierung betraute; die Schulden Ägyptens gegenüber Frankreich und England nach dem Bau des Suez-Kanals.

2 *Le journal des débats politiques et littéraires.* Die 1789 gegründete, republikanische Tageszeitung vertrat von 1890 an eine konservative, nach 1895 eine liberale Position. Die Bemerkung Prousts bezieht sich wohl eher auf die konservative Periode.

Seite 14:

1 Proust illustriert seine These, wonach nicht literarische oder politische Ansichten, sondern geistiges Kaliber Menschen miteinander verbindet, indem er mittelmäßige Akademiemitglieder (Legouvé, Du Camp, Mézières) einem genialen Dichter (Claudel) sowie geistvolle Nationalisten (Maurras, Léon Daudet) einem mittelmäßigen (Berry) gegenüberstellt, der sich seinerseits mit mittelmäßigen »Progressisten« (Ribot, Deschanel) eins wissen wird. Der Romancier und Dramatiker Ernest Legouvé (1807-1903) hat sich mit dem Drama *Adrienne Lecouvreur* (1849, in Zusammenarbeit mit Eugène Scribe) einen Namen gemacht. Maxime Du Camp (1822-1894) hielt bei seiner Aufnahme in die Académie française im Jahre 1880 eine Lobrede auf Victor Hugo. Trotz seines progressistischen Gehabes gleicht seine Rhetorik oft jener des Marquis von Norpois. Alfred Mézières (1826-1915) ist vor allem durch seine kritischen Studien zu Shakespeare, Dante, Petrarca und Goethe bekannt. Paul Claudel (1868-1955) hat sich in einer von der Zeitschrift *Les Guèpes* (März 1911) veranlaßten Umfrage negativ über Hugo und positiv über Boileau geäußert. Als Mitglied der Abgeordnetenkammer vertrat Georges Berry (1852-1915) zunächst eine monarchistisch-nationalistische, nach 1905 eine progressistische Position. Alexandre Ribot (1842-1923), ein gemäßigter Republikaner, war 1890 und 1893 Außenminister, 1895 Ministerpräsident. Paul Deschanel (1855-1922), Parteiführer der Republikaner, war mehrmals Präsident der Abgeordnetenkammer und 1920 Staatspräsident. Charles Maurras (1868-1952) und Léon Daudet (1868-1942) sind die von Proust trotz ihres Antisemitismus bewunderten und geschätzten Begründer und Redakteure der *Action française*. Zu Maurras und Daudet vgl. *Essays* [9] S. 414.

Seite 15:

1 König Theodosius ist Zar Nikolaus II. nachgebildet, der 1896 Frankreich einen Staatsbesuch abstattete.

Seite 18:

1 In einigen Entwürfen setzt Proust den Namen einer realen Schauspielerin: Sarah Bernhardt. Bei der Einarbeitung der Episode in das fiktive Universum des Romans versucht er es zuerst mit »Brema« (in Anlehnung an den Namen der englischen Sängerin Marie Bréma), entscheidet sich dann jedoch für »Berma«. Ob Proust Sarah Bernhardt in *Phèdre*, einer ihrer wichtigsten Rollen, jemals gesehen hat, ist ungewiß, doch ist die Matinee mit der Berma einer Gala-Veranstaltung vom 19. Mai 1892 in der Opéra (zugunsten der Opfer der Hungersnot in Rußland) nachgebildet, in deren Rahmen Sarah Bernhardt (wie die Berma) die große Geständnisszene aus dem zweiten Akt von *Phèdre* interpretierte.

2 Die Rezepte Norpois' bilden eine thematische Vorbereitung der Rezepte von Françoise.

Seite 20:

1 Der Bezug auf die *Revue des Deux Mondes* wird an dieser Stelle explizit. Die 1829 gegründete Zeitschrift wurde von 1893-1903, in der Zeit also, in der die Romanhandlung spielt, von Ferdinand Brunetière geleitet, der ihr im literarischen Bereich eine streng akademisch-klassizistische Ausrichtung gab. Eine franko-russische Allianz, wie sie Norpois am Herzen liegt, wurde von der *Revue* seit 1875 propagiert.

Seite 21:

1 Wie Daria Galateria [24] anmerkt, ist der gemeinsame Nenner der beiden Tragödien Racines und des Dramas von Musset eine intensive Mutter-Sohn-Beziehung.

2 Gemeint ist die Pesaro-Madonna, die Proust aus eigener Anschauung und dank seiner Ruskin-Lektüre kannte. Der andere Tizian der Frari-Kirche, die *Himmelfahrt Mariae*, befand sich von 1818 bis 1919, also zur Zeit der Venedigaufenthalte Ruskins und Prousts, in der Accademia.

3 Zu Prousts Vorliebe für Carpaccio vgl. *Nachgeahmtes und Vermischtes* [8] S. 106, Anm. 14.

4 Beginn von Phèdres Geständnis gegenüber Hippolyte im 2. Akt (Vers 584-585). In den Entwürfen zitiert Proust Vers 634 aus derselben Szene: »Oui, Prince, je languis, je brûle pour Thésée« / »Ja, Fürst, ich schmachte, ich dürste nach Theseus«. Mit der Korrektur gibt er dem Thema der Abreise gegenüber dem der Leidenschaft den Vorzug. Bei Racine gehören Abreise und Flucht leitmotivisch zu Hippolyte; bei Proust werden sie zum Leitmotiv der geliebten Frau: Odette, Gilberte, Albertine. Die das ganze Werk Prousts durchziehenden Zitate aus *Phèdre* illustrieren nicht nur einen ödipalen, sondern auch einen homosexuellen Themenkomplex. Immer wieder hat Proust die von ihm bewunderten und geliebten jungen Männer mit Racineschen Helden in Verbindung gebracht. Vgl. *Essays* [9] S. 234 und 434. Auch die erste Begegnung Marcels mit Saint-Loup (S. 434) ist von racineschen Untertönen begleitet.

Seite 22:

1 1855 uraufgeführte Komödie von Alexandre Dumas fils.

Seite 23:

1 Zu Proust und Anatole France vgl. *Freuden und Tage* [7] und *Swann* [10] passim.

Seite 24:

1 Die als Zitat gekennzeichnete Passage geht nicht auf die Broschüre von Anatole France zurück (vgl. *Swann* [10] S. 146, Anm. 1), sondern auf Jules Lemaitres Kritik einer Aufführung von *Phèdre* mit Sarah Bernhardt im Théâtre de la Renaissance am 27. November 1893. Vgl. *Impressions de théâtre* [17] Bd. 8, S. 73-81.

Seite 27:

1 »Composer« ist das zentrale Thema der ganzen um das Diner mit Norpois und die Matinee mit der Berma kreisenden Erzählsequenz. Vgl. unser Nachwort.

Seite 28:

1 Im Hinblick auf das geplante Mausoleum für Julius *II.* verbrachte Michelangelo 1505 acht Monate in den Steinbrüchen von Carrara. Ausgeführt wurden lediglich die Mosesstatue (in San Piero in Vincoli, Rom) und einige Sklavenfiguren (Accademia, Florenz). Nach dem Tod von Julius II. arbeitete

Michelangelo an den Gräbern der Medici in San Lorenzo (Florenz). Die von Proust erwähnte Krankheit holte sich Michelangelo bei der Auslese der Marmorblöcke in Pietrasanta (1518-1519).

2 Das auch unter dem Namen »Maison du jambon d'York« bekannte Geschäft lag in der Rue Drouot.

Seite 36:

1 Bronzestatue von Benvenuto Cellini in der Loggia dei Lanzi (Florenz).

Seite 37:

1 In der »Telemachie« (*Odyssee* I-IV) und in den *Aventures de Télémaque* (1699) von Fénelon ist Mentor (beziehungsweise Athena in der Gestalt Mentors) der Begleiter und Erzieher des Helden. Anacharsis ist die Hauptfigur eines in seiner Zeit äußerst erfolgreichen Erziehungsromans des Abbé Jean-Jacques Barthélemy (1716-1795): *Voyage du jeune Anacharsis en Grèce au IVe siècle de l'ère vulgaire* (1788). Der junge skythische Philosoph Anacharsis repräsentiert »barbarische« Unverdorbenheit.

Seite 39:

1 Sitz des französischen Außenministeriums.

2 Vgl. das Kapitel »Die École des Sciences politiques« in *Jean Santeuil* [14]. Dort wird diese Art von Literatur durch Themen wie »Das Unendlichkeitsbewußtsein am Ufer des Tschadsees« oder »Der Aufschwung zum Besseren auf der Balkanhalbinsel« bezeichnet.

Seite 40:

1 In der *Revue des Deux Mondes* wurden diese beiden Anlagemöglichkeiten äußerst positiv beurteilt. Möglicherweise hat Proust die Ratschläge Norpois erst nach der Oktoberrevolution eingefügt, wollte er doch zeigen, daß Norpois einzig im kulinarischen Bereich Vertrauen verdient.

Seite 41:

1 1831 erschienener Roman von Victor Hugo.

Seite 42:

1 Bei dem Norpois vorgelegten Text handelt es sich offensichtlich um das Prosastück über die Kirchtürme von Martinville. Vgl. *Swann* [10] S. 265.

Seite 45:

1 Auch bei der Bezeichnung anderer Länder hält sich Norpois an die gängigsten Klischees. John Bull (Stier) für England geht auf ein gegen den Herzog von Marlborough gerichtetes Pamphlet von John Arbuthnot aus dem Jahre 1712 zurück. Uncle Sam für United States of America erscheint zum erstenmal 1813. Die Viktorianische Epoche ist in bezug auf die Handlung des Romans die Gegenwart.

Seite 46:

1 Ein Rezept für »Bœuf mode en gelée« findet sich in *Zu Gast bei Marcel Proust* [20]. In einem Brief vom 12. Juli 1909 an seine Köchin, Céline Cottin, schreibt Proust: »Ich sende Ihnen mein aufrichtiges Kompliment und meinen herzlichen Dank für den wundervollen Bœuf mode. Ich möchte in dem, was ich diese Nacht tun werde, ebenso erfolgreich sein wie Sie, möchte, daß mein Stil ebenso glänzend, ebenso klar, ebenso fest wie Ihr Fleischgelée sei – meine Ideen ebenso schmackhaft wie Ihre Karotten, ebenso bekömmlich und köstlich wie Ihr Rindfleisch. In der Hoffnung, mein eigenes Werk einst zu vollenden, gratuliere ich Ihnen zu dem Ihren.« Vgl. *Correspondance* [6] Bd. IX, S. 139. Die Einarbeitung des Bœuf mode in den Roman erfolgt jedoch erst nach 1913.

2 Die Bezeichnung eines Meisterkochs mit »Vatel« geht auf Condés Maître d'hôtel zurück, der sich ins Schwert stürzte, als er feststellte, daß bei einem dem König an einem Fastentag offerierten Essen zu wenig Fisch vorhanden war. Ein Brief der Madame de Sévigné vom 26. April 1671 berichtet von diesem Ereignis.

3 Dieses Gericht ist ein weiteres Zeichen für Norpois' Russophilie.

Seite 47:

1 Die Inbezugsetzung verschiedener Sphären (Essen, Konversation) geschieht hier durch eine Reihe lexikalisierter Metaphern.

2 Während das Hauptgericht den gelungenen Text symbolisiert, den Text, in dem die einzelnen Elemente miteinander in Beziehung treten und durch einen einheitlichen Stil, eine

einheitliche Atmosphäre (das Fleischgelée) zusammengehalten werden, steht die Beilage für den schöpferischen Mißerfolg. Beim Ananas-Trüffeln-Salat sind die einzelnen Ingredienzen zu disparat, als daß sie sich harmonisch vermischen könnten. Norpois' Urteil ist zwar stumm, doch ebenso vernichtend wie jenes über Marcels Prosastück.

Seite 48:

1 »Ukas« ist ein weiteres Zeichen für Russophilie.

Seite 51:

1 Die Consulta ist der Sitz des italienischen, die Wilhelmstraße jener des deutschen Außenministeriums. Im Palazzo Farnese (mit den Fresken der Carracci) residiert der französische Botschafter in Rom.

2 »Für den König von Preußen arbeiten.« Das Sprichwort bedeutet etwa: um seinen Lohn geprellt werden. Es wird sowohl mit Voltaire als auch mit einem gewissen Bestuschew in Verbindung gebracht. Diesem hatte Friedrich der Große für seine Bemühungen um die russische Neutralität in einem der Schlesischen Kriege 40 000 Florin versprochen. Bezahlt hat er nie.

Seite 52:

1 Auch nachdem Königin Victoria vom Saint-James-Palast in den Buckingham-Palast umgezogen war, wurden in der Diplomatensprache der englische Hof und die englische Regierung nach ihrem alten Sitz bezeichnet, wo das Außenministerium weiterhin untergebracht war; das Ufer der Newa bezeichnet das russische Außenministerium in Sankt Petersburg; der Palazzo Montecitorio ist der Versammlungsort der italienischen Abgeordnetenkammer; Ballhaus steht für das österreichisch-ungarische Außenministerium.

2 Baron Louis war Finanzminister unter Napoleon, Ludwig XVIII. und in der nach der Juli-Revolution 1830 eingesetzten provisorischen Regierung.

Seite 53:

1 Man weiß bereits, daß König Theodosius sich am Bayrischen Königshof aufgehalten hat, bevor er einen osteuropäischen Thron bestieg. Hier erfährt man, er gehöre zu der bayrischen Familie der Öttingen.

Seite 54:

1 Eher als um das Glückwunschtelegramm Wilhelms II. zum achtzigsten Geburtstag (1. April 1895) Bismarcks, den er fünf Jahre zuvor zum Rücktritt gezwungen hatte, handelt es sich wohl um die sogenannte Krügerdepesche, das heißt das Glückwunschtelegramm Wilhelms II. vom 3. Januar 1896 an Paulus Krüger, den Präsidenten von Transvaal, nach der erfolgreichen Abwehr eines britischen Angriffs. Wegen der Krügerdepesche wäre es beinahe zum Krieg zwischen England und Deutschland gekommen.

Seite 55:

1 Um welche Person es sich bei dieser Anspielung handelt, wird man erst später erfahren.

Seite 56:

1 Auch in diesem Punkt repräsentieren Norpois' Klischees den offiziellen Geschmack.

2 Das Grab Tourvilles (Marine-Admiral unter Ludwig XIV.) befindet sich in der Kirche Saint-Eustache in Paris.

Seite 57:

1 Die sprichwörtliche Wendung bezeichnet blindes Nachfolgen. Sie geht auf eine Szene aus Rabelais' *Quart Livre* (1552) zurück, in der sich Panurge an dem Kaufmann Dindenault rächt: Während einer Seereise kauft er ihm ein Schaf ab und wirft es ins Meer, worauf sich alle anderen Schafe Dindenaults, seine Hirten und schließlich der Kaufmann selbst ebenfalls ins Wasser stürzen.

Seite 58:

1 Äußerst nahrhafte Süßspeise, bestehend aus Maronenpüree, mit Maraschino vermischt, kandierten Früchten, geschlagener Sahne und aufgesetzten Marrons glacés. Vgl. *Zu Gast bei Marcel Proust* [20]. Benannt ist sie – und deshalb wählt sie Proust im Zusammenhang mit Norpois – nach dem russischen Politiker Graf von Nesselrode (1780-1862), der sich für eine Öffnung Rußlands nach Westen einsetzte. Auch die Wahl von Karlsbad steht im Zusammenhang mit Norpois' politischen Ideen. Man beachte, wie die Bemerkung über die Nachspeise sich nahtlos in die Konversation einfügt.

Seite 59:

1 Anspielung auf Molières *Sganarelle ou le Cocu imaginaire*. Das ausgelassene Wort ist »cocu« (gehörnt).

Seite 63:

1 Im Institut de France wurden 1795 fünf Akademien zusammengefaßt: Académie française, Académie des Inscriptions et des Belles Lettres, Académie des Sciences, Académie des Beaux-Arts, Académie des Sciences morales et politiques.

2 Nach dem böhmischen Biologen Gregor Mendel (1822-1884) benannter Wissenschaftszweig, der sich mit den genetischen Eigenschaften der Pflanzen beschäftigt.

Seite 67:

1 Die folgenden Äußerungen Norpois' über Bergotte sind eine Satire der Kritik Sainte-Beuves und sainte-beuvescher Prägung, wie sie die *Revue des Deux Mondes* praktiziert. Prousts Polemik gegenüber Sainte-Beuve (von den Entwürfen zum *Contre Sainte-Beuve* bis zu den letzten Essays) betrifft unter anderem die kategorische Ablehnung alles Raffinierten, Zarten, »Schwächlichen«, »Nicht-Männlichen« (von Homosexualität gar nicht zu reden) sowie die Beurteilung eines Werkes aufgrund persönlicher Bekanntschaft mit dem Autor.

Seite 70:

1 In der *Galerie des contemporains illustres par un homme de rien* (1840-1847) von Louis de Loménie (1815-1878) findet sich nichts Negatives über Vigny. Anders bei Sainte-Beuve. Vgl. den Bericht über Vignys Rede anläßlich seiner Aufnahme in die Académie française in *Nouveaux lundis* [19] Bd. VI, S. 429 ff.

2 *Cinq-Mars* (1826), Roman von Vigny. »Laurette ou le cachet rouge« ist das erste Kapitel aus Vignys Roman *Servitude et grandeur de la vie militaire* (1835).

Seite 71:

1 Fürst Metternich war österreichischer Botschafter in Paris von 1859-1870. Seine Frau spielte eine nicht unbedeutende Rolle am Hofe Napoleons III. und danach in Wien. Proust ist ihr am 25. Mai 1898 bei einem Empfang im Hause Madeleine Lemaires begegnet.

Seite 72:

1 Das schillernde Hin und Her zwischen Tochter und Mutter ist ein zentrales Thema dieses Romanteils.

Seite 73:

1 Gemeint ist Mentor. Vgl. S. 37, Anm. 1.

Seite 74:

1 »Premier Paris« bedeutet Leitartikel.

2 Die Académie des Inscriptions et des Belles Lettres wurde 1663 von Colbert gegründet. In ihren Tätigkeitsbereich fallen Alte Geschichte, Epigraphik, Archäologie, Alte Sprachen und Literaturen. Vgl. S. 63, Anm. 1.

Seite 75:

1 Anspielung auf Gaston Masperos *Lectures historiques. Histoire ancienne. Egypte. Assyrie. Au temps de Ramsès et d'Assourbanipal*, Paris, Hachette, 1890. Nähere Angaben in Correspondance [6] Bd. VI, S. 308.

Seite 78:

1 Mit dem Zeitungsbericht über die Matinee der Berma sowie den folgenden Bemerkungen der Eltern über Norpois und jenen von Françoise über die Pariser Restaurants wird das Thema der kritischen Beurteilung, das die ganze Handlungssequenz durchzieht, wiederaufgenommen und mit den Ereignissen des Tages in Beziehung gesetzt.

Seite 83:

1 Bressant war auf die Rolle des jugendlichen Liebhabers, Thiron auf komische Rollen spezialisiert. *L'Aventurière* (1848) ist eine Komödie von Émile Augier, die 1860 mit Bressant wiederaufgenommen wurde. *Le gendre de M. Poirier* (1854), eine in Zusammenarbeit mit Jules Sandeau entstandene Komödie Augiers, wurde von 1880 mit Thiron gegeben. Die Wahl der beiden Titel steht im Zusammenhang mit den Gesprächen über Swanns Heirat mit Odette de Crécy. In *L'Aventurière* geht es um eine Kokotte, die sich gutbürgerlich verheiraten möchte, im *Gendre de M. Poirier* um die Mesalliance eines Aristokraten mit einer Bürgerlichen.

Seite 85:

1 In der folgenden Passage werden einige renommierte Restaurants in Prousts Stadtviertel aufgezählt. Das Restaurant

Henry lag an der Place Gaillon, in der Straßengabelung zwischen Rue Saint-Augustin und Rue Porte-Mahon; das Café Weber in der Rue Royale bei der Madeleine; es war bis 1914 ein Treffpunkt von Literaten und Politikern. Proust war zwischen 1900 und 1905 häufig im Weber zu sehen. Ciro's (nicht »Cirro«) lag in der Rue Daunou. Das Café Anglais schließlich befand sich gegenüber der Opéra-Comique am Boulevard des Italiens. Seine große Zeit erlebte es im Zweiten Kaiserreich, als ausländische Fürsten sich in der ersten Etage ihre Privatsalons hielten.

Mit der Aufzählung renommierter Restaurants beginnt eine Topographie der Belle Époque. Sie wird später fortgesetzt mit Angaben zu Hutmachern, Chemisiers, Restaurants im Bois, Modehäusern, Blumengeschäften, Confiserien und Elektrofachgeschäften. In den *Sechs Vorschlägen für das nächste Jahrtausend* dient Proust zusammen mit Flaubert, Gadda, Musil, Perec u. a. als Beispiel für das Prinzip der enzyklopädischen Vielfalt, das Italo Calvino in das dritte Jahrtausend hinüberretten möchte.

Seite 87:

1 Daß der reaktionäre Papst Pius IX. und der in zwei Revolutionen engagierte Chemiker François-Vincent Raspail (1794-1878) in einem Atemzug erwähnt werden, ist erstaunlich. Textgeschichtlich läßt sich das seltsame Paar dadurch erklären, daß in einem frühen Entwurf nicht Françoise, sondern nur Marcel die »kleinen, ovalen Photographien« kauft und eben nimmt, was oder wen er gerade vorfindet: Pius IX., Kardinal Antonelli, Raspail, Viktor-Emanuel und Abd El-Kader. Vgl. Pléiade [3] Bd. 1, S. 478, Anm. 1.

Seite 90:

1 Zitat aus Vignys Gedicht »Le Cor«.

2 Die erste Ausstellung der Société des Aquarellistes fand 1879 in der Rue Laffitte statt. Von 1882 an stellten die Aquarellisten bei Georges Petit, Rue de Sèze, aus. Die »große Mode« dauerte von 1879 bis 1883, doch wurden die Ausstellungen bis 1914 fortgesetzt. Die mit Proust befreundete Malerin Madeleine Lemaire hat an mehreren Ausstellungen teilgenommen.

3 Gemeint sind die beiden Palais des Architekten Jacques-Ange Gabriel (1698-1782) an der Nordseite der Place de la Concorde. Im folgenden werden sie mit dem Palais de l'Industrie und dem Trocadéro verglichen. Im Palais de l'Industrie – für die Weltausstellung von 1855 gebaut und im Hinblick auf jene von 1900 durch das Grand Palais und das Petit Palais ersetzt – fand der jährliche »Salon de peinture, de sculpture et de gravure« statt. Auch der Trocadéro wurde für eine Weltausstellung, jene von 1878, gebaut; 1937 wurde der Bau durch das Palais Chaillot ersetzt.

Seite 91:

1 Die beiden Triumphbögen wurden errichtet, um die kriegerischen Erfolge Ludwigs *XIV.* zu feiern.

2 Opéra-bouffe von Offenbach aus dem Jahre 1858.

Seite 93:

1 Zum Undine-Motiv vgl. das Vorwort von Danièle Gasiglia-Laster in [5].

Seite 95:

1 Für den Leser wiederholen sich hier die Themen der Madeleine-Episode aus *Swann*; innerhalb der Chronologie der Ereignisse aber wird hier Marcels erste Erfahrung der mémoire involontaire (unwillkürliches Sich-Erinnern) erzählt. Die einzelnen Momente des inneren Vorgangs (plötzliches Glücksgefühl, Versuch, dessen Grund zu erkennen, Auftauchen der Erinnerung) sind kunstvoll mit den äußeren Gegebenheiten der Handlung (Brief an Swann, Klosettanlage mit der Marquise, Ringkampf mit Gilberte, Orgasmus, Heimkehr) verwoben.

Seite 96:

1 1847 gegründete Confiserie am Boulevard de la Madeleine, später am Boulevard des Italiens.

2 Zu dem in diesem Abschnitt zusammengefaßten Themenkomplex vgl. Serge Doubrovsky, *La place de la madeleine*, Paris, Mercure de France, 1974, S. 48-49.

Seite 98:

1 Die Erinnerung an Onkel Adolphe und die Dame in Rosa unterstreicht das Thema schamhaft verborgener Erotik, das Proust in dieser Passage variiert.

2 Ein analoger Satz steht in der Madeleine-Episode. Beide dienen als Vorbereitung der Matinee Guermantes im letzten Band der *Recherche*.

Seite 104:

1 Cottards Wortspiel beruht auf der Homonymie von »olé« und »au lait«.

Seite 106:

1 Auf dem geraden Weg. Man beachte den Gegensatz zwischen Form und Inhalt dieser Devise.

Seite 107:

1 Eine Angelegenheit des Geistes. Der Ausdruck stammt aus Leonardo da Vincis Trattato della pittura. Proust kennt ihn wohl durch die Vermittlung von Gabriel Séailles, in dessen Werk *Léonard de Vinci, biographie critique* (Paris, Henri Laurens, 1903) er auf S. 108 zitiert wird. Vgl. *Essays* [9] S. 416.

Seite 109:

1 Wer hier den Anleitungen Prousts genau folgt, liest »Albertine«.

Seite 111:

1 Am Schluß der *Orestie* von Aischylos werden die Erynnien, die unerbittlichen Rachegöttinnen, zu Eumeniden, den Göttinnen der Besänftigung. Das Thema wurde von Leconte de Lisle in seiner Tragödie *Les Érynnies* (1873) wieder aufgegriffen.

2 Einmal mehr bezieht Proust sein Wissen aus dem Werk Ruskins. Der Hinweis auf die Blümchen Leonardos fand er in der Einleitung zu Band XXXII seiner Ausgabe. Vgl. *Works* [18] Bd. XXXII, S. XXXI und S. 537.

Seite 112:

1 Der biblische Leuchter (vgl. *2. Mose* 25, 31-37) hat wohl sieben Lichter, jedoch nur sechs Arme.

Seite 113:

1 Auf S. 106 steht die Devise unter dem Bild.

2 Der nach Heinrich *II.* benannte, in der zweiten Hälfte des 16. Jahrhunderts ausgeprägte Stil bevorzugt geometrische Formen und verzichtet auf die floralen Dekorationselemente des Manierismus. Er war beim Großbürgertum des ausgehenden 19. Jahrhunderts sehr beliebt.

Seite 114:

1 Jean Baptiste Berlier hat sich hauptsächlich als Ingenieur einen Namen gemacht. Er schuf das System der pneumatischen Briefbeförderung (»bleus« oder »petits bleus«), von dem in *Swann* mehrmals die Rede ist, sowie die ersten Linien der Pariser Untergrundbahn (1894). Seine Pläne für einen Eisenbahntunnel unter dem Ärmelkanal wurden allerdings nicht verwirklicht.

Seite 115:

1 In *La vie de Jésus* (1863) versucht Renan (der hier mit Marcels Vater parallel gesetzt wird), das Leben Jesu als historische Wirklichkeit darzustellen. So zeigt er beispielsweise zu Beginn, daß sich das Haus Jesu von einem ganz gewöhnlichen Haus im heutigen Nazareth wohl kaum unterschied.

Seite 116:

1 Es überschneiden sich hier die Paläste des Darius in Persepolis und Susa und die mit gebrannten Tontafeln verzierten Paläste Sargons in Khorsabad.

Seite 118:

1 Jean-Léon Gérôme (1824-1904): einer der bedeutendsten Vertreter des offiziellen Kulturbetriebs. Auf welches seiner – meist in den »Salons« gezeigten – Bilder hier angespielt wird, ist ungewiß. Eine analoge Szene steht am Ende von »Eine Liebe von Swann«, wo Madame Cottard im Gespräch mit Swann von einem Bild Machards schwärmt. Vgl. *Swann* [10] S. 542.

2 Die an der Ecke zwischen Rue Cambon und Rue du Mont-Thabor gelegene Teestube war in erster Linie für ihre Croissants bekannt. Daria Galateria merkt an, daß gemäß Baedeker bei Colombin nachmittags im englischen Stil Tee serviert wurde. Daher Odettes Vorliebe.

Seite 120:

1 Gemäß den Theorien von Friedrich-August Wolf (vgl. *Prolegomena ad Homerum*, 1795) sind die *Ilias* und die *Odyssee* nicht Werke eines einzelnen Dichters, sondern Kompilationen von Texten aus verschiedenen Epochen.

Seite 124:

1 In der 1878 gegründeten Finanzgesellschaft haben besonders

katholische Kreise investiert. Der angeblich von protestantischen und jüdischen Bankiers herbeigeführte Krach datiert von 1882.

2 Gemäß wagnerscher Kompositionstechnik begleitet Proust das erste Auftreten Albertines mit einem ihrer Leitmotive (»drôle de touche«).

Seite 129:

1 Die Inschrift auf dem Grab der dreihundert unter Leonidas in den Thermopylen gefallenen Spartanern gehörte um die Jahrhundertwende noch zum allgemeinen Bildungsgut.

Seite 130:

1 Vgl. das Porträt von Madame Cottard in Besuchsstaffage in *Swann* [10] S. 541.

2 Die »Opportunisten«, deren Programm 1881 von Gambetta präzisiert wurde, regierten von 1879 bis 1885 und von 1890 bis 1895, zuerst unter Gambetta, dann unter Jules Ferry. Von 1893 an nannten sie sich »Progressisten«. Sie suchten zu Beginn der Dritten Republik Kontakte und Kompromisse mit den konservativen Kräften.

3 In ihrem 1881 vorgelegten, von Clemenceau inspirierten Programm verlangten die »Radikalen« eine neue Verfassung: Abschaffung der Präsidentschaft und des Senats, Trennung von Kirche und Staat, allgemeine Wehrpflicht, Autonomie der Gemeinden.

Seite 131:

1 Zur Dreyfus-Affäre vgl. den Kommentar von Mariolina Bongiovanni Bertini in *Jean Santeuil* [14]. Dreyfus wurde 1894 verurteilt, die Affäre begann jedoch erst 1897.

Seite 132:

1 Die 1835 von Charles Havas gegründete Presseagentur erlangte bald weltweite Bedeutung.

2 Etwa »Vetter Dümmlich« – in Anlehnung an Balzacs *La cousine Bette* und *Le cousin Pons*.

Seite 134:

1 Odettes Mangel an Bildung äußert sich darin, daß sie anstatt einer Provinz ein Departement nennt.

Seite 139:

1 In der ersten Gästeliste fehlt der Name des Fürsten von A.

Seite 143:

1 Der Landauer ist ein vierrädriger Wagen mit vier bis sechs Plätzen, dessen Verdeck zur Hälfte nach vorn und zur Hälfte nach hinten hinuntergeklappt werden kann.

Seite 144:

1 Bei Charvet, Place Vendôme, bezog die männliche Eleganz der Belle Époque ihre Hemden und Kravatten.

2 Zum Rezept der Œufs à la crème vgl. *Swann* [10] S. 85, Anm. 1.

Seite 146:

1 Anspielung auf den bösen Zauberer in Wagners *Parsifal.* Klingsor ist in den *Jeunes filles* auch dank seinem Zaubergarten mit den Blumenmädchen präsent.

Seite 151:

1 Proust hat sich erst nach 1913 mit Beethovens späten Quartetten befaßt. Er hat sie mehrmals im Konzert gehört und besaß auch – soweit sie erhältlich waren – die entsprechenden Pianola-Rollen. Von seiner vergeblichen Suche nach den Rollen des 14. Quartetts für sein eben angeschafftes Pianola berichtet er an Mme. Straus am 6. Januar 1914: »Wenn ich nicht allzu traurig bin, liegt mein Trost in der Musik; ich habe das Theatrophon durch den Kauf eines Pianola ergänzt. Leider sind die Stücke, die ich spielen möchte, nicht erhältlich. Das sublime 14. Quartett Beethovens gibt es in ihren Rollen nicht.« Vgl. *Correspondance* [6] Bd. XIII, S. 31-32.

Seite 155:

1 Obwohl Swann die Schopenhauersche Auffassung von Musik bekannt ist (Musik als unmittelbarer Ausdruck des Willens und deshalb als höchste aller Künste), bleibt er seinem eigenen Musikverständnis treu, einer Haltung, die Proust »idolâtrie« nennt. Vgl. *Nachgeahmtes und Vermischtes* [8] S. 176 ff.; zu Prousts Auffassung von Musik siehe auch *Essays* [9] S. 553 f.; zu Proust und Schopenhauer: Henry, *Marcel Proust. Théories pour une esthétique* [27].

2 Der im nördlichen Teil des Bois de Boulogne gelegene Jardin d'Acclimatation war zugleich zoologischer und botanischer Garten. Das Palmarium wurde 1893 eröffnet; es

beherbergte nicht nur Palmen, sondern auch ein elegantes Restaurant.

3 Der Pavillon d'Armenonville in der Allée des Acacias ist ein weiteres elegantes Restaurant im Bois.

Seite 156:

1 Gemeint ist: ehrgeizig in gesellschaftlichen Dingen.

2 Das Porträt befindet sich im Museum von San Marco in Florenz.

Seite 157:

1 Gemeint sind die Porträts von Cosimo, Piero und Lorenzo de' Medici im Zug der heiligen drei Könige (Palazzo Medici-Riciardi, Florenz).

2 Es handelt sich um *Fédora,* ein 1882 mit Sarah Bernhardt in der Titelrolle uraufgeführtes Stück. Am Schluß des ersten Aktes bricht Fédora über dem Körper ihres ermordeten Gatten in Klagen aus. Mit der wenig anspruchsvollen Rolle der Leiche wurden reihum verschiedene Pariser Berühmtheiten betraut, u. a. der mit Sarah Bernhardt befreundete Prinz von Wales.

3 Von 1883 an fanden im Jardin d'Acclimatation Zurschaustellungen exotischer Volksgruppen statt. Im Rahmen der Weltausstellung von 1889 war dann eine Sonderschau mit ganzen Dörfern aus den Kolonien zu sehen.

Seite 158:

1 Zu Coquelin und dessen mulattenhaften Freund vgl. die Szene im Bois de Boulogne am Schluß von *Swann.*

2 Ein Mylord (oder Viktoria) ist ein ein- oder zweispännig zu fahrender vierrädriger offener Luxuswagen mit einem unter dem Bock verborgenen Notsitz für drei Personen.

Seite 161:

1 Trotz der Bezeichnung handelt es sich um eine provenzalische Spezialität: der Hummer wird in Butter und Weißwein gekocht und an einer würzigen Tomatensoße serviert. Vgl. *Zu Gast bei Marcel Proust* [20].

Seite 166:

1 Der deutsche Maler Franz Xaver Winterhalter wirkte von 1834 an in Paris; zuerst als Hofmaler Louis-Philippes, dann Napoleons III.

2 Prinzessin Mathilde war die Tochter von Jérôme Bonaparte, dem jüngsten Bruder Napoleons, der von 1807 bis 1814 König von Westphalen war, und einer Tochter des Königs von Württemberg. Während der ersten Jahrzehnte der Dritten Republik bildete ihr Salon in Paris ein eigentliches literarisches Zentrum. Vgl. die Chronik »Ein historischer Salon. Der Salon Ihrer Kaiserlichen Hoheit Prinzessin Mathilde« in *Essays* [9], die Proust bei der Ausarbeitung der Szene in den *Jeunes filles* als Vorlage diente.

3 Gemeint ist der Bischof Pierre Cauchon (der Name wird mit langem, geschlossenem *o* gesprochen), der im Prozeß gegen Jeanne d'Arc (1431) den Vorsitz führte.

4 P. P. C. meint »pour prendre congé«. Mit dieser abgekürzten Mitteilung wurden vor einer Abreise die Karten versehen, die man bei seinen Bekannten abwarf.

5 Gemeint ist die nach ihrer pfälzischen Herkunft Princesse Palatine genannte Gattin des Bruders von Ludwig XIV., Charlotte Elisabeth, deren Briefwechsel sich durch teutonisch kruden Ton auszeichnet. Proust kannte wohl die 1895 beim Mercure de France in der Reihe »Le Temps retrouvé« erschienene Ausgabe.

Seite 167:

1 Anspielung auf den Geburtsort der Prinzessin, Triest, und auf ihren Aufenthalt in Florenz im Jahre 1837.

Seite 169:

1 Im Schloß von Compiègne verbrachte Napoleon III. jeweils die herbstliche Jagdsaison.

Seite 170:

1 Die violetten Reflexe auf den rosaroten Alpilles weisen auf die Bilder, die Monet zu Beginn des Jahres 1884 an der italienischen Riviera gemalt hat, zum Beispiel *Palmiers à Bordighera* (Metropolitan Museum of Art, New York), das 1908 und 1914 bei Durand-Ruel ausgestellt war, oder *Vue de Vintimille* (Art Gallery, Glasgow). Dieses Bild war 1899 in der Impressionisten-Ausstellung bei Durand-Ruel zu sehen, die Proust in Begleitung von Charles Ephrussi (einem der »Modelle« von Charles Swann) besuchte. Die Smaragdtöne des Canal Grande gehen auf Ruskin zurück (vgl. *Swann* [10]

S. 565, Anm. 1), doch sind sie auch auf den Ansichten des *Palazzo de Mula* (u. a. National Gallery, Washington und Art Institute, Chicago) zu sehen, die Monet 1908 gemalt und 1912 in Paris ausgestellt hat.

Seite 172:

1 Hier beginnt eine Handlungssequenz, das Mittagessen mit Bergotte, die sich zu dem Diner mit Norpois komplementär verhält.

2 Zweirädriger, leichter Wagen, der von einem erhöhten, hinter der gedeckten Kabine angebrachten Kutschersitz aus gelenkt wird.

Seite 177:

1 Zu Bergottes Stil vgl. *Swann* [10] S. 139 ff.

Seite 179:

1 Freies Zitat aus Saint-Simons *Memoiren.* Die Wahl dieses Beispiels ist, wie Daria Galateria gezeigt hat [24], nicht ganz harmlos, denn in der Folge des Textes äußert sich Saint-Simon über Villars Homosexualität, die auch in den Briefen der auf S. 166 erwähnten Princesse Palatine zur Sprache kommt.

Seite 181:

1 Ein kartesianisches Teufelchen oder kartesianischer Taucher ist ein zur Demonstration von Schwimmen, Schweben, Sinken und Steigen eines Körpers in einer Flüssigkeit verwendetes hohles Glasfigürchen, das in einem Glaszylinder je nach Luftdruck seine Stellung verändert.

Seite 183:

1 Anspielung auf die Figur Walther von Stolzings, der die Regeln des Meistergesangs nicht kennt und sich unmittelbar von der Natur inspirieren läßt.

Seite 186:

1 Die Vorliebe für diese Szene aus Stendhals *Le rouge et le noir* wird in *Jean Santeuil* Henri de Régnier zugeschrieben. Vgl. [14] S. 415.

2 Wie Giovanni Macchia in *L'angelo delle notte* [30] gezeigt hat, kann auch Bergottes literarischer Geschmack auf Anatole France bezogen werden. Die Ablehnung Dostojewskis äußert sich in einem mit »Les Criminels« überschriebenen

Artikel aus dem Jahre 1888 (*La vie littéraire* [16] Bd. II, S. 75 ff.), in dem Hector Malots Roman *Conscience* und *Schuld und Sühne* einander gegenübergestellt werden. Vorkämpfer für die großen zeitgenössischen Autoren des Auslands waren: Melchior de Vogüé, dessen Werk *Le roman russe* (1888) – besonders was Tolstoj betrifft – unmittelbare Wirkung hatte; die 1891 gegründete *Revue blanche*; Antoines Théâtre Libre und Lugné-Poes Théâtre de l'Œuvre, wo u. a. Maeterlinck, Hauptmann, Ibsen, Strindberg gespielt wurden. Von Dostojewski brachte Copeau 1911 eine Adaptation der *Brüder Karamasow* heraus. 1923 widmete ihm die *Nouvelle revue française* eine Sondernummer. Im Gegensatz zu Anatole France (und Bergotte) hat Proust (wie es auch die Intellektuellen in der *Recherche* tun) stets für die literarische Avantgarde Partei ergriffen.

3 Vgl. Anatole Frances Artikel »M. Guy de Maupassant et les conteurs français« aus dem Jahre 1887 (*La vie littéraire* [16] Bd. I, S. 47 ff.), in dem er die Autoren der »douceur« den Autoren der »force« entgegenstellt.

4 Gegenüberstellung von *Atala* (1891), einer Erzählung voller romantischer (oft auch süßlicher) Exotik, und *La vie de Rancé* (1844), dem letzten Werk Chateaubriands, in dem er in völlig unsentimentaler Weise über das Leben des Gründers des Trappistenordens nachdenkt.

Seite 187:

1 Über die Schwächen der späten Werke von France, Barrès und Chateaubriand vgl. *Essays* [9] S. 366.

Seite 192:

1 Die Vergleiche Bergottes entsprechen dem antikisierenden Stil von Sarah Bernhardts Aufführungen von *Phèdre* im Théâtre de la Renaissance (1893). Ein erster bezieht sich auf eine Metope vom Zeus-Tempel in Olympia, auf der die elfte Arbeit des Herakles (Raub der Hesperidenäpfel) dargestellt ist. Auf der im Museum von Olympia aufbewahrten Metope ist jedoch nicht eine Hesperide, sondern Athena zu sehen. Die folgenden Hinweise kreisen um das Erechtheion auf der Athener Akropolis. Swann erwähnt die Kariatiden der erhaltenen Tempels aus dem 5. Jahrhundert, Bergotte

aber denkt an die im Akropolis-Museum aufbewahrten Koren eines früheren Tempels aus dem 6. Jahrhundert. Die Grabstele der Hegeso von der Keramikon-Nekropole befindet sich im Athener Nationalmuseum.

Seite 193:

1 Dieser Aspekt von Bergottes Werk ist dem berühmten »Gebet auf der Akropolis« von Renan entlehnt (in *Souvenirs d'enfance et de jeunesse*, 1883).

Seite 195:

1 In *Phèdre* überschneiden sich antike und moderne Elemente, antike Tragödie und jansenistische Gnadenlehre. Port-Royal ist die von den Jansenisten geführte Schule, in der Racine erzogen wurde.

Seite 197:

1 Die Anekdote geht auf eine Stelle in Saint-Simons *Memoiren* zurück. Dazu muß man wissen, daß Madame de Maintenon die Maitresse des Königs und früher mit Scarron verheiratet gewesen war.

Seite 200:

1 Vgl. das Kapitel »Ondines et Mélusines« in Danièle Gasiglia-Lasters Vorwort zu ihrer Ausgabe der *Jeunes filles* ([5] S. 61).

Seite 201:

1 Komödie von Plautus, deren Stoff (die Ähnlichkeit von zwei Zwillingen) unter dem gleichen Titel von Régnard (1705) wiederaufgenommen wurde.

Seite 202:

1 Die das Weiterleben des Namens Swann betreffende Passage ist ein später Zusatz, der die weitere Entwicklung Gilbertes – nach dem Tod ihres Vaters – vorbereitet.

2 Vers 1233 aus *Phèdre*. Daria Galateria hat angemerkt, daß Proust die Zitate aus *Phèdre* auf die einzelnen Romanfiguren abstimmt. So kreisen die bisher im Zusammenhang mit Marcel zitierten Verse meist um das Thema inzestuöser Liebe, während Swann hier aus der großen Eifersuchtsszene des 4. Aktes zitiert.

Seite 210:

1 In dieser Anspielung überschneiden sich zwei Anbetungen

der heiligen drei Könige von Bernardino Luini, die beide von Ruskin in *Fors Clavigera* erwähnt werden: ein Fresko im Presbyterium von Saronno bei Mailand und ein Bild im Louvre. Vgl. *Works* [18] Bd. XXVII.

Seite 214:

1 Nach dem Willen Ludwigs XIV. sollte dieser Titel dem Kronprinzen vorbehalten bleiben.

2 Diese nur kurze Zeit herrschende Sitte ist zum erstenmal im *Dictionnaire du savoir-vivre* (1898) der Vicomtesse Nacla belegt.

Seite 215:

1 Die Anführungsstriche weisen auf die bei Laurens erschienene Reihe »Les villes d'art célèbres«, deren Bände über Florenz, Rom und Venedig von Proust häufig benutzt wurden.

Seite 216:

1 Mit diesen Worten beginnt eine berühmte Arie aus der fünften Szene des vierten Aktes von Fromenthal Halévys Oper *La Juive* (1835).

Seite 217:

1 Themen (Profanierung) und Requisiten (Kanapee) rücken diese Episode in die Nähe der »Sadismus«-Szene von Montjouvain. Vgl. *Swann* [10] S. 233 ff.

Seite 218:

1 Zur narratologischen Bestimmung dieser sonst nirgends in der *Recherche* auftauchenden Kusine und des nicht näher eingeordneten Ereignisses vgl. Genette »Discours du récit« in [26] S. 93 f.

Seite 222:

1 Odette tut es hier Madame Arman de Caillavet gleich, deren Vermittlung die Artikel in *Le Temps* von Anatole France (ihrem Geliebten und Zierde ihres Salons) zu verdanken sind.

2 Die ausführliche – um nicht zu sagen umständliche und langfädige – Schilderung von Marcels Liebe zu Gilberte (S. 223-237, 260-270 und 279-298) fehlt in der Romanfassung von 1913. Es handelt sich um späte Zusätze im Hinblick auf die *Jeunes filles* als selbständigen Band der *Recherche*.

Seite 238:

1 Odette benennt ihren offiziellen Empfangstag nach Offenbachs Operette *M. Choufleury restera chez lui le 24 janvier* (1861). Damit kokettiert sie auf elegant-selbstironische Weise mit ihren gesellschaftlichen Ambitionen, denn in der Figur Choufleurys zeigt sich der Snobismus in grotesker Übertreibung.

2 Vierrädriger geschlossener Wagen mit zwei Plätzen.

Seite 239:

1 Unter dem Pseudonym P.-J. Stahl veröffentlichte der Verleger Pierre-Jules Hetzel zahlreiche Kinderbücher. In der Reihe »Bibliothèque de Mlle Lili« findet sich beispielsweise die 1891 erschienene Lieferung *Mademoiselle Lili aux Champs-Élysées,* eine »Quelle« für die Spiele Marcels und Gilbertes in den Anlagen der Champs-Élysées.

Seite 242:

1 Zwanglos. Ramon Fernandez berichtet, Proust habe ihn eines Nachts, als die Gothas Paris bombardierten, überraschend besucht, um aus seinem Munde zu hören, wie »senza rigore« richtig ausgesprochen werde. Vgl. »L'accent perdu«, *Nouvelle revue française*, 1. Januar 1923 (»Hommage à Marcel Proust«).

2 Nach ihrem Bruch mit der Marquise du Deffand, deren Gesellschafterin sie zuvor gewesen war, eröffnete Julie de Lespinasse 1764 ihren eigenen Salon, in dem sich die geistige Elite der Zeit versammelte.

Seite 243:

1 Pseudonym von Alice Fleury (1842-1902), deren Romane häufig in Rußland spielen.

2 Das letzte Jahrzehnt des 19. Jahrhunderts ist die große Zeit der Chrysanthemen. Im November 1897 fand in Paris eine vielbeachtete Chrysanthemenschau statt. Zu den Chrysanthemen der früheren Odette vgl. Swann [10] S. 320.

Seite 245:

1 Vgl. S. 46, Anm. 2.

Seite 248:

1 Das um 1890 bedeutende Modehaus in der Rue de Rivoli war auf englische Mode spezialisiert.

2 Raudnitz hatte Niederlassungen in der Rue Royale und an der Place Vendôme.

Seite 252:

1 In der *Ilias* ist Automedon der Wagenlenker des Achilles. Sein Name wurde zur Antonomasie für Kutscher und später für Chauffeur.

Seite 253:

1 In der Vorlage geht es darum, ob die Chrysanthemen »belles« oder »beaux« seien. Das Wort hat um 1890 das Genus gewechselt.

2 Nach den Modehäusern nennt Proust im folgenden drei Blumengeschäfte: Lemaître, Boulevard Haussmann; Debac, Boulevard Malesherbes; Lachaume, Rue Royale.

Seite 255:

1 Es folgen die Confiserien: Rebattet, Faubourg Saint-Honoré; Bourbonneux, Place du Havre.

Seite 256:

1 *Lohengrin* wurde 1887 im Éden Théâtre aufgeführt, mußte aber nach der ersten Vorstellung wegen deutschfeindlicher Demonstrationen abgesetzt werden. 1891 folgten die Aufführungen in der Opéra.

Seite 259:

1 1900 eröffnetes Elektrofachgeschäft in der Rue du Faubourg Saint-Honoré. Zu diesem Zeitpunkt galt elektrischer Strom noch als absoluter Luxus. Man zählte in Paris erst 2000 Abnehmer. Mit dem Palast der Elektrizität an der Weltausstellung von 1900 erfolgte dann der Durchbruch.

2 Paris war die erste mit einem Telephonnetz ausgerüstete Stadt; 1886 wurde eine Leitung nach Brüssel, 1891 eine weitere nach England gelegt.

Seite 271:

1 Eher als um die 1883 eingegangene Confiserie handelt es sich hier um Alphonse Giroux et Cie. »Bibeloterie, tableaux, éventails«, Boulevard des Capucines. »Bibeloter« (»stöbern«) ist eine Lieblingsbeschäftigung der früheren Odette. Vgl. *Swann* [10] S. 355.

Seite 272:

1 Eines der Modelle Odettes, Laure Hayman, besaß eine

Sammlung von Meißner Porzellan. Außerdem nannte sie den sie verehrenden Marcel Proust »mon petit Saxe psychologique«.

Seite 274:

1 Beide erwähnten Bilder Botticellis befinden sich in den Uffizien.

Seite 276:

1 Vgl. das Porträt Odettes in »Eine Liebe Swanns«, in dem Proust die Mode der achtziger Jahre vorführt (*Swann* [10] S. 288).

Seite 277:

1 Bezeichnung für einen kurzen Frauenmantel.

2 Bezeichnung für im Nacken der Frau spielende Hutbänder.

3 Daß Proust auch von Literatur und besonders von seiner eigenen spricht, zeigt sich nicht nur in dem ausdrücklichen Vergleich von Madame Swanns Kleidung mit einem »schönen Stil«.

Seite 279:

1 Die Anhäufung historischer »Anspielungen«, von »Zitaten« ist charakteristisch für die Mode jener Zeit. Vgl. *Mode-Lexikon* [29] und François Boucher, *Histoire du costume*, Paris, Flammarion, 1965.

Seite 282:

1 Die Summe entspricht 1994 etwa 120 000 Francs.

Seite 284:

1 Zitat aus *Les Caractères* IV (»Du cœur«), 20; *Œuvres complètes*, Paris, Gallimard, »Bibliothèque de la Pléiade«, 1951, S. 135.

Seite 288:

1 Vorausdeutender Hinweis auf die Liebe Marcels zu Albertine.

Seite 291:

1 Wie die Liebe Swanns zu Odette endet die Liebe Marcels zu Gilberte mit einem Traum. Vgl. *Swann* [10] S. 547 ff.

Seite 292:

1 Vgl. *1. Mose*, 41.

2 Die Liebe Marcels oszilliert nicht nur zwischen den Genera-

tionen (Gilberte, Odette), sondern auch – zumindest im Traum – zwischen den Geschlechtern.

Seite 299:

1 Es handelt sich um ein Versehen Prousts. Der Zobelpelz ist braun. Der Vorabdruck dieses Textes in der *Nouvelle revue française* vom 1. Juni 1919 und die späteren Ausgaben geben »hermine« (Hermelin), was dem Kontext entspricht.

2 Titel eines Gedichts von Théophile Gautier aus *Émaux et camées* (1849). Man denkt auch an Whistlers *Junges Mädchen in Weiß: Symphonie in Weiß* (Tate Gallery, London).

3 Anspielung auf Wagners *Parsifal*. Prousts erste Begegnung mit *Parsifal* datiert vom 14. Januar 1894; in einem Konzert Colonnes hörte er u. a. die Szene mit den Blumenmädchen und den Karfreitagszauber.

Seite 300:

1 Gewiß nicht ohne Ironie nannte sich ein 1886 gegründeter Club, der seinen Sitz in der Avenue du Bois hatte, Club des Pannés (der Mittellosen).

Seite 301:

1 Das plötzliche Auftauchen Madame Swanns und die vorangestellten Adjektive erinnern an Baudelaires Gedicht »À une passante« aus den »Tableaux parisiens« der *Fleurs du mal*.

Seite 304:

1 Die Avenue du Bois (heute Foch) verbindet die Place de l'Étoile mit dem Bois de Boulogne.

Seite 306:

1 Von Leconte de Lisle in den *Poèmes antiques* (1852) besungene Philosophin und Mathematikerin aus Alexandria (370-415).

Seite 307:

1 Es handelt sich um den schon in Swann erwähnten Prinzen von Sagan, einen der elegantesten Männer im Paris der Jahrhundertwende.

Seite 308:

1 Nach Sagan nennt Proust zwei weitere Dandys der Belle Époque.

Seite 309: Zu »Namen und Orte: Orte«

Zur Gliederung des Bandes vgl. die Anmerkung zu S. 5. Für den zweiten Teil der *Jeunes filles* gibt das Inhaltsverzeichnis der Originalausgabe folgende Angaben: »ZWEITER TEIL: NAMEN UND ORTE: ORTE. – (Erster Aufenthalt in Balbec, junge Mädchen am Strand). / Erste Skizzen zu Monsieur de Charlus und Robert de Saint Loup. – Ein Diner bei Bloch. – Die Diners von Rivebelle. – Albertine tritt auf.«

1 Man tut gut daran, die »zwei Jahre« nicht allzu genau an den im Roman erwähnten historischen Ereignissen zu messen. Diese weisen für den Schluß der ersten Teils auf Mai 1897, für den Beginn des zweiten, das heißt die Reise nach Balbec, teils auf 1898, teils auf 1897.

2 Balbec heißt in den Entwürfen Querqueville (mit Betonung des Themas »Kirche«), auf den Druckfahnen Bricquebec (mit Betonung des bretonisch-normannischen Elements), schließlich Balbec (mit Betonung des orientalischen Elements).

Seite 314:

1 Der Hinweis auf Maler und Bilder hat expositorische Bedeutung, ist doch die Malerei eines der Hauptthemen des folgenden Romanteils. Proust bezieht sich aller Wahrscheinlichkeit nach auf zwei Bilder im Louvre, Mantegnas Kreuzigung sowie Veroneses Kalvarienberg und mit Sicherheit, wenn auch etwas weniger ausdrücklich, auf Monets Ansichten der Gare Saint-Lazare.

2 Rundbau, an dessen Wänden ein historisches Ereignis oder eine Landschaft dargestellt ist. Panoramen waren im ganzen 19. Jahrhundert eine beliebte Attraktion.

Seite 315:

1 Briefe vom 27. April, 23. Mai und 12. August 1689.

2 Brief vom 28. Juni 1671.

3 In *Swann* heißen die Tanten Céline und Rosa.

Seite 316:

1 Gemeint ist die Kirche Notre-Dame in Saint-Lô, deren Tympanon mit der abschließenden Fiale von Ruskin als Beispiel für den Flamboyantstil angeführt wird. Vgl. *The Seven Lamps of Architecture*, *Works* [18] Bd. VII, S. 211.

Seite 318:

1 Vgl. zum Beispiel den von Proust in seinem Vorwort zu *La Bible d'Amiens* zitierten Text aus *Praeterita*: *Nachgeahmtes und Vermischtes* [8] S. 102, Fußnote 1.

2 Brief vom 9. Februar 1671: »Ich habe eine Karte vor mir und kenne jeden Ort, wo ihr übernachtet.«

Seite 319:

1 Auch die Nennung von Chardin und Whistler hat expositorische Funktionen. Auf beide Maler wird Proust zurückkommen: auf Chardin im Zusammenhang mit Stilleben, auf Whistler im Zusammenhang mit Seestücken. Über die Selbstporträts Chardins hat sich Proust schon in seinem Essay »Chardin und Rembrandt« geäußert. *Essays* [9] S. 95-99.

Seite 320:

1 Anspielung auf *Les heures d'Anne de Bretagne* (1508) von Jean Bourdichon.

Seite 321:

1 Bei diesem zitatartigen Ausspruch handelt es sich um ein Plutarch-Pastiche.

2 Brief vom 9. Februar 1671.

3 Ortsteil von Saint-Cloud.

Seite 322:

1 Zu diesem Themenkomplex (Verborgene oder verbotene Lust, Schuldgefühle gegenüber der Großmutter usw.) vgl. *Swann* [10] S. 19, Anm. 1.

Seite 323:

1 Fiktive Gestalt. Modell gestanden haben die Memoiren der Comtesse de Boigne: *Récits d'une tante* (1907-1908). Proust hat dazu im *Figaro* eine Rezension geschrieben. Vgl. *Essays* [9] S. 306 ff.

Seite 325:

1 Pauline de Simiane (1674-1737) war die Enkelin der Madame de Sévigné. Sie hat an der Herausgabe der Briefe ihrer Großmutter mitgearbeitet, dabei aber die Briefe ihrer Mutter (Mme. de Grignan) vernichtet. Ihre eigenen Briefe wurden von La Harpe 1773 erstmals veröffentlicht. Proust zitiert nach der Ausgabe von 1862 (in Bd. XI der *Lettres de Madame*

de Sévigné, Hachette, »Les grands écrivains de la France«). Die Zitate stammen aus Briefen vom 15. März 1735, 8. März 1734, 3. Februar 1735, 17. November 1734, 13. und 17. Januar 1735.

Seite 328:

1 Bei der landschaftlichen Inszenierung von Marcels Reise nach Balbec erinnert sich Proust nicht nur an seine Aufenthalte in der Normandie, sondern auch an die Reise mit Reynaldo Hahn in die Bretagne (1895) und – hier besonders deutlich – an jene nach Évian (1903), von der er am 8. oder 9. September Georges de Lauris Bericht erstattet: »Im Zug habe ich überhaupt keinen Moment ans Schlafen gedacht. Ich habe den Sonnenaufgang gesehen, was mir schon lange nicht mehr passiert ist: etwas Schönes, eine meiner Meinung nach reizendere Umkehrung des Sonnenuntergangs.« Vgl. *Correspondance* [6] Bd. III, S. 418.

Seite 332:

1 Am Beispiel von Balbec und besonders seiner Kirche wiederholt sich im Bereich der Orte eine Erfahrung, die Marcel mit der Herzogin von Guermantes oder mit Bergotte im Bereich der Personen gemacht hat: die Magie des Namens wird durch die reale Person beziehungsweise durch den wirklichen Ort zerstört.

Seite 333:

1 Zu den Modellen der Kirche von Balbec vgl. Jo Yoshida, »Métamorphose de l'église de Balbec: un aperçu génétique du 'voyage au Nord'«, *Bulletin d'informations proustiennes* 14 (1983).

2 Im 1882 eröffneten, von Viollet-le-Duc konzipierten Musée des Monuments Français befinden sich Kopien mittelalterlicher Bildwerke.

Seite 337:

1 Es handelt sich teils um reale, teils um erfundene Namen.

Seite 338:

1 Das Grand-Hôtel von Balbec hat viele gemeinsame Züge mit jenem von Cabourg, wo Proust von 1907 bis 1914 jeweils im Sommer abgestiegen ist.

Seite 340:

1 Die drei Richter in der Unterwelt der griechischen Mythologie.

Seite 341:

1 Eine Gedenkbüste des bretonischen Kriegshelden Duguay-Trouin (1673-1736) steht in Saint-Malo. Proust hat sie anläßlich einer Kreuzfahrt im Jahre 1904 gesehen.

Seite 344:

1 Der Kardinal Jean La Balue (1421-1491) wurde von Ludwig XI., den er verraten hatte, elf Jahre lang in einem engen Verlies gefangengehalten.

Seite 348:

1 In den Entwürfen schwankt Proust zwischen »chou« und »loup« (so nannte ihn seine Mutter). Mit »chou« wählt er eine größere Distanz zur biographischen Realität.

Seite 350:

1 Der Ratschlag Swanns eröffnet verschiedene Bezüge. Im literarischen Kontext denkt man an Robert Louis Stevenson, der in der Hoffnung, seine Gesundheit wiederzufinden, 1867 Tahiti besuchte und von 1888 bis zu seinem Tode (1894) auf Samoa lebte; im Zusammenhang mit Swanns Kunstkennerschaft an Gauguin; im Rückblick auf seine Liebe zu Odette an den Seefahrer La Pérouse, der bei der Erkundung Ozeaniens ums Leben gekommen ist. Vgl. *Swann* [10] S. 497, Anm. 2.

Seite 353:

1 In der Folge bildet dieses Fenster den Rahmen für zahlreiche weitere »Bilder«.

Seite 355:

1 Das erste Zitat weist auf das Prosagedicht »Le Port«; das zweite und dritte stammt aus dem Gedicht »Chant d'automne« in den *Fleurs du mal*.

Seite 356:

1 Christliche Sklavin, die 177 den Märtyrertod erlitt. Zur Ergötzung des Pöbels wurde sie in ein Netz eingewickelt einem wilden Stier preisgegeben, der sie in die Luft schleuderte. Der Bericht von ihrem Martyrium ist in der *Historia ecclesiastica* (V,1) von Eusebius überliefert.

2 Der ironische Unterton der Passage wird durch die drei Adjektive unterstrichen, die in der Vorlage am Satzschluß stehen. Zu der später in der *Recherche* von der Marquise von Cambremer vorgetragenen Regel der drei Adjektive vgl. Keller, *Proust lesen* [28] S. 30, Anm. 5.

Seite 358:

1 Der Name von Rivebelle erinnert an das in der Nähe von Cabourg gelegene Riva-Bella.

Seite 359:

1 Anspielung auf Jacques Lebaudy, den Sohn eines Zucker-Millionärs, der, nach Erwerbung eines Landstrichs in der Sahara, sich zum Kaiser und seine Geliebte, die Sängerin Marguerite Dellier, zur Kaiserin der Sahara ausgerufen hatte. Wie die Geschichte endet, erfährt man bei Painter, *Marcel Proust* [34] Bd. II, S. 234.

Seite 360:

1 Bei der Suche nach Vorbildern für diese Figur (sie wird später Octave genannt) ist man auf Marcel Plantevignes gestoßen, einen jungen Mann, mit dem Proust 1908 in Cabourg bekannt wurde. Da sich später in der *Recherche* Octave als genialer Schriftsteller entpuppt, darf die Figur jedoch auch mit Jean Cocteau in Beziehung gebracht werden, dessen Name in »Octave« anklingt.

Seite 363:

1 Leichte Kutsche mit Faltverdeck.

2 Die Entwürfe zeigen, daß der Figur des bretonischen Burgfräuleins ursprünglich eine bedeutendere Rolle im Roman zugedacht war. Mademoiselle de Stermaria (in den Entwürfen auch »Penhoët«, »Cauderon«, »Quimperlé« oder »Silaria«) wurde von Albertine in den Hintergrund gedrängt. Vgl. Georgette Tupinier, »Autour de cinq ébauches de Mlle de Stermaria«, *Cahiers Marcel Proust* 6, Paris, Gallimard, 1973.

Seite 366:

1 La Tour d'Argent, eines der berühmtesten Pariser Restaurants, ist heute noch in Betrieb. Es liegt am Quai de la Tournelle in der Nähe der Notre-Dame. Zum Café Anglais vgl. S. 85, Anm. 1.

Seite 370:

1 Anspielung auf die letzte Königin Madagaskars, die von 1897 an im Exil lebende Ranavalo *III*.

Seite 371:

1 Als Beispiele wählt Proust drei zweideutige, schillernde Figuren aus der Welt der *Recherche*: Legrandin, der seinen Snobismus und seine Homosexualität verbirgt; Swanns Concierge, der sich von einer Erynnie zu einer Eumenide wandelt; Odette, die schon in *Swann* den Verdacht lesbischer Veranlagung auf sich zieht und dem Leser in den *Jeunes filles* noch in Männerkleidung begegnen wird.

2 Vgl. *Swann* [10] S. 324, Anm. 1.

Seite 372:

1 Die drei erstgenannten Straßen sind nach adligen, die zwei folgenden nach bürgerlichen Persönlichkeiten benannt.

2 Mac-Mahon entstammte dem alten, Carnot dem Amtsadel.

3 Vgl. S. 87, Anm. 1

Seite 374:

1 Der Gebrauch des Adelsprädikats in dieser Form verrät Unkenntnis gesellschaftlicher Gepflogenheiten.

2 Zitat aus Racines Tragödie *Esther* (II,7; Vers 660).

3 Der Name erinnert an einen Ort in der Nachbarschaft von Évian: Féternes.

Seite 384:

1 Möglicherweise denkt Proust an die vierte Szene des ersten Aktes von *L'école des femmes*.

2 Brief vom 30. Juli 1689.

3 Im Hintergrund stehen die Stilleben Chardins und Prousts Essay »Chardin und Rembrandt«. Auch dort spricht Proust von dem »traurigen Augenblick, da das Mittagessen beendet und der Tisch noch nicht gänzlich abgedeckt ist«. Über das Bild »La Raie«, an das man sich im folgenden erinnert fühlt, schreibt er dort: »Er [der Rochen] ist aufgeschlitzt, und Sie können die Schönheit seiner feinen, vielfältigen Architektur bewundern, gefärbt von rotem Blut, von blauen Nerven und weißen Muskeln, wie das Schiff einer polychromen Kathedrale.« (*Essays* [9] S. 89 und 94)

4 Zur geographischen und literarischen Situierung Balbecs vgl. *Swann* [10] S. 192, Anm. 1, und S. 555, Anm. 1.

Seite 386:

1 Anspielung auf den mysteriösen Tod von Erzherzog Rudolf, Sohn des Kaisers Franz-Joseph, im Jahre 1889.

Seite 388:

1 Eher als um eigentliche Zitate handelt es sich um ein Pastiche. Vgl. die Briefe vom 11. und 18. Februar 1671.

2 Brief vom 9. September 1694.

Seite 390:

1 Modell gestanden hat die Prinzessin von Sagan, die den Sommer jeweils in Trouville verbrachte. Sie wohnte in der Villa Persane und ließ sich auf der Strandpromenade von einem kleinen Neger begleiten. Vgl. Prousts Charakterisierung der Prinzessin und der Marquise von Gallifet, »beide in ihrer heute nahezu unbeschreiblichen Eleganz einstiger Schönheiten des Kaiserreichs«. (*Essays* [9] S. 370).

Seite 391:

1 Croque-monsieur ist ein warmer Schinken-Käse-Toast; zu Œufs à la crème vgl. *Swann* [10] S. 85, Anm. 1.

Seite 394:

1 Wie der Romanheld wird der Leser nur tröpfchenweise von der Beziehung zwischen Norpois und Madame de Villeparisis unterrichtet. Nachträglich versteht er nun gewisse Anspielungen Norpois' auf eine ihm bekannte Person. Vgl. S. 55.

2 Es handelt sich um El Greco. Vgl. das 1911 bei Plon erschienene Werk von Maurice Barrès: *Greco ou le secret de Tolède.* Proust hat sich gegenüber Georges de Lauris im Dezember 1907 begeistert über einen Greco geäußert, den er bei Maria de Madrazo, der Schwester Reynaldo Hahns, gesehen hatte: »ein wirklich göttlicher Greco, mit ebenso wertvollen Farbtönen – in ihrer Art – wie die eines Vermeer.« Vgl. *Correspondance* [6] Bd. VII, S. 319. Er kannte auch einen Artikel Montesquious im »Supplément littéraire« des *Figaro* vom 26. September 1908: »Autour du Greco«; in erweiterter Form, unter dem Titel »Précurseurs et distancés« in *Majeurs et mineurs* (1917).

3 Anspielung auf das Bild *Jupiter et Sémélé* (1896) im Musée Gustave Moreau, über das sich Proust auch in einem Brief an Montesquiou vom 27. April 1905 Gedanken macht. Dort spricht er von dem »viermal überlebensgroßen Zeus«. Vgl. *Correspondance* [6] Bd. V, S. 115. Zu Proust über Moreau vgl. die Fragmente in *Essays* [9] S. 510-520; zu Proust und Moreau, Patrick Gauthier, »Proust et Gustave Moreau«, *Europe*, August-September 1970.

Seite 397:

1 Unter diesem Decknamen agiert in der schon auf S. 22 erwähnten Komödie *Le Demi-Monde* von Alexandre Dumas die Protagonistin, Suzanne, eine Halbweltdame, die eine bürgerliche Heirat anstrebt.

2 Anspielung auf die XIII. Satire von Mathurin Régnier (1573-1613). Macette ist eine Kupplerin, die in ihren alten Tagen zur reuigen Sünderin wird.

Seite 398:

1 Hier beginnt eine Handlungssequenz, »Spazierfahrten mit Madame de Villeparisis«, die in der kunstvollen Verknüpfung der Ereignisse und Themen dem »Diner mit Monsieur de Norpois« vergleichbar ist. Die beiden Sequenzen sind auch durch gemeinsame Themen (Gespräche über Literatur, Parodie Sainte-Beuves) sowie durch ihre Stellung innerhalb des Romans (zu Beginn des ersten beziehungsweise des zweiten Teils) miteinander verbunden. Die Liaison des Marquis mit der Marquise spielt somit nicht nur auf der Ebene der Handlung, sondern auch auf der der Komposition des Textes.

2 Wie in den beiden Kapiteln von »Combray« bildet das Zimmer hier eine erzählerische Keimzelle.

Seite 400:

1 Den Ausblick aus dem Fenster gestaltet Proust als Seestück. In Analogie zur Geschichte der Malerei (die sich auch im Werk Elstirs spiegelt) wird er in späteren Seestücken der *Jeunes filles* auf die mythologische Staffage verzichten. Bei Hesiod, in der von Leconte de Lisle 1896 übersetzten *Theogonie* (Vers 256), ist Glaukonome eine Nereide, »die gerne lächelt«.

Seite 402:

1 Anspielung auf Racines letzte Tragödien, *Esther* (1689) und *Athalie* (1691), die von den Schülerinnen des Mädchenpensionats der Madame de Maintenon aufgeführt wurden. In beiden Tragödien tritt ein Chor junger Israeliten auf.

Seite 403:

1 Die Tätigkeit des Romanhelden, »composer le tableau de la mer«, ist ein Bild für die Schreibarbeit des Autors.

2 Vgl. S. 355, Anm. 1.

Seite 404:

1 Die Zitate stammen aus der Eingangspassage von Leconte de Lisles Tragödie *Les Érynnies* (1873).

2 Modell gestanden hat die romanische Kirche von Criquebœuf in der Nähe von Honfleur. Wie »Querqueville« (in den Entwürfen anstelle von Balbec) enthält der Name »Carqueville« das Element »Kirche«.

Seite 407:

1 Es zeigt sich, daß Proust – wie schon im »Diner mit Norpois« – die in den Jahren 1908-1909 begonnene Auseinandersetzung mit Sainte-Beuve in seinem Roman weiterführt: Madame de Villeparisis ist eine Inkarnation der literarischen Ansichten Sainte-Beuves. Den verkannten Dichtern stehen die bewunderten Staatsmänner, Professoren, Akademiemitglieder – ordnungsliebende Literaten der offiziellen Welt – gegenüber. Da die Nachwelt nicht wie Sainte-Beuve geurteilt hat und die von Madame de Villeparisis geschätzten Autoren gründlich vergessen sind, stellen wir diese kurz vor:

Louis Mathieu, Graf Molé (1781-1855). Ministerpräsident unter Louis-Philippe von 1836-1839. 1840 Wahl in die Académie française. Autor von Memoiren.

Louis de Fontanes (1757-1821). Dichter und Politiker unter Napoleon und während der Restaurationszeit.

Baron Vitrolles (1774-1854). Royalistischer Politiker. Autor der *Mémoires et relations politiques* (1841).

Pierre-Ernest Bersot (1816-1880). Schriftsteller und Philosoph. 1866 Wahl in die Académie des Sciences morales et politiques. 1871 Wahl zum Rektor der École Normale Supérieure. Mitarbeiter des *Journal des Débats*.

Étienne-Denis, Herzog Pasquier (1767-1862). Politiker des Empire und der Restauration. 1842 Wahl in die Académie française. Seine Memoiren erschienen 1893.
Pierre-Antoine Lebrun (1785-1873). Dichter und Dramatiker. 1828 Wahl in die Académie française. Pair de France unter der Juli-Monarchie, Senator im Zweiten Kaiserreich.
Narcisse-Achille, Graf von Salvandy (1795-1856). Politiker der Restaurationszeit und der Juli-Monarchie. 1835 Wahl in die Académie française.
Pierre-Bruno, Graf Daru (1767-1829). Politiker und Literat. Autor einer *Histoire de la République de Venise.* 1806 Wahl in die Académie française.

Seite 408:

1 Zu Prousts Geringschätzung von Mérimée vgl. *Swann* [10] S. 484, Anm. 1.

2 Anspielung auf den am 25. September 1840 in der *Revue de Paris* erschienenen Artikel Balzacs über *La Chartreuse de Parme. Seite 411:*

1 Der ganze Abschnitt steht unter dem Zeichen Baudelaires. Besonders deutlich sind die Anklänge an das Gedicht »À une passante« aus den *Fleurs du mal.*

Seite 414:

1 Aus der Folge mehrerer, sich wiederholender Spazierfahrten (die, wie Genette sagt, im »Iterativ« erzählt werden) wird im folgenden eine einzelne (im »Singulativ« erzählte) herausgegriffen.

Seite 415:

1 Im unmittelbaren Kontext steht das Motiv der mit Efeu überwachsenen Kirche in Verbindung mit der Problematik des richtigen Verstehens, das Nähe und Distanz, Identifikation und Abstraktion voraussetzt. Es gehört auch in den Kontext der Hierarchie der Künste, zeigt es doch, wie die mit der Materie noch eng verbundene Kunst der Architektur von der Natur eingeholt und überdeckt wird. Vgl. unser Nachwort. Stilistisch ist diese »Ansicht der Kirche von Carqueville« jener poetischen Prosa zuzurechnen, die Jean Milly mit dem Begriff »style Bergotte« bezeichnet. Vgl. *La phrase de Proust* [33].

2 Die folgende Begegnung mit dem schönen Fischermädchen steht parallel zu der Betrachtung der Kirche. Daß sie von »Erfolg« (einem schlecht und recht verschlüsselten Orgasmus) gekrönt ist, zeugt von der oberflächlichen, im Mondänen befangenen Verfassung des Romanhelden, wird doch dieser Erfolg durch die Wörter »Marquise« und »deux chevaux« herbeigeführt.

Seite 417:

1 Als dritte Begegnungsszene (nach der mit Efeu überwachsenen Kirche und dem Fischermädchen) folgt die Episode der drei Bäume am Weg von Hudimesnil: Wie in der Naturekstase angesichts der Kirchtürme von Martinville und wie in der durch den feucht-modrigen Geruch in einer Klosettanlage ausgelösten Erinnerungsekstase wird Marcel beim Anblick der drei Bäume ein weiteres Mal in jenen Zustand versetzt, in dem er sich der Welt entrückt und dem Wesen der Dinge – und damit seiner eigentlichen Bestimmung – nahe fühlt. Selbstverständlich bringt der Leser die drei Bäume auch mit der Madeleine in Beziehung, einem Erlebnis, das dem Romanhelden noch bevorsteht. Zur Erklärung des ekstaseähnlichen Zustandes werden mehrere Hypothesen vorgetragen: Erinnerungs- oder Traumbild, Paramnesie ... lauter Phänomene, mit denen sich die zeitgenössische Psychologie beschäftigt hat. Vgl. beispielsweise Bergsons Aufsatz »Le souvenir du présent ou la Fausse Reconnaissance« in der *Revue philosophique*, Dezember 1908. Wenn es Marcel nicht gelingt, seinem Eindruck auf den Grund zu gehen, so liegt das einerseits an der gesprächigen Madame de Villeparisis, die ihm jedes Nachdenken verunmöglicht – in der »erfolgreichen« Begegnung mit den Kirchtürmen hatte sich der Kutscher in eisernes Schweigen gehüllt –, andererseits auch an seiner eigenen, der Oberfläche der Dinge verhafteten Geistesverfassung. Was jedoch auf der Handlungsebene und in den Erklärungsversuchen des Erzählers verborgen bleibt, erhellt sich im Kontext der Komposition. Für den Helden und den Erzähler bleiben die drei Bäume ein Geheimnis, für den Autor aber und damit für den Leser sind sie ein weiteres Signal für das Thema Malerei. Mit ihnen

schreibt Proust ein zentrales Motiv der Landschaftsmalerei in seinen Text ein. Vgl. z. B. Dürers Zeichnung »Drei Lindenbäume« (ehem. Kunsthalle Bremen), die Charles Ephrussi in seinem 1882 erschienenen Werk *Albert Dürer et ses dessins* (Paris, Quantin) auf S. 108 erwähnt, oder Rembrandts oft kopierte Radierung »Drei Bäume«, ein Meisterwerk der Landschaftsdarstellung.

Seite 422:

1 Vgl. den Chor der Okeaniden, die im *Gefesselten Prometheus* von Aischylos die Leiden des Helden beklagen.

Seite 423:

1 Zu den folgenden Gesprächen über literarische Mondscheinszenen vgl. Luzius Keller, »Beseelte Landschaften und Landschaften der Seele. Prousts Verhältnis zur Romantik am Beispiel seines Dialoges mit Chateaubriand«, in *Romantik. Aufbruch zur Moderne*, hg. Karl Maurer und Winfried Wehle, München, Fink Verlag, 1991.

2 Die Zitate stammen aus Chateaubriands Erzählung *Atala*, aus Vignys Gedicht »La maison du berger« (Vers 335) und aus Hugos Gedicht »Booz endormi« (Vers 69).

Seite 424:

1 Als Papst Leo XII. im Jahre 1829 starb, war Chateaubriand Botschafter in Rom, der Herzog von Blacas Botschafter in Neapel. Beide verfolgten das Konklave, in dem Kardinal Castiglione zum Papst gewählt wurde (Pius VIII.), mit großer Aufmerksamkeit.

Seite 425:

1 Die vorangehenden Zitate stammen aus Vignys Gedicht »L'esprit pur« (*Les Destinées*) und aus Mussets Sonett »À M. Alfred Tattet« (*Poésies nouvelles*). Die Sitzung der Académie française, in der Molé die Aufnahmerede für Vigny hielt, fand am 29. Januar 1846 statt. Sainte-Beuve hat in der *Revue des Deux Mondes* begeistert von dieser Rede berichtet. Der Text findet sich jetzt in seinen *Portraits littéraires*.

Seite 428:

1 Anspielung auf den Bildhauer César Bagard (1639-1709) aus Nancy. Man nannte ihn auch »Le Grand César«.

Seite 429:

1 Anspielung auf die nach dreiundzwanzigjähriger Ehe von ihrem Gatten ermordete Herzogin von Choiseul-Praslin, Tochter des Generals Sebastiani.

Seite 431:

1 Zu Molé vgl. S. 407, Anm. 1, zu Loménie, S. 70, Anm. 1.

Seite 432:

1 Ximénès Doudan (1800-1872). Literat und Politiker. Seine *Mélanges et lettres* (4 Bände) sind 1876 erschienen.

2 Graf Charles von Rémusat (1797-1875). Politiker und Philosoph. 1846 Wahl in die Académie française.

3 Joseph Joubert (1754-1824). Mit Chateaubriand und Fontanes befreundeter Philosoph und Moralist. Seine *Pensées* wurden 1838 von Chateaubriand herausgegeben.

Seite 433:

1 In Saumur befand sich die École d'application de cavalerie, eine militärische Eliteschule.

Seite 434:

1 Der Auftritt Saint-Loups wird von racineschen und baudelaireschen Untertönen begleitet. Man denkt an die Verse 273 und 638-642 aus *Phèdre* und an das Gedicht »À une passante«. Auf die Verwandtschaft von Baudelaire mit Racine hat Proust in seinen kritischen Schriften mehrmals hingewiesen, am eindrücklichsten im Essay »Über Baudelaire«.

2 Zum Namen von Robert de Saint-Loup vgl. Serge Gaubert, »Le jeu de l'alphabet« in *Recherche de Proust* [40], und Maria Paganini, »Das Ende der Eifersucht«, in *Marcel Proust. Bezüge und Strukturen*, Frankfurt am Main, Insel Verlag, 1987.

3 Ein weiteres Racine-Signal: in der südfranzösischen Stadt Uzès hat Racine seine Jugend verbracht.

Seite 440:

1 Pierre-Joseph Proudhon (1809-1865). Theoretiker der europäischen Arbeiterbewegung, dessen Gesellschaftsutopien anarchistische Züge aufweisen.

2 Der Begriff »Intellektueller« erscheint in dieser Verwendung zum erstenmal im »Manifeste des intellectuels« (Herbst 1898). Dort protestierten Gelehrte und Schriftsteller (darunter Proust) gegen die Verfolgung von Oberstleutnant

Picquart, der sich für eine Revision des Prozesses gegen Dreyfus einsetzte.

Seite 441:

1 François-Adrien Boieldieu (1775-1834) zeichnete sich in der Gattung Opéra-bouffe, Eugène Labiche (1815-1888) in jener der Gesellschaftskomödie und des Vaudeville aus.

Seite 442:

1 Opéra-bouffe von Offenbach aus dem Jahre 1864 nach einem Libretto von Meilhac und Halévy. Vgl. *Swann* [10] S. 484, Anm. 1.

2 Zum Pianisten Anton Rubinstein (1829-1894) vgl. auch *Swann* [10] S. 274, Anm. 2.

Seite 448:

1 Der größte Teil der folgenden Episode mit Bloch und dessen Familie in Balbec ist nach 1913 entstanden.

2 Zumeist von Juden bewohnte Straße zwischen der Porte Saint-Denis und der Börse.

3 Der Concours général stand den Schülern der oberen Klassen des Gymnasiums offen. Verlangt wurde ein Französischaufsatz über ein gegebenes Thema.

4 Die Gründung der ersten Volkshochschulen in Frankreich fällt in das Jahr 1898.

Seite 450:

1 Im Augenblick, da Proust Ruskins Venedig-Buch, dem die *Recherche* zahlreiche Motive und Farbtöne verdankt, ausdrücklich nennt, tut er es in Form einer profanierenden, befreienden Karikatur. Möglicherweise steckt in Blochs falscher Aussprache von Venice auch ein Seitenhieb auf Robert de Montesquiou, der in seinem 1895 erschienenen Gedichtband *Le parcours du rêve au souvenir* (XXXIV) »Venice« sich auf »so nice«reimen läßt: »*Venedig, Venise,* Venice / Qui fait dire à l'Anglais so nice«. In der »édition définitive« seiner Gedichte (1908) hat Montesquiou allerdings auf diese Strophe verzichtet.

Seite 452:

1 Anspielung auf den Anfang von Descartes' *Discours de la méthode* (1637), wo nicht von der Güte, sondern vom gesunden Menschenverstand die Rede ist. Mit diesem abgewan-

delten Zitat beginnt eine jener längeren, der klassischen französischen Moralistik verpflichteten Passagen, wie sie auch in *Freuden und Tage* oder *Jean Santeuil* zu finden sind. Man wird das Gefühl nicht recht los, Proust absolviere hier eine Pflichtübung.

Seite 458:

1 Dandies aus der Provinz, besonders aus den kleinen Städten der Bretagne und der Normandie, gehören zu den Protagonisten der im Band *Les Diaboliques* (1874) zusammengefaßten Erzählungen von Barbey d'Aurevilly. Vgl. auch Barbeys 1845 erschienenes Werk *Du dandysme et de G. Brummell.*

Seite 459:

1 Mit der Sprache Blochs karikiert Proust den Stil von Leconte de Lisle.

Seite 461:

1 Der bedeutende Finanzmann Samuel Bernard (1651-1739) war nicht Jude, sondern konvertierter Protestant.

Seite 462:

1 Anspielung auf die berühmte Jacht »Ariane« des Schokoladefabrikanten Gaston Menier.

Seite 463:

1 Zur Zeit, in der die Handlung spielt, hatten die beiden »Bohémiens« ihren festen Sitz in der Académie française; Leconte de Lisle seit 1886, Heredia seit 1894.

2 Auf der biographischen Ebene verweist das Stereoskop auf das Ehepaar Greffulhe. Vgl. Painter, *Marcel Proust* [34] Bd. II, S. 217.

Seite 466:

1 In den Entwürfen ist dieser »Unglückliche« der Marquis von Vaugoubert. Man wird später in der *Recherche* sowohl dem Opfer als auch dem Henker in ähnlichem Zusammenhang (Homosexualität, Geißelung) wiederbegegnen. Vgl. Compagnon, *Proust entre deux siècles* [21] S. 72.

Seite 467:

1 Marcel Plantevignes berichtet, Proust habe sich einen Vikuniamantel machen lassen, wie Robert de Montesquiou einen besaß. Vgl. *Avec Marcel Proust* [36] S. 41.

2 Proust selbst hat sich zu Hause Quartette vorspielen lassen. Vgl. Painter, *Marcel Proust* [34] Bd. II, S. 383-384.

Seite 468:

1 Zahlreiche Elemente in diesem Porträt (der Blick, die Körperhaltung, die Moosrose im Knopfloch) weisen auf Robert de Montesquiou.

Seite 472:

1 Wir übernehmen die aufschlußreiche Anmerkung von Daria Galateria ([24] S. 1306): »Obwohl er mit Dichtern und Künstlern wie Verlaine, Rodin, Matisse, den Fauves oder den Symbolisten in Verbindung stand, folgte Eugène Carrière (1849-1906) keiner der ausgeprägten Strömungen seiner Zeit und malte mitten im Impressionismus Monochromien in Grautönen. Was seine Themen betrifft, hielt er sich – neben seiner Tätigkeit als Porträtmaler (berühmt ist sein *Verlaine*) – an biedermeierliche Sentimentalitäten. Er war einer der berühmtesten, wenn auch nicht der bezeichnendsten Maler seiner Zeit. Die Bewunderung Saint-Loups beruht vielleicht auch darauf, daß Carrière sich gegen Ende des Jahrhunderts mit verschiedenen sozialen Fragen auseinandersetzte, besonders auch mit den Volkshochschulen.«

Seite 475:

1 Proust nennt Maler aus drei Ländern (Italien, Spanien, Frankreich) und drei Epochen (Renaissance, Barock, Rokkoko).

Seite 476:

1 Albert Lebourg (1849-1928). Landschaftsmaler im Umkreis der Impressionisten.

2 Armand Guillaumin (1841-1927). Gehörte von der ersten Ausstellung (1874) an zu der Bewegung der Impressionisten. Die lebhaften Farben seiner späteren Werke rücken ihn in die Nähe der Fauves.

Seite 478:

1 1684 übernahm La Bruyère die Erziehung des damals sechzehnjährigen Herzogs von Bourbon, eines Enkels des Großen Condé; 1689 übernahm Fénelon jene des damals zweijährigen Herzogs von Burgund, des ältesten Sohnes des Kronprinzen, eines Enkels also von Ludwig XIV. Fénelons

Les aventures de Télémaque (1699) entstand im Zusammenhang mit dieser Aufgabe.

Seite 483:

1 Vgl. die Kapitel »Monsieur de Lomperolles« und »Lomperolles Tod« in *Jean Santeuil* [14].

2 Anspielung auf zwei Fabeln La Fontaines: »Les deux amis« (VIII,11) und »Les deux pigeons« (IX,2).

Seite 484:

1 Freies Zitat nach Briefen vom 18. Februar 1671 und vom 10. Januar 1669.

2 Vgl. den Brief vom 29. Mai 1675.

3 Freies Zitat nach *Les Caractères*, »Du Cœur« 23.

Seite 486:

1 Anspielung auf das 1640 von Mansart am Quai Malaquais errichtete Hôtel de Chimay.

2 Die Fürstin von Chimay, eine gebürtige Amerikanerin, ist 1896 mit einem Geiger aus dem Zigeunerorchester von Chez Maxim's durchgebrannt.

Seite 487:

1 Das zwischen 1762 und 1768 vom Architekten Jacques-Ange Gabriel (vgl. S. 90, Anm. 3) errichtete Petit Trianon ist im klassizistischen Stil gebaut. 1783 wurde der französische, von Jussieu gezeichnete Garten durch den vom Architekten Richard Migne und dem Maler Hubert Robert entworfenen frühromantischen »Hameau« ersetzt.

Seite 491:

1 Philosophisch-mystisches Gedicht von 1838 (in *Poésies nouvelles*).

Seite 492:

1 Zitate aus »Chanson«, »À mon frère revenant d'Italie« und »Nuit de Décembre« (alle in *Poésies nouvelles*).

Seite 493:

1 Saint-Simon, Madame de Sévigné u. a. haben mehrere Bonmots dieser geistreichen Dame, in deren Salon die große Welt ihrer Zeit verkehrte, überliefert. Vgl. auch Prousts Saint-Simon-Pastiche in *Nachgeahmtes und Vermischtes* [8] S. 82.

Seite 494:

1 Während die fiktiven Ereignisse in Balbec um 1898 spielen, datiert der (von den Japanern gewonnene) Russisch-Japanische Krieg von 1904-1905.

Seite 495:

1 Anspielung auf eine berühmte Replik aus Georges Feydeaus Komödie *La dame de chez Maxim's* (1899): »Eh! allez donc, c'est pas mon père.« Im Zusammenhang mit den Schwestern Blochs erhält das Zitat eine besondere Färbung, läßt Proust doch häufig ödipale und homosexuelle Thematik im jüdischen Kontext aufscheinen. Vgl. *Swann* [10] S. 55, Anm. 1.

Seite 498:

1 Vierter Sohn des Bürgerkönigs Louis-Philippe. Vgl. *Swann* [10] S. 381, Anm. 1.

2 Gemeint ist die Prinzessin von Wagram, die nach ihrer Heirat (1851) mit einem Murat (dessen Großvater tatsächlich König von Neapel war) diesen Titel beanspruchte. Sie ist nicht zu verwechseln mit der wirklichen Königin von Neapel, die später in der *Recherche* auftritt.

3 Charles-Robert de Gramont-Caderousse, aus einer angesehenen Familie, führte ein Leben voller Skandale.

4 1871 gegründete Tageszeitung.

Seite 499:

1 Nach dem Jockey-Club war der Cercle de la rue Royale der exklusivste Pariser Club. Außer Charles Haas, einem der Modelle Swanns, gehörten ihm keine Juden an. »Ganaches« bedeutet soviel wie Einfaltspinsel. Im Stück *Les Ganaches* (1862) von Victorien Sardou werden die Parteigänger früherer Monarchien als »ganaches« bezeichnet.

2 Der symbolistische Dichter Villiers de l'Isle-Adam (1838-1889) war um die Jahrhundertwende nur in avantgardistischen Kreisen bekannt. Catulle Mendès (1841-1909) war einer der tonangebenden Dichter des von Bloch geschätzten Parnasse.

Seite 500:

1 Anspielung auf die französischen Grabungen in Susa (1885). Das im Louvre ausgestellte Löwenjagdfresko wurde von

Jane Dieulafoy, die an den Grabungen teilgenommen hatte, rekonstruiert.

2 Anspielung auf die menschenköpfigen Stiere aus Khorsabad im Louvre.

Seite 503:

1 Die Reihe moderner, klassischer und antiker Dramatiker wird abgeschlossen durch den auch von Herder und Goethe geschätzten indischen Dichter Kalidasa (5.-4. Jh. v. Chr.). Sein Hauptwerk, das Drama *Sakuntala*, wurde 1803 ins Französische übersetzt und 1884 sowie 1896 neu aufgelegt.

Seite 504:

1 Berühmter Schauspieler. Mitglied des Ensembles der Comédie Française. Vgl. *Swann* [10] S. 605, Anm. 1.

2 Das Wort meint »ehemaliger Schulkamerad«. Es geht zurück auf die Komödie von Labiche *L'affaire de la rue de Lourcine* (1857), in der sich zwei ehemalige Pensionäre der Pension Labadens wiederbegegnen.

Seite 505:

1 Vom Innenministerium herausgegebenes Bulletin, das Gesetze und Verordnungen publiziert und über die Beratungen des Parlaments Bericht erstattet.

Seite 507:

1 Haltestelle in Auteuil. Daß die Ringbahn von Saint-Lazare bis Point-du-Jour nur eine Strecke von 9 Kilometern zurücklegt, ist bei der Rede Blochs zu berücksichtigen.

Seite 508:

1 Gemeint ist die Schwester des Herzogs von Orléans, Marie-Amélie, die 1886 den portugiesischen Prinzen Carlos heiratete. Dieser war – als Carlos I. – von 1889-1909 König von Portugal.

Seite 514:

1 Die ersten Kodak kamen 1888 auf den Markt. In der Folge wurde in Frankreich bald der Name (Kodak) für die Sache (Photoapparat) verwendet.

Seite 516:

1 Anspielung auf das berühmte Bild von Dante Gabriel Rossetti *Ecce Ancilla Domini* (1850) in der Tate Gallery, London. Die folgende Passage charakterisiert einen Aspekt des Fin de

siècle, der beispielsweise auch in der *Revue blanche* zutage tritt.

Seite 521:

1 Die »kleinen Mädchen« (»fillettes«) sind ein Relikt aus früheren Entwürfen, in denen Marcel bei einem ersten Aufenthalt am Meer einer Gruppe kleiner Mädchen und bei einem zweiten einer Schar junger Mädchen begegnet.

Seite 522:

1 Das Zweirad wurde im letzten Jahrzehnt des 19. Jahrhunderts u. a. vom Prinzen von Sagan in Mode gebracht. Ob es – angesichts der herrschenden Mode – auch für Frauen geeignet sei, war umstritten. Vgl. die Umfrage von C. de Loris: *La femme à bicyclette. Ce qu'elles pensent* (1896). Die Attribute der jungen Mädchen weisen auf die damals modernsten Sportarten.

Seite 527:

1 Der Auftritt der Mädchenschar erinnert in seiner ganzen Inszenierung an Strandbilder von Boudin. Der Vergleich mit einem dahinziehenden Schiff weist auf Baudelaires Gedicht »Le beau navire« aus den *Fleurs du mal*. Vgl. Juliette Hassine, *Essai sur Proust et Baudelaire*, Paris, Nizet, 1979, S. 176.

Seite 530:

1 Im französischen Kontext sind die Peris (persische Feen) hauptsächlich durch Hugos Gedicht »La fée et la péri« (*Odes et ballades*) bekannt. Näher bei Prousts Vergleich jedoch steht das 1912 von den Ballets russes aufgeführte Tanzpoem *La Péri* von Paul Dukas.

Seite 536:

1 Die Bezeichnung Pennsilvaniarosen weist auf die von Proust benützte botanische Spezialliteratur, das Bild als solches aber auf die Dekorationsmalerei der Nabis.

2 Den vorangehenden Auftritt der »jeunes filles en fleurs« (der Titelfiguren des Bandes) hat Proust in zahlreichen Entwürfen vorbereitet. Vgl. das umfangreiche Dossier in der Pléiade-Ausgabe [3] Bd. II, S. 927-960.

Seite 538:

1 In der Vorlage basiert das Wortspiel auf »rentrer« und »entrer«.

Seite 539:

1 »Der Arme« für »die Armen« (oder »die armen Leute«) steht zweimal in Racines Tragödie *Athalie* (Vers 837 und 1406).

2 Die hier erwähnten Motive weisen auf den *Barmherzigen Samariter* im Louvre, ein Bild, das heute Constantin-Daniel van Renesse zugeschrieben wird. Vgl. Prousts Essay »Chardin und Rembrandt«, in *Essays* [9] S. 101 und 554-555.

3 Bevor die Malerei im Roman zu einem Element der Handlung wird (Begegnung mit Elstir), bildet sie einen thematischen Bezugspunkt. Proust stellt seine literarischen Bilder (im Stile Boudins, der Nabis oder Rembrandts) oft an den Schluß eines Abschnitts.

Seite 540:

1 Erste Erwähnung von Albertines Familiennamen. »Simonet« ersetzt den in den Entwürfen verwendeten Namen »Bouqueteau« oder »Boucteau«.

2 Wer die in dieser Bemerkung – und in der insistenten Wiederholung von »Simonet« auf den folgenden Seiten – enthaltene Anregung aufnimmt und nach der Bedeutung des Namens Simonet und nach der durch ihn bezeichneten Person zu suchen beginnt, stößt bald einmal auf Monet. Die »kleine Simonet« weist auf den großen Impressionisten.

Seite 542:

1 An dieser Stelle beginnt eine der bemerkenswertesten Textsequenzen der *Jeunes filles*. Sprachliche Bilder, wie sie schon im vorangehenden den Text gestalten, sind nun zu einer eigentlichen Bildergalerie aneinandergereiht. Zum Strukturprinzip der Bilderfolge vgl. auch *Swann* [10] S. 468.

2 Ein erstes Bild zeigt ein modernes Sujet (Hügel, Haus, Abendlicht), das jedoch durch die Vergleiche mit der sakralen Kunst des Mittelalters in Verbindung gebracht wird.

3 Nach diesem Satz vollzieht sich ein erzählerischer Registerwechsel. Das bisher Erzählte (vom Auftauchen der jungen Mädchen bis zum Betreten des Zimmers) geschieht an einem bestimmten Tag; das folgende aber betrifft die ganze in Balbec verbrachte Saison. So entsteht eine Pause in der

Handlung, während der der Leser die nun folgenden Bilder »betrachten« kann.

Seite 543:

1 Der gemeinsame Bezugspunkt des Renaissance-Malers Antonio Pisano, gen. Pisanello (vor 1395-1455) und des Fin-de-siècle-Glaskünstlers Émile Gallé (1846-1904) ist Robert de Montesquiou. Von Montesquious Bewunderung für Pisanello spricht Proust in seinem Essay »Ein Lehrer des Schönen« (vgl. *Essays* [9] S. 289 f.). Dort ist vom Porträt der Ginevra d'Este im Louvre die Rede; hier denkt Proust wohl eher an die Vogelzeichnungen des Codex Vallardi (auch im Louvre). Zu Montesquious Bewunderung für Gallé vgl. das Kapitel »Orfèvre et verrier. Gallé et Lalique« in *Les roseaux pensants* (1897).

2 Auch in diesem Bild überschneiden sich moderne und mittelalterliche sowie literarische und malerische Elemente. Hinsichtlich seiner Farben erinnert das Bild an die Verse 61-64 von Baudelaires Gedicht »Le Voyage« ; die Formen und besonders der merkwürdige Ausdruck »stigmatisiert« weisen jedoch deutlich auf Giottos *Stigmatisierung des hl. Franziskus* im Louvre.

3 Es überschneiden sich hier zwei Bereiche mittelalterlicher sakraler Kunst: Schrein und Altar. Wie Christiane Robin gezeigt hat (»Le retable de la cathédrale«, *Études proustiennes* III, Paris, Gallimard, 1979, S. 67-93), dienen Memlings Reliquienschrein der hl. Ursula (1499) in Brügge und der Genter Altar (1432) van Eycks als Vorbilder. In seinem wegweisenden Essay *L'espace proustien* (1963) hat Georges Poulet Altar und Predella als Bild für die *Recherche* gedeutet: »Hier hat Prousts Phantasie schließlich die vollkommene Metapher gefunden, in der sich das Werk mit Hilfe der angemessensten symbolischen Form darstellt.« (*Marcel Proust. Zeit und Raum*, [37] S. 107).

Seite 544:

1 Ähnliche Effekte finden sich auf Bildern und Aquarellen von Manet, Whistler, Helleu oder Blanche. Vgl. zum Beispiel Manets *Bâteaux en mer, soleil couchant* im Musée des Beaux-Arts, Le Havre.

2 Die pechschwarze Färbung der Nebelschwaden und der konstruktive Charakter des Bildes weisen auf die Meereslandschaften Courbets.

Seite 545:

1 Das Interesse von Künstlern und Sammlern für den japanischen Holzschnitt beginnt mit der Weltausstellung von 1855. Dank dem großen Erfolg der japanischen Pavillons an den Weltausstellungen von 1867, 1878 und 1889 wurden auch Erzeugnisse des japanischen Kunsthandwerks zu beliebten Sammelobjekten. Vgl. die Einrichtung von Odettes Haus in *Swann* [10] S. 320-322.

Seite 546:

1 Die Verfassung des Romanhelden (Oberflächlichkeit, Dilettantentum) steht in scharfem Gegensatz zu der Meisterschaft, mit der Proust seine sprachlichen Bilder gestaltet.

2 Man denkt in erster Linie an Monets Ansichten der Kathedrale von Rouen (1895).

Seite 547:

1 Der amerikanische Maler J. A. Mc Neill Whistler (1834-1903) hatte sich im Londoner Stadtteil Chelsea niedergelassen, lebte aber auch in Paris, wo er in seinem Atelier Malunterricht erteilte. Vgl. *Essays* [9] S. 343, Anm. 7. Er war ein großer Bewunderer japanischer Kunst. In Paris gehörte er zu dem Künstlerkreis um Robert de Montesquiou, den er auch porträtierte. Sein Porträt der Lady Meux, das auch den Titel »Harmonie en gris et rose« trägt, war 1892 in Paris ausgestellt (heute in der Frick Collection, New York). Es ist mit einem Schmetterling signiert. Über die Pariser Whistler-Ausstellung von 1905 hat sich Proust in Briefen an seine Mutter (15. Juni) und Marie Nordlinger (24. Juni) geäußert.

Seite 548:

1 Hier wird der Hauptstrang der Erzählung wiederaufgenommen. Was für den Romanhelden vielleicht eine Minute dauert, nämlich das Warten auf nähere Auskunft über die Simonets, wird für den Leser zu einem mehrseitigen Gang durch eine Bildergalerie, bei dem er mehr als einmal dem im Namen Simonet anklingenden Monet begegnet.

2 Diese Anspielung datiert den Aufenthalt in Balbec auf Sommer 1898. Vgl. die Anmerkung von Mariolina Bongiovanni Bertini zur Dreyfus-Affäre in *Jean Santeuil* [14] S. 1165-1169.

Seite 549:

1 Die Verbindung antiker und giottesker Kunst findet sich schon bei Ruskin am Beispiel einer der Szenen des Lebens Mariae in der Capella degli Scrovegni: Vgl. *Works* [18] Bd. XXIV, S. 65. Proust seinerseits verbindet die moderne technische Welt, Ruskin und Giotto in seinem Ruskin-Pastiche. Vgl. *Nachgeahmtes und Vermischtes* [8].

Seite 550:

1 Geschlossener Wagen für zwei Personen.

Seite 566:

1 Vgl. das Porträt des Fürsten von Polignac in *Essays* [9] S. 221.

Seite 570:

1 Anspielung auf Amphion, Sohn des Zeus und der Antiope, der beim Bau der Ringmauer von Theben die Steine mit dem Klang seiner Lyra in Bewegung setzte.

Seite 578:

1 Die Begegnung mit Elstir hat ihre Vorlage in der Begegnung mit dem Schriftsteller C. in *Jean Santeuil* ([14] S. 10 ff.). Im Hintergrund steht ein biographisches Ereignis, nämlich die Begegnung mit dem amerikanischen Maler Alexander Harrison, den Proust und Reynaldo Hahn 1895 in Beg-Meil kennenlernten.

Seite 579:

1 Das wirkliche Canapville liegt nicht an der Küste, sondern zwischen Trouville und Pont-l'Évêque.

Seite 580:

1 Anspielung auf das Porträt des Advokaten Jeffreys im Kreis seiner Familie (1730) in der National Gallery, Washington. Wie schon bei ihrem ersten Auftreten – mit dem jünglingshaften Sprung Andrées über den alten Bankier und dem burschikosen Kommentar Gisèles – sind die jungen Mädchen in ein Bezugsnetz eingewoben, in dem die Geschlechter sich leicht verschieben.

Seite 581:

1 Damit läßt Proust das Hauptthema der Albertine-Teile der *Recherche* aufscheinen: Albertine als Verkörperung unseres Unvermögens, in das Innere anderer Menschen einzudringen, als Symbol des sich entziehenden Sinns.

Seite 587:

1 Mit diesem Abschnitt beginnt – nach der Ausstellung von Seestücken – eine weitere als Bildergalerie ausgestaltete Handlungssequenz: der Besuch im Atelier Elstirs. Die einleitenden Anspielungen sind, wie Daria Galateria gezeigt hat, nicht zufällig. Mit den Kymmeriern weist Proust auf die im dunkeln liegenden Grenzbereiche des Lebens, mit König Marke auf Tristans schuldhafte Liebe zu Isolde; Bronzeliande ist der Wald, in dem der Zauberer Merlin mit der Fee Viviane in freiwilliger Zurückgezogenheit lebt. Zur Entstehung der Sequenz vgl. Jo Yoshida, »La genèse de l'atelier d'Elstir«, *Bulletin d'informations proustiennes* 8, Herbst 1978.

Seite 588:

1 Elstirs mythologische Phase weist auf den frühen Turner, besonders aber auch auf Gustave Moreau. Zu den Malern, die sich speziell für japanische Kunst interessieren, gehören Degas, Manet, Monet, Pissarro und Whistler.

Seite 589:

1 Die Metapher ist ein zentraler Begriff in Prousts Ästhetik und eine zentrale Figur seines Stils. Vgl. Gérard Genette, »Proust palimpseste«, in *Figures* [25] und »Métonymie chez Proust«, in *Figures III* [26]. Über den rhetorischen Begriff im engeren Sinn hinaus meint Proust mit »Metapher« das Übertragen oder Inbezugsetzen von Bedeutungen überhaupt.

Seite 590:

1 Vgl. das Kapitel »Ein Kunstsammler. – Monet, Sisley, Corot« in *Jean Santeuil*. Was die Aufhebung von Grenzlinien betrifft, so finden sich zahlreiche Beispiele in Prousts eigenem Werk (von dem ja ohnehin auf dem Umweg über die Malerei hier die Rede ist).

2 Die Ansicht des Hafens von Carquethuit gehört zu den großen imaginären Kunstwerken der *Recherche*. Wie für die

Kirchen von Combray, Saint-André-des-Champs und Balbec, die Sonate und das Septett Vinteuils oder für Bergottes Stil wurden zahlreiche Modelle in Vorschlag gebracht, u. a. Turners Ansichten der Häfen von Plymouth und Scarorought aus der Serie *Harbours of England*, die Ruskin ausführlich beschreibt und die in Prousts Ruskin-Ausgabe abgebildet sind. Vgl. *Works* [18] Bd. XIII. Weitere Bezüge ergeben sich zu Hafenansichten von Boudin, Manet und Monet, doch geht es im wesentlichen um die impressionistische Malerei als solche. Vgl. Michel Butor, »Les œuvres imaginaires de Proust«, in *Répertoire II*, Paris, Minuit, 1972.

Seite 594:

1 Vgl. den von Proust in *Nachgeahmtes und Vermischtes* [8] S. 166 zitierten Ausspruch Turners: »meine Sache ist es zu zeichnen, was ich sehe, nicht, was ich weiß.«

2 Vgl. die Beschreibung eines Falaisenbildes von Monet in *Jean Santeuil* [14] S. 1091.

Seite 596:

1 Mit den folgenden Ausführungen öffnet Elstir dem Romanhelden die Augen für die Schönheit der Kirche von Balbec. Es handelt sich um eine Reihe von teils wörtlichen Zitaten aus Émile Mâles Werk *L'art religieux en France au XIIIe siècle* (1898), das Proust schon 1899 anläßlich seiner Ruskin-Studien konsultiert hat. Mit Ruskin und Mâle stehen sich eine schwärmerisch-mystische und eine wissenschaftliche Auffassung mittelalterlicher Kunst gegenüber. Marcels Enttäuschung vor der Kirche von Balbec steht mit der ersteren, Elstirs Ausführungen stehen mit der letzteren in Zusammenhang.

Seite 598:

1 Auf der Ebene der Handlung ist die saloppe Ausdrucksart Elstirs, wie man bald sehen wird, ein Relikt aus früheren Jahren; auf biographischer Ebene ist sie mit einem Besuch Prousts im Atelier Vuillards in Cabourg in Verbindung zu bringen. Anfang September 1907 schreibt er an Reynaldo Hahn: »Gestern habe ich Vuillard getroffen, der eine blaue Arbeitsbluse anhatte [. . .] Er sagt ständig mit starker Betonung: 'ein Typ wie Giotto, nicht wahr, oder ein Typ wie

Tizian, die wußten es ebenso gut wie Monet, nicht wahr, ein Typ wie Raffael usw.' Er sagt sicher alle zwanzig Sekunden 'Typ', doch ist er jemand ganz Köstliches.« Vgl. *Correspondance* [6] Bd. VII, S. 267.

2 Anspielung auf Odilon Redons *Apokalypse des hl. Johannes*, eine Lithographienfolge aus dem Jahre 1899.

Seite 601:

1 Mit der Plötzlichkeit, die den ästhetischen Augenblick kennzeichnet, erscheint im Rahmen des Fensters – wie ein weiteres Bild Elstirs – die junge Radfahrerin mit der Polomütze.

Seite 603:

1 Ein weiteres Mal wird der Name Simonet mit auffallender Häufigkeit wiederholt. Außerdem wird das Problem der außergewöhnlichen Schreibweise hier ausdrücklich thematisiert. Für die Simonets bedeutet das eine *n* Distinktion, für Proust und für uns ist es ein Signal für Monet und damit für das Thema Malerei.

Seite 606:

1 Nach der Ansicht des Hafens von Carquethuit rückt nun ein weiteres Werk Elstirs ins Zentrum des Interesses. Die einzelnen Phasen der um dieses Aquarell kreisenden Sequenz und die raffinierte Weise, wie sie in den Handlungsablauf und in den Kontext des ganzen Romans eingearbeitet sind, erinnern an die Episode, in der der feucht-modrige Geruch einer Klosettanlage das Arbeitskabinett von Onkel Adolphe heraufbeschwört. Vgl. S. 98. Stilistisch weist das Werk auf die Aquarell- und Pastellmalerei von Manet bis Whistler. Das Thema (eine Frau in Männerkleidung) erscheint auch bei Renoir (*Madame Henriot en page*, Gallery of Fine Arts, Columbus) und in mehreren Porträts von Manet und von Whistler.

Seite 609:

1 An dieser Stelle erhält das Porträt seinen Titel und wird datiert. Der Titel »Miss Sacripant« bezieht sich auf die komische Oper *Sacripant* von Jules Duprato (Libretto von Philippe Gille), die 1866 im Théâtre des Fantaisies-Parisiennes gespielt wurde. »Sacripant« (nach der Figur des Sacripante

aus Boiardos *Orlando innamorato*) bedeutet »Gauner«, »Wichtigtuer«. Die Hauptrolle des Stücks, Giovanino – ein sentimentaler Dieb – wurde von einer Frau gespielt. Außerdem verkleidet sich Giovanino in den letzten Szenen als Frau. Auf biographischer Ebene darf angemerkt werden, daß Prousts Vater eine Photographie der an der Opéra-Comique tätigen Sängerin Marie Van Zandt besaß. Die Photographie, die die Sängerin in Männerkleidung darstellte, war mit einer Widmung vom 23. Oktober 1881 versehen. Man weiß, daß sich Doktor Adrien Proust häufig als Arzt vom Dienst in der Opéra-Comique einteilen ließ. Vgl. *Correspondance* [6] Bd. VII, S. 242, Anm. 14.

2 Im 1807 gegründeten Théâtre des Variétés, am Boulevard Montmartre, wurden hauptsächlich Vaudevilles und Operetten gespielt.

Seite 610:

1 Die Anrede »Ma belle Gabrielle« entspricht dem Titel eines 1855 erschienenen Romans von Auguste Maquet, impliziert jedoch hier in erster Linie Bezüge zur Malerei: Man denkt an *Gabrielle d'Estrées im Bade* (Musée Condé, Chantilly), eines der Hauptwerke der Schule von Fontainebleau. Außerdem hieß Renoirs Modell Gabrielle.

Seite 612:

1 Zu Madame Elstir vgl. auch die Kapitel »Madame Martial« und »Der Maler Bergotte. – Die Eheleute Delven. – Madame Cressmeyrs Diner« in *Jean Santeuil* [14].

2 Obwohl diese Hinweise sehr allgemein gehalten sind, erinnert man sich an Bemerkungen Prousts über George Eliot in *Essays* [9] S. 495-497, sowie an Motive aus Manets *Déjeuner sur l'herbe.*

Seite 616:

1 An dieser Stelle scheint eine Erinnerung an den amerikanischen Maler Alexander Harrison durch. Am 20. August 1903 schreibt Proust an Georges de Lauris: »Sie müssen unbedingt zur Pointe du Raz gehen [...]. Es handelt sich um schicksalsschwere, hoch und heilig verfluchte Orte, die man kennen muß. Ich gebe aber zu, daß ich Penn'march, dem Sie nicht ausweichen können, tausendmal vorziehe; es ist eine

Art Mischung von Holland, Indien und Florida (Harrison *dixit*).« Vgl. *Correspondance* [6] Bd. III, S. 408.

Seite 625:

1 Die Identifizierung des Modells (Odette im Jahre 1872, als junge, etwa zwanzigjährige Schauspielerin, vor ihrer Heirat mit Monsieur de Crécy) erfolgt auf ähnlich plötzliche Weise wie jene des feucht-modrigen Geruchs im Arbeitskabinett von Onkel Adolphe. Seit der Episode mit der Dame in Rosa (*Swann* [10] S. 108 ff.) weiß man um die Verbindung (die Liaison) zwischen Odette und Onkel Adolphe.

Seite 627:

1 Ort, Sujet und Farbe weisen auf die Malerei der Nabis, besonders auf die zahlreichen Darstellungen der Place Clichy und der Place Pigalle von Bonnard, die regelmäßig bei Bernheim-Jeune zu sehen waren.

Seite 629:

1 Die Entdeckung, daß Elstir und der geschwätzige Monsieur Biche aus »Eine Liebe Swanns« ein und dieselbe Person sind, und eine letzte Lektion des immer noch gerne redenden Malers beschließen die Episode (Porträt der Miss Sacripant) und gleichzeitig die Handlungssequenz (Besuch in Elstirs Atelier).

Seite 636:

1 Es handelt sich nicht, wie Saint-Loup glaubt, um einen russischen Autor. Unter diesem Pseudonym veröffentlichte Mme. Charles Vincens (1840-1908) historische und biographische Werke über das Leben am Hof im 17. Jahrhundert, über Bernardin de Saint-Pierre und über Musset. Als Mitarbeiterin des *Journal des Débats* schrieb sie u. a. auch über Ibsen und Tolstoj.

Seite 638:

1 Mit den Stilleben in Chardins Manier wird das Panorama der Malerei vervollständigt. Wie schon in den ersten Stilleben à la Chardin (S. 384) greift Proust hier auf seinen unveröffentlichten Essay aus dem Jahre 1895 zurück. Vgl. *Essays* [9] S. 375.

Seite 642:

1 Anspielung auf La Fontaines Fabel »Der Bildhauer und die

Zeus-Statue« (IX, 6): »Was wird mein Meißel daraus machen? Wird es ein Gott, ein Tisch oder ein Trog sein?«

Seite 648:

1 La Sogne ist eine der Stationen der Kleinbahn. In *Sodom und Gomorra* erklärt Brichot die Etymologie des Namens.

Seite 651:

1 Offensichtlich ist Proust mit dem Golfspiel nicht vertraut. Während er glaubt, man müsse eine möglichst hohe Punktzahl erreichen, geht es beim Golf darum, die Runde von 18 Löchern mit einer möglichst geringen Zahl von Schlägen zurückzulegen.

2 Wenn die Ereignisse in Balbec um 1898 spielen, ist die Weltausstellung von 1900 gemeint.

Seite 653:

1 Leicht abgewandeltes Zitat aus Corneilles Tragödie *Polyeucte* (Verse 795-796). Bloch schreibt die Verse fälschlicherweise Voltaire zu, dessen eigentlicher Name François-Marie Arouet ist.

Seite 657:

1 Eine französische Fassung von Mascagnis Oper wurde von 1892 an in der Opéra-Comique gegeben. Zu Prousts Geringschätzung des italienischen Verismus vgl. auch *Essays* [9] S. 348.

Seite 658:

1 Anspielung auf die Entfernung der Kruzifixe aus öffentlichen Gebäuden im Zuge der Laizisierung.

Seite 662:

1 Vierrädriger Wagen mit zwei gegenüberliegenden Sitzbänken, in dem sechs Personen Platz finden.

2 Anspielung auf die Figur der »Infidelitas« aus der Reihe der Laster und Tugenden in der Arenakapelle. Giottos Figur trägt ein kleines Götzenbild in der Hand, das ihr eine Schlinge um den Hals gelegt hat und sie von Gott wegzieht.

3 Beim Diabolo wird ein Holz- oder Gummikörper, der die Form eines doppelten Kegels hat, auf einer an zwei Stäbchen befestigten Schnur wie ein Kreisel in Bewegung versetzt, in die Luft geworfen und wieder aufgefangen. Das Spiel war

zu Zeit des Ersten Kaiserreichs und der Restauration beliebt und kam – auf dem Umweg über England – um 1907 plötzlich wieder für kurze Zeit in Mode. Beim Erscheinen der *Jeunes filles* im Jahre 1919 evoziert es eine vergangene, verlorene Zeit.

Seite 663:

1 Tatsächlich haben sich auch die Kommentatoren Prousts mit dieser Textstelle befaßt, am ausführlichsten Daria Galateria [24]. Niemand hat jedoch bemerkt, daß Proust sich in der Bezeichnung des Spiels getäuscht hat. Was Albertine in der Hand hält und was auch den Vergleich mit Giottos »Infidelitas« rechtfertigt, ist nicht ein Diabolo, sondern ein Jo-Jo. Das Jo-Jo ist ein Geschicklichkeitsspiel, bestehend aus zwei miteinander verbundenen kleinen runden Scheiben, die mittels ruckartiger Armbewegungen an einer zwischen beiden Scheiben befestigten Schnur auf und ab laufen. Da Diabolo und Jo-Jo jeweils gleichzeitig in Mode und aus der Mode kommen, werden die beiden Spiele häufig verwechselt. Wenn dann auf S. 725-726 Madame de Villeparisis sich beschwert, weil sie vom Flugkörper eines Diabolos am Kopf getroffen wurde, kann es sich nicht mehr um ein Jo-Jo handeln.

Seite 666:

1 Anspielung auf das antithetische Freundespaar aus Molières *Misanthrope*. Daria Galateria hat nachgewiesen, daß das Thema tatsächlich am 7. November 1882 bei der Bakkalaureatsprüfung gegeben wurde.

2 1868 gegründete, konservative Tageszeitung. Aufgrund ihrer monarchistischen, antisemitischen Ansichten und auch wegen der Chroniken aus der Gesellschaft war *Le Gaulois* die beliebteste Zeitung der mondänen Welt und der konservativen Kreise überhaupt.

Seite 672:

1 Anspielung auf Werke wie Hesiods *Werke und Tage*, auf das Proust schon mit dem Titel seines Erstlingswerks Bezug genommen hat.

Seite 674:

1 Offensichtlich spricht Proust hier von sich selbst.

Seite 678:

1 Mit den Jachten und den Pferderennen fügt Proust zwei weitere Motivkreise der modernen Malerei in seinen Roman ein. Bei den Jachtszenen denkt man an Manet, Monet oder Bonnard, bei den Pferderennen an Degas.

Seite 680:

1 Der zwischen 1490 und 1496 entstandene Bilderzyklus befindet sich in der Accademia in Venedig. Prousts Kenntnis von Carpaccio geht auf seine Ruskinlektüre und auf seine Aufenthalte in Venedig im Jahre 1900 zurück. Vgl. *Nachgeahmtes und Vermischtes* [8] S. 106, Anm. 14.

2 Die Erwähnung des katalanischen Malers und Modeschöpfers Mariano Fortuny (1871-1949) ist ein später Zusatz. Er steht im Zusammenhang mit der Arbeit an den späteren, um Albertine kreisenden Episoden der *Recherche*. Fortuny eröffnete 1907 ein Modeatelier in Venedig und kurz darauf zwei Vertretungen in Paris. Zu Proust und Fortuny vgl. Gérard Macé, *Le manteau de Fortuny*, Paris, Gallimard, 1987, und Jean Millys Einführung in seine Ausgabe von *La Prisonnière*, Paris, Flammarion, »GF«, 1984.

Seite 682:

1 Seebad auf der Insel Wright im Ärmelkanal.

2 Die besten Informationen zu diesen vier eleganten Modehäusern der Jahrhundertwende finden sich bei Daria Galateria ([24] S. 1327). Callot sœurs lag in der Rue Taitbout; das Haus war auf Spitzen spezialisiert und liebte Mousselineverzierungen. Doucet, Rue de la Paix, war das wohl exklusivste Modegeschäft. Seine nüchterne Eleganz und die Vorliebe für Schwarz entsprechen dem modernen Geschmack Elstirs. Cheruit befand sich an der Place Vendôme. Das 1891 eröffnete Atelier Madame Paquins, Place Vendôme, belieferte mit seinen Ballkleidern Damen von Welt und Halbwelt.

Seite 683:

1 Die Kirche Saint-Augustin wurde zwischen 1860 und 1871 von Victor Baltard erbaut.

2 Im folgenden werden Monets Falaisen-Bilder in den Text eingeschrieben.

Seite 684:

1 Nachklang der idealistischen Ästhetik des frühen Proust. Der »Pulsschlag einer glücklichen Minute« entspricht den »Stunden des Aufbrechens« und den »Augenblicken tiefer Erleuchtung« im Prolog und im Vorwort von *Jean Santeuil.*

Seite 685:

1 Man denkt im speziellen an zwei Bilder Manets aus dem Jahre 1874: *En bâteau* (Metropolitan Museum of Art, New York) und *Argenteuil* (Musée des Beaux-Arts, Tournai).

Seite 686:

1 Vgl. S. 404, Anm. 1

Seite 687:

1 Auch mit den folgenden Picknickszenen nimmt Proust ein Motiv der Malerei auf, nämlich das »déjeuner sur l'herbe«.

Seite 688:

1 Zu den Tellern von Tante Léonie vgl. *Swann* [10] S. 85.

Seite 694:

1 Vgl. die musizierenden Engel von Giovanni Bellini auf den Altarbildern aus San Giobbe (jetzt in der Accademia, Venedig), in San Zaccaria und in der Frarikirche.

Seite 696:

1 Wir nehmen an, es handle sich nicht um das Theater, sondern um den Garten des Palais-Royal mit seinen Arkaden.

Seite 698:

1 Die nun folgende Satire französischer Schulbildung ist ein später Zusatz auf den Druckfahnen. Vgl. eine analoge Bemerkung im Vorwort zu Jacques-Émiles Blanches *Propos de peintre* in *Essays* [9] S. 383.

Seite 700:

1 Zitat aus Boileaus *Art poétique* III, 95-96.

Seite 703:

1 Sainte-Beuve hat ein umfangreiches Werk über Port-Royal verfaßt. Gustave Merlet, Félix Deltour sowie Édouard, Alfred und Léon Gasq-Desfossés beschäftigten sich alle mit der Vermittlung der klassischen Literatur im gymnasialen und universitären Unterricht.

Seite 705:

1 Pastiche eines Titels von Whistler. Vgl. S. 547, Anm. 1.

Seite 709:

1 Eine Vorstufe zur Szene mit dem Ringleinspiel steht in *Jean Santeuil* [14] S. 991 ff.

Seite 711:

1 Beim »jeu du furet« wurden folgende Verse gesungen: »Il court, il court le furet du bois, mesdames, il court le furet du bois joli. Il a passé par ici« (»Es läuft, es läuft das Frettchen im Wald, Ihr Frauen, es läuft das Frettchen im schönen Wald. Hier kam's vorbei«).

2 Laura Dianti, die Geliebte Alfonso d'Estes, gilt als Modell von Tizians *Mädchen mit dem Spiegel* im Louvre. Éléonore de Guyenne (1122-1204) hatte zwar eine berühmte Haartracht, aber keine Nachfahrin, die von Chateaubriand geliebt wurde. Es handelt sich um eine Verwechslung mit Marguerite de Provence, über deren Nachfahrin, die Marquise von Custine, in den *Mémoires d'outre-tombe* folgendes zu lesen ist: »Die Marquise von Custine hatte die langen Haare der Marguerite de Provence, der Gemahlin Ludwigs des Heiligen, geerbt, deren Blut in ihren Adern floß.« Vgl. [15] Bd. 1, S. 472.

Seite 713:

1 Im Französischen führt kein weiter Weg von der von Marcel geliebten Frau, Albertine, zu den von ihm geliebten Weißdornblüten: »aubépine« ist die »alba spina«.

2 Die Szene weist auf ein Ereignis während Prousts erstem Aufenthalt auf Schloß Réveillon mit Reynaldo Hahn. An die Haltung des Freundes erinnert Proust auch in *Freuden und Tage* und in *Jean Santeuil*. Vgl. Keller, *Proust lesen* [28] S. 50 ff.

Seite 720:

1 Leichter, zweirädriger Wagen mit tiefem Wagenkasten, den man von der Rückseite her besteigt.

Seite 730:

1 Anspielung auf die Erschaffung der Gestirne in der Sixtinischen Kapelle.

2 Eine erste Version dieser Szene steht im Kapitel »Von Freundschaft zu sinnlichem Verlangen« in *Jean Santeuil*.

Seite 734:

1 Bestechungsaffäre im Zusammenhang mit dem 1889 gescheiterten französischen Projekt eines schleusenlosen Kanals durch den Isthmus von Panama. Zahlreiche Vertreter der Politik und der Hochfinanz waren in den Skandal verwickelt.

Seite 739:

1 Vgl. das Kapitel »Baron Scipion« in *Jean Santeuil.*

Seite 743:

1 »Wartestein« (»pierre d'attente«) bezeichnet in der Baukunde einen aus einer Seitenmauer vorspringenden Stein, an den spätere Zusatzbauten angeschlossen werden können.

Seite 744:

1 Nach Henry Gréville (S. 243) und Arvède Barine (S. 636) nennt Proust eine weitere unter männlichem Pseudonym schreibende Frau. Hinter George Eliot verbirgt sich Mary Ann Evans (1819-1880). Proust schätzte besonders die Romane *The Mill on the Floss* (1860) und *Middlemarch* (1871-1872).

Seite 746:

1 Bei den folgenden Skizzen zu Mädchenporträts fühlt man sich an den von Proust und besonders auch von Robert de Montesquiou geschätzten Maler Paul Helleu (1859-1927) erinnert.

Seite 748:

1 Leon Bakst (1866-1924) war der Bühnenbildner von Diaghilevs Ballets russes. Im Juni 1910 hat Proust zum erstenmal einer Aufführung dieser Truppe beigewohnt.

Seite 751:

1 Leukothea ist die Göttin der Gischt. Proust kennt sie wohl nicht aus Vergil, der sie in der *Aeneis* zwar nennt (v,241 und 823), sondern aus dem Werk Ruskins, wo sie häufig erwähnt wird.

Seite 752:

1 Daria Galateria [24] vermutet, Marcel verwechsle im Gespräch mit Norpois den französischen Staatsmann Jules Ferry mit dem Theaterautor Gabriel Ferry.

Seite 753:

1 Anspielungen auf die Nachforschungen Victor Bérards über die Geographie der *Odyssee*, z. B. in *Les Phéniciens de l'Odyssee* (der erste Band dieses Werks datiert von 1902), und auf die Ausgrabungen von Sir Arthur Evans in Knossos.

Seite 754:

1 Hellenistische Bronzeplastik im Konservatorenpalast in Rom. Eine Kopie des *Dornausziehers* befindet sich im Louvre. Daß hinter den Malern, die die Größe der Antike im modernen Leben suchen, Degas steht, zeigt eine Briefstelle aus dem Jahre 1913. Proust schreibt an Gabriel Astruc: »Ich meine, daß das wirklich Antike, das, was in der modernen Kunst dem jungen Helden entspricht, der sich den Dorn auszieht, nicht irgendein akademisches Gemälde ist, das das Antike nachäfft, sondern eine moderne Frau von Degas, die sich einen Zehennagel oder ein Häutchen vom Fuß abzupft.« Vgl. *Correspondance* [6] Bd. XII, S. 390.

Seite 759:

1 Vgl. *2. Mose* XIII, 21.

RESÜMEE

IM SCHATTEN JUNGER MÄDCHENBLÜTE

Erster Teil: »Im Umkreis von Madame Swann«
Veränderungen in der Persönlichkeit Swanns und Cottards (7). Der Marquis von Norpois (11). Er verkörpert den »esprit de gouvernement« (13). Dank seinen Ratschlägen darf Marcel das Theater besuchen und eine literarische Karriere ins Auge fassen (18).

Nachmittagsvorstellung mit der Berma und Diner mit Norpois: Erwartungen Marcels (20). Françoise im Schöpferrausch (27). Enttäuschung Marcels; seine Unfähigkeit, das Spiel der Berma als Kunstwerk zu erfassen (32). Intuition der Masse (35). Norpois' Auffassung von Literatur (39). Seine Börsentips (41). Er liest ein Prosastück Marcels (42). Seine Meinung über die Berma (45). Kommentare zum Bœuf à la gelée (46), zum Ananas- und Trüffelsalat (47), zum Besuch des Königs Theodosius (48), zu Balbec (55), zum Ehepaar Swann (56). Kritik an Bergotte und an Marcels Prosastück (67). Überschwengliche Gefühle Marcels gegenüber Norpois; weshalb dieser Marcel bei den Swanns nicht erwähnt (75). Zeitungsnotiz über die Matinee der Berma (78). Marcels Eltern kommentieren die Ausführungen Norpois' (82). Françoise kritisiert die berühmten Restaurants von Paris (85).

Annäherung an Gilberte: Neujahrswünsche und -hoffnungen des verliebten Marcel (86). Gilbertes Bild verblaßt in seiner Erinnerung (91). Gilbertes Eltern sind Marcel nicht wohlgesinnt; Brief Marcels an Swann (93). Glückszustand dank dem Modergeruch im Toilettenhäuschen der Champs-Élysée-Anlagen (95). Erotischer Ringkampf mit Gilberte (97). Erinnerung an den Modergeruch im Arbeitskabinett von Onkel Adolphe in Combray (98). Erkrankung Marcels (99). Cottards Diagnose (103). Seine Milchkur (104). Brief von Gilberte (106); ihre Unterschrift (109).

Ansichten über Madame de Sévigné (483). Sein zweideutiges Verhalten (488).

Diner bei den Blochs: Bloch und Blochs Vater (491). Bloch und Blochs Schwestern (495). Mythomanie von Blochs Onkel Nissim Bernard (502). Bloch und Madame Swann in der Ringbahn (506). Urteil von Françoise über Bloch und Saint-Loup (507). Saint-Loups Liaison (510). Die Großmutter läßt sich von Saint-Loup photographieren (518).

Die Schar junger Mädchen: Erste Begegnung mit den jungen Mädchen am Strand von Balbec (521). Andrées Sprung über einen alten Herrn (527). Die Radfahrerin mit der Polomütze (528). Die »kleine Simonet« (540). Ansichten des Meeres im Fenster von Marcels Hotelzimmer im Laufe der Saison (542). Aimé und die Dreyfus-Affäre (548). Diners in Rivebelle mit Saint-Loup (550). Das geplante Werk gerät in Vergessenheit (551). Euphorischer Rauschzustand Marcels (552). Begegnung mit Elstir (575). Ein Mädchen mit schwarzer Polomütze (580).

Das Atelier Elstirs: Seine Villa (587). Seestücke (589). Metaphern (590). *Der Hafen von Carquethuit* (590). Elstir erklärt Marcel die Schönheit der Kirche von Balbec (596). Die Radfahrerin mit schwarzer Polomütze taucht wieder auf; Elstir nennt ihren Namen: Albertine Simonet (601). Die Simonets mit einem *n*. *Miss Sacripant* (606). Madame Elstir (610). Marcel verpaßt eine Gelegenheit, von Elstir den jungen Mädchen vorgestellt zu werden (617). Die reale Albertine und die Vielzahl von imaginierten Bildern Albertines (619). Odette ist das Modell, Monsieur Biche, der Maler von *Miss Sacripant* (625).

Abreise Saint-Loups: Die Großmutter schenkt ihm Briefe von Proudhon (633). Einladung Saint-Loups an Marcel und an Bloch, nach Doncières zu kommen (634). Ein Brief Saint-Loups (636). Stilleben (637). Nachmittagseinladung bei Elstir (638). Albertine als wohlerzogene junge Dame (639). Albertine auf der Strandpromenade als burschikoses Mädchen (648). Albertines Schönheitsfleck (649). Octave (650). Bloch und Albertine (653). Albertines Vorliebe für *Cavalleria rusticana* (657). Ihr Geschmack in Modefragen (660). Albertines Diabolo

(662). Marcel verliebt sich in Gisèle (663). Blütezeit und Reifezeit auf dem menschlichen Antlitz (669). Andrées Aufmerksamkeiten (672). Unzufriedenheit von Françoise (676). Dank Elstir entdeckt Marcel die Schönheit des modernen Balbec: Jachtszenen, Pferderennen (678). Fortuny (680). Picknickszenen auf den Falaisen (687). Der Aufsatz Gisèles (698). Das Ringleinspiel (709). Marcel und Andrée (713). Verblühter Weißdorn (713). Les Creuniers (717). Versuche Marcels, mit Albertines Tante, Madame Bontemps, in Verbindung zu treten (722). Albertine verbringt eine Nacht im Grand-Hôtel (727). Der verweigerte Kuß (730). Porträtstudien zu den jungen Mädchen (746). Vervielfältigung der Bilder Albertines und des Ichs (750). Die jungen Mädchen verlassen Balbec. Ende der Saison im Grand-Hôtel (754). In der Erinnerung bleibt das Bild eines sonnendurchfluteten Balbec (758).

BIBLIOGRAPHIE

I. Werke von Marcel Proust:

1 *Contre Sainte-Beuve* précédé de *Pastiches et mélanges* et suivi de *Essais et articles*, Paris, Gallimard, »Bibliothèque de la Pléiade«, 1971.
2 *Jean Santeuil* précédé de *Les plaisirs et les jours*, Paris, Gallimard, »Bibliothèque de la Pléiade«, 1971.
3 *À la recherche du temps perdu*, Paris, Gallimard, »Bibliothèque de la Pléiade«, 1987-1989 (4 Bände).
4 *À l'ombre des jeunes filles en fleurs*, Paris, Gallimard, »folio«, 1988.
5 *À l'ombre des jeunes filles en fleurs*, Paris, Flammarion, »GF«, 1987.
6 *Correspondance*, Paris, Plon, 1970-1993 (21 Bände).

II. Deutsche Übersetzungen:

7 *Freuden und Tage und andere Erzählungen und Skizzen aus den Jahren 1892-1896*. Deutsch von Luzius Keller (»Der Gleichgültige« von Elisabeth Borchers), Frankfurt a. M., Suhrkamp Verlag, 1988.
8 *Nachgeahmtes und Vermischtes* (»Pastiches et mélanges«). Deutsch von Henriette Beese, Ludwig Harig und Helmut Scheffel, Frankfurt a. M., Suhrkamp Verlag, 1989.
9 *Essays, Chroniken und andere Schriften*. Deutsch von Henriette Beese, Luzius Keller und Helmut Scheffel, Frankfurt a. M., Suhrkamp Verlag, 1992.
10 *Unterwegs zu Swann* (»Du côté de chez Swann«). Deutsch von Eva Rechel-Mertens, revidiert von Luzius Keller, Frankfurt a. M., Suhrkamp Verlag, 1994.
11 *Im Schatten der jungen Mädchen* (»À l'ombre des jeunes filles

en fleurs«). Deutsch von Walter Benjamin und Franz Hessel, Berlin, Verlag Die Schmiede, 1926.
12 *Im Schatten junger Mädchenblüte* (»À l'ombre des jeunes filles en fleurs«). Deutsch von Eva Rechel-Mertens, Frankfurt a. M., Suhrkamp Verlag, Zürich, Rascher Verlag, 1954.
13 *Auf der Suche nach der verlorenen Zeit* (»À la recherche du temps perdu«). Deutsch von Eva Rechel-Mertens, Frankfurt a. M., Suhrkamp Verlag, »suhrkamp taschenbuch«, 1981-1984 (10 Bände).
14 *Jean Santeuil.* Deutsch von Eva Rechel-Mertens und Luzius Keller, Frankfurt a. M., Suhrkamp Verlag, 1992 (2 Bände).

III. Weitere Primärliteratur:

15 Chateaubriand, François-René: *Mémoires d'outre-tombe*, Paris, Gallimard, »Bibliothèque de la Pléiade«, 1951 (2 Bände).
16 France, Anatole: *La vie littéraire*, Paris, Calmann-Lévy, 1925 (4 Bände).
17 Lemaitre, Jules: *Impressions de théâtre*, Paris, Lecène et Oudin, 1888-1898 (10 Bände).
18 Ruskin, John: *The Works*, London, G. Allen, »Library Edition«, 1903-1912 (39 Bände).
19 Sainte-Beuve, Charles-Augustin: *Nouveaux lundis*, Paris, Michel Lévy, 1863-1872 (13 Bände).

IV. Sekundärliteratur:

20 Borrel, Anne u. a.: *Zu Gast bei Marcel Proust*, München, Heine, 1992.
21 Compagnon, Antoine: *Proust entre deux siècles*, Paris, Seuil, 1989.
22 Curtius, Ernst Robert: *Marcel Proust* (1925), Frankfurt a. M., Suhrkamp Verlag, 1964.
23 Deleuze, Gilles: *Proust und die Zeichen*, Frankfurt a. M. / Berlin / Wien, Ullstein, 1978.

24 Galateria, Daria: Kommentar zu *All'ombra delle fanciulle in fiore*, in Marcel Proust, *Alla ricerca del tempo perduto*, Milano, Mondadori, 1983, Bd. I.
25 Genette, Gérard: *Figures*, Paris, Seuil, 1966.
26 Id.: *Figures III*, Paris, Seuil, 1972.
27 Henry, Anne: *Marcel Proust. Théories pour une esthétique*, Paris, Klincksieck, 1981.
28 Keller, Luzius: *Proust lesen*, Frankfurt a. M., Suhrkamp Verlag, 1991.
29 Loschek, Ingrid: *Reclams Mode und Kostümlexikon*, Stuttgart, Philipp Reclam jun., 1987.
30 Macchia, Giovanni: *L'angelo della notte*, Milano, Rizzoli, 1979; jetzt auch in französischer Übersetzung: *L'ange de la nuit*, Paris, Gallimard, 1992.
31 Mâle, Émile: *L'art religieux du XIIIe siècle en France*, Paris, Armand Colin, [3]1910.
32 Michel-Thiriet, Philippe: *Das Proust Lexikon*, Frankfurt a. M., Suhrkamp Verlag, 1992.
33 Milly, Jean: *La phrase de Proust*, Paris, Larousse, 1975.
34 Painter, George: *Marcel Proust. Eine Biographie*, Frankfurt a. M., Suhrkamp Verlag, 1962 / 1968.
35 Pichon, Yann le: *Le musée retrouvé de Marcel Proust*, Paris, Stock, 1990.
36 Plantevignes, Marcel: *Avec Marcel Proust*, Paris, Nizet, 1966.
37 Poulet, Georges: *Marcel Proust. Zeit und Raum*, Frankfurt a. M., Suhrkamp Verlag, 1966.
38 *Proust et les peintres. Proust illustré*, Chartres, Musée des Beaux-Arts, 1991.
39 *Prousts Figuren und ihre Vorbilder*, Photos von Paul Nadar, Text von W. H. Adams, Frankfurt a. M., Suhrkamp Verlag, 1988.
40 *Recherche de Proust*, Hg. Gérard Genette und Tzvetan Todorov, Paris, Seuil, 1980.
41 Rey, Pierre-Louis: *À l'ombre des jeunes filles en fleurs de Marcel Proust*, Paris, Champion, 1983.
42 Steel, Gareth H.: *Chronology and Time in À la recherche du temps perdu*, Genève, Droz, 1979.
43 Tadié, Jean-Yves: *Proust*, Frankfurt a. M., Suhrkamp Verlag, 1987.

NAMENREGISTER

INHALT